JN409987

五書五經讀本

懸吐完譯

春秋左氏傳 上

責任飜譯 許鎬九
共同飜譯 鄭東和 金廣泰 權津鈺 郭成龍

전통문화연구회

번역위원

책임번역 허호구
공동번역 정동화 김광태 권진옥 곽성용
기획편집 동양고전번역편집위원회
번역연구관리 남현희
윤문교정 남현희 곽성용
출　　판 백준철

도서관리

홍보관리 이화춘
보　　급 서원영
고전정보화 동양고전정보화연구실

目 次

刊行辭

經은 본래 책을 가리키는 말이다. 후대에 특별히 經을 높여 聖賢의 말씀을 담고 있는 책이라는 의미로 사용하였다. 儒學이 중국문화는 물론 동아시아 사상의 주류를 이루면서 經은 일반적으로 유학의 기본 典籍을 가리키는 용어가 되었다. 따라서 經을 읽지 않으면 유학을 이해할 수 없고, 유학을 이해하지 못하면 중국문화나 동아시아의 문화를 이해할 수 없다.

1960년대 民族文化振興과 民族中興이라는 기치를 내건 정부는 學·藝術界 指導者 50여 분을 모시고 가장 시급한 문화 사업으로 漢文古典飜譯事業에 착수하였다. 光復 후 20여 년이 지났지만 韓國學의 기본 資料이자 교과서인 四書五經의 우리말 註釋書 하나 없던 시절이었다. 그러나 한문고전번역사업에서 東洋古典(中國古典篇)은 우리 古典이 아니라 하여 번역대상에서 제외되었고, 2000년대에 들어와서야 정부에서 얼마간의 보조금을 주기 시작하였다.

본회에서는 1990년대에 이미 四書三經을 비롯한 유학의 기본 古典을 선별하여 번역하였다. 당시 逐字譯의 실력이 없이는 현대어로의 완전한 번역이 불가능하다는 생각을 바탕으로, 동양학 전공 여부를 막론하고 유학을 넘어 동양학의 기본서를 머리맡에 사전처럼 두고 볼 수 있는 번역서를 목표로 東洋古典國譯叢書를 기획·간행하였다. 우리나라 漢文讀法의 전통을 계승하고자 懸吐 방식으로 원문을 정리하고 주석까지 完譯하여, 학계에 기여함은 물론 교육과 일반교양의 필독서로도 널리 인정을 받았다.

당시 오역 없는 번역에 力點을 두었음에도 불구하고 시간이 지남에 따라 쌓인 국내외 연구 성과로 인하여 번역서의 수정도 불가피하게 되었다. 그리하여 2005년 改訂增補版 四書를 발간하기에 이르렀다. 그러나 개정증보판 사서를 발간하면서 과거 先賢들의 註釋書와 국내외의 연구 성과, 시대에 따라 변화하는 언어를 오롯이 담아내지 못한 점을 아쉬워하였다. 이후 사서 이외의 개정증보판 발간을 미루고 고민한 결과, 동양고전국역총서가 20세기 버전으로 그 생명력을 다하였으니 21세기 번역의 표준을 제시할 수 있는 고전번역서를 새롭게 만들어보자는 쪽으로 의견이 모아졌다.

본 '五書五經讀本'은 바로 그 고민을 해결하기 위해 기획하였으며, 傳統과 現代를 아우르면서 역대 국내외 연구 성과를 망라하고 연구자는 물론 동양학 열풍으로 수준이 높아진 일반 독자의 눈높이에 맞춰, 독자의 기호에 따라 연구의 기본자료 또는 교재, 입문서 등으로 다양하게 활용할 수 있는 21세기 標準飜譯書 제공을 목적으로 하였다. 따라서 국내외의 역대 註釋書를 비롯하여 동양고전국역총서 발간 이후 축적된 연구 성과를 종합하였다. 이를 위해 몇 분 안 되는 元老漢學者 또는 전공교수와 일정 수준의 소양을 갖춘 신진학자의 協同硏究飜譯을 지향하였다.

본회에서 처음 추진한 협동연구번역은 후속연구자 양성이라는 측면에서도 큰 의미를 갖는다. 번역을 통해 徒弟式 교육을 받은 신진학자는 앞으로 학계를 이끌어나갈 주역으로서 단단히 자리매김하여 우리나라 학계의 큰 자산이 될 것이다.

또 번역뿐만 아니라 古典籍 정리사업에 따라 각종 校勘·潤文·校訂 등에도 번역수준의 전공자로 구성하는 등 기획부터 출간 단계까지 심혈을 기울였다. 이는 誤謬를 최소화한 표준번역서를 목표로 어느 곳에 내놔도 그 가치를 인정받을 수 있는 名品을 만들기 위한 하나의 노력이었다.

또한 과거에는 상상할 수 없던 모바일 器機의 등장과 대중화는 출판환경과 독서형태를 변화시켰다. 이러한 변화에 발 빠르게 對應하고 시대를 先導하기 위해 '오서오경독본'을 스마트 정보화하였다. 연구자, 교수자, 초학자, 原典을 통해 고전을 읽기 원하는 독자 등 누구나 쉽고 부담 없이 접근하여 동양고전의 참맛을 느낄 수 있을 것이다.

'오서오경독본'은 오류를 최소화하고 스마트화로 접근성을 높인 최상의 표준번역서로서 동양고전 교육의 훌륭한 밑거름이 되어 학계의 수준을 一新하리라 굳게 확신한다. 또한 지식의 국경을 허물고 있는 인터넷 환경은 그 어느 때보다도 동양고전 情報化의 필요성을 切感(例 : 八佾舞)하게 한다. 따라서 시대의 흐름에 맞춰 '오서오경독본'을 정보화하여 그 활용 가치를 극대화할 계획이다. 이는 본회를 넘어 대한민국이 동북아시아뿐만 아니라 전 세계 동양고전 情報와 教育의 허브로서 중추적 역할을 담당할 것이다.

飜譯은 단순히 다른 言語를 옮기는 행위가 아닌, 한 언어를 사용하는 민족의 사상과 문화 전체를 옮기는 행위인 만큼 고전번역은 과거 聖賢의 사상은 물론 그 당시의 문화와 疏通하는 행위이며, 이는 현재 자신의 문화를 이해하는 尺度라 할 수 있다. '오서오경독본'은 21세기 번역의 표준으로서 우리 한국 고전번역의 수준을 가늠할 수 있는 척도가 되리라 스스로 자부해본다.

'오서오경독본' 시리즈의 첫 출간 시점이 우연히도 전통문화연구회 창립 30주년이 되는 해이다. 30년 동안 동양고전 번역에 무던히 매진하면서 고전의 중요성을 늘 강조하였다. 이제 다시금 내놓는 오서오경독본을 보면서 고전의 맛이 늘 새롭고 無窮함을 새삼 깨달았다. 고전과 씨름하며 지낸 30년 세월을 넘어 '오서오경독본'이 앞으로 30년, 50년을 이어갈 고전번역의 새로운 이정표가 되기를 기대하며, 정부에서도 21세기 東北亞 시대를 인식하여 東洋古典飜譯은 물론 東洋古典情報化에도 特段의 관심을 갖기를 고대한다.

나아가 2000여 년간 한자문화를 기반으로 찬란한 문화를 꽃피운 대한민국이 21세기 東北亞 漢字文化圈에서 다시 눈부신 문화의 융성을 목표로 본회와 관련단체에서 추진하는 先進文化韓國 VISION 2030-2050을 '五書五經讀本'과 '漢文讀解捷徑' 및 '東洋古典情報化'가 앞장서 이끌어 동북아 韓·中·日 三國鼎立과 世界平和에 기여하길 바란다.

2018年 10月 日

社團法人 傳統文化硏究會 理事長 李啓晃

解 題

金廣泰*

1. 《春秋》와 春秋三傳[1]

《春秋》는 중국 춘추시대 魯 隱公 元年(周 平王 49년, B.C. 722)부터 哀公 14년(周敬王 39년, B.C. 481)까지 제후국인 魯나라 12公 242년간의 역사를 기록한 책이다. '춘추'라는 명칭은 일년의 네 계절인 春 · 夏 · 秋 · 冬 가운데 '春'과 '秋'만을 뽑아서 인간의 역사를 기록하는 책의 명징으로 삼은 것이다.

魯나라의 역사서로써 《춘추》에 대한 가장 오래된 기록은 《春秋左氏傳》에 보인다. 다만 당시 노나라를 제외한 다른 제후국의 경우도 나름의 역사 기록을 하고 있었는데, 그들의 역사서도 '春秋'라고 부른 경우가 있었다. 즉 《墨子》에 의하면 周 · 燕 · 齊 · 宋 등의 역사서를 춘추라고 했으며, 《國語》에 의하면 孟子가 乘과 檮杌이라 한 晉과 楚의 역사서도 춘추라고 부른 경우가 있는데, 이것은 춘추가 당시 각국에서 역사서를 부르는 일반적인 명칭이면서 동시에 노나라의 역사책에 붙인 고유한 명칭이라는 이중적 의미를 담고 있는 것임을 알 수 있다. 물론 오늘날 이런 각국의 역사서는 모두 전하지 않고 오직 노나라의 《춘추》만이 전해지기 때문에, 지금의 《춘추》는 노나라의 역사서를 의미

---

* 韓國古典飜譯院 飜譯委員

1 이 장은 다음의 논저를 참고하였음. 권정안, 〈春秋의 根本理念과 批判精神에 관한 硏究〉, 성균관대학교 박사학위논문, 1990 ; 권정안, 〈《春秋左氏傳》의 理解〉, 《譯註 春秋左氏傳 1》, 전통문화연구회, 2002.

하는 것으로 한정되었다.

《춘추》의 저자로 흔히 孔子를 뽑고 있는데, 《춘추》와 공자와의 관계에 대한 논의는 대체로 《춘추》가 공자의 修史를 거친 經文이라고 보는 전통적인 관점과 공자의 春秋修史를 부정하여 《춘추》를 단순한 역사서로 보는 관점이 있다. 《춘추》를 공자가 修史한 경전으로 보는 관점은 이른바 '春秋三傳'이라 불리는 《春秋公羊傳》·《春秋穀梁傳》·《春秋左氏傳》의 공통된 입장이다. 특히 孟子는 《춘추》를 공자가 '지은 것〔作〕'으로 보고, 그 계기를 '世道가 衰微하여 邪說暴行이 생겨나, 신하로서 그 임금을 죽이고 자식으로서 그 부모를 죽이는 현실을 두려워하여〔世衰道微 邪說暴行 有作 臣弑其君者 有之 子弑其父者 有之〕, 이를 극복하려는 의도에서 지은 것'으로 보았다.

이런 공자의 春秋修史를 긍정하는 관점은 魏晉南北朝를 거쳐 唐代에 이르러 회의가 나타나기 시작한다. 이런 흐름은 公羊學과 穀梁學을 비판하는 左傳學派와 歷史學者에서 나타나기 시작하는데, 그 대표적인 인물은 《五經正義》를 지은 孔穎達(唐)과 《史通》을 지은 劉知幾(唐)이다. 이들의 論旨는 무엇보다 역사가 사실을 기록하는 '紀實之書'로서 공자가 사실을 왜곡할 위험이 있는 修史를 하지 않았을 것이라는 점과, 그 기록에 있어서 일관된 체계가 결여되었다는 점을 들고 있다. 이런 흐름은 그 후 淸代의 考證學을 거치면서 더욱 심화되어, 顧頡剛은 그의 《古史辨》에서 공자의 춘추수사를 전면적으로 부인하기에 이르렀다. 楊伯峻 역시 그의 대표작인 《春秋左傳注》에서 공자의 춘추수사를 부정하고, 《춘추》의 기록을 여러 史官들이 기록한 '魯史舊文'으로 통일성이 없는, 그래서 당연히 공자가 수사를 하지 않은 체계적이지 않은 불완전한 역사서로 단정하였다.

이처럼 공자의 春秋修史에 대한 논쟁이 벌어진 가장 중요한 원인은 무엇보다 《춘추》의 原文 자체가 매우 간략한 형태의 문장으로 되어 있어, 그 수사를 한 흔적은 물론 사건의 내용조차 정확하게 이해할 수 없다는 점에서 기인한다. 그럼에도 불구하고 공자의 춘추수사에 대한 가능성을 가장 확실하게 보여주는 근거는 그 수사를 전제한 春秋三傳이 존재한다는 점이다.

春秋三傳은 기본적으로 《춘추》를, 정확하게는 《춘추》의 수사를 이해할 수 있도록 설명한 해설서, 즉 解經書이다. 이와 같은 《춘추》의 해설서는 漢代 초기에 다섯 종류가 있었다고 전해진다. 《漢書》〈藝文志〉에 의하면, 지금 전해지는 《春秋左氏傳》·《春秋公羊傳》·《春秋穀梁傳》 이외에 《春秋鄒氏傳》과 《春秋夾氏傳》이 있었는데, 《춘추추씨전》은 經師가 없었고 《춘추협씨전》은 책으로 만들어지지 않은 까닭에 그 전승이 끊어졌다고 하였다.

이 춘추삼전은 기본적으로는 모두 《춘추》에 대한 해설서이지만, 그 대상이 되는 경전에 있어서 약간 차이가 있다. 〈예문지〉에 따르면, 古文經傳인 《춘추좌씨전》의 경은 '古經十二篇'이라고 한 것에 비해, 今文經傳인 《춘추공양전》과 《춘추곡량전》의 경전은 '經十一卷'이라 하였으니, 이것은 魯나라 12公 가운데 제4대인 閔公 부분의 경을 그 선대인 莊公 부분과 합쳐 1권으로 하였기 때문이다. 또한 《춘추공양전》과 《춘추곡량전》은 경전의 마지막이 哀公 14년 봄의 '西狩獲麟'으로 끝나는 것에 비해, 《춘추좌씨전》의 경문은 이 구절 이후에도 14년에 13조항, 15년에 8조항, 16년에 3조항이 더 있어, 애공 16년 '夏四月己丑 孔丘卒'이라는 기사로 끝을 맺고 있다. 이것은 《춘추》를 공자가 修史한 經이라고 본다면, 명백하게 잘못된 것으로 《춘추좌씨전》의 經文에 후대의 첨삭이 덧붙은 것임을 추정할 수 있다. 이외에도 三傳의 經文 사이에는 약간의 차이가 보인다. 이것은 특히 人名과 地名의 경우에 많이 나타나는데, 특히 《춘추공양전》의 경우가 심하다. 이것은 《춘추공양전》이 책으로 완성되는 과정에서 중국의 동방인 齊나라의 方言이 많이 가미되었기 때문이다.

그렇지만 三傳의 가장 중요한 차이는 이런 經 자체의 차이보다는 그것을 해설한 삼전 자체의 차이이다. 특히 금문경전인 《춘추공양전》·《춘추곡량전》과 고문경전인 《춘추좌씨전》은 전혀 다른 모습을 갖고 있다. 우선 문체에 있어서 금문경전인 《춘추공양전》과 《춘추곡량전》은 기본적으로 비슷한 問答體의 형태를 갖추고 있는데 반하여, 고문경전인 《춘추좌씨전》은 전체가 敍述體의 형태를 취하고 있다. 일반적으로 漢代의 학문을 訓詁學이라 하는데, 《춘추공양전》과 《춘추곡량전》은 철저하게 《춘추》 경문의 義例를 해설하는 훈고의 해설서이지만, 《춘추좌씨전》의 경우는 그 내용의 대부분이 이런 훈고의 글이 아니라 《춘추》에 기록된 사건의 사실적인 배경을 설명하는 것이기 때문이다.

이 때문에 朱子는 左氏는 史學이고, 公羊과 穀梁은 經學이라고 규정하고, 史學인 《춘추좌씨전》은 기록은 상세하지만 의리에 있어서는 잘못된 것이 있고, 경학인 《춘추공양전》과 《춘추곡량전》은 의리에는 공로가 있으나 사실 기록에는 오류가 많다고 하였다.

春秋三傳 가운데 가장 먼저 성행한 것은《춘추공양전》을 바탕으로 한 公羊學이다. 《춘추공양전》은 보통 공자의 제자인 子夏가 公羊高에게 전한 것을 '口耳相傳'하던 형태로 전해오다가, 한나라 초기 景帝 때 公羊壽가 그의 제자인 胡毋子都와 함께 책으로 만든 것으로 본다. 그 뒤 胡毋子都는《춘추공양전》의 條例를 지었고, 이를 근거하여 後漢 때 何休에 의해《춘추공양전》의 기본 주석서인《春秋公羊傳解詁》가 이루어진다. 그러나 사상적으로 가장 큰 영향을 준 학자는 武帝 때의 董仲舒이니, 그의《春秋繁露》는 바로 이 공양학에 근거한 것이다. 한편《춘추곡량전》의 저자는 일반적으로 穀梁赤으로 전해지지만, 정확한 시대는 알려져 있지 않다. 林黃中이나 근래의 蔡元培는 공양고와 곡량적을 동일인으로 보기도 하지만, 그 문장의 차이로 보아 이들이 동일인일 가능성은 없다고 보아야 할 것이다.《춘추곡량전》에 대한 주석으로 대표적인 것은 晉代 范甯이 지은《春秋穀梁傳集解》이다.

이《춘추공양전》과《춘추곡량전》은 後漢 때《춘추좌씨전》이 성행하기 시작하면서부터 점차 경전으로서의 위상을 상실하였다. 실로 하휴의《춘추공양전해고》가 나온 당시에 이미 鄭玄에 의한 비판이 있었지만, 晉代에 이르러 杜預의《春秋經傳集解》가 나온 뒤에는 좌전학의 독점시대라 해도 과언이 아니다. 다만 淸末에 이르러 莊存與 · 劉逢祿 · 龔自珍 등이 나오고, 이에서 新公羊學이라 할 수 있는 康有爲의 사상이 형성된 것이 주목된다.

2.《春秋左氏傳》의 저자 및 책의 성격과 체재[2]

春秋三傳 가운데 고문경전에 속하는《춘추좌씨전》이 삼전 가운데 가장 늦게 성립한 책이면서도 가장 넓게 읽힌 경전이 된 것은 무엇보다 사실 기록에 대한 충실성 때문이다.《춘추좌씨전》은 이러한 충실성으로 인하여 이해하기 어려운《춘추》에 대한 훌륭한 해설서로서의 가치를 인정받게 된 것이라고 하겠다.

---

2 이 장은 다음의 논저를 참고하였음. 권정안, 〈春秋의 根本理念과 批判精神에 관한 硏究〉, 성균관대학교 박사학위논문, 1990 ; 권정안, 〈《春秋左氏傳》의 理解〉, 《譯註 春秋左氏傳 1》, 전통문화연구회, 2002.

다만 이런 《춘추좌씨전》의 저자와 명칭에 대해서는 예로부터 다양한 異論이 존재하였다. 우선 저자에 대한 기록은 司馬遷의 《史記》와 《漢書》 〈藝文志〉에 보이는데, 魯나라 君子인 左丘明이 孔子의 제자들이 제각기 異論을 제기하여 자신의 생각에 安住하고 진실을 잃어버릴 것을 걱정하였기 때문에 공자의 《史記》를 근거로 하여 그 말을 갖추어 《左氏春秋》를 완성하였다고 하였다. 즉 좌구명을 공자가 《춘추》를 지을 때 魯나라 史記를 함께 본 史官으로 이해하고 있는 것이다.

左丘明

또 이 《춘추좌씨전》의 저자인 좌구명이 과연 《論語》에 나오는 좌구명과 같은 인물인가 하는 의혹이 제기되었다. 《論語》 〈公冶長〉에 공자가 "左丘明이 부끄러워하였는데, 나 또한 이것을 부끄러워하노라.〔左丘明恥之 丘亦恥之〕"라고 하였는데, 여기의 좌구명은 문장의 흐름으로 보아서 공자 이전이거나 적어도 공자와 같은 연배의 인물로 추측된다. 그러나 《춘추좌씨전》의 기록 내용을 보면 孔子 死後 수십 년 뒤의 일까지 기록하고 있기 때문에, 당대 이후 《춘추좌씨전》을 지은 좌구명은 《논어》의 좌구명이 아니라 전국시대의 인물이라는 주장이 제기되었다. 이런 주장은 《춘추좌씨전》이 완전히 한 사람의 손에서 이루어진 것이라는 전제에서 비롯된 것인데, 이에 대해 趙汸은 그의 《春秋師說》에서, 左氏는 당시 世襲 史官인데 그 말년에 傳文은 자손들이 당연히 계승하여 기록하였으므로, 이 때문에 합쳐서 《춘추좌씨전》이라고 부르는 것이라고 하였다. 이를 근거로 하면, 《춘추좌씨전》은 孔子와 동시대의 사관인 좌구명이 시작하여 그 후손이 이를 이어서 기록한 것으로 보는 것이 합당할 것이다.

書名에 대해서는, 《左氏春秋》라는 명칭과 《春秋左氏傳》이라는 명칭 사이의 혼동이 있었다. 시대적으로 보면 西漢 이전에는 《좌씨춘추》라는 명칭을 주로 사용하였다. 이는 《晏子春秋》나 《呂氏春秋》와 같은 유형이어서, 《춘추좌씨전》이라는 명칭이 《춘추》에 대한 해설서라는 형식과는 다르다. 이 《좌씨춘추》가 《춘추좌씨전》으로 정착한 것은 後漢

때 학관이 세워지면서 《춘추》에 대한 해설서로 공인을 받았기 때문이다.

《춘추좌씨전》의 성격에 대한 주요한 논쟁은 전통적인 관점처럼 《춘추좌씨전》을 解經書로 볼 것인가, 아니면 경전인 《춘추》와는 별도의 역사서로 볼 것인가 하는 차이인 것이다. 이 논쟁의 시발은 西漢 말기 이른바 춘추삼전 사이에 벌어진 今文·古文 論爭에서 발단하였다. 즉 《춘추좌씨전》을 經學으로 보아 《춘추공양전》이나 《춘추곡량전》처럼 학관을 두려는 일군의 古文經學者들은 이 책을 공자의 《춘추》에 대한 해경서로 보려고 한 것에 비해, 今文經學派는 이것이 해경서가 아님을 주장하여 그 학관의 설립에 반대하였던 것이다. 이 논쟁은 각 學派에 있어서 그 사회적 위상과 생존을 건 매우 정치적인 성격을 가진 것이었다. 이 과정에서 《춘추좌씨전》을 해경서로 정착시킨 대표적인 인물은 劉歆이다.

다만 당시까지는 아직 經과 傳을 하나로 통합한 지금의 《춘추좌씨전》의 체계는 형성되지 않았던 것으로 보인다. 經과 傳이 분리된 체제가 지금처럼 經과 傳이 통합된 체제로 바뀐 것은 晉代의 杜預에 의해서이다. 그는 《春秋經傳集解》의 序文에서 "經의 年代를 나누어서 傳의 연대에 함께 붙였다.〔分經之年 與傳之年相附〕"라고 한 것으로 보면, 그는 傳을 갈라서 經에 붙인 것이 아니라, 傳을 기준으로 하여 經을 여기에 나누어 붙인 것임을 짐작할 수 있다. 이처럼 《춘추좌씨전》을 《춘추》의 해경서로 정착시키는 과정에서 형성된 이 체제의 변화는 중요한 문제를 야기하였다. 그것은 이른바 이 경전 合本의 체제에서 경에는 기록이 있는데 전의 기록이 없는 '有經無傳'과 逆으로 傳에는 기록이 있는데 經에는 기록이 없는 '無經有傳'의 경우가 생겼다는 점이다. 특히 이 점은 경에 없는 것을 해설하지 않은 《춘추공양전》이나 《춘추곡량전》과 비교되어, 해경서로서 《춘추좌씨전》의 성격에 대한 주요한 비판의 근거가 되었다. 이 때문에 《춘추좌씨전》의 경우에 있어서는 경과 전이 본래부터 독립된 것이며, 그 성격도 經學이 아니라 史學이라

杜預

는 주장이 일찍부터 있어 왔던 것이다.

그러나 중국 史學의 출발로 인정되는 사마천의 《사기》에서조차도, 사마천은 〈伯夷列傳〉에서 나타나듯이 공자의 春秋修史를 계승한다는 정신을 가지고 있었으며, 이것은 그가 《춘추좌씨전》을 공자의 《춘추》에 대한 解經書로 이해하는 관점에서도 그대로 드러난다. 이런 관점을 더욱 명확하게 한 것은 杜預이다. 그는 《春秋經傳集解》 서문에서 《춘추좌씨전》이 《春秋》 古經을 공자가 수사하여 좌구명에게 준 '不刊之書'로 보고, 다양한 방식으로 이를 이해시키기 위해 지어진 것이 《춘추좌씨전》이라고 보았다. 또 하나 《춘추좌씨전》 자체의 경학적 요소를 더욱 분명하게 드러내는 것은 춘추필법에 대한 해명이다. 두예는 이것을 周公의 《周禮》에 의해 역사 기록의 일반적 필법으로 전해진 魯史로서 춘추의 凡例와, 이 범례를 터전으로 하되 損益을 가한 필법인 變例, 그리고 공자의 修史에서 처음 들어간 사건들을 기록하는 필법인 非例로 구별하였다.

마지막으로 《춘추좌씨전》의 史評이라 할 수 있는 '君子曰' 형태의 기록에 대한 문제이다. 이것은 일부에 의해 劉歆의 僞作으로 단정되었지만, 사마천의 《사기》 이후 중국 역사서의 특성 중 하나인 史贊의 시작으로써 의미를 갖는다. 그러나 이처럼 역사를 편찬하는 史家의 관점에서 그 사건과 인물의 역사적 가치, 즉 역사성을 부여하고 평가하는 방식 자체는 이미 공자의 《論語》를 통해서 시도되고 있다. 즉 《논어》 가운데 堯 · 舜 · 禹와 같은 先王이나 伯夷 · 叔齊나 殷의 三仁 같은 선현은 물론 管仲과 같은 여러 역사적인 인물에 대한 공자의 평가가 이런 史贊의 원형인 것을 생각하면, 《춘추좌씨전》에 이와 같은 사평이 나타나는 것은 조금도 이상할 것이 없다고 하겠다.

3. 五書五經讀本 《春秋左氏傳》 底本의 특징

이 책은 朝鮮時代 正祖 年間에 定本化 사업을 통해 간행된 《春秋左氏傳》(이하 '正祖本'으로 약칭)을 가리킨다. 1796년(정조20)에 정조가 抄啓文臣 李書九 등 여러 신하에게 명하여 朱熹의 《資治通鑑綱目》의 凡例 체제에 의거하여 經을 綱으로 삼고 傳을 目으로 삼은 새로운 형태로 만들면서 정본화 작업을 병행하도록 하여, 기존에 통용되던 杜預의

《春秋經傳集解》와 孔穎達의 《春秋左傳正義》 등과는 차별화되는 새로운 체제와 내용으로 구성된 正祖本을 1797년(정조21)에 간행하게 된다.

正祖本은 28卷 10冊으로 구성되어 있다. 卷首에는 杜預의 春秋左氏傳序, 後序, 目錄, 諸儒姓氏, 凡例, 春秋紀年圖, 春秋地圖, 春秋類例, 春秋世系圖, 春秋國名譜, 春秋人名譜가 실려 있다. 卷1에서 卷27까지는 《春秋左氏傳》의 隱公부터 哀公까지의 經傳 全文이 실려 있다. 그리고 卷27의 말미에는 정본화 사업에 참여한 諸臣職名 및 鑄字事實이 붙어 실려 있다.

卷首에 실린 凡例를 통하여 正祖本의 특징인 편찬 의도, 편찬 체제 등을 살펴보면 다음과 같다.

첫째, 春秋三傳 중에서 左氏傳이 가장 國史에 상세하니 漢나라에서 學官을 세운 이후로 나머지 諸家는 거의 사라지게 되었다. 그러나 經과 傳이 별개의 한 책으로 되어 있어 서로 統屬되지 않기 때문에 학자들이 간혹 傳文만 오로지 공부하고 經文의 뜻은 소홀히 하는 경우가 있었다. 正祖는 국정을 다스리는 여가에 이 春秋經에 마음을 다해 연구하였는데, 병진년(1796, 정조20) 겨울에 諸臣에게 명하여 朱子의 《資治通鑑綱目》의 凡例에 의거하여 經을 綱으로 삼고 傳을 目으로 삼게 하여 조리가 정연하여 문란하지 않도록 하여 經을 尊崇하는 뜻을 드러냈다.……傳文에서 章을 옮기고 차례를 바꾸며 註說에서 번잡한 것을 깎아내고 간략한 데로 나아간 것과 같은 것은 모두 정조의 재가를 받아 되도록 일관성 있게 하였다.

둘째, 傳만 있고 經이 없는 것은 大圈을 가하여 구별하였다. 經文에서 春夏秋冬만 쓴 것은 傳文에서 時名을 중첩하여 쓰지 않았다. 經과 傳의 문장이 같은 것은 傳文을 삭제하였다. 章을 나누어 사건을 連繫시킬 때 經은 今年에 있고 傳은 前年에 있을 경우에는 傳을 옮겨 經에 두게 하였다. 傳文句語가 부득이 중복하여 나오는 것은 양쪽 다 그대로 놔두었다.

셋째, 註釋은 杜預의 《春秋經傳集解》를 위주로 하되 번잡한 것은 제거하였다. 두예의 《춘추경전집해》에서 미비한 곳이 있을 경우 諸家의 학설을 잡다하게 採用해 大旨를 개괄하여 보충하였다. 左氏의 傳과 두예의 註가 모두 잘못된 것은 諸儒의 학설을 인용하여 다소 辨正을 가하고, 특별히 諸儒의 姓氏를 드러내어 근엄한 뜻을 보였다. 《春秋公羊傳》과 《春秋穀梁傳》의 異字는 경문 아래에 주석을 붙여 참고하는 데 대비하였다.

正祖는 正祖本의 주석과 관련하여 다음과 같이 말하기도 하였다.

> 左氏의 說은 더러 經文과 어긋나 의리를 해치는 경우가 다소 있는데……先儒의 설을 널리 채용하여 이런 잘못을 바로잡고 아울러 그 선유의 성씨를 드러내었다. 註解는 비록 杜氏의 설을 위주로 하였으나, 左氏傳의 설이 그릇된 것을 두씨가 억지로 끌어다 합치시키고 잘못 따르고 있으니 전혀 通論이 아니다.……이러한 사례가 매우 많은데 모두 억지로 자기의 의견을 펼친 것이다. 大義에 관계가 있기 때문에 삭제하여 수록하지 않기도 하고, 다른 설로 고쳐 따르기도 하였다. 기타 나머지 주석 중에서 근거가 부족한데 더 좋은 다른 의견이 있으면 역시 그 설을 취하여 바로잡았으며, 그 姓氏를 드러내지 않은 것은 傳文과 비교하여 輕重이 있음을 보인 것이다.

넷째, 音訓은 翻切을 사용하지 않고 音和를 사용하였는데, 무릇 文義로 미루어 알 수 있는 것은 字가 다시 나온다 하더라도 音은 거듭 주석하지 않아 되도록 생략하는 쪽으로 따랐다.

다섯째, 近世에 유통되는 左傳의 여러 本에는 간혹 오류가 많다. 지금 唐나라의 開成石經 및 여러 善本을 가져다가 서로 考證하고 同異를 校正하여 定本을 만들었다.

여섯째, 列國의 年代를 그림 하나로 그리고 大事를 略記하였다.(〈春秋紀年圖〉) 또 類例 한 편을 편찬하여 經文의 書例를 상세히 거론하고, 門을 나누고 目을 세워서 그 횟수와 연도를 드러내었다.(〈春秋類例〉) 그림은 상호 經緯地圖를 만들었는데, 춘추시대의 地名만을 기록하고 후대의 沿革은 다시 췌언하지 않았다.(〈春秋地圖〉) 諸國의 世次와 爵姓 및 人名의 同異를 분류하여 譜를 만들었다.(〈春秋國名譜〉와 〈春秋人名譜〉) 고증할 만한 世系는 따로 그림 하나를 작성하여 卷首에 실어 상고하는 데 편리하게 하였다.(〈春秋世系圖〉)

이상 凡例를 통하여 正祖本의 특징을 살펴보았다. 정조는 이렇게 완성된 正祖本을 전국에 유통시켜 보급하였고, 이 책을 經筵과 科試의 교본으로 사용하여 보다 많은 사람

들이 읽을 수 있도록 하였다.[3]

4. 중국과 한국의 春秋學[4]

《漢書》〈儒林傳〉을 참고하면, 前漢 초기에 北平侯 張蒼, 賈誼, 京兆尹 張敞, 劉公子 등이 《春秋左氏傳》을 배웠다고 하였으며, 그 뒤에 後漢의 劉歆이 尹咸과 翟方進에게 《춘추좌씨전》을 배웠다고 하였다. 漢代의 경학은 이른바 '家學師承'이라는 독특한 방식을 통해서 전해졌기 때문에, 唐나라의 陸德明은 그의 《經典釋文》에서 이를 좀 더 구체화하여, 左丘明 · 曾申 · 吳起 · 吳期(吳起의 子) · 鐸椒 · 虞卿 · 荀況 · 張蒼 · 賈誼 · 賈嘉(賈誼의 孫) · 貫公 · 貫長卿(貫公의 子) · 張敞 및 張禹, 尹更始 · 尹咸(尹更始의 子) 및 翟方進, 胡常 · 賈護 · 陳欽으로 이어지는 가학사승의 관계를 밝히고 있다. 후한의 賈逵는 《左氏長義》를 지어 《春秋公羊傳》과 《春秋穀梁傳》을 비판하였고, 鄭衆은 《春秋左氏傳》의 조례를 분석하여 《左氏條例章句》를 지었다. 또한 《公羊解詁》를 지은 何休의 《左氏膏肓》 · 《公羊墨守》 · 《穀梁廢疾》에 대하여 《鍼膏肓》 · 《發墨守》 · 《起廢疾》을 지어 반박함으로써 하휴로 하여금 '操戈入室'이란 탄식을 하게 한 鄭玄도 左傳學派에 속한다고 하겠다.

唐나라 孔穎達의 《春秋正義》는 삼국시대 이후 《춘추좌씨전》이 《춘추공양전》과 《춘추곡량전》의 경학적 위치를 축출해 온 궁극적인 승리의 결과인 동시에 이른바 '義疏之學' 형태의 경학적 연구의 집적이었다. 즉 이 《춘추정의》의 성립을 통해 《춘추좌씨전》은 五經 가운데 《春秋》에 대한 정통 해석서로서의 위치를 갖게 되었다.

宋나라 左傳學의 주요한 업적으로는 蘇轍의 《春秋集解》, 呂祖謙의 《春秋左氏傳說》 및

---

3 "書成以進 教曰 左傳校正之役 今旣告完 印出明日當始役 此是講筵及科試所用"(《日省錄》 正祖 21年 閏6月 29日)

4 이 장은 다음의 논저를 참고하였음. 권정안, 〈春秋의 根本理念과 批判精神에 관한 研究〉, 성균관대학교 박사학위논문, 1990 ; 권정안, 〈《春秋左氏傳》의 理解〉, 《譯註 春秋左氏傳 1》, 전통문화연구회, 2002.

《續說》, 魏了翁의《春秋左傳要義》등이 있다. 특히 朱子와 함께《近思錄》을 편찬한 여조겸은 성리학적 관점에서《좌씨전》의 기록을 대상으로 하는《東萊左氏博議》를 지었는데, 이 책은 중국은 물론 우리나라에도 큰 영향을 주었다.

元代 이후 春秋學은 朱子學의 사상적 분위기가 형성되면서, 주로 주자가 그 가치를 크게 인정한 胡安國의 傳이 유행하고, 이것이 科擧의 기본 교재가 되었다. 그것은 明代 초기에 胡廣에 의해 완성된 이른바 永樂大全本《春秋大全》이《春秋胡氏傳》을 기본으로 하면서 더욱 확고해져서,《춘추호씨전》이 三傳과 어깨를 나란히 하여 春秋四傳으로 불리게 되었다.

淸代에 이르러 趙汸과 같은 경학적 좌전학에 흐름에 있는 것은 毛奇齡의《春秋屬辭比事記》와 顧棟高의《春秋大事表》, 高士奇의《左傳紀事本末》등이 있다. 이 저술들은 이른바 '屬辭比事'라는《춘추》의 독특한 사건 기록 방식을 중심으로 하는《춘추좌씨전》이해의 주요 업적들이다. 그러나 청대에는 대체로는 考證學적인 좌전학이 크게 성행하였으니. 그 대표적인 업적으로는 顧炎武의《左傳杜解補正》과 惠棟의《左傳補注》, 江永의《春秋地理考實》등이 있다.

우리나라에서《춘추좌씨전》에 대한 구체적인 기록은 통일신라에 國學이 세워진 神文王 2년(682)에 나타나니, 여기에서《춘추좌씨전》은《毛詩》·《論語》·《孝經》과 함께 두 번째 등급의 교과로 기록되어 있다. 그리고 이른바 讀書三品科가 설치된 뒤에는《춘추좌씨전》이 上品科의 고급 과목으로 설정되어 있다. 춘추학 가운데 좌전학만이 대학과 독서삼품과에 설치된 것을 보면, 우리나라의 초기 춘추학은《춘추좌씨전》을 중심으로 하여 시작한 것임을 알 수 있다.

고려 시대에는 成宗 11년(992) 國子監의 설치로부터 經學敎育이 본격화하였으니, 이때에는 '春秋三傳'이 모두 교과목에 들어 있었다. 또 崔冲의 九齋學堂을 비롯한 12公徒의 학당 교육에도 九經이 기본적인 교과였으니, 이 즈음의 춘추학은 상당한 정도였을 것이다. 고려 전기에 형성된 높은 경학적 기반은 安珦에 의해 성리학이 들어온 뒤에도 상당한 영향을 주어, 사서와 오경이 함께 중시되는 학문적 풍토를 형성하였다. 고려 말 성리학 정착기에 대표적인 학자인 牧隱 李穡과 圃隱 鄭夢周가 모두 오경에 밝았으니,

정몽주의 〈冬夜讀春秋〉를 보면 그의 춘추학적 이해가 상당한 수준임을 알 수 있다.

다만 이때까지 《춘추》에 대한 전문적인 연구서는 나오지 못하였으니, 그 최초의 전문적인 연구서는 조선 전기 陽村 權近의 《春秋淺見錄》이라 할 수 있다. 다만 이 글은 그의 《五經淺見錄》 가운데서도 가장 분량이 적어 본격적이고 체계적인 저술이라고 하기 어렵다. 이 시기의 《춘추》에 대한 여타 저술로는 成俔의 〈春秋正天下邪正論〉과 宋欽의 〈春秋義〉, 그리고 權撥의 〈春秋胡傳箚義〉와 朴士憙의 〈讀春秋秋大水無麥苗〉 등이 있는데, 대부분 간단한 논설이나 일정한 주제에 대한 箚記 형식이다.

이처럼 개별적인 주제들에 대한 간단한 차기 형태의 글은 조선 후기에도 계속 지어져, 대부분의 《춘추》에 대한 저술들은 이런 형태를 취하고 있다. 또한 그 주제들도 대부분이 몇 가지로 요약되는데, 가장 많은 것이 춘추학의 중요 쟁점이었던 '春王正月'에 대한 것이다. 南九萬의 〈春秋正月記疑〉, 南國柱의 〈春秋春王正月記疑〉, 金樂行의 〈春秋春王正月記疑〉, 宋文欽의 〈春秋論〉, 成海應의 〈春秋正月解〉, 李圭景의 〈春王正月辨證說〉, 李定稷의 〈春王正月解〉 등이 이에 속한다. 다음으로 많은 것은 《춘추》 기록이 隱公에서 시작되고 獲麟에서 끝나는 것과 관계된 것인데, 趙翼의 〈獲麟解解〉, 李瀷의 〈獲麟解〉, 韓章錫의 〈獲麟辨〉, 王性淳의 〈春秋始隱論〉이다.

조선 시대의 춘추학은 기본적으로 성리학적 춘추학의 성격을 갖는다. 그것은 미완성인 程子의 《春秋傳》과 주자의 평가를 통해 '春秋四傳'의 하나로 존중된 《춘추호씨전》이 기본적인 춘추 교재가 되었음을 의미한다. 이런 점에서 정자의 《춘추전》의 속편이라 할 수 있는 것이 孤山 李樟의 《春秋輯注》이며, 춘추사전을 選錄한 저술로는 朴世采의 《春秋補編》, 沈大允의 《春秋四傳註疏抄選》과 續傳, 徐壽錫의 《春秋傳註抄纂》 등이 대표적이다. 三傳學은 비교적 적은 편인데, 특히 《춘추공양전》과 《춘추곡량전》에 대한 저술은 매우 드물다. 그 가운데 姜獻奎의 《春秋義例》와 차기 형식이기는 하지만 韓章錫의 〈讀公羊傳〉이 있으며, 《춘추좌씨전》에 대한 저술로는 李恒福의 《魯史零言》, 崔錫鼎의 《左氏輯選》, 尹植의 《條問》, 成海應의 《杜注考異》 등이 있다.

우리나라 역대 임금 가운데 君師로 대표되는 正祖는 춘추학에 남다른 관심을 표명하였으며 그에 걸맞은 업적을 이루었다. 정조는 17년(1793)과 20년(1796) 두 차례에 걸쳐 여러 문신과 선비들을 대상으로 하여 總經講義를 거행하였는데, 이 가운데 《춘추》에 관해서 17년에 10조목, 20년에 8조목의 質疑를 통해 조선 시대 춘추학의 새로운 경지를 열었다. 이 18조의 條文은 《춘추》의 성격에서부터 三傳의 우열, 義例와 筆法은 물론 春王正月, 時月例, 公羊學의 三科九旨에 이르는 폭넓은 질문을 통해서 춘추학에 대한 종합적인 이해를 묻고 있다.

한편 조선 시대의 춘추학은 주로 '春秋大義'라는 명분으로 현실 정치에 영향을 주었다. 개인적인 가치와 국가적인 가치가 충돌한 경우 이 춘추대의는 주로 '大義滅親〔대의를 위해 친족의 정을 끊음〕'이라는 명분으로 이용되었으니, 光海君의 廢母 사건에서 동원된 경우가 그 대표적인 경우이다. 李恒福의 《魯史零言》도 이런 배경에서 지어진 것이다.[5] 이외에도 《춘추》의 의리는 민족적인 위기에서 큰 힘을 발휘하였다. 壬辰倭亂의 義兵이나 丙子胡亂 뒤의 北伐論을 주장한 학자들의 이념적 기반은 이와 같은 춘추대의와 尊周思想이 기반이 되었음은 물론이고, 일제 침략기에 李恒老 학파의 의병 운동의 기저에도 이런 춘추대의의 정신이 있었던 것이다.

5. 현재의 《春秋左氏傳》 연구 동향

우리나라에서 현재 《춘추좌씨전》에 대한 연구 동향은 원문 텍스트의 국역과 학위 논문을 비롯한 학술지 논문으로 구분할 수 있다. 우선 국내에서 간행된 《춘추좌씨전》의 국역 성과는 1900년대 이후로 꾸준히 집적되어 있다.[6] 편역서가 아닌 완역서로서,

---

5 해당 내용에 대해서는 곽성용, 〈광해군代 春秋논쟁과 李恒福의 《魯史零言》〉, 성균관대학교 석사학위논문, 2018을 참조.

6 국내에서 간행된 《춘추좌씨전》 국역서 가운데 편역서는 제외하고 완역서의 목록은 다음과 같다. 《春秋左傳 上·中·下》, 이석호 譯註, 平凡社, 1976 ; 《春秋左氏傳》, 권오돈 譯註, 平凡社, 1981 ; 《左氏傳 上·中·下》, 남만성 등 譯註, 修文書館, 1983 ; 《春秋左氏傳 1~4》, 남만성 등 譯註, 修文書館, 1986 ; 《春秋左氏傳 1~4》, 삼성문화사 편집부, 삼성문화사, 1993 ; 《춘추좌전 상·중·하》, 남기현 譯註, 자유문고, 2003 ; 《춘추좌전 1~3》, 신동준 譯註, 한길사, 2006 ; 《春秋左傳解 1~5》, 이백순 譯註, 학민문화사, 2008 ; 《春秋左氏傳 上·中·下》, 문선규 譯註, 명문당, 2009 ; 《춘추좌전 상·하》, 장세후 譯註, 을유문화사, 2013 ; 《춘추좌씨전 1~8》, 정태현 譯註, 전통문화연구회,

제가의 주석을 가장 광범위하게 수록한 국역서를 꼽자면 정태현 譯註의《춘추좌씨전 1~8》(전통문화연구회, 2001~2013)이라 할 수 있다. 한편《춘추좌전정의》에 대한 국역서와 주석서는 아직 전무한데, 중국은 우리나라와 마찬가지로《춘추좌씨전》에 대한 번역서와 주석서만 간행되었고,[7] 일본에서는《춘추좌전정의》가 번역서로 출간된 사례가 있다.[8]

한편《춘추좌씨전》을 통해 역사의 측면에서는 이른바 춘추필법이라고 하는 역사 기록의 전형을 구체적으로 확인할 수 있고, 정치의 측면에서는 당대 사회의 정황과 해석을 보여주고 있어 춘추 시대 정치사를 파악하는 데 좋은 자료가 되며, 학문의 측면에서는 '삼전과 사전', '정의'라는 해석학 · 주석학의 핵심 연구 방법론을 체득할 수 있다. 그러므로《춘추좌씨전》은 경전 주석서의 성격을 지니지만 그 내용의 다층성과 복합성으로 인해 역사 · 정치 · 학문의 분야에서 다양하게 연구가 진행되고 있다.

최근의 연구 성과들을 주제별로 구분하여 간략히 제시하면 다음과 같다. 역사학과 정치학 분야에서는 〈《左傳》의 政治思想 硏究〉(복대형, 2015), 〈西晉시기 杜預의 春秋學과 史書에 기초한 經典 해석의 實例〉(김석우, 2015), 〈西晉 시기 杜預《左傳》주석의 몇 가지 형식과 그의 정치적 이상〉(김석우, 2015), 〈《左傳》杜預注를 통해본 秦漢 이후의 東夷인식 - 西周시기 銘文의 東夷諸國 考釋을 중심으로〉(이은호, 2012), 〈《史記》의 春秋 시기 敍事 고찰-《左傳》과의 비교를 중심으로-〉(안예선, 2014) 등 역사서로의 속성과 특징, 정치학의 사상적 측면에 주목한 연구 성과들이 눈에 띈다. 해석학 · 주석학을 위시한 학문 분야에서는 〈《左傳》生成硏究〉(갈강암, 2014), 〈西晉 杜預의 服喪論과《左傳注》의혹〉(김선민, 2014), 〈賈 · 服注와 비교를 통해 본 杜預《左傳》주석의 특징〉(김석우, 2017) 등 서지학과 주석학 측면에서 주로 연구가 되고 있다. 또한 인문 철학의 방면에서도《춘추좌씨전》이 주요 텍스트로써 자리를 잡고 있다. 〈《春秋左氏傳》의 道 槪念 硏究 : 人文化 過

2001-2013 ;《춘추좌전 1~6》, 임동석 譯註, 동서문화사, 2015.

7 《春秋左傳注》, 楊伯峻, 中華書局, 1981 ;《春秋左氏經傳集解序疏證》, 程元敏, 臺灣學生書局, 1999 ;《春秋左傳今註今譯》, 王雲五 譯註, 臺灣商務印書館, 2002 ;《春秋左氏傳舊注疏證續》, 吳靜安, 東北師範大學出版社, 2005.

8 《春秋左傳正義譯注》, 野間文史 譯註, 明德出版社, 2018.

程을 中心으로〉(송육, 2019), 〈《春秋左傳》의 인문화 과정 연구〉(한아름, 2013), 〈《春秋左氏傳》에 내재한 도덕과 전쟁의 정합성〉(윤대식, 2013), 〈《春秋左傳》과 《國語》의 天人關係 연구〉(조원일, 2011) 등은 유학의 도, 인문화, 천인 관계성을 규명한 연구 성과라 할 수 있다. 이뿐만 아니라 〈《春秋左傳》 동의어 연구〉(이미경, 2009)와 같이 어학 분야에까지 연구 텍스트로 활용되고 있으니 《춘추좌씨전》은 향후에도 다양한 학문 분과에서 연구 텍스트로써 스펙트럼을 확장할 것이다.

참고문헌

鄭太鉉 譯註, 《譯註 春秋左氏傳》(전8책), 전통문화연구회, 2001~2013.
杜預(晉) 集解, 《春秋經傳集解》, 上海古籍出版社, 1986.
阮元(淸) 校刻, 《春秋左傳正義》, 中華書局, 2009.
楊伯峻(中) 注, 《春秋左傳注》, 中華書局, 1981.
楊伯峻(中) 注, 《春秋左氏詞典》, 中華書局, 1990.
王雲五(中) 譯註, 《春秋左傳今註今譯》, 臺灣商務印書館, 2002.
鎌田正(日) 著, 《春秋左氏傳》, 明德出版社, 1968.
野間文史(日) 譯, 《春秋左傳正義譯注》(전6책), 明德出版社, 2017~2019.

갈강암, 〈《左傳》 生成研究〉, 영남대학교 박사학위논문, 2014.
곽성용, 〈광해군代 春秋논쟁과 李恒福의 《魯史零言》〉, 성균관대학교 석사학위논문, 2018.
권정안, 〈春秋의 根本理念과 批判精神에 관한 研究〉, 성균관대학교 박사학위논문, 1990.
권정안, 〈《春秋左氏傳》의 理解〉, 《譯註 春秋左氏傳 1》, 전통문화연구회, 2002.
김동민, 〈조선조 간행본 《春秋》 註解書의 특징〉, 《한국문화》73, 규장각한국학연구소, 2016.
김석우, 〈西晉 시기 杜預의 春秋學과 史書에 기초한 經典 해석의 實例〉, 《중국학보》74, 한국중국학회, 2015.

김석우, 〈賈 · 服注와 비교를 통해 본 杜預《左傳》 주석의 특징〉, 《중국고중세사연구》43, 중국고중세사학회, 2017.

박성진, 〈古文의 敍事기법에 대한 전통 시기 文人의 분류 고찰 -《左傳》을 중심으로-〉, 《중국문학연구》46, 한국중문학회, 2012.

박인호, 〈한주 이진상의 춘추학-《춘추집전》과 《춘추익전》을 중심으로-〉, 《한국학논집》60, 계명대학교 한국학연구원, 2015.

안예선, 〈《史記》의 春秋 시기 敍事 고찰-《左傳》과의 비교를 중심으로-〉, 《중국학논총》46, 고려대학교 중국학연구소, 2014.

윤대식, 〈《春秋左氏傳》에 내재한 도덕과 전쟁의 정합성〉, 《정치사상연구》19, 한국정치사상학회, 2013.

조원일, 〈《春秋左傳》과 《國語》의 天人關係 연구〉, 《동양문화연구》7, 영산대학교 동양문화연구원, 2011.

凡 例

1. 본서는 五書五經讀本의 한 책이다.
2. 본서의 底本은 正祖 21년(1797)에 定本化한 《春秋左氏傳》(奎中424, 純祖年間 刊, 규장각 소장본)으로 하였다.
3. 본서는 東洋古典譯註叢書 《譯註 春秋左氏傳》(鄭太鉉 譯註, 傳統文化硏究會, 전8책)을 기반으로 하여, 일반 대중이 보다 쉽게 《春秋左氏傳》을 읽을 수 있도록 改稿한 것이다.
4. 原文에는 우리나라 전통 방식으로 懸吐하였다. 저본의 經文과 傳文에 기재된 御覽用 朱色 懸吐를 참고하고, 필요에 따라 조정하였다.
5. 經文과 傳文을 구분하여 수록한 기존 《春秋左氏傳》 번역서와 달리, 經文과 傳文을 일목요연하게 이해할 수 있도록 편집한 저본의 체제에 따라 원문과 번역문을 수록하였다.
6. '經'과 '傳'을 구분하기 위해 각각 원문 앞에【經】과【傳】을 표시하였다. 傳은 단락이 길 경우 의미 단락별로 分節하였다.
7. 異音, 僻字는 한글로 音을 달아주었으며, 難解字는 해당 단락의 하단에 字義를 실었다.
8. 飜譯은 原義에 충실하게 하되, 이해가 어려운 부분은 意譯 또는 補充譯을 하였다.
9. 飜譯文은 한글과 漢字를 混用하였으며, 맞춤법과 띄어쓰기는 한글 맞춤법과 표준어 규정을 따르는 것을 원칙으로 하였다.
10. 譯註는 校勘, 인용문 出典, 故事, 역사사건, 전문용어, 難解字, 難解語, 難解文 등에 관한 사항을 밝혔다.

11. 譯註에서 인용이 빈번한《春秋左氏傳》대표 註釋書인 杜預(晉)의《春秋經傳集解》와 楊伯峻(中)의《春秋左傳注》는 다음과 같이 略稱하였다.

    杜預,《春秋經傳集解》→ 杜注

    楊伯峻,《春秋左傳注》→ 楊注

12. 국내외 학자들의 견해 가운데 참고할 만한 異見이 있는 경우, 譯註에 간략하게 제시함으로써 독자의 이해를 도왔다.
13. 人物, 器物, 事件 등 내용의 이해를 돕기 위한 圖版을 수록하였다.
14. 校勘은 원문의 誤字, 脫字, 衍字, 倒文 등을 대상으로 하였다.
15. 본서에 사용한 주요 符號는 다음과 같다.

    “ ” : 對話, 각종 引用

    ‘ ’ : “ ” 안에서 再引用, 强調

    「 」: ‘ ’ 안에서 再引用, 强調

    ( ) : 원문에서는 讀音이 특수한 글자나 僻字의 音
    번역문에서는 간단한 譯註
    저본의 衍字 삭제

    〔 〕: 번역문과 뜻은 같으나 音이 다른 漢字나 句節
    譯註에서 인용한 原文
    저본의 脫字 보충

    ( )〔 〕: (저본의 誤字)〔교감한 正字〕

    《 》: 書名

    〈 〉: 篇章名, 作品名, 補充譯

    【 】: 經과 傳의 표시

    字義 : 字義 표시

春秋左氏傳

隱公[1]

〈원년, 己未(B.C. 722)〉

【傳】惠公[2]元妃는 孟子라 孟子卒[3]커늘 繼室以聲子하니 生隱公하다 宋武公生仲子하니 仲子生而有文在其手曰 爲魯夫人이라 故仲子歸于我하야 生桓公이러니 而惠公薨이라 是以隱公立而奉之[4] [5]하니라

魯 惠公의 元妃(適夫人)는 孟子이다. 맹자가 卒하자 〈媵妾으로 따라온 맹자의 姪娣인〉 聲子를 繼室로 삼으니, 성자가 隱公을 낳았다.

---

1 隱公 : 魯나라 14대 君主로 이름은 息姑이고, 惠公의 아들이다. 11년간 재위하였다.
《春秋》는 魯 隱公 元年에서부터 哀公 14년까지 12公 242년간의 역사를 기록한 책이다. 《춘추》의 시작을 은공으로 삼은 것에 대해서는, ① 周나라가 東遷한 뒤 교화가 약해졌기 때문에 그 宗統을 魯나라에 의탁하였다는 說(胡安國, 《春秋傳》), ② 은공이 攝政을 명분으로 君位를 탈취했기 때문에 처음을 바로잡기 위하여 은공에게 죄를 주었다는 설(權近, 《春秋淺見錄》), ③周나라의 道가 쇠하여 天下에 다시는 王者가 없을 것을 슬퍼하였기 때문에 그 기록의 시작을 은공으로 삼고, 기록의 끝을 獲麟으로 삼았다는 설(許穆, 《記言》 〈春秋說〉) 등이 있다.

2 惠公 : 魯나라 13대 임금으로 이름은 弗湟이고, 孝公의 아들이다. 隱公과 桓公의 아버지이며, 46년 동안 재위하였다.

3 孟子卒 : 元妃의 죽음에 '薨'이라 칭하지 않은 것은 妃의 禮로 喪을 치르지 않았기 때문이다. 諡號가 없는 것은 남편보다 먼저 죽었으므로 남편의 시호를 따를 수 없었기 때문이다.(杜注)

4 是以隱公立而奉之 : 隱公이 惠公의 뒤를 이어 임금이 되는 것이 당연하지만, 혜공은 생전에 仲子의 손바닥에 '魯나라 부인이 된다.'는 문양이 있는 것을 상서롭게 여겼으므로, 중자가 낳은 아들인 환공이 후사를 잇기를 바랐다. 그러므로 은공이 혜공의 뜻을 받들어 스스로 君位에 오르지 않고 환공을 太子로 삼아 정사를 攝行한 것이다.

5 惠公元妃……是以隱公立而奉之 : 저본에는 해당 傳이 "元年 春王正月"의 아래에 있으나, 그 내용이 編年體로 서술된 《春秋》 이전 시기에 해당하므로 앞으로 옮겨 번역하였다. 杜預의 《春秋經傳集解》처럼 經과 傳을 구별하여 편집한 판본에도 이 傳만은 동일한 이유로 經文보다 앞에 실려 있다. 이는 사건을 통해 춘추 이전의 시대와 춘추시대를 자연스럽게 연결하고자 한 목적인데, 李恒福(鮮)은 《魯史零言》에서 이를 확대하여 《國語》의 내용을 차용한 〈春秋以前周事〉를 편집해 넣기도 하였다.

宋 武公이 딸 仲子를 낳았는데, 중자가 태어나면서부터 손바닥에 '魯나라 夫人이 된다.'라는 문양의 손금이 있었기 때문에 중자가 우리 노나라에 시집와서 桓公을 낳았다. 얼마 뒤 혜공이 죽었다. 그러므로 은공이 환공을 太子로 세워 받든 것이다.

字義 卒 : 죽을 졸　文 : 무늬, 문양 문　歸 : 시집갈 귀　薨 : 죽을 훙　奉 : 받들 봉

【經】 元年이라 春王正月[6]이라

원년이다. 봄 周王 정월이다.

【傳】 元年이라 春王周正月이라 不書卽位는 攝也일새니라

원년이다. 봄 周王 正月이다. 經에 '卽位'를 기록하지 않은 것은 〈隱公이 桓公을 대신해〉 攝行하였기 때문이다.

字義 攝 : 대신할 섭

【經】 三月에 公及邾儀父(보)盟于蔑하다

3월에 隱公이 邾儀父와 蔑에서 結盟하였다.

【傳】 三月에 公及邾儀父盟于蔑하니 邾子克也라 未王命이라 故不書爵하다 曰儀父는 貴之也라 公攝位하고 而欲求好於邾라 故爲蔑之盟하다

3월에 隱公이 邾儀父와 蔑에서 結盟하였으니, 邾子(주의보)의 이름은 克이다. 주의보가 아직 周나라 王의 命을 받지 못했기 때문에 經에 爵位를 기록하지 않았다. '儀父'라고 한 것은 그를 귀중하게 여긴 것이다. 은공이 桓公을 대신해 攝位하여 邾나라와 우호를 맺고자 하였으

6　元年 春王正月 : 隱公의 재위 초년이자, 周 天王의 正月을 의미한다. 《春秋》의 첫 기록인 '春王正月'에 대해서는 예로부터 학자마다 견해가 다르나, '春'과 '月'이 의미하는 것이 夏曆인지 周曆인지에 따라 총 세 가지로 구분된다. 첫째는 '春'을 하력에 해당하는 봄으로 보고, '月'을 주력에 해당하는 달로 보는 견해이니, 杜預가 定論한 뒤로 대부분의 학자들이 이를 따라 풀이하였다. 둘째는 모두 하력으로 보는 견해이며, 셋째는 모두 주력으로 보는 견해이다. 이처럼 책력을 구분하는 이유는, 그 기준에 따라 《춘추》와 周나라의 연속·단절성 유무에 차이가 있기 때문이다.

므로 蔑에서 결맹한 것이다.

字義 盟 : 맹약할 맹 爵 : 작위, 벼슬 작

【經】 夏라

여름이다.

【傳】 四月에 費伯帥(솔)師城郎하니 不書는 非公命也라

4월에 費伯(魯나라 大夫)이 군대를 거느리고 가서 郎에 성을 쌓았다. 經에 기록하지 않은 것은 은공의 명이 아니었기 때문이다.

字義 帥 : 거느릴 솔 師 : 군대 사

【經】 五月에 鄭伯克段于鄢하다

5월에 鄭伯(鄭 莊公)이 鄢에서 共叔段과 싸워 이겼다.

【傳】 初에 鄭武公娶于申하니 曰武姜이라 生莊公及共叔段하다 莊公寤生[7]하야 驚姜氏라 故名曰寤生이라하야 遂惡(오)之하고 愛共叔段하야 欲立之하야 亟(기)請於武公호대 公弗許하다 及莊公卽位하야 爲之請制한대 公曰 制는 巖邑也라 虢叔死焉하니 佗邑이면 唯命호리이다 請京한대 使居之하고 謂之京城大(태)叔이라하다

당초에 鄭 武公이 申나라에 장가를 들었으니 그녀가 武姜이다. 莊公과 共叔段을 낳았다. 장공이 태어날 적에 逆産〔寤生〕하여 강씨를 놀라게 하였기 때문에 이름을 '寤生'이라 지어 마침내 그를 미워하였고, 공숙단을 총애하여 그를 太子로 세우려고 자주 무공에게 청하였으나

7 寤生 : 李恒福(鮮)은 《魯史零言》에서 " '寤生'은 '難産'이다."라고 하였고, 李瀷(鮮)은 《星湖僿說》에서 "무릇 옛날 사람들은 낮과 밤에 각각 머무는 곳이 따로 있었는데, 일을 처리할 때의 거처를 '寤'라 하고, 잠잘 때의 거처를 '寐'라 하였다.……생각하건대 姜氏는 낮에 있던 처소에서 급하게 아기를 낳았으므로 놀랐던 것이다."라고 하였다. 본서에서는 〈楊注〉에서 "寤生은 逆産이란 말과 같으니, 현대에서 발이 먼저 나오는 것을 이른다."라고 한 말을 따랐다.

무공이 허락하지 않았다. 〈무공이 죽고〉 장공이 즉위하자 무강이 공숙단을 위해 制에 封해줄 것을 요청하자, 장공이 말하였다.

"制는 地勢가 험한 고을이어서 虢叔(東虢의 군주)이 〈험고한 지세를 믿고 횡포를 부리다〉 그곳에서 죽었으니, 다른 고을을 청하신다면 명대로 따르겠습니다."

무강이 京城을 요청하니 장공이 공숙단을 그곳에 살게 하고는 그를 京城太叔이라 불렀다.

字義 娶 : 장가들 취 寤 : 거꾸로 오(=逆) 驚 : 놀랄 경 亟 : 자주 기
巖 : 험할, 가파를 암 佗 : 다를 타

祭(채)仲曰 都城이 過百雉[8]는 國之害也니이다 先王之制에 大都는 不過參國之一이요 中은 五之一이요 小는 九之一이니 今京不度하니 非制也라 君將不堪이리이다 公曰 姜氏欲之어시니 焉辟(피)害리오 對曰 姜氏何厭之有리오 不如早爲之所하야 無使滋蔓이니이다 蔓이면 難圖也니 蔓이면 草도 猶不可除어든 況君之寵弟乎잇가 公曰 多行不義면 必自斃하리니 子姑待之하라

祭仲(鄭나라 大夫)이 말하였다. "〈國都 이외에 신하에게 봉한〉 都城이 百雉를 넘는 것은 나라의 禍가 됩니다. 先王의 제도에 따르면 大都는 국도의 3분의 1, 中都는 5분의 1, 小都는 9분의 1을 넘지 못하는 법인데, 지금 京城은 〈백 치가 넘어〉 법도에 맞지 않으니 선왕의 제도가 아닙니다. 주군께서 장차 감당하시지 못하게 될 것입니다." 莊公이 말하였다. "姜氏께서 원하시니, 내가 어찌 화를 피할 수 있겠는가?"

채중이 대답하였다. "강씨께서 어찌 만족함이 있겠습니까? 일찌감치 조처하여 〈화의 싹이〉 뻗어나가지 못하게 하는 것만 못합니다. 일단 뻗어나가고 나면 도모하기 어려우니, 뻗어나가고 나면 풀조차도 제거하기 어려운 법인데 하물며 주군의 총애하는 아우이겠습니까?" 장공이 말하였다. "불의한 짓을 많이 저지르면 반드시 스스로 패망할 것이니, 그대는 우선 기다리리라."

字義 過 : 넘을 과 雉 : 성벽 면적 단위 치 堪 : 견딜 감 辟 : 피할 피(=避)
厭 : 만족할 염 滋 : 불을 자 蔓 : 뻗어나갈 만 圖 : 도모할, 다스릴 도
除 : 제거할 제 斃 : 쓰러질, 무너질 폐 姑 : 우선 고

旣而大(태)叔命西鄙北鄙하야 貳於己한대 公子呂曰 國不堪貳니 君將若之何오 欲與大叔인댄 臣請事之어니와 若弗與인댄 則請除之하야 無生民心하소서 公曰 無庸하라 將自

---

8 百雉 : '雉'는 높이 1丈, 길이 3장인 담이니, '百雉'는 3백 장 길이의 성곽을 가리키는 말이다. 이는 春秋時代에 諸侯가 쌓을 수 있는 城의 한도였다.

及하리라 大叔又收貳以爲己邑하고 至于廩延(늠연)하니 子封曰 可矣라 厚將得衆하리이다 公曰 不義不暱하니 厚將崩하리라

얼마 뒤에 太叔(共叔段)이 鄭나라의 서쪽과 북쪽 변방에 명하여 〈莊公과 자신〉 양쪽의 통치를 받게 하자, 公子 呂가 말하였다. "한 나라에 두 임금을 감당할 수 없으니, 주군께서는 장차 어찌할 생각이십니까? 정나라를 태숙에게 주고자 하신다면 신은 청컨대 그를 임금으로 섬기겠지만, 만약 주려 하지 않으신다면 청컨대 그를 제거하여 백성들이 딴마음을 품지 못하게 하소서." 장공이 대답하였다. "그럴 필요 없다. 장차 스스로 화에 미치게 될 것이다."

얼마 뒤에 태숙이 또 양쪽의 통치를 받던 땅을 거두어들여 자신의 고을로 삼고, 그 영토를 廩延까지 확장하니, 子封(公子 呂)이 말하였다. "때가 되었습니다. 태숙의 영토가 넓어지면 장차 많은 백성을 얻게 될 것입니다." 장공이 대답하였다. "임금에게 義理를 지키지 않고 형에게 親愛하지 않으니, 영토가 넓어지더라도 장차 무너지게 될 것이다."

字義 鄙 : 변방 비　貳 : 두 마음 품을 이　庸 : 필요할 용　收 : 거둘 수　暱 : 친할 닐
崩 : 무너질 붕

大叔完聚[9]하고 繕甲兵하며 具卒乘하야 將襲鄭하니 夫人將啓之러라 公聞其期하고 曰 可矣로다하고 命子封하야 帥(솔)車二百乘하고 以伐京하다 京叛大叔段하니 段入于鄢이어늘 公伐諸(저)鄢하니 五月辛丑에 大叔出奔共하다

太叔이 성곽을 견고히 쌓고〔完〕 군량을 모으며〔聚〕 갑옷과 무기를 수선하고 군사와 兵車를 갖추어서 鄭나라 국도를 기습하려 하니, 夫人(武姜)이 內應하여 성문을 열어주기로 하였다. 장공이 擧事하기로 한 날짜를 듣고 말하였다. "손을 쓸 때가 되었다." 子封에게 명하여 병거 2백 乘을 거느리고 가서 京城을 치게 하였다. 경성 사람들이 太叔段(共叔段)을 배반하니, 태숙단이 달아나 鄢으로 들어갔다. 장공이 언을 공격하니, 5월 신축일에 태숙단이 共으로 달아났다.

字義 完 : 견고할 완　聚 : 모을 취　繕 : 수선할 선　襲 : 습격할 습　啓 : 열 계
叛 : 배반할 반　奔 : 달아날 분

書曰 鄭伯克段于鄢이라하니 段不弟라 故不言弟하고 如二君이라 故曰克이라하고 稱鄭伯은

9 聚 : 〈杜注〉에서는 '人心을 모으다'라고 하였으나, 〈楊注〉에서 '軍糧을 모으다'라고 풀이한 것을 따라 번역하였다.

譏失敎也요 謂之鄭志라 不言出奔은 難之也일새라

經에 '鄭伯(鄭 莊公)이 鄢에서 共叔段과 싸워 이겼다.'라고 기록하였으니, 공숙단이 아우답지 못하였기 때문에 '弟(아우)'라고 말하지 않았고, 마치 두 나라 임금이 交戰하다가 〈한쪽을 포로로 잡은 것〉 같이 하였기 때문에 '克'이라고 쓴 것이다. 정 장공을 '鄭伯'이라고 칭한 것은 장공이 아우를 잘못 가르친 것을 나무란 것이니, 정백의 본심이 공숙단을 죽이는 데 있었음을 말한 것이다. 공숙단이 싸우지 않고 달아났음에도 '出奔'이라 말하지 않은 것은 〈'출분'이라 기록하면 잘못이 공숙단에게만 있게 되므로 양쪽 모두의 잘못이 드러나지 않을까〉 곤란했기 때문이다.

字義 譏 : 나무랄 기 志 : 본심, 속마음 지

遂置姜氏于城潁하고 而誓之曰 不及黃泉하얀 無相見也호리라하더니 旣而悔之하다 潁考叔爲潁谷封人이러니 聞之하고 有獻於公이라 公賜之食한대 食舍肉이어늘 公問之한대 對曰 小人有母하니 皆嘗小人之食矣요 未嘗君之羹이라 請以遺之하노이다 公曰 爾有母遺어늘 緊(예)我獨無로다 潁考叔曰 敢問컨대 何謂也잇고 公語之故하고 且告之悔한대 對曰 君은 何患焉이니잇고 若闕地及泉하야 隧而相見이면 其誰曰不然이리잇고

그러고는 姜氏를 城潁에 안치하고 맹세하기를 "黃泉에 가지 않고서는 만나지 않을 것이다."라고 하고는 얼마 뒤 후회하였다.

潁考叔은 潁谷의 封人으로 있었는데, 이 소문을 듣고는 어느 날 莊公에게 진언을 올릴 기회가 있었다. 장공이 영고숙에게 음식을 하사하자 영고숙이 음식을 먹으면서 고기는 〈먹지 않고〉 한 곳으로 모아놓자 공이 그 까닭을 물으니, 영고숙이 대답하였다. "小人에게는 어머니가 있는데, 소인이 올리는 음식은 모두 맛보았으나 주군께서 내린 국은 맛보지 못하였습니다. 청컨대 〈이 고기를 어머니께〉 갖다드리고자 합니다." 그러자 장공이 말하였다. "그대에게는 음식을 가져다드릴 어머니가 있는데, 나만 홀로 없구나!" 영고숙이 말하였다. "감히 여쭙습니다. 무슨 말씀이십니까?"

장공이 자초지종을 설명하고 또 후회하고 있다고 말하니, 영고숙이 대답하였다. "주군께서는 무엇을 걱정하십니까? 만약 물이 나오는 데까지 땅을 파고 들어가 地下에서 만나신다면 누가 〈황천에서 만났다고〉 하지 않겠습니까?"

字義 置 : 안치할 치 誓 : 맹서할 서 獻 : 바칠 헌 嘗 : 맛볼 상 羹 : 국 갱
爾 : 너(2인칭) 이 緊 : 어조사 예 闕 : 팔 궐(=掘) 隧 : 지하도 수

公從之하다 公入而賦호대 大隧之中에 其樂也融融이라하고 姜出而賦호대 大隧之外에 其樂也洩洩(예예)로다하야 遂爲母子如初하니라 君子[10]曰 潁考叔은 純孝也라 愛其母하야 施(이)及莊公이로다 詩曰 孝子不匱하야 永錫爾類[11]하니 其是之謂乎인저

莊公이 그 말을 따랐다. 장공이 지하로 들어가서 어머니를 뵙고 詩를 읊기를 "커다란 지하 속에서 즐거운 마음이 和樂하도다(融融)."라고 하였고, 姜氏가 지하 밖으로 나와서 시를 읊기를 "커다란 지하 밖에서 즐거운 마음이 겉으로 드러나도다(洩洩)."라고 하였다. 그러고는 母子가 처음처럼 지냈다. 君子가 다음과 같이 論評하였다.

"潁考叔은 독실한 孝子로다. 자신의 어머니를 사랑하는 孝誠을 미루어 장공에게까지 미쳤도다. 《詩經》〈大雅 旣醉〉에 '효자의 孝心은 끝이 없어서 영원히 너의 同類에게 영향을 미친다.'라고 하였으니, 바로 이 경우를 말한 것이다."

字義 賦 : 시 지을 부 融 : 화락할 융 洩 : 화락할 예 純 : 돈독할 순(=篤)
施 : 끼칠 이 匱 : 다할 궤 錫 : 내려줄, 하사할 석 類 : 종류, 비슷한 부류 류

【經】秋七月에 天王이 使宰咺(훤)[12]來歸(궤)惠公仲子之賵(봉)[13]하다

가을 7월에 天王(周 平王)이 宰咺을 보내와서 惠公과 仲子의 賵을 주었다.

【傳】秋七月에 天王이 使宰咺來歸惠公仲子之賵하니 緩이요 且子氏未薨이라 故名하다 天子는 七月而葬하니 同軌[14]畢至하고 諸侯는 五月이니 同盟至하고 大夫는 三月이니 同位至하고 士는 踰月이니 外姻至라 贈死不及尸하며 弔生不及哀하고 豫凶事하니 非禮也니라

---

10 君子 : 傳文에서 칭하는 '君子曰'이란 것은 모두 左氏가 君子의 말을 가탁하여 論斷한 것이다. 그러나 그 말이 대부분 淺陋하여 正大한 義理로 절충하지 못하였다. 뒤에 나오는 '君子曰'과 '君子謂'도 모두 이와 같다.(朱申, 《春秋左傳詳節句解》)

11 詩曰……永錫爾類 : 《詩經》〈大雅 旣醉〉에 보인다. '永錫爾類'는 "영원히 너의 무리에게 福이 미칠 것이다."라는 뜻인데, 林堯叟(宋)는 "孝子의 마음은 끝이 없어서 영원히 나의 孝誠으로 효심을 가진 같은 무리에게 영향을 끼쳐 모두 효자가 되게 한다는 말이다."라고 풀이하였다. 임요수의 설이 君子의 논평과 의미가 통하므로 이 해석을 따랐다.

12 宰咺(훤) : '宰'는 官名이고, '咺'은 人名이다.(杜注)

13 賵(봉) : 喪家에 扶助하는 물건이다.(杜注)

14 同軌 : '바퀴의 폭이 같은 수레'라는 뜻으로, 통일된 天子國의 지배를 받는 諸侯들을 가리킨다.

가을 7월에 天王이 宰咺을 魯나라에 사신으로 보내와서 惠公과 仲子의 賵을 주었으니 〈혜공을 장사 지낸 이후이므로 그 시기가 이미〉 늦었고, 또 子氏(중자)는 아직 죽지도 않았으므로 폄하하여 이름을 기록하였다.

天子는 죽은 지 7개월 만에 장사 지내니 同軌의 諸侯가 모두 조문을 오고, 제후는 5개월 만에 장사 지내니 同盟國이 오고, 大夫는 3개월 만에 장사 지내니 同位의 官員이 오고, 士는 달을 넘겨 장사 지내니 인척이 온다. 死者(혜공)를 위해 물품을 주되 장사 지내기 이전(尸)에 미치지 못하였고, 生者(隱公)를 위해 조문하되 슬퍼할 때에 미치지 못하였으며, 〈살아 있는 중자에게 賵을 주어〉 凶事를 미리 행하였으니 禮에 맞는 처사가 아니었다.

字義 賵 : 부의 물품 봉　緩 : 늦을 완　軌 : 수레바퀴 너비 궤　畢 : 모두 필
踰 : 넘을 유　姻 : 인척 인　贈 : 줄 증　尸 : 장사 지내기 이전 시　弔 : 위로할 조
豫 : 미리 예

八月에 紀人伐夷호대 夷不告라 故不書요 有蜚호대 不爲災하니 亦不書하다

8월에 紀人이 夷나라를 토벌하였으나 이나라가 魯나라에 통고하지 않았기 때문에 經에 기록하지 않았다. 蜚(負蠜, 벼메뚜기)가 있었으나 그 피해가 災害가 될 만하지 않았기 때문에 이 또한 經에 기록하지 않았다.

字義 蜚 : 벼메뚜기, 쌕쌔기 비　災 : 재해 재

【經】九月에 及宋人盟于宿[15]하다

9월에 隱公이 宋人과 宿에서 結盟하였다.

【傳】惠公之季年에 敗宋師于黃이러니 公立而求成焉하야 九月에 及宋人盟于宿하니 始通也라

魯 惠公 말년에 宋나라 군대를 黃에서 패배시켰는데, 隱公이 즉위하자 송나라가 講和하기를 요구하였다. 9월에 宋人과 宿에서 結盟하였으니, 두 나라가 비로소 通好한 것이다.

字義 季 : 끝, 마지막 계　始 : 비로소 시

---

15 及宋人盟于宿 : 盟約을 주관하는 자의 이름을 기록하지 않은 것은 會盟에 참여한 자들이 모두 벼슬이 낮은 자들이었기 때문이다.(杜注)

【經】冬이라

겨울이다.

【傳】十月庚申에 改葬惠公호대 公弗臨이라 故不書하다 惠公之薨也에 有宋師하고 太子少하야 葬故有闕이라 是以改葬하다

10월 경신일에 惠公을 改葬하였으나 隱公이 〈桓公을 위하여 喪主를 사양하고〉 哭臨하지 않았으므로 經에 기록하지 않았다. 혜공이 薨하였을 때에 宋나라와 전쟁 중이었고, 太子 환공은 나이가 어려서 葬禮에 부족한 점이 있었으므로 개장한 것이다.

字義 臨 : 임할 림 少 : 어릴 소 闕 : 부족할, 빠질 궐

衛侯來會葬호대 不見公하니 亦不書하다

衛侯가 와서 장례에 참가하였으나 〈諸侯는 제후의 장례에 참가하지 않는 것이 禮이므로〉 隱公을 만나지 않았으니, 이 또한 經에 기록하지 않았다.

鄭共叔之亂에 公孫滑出奔衛러니 衛人爲之伐鄭하야 取廩延하다 鄭人以王師虢師로 伐衛南鄙할새 請師於邾한대 邾子使私於公子豫하니 豫請往이어늘 公弗許하다 遂行하야 及邾人鄭人盟于翼하니 不書는 非公命也일새라 新作南門하니 不書는 亦非公命也일새라

鄭나라 共叔段이 亂을 일으켰을 때 〈그의 아들〉 公孫滑이 衛나라로 달아났는데, 衛人이 그를 위해 정나라를 공격하여 廩延을 탈취하였다. 鄭人은 天王의 군대와 虢나라의 군대를 거느리고 위나라 남쪽 변방을 공격하면서 한편으로 邾나라에 援兵을 청하였다. 邾子가 公子 豫(魯나라 大夫)에게 사람을 보내 사적으로 〈군대를 요청하니,〉 공자 예가 구원하러 가기를 청하였으나 은공이 허락하지 않았다. 결국 〈공자 예가 멋대로〉 出兵하여 邾人 · 鄭人과 翼에서 結盟하였다.

經에 기록하지 않은 것은 은공이 명한 일이 아니었기 때문이다. 새로 南門을 축조하였으니, 經에 기록하지 않은 것은 역시 은공이 명한 일이 아니었기 때문이다.

【經】十有二月에 祭(채)伯來하다

12월에 祭伯이 魯나라에 왔다.

【傳】十二月에 祭伯來하니 非王命也라

12월에 祭伯(天王의 卿士)이 魯나라에 왔으니, 천왕의 命을 받고 온 것이 아니었다.

【經】公子益師卒하다

公子 益師가 卒하였다.

【傳】衆父(보)卒하니 公不與小斂[16]이라 故不書日하다

衆父(公子 益師)가 卒하였는데, 隱公이 小斂에 참여하지 않았으므로 經에 죽은 날짜를 기록하지 않았다.

字義 斂 : 염습할 염(=殮)

〈2년, 庚申(B.C. 721)〉

【經】二年이라 春에 公會戎于潛하다

2년이다. 봄에 隱公이 潛에서 戎과 會見하였다.

【傳】二年이라 春에 公會戎于潛하니 修惠公之好也라 戎請盟이어늘 公辭하다

2년이다. 봄에 隱公이 潛에서 戎과 회견하였으니, 이는 惠公이 재위하던 시기의 우호를 다시 회복한 것이다. 융이 결맹까지 하자고 요청하였으나 은공이 사양하였다.

【經】夏五月에 莒(거)人入向(상)하다

여름 5월에 莒人이 向나라로 쳐들어갔다.

16 小斂 : 屍體를 목욕시킨 후 옷을 입히고 이불로 싸는 葬禮 절차를 이른다.(《漢韓大辭典》)

【傳】莒子娶于向이러니 向姜不安莒而歸어늘 夏에 莒人入向하야 以姜氏還하다

莒子가 向나라에서 아내를 맞이하였는데, 〈夫婦간의 琴瑟이 좋지 않으므로〉 向姜이 莒나라에 사는 것을 불편하게 여겨 상나라로 돌아갔다. 여름에 莒人이 상나라로 쳐들어가서 姜氏(向姜)를 데리고 거나라로 돌아왔다.

【經】無駭帥(솔)師入極하다

無駭(魯나라 卿)가 군대를 거느리고 極나라로 쳐들어갔다.

【傳】司空無駭入極하니 費庈父(금보)勝之하다

司空 無駭가 군대를 거느리고 極나라로 쳐들어가니, 費庈父(費伯, 魯나라 大夫)가 極나라를 멸망시켰다.

【經】秋八月庚辰에 公及戎盟于唐하다

가을 8월 경진일에 隱公이 唐에서 戎과 結盟하였다.

【傳】戎請盟이어늘 秋에 盟于唐하니 復(부)修戎好也러라

戎이 結盟을 요청하자 가을에 唐에서 결맹하였으니, 다시 戎과 修好한 것이다.

【經】九月에 紀裂繻(수)來逆女하다

9월에 紀나라 大夫 裂繻가 魯나라에 와서 〈紀나라로 시집갈〉 여인을 맞이하였다.

【傳】九月에 紀裂繻來逆女하니 卿爲君逆也러라

9월에 紀나라 裂繻가 魯나라에 와서 〈紀나라로 시집갈〉 여인을 맞이하였으니, 卿으로서 군주를 위해 맞이한 것이다.

字義 逆 : 맞이할 역

【經】冬十月에 伯姬歸于紀하다

겨울 10월에 伯姬(魯나라의 딸)가 紀나라로 시집갔다.

【經】紀子帛이 莒(거)子盟于密하다

紀나라 子帛(裂繻)이 〈魯나라와 莒나라를 화해시키기 위하여〉 莒子와 密에서 結盟하였다.

【傳】冬에 紀子帛이 莒子盟于密하니 魯故也러라

겨울에 紀나라 子帛(裂繻)이 莒子와 密에서 결맹하였으니, 이는 魯나라〈와 莒나라를 화해시키고자 했기〉 때문이다.

【經】十有二月乙卯에 夫人子氏薨하다

12월 을묘일에 夫人 子氏(仲子)가 薨하였다.

【經】鄭人伐衛하다

鄭人이 衛나라를 쳤다.

【傳】鄭人伐衛하니 討公孫滑之亂也러라

鄭人이 衛나라를 치니, 公孫滑의 반란을 도와주었으므로 討伐한 것이다.

〈3년, 辛酉(B.C. 720)〉

【經】三年이라 春王二月己巳에 日有食之[17]하다

3년이다. 봄 周王 2월 기사일에 日食하였다.

【經】三月庚戌에 天王崩하다

3월 경술일에 天王(周 平王)이 崩하였다.

【傳】三年이라 春王三月壬戌에 平王崩이나 赴以庚戌이라 故書之하다

3년이다. 봄 周王 3월 임술일에 周 平王이 崩하였으나, 경술일로 부고하였기 때문에 經에 그렇게 기록하였다.

字義 赴 : 부고할 부

【經】夏四月辛卯에 君氏卒[18]하다

여름 4월 신묘일에 君氏(隱公의 어머니 聲子)가 卒하였다.

【傳】夏에 君氏卒하니 聲子也라 不赴于諸侯하고 不反哭于寢하며 不祔于姑라 故不曰薨이라하고 不稱夫人이라 故不言葬[19]하며 不書姓하고 爲公故曰君氏라하다

여름에 君氏가 卒하였으니 聲子(隱公의 어머니)이다. 〈은공이 정식으로 군주의 자리에 오르지 않았으므로〉 제후에게 赴告하지 않고, 正寢에 反哭하지 않고, 姑廟에 祔祭하지 않았기 때문에 '薨'이라 하지 않았고, 夫人이라 칭하지 않았기 때문에 葬事라 말하지 않았으며 姓을 기록하지 않았고, 은공의 어머니이기 때문에 君氏라고 칭한 것이다.

字義 寢 : 寢殿 침 祔 : 제사이름 부 姑 : 시어미 고

---

17 日有食之 : 日食은 해와 달이 天體를 운행하는 속도에 따라 1년에 12번 마주칠 때 해가 달에 가리어지는 현상을 이른다. 예로부터 이를 災異로 여겼는데, 朝鮮에서는 《春秋》에 보이는 재이 현상만을 따로 모아 해설한 許穆(鮮)의 《春秋災異》를 참조할 만하다.

18 君氏卒 : 隱公이 감히 정식 군주의 禮를 따르지 않았기 때문에 그 어머니에게도 감히 〈夫人의〉 禮를 갖추지 않은 것이다.(杜注)

19 不赴于諸侯……故不言葬 : 夫人의 喪禮에는 세 가지가 있다. 薨하면 동맹국에 부고하는 것이 첫 번째이고, 장사 지낸 뒤 그날 중으로 묘소에서 돌아와 正寢에서 虞祭를 지내는 것이 이른바 '正寢에 反哭한다.'는 것이니 이것이 두 번째이고, 卒哭하고서 祖姑의 사당에 祔祭를 지내는 것이 세 번째이다. 이 세 가지를 모두 행하였으면 '夫人某氏薨'·'葬我小君某氏'라고 기록하니, 이는 예를 갖추었을 때의 문투이다.(杜注)

鄭武公莊公爲平王卿士[20]러니 王貳于虢한대 鄭伯怨王이어늘 王曰 無之로라 故周鄭交質하야 王子狐는 爲質於鄭하고 鄭公子忽은 爲質于周하다 王崩커늘 周人將畀虢公政이러니 四月에 鄭祭(채)足帥(솔)師하야 取溫之麥하고 秋에 又取成周之禾[21]하니 周鄭交惡(오)하다

鄭나라의 武公과 莊公이 代를 이어 周 平王의 卿士가 되었는데, 평왕이 장공에게 주었던 政權을 兩分하여 虢公(西虢公)에게 그 반을 주려 하자, 鄭伯(장공)이 평왕을 원망하니 평왕이 거짓으로 말하였다. "그럴 뜻이 없다." 그러므로 周나라와 鄭나라가 인질을 교환하여 王子 狐(평왕의 아들)는 정나라에서 인질이 되고, 정나라 公子 忽(장공의 아들)은 주나라에서 인질이 되었다.

평왕이 죽자 周人이 괵공에게 정권을 맡기려 했는데, 4월에 鄭나라 祭足이 군대를 거느리고 와서 溫의 보리를 베어 짓밟고〔取〕, 가을에 또 成周의 벼를 베어 짓밟았으니, 이로 인해 주나라와 정나라가 서로 미워하였다.

蘋

蘩

藻

君子曰 信不由中이면 質無益也라 明恕而行하고 要之以禮면 雖無有質이라도 誰能間之오 苟有明信이면 澗谿沼沚之毛[22]와 蘋蘩蘊藻[23]之菜와 筐筥錡釜[24]之器와 潢汙行潦[25]之水를 可薦於鬼神이며 可羞於

20 卿士 : 天子를 보좌하는 執政官을 이른다.(《新譯 左傳讀本》)

21 四月……又取成周之禾 : 《春秋》에 기록된 4월은 지금의 2월이고, 가을은 지금의 여름이다. 보리와 벼가 아직 다 익지도 않았는데 '取'라고 말한 것은 아마도 베어 짓밟은 것인 듯하다.(杜注)

22 澗谿沼沚之毛 : '谿'도 시내〔澗〕이고 '沼'는 연못이며, '沚'는 작은 저수지이고, '毛'는 水草이다.(杜注)

23 蘋蘩蘊藻 : '蘋'은 大萍(마름)이고, '蘩'은 皤蒿(산흰쑥)이며, '蘊藻'는 聚藻(붕어마름)이다.(杜注)

24 筐筥錡釜 : 바구니 모양이 네모진 것을 '筐'이라 하고 둥근 것을 '筥'라 하며, 솥에 발이 있는 것을 '錡'라 하고 발이 없는 것을 '釜'라 한다.(杜注)

25 潢汙行潦 : '潢汙'는 고여 있는 물이고, '行潦'는 흐르는 물이다.(杜注)

王公이온 而況君子結二國之信하야 行之以禮면 又焉用質이리오 風有采蘩采蘋하고 雅有行葦泂酌하니 昭忠信也[26]라

君子가 다음과 같이 논평하였다.

"信義가 마음을 통해 나오지 않으면 인질을 두어도 무익하다. 光明하고 磊落한 마음으로 일을 처리하고 〈上下 · 大小의〉 禮節로 단속한다면 비록 인질이 없더라도 누가 그 사이를 이간할 수 있겠는가.

가령 이 마음이 명백하고 진실하다면 澗 · 谿 · 沼 · 沚에서 자라는 水草와, 蘋 · 蘩 · 薀藻 등의 野菜와, 筐 · 筥 · 錡 · 釜 등의 器物과, 潢汙 · 行潦의 물과 같은 하찮은 것이라도 모두 鬼神에게 바칠 수 있고 王公에게 올릴 수 있는데, 하물며 군자가 두 나라 사이에 신의를 맺어 예로써 일을 처리한다면 또 인질이 무슨 소용이 있겠는가. 《詩經》의 風에는 〈采蘩〉 · 〈采蘋〉이 있고, 雅에는 〈行葦〉 · 〈泂酌〉이 있으니, 이는 모두 忠信을 밝힌 詩이다."

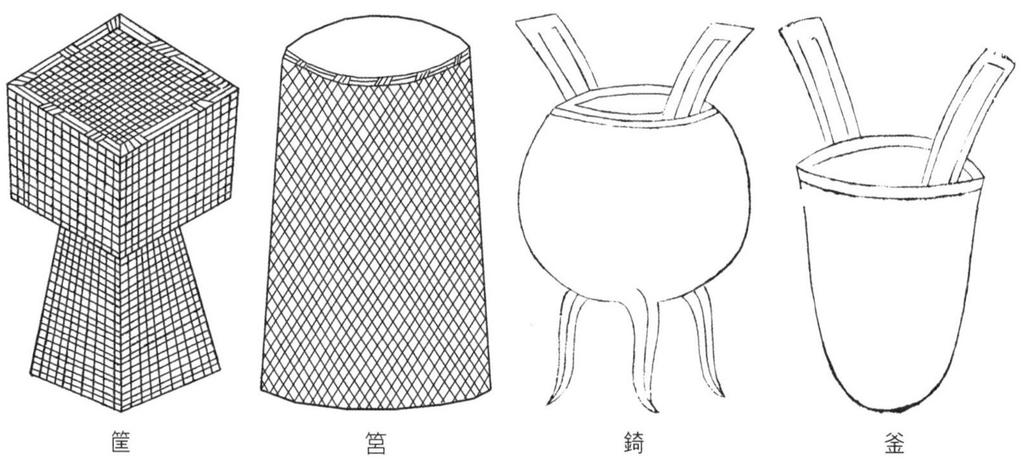

筐　筥　錡　釜

字義 畀 : 줄 비　由 : ~로부터 유　間 : 이간질할 간　澗 : 시내 간　谿 : 연못 계　沼 : 못 소
沚 : 못 지　毛 : 수초 모　蘋 : 마름 빈　蘩 : 산흰쑥 번　薀 : 수초 온　藻 : 수초 조
筐 : 네모 바구니 광　筥 : 둥근 바구니 거　錡 : 솥 기　釜 : 솥 부　潢 : 괴인 물 황
汙 : 웅덩이 오　潦 : 큰비 료　薦 : 바칠 천　羞 : 올릴 수

26 風有采蘩采蘋……昭忠信也 : 〈采蘩〉과 〈采蘋〉은 祭需로 올리는 물건으로 薄物(변변치 못한 물건)도 꺼리지 않는다는 뜻이고, 〈行葦〉는 忠厚의 뜻이며, 〈泂酌〉은 길가에 흐르는 물도 길어다 제사에 쓸 수 있다는 뜻이다. 네 개의 시는 모두 제사를 주관하는 자의 행실이 충후하면 변변치 못한 물건이라도 제수로 쓸 수 있음을 밝힌 것이다.

【經】秋에 武氏子來求賻[27]하다

가을에 武氏의 아들이 와서 賻儀를 요구하였다.

【傳】武氏子來求賻하니 王未葬也일새라

武氏의 아들이 魯나라에 와서 賻儀를 요구하였으니, 〈이름이나 官職을 쓰지 않고 '武氏子'라고 쓴 것은〉 周 平王의 葬禮를 치르지 못했기 때문이다.

字義 賻 : 부의 부

【經】八月庚辰에 宋公和卒[28]하다

8월 경진일에 宋公 和가 卒하였다.

【傳】宋穆公疾에 召大司馬孔父(보)而屬殤公焉하야 曰 先君舍與夷而立寡人하니 寡人不敢忘하노라 若以大夫之靈으로 得保首領以沒하야 先君若問與夷면 其將何辭以對오 請子奉之하야 以主社稷하라 寡人雖死라도 亦無悔焉이리라 對曰 群臣願奉馮也하노이다 公曰 不可하다 先君以寡人爲賢이라하야 使主社稷하시니 若棄德不讓이면 是廢先君之擧也라 豈曰能賢이리오 光昭先君之令德을 可不務乎아 吾子其無廢先君之功하라하고 使公子馮出居于鄭하다 八月庚辰에 宋穆公卒하니 殤公卽位하다

宋 穆公이 병세가 위중하자 大司馬 孔父를 불러서 殤公(與夷)을 부탁하며 말하였다.

"先君(宋 宣公)께서 〈嫡子인〉 與夷를 제쳐두고 寡人을 임금으로 세우셨으니, 그 恩德을 과인은 감히 잊을 수 없다. 만약 大夫의 도움〔靈〕으로 내가 몸을 온전히 보존하고 죽었을 때 선군께서 여이의 안부를 물으시면 장차 무슨 말로 대답하겠는가? 그대는 여이를 받들어 그가 社稷을 주관하게 하라. 그렇게 되면 과인이 비록 죽더라도 후회가 없을 것이다."

공보가 대답하였다. "뭇 신하들이 馮(목공의 아들, 훗날 宋 莊公)을 받들고자 합니다." 목공이 말하였다.

---

27 賻 : 喪家를 돕는 물자이다.(林堯叟, 《春秋左傳句解》)

28 宋公和卒 : '卒'이라고 칭한 것은 외국 군주의 죽음을 한 등급 낮게 기록하여 내국(魯) 군주의 죽음과 구별한 것이다.(杜注)

“안 된다. 선군께서 과인을 어질다고 여겨 사직을 주관하게 하셨는데, 만약 그 은덕을 저버리고 여이에게 讓位하지 않는다면 이는 선군의 조치를 저버리는 것이다. 어찌 재능과 어진 덕〔能賢〕이 있다 하겠는가. 그러니 선군의 아름다운 덕을 밝히는 데 힘쓰지 않아서야 되겠는가. 그대는 선군의 功德을 저버리지 말라.”

그러고는 公子 馮을 鄭나라로 내보내어 그곳에서 살게 하였다. 8월 경진일에 송 목공이 卒하니, 殤公이 즉위하였다.

字義 疾 : 병 위중할 질 屬 : 부탁할 촉 靈 : 도움 령 領 : 목 령 讓 : 양보할 양
擧 : 조치, 일 거 令 : 아름다울 령

君子曰 宋宣公은 可謂知人矣로다 立穆公하야 其子饗之하니 命以義夫인저 商頌에 曰 殷受命咸宜라 百祿是荷라하니 其是之謂乎인저

君子가 다음과 같이 논평하였다.

“宋 宣公은 사람을 잘 알아보았다고 할 만하다. 穆公을 세워서 아들(殤公)이 君位를 누리게 하였으니, 이는 그의 遺命이 道義에서 나왔기 때문이다. 《詩經》 〈商頌 玄鳥〉에 ‘殷나라는 天命을 주고받은 것이 모두 도의에 맞았으므로, 많은 福祿을 받았다.’라고 하였으니, 바로 이런 경우를 이른 것이다.”

字義 咸 : 모두, 다 함 荷 : 받을 하

【經】 冬十有二月에 齊侯鄭伯盟于石門하다

겨울 12월에 齊侯와 鄭伯이 石門에서 結盟하였다.

【傳】 冬에 齊鄭盟于石門하니 尋盧之盟也러라 庚戌에 鄭伯之車僨于濟하다

겨울에 齊나라와 鄭나라가 石門에서 結盟하였으니, 이는 盧에서의 결맹을 거듭 천명한 것이다. 경술일에 결맹을 마치고 돌아가던 鄭伯(鄭 莊公)의 수레가 濟水에서 엎어졌다.

字義 僨 : 넘어질, 엎어질 분

【經】 癸未에 葬宋穆公하다

계미일에 宋 穆公(宋公 和)을 장사 지냈다.

〈4년, 壬戌(B.C. 719)〉

【經】 四年이라 春王二月에 莒(거)人伐杞하야 取牟婁하다

4년이다. 봄 周王 2월에 莒人이 杞나라를 쳐서 牟婁를 탈취하였다.

【經】 戊申에 衛州吁弒其君完하다

무신일에 衛나라 州吁가 그 임금 完(衛 桓公)을 弑害하였다.

【傳】 衛莊公娶于齊東宮得臣之妹하니 曰莊姜이라 美而無子하니 衛人所爲賦碩人[29]也라 又娶于陳하니 曰厲嬀(여규)라 生孝伯이러니 早死하고 其娣戴嬀生桓公이어늘 莊姜以爲己子하다 公子州吁는 嬖人之子也라 有寵而好兵호대 公弗禁하니 莊姜惡(오)之하니라

衛 莊公이 齊나라 東宮(太子) 得臣의 여동생을 아내로 맞이하니 莊姜이라 한다. 美色이 있었으나 자식이 없으니, 衛나라 사람들이 그녀를 위하여 〈碩人〉 詩를 지었다. 위 장공이 또 陳나라에서 아내를 맞이하니 厲嬀라 한다. 孝伯을 낳았는데 일찍 죽었고, 여규의 동생 戴嬀가 桓公을 낳으니 장강이 환공을 자기의 아들로 삼았다.

公子 州吁는 嬖人의 아들이다. 장공이 주우를 총애하여 그가 兵事를 좋아하는데도 제지하지 않으니, 장강이 그를 미워하였다.

字義 妹 : 손아래 누이 매　娣 : 손아래 누이 제　嬖 : 총애할 폐

石碏(작)諫曰 臣聞愛子호대 敎之以義方하야 弗納於邪라하니 驕奢淫泆은 所自邪也라 四者之來는 寵祿過也일새니 將立州吁인댄 乃定之矣어니와 若猶未也인댄 階之爲禍리이다 夫寵而不驕하며 驕而能降하며 降而不憾하며 憾而能眕者는 鮮矣니이다 且夫賤妨貴하고 少陵長하며 遠間親하고 新間舊하며 小加大하고 淫破義는 所謂六逆也요 君義臣行하며 父慈子孝하며 兄愛弟敬은 所謂六順也니 去順效逆은 所以速禍也라 君人者는 將禍是務去어늘 而速之하시니 無乃不可乎잇가 弗聽하다 其子厚가 與州吁游어늘 禁之호대 不可라 桓公立에

29　碩人 : 《詩經》〈衛風 碩人〉에 보인다.

乃老하다

石碏이 간언하였다.

"臣이 들으니, 자식을 사랑하되 의로운 방도로 가르쳐서 사특한 데로 들지 않게 해야 한다고 하였습니다. 교만 · 사치 · 과욕 · 방자함은 사특함으로부터 오는 것이니, 이 네 가지를 초래하는 원인은 총애와 부귀가 지나치기 때문입니다. 만약 州吁를 太子로 세우고자 하신다면 즉시 그를 후계로 정하셔야 할 것이지만, 그렇게 하지 않으시면 〈그가 총애와 부귀를〉 발판 삼아 화란을 일으킬 것입니다. 대저 총애를 받으면서도 교만하지 않고, 교만하면서도 자신을 잘 낮추며, 억지로 자신을 낮추면서도 忿恨한 마음을 갖지 않으며, 분한한 마음을 갖고서도 참고 견디는 자는 드뭅니다.

게다가 비천한 이(庶孼)가 존귀한 이(嫡子)를 해치고 연소자가 연장자를 능멸하며, 사이가 소원한 자가 친근한 자를 이간하고 새로 관직에 진출한 사람(新進)이 오랫동안 관직에 있던 사람(耆舊)을 이간하며, 小國이 大國를 침공하고 淫慾이 道義를 파괴하는 것은 이른바 '六逆(여섯 가지 패역)'이고, 임금이 일처리를 도의에 맞게 하고 신하가 군주의 명을 따라 행하며, 아비가 자애롭고 자식이 효도하며, 형이 우애롭고 아우가 공경하는 것은 이른바 '六順(여섯 가지 순리)'이니, 육순을 버리고 육역을 본받는 것이 화를 재촉하는 원인입니다. 임금은 마땅히(將) 화를 제거하는 데 힘써야 하는데 〈도리어 화를〉 재촉하시니 불가하지 않습니까."

그러나 장공은 간언을 따르지 않았다. 석작의 아들 石厚가 州吁와 교유하였는데, 석작이 저지하였으나 저지하지 못했다. 衛 桓公이 즉위하자 석작이 곧바로 致仕하였다.

字義 驕 : 교만할 교 奢 : 사치할 사 淫 : 지나칠 음 泆 : 방자할 일 憾 : 원망할, 한스러울 감
昣 : 참고 견딜 진 鮮 : 드물 선 妨 : 해칠 방 陵 : 능멸할 릉 將 : 마땅히 장
禁 : 금할, 제지할 금 老 : 致仕할 로

四年이라 春에 衛州吁弑桓公而立하다

4년이다. 봄에 衛나라 州吁가 桓公을 시해하고 스스로 임금이 되었다.

【經】 夏에 公及宋公遇于淸하다

여름에 隱公이 宋 殤公과 淸에서 만났다.

【傳】公與宋公爲會하야 將尋宿之盟[30]이러니 未及期하야 衛人來告亂하다 夏에 公及宋公遇于淸하다

隱公이 宋 殤公과 회합하여 宿에서의 結盟을 거듭 천명하려 하였는데, 期日이 되기 전에 衛나라 사람이 魯나라에 와서 叛亂(州吁의 난리)이 일어났음을 고하였다. 여름에 은공이 宋公과 淸에서 만났다.

字義 尋 : 거듭할, 반복할 심

【經】宋公陳侯蔡人衛人伐鄭하다

宋公 · 陳侯 · 蔡人 · 衛人이 鄭나라를 토벌하였다.

【傳】宋殤公之卽位也에 公子馮出奔鄭하니 鄭人欲納之하다 及衛州吁立하야 將修先君之怨於鄭[31]하고 而求寵於諸侯하야 以和其民하야 使告於宋하야 曰 君若伐鄭하야 以除君害인댄 君爲主하야 敝邑以賦[32]로 與陳蔡從호리니 則衛國之願也라한대 宋人許之하다 於是에 陳蔡方睦於衛라 故宋公陳侯蔡人衛人伐鄭하야 圍其東門이러니 五日而還하다

宋 殤公(與夷)이 즉위하자 公子 馮(穆公의 아들)이 鄭나라로 달아나니, 鄭人이 그를 宋나라로 들여보내려 하였다. 衛나라 州吁는 군주가 되고 나서 정나라에 대한 先君의 원한을 갚고 제후들에게 총애를 구하여 民心을 안정시키려 하면서 송나라에 사신을 보내 고하였다.

"임금께서 만약 정나라를 쳐서 君의 걱정거리(공자 풍)를 제거하려 하신다면, 임금을 盟主로 모시고 우리나라(敝邑)가 군대를 거느려 陳 · 蔡나라와 함께 종군하겠으니, 이것이 위나라의 바람입니다."

그러자 宋人이 허락하였다. 이때에 진 · 채나라는 한창 위나라와 화목하였기 때문에 宋公 · 陳侯 · 蔡人 · 衛人이 정나라를 쳐서 그 東門을 포위하더니, 5일 만에 포위를 풀고 돌아갔다.

字義 敝 : 겸사로 쓰는 접두사 폐　圍 : 포위할 위

---

30 尋宿之盟 : 魯나라와 宋나라가 宿에서 結盟한 것은 隱公 원년에 보인다.

31 先君之怨於鄭 : 隱公 2년에 鄭人이 衛나라를 공격했던 원한을 말한다.

公問於衆仲曰 衛州吁其成乎아 對曰 臣聞以德和民이요 不聞以亂이니 以亂은 猶治絲而棼之也라 夫州吁는 阻[33]兵而安忍하니 阻兵이면 無衆이요 安忍이면 無親이니 衆叛親離면 難以濟矣라 夫兵은 猶火也니 不戢이면 將自焚也라 夫州吁弑其君하고 而虐用其民하야 於是乎不務令德하고 而欲以亂成하니 必不免矣리이다

隱公이 衆仲(祭仲)에게 물었다. "衛나라 州吁가 성공하겠는가?" 중중이 대답하였다.

"臣은 德으로 백성을 안정시킨다는 말은 들었지 亂(전쟁)으로 안정시킨다는 말은 듣지 못했으니, 亂으로 안정시키는 것은 실을 정리하려다 도리어 엉키게 만드는 것과 같습니다. 주우는 군대의 威力을 믿고 잔인한 짓을 편안히 하고 있으니, 군대의 위력을 믿으면 대중을 잃고 잔인한 짓을 편안히 하면 친근한 사람을 잃게 됩니다. 대중이 背叛하고 친근한 사람이 離叛하면 일을 이루기 어려울 것입니다.

군대는 불과 같으니, 그치게 하지 않으면 스스로를 불태우게 될 것입니다. 주우는 임금(衛桓公)을 시해하고 백성을 포학하게 부리면서 이에 善한 덕〔令德〕을 쌓는 데 힘쓰지 않고 亂으로 일을 성공시키고자 하니, 반드시 禍를 면하지 못할 것입니다."

字義 治 : 정리할 치　絲 : 실 사　棼 : 뒤섞여 얽힐 분　阻 : 의지할 조　濟 : 이룰, 성공할 제
戢 : 단속할 집

【經】秋에 翬帥(휘솔)師하야 會宋公陳侯蔡人衛人하야 伐鄭하다

가을에 〈魯나라 大夫인 公子〉 翬가 군사를 거느리고 가서 宋公 · 陳侯 · 蔡人 · 衛人과 회합하여 鄭나라를 토벌하였다.

【傳】秋에 諸侯復(부)伐鄭할새 宋公使來乞師어늘 公辭之하다 羽父(보)請以師會之어늘 公弗許호대 固請而行하다 故書曰 翬帥師라하니 疾之也라 諸侯之師敗鄭徒兵하고 取其禾而還하다

---

32 賦 : 《論語》 〈公冶長〉에서 孔子가 子路의 재주를 평가하면서 "千乘의 나라에서 군대를 다스릴 만하다.〔千乘之國 可使治其賦也〕"라고 하였는데, 朱熹는 《論語集註》에서 "'賦'는 '兵'이니, 옛날에 田賦를 따져 兵役을 차출했기 때문에 兵을 賦라고 하였다.〔賦 兵也 古者以田賦出兵 故謂兵爲賦〕"라고 풀이하였다.

33 阻 : '믿는다〔恃〕'는 뜻이다.(杜注)

가을에 제후들이 다시 鄭나라를 토벌할 때 宋公(殤公)이 魯나라에 사신을 보내 출병해줄 것을 요청하였으나 隱公이 사절하였다. 그러자 羽父(公子 翬)가 군사를 거느리고 가서 제후의 군대와 회합할 것을 청하였는데, 은공이 허락하지 않았으나 굳이 청하여 出行하였다. 그러므로 經에 기록하기를 "翬가 군대를 거느리고 갔다."라고 하였으니, 은공의 명을 따르지 않았음을 미워한 것이다. 제후의 군대가 정나라의 步兵을 패배시키고 벼를 베어 가지고 돌아갔다.

字義 乞 : 구할, 요청할 걸　固 : 굳이 고　疾 : 미워할 질

【經】九月에 衛人殺州吁[34]于濮하다

9월에 衛人이 濮에서 州吁를 죽였다.

【傳】州吁未能和其民이어늘 厚問定君於石子한대 石子曰 王覲爲可니라 曰 何以得覲이니잇고 曰 陳桓公이 方有寵於王하고 陳衛方睦하니 若朝陳하야 使請이면 必可得也리라 厚從州吁하야 如陳한대 石碏使告于陳曰 衛國褊小하고 老父耄矣일새 無能爲也로니 此二人者 實弑寡君이니 敢卽圖之하라 陳人執之하고 而請涖於衛한대 九月에 衛人使右宰醜로 涖殺州吁于濮하고 石碏使其宰獳(누)羊肩涖殺石厚于陳하다

州吁가 衛나라 백성을 안정시키지 못하자, 石厚가 石子(石碏)에게 君位를 안정시킬 방법을 물으니, 석자가 말하였다. "周 天王에게 朝覲하여 인정을 받으면 안정시킬 수 있을 것이다." 그러자 석후가 물었다. "어떻게 해야 천왕께 조근할 수 있습니까?" 석자가 말하였다. "陳 桓公이 한창 천왕에게 총애를 받고 있고, 陳나라와 衛나라의 관계가 한창 화목하니, 만약 주우가 진나라에 조현하여 〈진나라에게 대신 천왕에게 요청해주길〉 청하면 반드시 인정을 받을 수 있을 것이다."

이에 석후가 주우를 扈從하여 진나라로 가자, 석작이 진나라에 사람을 보내 고하였다. "위나라는 땅이 협소하고 저는 늙었기 때문에 아무 일도 할 수 없습니다. 이 두 사람(주우 · 석후)이 실로 우리 임금을 시해하였으니, 〈그들이 진나라에 도착하면〉 즉시 도모하시기 바랍니다."

陳人이 그들을 체포하고는 위나라 사람이 와서 직접 처치하기를 청하였다. 9월에 衛人이

34 州吁 : 州吁는 군주를 弑害하여 즉위하였고, 회맹에도 참여하지 않았기 때문에 '君'이라고 칭하지 않은 것이다.(杜注)

右宰 醜를 보내 濮에서 주우를 죽이고, 석작이 자기의 家臣인 獳羊肩을 보내 진나라에서 석후를 죽였다.

君子曰 石碏은 純臣也라 惡(오)州吁而厚與焉하니 大義滅親이 其是之謂乎인저

君子가 다음과 같이 논평하였다.

"石碏은 純厚한 신하이다. 주우를 미워하여 〈자기 아들인〉 石厚까지 제거하였으니, 大義滅親이란 이러한 경우를 이른 말일 것이다."

字義 和 : 안정시킬 화 覲 : 뵐 근 睦 : 화목할 목 褊 : 좁을 편 耄 : 늙은이 모
弑 : 시해할 시 涖 : 임할 리

【經】 冬十有二月에 衛人立晉하다

겨울 12월에 衛人이 晉(衛 宣公)을 임금으로 세웠다.

【傳】 衛人逆公子晉于邢하니 冬十二月에 宣公卽位하다 書曰 衛人立晉이라하니 衆也라

衛人이 邢에서 公子 晉을 맞이하니, 겨울 12월에 宣公이 즉위하였다. 經에 기록하기를 "위인이 晉을 임금으로 세웠다."라고 하였으니, 이는 대중의 뜻이었음을 말한 것이다.

〈5년, 癸亥(B.C. 718)〉

【經】 五年이라 春에 公矢魚[35]于棠하다

5년이다. 봄에 隱公이 棠에 가서 물고기 잡는 장비를 벌여놓고 구경하였다.

【傳】 五年이라 春에 公將如棠하야 觀魚者한대 臧僖伯諫曰 凡物不足以講大事하며 其材

35 矢魚 : '矢'는 '陳(벌여놓다)'의 뜻이다.(杜注) 《春秋左傳正義》 孔穎達의 疏에 "'陳魚'는 금수를 사냥하는 따위이니, 물고기 잡는 사람을 시켜서 물고기 잡는 장비를 벌여놓게 하고, 물고기 잡는 것을 구경하며 즐기는 것을 이른다.〔陳魚者 獸獵之類 謂使捕魚之人 陳設取魚之備 觀其取魚以戲樂〕"라고 하였다.

不足以備器用이면 則君不擧焉하나니 君將納民於軌物者也라 故講事以度(탁)軌量을 謂之軌요 取材以章物采를 謂之物이요 不軌不物을 謂之亂政이니 亂政亟(기)行은 所以敗也라 故春蒐夏苗秋獮(선)冬狩[36]를 皆於農隙하야 以講事也요 三年而治兵하야 入而振旅하고 歸而飮至하야 以數軍實하며 昭文章하며 明貴賤하며 辨等列하며 順少長하며 習威儀也라 鳥獸之肉이 不登於俎하고 皮革齒牙骨角毛羽 不登於器면 則公不射(석)이 古之制也라 若夫山林川澤之實과 器用之資는 皂隸之事요 官司之守니 非君所及也니이다 公曰 吾將略地焉이로라 遂往하야 陳魚而觀之하니 僖伯稱疾不從하다 書曰 公矢魚于棠이라하니 非禮也요 且言遠地也라

5년이다. 봄에 隱公이 棠에 가서 물고기 잡는 것을 구경하려 하였는데, 臧僖伯(은공의 叔父)이 諫하였다.

"물건이 大事(祭祀 · 전쟁)를 강습하기에 부족하고 재료가 器用을 대비하기에 부족하면 임금은 거둥하지 않는 법이니, 임금은 백성을 '軌'와 '物'에 들도록 인도하는 사람이기 때문입니다. 그러므로 대사를 강습하여 법도를 揆正하는 것을 '軌'라 하고, 재료를 모아서 物采를 드러내는 것을 '物'이라 하며, 器用 · 衆物이 법도에 맞지 않는 것〔不軌不物〕을 '亂政'이라 하니, 난정을 자주 시행하는 것은 나라가 망하는 원인입니다.

그러므로 봄 · 여름 · 가을 · 겨울에 사냥하는 것을 모두 農閑期에 하여 대사를 강습하고, 3년마다 군대를 훈련하여 훈련을 마치면 國都로 들어와 군대를 정돈하며, 宗廟에 돌아왔음을 고한 다음 술을 마시고〔飮至〕 노획물〔軍實〕을 계산하며, 〈군대를 훈련할 때 車 · 服 · 旌 · 旗 등에〉 文章을 드러내어 貴賤을 밝히고 上下의 등급과 行列을 분변하며, 長幼의 차서에 맞게 하고 威儀를 강습합니다.

제기〔俎〕에 올릴 수 없는 鳥獸의 고기나 기용을 꾸밀 수 없는 皮 · 革 · 齒牙 · 骨 · 角 · 毛 · 羽 등의 재료는 임금이 활로 쏘아 잡지 않는 것이 옛날의 제도입니다. 산림과 천택에서 생산되는 물품과 기용을 만드는 재료를 마련하는 것은 皂隸(小臣)의 일이자 官司(有司)의 직분이니, 임금께서 관여할 바가 아닙니다."

그러자 은공이 대답하였다.

---

36 春蒐夏苗秋獮(선)冬狩 : '蒐'는 '索(찾음)'이니 잉태하지 않은 짐승을 가려 잡는 것이고, '苗'는 곡식의 싹을 위해 害物을 제거하는 것이다. '獮'은 '殺(죽임)'이니, 죽인다는 뜻으로 이름을 삼은 것은 가을의 기운(肅殺)을 따른 것이다. '狩'는 〈장애물을 설치하고〉 둘러싸서 막는 것이니 겨울에는 동물이 성장을 마쳤기 때문에 잡히는 대로 잡으면서 가리지 않는 것이다.(杜注)

"나는 변경 지역(棠)을 巡行하려는 것이오."

그러고는 마침내 棠에 가서 물고기 잡는 장비를 벌여놓고 구경하려 하니, 장희백이 병을 핑계로 扈從하지 않았다.

經에 기록하기를 "은공이 棠에 가서 물고기 잡는 장비를 벌여놓고 구경하였다."라고 한 것은 은공의 거동이 禮에 맞지 않았기 때문이고, 또 먼 지역까지 갔음을 말한 것이다.

字義 矢 : 벌여놓을, 베풀 시(=陳) 如 : 갈 여 觀 : 구경할 관 講 : 강습할 강 擧 : 거둥할 거
度 : 헤아릴 탁 章 : 드러낼 장 亟 : 자주 기 蒐 : 봄 사냥 수 苗 : 여름 사냥 묘
獮 : 가을 사냥 선 狩 : 겨울 사냥 수 隙 : 틈, 짬 극 振 : 정돈할 진 旅 : 군대 려
登 : 올릴 등 俎 : 도마 조 皂 : 하급 관리 조 隷 : 하급 관리 례 略 : 순행할, 순시할 략

曲沃莊伯[37]以鄭人邢人伐翼이어늘 王使尹氏武氏助之하니 翼侯奔隨하다

曲沃 莊伯이 鄭人 · 邢人을 거느리고 翼을 공격하였는데 天王이 尹氏 · 武氏를 보내 장백을 돕게 하니, 翼侯가 隨로 달아났다.

【經】夏四月에 葬衛桓公하다

여름 4월에 衛 桓公을 장사 지냈다.

【傳】夏에 葬衛桓公하다 衛亂이라 是以緩하다

여름에 衛 桓公을 장사 지냈다. 衛나라에 난리가 있었기 때문에 늦어진 것이다.

四月에 鄭人侵衛牧하야 以報東門之役[38]이어늘 衛人以燕師伐鄭하다 鄭祭(채)足原繁洩駕以三軍軍其前하고 使曼伯與子元潛軍하야 軍其後하다 燕人畏鄭三軍하고 而不虞制人이어늘 六月에 鄭二公子 以制人敗燕師于北制하다 君子曰 不備不虞면 不可以師니라

4월에 鄭人이 衛나라 牧邑을 侵攻하여 鄭나라의 東門을 포위하였던 전쟁을 보복하자, 衛人이 燕나라 군대를 거느리고 정나라를 공격하였다. 정나라의 祭足 · 原繁 · 洩駕가 三軍을

---

37 曲沃莊伯 : 曲沃은 晉나라(昭侯)가 특별히 叔父인 成師에게 봉해준 邑이다. 莊伯은 성사의 아들이다.(杜注)

38 東門之役 : 이 일이 隱公 4년에 보인다.

지휘하여 연나라 군대의 前面을 공격하고, 曼伯(鄭 昭公)과 子元(鄭 厲公)에게 군대를 몰래 이동시켜 後面을 공격하게 하였다. 그러자 燕人은 마주한 정나라의 삼군만 두려워할 뿐, 制人(曼伯과 子元의 군대)에 대해서는 예측하지〔虞〕 못하였다. 6월에 정나라의 두 公子가 제인을 거느리고 연나라 군대를 北制에서 패배시켰다. 君子가 다음과 같이 논평하였다.

"예측할 수 없는 일을 대비하지 않으면 군대를 거느릴 수 없다."

字義 報 : 갚을 보　役 : 전쟁 역　潛 : 몰래 잠　虞 : 예측할, 헤아릴 우

【經】 秋라

가을이다.

羽舞

【傳】 曲沃叛王이어늘 秋에 王命虢公하야 伐曲沃하고 而立哀侯于翼하다

曲沃이 周王을 배반하자, 가을에 주왕이 虢公에게 명하여 곡옥을 토벌하고, 哀侯(翼侯의 아들)를 翼의 군주로 세웠다.

【經】 衛師入郕하다

衛나라 군대가 郕나라로 쳐들어갔다.

【傳】 衛之亂也에 郕人侵衛라 故衛師入郕하다

衛나라에 난리가 일어났을 때 郕나라가 위나라를 침공하였다. 그 때문에 위나라 군대가 성나라로 쳐들어가 보복한 것이다.

【經】 九月에 考仲子之宮[39]하고 初獻六羽[40]하다

9월에 仲子(隱公의 어머니)의 사당〔宮〕을 落成하고 처음으로 六羽를 올렸다.

---

39 考仲子之宮 : '考'는 건축 공사를 완료하였다는 '落成'의 뜻이다. 程頤는 《程氏經說》에서 "제후는 再娶할 수 없으므로 仲子가 嫡夫人이 될 수 없으나, 춘추시대 초기에는 여전히 〈이러한 禮法을〉 의심하였기 때문에 따로 宮을 세워 제사 지냈다.〔諸侯無再娶 仲子不得爲夫人 春秋之初 尙以爲疑 故別宮以祀之〕"라고 하였다.

【傳】九月에 考仲子之宮하고 將萬焉할새 公問羽數於衆仲한대 對曰 天子用八이요 諸侯用六이요 大夫四요 士二니 夫舞는 所以節八音而行八風[41]이라 故自八以下니이다 公從之하야 於是에 初獻六羽하니 始用六佾也러라

9월에 仲子의 사당〔宮〕을 落成하고 萬舞를 추려 할 때, 隱公이 衆仲(祭仲)에게 깃을 들고 춤추는 사람의 수〔羽數〕를 물었는데, 중중이 대답하였다.

“천자는 八佾, 제후는 六佾, 대부는 四佾, 士는 二佾을 사용하니, 무릇 춤은 八音을 節奏로 삼아 八方의 風氣를 전파하는 것입니다. 그러므로 천자가 사용하는 팔일로부터 등급에 따라 2佾씩 줄어드는 것입니다.”

은공이 그 말을 따라서 이에 처음으로 중자의 궁에 六羽를 올렸으니, 〈周 成王이 周公의 아들 伯禽에게 魯나라에서도 천자의 禮樂을 사용할 수 있도록 허락한 뒤〉 처음으로 육일을 사용한 것이다.

八音八風圖

字義 考 : 건물 완공할 고 舞 : 춤출 무 佾 : 歌舞隊伍의 列 일

【經】郲人鄭人伐宋하다

郲人과 鄭人이 宋나라를 쳤다.

【傳】宋人取郲田하니 郲人告於鄭曰 請君釋憾於宋하소서 敝邑爲道호리이다 鄭人以王師

---

40 六羽 : 손에 깃을 잡고, 여섯 사람씩 여섯 열을 이루어 춤을 추는 것을 이른다. 〈杜注〉에서는 각 열마다 인원수와 열의 수가 동일하다고 하여, 六羽는 36인이라고 하였다. 朱熹도 《論語集註》〈八佾〉에서 “‘佾’은 춤추는 列인데, 天子는 8열, 諸侯는 6열, 大夫는 4열, 士는 2열이다. 각 열마다 인원수는 그 열의 수와 같다. 혹자는 각 열마다 8명이라고 하니, 어느 것이 옳은지는 자세하지 않다.〔佾 舞列也 天子八 諸侯六 大夫四 士二 每佾人數 如其佾數 或曰每佾八人 未詳孰是〕”라고 하였다.

41 節八音而行八風 : ‘八音’은 여덟 가지 다른 재료(金·石·絲·竹·匏·土·革·木)로 만든 악기를 연주하여 내는 소리이고, ‘八風’은 여덟 방향에서 불어오는 바람이다.

會之하야 伐宋入其郛하야 以報東門之役하니 宋人使來告命한대 公聞其入郛也하고 將救之할새 問於使者曰 師何及고 對曰 未及國이니이다 公怒하야 乃止하고 辭使者曰 君命寡人하야 同恤社稷之難이어늘 今問諸(저)使者호니 曰 師未及國이라하니 非寡人之所敢知也로다

宋人이 邾나라 땅을 탈취하니, 邾人이 鄭나라에 고하기를 "임금께서는 宋나라에 대한 원한을 푸십시오. 우리 邾나라〔敝邑〕가 嚮導가 되겠습니다."라고 하였다. 그러자 鄭人이 周王의 군대를 거느리고 邾나라 군대와 연합하여, 송나라를 공격하고 外郭까지 들어가서 東門의 전쟁을 보복하였다.

송인이 魯나라에 使臣을 보내 공격받고 있음을 고하였는데, 隱公이 정나라가 송나라의 외곽까지 쳐들어왔다는 말을 듣고는 장차 송나라를 구원하고자 할 때 사신에게 묻기를 "정나라 군대가 어디까지 왔는가?"라고 하니, 사신이 대답하기를 "아직 都城까지는 이르지 않았습니다."라고 하였다.

은공이 사신의 거짓말에 노하여 구원하려던 일을 중지하고, 사신에게 거절하며 말하였다. "정나라 임금께서 寡人에게 社稷의 어려움을 함께 근심하자고 명하시기에 지금 사신에게 사정을 물었더니, 그가 대답하기를 '군대가 아직 도성까지는 이르지 않았다.'라고 한다. 〈사정이 그렇다면〉 과인이 감히 알 바가 아니다."

字義 釋 : 풀 석　憾 : 원한할, 서운할 감　敝 : 겸사로 쓰는 접두사 폐　道 : 인도할 도(=導)
郛 : 外城 부　恤 : 구휼할 휼

【經】 螟[42]하다

螟蟲이 있었다.

字義 螟 : 마디충 명

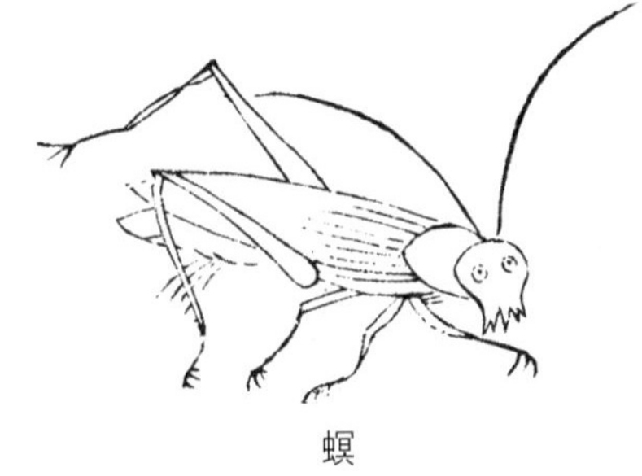
螟

【經】 冬十有二月辛巳에 公子彄卒하다

겨울 12월 신사일에 公子 彄가 卒하였다.

---

42 螟 : 벼 속을 파먹는 벌레이다. 명충으로 인해 발생한 피해가 災害가 될 만하였기 때문에 經에 기록한 것이다. 隱公 원년 傳에 "蜚가 있었으나 재해가 되지 않았기 때문에 또한 경에 기록하지 않았다.〔有蜚 不爲災 亦不書〕"라고 한 例와 반대의 경우이다.

【傳】冬十二月辛巳에 臧僖伯卒하니 公曰 叔父有憾於寡人[43]하니 寡人不敢忘이라하고 葬之加一等[44]하다

겨울 12월 신사일에 臧僖伯이 卒하니, 隱公이 말하기를 "叔父가 寡人에게 서운함이 있으니, 과인은 감히 잊을 수 없다."라 하고는 한 등급을 더 올려 장사 지내게 하였다.

【經】宋人伐鄭하야 圍長葛하다

宋人이 鄭나라를 쳐서 長葛을 포위하였다.

【傳】宋人伐鄭하야 圍長葛하니 以報入郛之役也라

宋人이 鄭나라를 쳐서 長葛을 포위하니, 〈지난 4월 정나라가 송나라〉 外郭까지 쳐들어갔던 전쟁에 보복한 것이다.

〈6년, 甲子(B.C. 717)〉

【經】六年이라 春에 鄭人來渝平[45]하다

6년이다. 봄에 鄭人이 魯나라에 와서 渝平하였다.

【傳】六年이라 春에 鄭人來渝平하니 更(갱)成也라

6년이다. 봄에 鄭人이 魯나라에 와서 渝平하였으니, 옛 友好를 다시 다진 것(成)이다.

字義 渝 : 변경할 투 更 : 다시 갱

---

43 叔父有憾於寡人 : 諸侯는 同姓의 大夫를 호칭할 때 자기보다 나이가 많으면 '伯父'라 하고, 나이가 어리면 '叔父'라 한다. 서운함이 있다는 것은 棠에 가서 물고기 잡는 것을 구경할 때 장희백의 간언을 듣지 않은 것을 서운하게 여겼다는 것이다.(杜注)

44 加一等 : 命服의 등급을 올려준 것이다.(杜注) '命服'은 天子가 내려주는 官服으로, 周代에 官秩을 一命에서 九命까지 아홉 등급으로 나누어 모든 관복이 그 命數의 등급에 따라 일정한 제도가 있었던 까닭에 붙여진 명칭이다.(《漢漢大辭典》)

45 渝平 : '渝'는 '변경하다'라는 뜻으로, '渝平'은 지난날의 원한을 버리고 다시 좋은 사이가 되는 것을 이른다.

翼九宗五正[46]과 頃父(보)之子嘉父(보)逆晉侯[47]于隨하야 納諸(저)鄂[48]하니 晉人謂之鄂侯(악후)러라

翼(晉나라의 舊都)의 九宗五正 관직을 지낸 頃父의 아들 嘉父가 晉侯를 隨에서 맞이하여 鄂에 머물게 하니, 晉人이 그를 鄂侯라 불렀다.

【經】夏五月이라

여름 5월이다.

【傳】五月庚申에 鄭伯侵陳하야 大獲하다 往歲에 鄭伯請成于陳이어늘 陳侯不許하니 五父(보)諫曰 親仁善隣은 國之寶也니 君其許鄭하소서 陳侯曰 宋衛實難이어니와 鄭何能爲리오하고 遂不許하다

5월 경신일에 鄭伯(莊公)이 陳나라를 침략하여 많은 적을 죽이고 포로로 잡았다. 지난해에 정백이 진나라에 화평을 청하였으나 陳侯(桓公)가 허락하지 않자, 五父(公子 佗)가 간하기를 "어진 이를 가까이하고 이웃 나라와 잘 지내는 것은 나라의 보배이니, 주군께서는 정나라의 요청을 허락하십시오."라고 하였다.

진후는 대답하기를 "〈大國인〉 宋나라와 衛나라는 실로 우리에게 화란이 될 수 있지만 〈小國인〉 정나라가 무슨 해가 되겠는가?"라고 하고는 마침내 허락하지 않았다.

君子曰 善不可失이요 惡不可長이라하니 其陳桓公之謂乎인저 長惡不悛이면 從自及也니 雖欲救之라도 其將能乎아 商書曰 惡之易(이)也 如火之燎于原하야 不可鄕邇어늘 其猶可撲滅가하고 周任有言曰 爲國家者는 見惡如農夫之務去草焉하야 芟夷蘊崇之하야 絶其本根하야 勿使能殖이면 則善者信矣라하니라

君子가 다음과 같이 논평하였다.

---

46 九宗五正 : 周 成王의 아우 唐叔이 晉나라에 처음 봉해질 때 懷姓의 九宗과 五正의 職官을 지낸 사람들을 하사받아서, 마침내 그들이 대대로 진나라의 强族이 되었다. '五正'은 五官의 으뜸이고, '九宗'은 하나의 姓이 갈라져 九族이 된 것이다.(杜注)

47 晉侯 : 隱公 5년에 曲沃 莊伯의 공격으로 인해 隨로 달아났던 翼侯를 가리킨다.

48 納諸(저)鄂 : 지난해(隱公 5년)에 周 桓王이 鄂侯의 아들을 翼의 임금으로 세웠기 때문에, 악후가 다시 익으로 들어갈 수가 없어서 따로 鄂에 머물게 한 것이다.(杜注)

"'善을 잃어서도 안 되고 惡을 길러서도 안 된다.'라고 하였으니, 아마도 陳 桓公의 경우를 말한 듯하다. 악을 기르고 멈추지 않으면 그 禍가 자신에게 미치니, 〈화가 미치고 나면 그제야〉 비록 구제하고자 한들 어찌 할 수 있겠는가.

《尙書》〈商書 盤庚 上〉에 이르기를 '惡이 쉽게 자라는 것이 마치 불이 들판을 태워서 가까이 다가갈 수 없는 것과 같으니, 가까이 다가갈 수도 없는데 어떻게 불을 끌 수 있겠는가?'라고 하였다.

周任(周나라 大夫)이 말하기를 '국가를 다스리는 자가 악을 보고서, 마치 농부가 힘써 잡초를 제거하여 베어낸 잡초를 한 곳에 모아 쌓아놓고 뿌리를 잘라 번식할 수 없게 하는 것처럼 한다면 선이 뻗어나갈 것이다.'라고 하였다."

字義 獲 : 포로 잡을 획 往 : 지날 왕 長 : 기를 장 悛 : 그칠 준 易 : 쉬울 이
燎 : 불태울 료 邇 : 가까울 이 撲 : 칠, 없앨 박 芟 : 벨 삼 夷 : 벨 이(=薙)
蘊 : 쌓을 온 崇 : 모을 숭 殖 : 번식할 식

【經】辛酉에 公會齊侯하야 盟于艾하다

신유일에 隱公이 齊侯와 會合하여 艾에서 結盟하였다.

【傳】夏에 盟于艾하니 始平于齊也러라

여름에 艾에서 결맹하였으니, 〈春秋 이전에는 관계가 좋지 않다가〉 처음으로 齊나라와 화평한 것이다.

【經】秋七月[49]이라

가을 7월이다.

【經】冬에 宋人取長葛[50]하다

겨울에 宋人이 鄭나라의 長葛을 탈취하였다.

---

49 秋七月 : 비록 특별한 사건이 없어도 계절의 첫 달을 기록하는 것은, 각 계절마다 기록하여 四時를 갖춤으로써 한 해를 이루기 위해서이다.(杜注)

50 冬 宋人取長葛 : 傳에는 '가을'이라 기록되어 있으니, 실제로는 가을에 탈취하였지만 겨울에 魯나라에 通告했기 때문에 '겨울'이라 쓴 것이다.

【傳】秋에 宋人取長葛하다

가을에 宋人이 長葛을 탈취하였다.

冬에 京師來告饑어늘 公爲之請糴於宋衛齊鄭하니 禮也러라

겨울에 京師에서 사신이 와서 周나라의 饑饉을 고하였다. 隱公이 周나라를 위하여 宋·衛·齊·鄭나라에 각 나라가 비축한 양곡을 사겠다고 요청하였으니, 禮에 맞는 일이다.

字義 饑 : 굶주릴 기 糴 : 쌀 살 적

鄭伯如周하니 始朝桓王也라 王不禮焉한대 周桓公言於王曰 我周之東遷[51]에 晉鄭焉依하니 善鄭하야 以勸來者라도 猶懼不蔇어든 況不禮焉하니 鄭不來矣리이다

鄭伯이 周나라에 갔으니 처음으로 周 桓王에게 朝見(현)한 것이다. 환왕이 그를 禮遇하지 않았는데, 周 桓公(周公 黑肩)이 환왕에게 간언하였다.

"우리 周나라가 동쪽으로 천도할 때 晉나라와 鄭나라의 도움에 의지하였습니다. 정나라를 잘 대우해서 〈아직 조현하러 오지 않은 다른 제후들을〉 오도록 권면하더라도 오히려 이르지 않을까 염려되는데, 하물며 정나라조차 예우하지 않았으니 정나라는 다시 오지 않을 것입니다."

字義 依 : 의지할 의 勸 : 권면할 권 蔇 : 이를, 미칠 기

〈7년, 乙丑(B.C. 716)〉

【經】七年이라 春王三月에2 叔姬歸于紀하다

7년이다. 봄 周王 3월에 魯나라 叔姬가 紀나라로 시집갔다.

【經】滕侯卒하다

滕侯가 卒하였다.

---

51 東遷 : 周 幽王이 犬戎에게 피살당하자, 周 平王이 鎬京에서 洛邑으로 遷都한 일을 가리킨다. 서쪽에 있던 호경에서 동쪽의 낙읍으로 천도한 것이기 때문에 '東遷'이라 하며, 이 사건을 기준으로 西周·東周를 구분한다.

【傳】七年이라 春에 滕侯卒하다 不書名은 未同盟也라 凡諸侯同盟이라야 於是稱名이라 故薨則赴以名하고 告終에 稱嗣也하야 以繼好息民하나니 謂之禮經[52]이라

7년이다. 봄에 滕侯가 卒하였다. 經에 등후의 이름을 기록하지 않은 것은 魯나라와 동맹하지 않았기 때문이다. 凡例에 따르면 제후는 동맹을 하여야 이름을 칭한다. 그러므로 제후가 죽으면 이름을 기록하여 通告하고, 죽음을 고할 때 後嗣를 칭하여 우호를 계속하여 민심을 안정시키는 것이니, 이를 '禮의 큰 法度〔禮經〕'라 한다.

【經】夏에 城中丘하다

여름에 中丘에 城을 쌓았다.

【傳】夏에 城中丘하니 書不時也[53]라

여름에 中丘에 성을 쌓았으니, 築城하는 때에 맞지 않았기 때문에 經에 기록한 것이다.

【經】齊侯가 使其弟年來聘하다

齊侯가 아우 夷仲年을 魯나라에 보내 聘問하게 하였다.

【傳】齊侯가 使夷仲年來聘하니 結艾之盟也라

齊侯가 夷仲年을 魯나라에 보내 聘問하게 하였으니, 〈隱公 6년에〉 艾에서 맺은 盟約을 다지기 위함이었다.

【經】秋에 公伐邾하다

가을에 隱公이 邾나라를 토벌하였다.

---

52 禮經 : 〈杜注〉에서는 '周公이 제정한 禮經'이라고 하였으나, 〈楊注〉에서 "禮經은 禮之經이란 말과 같으니, 禮의 큰 法度를 이른다."라고 한 말을 따랐다.

53 不時也 : 築城은 겨울(農閑期)에 하는 것이다. 봄·여름·가을에는 농사에 방해가 되기 때문이다.

【傳】秋에 宋及鄭平하야 七月庚申에 盟于宿하다 公伐邾하니 爲宋討也[54]라

가을에 宋나라가 鄭나라와 和平하고 7월 경신일에 宿에서 결맹하였다. 隱公이 邾나라를 토벌하였으니 宋나라를 위해 토벌한 것이다.

【經】冬에 天王使凡伯來聘한대 戎伐凡伯于楚丘하야 以歸하다

겨울에 天王이 凡伯을 魯나라에 보내 聘問하게 하였는데, 戎이 楚丘에서 범백을 공격하여 데리고 돌아갔다.

【傳】初에 戎朝于周할새 發幣于公卿이로대 凡伯弗賓이러니 冬에 王使凡伯來聘하니 還에 戎伐之于楚丘하야 以歸하다

처음에 戎이 周나라에 朝見을 갔을 때 公卿에게 폐백을 보냈는데, 凡伯이 그를 貴賓의 禮로 대우하지 않았다. 겨울에 天王이 범백을 魯나라에 보내 聘問하게 하였는데, 〈범백이 주나라로〉 돌아올 때에 戎이 楚丘에서 범백을 공격하여 데리고 돌아갔다.

陳及鄭平[55]하다 十二月에 陳五父(보) 如鄭涖盟하야 壬申에 及鄭伯盟할새 歃如[56]忘이어늘 洩伯曰 五父必不免이로다 不賴盟矣온여 鄭良佐如陳涖盟하야 辛巳에 及陳侯盟하고 亦知陳之將亂也러라

陳나라가 鄭나라와 화평하였다. 12월에 陳나라 五父가 정나라에 가서 맹약에 참가하고 임신일에 鄭伯과 함께 결맹하였는데, 오보가 입으로 犧牲의 피를 조금 마시는 儀式〔歃血〕을 거행하면서 맹약하는 말을 잊은 듯이 하였다. 그러자 洩伯(洩駕)이 말하기를 "오보는 반드시 화를 면하지 못할 것이다. 맹약을 이롭게〔賴〕 여기지 않는구나."라고 하였다. 정나라 대부 良佐가 진나라에 가서 맹약에 참가하고 신사일에 陳侯와 결맹하고, 그 또한 진나라에 장차 난리가 일어날 것을 짐작하였다.

---

54 公伐邾 爲宋討也 : 隱公 5년에 邾나라가 鄭나라와 연합하여 宋나라를 공격하였기 때문에 주나라와 송나라는 서로 사이가 좋지 않았다. 당시 은공이 송나라의 원병 요청을 거절하였는데, 이때에 이르러 정나라와 송나라가 화평하자 은공이 송나라의 환심을 사려고 주나라를 공격한 것이다.

55 陳及鄭平 : 陳나라와 鄭나라의 불화는, 隱公 6년에 보인다.

56 如 : 접속사 '而'의 의미와 같다.

字義 幣 : 폐백, 비단 폐　賓 : 손님 빈　如 : 갈, 말 이을 여　涖 : 임할 리　歃 : 마실 삽
賴 : 이롭게 여길 뢰

〈8년, 丙寅(B.C. 715)〉

【經】 八年이라 春에 宋公衛侯遇于垂하다

8년이다. 봄에 宋公과 衛侯가 垂에서 만났다.

【傳】 八年이라 春에 齊侯將平宋衛할새 有會期러니 宋公以幣請於衛하야 請先相見이어늘 衛侯許之라 故遇于犬丘하다

8년이다. 봄에 齊侯가 宋·衛나라를 鄭나라와 화평시키려 하면서 會合할 기약을 정하였는데, 宋公이 衛나라에 폐백을 바치면서 기약한 날보다 먼저 만나기를 청하니 衛侯가 허락하였다. 그러므로 두 나라가 犬丘에서 만난 것이다.

字義 遇 : 만날 우　期 : 약속할 기

【經】 三月에 鄭伯使宛來歸祊(팽)이어늘 庚寅에 我入祊하다

3월에 鄭伯이 魯나라에 宛(鄭나라 大夫)을 사신으로 보내 〈정나라의 泰山 제사를 돕던 邑인〉 祊을 주었는데, 경인일에 우리 노나라가 팽으로 들어갔다.

【傳】 鄭伯請釋泰山之祀하고 而祀周公하야 以泰山之祊易許田[57]하다 三月에 鄭伯使宛來歸祊하니 不祀泰山也러라

57 鄭伯請釋泰山之祀……以泰山之祊易許田 : '祊'은 周 宣王이 鄭 桓公을 봉할 때 泰山의 제사를 돕는 湯沐邑으로 삼도록 준 땅이고, '許田'은 周 成王이 王城(洛陽)을 經營할 때 그곳으로 遷都할 뜻이 있었기 때문에 周公에게 주어 魯나라의 朝宿邑으로 삼게 한 땅이다. 탕목읍은 諸侯가 天子를 조현할 때 목욕재계할 수 있도록 마련해준 封地이고, 조숙읍은 제후가 천자를 조현할 때 머물 수 있도록 마련해준 봉지이다. 당시에 周나라의 세력이 약화되었기 때문에 鄭伯은 천자가 다시 천하를 巡狩할 수 없을 것이라 생각하였는데, 祊은 정나라에 가깝고 許는 노나라에 가깝기 때문에 서로간의 實利를 위해 땅을 바꾸려고 했던 것이다.

泰山圖

鄭伯이 鄭나라가 泰山에 지내던 제사를 그만두고 周公의 제사를 지내겠다고 하면서 〈정나라 소유인〉 태산의 祊과 〈魯나라 소유인〉 許田을 바꾸자고 요청하였다. 3월에 정백이 宛을 사신으로 보내 팽을 노나라에 주었으니, 태산에 제사 지내지 않을 뜻을 보인 것이다.

字義 釋 : 그만둘, 폐기할 석

【經】 夏라

여름이다.

【傳】 虢公忌父始作卿士于周하다

虢公 忌父가 비로소 周나라의 卿士가 되었다.

鄭公子忽在王所라 故陳侯請妻之어늘 鄭伯許之하고 乃成昏하다

鄭나라 公子 忽이 인질로 周나라에 가 있으면서 〈天王의 총애를 받았기〉 때문에 陳侯가 그를 사위 삼고자 요청하였는데, 鄭伯이 이를 승낙하고 婚禮를 거행하였다.

四月甲辰에 鄭公子忽如陳하야 逆婦嬀(규)하야 辛亥에 以嬀氏歸하야 甲寅에 入于鄭하다 陳鍼(겸)子送女러니 先配而後祖어늘 鍼子曰 是不爲夫婦로다 誣其祖矣하니 非禮也라 何以能育이리오

4월 갑진일에 鄭나라 公子 忽이 陳나라에 가서 婦人 嬀氏를 맞이하여 신해일에 규씨를 데리고 돌아와, 갑인일에 정나라 國都에 도착하였다. 진나라 鍼子가 신부를 호송해왔는데 忽이 규씨와 먼저 同寢을 하고 나서 祖廟에 고하니, 겸자가 말하였다.
"이들은 부부라 할 수 없다. 그 조상을 속였으니 禮에 맞지 않는다. 어찌 자손을 生育할 수 있겠는가."

字義 逆 : 맞이할 역 配 : 짝 지을 배 誣 : 속일 무

【經】六月己亥에 蔡侯考父(보)卒하다

6월 기해일에 蔡侯 考父가 卒하였다.

【經】辛亥에 宿男卒하다

신해일에 宿男이 卒하였다.

【經】秋七月庚午에 宋公齊侯衛侯盟于瓦屋하다

가을 7월 경오일에 宋公 · 齊侯 · 衛侯가 瓦屋에서 結盟하였다.

【傳】齊人卒平宋衛于鄭하고 秋에 會于溫하고 盟于瓦屋하야 以釋東門之役하니 禮也라

齊人이 마침내 宋 · 衛나라를 鄭나라와 화평하게 하고서, 가을에 溫에서 회합하고 瓦屋에서

結盟하여 〈隱公 4년에〉 東門의 전쟁에서 생긴 원한을 풀게 하였으니, 禮에 맞는 일이었다.

【經】 八月에 葬蔡宣公하다

8월에 蔡 宣公을 장사 지냈다.

【傳】 八月丙戌에 鄭伯以齊人朝王하니 禮也러라

8월 병술일에 鄭伯이 齊人을 데리고서 周王께 朝見하였으니, 禮에 맞는 일이었다.

【經】 九月辛卯에 公及莒人盟于浮來하다

9월 신묘일에 隱公이 莒人과 浮來(杞나라의 邑)에서 결맹하였다.

【傳】 公及莒人盟于浮來하야 以成紀好也[58]하다

隱公이 莒人과 浮來에서 결맹하여 紀나라와의 우호를 완성하였다.

【經】 螟하다

螟蟲이 있었다.

【經】 冬이라

겨울이다.

【傳】 齊侯使來告成三國이어늘 公이 使衆仲對曰 君釋三國之圖하야 以鳩其民하니 君之

58 以成紀好也 : 隱公 2년에 紀나라 裂繻가 魯나라와 莒나라를 화해시키기 위해 莒子와 密에서 結盟하였던 적이 있었다. 이를 이어받아 이해에 세 나라간의 우호를 완성한 것이다.

惠也라 寡君聞命矣로니 敢不承受君之明德이리잇가

齊侯가 魯나라에 사신을 보내 세 나라(宋 · 衛 · 鄭)가 화평한 일을 통고하였는데, 隱公이 衆仲에게 다음과 같이 답하게 하였다.

"임금께서 세 나라가 〈서로 침략하고 보복하려는〉 모의를 버리게 하시어 그 백성들을 안정되고 화목하게 하셨으니, 바로 임금의 은혜입니다. 우리 임금께서 命을 들으셨으니, 감히 임금의 밝은 덕을 이어받지 않겠습니까."

字義 鳩 : 안정시킬, 편안히 할 구

【經】 十有二月에 無駭卒하다

12월에 無駭가 卒하였다.

【傳】 無駭卒커늘 羽父請諡與族[59]하다 公問族於衆仲하니 衆仲對曰 天子建德하야 因生以賜姓하며 胙之土而命之氏하고 諸侯以字爲諡[60]하야 因以爲族하며 官有世功이면 則有官族하고 邑亦如之니이다 公命以字하야 爲展氏하다

無駭가 卒하자, 羽父가 諡號와 族(氏)을 내려줄 것을 청하였다. 隱公이 衆仲에게 族에 대해 묻자, 중중이 대답하였다.

"天子는 德이 있는 자를 諸侯로 세워 그의 출생지를 姓으로 하사하고, 땅을 封해주고 그 地名으로 氏를 삼도록 명합니다. 제후는 〈지위가 낮아 신하에게 姓을 하사할 수 없으므로 王父(신하의 祖父)의〉 字로써 시호를 삼게 하고, 그 자손들에게 이를 族으로 삼게 합니다. 관직에 있으면서 대대로 공로가 있으면 그 후손들이 官名을 族으로 삼기도 하고, 先祖가 봉해진 邑名도 관명을 族으로 삼은 例와 같이 합니다."

이에 은공이 無駭의 字로써 族을 삼도록 명하여 展氏가 되었다.

字義 諡 : 시호 시 胙 : 분봉할, 내려줄 조

---

59 諡與族 : '諡'는 사람이 죽으면 生前의 行事에 의거하여 이름을 내려 공적을 기리는 것이고, '族'은 姓氏의 '氏'와 같은 뜻이다.(楊注)

60 諸侯以字爲諡 : 〈杜注〉에서는 '諸侯以字'에서 句를 끊고 '爲諡'는 따로 보아야 한다고 하였다. 그러나 〈楊注〉에서 "'諸侯以字爲諡' 여섯 字가 한 句가 된다."라고 한 말을 따랐다.

〈9년, 丁卯(B.C. 714)〉

【經】 九年이라 春에 天王使南季來聘하다

9년이다. 봄에 天王이 南季를 魯나라에 보내 聘問하게 하였다.

【經】 三月癸酉에 大雨震電하고 庚辰에 大雨雪하다

3월 계유일에 크게 장맛비가 내리고 천둥 번개가 쳤으며, 경진일에 많은 눈이 내렸다.

【傳】 九年이라 春王三月癸酉에 大雨霖以震이라하니 書始也요 庚辰에 大雨雪하야 亦如之하니 書時失也라 凡雨自三日以往爲霖이요 平地尺爲大雪이라

9년이다. 봄 周王 3월 계유일에 크게 장맛비가 내리고 천둥이 쳤다고 하였으니 장맛비가 내리기 시작한 날을 기록한 것이고, 경진일에 크게 눈이 내렸다고 기록하여 시작을 기록한 例와 같이 하였으니 〈눈이 내린 시기가〉 正常을 잃었기 때문에 기록한 것이다.

凡例에 따르면 비가 3일 이상 내리는 것을 '霖'이라 하고, 눈이 내려 평지에 한 자〔尺〕 이상 쌓이는 것을 '大雪'이라 한다.

字義 霖 : 장마 림 尺 : 자 척

【經】 挾卒하다

挾(魯나라 大夫)이 卒하였다.

【經】 夏에 城郎하다

여름에 郎에 성을 쌓았다.

【傳】 夏에 城郎하니 書不時也러라

여름에 郎에 성을 쌓았으니, 알맞은 시기가 아니기 때문에 經에 기록한 것이다.

【經】 秋七月이라

가을 7월이다.

【經】 冬에 公會齊侯于防하다

겨울에 隱公이 防에서 齊侯와 會見하였다.

【傳】 宋公不王이어늘 鄭伯爲王左卿士하야 以王命討之하야 伐宋하니 宋以入郛之役怨公이라 不告命하니 公怒하야 絶宋使하다

宋公(殤公)이 天王을 朝見하지〔王〕 않자, 鄭伯이 천왕의 左卿士가 되어 왕명으로 聲討하여 송나라를 토벌하였다. 송공이 〈隱公 5년에 정나라가 송나라의〉 外廓까지 쳐들어왔던 전쟁에서 〈魯나라가 원병을 보내주지 않은 일〉 때문에 은공을 원망하였으므로 이번 일을 노나라에 통고하지 않으니, 은공이 노하여 송나라와의 使節 왕래를 끊었다.

秋에 鄭人以王命來告伐宋하다

가을에 鄭人이 周王의 命을 받들고 魯나라에 와서 宋나라를 토벌할 것을 통고하였다.

冬에 公會齊侯于防하니 謀伐宋也러라

겨울에 隱公이 防에서 齊侯(僖公)와 會合하였으니, 宋나라 토벌하는 일을 謀議하기 위함이었다.

北戎侵鄭이어늘 鄭伯禦之할새 患戎師曰 彼徒我車니 懼其侵軼我也하노라 公子突曰 使勇而無剛者 嘗寇而速去之하고 君爲三覆以待之하소서 戎은 輕而不整하며 貪而無親하야 勝不相讓하며 敗不相救하니 先者見獲이면 必務進이요 進而遇覆이면 必速奔하리니 後者不救면 則無繼矣리니 乃可以逞[61]이니이다 從之하니 戎人之前遇覆者奔이어늘 祝聃逐之하야 衷戎師하고 前後擊之[62]하야 盡殪하니 戎師大奔이라 十一月甲寅에 鄭人大敗戎師하다

北戎이 鄭나라를 침략하자, 鄭伯이 방어할 때 북융의 軍勢를 근심하여 말하였다.

---

61 逞 : '解(해소하다)'의 뜻이니, 적군의 급습을 받을 우려를 해소할 수 있다는 의미이다.

62 衷戎師 前後擊之 : '衷'은 '中'의 假借字로 '중간에서 끊다'의 의미이다. 이는 앞서 세 곳에 숨겨둔 복병이 갑자기 일어나 중간에서 北戎의 군대를 갈라 여러 무리로 만들어놓은 것을 이른다.(楊注)

"저들은 步兵이고 우리는 車兵이니, 〈兵車의 進退가 용이하지 않은 틈을 타〉 저들이 갑자기 우리를 공격할까 걱정이다."

公子 突(鄭 厲公)이 말하였다.

"용맹하지만 굳건한 의지가 없는 군사에게 시험 삼아 적을 공격해보게 한 뒤 신속히 물러나게 하고, 주군께서는 세 곳에 군사를 매복시키고 기다리십시오. 오랑캐의 군대는 경솔하고 질서가 없으며 天性이 탐욕스럽고 서로간에 친밀하지 못하여, 승리해도 戰功을 양보하지 않고 패배해도 서로를 구원하지 않습니다. 先鋒의 군사들이 노획물을 얻는 것을 보면 반드시 힘써 전진하겠지만 전진하다가 복병을 만나면 반드시 신속하게 달아날 것입니다. 後尾의 군사들이 구원하지 않으면 적군은 後繼部隊가 없을 것이니, 그렇게 되면 마침내 근심을 풀 수 있을 것입니다."

정백이 그 의견을 따르니, 북융의 군사가 전진하다가 복병을 만나자 달아났는데 祝聃(鄭나라 大夫)이 그들을 추격하여 북융의 군대를 중간에서 끊고〔衷〕 앞뒤로 三面에서 공격하여 모두 섬멸하니, 〈후방에 주둔하고 있던〉 북융의 군대가 아주 달아나버렸다. 11월 갑인일에 鄭人이 북융의 군대를 대패시켰다.

字義 禦 : 막을 어　軼 : 기습할, 돌격할 일　剛 : 굳건할 강　覆 : 매복할 복
整 : 정돈될, 가지런할 정　逞 : 근심 풀 령　衷 : 중간을 끊을, 가운데를 자를 충　殪 : 죽일 에

〈10년, 戊辰(B.C. 713)〉

【經】 十年이라 春王二月에 公會齊侯鄭伯于中丘하다

10년이다. 봄 周王 2월에 隱公이 中丘에서 齊侯 · 鄭伯과 會合하였다.

【傳】 十年이라 春王正月에 公會齊侯鄭伯于中丘하고 癸丑에 盟于鄧하야 爲師期하다

10년이다. 봄 周王 正月에 隱公이 中丘에서 齊侯 · 鄭伯과 회합하고, 계축일에 鄧에서 結盟하고 〈宋나라로〉 出兵할 날짜를 정하였다.

【經】 夏에 翬帥(솔)師하야 會齊人鄭人하야 伐宋하다

여름에 翬가 〈隱公의 命을 기다리지 않고〉 군대를 거느리고 가서 齊人 · 鄭人과 회합하여 宋나라를 토벌하였다.

【傳】夏五月에 羽父(보)先會齊侯鄭伯하야 伐宋하다

여름 5월에 羽父가 〈期日보다〉 먼저 가서 齊侯 · 鄭伯과 회합하여 宋나라를 토벌하였다.

【經】六月壬戌에 公敗宋師于菅하야 辛未에 取郜하고 辛巳에 取防하다

6월 임술일에 隱公이 菅에서 宋나라 군대를 패배시키고, 신미일에 郜를 탈취하고 신사일에 防을 탈취하였다.

【傳】六月戊申에 公會齊侯鄭伯于老桃하다 壬戌에 公敗宋師于菅하니 庚午에 鄭師入郜하야 辛未에 歸(궤)于我하고 庚辰에 鄭師入防하야 辛巳에 歸(궤)于我하다 君子謂 鄭莊公於是乎可謂正矣로다 以王命討不庭하고 不貪其土하야 以勞王爵하니 正之體也니라

6월 무신일에 隱公이 老桃에서 齊侯 · 鄭伯과 회합하였다. 〈출병하기로 한 기일에 齊 · 鄭나라가 오지 않자〉 임술일에 隱公이 菅에서 宋나라 군대를 패배시키니, 경오일에 鄭나라 군대가 郜에 진입하여 신미일에 우리 魯나라에 주고, 경진일에 정나라 군대가 防에 진입하여 신사일에 우리 노나라에 주었다. 君子가 다음과 같이 논평하였다.

"鄭 莊公이 이번 일을 처리함에 있어서 공정했다고 할 만하다. 王命으로 朝見(현)하지 않는 諸侯를 토벌하고 그 땅을 탐내지 않아 〈점거한 땅을 노나라에 주어〉 天王에게 爵位를 받은 제후(은공)를 위로하였으니 政事의 本體라 하겠다."

字義 庭 : 朝覲할 정

【經】秋에 宋人衛人入鄭하고 宋人蔡人衛人伐戴어늘 鄭伯伐取[63]之하다

가을에 宋人 · 衛人이 鄭나라의 〈國都를〉 침입하고 나서, 宋人 · 蔡人 · 衛人이 戴나라를 공격하였는데, 〈그들이 불화한 틈을 타〉 鄭伯이 공격하여 쉽게 승리하였다.

【傳】蔡人衛人郕人이 不會王命하다

蔡人 · 衛人 · 郕人이 〈宋나라를 토벌하라는〉 王命을 받고도 會合하지 않았다.

---

63 取 : '取'라고 기록한 것은 쉽게 승리했다는 말이다.(杜注)

秋七月庚寅에 鄭師入郊할새 猶在郊러니 宋人衛人入鄭이어늘 蔡人從之하야 伐戴하다 八月壬戌에 鄭伯圍戴하고 癸亥에 克之하야 取三師焉하다 宋衛旣入鄭하고 而以伐戴召蔡人한대 蔡人怒라 故不和而敗하니라 九月戊寅에 鄭伯入宋하다

가을 7월 경인일에 鄭나라 군대가 郊外로 들어왔을 때 〈國都로 들어가지 않고〉 여전히 교외에 주둔하였는데, 宋人·衛人이 정나라를 침입하자 蔡人이 뒤늦게 와서 戴나라를 공격하였다.

8월 임술일에 鄭伯이 대나라를 포위하고, 계해일에 승리하여 세 나라의 군대를 포로로 잡았다. 송·위나라가 정나라를 침입하여 승리하고 대나라를 공격하는 일로 채인을 불렀는데, 채인이 〈정나라에 침입하는 功을 함께하지 않은 것에〉 노하였다. 그러므로 세 나라가 화합하지 못하여 패배한 것이다.

9월 무인일에 정백이 송나라를 침입하였다.

【經】冬十月壬午에 齊人鄭人入郕하다

겨울 10월 임오일에 齊人·鄭人이 郕나라를 침입하였다.

【傳】冬에 齊人鄭人入郕하니 討違王命也라

겨울에 齊人·鄭人이 郕나라를 침입하니, 〈성나라가〉 王命을 어긴 것에 대하여 토벌한 것이다.

〈11년, 己巳(B.C. 712)〉

【經】十有一年이라 春에 滕侯薛侯來朝하다

11년이다. 봄에 滕侯·薛侯가 魯나라에 와서 朝見하였다.

【傳】十一年이라 春에 滕侯薛侯來朝하야 爭長호대 薛侯曰 我先封호라 滕侯曰 我周之

卜正也요 薛庶姓[64]也니 我不可以後之니라 公使羽父(보)請於薛侯曰 君與滕君이 辱在寡人하니 周諺有之曰 山有木은 工則度(탁)之하고 賓有禮는 主則擇之라하니 周之宗盟에 異姓爲後라 寡人若朝于薛이면 不敢與諸任齒하리니 君若辱貺寡人이면 則願以滕君爲請하노이다 薛侯許之하니 乃長滕侯하다

11년이다. 봄에 滕侯 · 薛侯가 魯나라에 와서 朝見하면서 禮를 행하는 先後를 다투었는데, 설후가 말하기를 "우리나라가 滕나라보다 먼저 封해졌다."라고 하니, 등후가 말하기를 "우리는 周나라 卜官의 長〔卜正〕을 지냈고 설나라는 庶姓이니, 우리가 설나라보다 뒤에 禮를 행할 수 없다."라고 하였다. 이에 隱公이 羽父를 시켜 설후에게 다음과 같이 요청하게 하였다.

"임금과 滕君이 고맙게도 과인에게 안부를 묻기 위해 오셨으니, 주나라 속담에 이르기를 '산에 있는 나무는 匠工이 가공하여 사용하고, 빈객이 행하는 예는 주인이 마땅함을 가린다.' 고 하였으니, 주나라에서 會盟을 하여 〈盟載書를 기록할 적에〉 異姓의 제후를 同姓보다 뒤로 하였습니다. 과인이 만약 설나라에 조현을 가면 任姓(설나라의 姓)의 제후들과 감히 선후를 다투지 않을 것이니, 임금께서 만약 과인에게 은혜를 내려주고자〔貺〕 하신다면 바라건대 등군에게 〈먼저 예를 행하도록 허락하기를〉 청합니다."

설후가 허락하니, 마침내 등후에게 먼저 예를 행하도록 하였다.

字義 諺 : 속담 언　度 : 다듬을 탁　擇 : 가릴 택　齒 : 同列에 설 치　貺 : 내려줄 황

【經】夏에 公會鄭伯于時來하다

여름에 隱公이 鄭伯과 時來에서 會合하였다.

【傳】夏에 公會鄭伯于郲(래)하니 謀伐許也라 鄭伯將伐許할새 五月甲辰에 授兵於大宮이러니 公孫閼(알)與潁考叔爭車하야 潁考叔挾輈(주)以走어늘 子都拔棘以逐之하야 及大逵弗及하니 子都怒러라

여름에 隱公이 郲(時來)에서 鄭伯과 회합하였으니, 許나라를 토벌할 계획을 謀議하기 위함이었다. 정백이 장차 허나라를 공격하려 하면서 5월 갑진일에 大宮(祖廟)에서 군사들에게 兵

64 庶姓 : 제왕과 친척 관계가 없는 他姓, 또는 그 성씨의 사람을 가리킨다.(《漢韓大辭典》) 滕侯는 薛나라가 任姓이므로 周나라의 姬姓인 자신이 먼저 禮를 행해야 한다고 말한 것이다.

公孫閼이 兵車를 차지하려고 다투고나서 穎考叔을 활로 쏘아 맞히다〔公孫閼爭車射考叔〕

器를 나누어줬는데, 이때 公孫閼과 潁考叔이 兵車를 차지하려고 다투다가 영고숙이 수레의 끌채를 겨드랑이 사이에 끼고 달아났다. 子都(공손알)가 창을 뽑아들고 뒤좇아 큰길까지 갔으나 잡지 못하니, 이 일로 자도가 원한을 품었다.

字義 輈 : 수레 끌채 주 棘 : 창 극 逵 : 큰 길 규

【經】秋七月壬午에 公及齊侯鄭伯入許하다

가을 7월 임오일에 隱公이 齊侯 · 鄭伯과 함께 許나라로 쳐들어갔다.

【傳】秋七月에 公會齊侯鄭伯하야 伐許할새 庚辰에 傅于許러니 潁考叔取鄭伯之旗蝥弧(무호)以先登이어늘 子都自下射(석)之한대 顚이어늘 瑕叔盈又以蝥弧登하야 周麾而呼曰 君登矣라하니 鄭師畢登이라 壬午에 遂入許하니 許莊公奔衛하다 齊侯以許讓公하니 公曰 君謂許不共이라 故從君討之러니 許旣伏其罪矣라 雖君有命이나 寡人弗敢與(예)聞이라하고 乃與鄭人하다

가을 7월에 隱公이 齊侯 · 鄭伯과 회합하여 許나라를 공격할 때, 경진일에 군대가 許나라의 城 아래에 바짝 붙었다〔傅〕. 潁考叔이 정백의 旗인 蝥弧를 가지고 먼저 성루로 올라가자 子都가 성 아래에서 그를 활로 쏘아 맞혔는데 영고숙이 추락하여 죽었다. 瑕叔盈(鄭나라 大夫)이 다시 무호를 들고 성에 올라 사방으로 기를 휘두르면서 소리치기를 "주군께서 성에 오르셨다."라고 하니 정나라 군대가 모두 성에 올라갔다.

임오일에 마침내 허나라로 들어가니, 許 莊公이 衛나라로 달아났다. 齊侯가 허나라를 점거하지 않고 은공에게 사양하니, 은공이 말하였다.

"임금께서 허나라가 職貢을 바치지 않는다고 하였으므로 임금을 따라 허나라를 토벌하였습니다. 이미 허나라가 죗값을 치렀으니 비록 임금의 命이 있더라도 과인은 감히 참여하여 따르지 못하겠습니다."

결국 〈제후가 허나라를〉 鄭人에게 주었다.

字義 傅 : 바짝 붙을 부 顚 : 추락할, 떨어질 전 麾 : 휘두를 휘 與 : 참여할 예

鄭伯使許大夫百里로 奉許叔以居許東偏하고 曰 天禍許國이라 鬼神實不逞于許君하야 而假手于我寡人하니 寡人唯是一二父兄도 不能共億이온 其敢以許自爲功乎아 寡人

有弟로대 不能和協하야 而使餬其口於四方이어든 其況能久有許乎아 吾子는 其奉許叔以撫柔此民也하라 吾將使獲也로 佐吾子호리니 若寡人得沒于地인댄 天其以禮悔禍于許하리니 無寧[65]玆리오 許公復(부)奉其社稷인댄 唯我鄭國之有請謁焉에 如舊昏媾하야 其能降以相從也아 無滋他族하야 實偪處此하야 以與我鄭國爭此土也하라 吾子孫其覆亡之不暇온 而況能禋祀許乎아 寡人之使吾子處此는 不唯許國之爲요 亦聊以固吾圉也니라

鄭伯이 許나라 大夫 百里에게 許叔(許 莊公의 아우)을 모시고 許나라의 동쪽 외진 구역〔東鄙〕에 살게 하고는 말하였다.

"하늘이 허나라에 화를 내렸으므로 귀신도 실로 허나라 군주를 만족스럽게 여기지 않아서 과인의 손을 빌려 토벌하게 하였다. 그러나 과인은 한두 명의 父兄에게도 물자를 공급하여 편안히 살게 하지 못하고 있으니 어찌 감히 허나라를 토벌한 일로 스스로의 공로를 삼을 수 있겠는가. 과인은 아우(共叔段)가 있음에도 화목하게 지내지 못하여 아우에게 사방에서 죽을 빌어먹게 하고 있으니 어찌 하물며 오랫동안 허나라를 점유할 수 있겠는가. 그대가 허숙을 모시고 이 나라의 백성을 보살피고 안정시키도록 하라. 내가 장차 公孫獲(鄭나라 大夫)에게 그대를 돕도록 하겠다.

만약 과인이 天壽를 다 누리고 땅에 묻히면 하늘이 혹〔其〕 禮遇하여 허나라에 내린 화를 철회할 것이니, 어찌 이곳(東偏)에 許公(莊公)이 계속 머무르겠는가. 허공이 다시 社稷을 받들게 되면, 우리 정나라가 요청하는 일이 생길 경우에 마치 오래 전에 通婚한 사이처럼 하여 마음을 낮추고 서로 따르지 않겠는가.

다른 宗族에게 이곳 가까이 살게 하여 우리 정나라와 땅을 다투게 하지 말라. 그렇게 되면 우리 자손이 장차〔其〕 危亡을 구제하기도〔覆亡〕 겨를이 없을 것인데, 하물며 허나라의 山川에 제사 지낼 수 있겠는가. 과인이 그대를 이곳에 머무르게 하는 것은 허나라를 위하는 처사일 뿐 아니라 우리나라의 변경을 공고히 하려는 것이기도 하다."

字義 偏 : 치우칠 편 逞 : 만족할 령 共 : 공급할 공 億 : 편안할 억 餬 : 빌어먹을 호
撫 : 위로할 무 柔 : 안정시킬 유 其 : 만약, 장차 기 復 : 다시 부 謁 : 알릴 알
媾 : 혼인할 구 偪 : 바싹 다가올 핍 覆 : 구제할 부 禋 : 제사 지낼 인 聊 : 애오라지 료

乃使公孫獲으로 處許西偏曰 凡而器用財賄를 無置於許하고 我死어든 乃亟去之하라 吾先

65 無寧 : '無'는 아무 뜻이 없는 발어사이다.

君新邑於此러니 王室而既卑矣라 周之子孫이 日失其序하니 夫許는 大(태)岳[66]之胤也라 天而既厭周德矣니 吾其能與許爭乎아

또 鄭伯이 公孫獲을 許나라의 서쪽 구역〔西偏〕에 거처하게 하며 말하였다.

"너〔而〕의 모든 器用과 재물을 허나라에 두지 말고, 내가 죽거든 서둘러 그곳을 떠나라. 〈周나라가 東遷하고 나서〉 우리 先君께서 이곳에 새로 도읍을 세웠는데, 왕실은 이미 쇠하였고 주나라의 자손들도 날로 질서를 잃고 있다. 저 허나라는 太岳의 후손이다. 하늘이 이미 주나라의 德을 버렸으니, 우리가 어찌 허나라와 다툴 수 있겠느냐."

字義 而 : 너 이 賄 : 재물 회 亟 : 빠를 기 胤 : 후손 윤

君子謂 鄭莊公於是乎有禮로다 禮는 經國家하며 定社稷하며 序民人하며 利後嗣者也라 許無刑而伐之하며 服而舍之하고 度(탁)德而處之하며 量力而行之하고 相時而動하야 無累後人하니 可謂知禮矣로다

君子가 다음과 같이 논평하였다.

"鄭 莊公이 이번 일을 처리함은 禮에 잘 맞았다. 예는 國家를 경영하고 社稷을 안정시키며, 백성에게 長幼와 尊卑의 차례를 알게 하고 後嗣를 이롭게 하는 것이다. 허나라가 법도〔刑〕가 없기 때문에 토벌하였고, 죄를 인정하였기 때문에 점유하지 않고 내버려두었으며, 허나라의 德을 헤아려 일을 처리하고 정나라의 힘을 헤아려 행동하였으며, 때를 보고 움직여서 後人에게 누를 끼치지 않았으니, 예를 알았다고 할 만하다."

字義 經 : 경영할 경 度 : 헤아릴 탁

鄭伯使卒出豭하고 行(항)出犬鷄[67]하야 以詛射潁考叔者하니 君子謂 鄭莊公失政刑矣로다 政以治民하고 刑以正邪하나니 既無德政하고 又無威刑이라 是以及邪어늘 邪而詛之하니 將何益矣리오

鄭伯이 卒에게 수퇘지〔豭〕를 내게 하고, 行에게 개와 닭을 내게 하여 潁考叔을 쏘아 죽인

66 大(태)岳 : 太岳은 神農의 후예로 堯임금 때에 四岳이었다.(杜注)

67 使卒出豭 行(항)出犬鷄 : 100명이 '卒'이 되고 25명이 '行'이 되니, 行은 卒의 대열이기도 하다. 潁考叔을 쏘아 죽인 자를 미워하였기 때문에, 卒과 行 사이에 명령을 내려 모두 저주하게 한 것이다.(杜注)

자를 저주하도록 하니, 君子가 다음과 같이 논평하였다.

"鄭 莊公은 政事와 刑罰의 원칙을 잃었다. 정사로써 백성을 다스리고 형벌로써 邪惡을 바로잡는 법인데, 이미 어진 德으로 정치를 행함이 없고 또 위엄으로 형벌을 시행함도 없었다. 그러므로 사악한 일이 발생하였는데도 그 신하를 처벌하지 않고 저주하는 데 그쳤으니, 장차 무슨 이익이 있겠는가."

字義 豭 : 수퇘지 가 詛 : 저주할 저

王取鄔(오)劉蔿邘(우)之田于鄭하고 而與鄭人蘇忿生之田하니 溫原絺(치)樊隰郕欑茅(찬모)向(상)盟州陘隤(형퇴)懷라 君子是以知桓王之失鄭也라 恕而行之는 德之則(칙)也요 禮之經也어늘 己弗能有而以與人하니 人之不至 不亦宜乎아

周 天王(桓王)이 鄭나라에게서 鄔·劉·蔿·邘 등의 땅을 빼앗고, 〈周나라를 배반한 周 武王 代의 司寇인〉 蘇忿生의 땅을 정나라에게 주니, 그 땅은 溫·原·絺·樊·隰郕·欑茅·向·盟·州·陘·隤·懷 등이었다.

君子는 이 일로 환왕이 정나라와의 우호를 잃게 될 것을 알았다. 내 마음을 미루어 상대의 마음을 헤아려 행동하는 것〔恕〕이 德의 준칙이고 禮의 常規〔經〕인데, 환왕은 자기 스스로도 점유할 수 없는 땅을 남(정나라)에게 주었으니 그 사람이 來朝하지 않는 것이 당연하지 않겠는가.

字義 則 : 법도 칙 經 : 常規 경

鄭息有違言이어늘 息侯伐鄭한대 鄭伯與戰于竟하야 息師大敗而還하다 君子是以知息之將亡也러라 不度(탁)德하며 不量力하며 不親親하며 不徵辭하며 不察有罪하야 犯五不韙하야 而以伐人하니 其喪師也 不亦宜乎아

鄭나라와 息나라가 말다툼을 벌인 일이 있어서 息侯가 정나라를 공격하였는데, 鄭伯이 국경〔竟〕에서 교전하여 식나라 군대가 크게 패배하고 돌아갔다. 군자는 이 일로 식나라가 장차 망할 것을 알았다.

〈정백이〉 德을 헤아리지 못하고 자기 나라의 힘을 헤아리지 못하며, 친한 이(同姓 제후)를 가까이 여기지 않고 말의 是非를 밝히지 않으며, 자기 나라에도 죄가 있는지를 살펴보지 않았다. 다섯 가지 옳지 않은 일을 범하고서도 남의 나라를 공격하였으니, 전쟁에 패하여 군사를 잃는 것〔喪師〕이 당연하지 않겠는가.

字義 違 : 어긋날 위 竟 : 국경 경(=境) 韙 : 바를 위 喪 : 잃을 상

【經】冬이라

겨울이다.

【傳】十月에 鄭伯以虢師伐宋할새 壬戌에 大敗宋師하니 以報其入鄭也러라 宋不告命이라 故不書하니라 凡諸侯有命에 告則書하고 不然則否하나니라 師出臧否(비) 亦如之하니 雖及滅國이라도 滅不告敗하며 勝不告克이면 不書于策이니라

10월에 鄭伯이 虢나라 군대를 거느리고 宋나라를 공격할 때 임술일에 송나라 군대를 대패시켰으니, 〈隱公 10년에〉 정나라로 쳐들어왔던 일을 보복한 것이다. 송나라가 魯나라에 일〔命〕을 통고하지 않았기 때문에 經에 기록하지 않았다.

凡例에 따르면 諸侯의 나라에 중대한 일이 발생했을 때 노나라에 통고하면 經에 기록하고, 그렇지 않으면 기록하지 않는다. 군대가 출병하는 동기의 善惡도 이와 같으니, 비록 나라가 멸망하는 데 이르러도 멸망한 나라가 패전을 통고하지 않고 승리한 나라가 승전을 통고하지 않으면 史策에 기록하지 않는다.

【經】十有一月壬辰에 公薨하다

11월 임진일에 隱公이 薨하였다.

【傳】羽父(보)請殺桓公하야 將以求大(태)宰[68]어늘 公曰 爲其少故也라 吾將授之矣리니 使營菟裘(도구)하라 吾將老焉호리라 羽父懼하야 反譖公于桓公而請弑之하다 公之爲公子也에 與鄭人戰于狐壤하야 止焉하니 鄭人囚諸(서)尹氏어늘 賂尹氏而禱於其主鍾巫하야 遂與尹氏歸하야 而立其主하니라 十一月에 公祭鍾巫할새 齊(재)于社圃하고 館于寪氏러니 壬辰에 羽父使賊弑公于寪氏하고 立桓公而討寪氏하니 有死者러라 不書葬은 不成喪也라

羽父가 隱公에게 桓公을 죽일 것을 청하면서 장차 太宰로 임명해줄 것을 요구하자, 은공이 말하기를 "〈寡人이 攝政한 것은〉 그의 나이가 어렸기 때문이다. 내 장차 그에게 君位를 넘겨줄

---

68 羽父(보)請殺桓公 將以求大(태)宰 : 魯나라에는 본래 太宰의 관직이 없는데, 여기에서 '태재로 임명해줄 것을 요구하였다.'라는 것은 환공을 죽이고 執政하는 卿이 되고자 요구한 것임을 말한다.(楊注)

것이니, 菟裘에 집을 짓도록 하라. 나는 장차 그곳에서 노년을 보낼 것이다."라고 하였다. 우보는 이 일이 알려질까 두려워, 도리어 환공에게 은공을 참소하여 그를 죽이자고 청하였다.

은공이 公子가 되었을 때 鄭人과 狐壤에서 싸우다가 붙잡혀 포로가 된 적이 있었다. 정인이 그를 尹氏의 집에 囚禁하자, 은공이 윤씨에게 뇌물을 주고 윤씨가 主祭하는 鐘巫神에게 기도하고, 마침내 윤씨와 함께 魯나라에 돌아와서 종무신의 神主를 세웠다.

11월에 은공이 종무신에게 제사 지낼 때 社圃(園名)에서 齋戒하고 寪氏(魯나라 大夫)의 집에서 머물렀는데, 임진일에 우보가 자객〔賊〕에게 위씨의 집에서 은공을 시해하게 하고, 자신은 환공을 세우고 〈은공을 시해한 죄를 뒤집어 씌우고자〉 위씨를 공격하니 위씨의 宗族 중에 죽은 자가 있었다. 經에 은공의 葬事를 기록하지 않은 것은 임금의 喪禮로 장사 지내지 않았기 때문이다.

字義 少 : 어릴 소　營 : 경영할 영　譖 : 참소할 참　止 : 사로잡을 지　囚 : 가둘 수
賂 : 뇌물 줄 뢰　禱 : 빌 도

桓公[1]

〈원년, 庚午(B.C. 711)〉

【經】 元年이라 春王正月에 公卽位하다

원년이다. 봄 周王 정월에 桓公이 즉위하였다.

【傳】 元年이라 春에 公卽位하야 修好于鄭하다 鄭人請復(부)祀周公하야 卒易祊(팽)田[2]하니 公許之하다

원년이다. 봄에 桓公이 즉위하여 鄭나라와 友好를 다시 회복하였다. 鄭人이 다시 〈鄭나라가 魯나라를 대신하여〉 周公에게 제사를 지내겠다고 하면서 許田과 祊田을 바꾸는 문제를 종결짓자고 요청하니, 환공이 이를 허락하였다.

【經】 三月에 公會鄭伯于垂하다 鄭伯以璧假許田하다

3월에 桓公이 垂에서 鄭伯과 회합하였다. 정백이 璧玉을 주고 許田을 빌려갔다.

【經】 夏四月丁未에 公及鄭伯盟于越하다

여름 4월 정미일에 桓公이 越에서 鄭伯과 結盟하였다.

---

1 桓公 : 魯나라 15대 임금으로 이름은 允이고, 惠公과 仲子(宋 武公의 딸) 사이에서 태어났다. 18년간 재위하였다.

2 卒易祊(팽)田 : 鄭나라가 許와 祊을 바꾸자고 魯나라에 요청한 일은 隱公 8년에 보인다.

【傳】三月에 鄭伯以璧假許田하니 爲周公祊故也라

3월에 정백이 璧玉을 주고 許田을 빌려갔으니, 周公에게 제사 지내는 일과 祊田을 허전과 바꾸는 일 때문이었다.

夏四月丁未에 公及鄭伯盟于越하니 結祊成也라 盟曰 渝盟이면 無享國이라하다

여름 4월 정미일에 桓公이 鄭伯과 越에서 결맹하였으니, 이는 許田과 祊田을 교환하는 일을 마무리 짓고자 해서였다. 盟誓에 이르기를 "盟約을 어기면 나라를 享有하지 못할 것이다."라고 하였다.

字義 渝 : 어길, 위배할 투　享 : 누릴 향

【經】秋에 大水하다

가을에 큰물이 졌다.

【傳】秋에 大水하다 凡平原出水爲大水라

가을에 큰물이 졌다. 凡例에 따르면 물이 平原까지 넘쳐흐르는 것을 '大水'라 한다.

【經】冬十月이라

겨울 10월이다.

【傳】冬에 鄭伯拜盟하다

겨울에 鄭伯이 結盟한 일에 대해 사례하였다〔拜〕.

〈2년, 辛未(B.C. 710)〉

【經】二年이라 春王正月戊申에 宋督弑其君與夷及其大夫孔父(보)하다

2년이다. 봄 周王 정월 무신일에 宋나라 華父督이 임금 與夷(宋 殤公)와 大夫 孔父를 죽였다.

【傳】宋華父督見孔父(보)之妻于路하고 目逆而送之曰 美而豔(염)이로다

宋나라 華父督이 孔父의 아내를 길에서 보고는, 〈시선을 떼지 못하고〉 눈으로 맞이해 눈으로 보내면서 말하기를 "아름답고 곱구나."라고 하였다.

字義 逆 : 맞이할 역 豔 : 고울 염

二年이라 春에 宋督攻孔氏하야 殺孔父而取其妻하다 公怒하니 督懼하야 遂弑殤公하다 君子以督爲有無君之心하야 而後動於惡이라 故先書弑其君이라

2년이다. 봄에 宋나라 華父督이 孔氏(孔父)를 공격하여 공보를 죽이고 그 아내를 빼앗았다. 宋 殤公(與夷)이 크게 노하니, 화보독이 화가 미칠까 두려워서 마침내 상공을 시해하였다. 〈살해한 사건의 순서가 공보가 먼저이고 상공이 나중이지만〉 군자는 화보독이 먼저 임금을 무시하는 마음이 있어서 그런 다음에 악행을 저질렀다고 여겼다. 그러므로 經에 임금을 시해한 일을 먼저 기록하였다.

【經】滕子來朝하다

滕子가 魯나라에 와서 朝見하였다.

【經】三月에 公會齊侯陳侯鄭伯于稷하야 以成宋亂하다

3월에 桓公이 稷에서 齊侯 · 陳侯 · 鄭伯과 회합하여 宋나라에서 일어난 반란을 평정하려 하였다.

【傳】會于稷하야 以成宋亂이나 爲賂故立華氏也라

桓公이 稷에서 제후들과 회합하여 宋나라에서 일어난 반란을 평정하려 하였으나, 華父督이 바친 뇌물 때문에 華氏를 임금의 보좌로 세워주었다.

宋殤公立하야 十年十一戰하니 民不堪命이라 孔父嘉爲司馬하고 督爲大(태)宰라 故因民之不堪命하야 先宣言曰 司馬則然이라하다 已殺孔父而弑殤公하고 召莊公于鄭而立之하야 以親鄭하고 以郜大鼎賂公하며 齊陳鄭皆有賂라 故遂相宋公하다

宋 殤公이 즉위하고 10년간 11번이나 전쟁을 하니, 백성들이 명령을 견뎌낼 수 없었다. 당시 孔父嘉가 司馬로, 華父督이 太宰로 있었기 때문에, 화보독은 백성들이 명령을 견디지 못하는 것을 핑계로 삼아 먼저 선언하기를 "〈잦은 전쟁은〉 司馬가 그렇게 한 것이다."라고 하였다.

얼마 뒤 화보독이 공보를 살해하고 상공을 시해하고는, 鄭나라에 나가 살던 莊公(公子 馮)을 불러 그를 군주로 세워서 정나라와 화친하였다. 郜大鼎(郜에서 만든 큰 鼎)을 桓公에게 뇌물로 주었으며, 齊·陳·鄭나라에도 모두 뇌물을 주었기 때문에 마침내 〈제후들이 화보독을〉 宋公(장공)의 보좌로 세워주었다.

字義 相 : 보좌할, 재상으로 삼을 상

【經】 夏四月에 取郜大鼎于宋하야 戊申에 納于大(태)廟하다

여름 4월에 宋나라에서 郜大鼎을 가져와 무신일에 太廟에 들여놓았다.

【傳】 夏四月에 取郜大鼎于宋하야 戊申에 納于大(태)廟하니 非禮也라 臧哀伯[3]諫曰 君人者는 將昭德塞違하야 以臨照百官이라도 猶懼或失之라 故昭令德以示子孫이니이다 是以清廟茅屋하고 大路越(활)席하며 大羹不致하며 粢食[4]不鑿은 昭其儉也요 袞冕黻珽(불정)과 帶裳幅舃과 衡紞紘綖(담굉연)은 昭其度也니이다 藻率鞞鞛(률병봉)과 鞶厲(반려)游纓은 昭其數也며 火龍黼黻은 昭其文也며 五色比象은 昭其物也며 鍚鸞和鈴은 昭其聲也며 三辰旂旗는 昭其明也니이다

여름 4월에 宋나라에서 郜大鼎을 가져와 무신일에 太廟에 들여놓았으니 禮에 맞지 않았다. 臧哀伯이 간하였다.

"임금이 장차 善德을 밝히고 不正을 막아서 百官을 糾察하더라도 오히려 혹 잘못되는 일이 있을까 두렵기 때문에, 아름다운 덕〔令德〕을 드러내 밝혀서 子孫에게 보이는 것입니다. 그러므로 清廟(太廟)의 지붕을 띠로 이고 大路(天子의 제사용 수레)의 방석을 부들로 엮으며, 大羹

---

3 臧哀伯 : 魯나라 大夫 臧僖伯의 아들이다. 장희백에 관한 일은 隱公 5년에 보인다. 은공이 棠에 가서 물고기 잡는 것을 구경하려 할 때 간언하였고, 그해 겨울에 그가 卒하자 은공이 간언을 듣지 않은 미안함에 한 등급을 올려 장사 지내게 한 일이 있다.

4 粢食 : 粢食은 主食이란 말과 같다. 《周禮》〈小宗伯〉에 '六粢'라는 말이 있으니, 바로 여섯 종의 주식으로 黍(찰기장)·稷(메기장)·稻(벼)·粱(조)·麥(보리)·苽(줄풀)이다.(楊注)

에 간을 맞추지 않고 主食에 搗精하지 않는 것은 검소함을 드러내기 위함입니다.

무늬가 수놓인 王公의 예복〔袞〕· 면류관〔冕〕· 무릎 가리개〔黻〕· 옥으로 만든 笏〔珽〕, 가죽 띠〔帶〕· 아랫도리 겉옷〔裳〕· 〈정강이에 감아 무릎 아래로 매는〉 行纏〔幅〕· 나무로 밑창을 덧댄 신〔舃〕, 冠을 고정하는 비녀〔衡〕· 관 좌우의 귀막이 옥에 매단 끈〔紞〕· 관의 아래에서 위로 올려 맨 끈〔紘〕· 면류관 덮개〔綖〕는 尊卑의 制度를 드러내기 위함입니다.

가죽으로 된 옥 받침〔藻〕과 옥 닦는 수건〔率〕· 칼집 윗부분 장식〔鞞〕과 아랫부분 장식〔鞛〕, 허리에 두르는 큰 띠〔鞶〕· 큰 띠의 늘어진 부분〔厲〕 · 깃술〔游〕· 말에 메우는 가죽 띠〔纓〕는 〈존비의〉 定數를 드러내기 위함입니다.

의복을 꾸미는 불꽃 무늬〔火〕· 용무늬〔龍〕· 흑백 두 가지 색으로 된 도끼 무늬 자수〔黼〕· 흑청 두 가지 색으로 된 '己'자 무늬 자수〔黻〕 등은 文章으로 貴賤을 드러내기 위함이며, 五色(靑 · 黃 · 赤 · 白 · 黑)으로 事物의 形象을 그리는 것〔比〕은 사물의 色을 드러내기 위함입니다.

말을 치장하는 이마에 달린 방울〔鍚〕· 재갈에 달린 방울〔鸞〕· 수레 끌채 앞의 가로지른 나무에 달린 방울〔和〕· 旗에 달린 방울〔鈴〕 등은 소리를 드러내기 위함이며, 해 · 달 · 별〔三辰〕을 그린 기는 하늘의 光明을 드러내기 위함입니다.

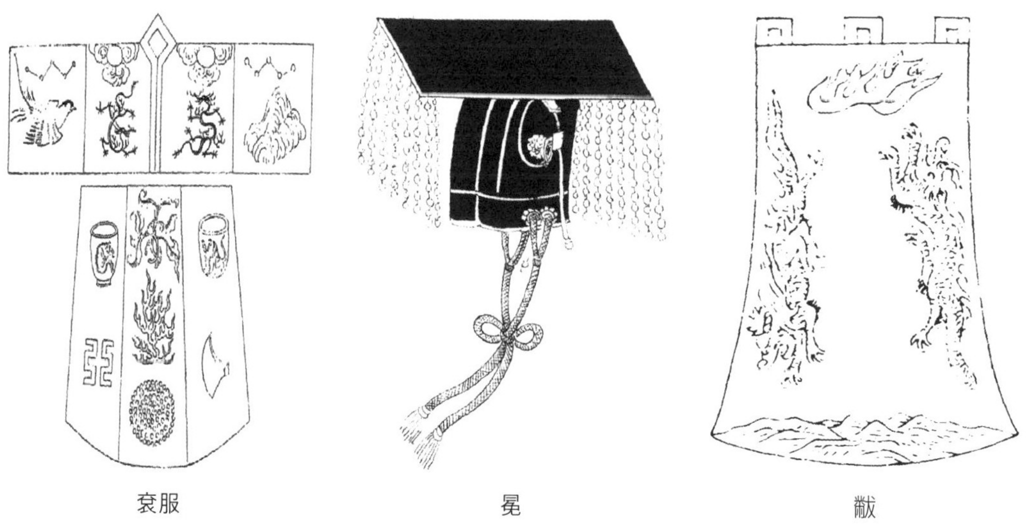

袞服　　冕　　黻

字義 塞 : 막을 색　照 : 규찰할 조　令 : 아름다울 령　茅 : 띠 모　越 : 부들 월　粢 : 곡식 자
鑿 : 도정할 작　袞 : 예복 곤　冕 : 면류관 면　黻 : 무릎 가리개 불　珽 : 옥으로 만든 笏 정
幅 : 행전 폭　舃 : 신 석　衡 : 비녀 형　紞 : 귀막이 끈 담　紘 : 갓끈 굉
綖 : 면류관 덮개 연　藻 : 옥 받침 조　率 : 옥 수건 률　鞞 : 칼집 장식 필　鞛 : 칼집 장식 봉
鞶 : 큰 띠 반　厲 : 큰 띠의 늘어진 부분 려　游 : 깃술 유　纓 : 말 메우는 가죽 띠 영
黼 : 자수 무늬 보　黻 : 자수 무늬 불　比 : 그릴 비　鍚 : 이마 방울 양　鸞 : 재갈 방울 란
和 : 방울 화　鈴 : 방울 령　辰 : 별 신　旂 : 기 기

夫德은 儉而有度하고 登降有數하니 文物以紀之하고 聲明以發之하야 以臨照百官이면 百官於是乎戒懼하야 而不敢易紀律이니이다 今滅德立違하고 而寘其賂器於大(태)廟하야 以明示百官하니 百官象之면 其又何誅焉이리잇가 國家之敗는 由官邪也요 官之失德은 寵賂章也니이다 郜鼎在廟면 章孰甚焉이니잇가 武王克商하시고 遷九鼎[5]于雒(낙)邑에 義士猶或非之온 而況將昭違亂之賂器於大廟하니 其若之何오 公不聽하다

대저 德은 검소하면서도 尊卑의 제도가 있고 늘리고 줄임에도 정해진 수가 있으니, 무늬〔文〕와 색채〔物〕로써 貴賤을 기록하고 소리와 光明으로써 덕을 드러내서 百官들에게 밝게 임하면 백관들이 이에 경계하고 두려워하여 감히 나라의 기강과 법률을 변경하지 않습니다.

그런데 덕을 없애고 명령을 어긴 신하(華父督)를 세워주고 〈뇌물로 받은〉 기물을 太廟에 옮겨놓아 백관들에게 밝게 보이시니, 백관들이 이를 본받아 행동한다면 또한 어찌 처벌할 수 있겠습니까. 나라가 패망하는 것은 관리들의 사악함에서 유래하고, 관리들이 덕을 상실하는 것은 사사로운 총애와 뇌물이 드러나는 데에서 유래합니다. 그런데 郜大鼎을 태묘에 들여놓는다면 총애와 뇌물을 드러내는 것이 이보다 심한 것이 어디에 있겠습니까.

武王이 商(殷)나라를 이기고 九鼎을 雒邑으로 옮기자 義士들이 오히려 이를 비난하였는데, 하물며 명령을 어기고 반란을 일으킨 자가 준 뇌물을 태묘에 옮겨놓고 백관에게 밝게 보이려 하시니, 이렇게 하시면서 어떻게 백관에게 임하실 수 있겠습니까."

그러나 환공이 따르지 않았다.

周內史聞之하고 曰 臧孫達은 其有後於魯乎인저 君違를 不忘諫之以德이로다

周나라 內史가 이 일을 듣고 말하였다.

"臧孫達(臧哀伯)은 아마도 그 후손이 魯나라에서 福을 누릴 것이다. 임금의 잘못을 德으로 간하는 말을 잊지 않았구나."

字義 文 : 무늬 문　物 : 색채 물　紀 : 기록할, 기강 기　發 : 드러낼 발　寘 : 둘 치
章 : 드러날 장　違 : 허물, 과실 위

【經】 秋七月에 杞侯來朝하다

가을 7월에 杞侯(杞 武公)가 〈桓公의 즉위를 축하하기 위해 魯나라에〉 와서 朝見하였다.

---

5 九鼎 : 夏나라 禹王이 9州에서 銅(金)을 거두어 각종 맹수와 괴물의 형태를 새겨 아홉 개의 솥을 만들었다. 이후 夏·殷·周 시대에 전수되며 皇位의 상징이 되었다.

【傳】秋七月에 杞侯來朝하야 不敬하니 杞侯歸에 乃謀伐之하다

가을 7월에 杞侯가 魯나라에 와서 朝見할 때 불경한 모습을 보였다. 기후가 돌아가자 노나라가 곧바로 杞나라를 토벌할 것을 모의하였다.

【經】蔡侯鄭伯會于鄧하다

蔡侯와 鄭伯이 鄧에서 회합하였다.

【傳】蔡侯鄭伯會于鄧하니 始懼楚也[6]라

蔡侯와 鄭伯이 鄧에서 회합하였으니, 비로소 楚나라를 두려워하였기 때문이다.

【經】九月에 入杞하다

9월에 魯나라가 杞나라로 쳐들어갔다.

【傳】九月에 入杞하니 討不敬也라

9월에 杞나라로 쳐들어갔으니, 杞侯의 불경함을 토벌한 것이다.

【經】公及戎盟于唐하다

桓公과 戎이 唐에서 結盟하였다.

【傳】公及戎盟于唐하니 修舊好也라

桓公과 戎이 唐에서 결맹하였으니, 옛 우호를 다시 회복한 것이다.

---

6 始懼楚也 : 이때 楚 武王이 '王'을 僭稱한 뒤 강성함을 믿고 中原의 諸侯國을 침략하려 하였으므로, 이때부터 중국이 楚나라를 두려워하게 되었다.

【經】冬에 公至自唐하다

겨울에 桓公이 唐에서 돌아와 宗廟에 아뢰었다.

【傳】冬에 公至自唐하니 告于廟也라 凡公行에 告于宗廟하고 反行에 飮至舍爵策勳焉이 禮也라 特相會에 往來稱地하니 讓事也요 自參以上이면 則往稱地하고 來稱會하니 成事也라

겨울에 桓公이 唐에서 돌아왔으니〔至〕, 宗廟에 告한 것이다. 凡例에 따르면 公이 국경 밖으로 나갈 때 종묘에 고하고, 돌아와서는 종묘에 제사 지내고 신하들을 모아 술을 마시고〔飮至〕 술잔을 내려놓고서〔舍爵〕 勳勞를 策에 기록하는 것〔策勳〕이 禮이다.

會盟을 주재하는 나라가 없이 당사국인 두 나라만 회합하는 경우〔特相會〕에는 왕래한 주체에 관계없이 地名을 기록하니 서로 主宰者가 되는 일을 사양하기 때문이며, 세 나라 이상이 회합하는 경우에는 魯나라 군주가 가면 지명을 기록하고 다른 나라 군주가 오면 '會'라고 기록하니 일이 성사되었기 때문이다.

字義 至 : 도달할 지 參 : 참여할 참

〈3년, 壬申(B.C. 709)〉

【經】三年이라 春正月이라

3년이다. 봄 정월이다.

【傳】初에 晉穆侯之夫人姜氏以條之役에 生大(태)子하니 命之曰仇라하고 其弟以千畝之戰生하니 命之曰成師[7]라하다 師服曰 異哉라 君之名子也여 夫名以制義하고 義以出禮하며 禮以體政하고 政以正民이라 是以政成而民聽하나니 易則生亂이라 嘉耦曰妃요 怨耦曰仇는 古之命也어늘 今君命大子曰仇라하고 弟曰成師라하니 始兆亂矣라 兄其替乎인저

당초에 晉 穆侯의 夫人 姜氏가 條의 오랑캐를 정벌한 전쟁 때 太子를 낳으니 이름을 '仇'라

---

7 命之曰仇……命之曰成師 : '仇'는 전쟁에서 서로 원수가 된 데서 뜻을 취하였고, '成師'는 大軍을 이룬 데서 뜻을 취한 것이다.(杜注)

하였고, 그 동생이 千畝의 전쟁 때 태어나니 이름을 '成師'라 하였다. 이를 듣고 師服(晉나라 大夫)이 말하였다.

"군주께서 아들 이름을 작명하시는 방법이 이상하다. 무릇 이름으로 道義를 제정하고 도의로 禮를 도출하며, 예로 정사를 체득하고 정사로 백성을 바로잡는 것이다. 이 때문에 정치가 이루어지고 백성이 命을 따르는 것이니, 禮義를 어기면 난리가 일어난다. 훌륭한 배필을 '妃'라 하고 원수 같은 배필을 '仇'라 하는 것은 예로부터 전해오던 명칭인데, 지금 군주께서 太子의 이름을 '仇'라 짓고 그 아우의 이름을 '成師'라 지었으니 난리가 일어날 조짐이 시작된 것이다. 형(태자)이 아마도 衰微해질 것이다."

字義 耦 : 베필, 짝 우 兆 : 조짐 조 替 : 쇠퇴할 체

惠之二十四年에 晉始亂[8]이라 故封桓叔于曲沃하고 靖侯之孫欒(난)賓傅之하다 師服曰 吾聞國家之立也에 本大而末小니 是以能固라하니라 故天子建國하고 諸侯立家하며 卿置側室하고 大夫有貳宗하며 士有隸子弟하고 庶人工商은 各有分親하야 皆有等衰(최)라 是以民服事其上而下無覬覦어늘 今晉은 甸侯[9]也而建國하니 本既弱矣라 其能久乎아

惠公 24년(B.C. 745)에 晉나라가 비로소 어지러워졌다. 그러므로 昭侯가 桓叔(成師)을 曲沃에 봉하고, 靖侯(환숙의 高祖父)의 손자 欒賓이 그를 보좌하였다. 그러자 師服이 말하였다.

"내가 들으니 국가를 세울 때에 根幹이 크고 枝葉이 작아야 하니 이 때문에 나라의 근본이 견고해진다고 하였다. 그러므로 天子는 諸侯를 봉해 나라를 세우고 제후는 卿大夫를 임명하여 家를 세우며, 卿은 衆子 중에서 側室(官名)을 두고 大夫는 宗室 子弟 중에서 貳宗(官名)을 두며, 士는 자신의 자제를 僕隸로 삼으며 〈보좌하게 하고, 존비가 없는〉 庶人 · 工人 · 商人은 저마다 親疏의 분별이 있어서 모두 차등이 있다. 이 때문에 백성은 윗사람을 복종하여 섬기고 아랫사람은 분수에 맞지 않는 희망(覬覦)을 갖지 않는 법인데, 지금 진나라는 甸服에 속한 제후로서 또 다른 나라(曲沃)를 세웠으니 근간이 이미 쇠약해진 것이다. 어찌 오래갈 수 있겠는가?"

字義 傅 : 보좌할 부 衰 : 차등, 차이 최 覬 : 바랄 기 覦 : 바랄 유 甸 : 京畿 전

8 晉始亂 : 晉 文侯(太子 仇)가 卒하고 아들 昭侯가 재위에 올랐으나, 叔父 成師의 세력이 강대한 것에 위협을 느낀 것이다.

9 甸侯 : 甸服에 속한 諸侯를 이른다. 甸服은 天子가 다스리는 본토, 즉 內服을 구성하는 다섯 등급의 '服' 가운데 첫 번째로 王畿 밖 5백 리에서 1천 리까지의 구간이다.

惠之三十年에 晉潘父(보)弑昭侯而納桓叔이라가 不克하니 晉人立孝侯하다

惠公 30년(B.C. 739)에 晉나라 大夫 潘父가 昭侯를 시해하고 桓叔을 맞이하여 임금으로 세우려다가 성공하지 못하였는데, 晉人이 孝侯(소후의 아들)를 임금으로 세웠다.

惠之四十五年에 曲沃莊伯伐翼하야 弑孝侯하니 翼人立其弟鄂(악)侯하다 鄂侯生哀侯하다 哀侯侵陘(형)庭之田하니 陘庭南鄙啓曲沃伐翼하다

惠公 45년(B.C. 724)에 曲沃 莊伯(桓叔의 아들)이 晉나라의 都邑인 翼을 공격하여 孝侯를 시해하니, 翼人이 그 아우 鄂侯를 임금으로 세웠다. 악후가 哀侯를 낳았다. 애후가 〈익의 남쪽 변방인〉 陘庭의 田地를 침입하니, 형정의 남쪽 변방 사람들이 곡옥의 군대를 인도하여〔啓〕 익을 쳤다.

字義 啓 : 인도할 계

三年이라 春에 曲沃武公伐翼하야 次于陘庭하다 韓萬御戎하고 梁弘爲右하야 逐翼侯于汾隰이러니 驂[10]絓(참괘)而止하니 夜獲之하고 及欒共叔하다

3년이다. 봄에 曲沃 武公(莊伯의 아들)이 翼을 공격하면서 陘庭에 주둔하였다. 韓萬(장백의 아우)에게 戎車를 몰게 하고, 梁弘을 車右로 삼아 汾水 가의 濕地에서 翼侯를 추격하였다. 익후의 驂馬가 나무에 걸려 수레가 멈추니, 밤에 익후와 欒共叔(欒賓의 아들)을 잡았다.

字義 隰 : 습지 습　驂 : 참마 참　絓 : 걸릴 괘

【經】 公會齊侯于嬴하다

桓公이 嬴에서 齊侯와 會合하였다.

【傳】 會于嬴하니 成昏于齊也라

〈桓公이 齊侯와〉 嬴에서 회합하였으니, 齊나라와 成婚하기 위함이었다.

---

10 驂 : 하나의 수레를 끄는 네 필의 말 중 끌채 바깥 양쪽에 위치한 두 말인 '驂馬'를 가리킨다. '곁말'이라고 하며, 이와 반대로 중앙 끌채에 메운 말을 '服馬'라고 한다.(《漢韓大辭典》)

【經】 夏에 齊侯衛侯胥命[11]于蒲하다

여름에 齊侯와 衛侯가 蒲에서 胥命하였다.

【傳】 夏에 齊侯衛侯胥命于蒲하니 不盟也라

여름에 齊侯와 衛侯가 蒲에서 胥命하였으니, 結盟은 하지 않은 것이다.

【經】 六月에 公會紀侯于郕(성)하다

6월에 桓公이 郕에서 紀侯와 회합하였다.

【傳】 公會杞侯于郕하니 杞求成也라

桓公이 郕에서 杞侯와 회합하였으니, 〈환공 2년 魯나라가 杞나라를 침략했던 일에 대하여〉 기나라가 和平를 요구한 것이다.

【經】 秋七月壬辰朔에 日有食之 旣하다

가을 7월 임진일 초하루에 皆旣日蝕을 하였다.

字義 旣 : 개기 일식 기

【經】 公子翬如齊逆女하다

魯나라 公子 翬가 齊나라에 가서 〈桓公의 부인이 될〉 여자를 맞이하였다.

【傳】 秋에 公子翬如齊逆女하야 修先君之好라 故曰公子라하니라

가을에 公子 翬가 齊나라에 가서 〈桓公의 부인이 될〉 여자를 맞이하여 先君 때의 우호를 다시 회복하였다. 그러므로 經에 '公子'라고 쓴 것이다.

---

11 胥命 : 약속한 말을 거듭하여 서로 확인하기만 하고, 歃血은 하지 않는 것이다.(杜注)

【經】九月에 齊侯送姜氏于讙(환)하다

9월에 齊侯(襄公)가 姜氏를 讙(魯나라 땅)까지 호송하였다.

【傳】齊侯送姜氏하니 非禮也라 凡公女嫁于敵國에 姊妹는 則上卿送之하야 以禮於先君하고 公子는 則下卿送之하며 於大國엔 雖公子라도 亦上卿送之하고 於天子엔 則諸卿皆行호대 公不自送하며 於小國엔 則上大夫送之하나니라

齊侯가 姜氏를 호송하였으니 禮에 맞지 않는 처사이다. 凡禮에 따르면 公女가 대등한 나라〔敵國〕로 시집갈 경우, 공녀가 군주의 姊妹이면 上卿이 호송하여 先君을 예우하고, 군주의 딸이면 〈두 등급을 낮추어〉 下卿이 호송하며, 자신의 나라보다 큰 나라로 시집갈 경우 비록 군주의 딸이라도 상경이 호송하고, 天子에게 시집갈 경우 모든 卿이 함께 호송하되 군주가 직접 호송하지는 않으며, 자신의 나라보다 작은 나라로 시집갈 경우 上大夫가 호송한다.

【經】公會齊侯于讙(환)하다 夫人姜氏至自齊하다

桓公이 齊侯와 讙에서 會合하였다. 夫人 姜氏가 齊나라에서 魯나라에 와서 宗廟에 고하였다.

【經】冬에 齊侯使其弟年來聘하다

겨울에 齊侯가 아우 仲年을 魯나라에 보내 聘問하게 하였다.

【傳】冬에 齊仲年來聘하니 致夫人也라

겨울에 齊나라의 仲年이 노나라에 와서 빙문하였으니 夫人 姜氏를 위문하기 위함이었다.

【經】有年[12]이라

풍년이 들었다.

〈4년, 癸酉(B.C. 708)〉

【經】 四年이라 春正月에 公狩于郎하다

4년이다. 봄 정월에 桓公이 郎에서 사냥하였다.

【傳】 四年이라 春正月에 公狩于郎하니 書는 時禮也[13]라

4년이다. 봄 정월에 桓公이 郎에서 사냥하였으니, 經에 기록한 것은 그 시기가 禮에 맞았기 때문이다.

字義 狩 : 사냥할 수

【經】 夏에 天王이 使宰渠伯糾로 來聘하다

여름에 天王이 宰(官名) 渠伯糾를 魯나라에 보내 빙문하게 하였다.

【傳】 夏에 周宰渠伯糾來聘하니 父在라 故名하니라

여름에 周나라 宰 渠伯糾가 魯나라에 와서 빙문하였다. 그의 아비가 생존해 있는데도 그 직무를 대행하여 사신으로 왔기 때문에 이름(伯糾)을 기록한 것이다.

芮伯萬之母芮姜이 惡(오)芮伯之多寵人也라 故逐之하니 出居于魏하다 秋에 秦師侵芮라가 敗焉하니 小之也라 冬에 王師秦師圍魏하야 執芮伯以歸하다

芮伯 萬의 어머니 芮姜이 예백에게 총애하는 사람이 많은 것을 좋지 않게 생각하였으므로, 〈禍를 피하게 하고자〉 예백을 내쫓으니 그가 魏나라로 나가 살았다.

---

12 有年 : 李惟樟(朝鮮)은 《春秋輯註》에서 "經에 '有年'을 기록한 것은 怪異함을 기록한 것이다. 人事가 아래에서 도리를 잘 따르면 天氣도 위에서 조화를 이루는 법이다. 桓公은 군주(隱公)를 시해하고 君位에 올라 天理를 거스르고 人倫을 어지럽혔으니, 천지의 기운이 어그러져서 수해나 가뭄 같은 재앙이 생기는 것이 당연하다. 그런데 지금 도리어 풍년이 들었기 때문에 그 괴이함을 기록하였다."라고 하였다.

13 春正月……時禮也 : 夏曆과 周曆의 차이에 따라, 周나라의 봄은 夏나라의 겨울과 같기 때문에 '겨울 사냥(狩)'이라 한 것이다.

가을에 秦나라 군대가 芮나라를 침공하였다가 패전하였으니, 예나라가 작다고 얕보았기 때문이다. 겨울에 周王과 秦나라의 군대가 魏나라를 포위하여 예백을 붙잡아 데리고 돌아갔다.

〈5년, 甲戌(B.C. 707)〉

【經】 五年이라 春正月甲戌己丑에 陳侯鮑卒하다

5년이다. 봄 정월 갑술일 · 기축일에 陳侯 鮑(桓公)가 卒하였다.

【傳】 五年이라 春正月甲戌己丑에 陳侯鮑卒하니 再赴也라 於是陳亂하야 文公子佗殺大(태)子免(문)而代之하다 公疾病而亂作하니 國人分散이라 故再赴하다

5년이다. 봄 정월 갑술일 · 기축일에 陳侯 鮑가 卒하였으니, 〈날짜를 두 번 기록한 것은 陳나라에서〉 재차 부고하였기 때문이다. 당시 진나라에 난리가 일어나서 文公의 아들 佗(五父)가 太子 免을 죽이고 대신 君位에 올랐다. 陳 桓公의 병이 위독한 상황에서 난리가 일어나 國人들이 흩어졌으므로 〈경황이 없어서〉 재차 부고한 것이다.

【經】 夏에 齊侯鄭伯如[14]紀하다

여름에 齊侯와 鄭伯이 紀나라에 가서 朝見하였다.

【傳】 夏에 齊侯鄭伯朝于紀하야 欲以襲之러니 紀人知之하다

여름에 齊侯와 鄭伯이 紀나라에 가서 朝見하고 〈기회를 엿보아〉 기나라를 습격하려 하였는데, 紀人이 그 계획을 알아차리고 〈魯나라에 통고하였다.〉

【經】 天王使仍叔之子로 來聘하다

天王이 仍叔의 아들을 〈魯나라에 보내〉 聘問하게 하였다.

---

14 如 : 外國으로 朝見하러 가는 것을 모두 '如'라고 한다.(杜注)

【傳】仍叔之子는 弱也라

經에 '仍叔之子(仍叔의 아들)'라고 한 것은 그가 어렸기 때문이다.

【經】葬陳桓公하다

陳 桓公을 장사 지냈다.

【經】城祝丘하다

祝丘에 城을 쌓아 〈紀나라를 습격하려는 齊·鄭나라를 대비하였다.〉

【經】秋에 蔡人衛人陳人이 從王伐鄭하다

가을에 蔡人·衛人·陳人이 周王을 따라 鄭나라를 討伐하였다.

【傳】王奪鄭伯政하시니 鄭伯不朝어늘 秋에 王以諸侯伐鄭하신대 鄭伯禦之하다 王爲中軍하고 虢公林父(보)將右軍하니 蔡人衛人屬焉하고 周公黑肩將左軍하니 陳人屬焉하다 鄭子元請爲左拒(구)하야 以當蔡人衛人하고 爲右拒(구)하야 以當陳人하고 曰 陳亂하야 民莫有鬪心하니 若先犯之면 必奔이요 王卒顧之면 必亂하리라 蔡衛不枝면 固將先奔하리니 旣而萃於王卒이면 可以集事라한대 從之하다

周王이 鄭伯에게 맡겼던 政權을 빼앗자 정백이 朝覲하지 않았다. 가을에 주왕이 諸侯를 거느리고 鄭나라를 토벌하자 정백이 항거하였다. 주왕이 中軍을 거느리고, 虢公 林父가 右軍을 통솔하니 蔡人·衛人이 여기에 예속되고, 周公 黑肩(周 桓公)이 左軍을 통솔하니 陳人이 여기에 예속되었다.

鄭나라 子元이 左拒(左軍으로 만든 方陣)를 만들어 蔡人·衛人에게 대항하고, 右拒를 만들어 陳人에게 대항하자고 건의하며 말하였다.

"陳나라는 內亂 중이기 때문에 백성들에게 싸우고자 하는 마음이 없으니 먼저 그들을 공격한다면 반드시 달아날 것이고, 〈그들이 달아나는 것을 보면〉 주왕의 군대는 반드시 혼란해질

것이며, 채 · 위나라가 지탱할 수 없으면 반드시 주왕의 군대보다 먼저 달아날 것입니다. 그러고 나서 주왕의 군대에 집중하여 공격하면 작전을 성사시킬 수 있을 것입니다.”

정백이 그 말을 따랐다.

字義 禦 : 막을 어 枝 : 버틸 지 萃 : 모을 췌

曼伯爲右拒하고 祭(채)仲足爲左拒하고 原繁高渠彌以中軍奉公하야 爲魚麗(리)之陳호대 先偏後伍하고 伍承彌縫[15]하야 戰于繻(수)葛할새 命二拒曰 旝(괴)[16]動而鼓하라 蔡衛陳皆奔하니 王卒亂이어늘 鄭師合以攻之한대 王卒大敗하다 祝聃射王中肩이로대 王亦能軍이라 祝聃請從之한대 公曰 君子不欲多上人이온 況敢陵天子乎아 苟自救也하야 社稷無隕이면 多矣라하고 夜에 鄭伯使祭足勞王하고 且問左右하다

曼伯(檀伯)을 右拒로 삼고 祭仲足을 左拒로 삼았으며, 原繁과 高渠彌가 中軍을 거느리고 鄭 莊公을 모시고 魚麗陣을 펼쳤다. 偏을 앞에 伍를 뒤에 배치하고, 伍를 偏의 틈에 채워 빈틈이 없게 막고는 繻葛에서 싸울 때, 二拒(左拒와 右拒)에게 명하기를 “旝를 흔들면 북을 울리며 진격하라.”고 하였다.

蔡 · 衛 · 陳나라 군대가 모두 달아나니 周王의 군대가 혼란스러워지기에, 鄭나라 군대가 병력을 모아서 공격하자 주왕의 군대가 크게 패배하였다. 祝聃이 주왕에게 활을 쏘아 어깨를 적중시켰으나, 주왕이 군대를 잘 지휘(能軍)하였다. 축담이 적군을 추격하자고 청하자, 장공이 말하였다.

“군자는 남보다 아주 능가하기를 바라지 않는 법인데, 하물며 감히 天子를 능멸한단 말인가. 진실로 스스로를 구제하여 社稷이 무너지지 않았으면 그것으로 충분하다(多).”

밤에 정백이 祭足을 주왕의 진영에 보내 주왕을 위로하고, 또 좌우의 신하들에게도 問候하게 하였다.

旝

字義 彌 : 봉합할, 막을 미 縫 : 메울 봉 旝 : 기 괴 鼓 : 북을 쳐서 나아가게 할 고
中 : 적중할 중 肩 : 어깨 견 陵 : 업신여길 릉 多 : 충분할 다

---

15 爲魚麗(리)之陳……伍承彌縫 : 《司馬法》에 “수레를 이용하는 전투에서는 25乘을 ‘偏’으로 만들어 수레를 앞에 배치하고, ‘伍’를 뒤에 배치하여 偏과 偏 사이의 틈을 이어 빈 공간을 채워 막는다.”라고 하였다. 5명을 ‘伍’라 하니, 이것이 아마도 魚麗의 陣法인 듯하다.(杜注)

16 旝(괴) : 전쟁할 때 사용하는 令旗(군령을 전달하는 기)의 일종이다.(《漢韓大辭典》)

【經】 大雩하다

大雩祭(祈雨祭)를 지냈다.

【傳】 秋에 大雩하니 書는 不時也라 凡祀는 啓蟄而郊하며 龍見(현)而雩하며 始殺而嘗하며 閉蟄而烝[17]하나니 過則書하나니라

가을에 大雩祭를 지냈으니, 經에 기록한 것은 때에 맞지 않았기 때문이다. 모든 제사는 驚蟄이 되면 郊祭를 지내고 蒼龍星이 나타나면 雩祭를 지내며, 가을의 스산한 기운이 일어나면 嘗祭를 지내고 곤충이 冬眠하기 위해 땅속으로 들어가면 烝祭를 지내니, 시기가 지난 뒤에 제사를 지내면 經에 기록한다.

字義 雩 : 기우제 우 蟄 : 겨울잠 자는 벌레 칩 殺 : 스산할 살

【經】 螽(종)하다

蝗蟲으로 인한 재해가 발생하였다.

【經】 冬에 州公如曹하다

겨울에 州公(淳于公)이 曹나라로 가서 朝見하였다.

【傳】 冬에 淳于公如曹하야 度(탁)其國危하고 遂不復(복)하다

겨울에 淳于公(州公)이 曹나라로 가서 朝見하고는, 本國(州)에 危亂이 일어날 것을 예측하고 마침내 되돌아가지 않았다.

---

17 啓蟄而郊……閉蟄而烝 : 啓蟄이 드는 정월에는 남쪽 교외에서 郊祭를 지내고, 蒼龍星이 나타나는 4월에는 萬物이 무성하게 자라도록 비를 구하는 雩祭를 지낸다. 가을 기운이 스산한 8월에는 익은 嘉穀을 종묘에 올리기 위하여 嘗祭를 지내고, 곤충이 동면하는 10월에는 만물이 성숙하기 때문에 종묘에 烝祭를 지낸다.

〈6년, 乙亥(B.C. 706)〉

【經】 六年이라 春正月에 寔[18]來하다

6년이다. 봄 정월에 淳于公이 〈本國으로 되돌아가지 않으려고 魯나라에〉 아주 왔다.

【傳】 六年이라 春에 自曹來朝하다 書曰寔來는 不復(복)其國也라

6년이다. 봄에 淳于公이 曹나라에서 魯나라로 와서 朝見하였다. 經에 '아주 왔다.〔寔來〕'라고 기록한 것은 本國(州나라)으로 되돌아가지 않았다는 뜻이다.

楚武王侵隨할새 使薳(원)章求成焉하고 軍於瑕하야 以待之러니 隨人使少師董成이어늘 鬪伯比言於楚子曰 吾不得志於漢東也는 我則使然이니이다 我張吾三軍하고 而被吾甲兵하야 以武臨之하니 彼則懼而協以謀我라 故難間也니이다 漢東之國에 隨爲大하니 隨張이면 必棄小國하리니 小國離는 楚之利也니이다 少師侈하니 請羸師以張之하소서

楚 武王이 隨나라를 침공했을 때 薳章을 보내 화평하기를 요구하게 하고는 수나라 瑕에 주둔하여 회답을 기다렸다. 수나라 군주가 少師를 보내 회담에 참여하게〔董成〕 하자, 鬪伯比가 楚子에게 말하였다.

"우리 초나라가 漢水 동쪽에서 뜻을 얻지 못한 것은 우리가 〈계책을 잘못 써서〉 그렇게 만든 것입니다. 우리가 우리의 三軍을 과시하고 우리의 갑옷과 병기로 무장하여 武力으로 저들을 대하니, 저들이 두렵게 여기고 연합하여 우리를 방어할 계책을 꾀하기 때문에 저들을 이간시키기 어려웠던 것입니다.

한수 동쪽에 있는 나라 중에는 수나라가 가장 큽니다. 수나라가 교만하고 방자하면〔張〕 반드시 작은 나라들을 버릴 것이니, 작은 나라의 마음이 수나라를 떠나는 것이 우리 초나라로서는 이익입니다. 소사는 교만 방자한 사람이니, 청컨대 우리 군사들 중 파리하고 힘없는 자들만 보여주어 그의 마음을 교만하고 방자하게 하소서."

字義 董 : 주관할 동 張 : 과시할, 방자할 장 羸 : 파리할, 여윌 리

---

18 寔 : 〈杜注〉와 〈楊注〉에 의하면 '寔'은 '實(확실하게, 아주)'의 뜻으로 쓰였다. 그러나 朝鮮의 李惟樟·朴世采·李震相 등은 '寔'을 淳于公의 이름이라 보았다. 본서에서는 傳의 "자기 나라로 되돌아가지 않았다.〔不復其國也〕"라는 문장에 의거하여 '아주'의 뜻으로 번역하였다.

熊率且(웅률저)比曰 季梁在하니 何益이리오 鬪伯比曰 以爲後圖니 少師得其君하리이다 王毁軍而納少師하니 少師歸하야 請追楚師어늘 隨侯將許之러니 季梁止之曰 天方授楚하니 楚之羸는 其誘我也라 君何急焉이니잇고 臣聞小之能敵大也는 小道大淫이라하니 所謂道는 忠於民而信於神也라 上思利民은 忠也요 祝史正辭는 信也어늘 今民餒(뇌)而君逞欲하고 祝史矯擧以祭하니 臣不知其可也로소이다

熊率且比가 말하기를 "〈隨나라에는 賢臣〉 季梁이 있으니 이런 계책을 쓴들 무슨 소용이 있겠습니까."라고 하니, 鬪伯比가 대답하기를 "이는 훗날을 위한 계책이니, 少師는 수나라 군주에게 신임을 얻게 될 것입니다."라고 하였다.

楚王이 군대의 위용을 훼손하고 소사를 맞이하니, 소사가 〈이를 보고〉 본국으로 돌아가서 초나라 군대를 추격할 것을 청하자 隨侯가 허락하려고 하였다. 계량이 만류하며 말하였다.

"하늘이 한창 초나라를 돕고 있으니, 초나라가 보여준 파리하고 힘없는 군사들은 아마도 우리나라를 유인하려는 것입니다. 군주께서 무엇 때문에 서두르려 하십니까? 신이 들으니 작은 나라가 큰 나라를 대적할 수 있는 경우는 작은 나라는 道가 있고 큰 나라는 淫虐한 때라고 하니, 이른바 道라는 것은 백성에게 최선을 다하고 귀신에게 신임을 얻는 것입니다. 윗사람이 백성을 이롭게 할 것을 생각하는 것이 '최선을 다함〔忠〕'이고, 祝史가 바른 말로 鬼神에게 고하는 것이 '신임을 얻음〔信〕' 입니다. 지금 백성들은 굶주리는데 군주께서는 하고자 하는 것을 만족스럽게 다 하시고, 축사는 거짓으로 속여서 제사 지내고 있으니, 신은 성공을 장담하지 못하겠습니다."

字義 毁 : 철거할 훼 餒 : 굶주릴 뇌

公曰 吾牲牷(전)肥腯(돌)하며 粢盛豐備하니 何則不信이리오 對曰 夫民은 神之主也라 是以聖王先成民而後致力於神하니이다 故奉牲以告曰 博碩肥腯이라하니 謂民力之普存也며 謂其畜之碩大蕃滋也며 謂其不疾瘯蠡(족려)也며 謂其備腯咸有也니이다 奉盛以告曰 絜(결)粢豐盛이라하니 謂其三時不害而民和年豐也요 奉酒醴以告曰 嘉栗旨酒[19]라하니 謂其上下皆有嘉德而無違心也니 所謂馨香無讒慝也니이다 故務其三時하며 修其五教[20]하며 親其九族하야 以致其禋(인)祀하나니 於是乎民和而神降之福이라 故動則有

19 嘉栗旨酒 : 〈杜注〉의 "'栗'은 '洌'의 假借字로 '淸'의 뜻이다."라는 설을 따랐다.

20 五教 : 아버지는 의롭고 어머니는 자애로우며, 형은 우애있고 동생은 공손하며, 자식은 효도해야 한다는 것이다.(杜注)

成이니이다 今民各有心하야 而鬼神乏主하니 君雖獨豐이나 其何福之有리잇가 君姑修政하야 而親兄弟之國하면 庶免於難하리이다 隨侯懼而修政하니 楚不敢伐하다

公(隨侯)이 말하기를 "내가 바치는 犧牲은 색이 純色이고 살졌으며, 올리는 粢盛은 풍부하고 종류가 잘 구비되어 있는데 어찌 鬼神에게 신임을 얻지 못하는가?"라고 하니, 季梁이 대답하였다.

"대저 백성은 귀신의 주인입니다. 이 때문에 聖王이 먼저 백성을 길러 성숙시킨 다음에 귀신을 섬기는 일에 힘을 다하였습니다. 그러므로 희생을 바치며 고하기를 '희생이 크고 살졌습니다.'라고 하니, 이는 백성들의 財力이 두루 안정되고 기르는 가축이 肥大하고 잘 번식하며, 가축이 피부병이 없고 비대한 〈六畜을〉 갖추어 빠진 것이 없음을 말한 것입니다.

粢盛을 올리며 고하기를 '깨끗한 곡식이 가득합니다.'라고 하니, 이는 봄 · 여름 · 가을 세 철 동안 재해가 없어서 백성들은 화목하고 농사는 풍년이 들었음을 말한 것이고, 술을 바치며 고하기를 '훌륭하고 맑으며 맛이 좋은 술입니다.'라고 하니, 이는 上下가 모두 아름다운 덕을 지녀서 邪心이 없음을 말한 것입니다. 〈이상의 세 가지는〉 이른바 향기로운 냄새가 멀리 퍼져 사악하고 간사함이 없다는 것입니다.

그러므로 세 철 동안 농사에 힘쓰고 五敎를 닦으며 九族을 친애하여 정결하고 공경스런 제사를 바치는 것이니, 이 때문에 백성들이 화목하고 귀신이 복을 내려주므로 시행하는 것마다 이루는 공이 있습니다. 그러나 지금은 백성들이 저마다 마음을 달리 가져서 귀신에게 주인이 없으니, 군주께서 비록 귀신 섬기기를 풍성하게 하시더라도 어찌 복이 있겠습니까. 군주께서 먼저 정사를 닦으셔서 형제의 나라와 친하게 지내시면 아마도 患難을 면하실 수 있을 것입니다."

隨侯가 두려워하여 정사를 닦으니, 楚나라가 감히 공격하지 못하였다.

字義 牷 : 희생 전　腯 : 살찔 돌　博 : 클 박　碩 : 클 석　蕃 : 번식할 번　滋 : 불을 자
瘯 : 피부병 족　蠡 : 좀먹을 려　絜 : 깨끗할 결(=潔)　醴 : 단술 례　讒 : 사악할 참
慝 : 간사할 특

【經】 夏四月에 公會紀侯于成하다

여름 4월에 桓公이 成에서 紀侯와 회합하였다.

【傳】 夏에 會于成하니 紀來하야 諮謀齊難也라

여름에 桓公이 成에서 紀侯와 회합하였으니, 이는 기후가 魯나라에 와서 齊나라가 침입하

는 화란에 대해 자문한 것이다.

北戎伐齊어늘 齊侯使乞師于鄭하니 鄭大(태)子忽帥(솔)師救齊하다 六月에 大敗戎師하고 獲其二帥大良小良과 甲首三百하야 以獻於齊하다 於是諸侯之大夫戍齊러니 齊人饋之餼(희)할새 使魯爲其班한대 後鄭하니 鄭忽以其有功也로 怒라 故有郎之師하니라

北戎이 齊나라를 공격하자 齊侯가 鄭나라에 사신을 보내 구원병을 요청하니, 정나라 太子 忽이 군대를 거느리고 제나라를 구원하였다. 6월에 북융의 군대를 대패시키고 장수 大良·小良과 갑옷을 입은 병사〔甲首〕 300명을 잡아 목을 베어 제나라에 바쳤다.

이때 諸侯의 大夫가 제나라를 지키고 있었는데, 齊人이 그들에게 생고기〔餼〕를 나누어줄 때 魯나라에게 음식을 주는 차례를 정하게 하자, 〈노나라가 작위에 따라〉 정나라의 차례를 맨 끝번으로 하였다. 그러자 정나라 공자 홀이 전쟁에 공이 있다는 이유로 노하였기 때문에, 〈桓公 10년에〉 郎의 전쟁이 발생하였다.

字義 帥 : 거느릴 솔　饋 : 음식 보낼 궤　餼 : 생고기 희　班 : 차례 정할 반

公之未昏於齊也에 齊侯欲以文姜으로 妻鄭大(태)子忽하니 大子忽辭하다 人問其故하니 大子曰 人各有耦어늘 齊大하니 非吾耦也라 詩云 自求多福[21]이라하니 在我而已니 大國何爲리오 君子曰 善自爲謀[22]로다 及其敗戎師也에 齊侯又請妻之한대 固辭하다 人問其故하니 大子曰 無事於齊라도 吾猶不敢이어든 今以君命奔齊之急이라가 而受室以歸면 是는 以師昏也라 民其謂我何리오 遂辭諸鄭伯하다

桓公이 아직 齊나라와 혼인하지 않았을 때 齊侯가 文姜을 鄭나라 太子 忽에게 시집보내려 하니 태자 홀이 사양하였다. 어떤 사람이 까닭을 묻자, 태자가 말하였다.

"사람은 저마다 짝이 있기 마련이다. 齊나라는 大國이니 〈그 나라의 여인은 小國의 태자인〉 나의 짝이 아니다. 《詩經》〈大雅 文王〉에 '스스로 많은 福을 구한다.'라고 하였으니, 〈복을 구하는 일은〉 내가 하는 일에 달렸을 뿐이니 대국이 무슨 도움이 되겠는가."

---

21 詩云 自求多福 : 《詩經》〈大雅 文王〉에 "너의 조상을 생각하지 않는가. 그 덕을 닦을지어다. 길이 天命에 짝하는 것이, 스스로 많은 복을 구하는 길이니라.〔無念爾祖 聿修厥德 永言配命 自求多福〕"라고 하였다.

22 善自爲謀 : 齊나라와 혼인하여 大國을 友邦으로 얻을 수 있는 기회를 잃었지만, 자신을 위한 처신의 도리는 훌륭하였다는 말이다.

君子가 다음과 같이 論評하였다.

"스스로를 위하는 계책을 잘하였다."

홀이 北戎의 군대를 대패시켰을 때 齊侯가 다시 홀을 사위로 삼으려고 요청하자 홀이 굳이 사양하였다. 어떤 사람이 그 까닭을 물으니, 태자가 말하였다.

"齊나라에 전쟁이 없을 때도 내가 감히 〈제나라의 아내를 얻을 수〉 없었는데, 지금 군주의 명으로 제나라의 위급함을 구하러 달려왔다가 도리어〔而〕 아내를 얻어 돌아간다면 이는 전쟁을 빙자해 혼인한 것이다. 백성들이 장차〔其〕 나를 무엇이라 하겠는가."

마침내 鄭伯의 名義로 사양하게 하였다.

【經】 秋八月壬午에 大閱하다

가을 8월 임오일에 대대적으로 閱兵式을 거행하였다.

【傳】 秋에 大閱하니 簡車馬也[23]라

가을에 대대적으로 열병식을 거행하였으니, 車馬를 檢閱한 것이다.

字義 閱 : 검열할 열 簡 : 검열할 간

【經】 蔡人殺陳佗하다

蔡人이 陳佗를 죽였다.

【經】 九月丁卯에 子同生하다

9월 정묘일에 桓公의 아들 同(훗날 莊公)이 태어났다.

---

23 大閱 簡車馬也 : 北戎과 齊나라의 전쟁에서 魯나라가 제후들에게 음식을 나눠주는 순서를 정할 때 작위에 따라 鄭나라를 제일 뒤로 하였는데, 정나라 太子 忽이 戰功이 많다 하여 불만을 드러냈기 때문에 魯나라가 兵亂을 대비한 것이다.

【傳】九月丁卯에 子同生하니 以大(태)子生之禮擧之하야 接以大(태)牢하고 卜士負之하며 士妻食之하다 公與文姜宗婦命之할새 公問名於申繻(수)한대 對曰 名有五하니 有信有義有象有假有類니이다 以名生爲信이요 以德命爲義요 以類命爲象이요 取於物爲假요 取於父爲類니이다 不以國하며 不以官하며 不以山川하며 不以隱疾하며 不以畜牲하며 不以器幣니이다

9월 정묘일에 아들 同이 태어나니, 太子가 태어났을 때의 禮式을 거행하여 太牢(소·양·돼지의 세 희생으로 준비한 음식)를 사용하여 夫人(文姜)을 접견하고, 士人 중 길한 자를 점쳐서 태자를 업게 하며, 그 사인의 아내에게 젖을 먹이도록 하였다. 桓公이 文姜·宗室의 부인들과 함께 이름을 지을 때, 환공이 申繻에게 이름 짓는 방법에 대해 묻자 신수가 대답하였다. "이름을 짓는 방법은 다섯 가지가 있으니, 信·義·象·假·類 등이 있습니다. 태어날 때의 특징으로 이름을 짓는 것이 信(징표)이고, 德을 드러내는 글자로 이름을 짓는 것이 義(字義)이며, 모양이 비슷한 사물로 이름을 짓는 것이 象(형상)이고, 사물의 명칭을 빌려서 이름을 짓는 것이 假(가차)이며, 부모와 관계가 있는 일로 이름을 짓는 것이 類(유사)입니다. 그러나 國名, 官名, 山川과 질병의 명칭, 축생과 기물·폐백(玉帛)의 명칭으로는 이름을 짓지 않습니다.

周人以諱事神하니 名은 終將諱之라 故以國則廢名하고 以官則廢職하고 以山川則廢主하고 以畜牲則廢祀하고 以器幣則廢禮라 晉以僖侯廢司徒하고 宋以武公廢司空하고 先君獻武廢二山하니 是以大物不可以命이니이다 公曰 是其生也 與吾同物[24]이라하고 命之曰同이라하다

周나라 사람들은 避諱하는 방법으로써 神(祖上)을 섬겼으니, 이름은 그 사람이 죽고 나면 반드시 피휘하였기 때문에, 國名으로 이름을 지으면 〈국명을 없앨 수 없으므로〉 人名을 없애야 하고, 官名으로 이름을 지으면 관직을 없애야 하며, 山川의 명칭으로 이름을 지으면 主人(산천)을 바꿔야 하고, 畜生의 명칭으로 이름을 지으면 〈이것을 희생으로 올릴 수 없기 때문에〉 제사를 없애야 하며, 기물·폐백의 명칭으로 이름을 지으면 禮를 없애야 합니다.

晉나라는 僖侯의 이름이 司徒였기 때문에 司徒 관직을 없앴고, 宋나라는 武公의 이름이 司空이었기 때문에 司空 관직을 없앴으며, 우리 魯나라는 先君이신 獻公·武公의 〈이름이 具와 敖였기 때문에〉 두 산(具山·敖山)의 명칭을 없앴습니다. 그러므로 큰 사물의 명칭으로 이

24 物 : '類'와 같은 뜻이니, '生日'을 이른다.

름을 지어서는 안 됩니다.”

桓公이 말하였다.

“이 아이의 생일이 나의 생일과 같다.”

그러고는 이름을 ‘同’이라 지었다.

字義 牢 : 희생 뢰 諱 : 꺼릴 휘 終 : 죽을 종

【經】 冬에 紀侯來朝하다

겨울에 紀侯가 魯나라에 와서 朝見하였다.

【傳】 冬에 紀侯來朝하고 請王命以求成于齊하니 公告不能하다

겨울에 紀侯가 魯나라에 와서 朝見하고 周나라 天王의 명으로 齊나라와 강화하게 해줄 것을 요청하니, 桓公이 할 수 없다고 고하였다.

〈7년, 丙子(B.C. 705)〉

【經】 七年이라 春二月己亥에 焚咸丘하다

7년이다. 봄 2월 기해일에 〈사냥을 하기 위해〉 咸丘에 불을 놓았다.

【經】 夏에 穀伯綏來朝하다

여름에 穀伯 綏가 魯나라에 와서 朝見하였다.

【經】 鄧侯吾離來朝하다

鄧侯 吾離가 魯나라에 와서 조현하였다.

【傳】七年이라 春에 穀伯鄧侯來朝하다 名은 賤之也라

7년이다. 봄에 穀伯 · 鄧侯가 魯나라에 와서 朝見하였다. 經에 이름을 기록한 것은 천시한 것이다.

夏에 盟向(상)求成于鄭이러니 旣而背之어늘 秋에 鄭人齊人衛人伐盟向하니 王遷盟向之民于郟(겹)하다

여름에 盟邑 · 向邑이 鄭나라에 강화를 구하였는데 얼마 지나지 않아 배반하였다. 가을에 鄭人 · 齊人 · 衛人이 맹읍 · 상읍을 공격하니 周王이 맹읍 · 상읍에 사는 백성들을 郟(王城)으로 이주시켰다.

冬에 曲沃伯誘晉小子侯하야 殺之하다

겨울에 曲沃伯(武公)이 晉나라 小子 侯(哀侯의 아들)를 유인하여 살해하였다.

字義 成 : 강화할 성　誘 : 꾈 유

〈8년, 丁丑(B.C. 704)〉

【經】八年이라 春正月己卯에 烝하다

8년이다. 봄 정월 기묘일에 烝祭를 지냈다.

【傳】八年이라 春에 滅翼하다

8년이다. 봄에 〈曲沃이〉 翼을 멸하였다.

【經】天王이 使家父(보)來聘하다

天王이 家父를 魯나라에 보내서 聘問하게 하였다.

【經】夏五月丁丑에 烝하다

여름 5월 정축일에 烝祭를 지냈다.

【經】秋에 伐邾하다

가을에 邾나라를 토벌하였다.

【傳】隨少師有寵한대 楚鬪伯比曰 可矣라 讐有釁하니 不可失也니이다

隨나라 少師가 임금에게 총애를 받자, 楚나라 鬪伯比가 楚子에게 말하였다.
"계책을 시행할 만합니다. 敵對國에 틈이 생겼으니, 이 기회를 놓쳐서는 안 됩니다."

夏에 楚子合諸侯于沈鹿이어늘 黃隨不會하니 使薳章讓黃하고 楚子伐隨할새 軍於漢淮之間하다 季梁請下之하야 弗許而後戰이면 所以怒我而怠寇也니이다 少師謂隨侯曰 必速戰하소서 不然이면 將失楚師하리이다 隨侯禦之할새 望楚師러니 季梁曰 楚人은 上左하니 君必左하리니 無與王遇하고 且攻其右하소서 右無良焉하니 必敗요 偏敗면 衆乃攜矣리이다 少師曰 不當王이면 非敵也니이다 弗從하고 戰于速杞하야 隨師敗績하니 隨侯逸이어늘 鬪丹獲其戎車와 與其戎右[25]少師하다

여름에 楚子가 沈鹿에서 제후들과 회합하였는데 黃 · 隨나라가 오지 않자, 薳章을 보내 황나라를 문책하게 하고 초자는 수나라를 공격하여 漢水와 淮水 사이에 군대를 주둔시켰다. 季梁이 隨侯에게 항복하기를 청하며 말하기를 "楚나라가 우리의 항복을 허락하지 않고 나서 전쟁을 하게 되면, 우리나라 군대를 격노시키고 적군을 태만하게 할 수 있습니다."라고 하자, 少師가 수후에게 말하기를 "반드시 속히 전쟁하십시오. 그렇지 않으면 장차 초나라 군대를 〈이길 기회를〉 놓치게 될 것입니다."라고 하였다.

수후가 방어할 적에 멀리 초나라 군대를 바라보았는데, 계량이 말하기를 "초나라 사람들은 왼쪽을 높이니 초나라 군주가 반드시 왼쪽에 있을 것입니다. 군주께서는 楚王과 마주치지 마시고 우선 오른쪽을 공격하십시오. 오른쪽에는 정예병이 없으니 공격하면 반드시 패배할 것이고,

---

25 戎右 : 戎車(戰車)에서 君主나 上官을 보위하기 위하여 모시고 타는 武士이다. 수레의 오른쪽에 타기 때문에 '戎右'라고 하며, '車右'라고도 한다.

한쪽이 패배하면 군중이 이내 다른 마음을 품게 될 것입니다."라고 하였다. 그러자 소사가 말하기를 "군주께서 초왕을 대적하지 않으시면 대등하게 싸울 수 없습니다."라고 하였다.

수후가 계량의 계책을 따르지 않고 速杞에서 싸워서 수나라 군대가 크게 패하였다. 수후가 도망치자 鬪丹(초나라 大夫)이 수후의 兵車와 戎右인 소사를 사로잡았다.

秋에 隨及楚平하다 楚子將不許러니 鬪伯比曰 天去其疾矣라 隨未可克也니이다 乃盟而還하다

가을에 隨나라가 楚나라와 화평하였다. 楚子가 화평을 허락하지 않으려 하자 鬪伯比가 말하기를 "하늘이 수나라의 害惡(少師)을 제거하였으니, 〈계속 공격한다면〉 수나라를 이길 수 없을 것입니다."라고 하였다. 이에 초자가 수나라와 결맹하고 돌아왔다.

字義 釁 : 틈, 사이 흔 讓 : 꾸짖을 양 上 : 높일 상 偏 : 한쪽 편 攜 : 이반할, 흩어질 휴
敵 : 대등할 적

【經】冬十月에 雨雪하다

겨울 10월에 눈이 내렸다.

【傳】冬에 王命虢仲하야 立晉哀侯之弟緡于晉하시다

겨울에 周王이 虢仲에게 명하여 晉 哀侯의 아우 緡을 晉나라 君主로 세우게 하였다.

【經】祭(채)公來하야 遂逆王后于紀하다

祭公이 魯나라에 와서 〈婚事의 主宰를 맡은 桓公의 命을 받고〉 마침내 紀나라에 가서 王后를 맞이하였다.

【傳】祭公來하야 遂逆王后于紀하니 禮也라

祭公이 魯나라에 와서 〈혼사의 주재를 맡은 환공의 명을 받고〉 마침내 紀나라에 가서 王后를 맞이하였으니, 禮에 맞는 일이었다.

〈9년, 戊寅(B.C. 703)〉

【經】 九年이라 春에 紀季姜歸于京師하다

9년이다. 봄에 紀나라 季姜이 京師로 시집갔다.

【傳】 九年이라 春에 紀季姜歸于京師하다 凡諸侯之女行에 唯王后書하니라

9년이다. 봄에 紀나라 季姜이 京師로 시집갔다. 범례에 따르면 제후의 딸이 出嫁할 때 오직 王后로 가는 경우에만 經에 기록한다.

【經】 夏四月이라

여름 4월이다.

【傳】 巴子使韓服告于楚하야 請與鄧爲好어늘 楚子使道朔將巴客하야 以聘於鄧이러니 鄧南鄙鄾(우)人攻而奪之幣하고 殺道朔及巴行人하다 楚子使薳章讓於鄧한대 鄧人弗受하다

巴子가 韓服을 楚나라에 보내 鄧나라와 우호를 맺을 수 있도록 주선해줄 것을 청하자, 楚子가 道朔을 보내 巴나라에서 온 客(韓服)을 데리고 등나라에 聘問하게 하였는데, 등나라 남쪽 변방의 鄾人이 使行을 공격하여 재물을 빼앗고 도삭과 파나라 行人을 살해하였다. 초자가 薳章을 보내 등나라를 꾸짖었는데 鄧나라 군주는 〈우인이 공격한 것이 아니라며〉 잘못을 받아들이지 않았다.

夏에 楚使鬪廉帥(솔)師하야 及巴師圍鄾하다 鄧養甥聃甥帥(솔)師救鄾러니 三逐호대 巴師不克이라 鬪廉衡(횡)陳其師於巴師之中하야 以戰而北(배)하니 鄧人逐之할새 背巴師而夾攻之하니 鄧師大敗하고 鄾人宵潰하다

여름에 楚나라가 鬪廉으로 하여금 초나라와 巴나라의 군대를 통솔하여 鄾를 포위하게 하였다.

鄧나라의 養甥과 聃甥이 군대를 거느리고 鄾를 구원하였는데, 세 차례 맞붙었으나 파나라 군대가 등나라를 이기지 못하였다. 투렴이 〈파나라 군대를 둘로 나눈 뒤〉 그 사이에 초나라

군대를 횡렬로 배치하고 싸우는 척하다가 달아났다. 등나라 군대가 楚軍을 추격할 적에 파나라 군대를 등지게 되자 〈이때 두 나라가 등나라를〉 협공하니, 등나라 군대가 크게 패배하고 鄾人이 밤을 틈타 도망하였다〔潰〕.

字義 幣 : 재물 폐 逐 : 맞붙을, 경쟁할 축 北 : 달아날 배(=背) 潰 : 도망할 궤

【經】 秋七月이라

가을 7월이다.

【傳】 秋에 虢仲芮伯梁伯荀侯賈伯伐曲沃하다

가을에 虢仲 · 芮伯 · 梁伯 · 荀侯 · 賈伯이 曲沃을 토벌하였다.

【經】 冬에 曹伯使其世子射(역)姑來朝하다

겨울에 曹伯이 〈병에 걸린 자신을 대신해〉 世子 射姑를 魯나라에 보내 朝見하게 하였다.

【傳】 冬에 曹大(태)子來朝어늘 賓之以上卿하니 禮也라 享曹大子할새 初獻에 樂奏而歎이어늘 施父(보)曰 曹大子其有憂乎인저 非歎所也니라

겨울에 曹나라 太子가 노나라에 와서 朝見하자 上卿의 禮로 접대하였으니 예에 맞는 처사였다. 조나라 태자를 대접하면서 처음 술을 올렸을 때 음악을 연주하였는데 태자가 한숨을 쉬니, 施父(魯나라 대부)가 말하였다.

"조나라 태자에게 장차〔其〕 우환이 생길 것이다. 한숨을 쉴 자리가 아닌데 한숨을 쉬는구나."

字義 歎 : 한숨쉴 탄 其 : 장차 기

〈10년, 己卯(B.C. 702)〉

【經】 十年이라 春王正月이라 庚申에 曹伯終生卒하다

10년이다. 봄 周王 정월이다. 경신일에 曹伯 終生이 卒하였다.

【傳】 十年이라 春에 曹桓公卒하다

10년이다. 봄에 曹 桓公이 卒하였다.

【經】 夏라

여름이다.

【傳】 虢仲譖其大夫詹父(보)於王이러니 詹父有辭어늘 以王師伐虢하다 夏에 虢公出奔虞하다

虢仲이 자신의 屬大夫 詹父를 周王에게 참소하였는데, 첨보가 자신의 정당함을 주장할 말이 있었으므로 주왕의 군대를 이끌고 虢나라를 공격하였다. 여름에 虢公이 虞나라로 달아났다.

【經】 五月에 葬曹桓公하다

5월에 曹 桓公을 장사 지냈다.

【經】 秋라

가을이다.

【傳】 秦人納芮伯萬於芮[26]하다

秦人이 芮伯 萬을 芮나라로 들여보냈다.

【經】公會衛侯于桃丘라가 弗遇하다

가을에 桓公이 桃丘에서 衛侯와 會合하기로 하였다가 만나지 못하였다.

【傳】初에 虞叔有玉이러니 虞公求旃[27]호대 弗獻이라가 旣而悔之하야 曰 周諺有之하니 匹夫無罪라 懷璧其罪라하니 吾焉用此리오 其以賈(고)害也로다 乃獻之하다 又求其寶劍이어늘 叔曰 是는 無厭也니 無厭이면 將及我라하고 遂伐虞公하다 故虞公出奔共池하다

당초에 虞叔(虞公의 아우)이 좋은 玉을 가지고 있었는데, 虞公이 그것을 달라고 하였으나 주지 않았다가 이윽고 후회하며 말하기를 "周나라 속담에 '匹夫에게 죄가 있는 것이 아니라 碧玉을 가진 것이 죄이다.'라는 말이 있으니, 내가 이 옥을 어디에 쓰겠는가. 장차 옥 때문에 害를 사게 될 것이다."라고 하고는 곧바로 옥을 바쳤다.

또 우공이 우숙에게 寶劍을 달라고 하자 우숙이 말하기를 "이 사람은 만족을 모르는 사람이니, 만족을 모르면 장차 나에게 화가 미칠 것이다."라고 하고는 마침내 우공을 공격하였다. 이 때문에 우공이 共池로 달아났다.

字義 旃 : 어조사 전 厭 : 만족할 염

【經】冬十有二月丙午에 齊侯衛侯鄭伯來戰于郎하다

겨울 12월 병오일에 齊侯 · 衛侯 · 鄭伯이 魯나라에 쳐들어와서 郎에서 전쟁하였다.

【傳】冬에 齊衛鄭來戰于郎하니 我有辭也라 初에 北戎病齊하야 諸侯救之할새 鄭公子忽有功焉이라 齊人餼(희)諸侯할새 使魯次之한대 魯以周班後鄭하니 鄭人怒하야 請師於齊어늘 齊人以衛師助之라 故不稱侵伐하니라 先書齊衛는 王爵也라

겨울에 齊 · 衛 · 鄭나라가 魯나라에 쳐들어와서 郎에서 전쟁하였으니, 우리 노나라는 〈침략의 부당함에 대해〉 할 말이 있었다.

당초(桓公 6년)에 北戎이 齊나라를 괴롭혀서〔病〕 제후들이 구원할 적에 鄭나라 公子 忽이 공

---

26 秦人納芮伯萬於芮 : 桓公 4년에 秦나라가 魏나라를 포위하고 잡아갔던 芮伯 萬을 芮나라로 들여보낸 것이다.

27 旃 : '之(어조사)'의 의미이다.

로가 있었다. 齊人이 제후들에게 날고기〔餼〕를 보낼 때 魯나라에 음식을 나눠주는 순서를 정하게 하였는데, 노나라가 周나라에서 하사받은 爵位의 班列대로 차례를 정하여 정나라의 순서를 맨 끝번으로 하였다. 鄭人(공자 홀)이 노하여 제나라에 군대를 요청하자 제나라가 衛나라 군대를 거느리고 정나라를 도왔으니, 침략이 부당하였기 때문에 '侵伐'이라고 일컫지 않았다. 〈정나라가 일을 주도하였음에도 經에 정나라를 먼저 기록하지 않고〉 齊나라와 衛나라를 먼저 기록한 것은 周王에게 하사받은 작위의 반열대로 기록한 것이다.

字義 病 : 괴롭힐, 침공할 병 餼 : 날고기 희

〈11년, 庚辰(B.C. 701)〉

【經】 十有一年이라 春正月에 齊人衛人鄭人盟于惡曹하다

11년이다. 봄 정월에 齊人 · 衛人 · 鄭人이 惡曹에서 맹약하였다.

【傳】 十一年이라 春에 齊衛鄭宋盟于惡曹하다

11년이다. 봄에 齊 · 衛 · 鄭 · 宋나라가 惡曹에서 맹약하였다.

楚屈瑕將盟貳軫할새 鄖人軍於蒲騷하야 將與隨絞州蓼伐楚師어늘 莫敖[28]患之한대 鬬廉曰 鄖人軍其郊하니 必不誡요 且日虞四邑之至也하리니 君은 次於郊郢(영)하야 以禦四邑하라 我以銳師宵加於鄖하면 鄖有虞心하고 而恃其城하야 莫有鬬志하리니 若敗鄖師면 四邑必離하리라

楚나라 屈瑕가 貳 · 軫나라와 맹약하려 할 때 鄖人이 蒲騷에 주둔하여 장차 隨 · 絞 · 州 · 蓼나라와 연합해 초나라 군대를 공격하려 하였는데 莫敖(屈瑕)가 이를 근심하자, 鬬廉이 말하였다.

"鄖人은 자기 나라의 교외에 주둔하였으니 반드시 경계하지 않을 것이고, 또 날마다 네 읍의 군대가 오기를 바랄 것이니, 그대는 郊郢에 주둔하셔서 네 읍의 군대를 막으십시오. 제가 정예부대를 거느리고 밤에 鄖나라를 공격하겠습니다. 그리하면 운나라는 援軍을 기다리는

28 莫敖 : 楚나라의 官名이니, 바로 중원 제후의 '司馬'이다.(楊注) 여기에서는 '屈瑕'가 莫敖 벼슬을 맡고 있었기 때문에 그를 관명으로 지칭한 것이다.

마음만 있고 城에 의지해 싸우려는 뜻은 없을 것이니, 만약 운나라 군대를 패배시킨다면 네 읍의 군대도 반드시 흩어질 것입니다."

莫敖曰 盍(합)請濟[29]師於王고 對曰 師克在和요 不在衆이니 商周之不敵은 君之所聞也라 成軍以出하니 又何濟焉이리오 莫敖曰 卜之하라 對曰 卜以決疑하나니 不疑何卜고하고 遂敗鄖師於蒲騷하고 卒盟而還하다

莫敖가 말하기를 "어찌 楚王에게 증원군〔濟師〕을 요청하지 않는가?"라고 하니, 鬭廉이 대답하기를 "전쟁의 승리는 군대의 화합에 달려 있고, 병력이 많고 적음에 달려 있지 않으니, 商나라(紂)가 周나라(武王)를 대적하지 못한 것은 그대도 들었을 것입니다. 충분한 군대를 조직하여 출정했으니 또 어찌 증원군을 요청하겠습니까."라고 하였다. 또 막오가 말하기를 "점을 쳐보라."라고 하니, 투렴이 대답하기를 "점은 의심을 결단하기 위해 하는 것입니다. 의심이 없는데 어찌 점을 치겠습니까?"라고 하였다.

마침내 蒲騷에서 鄖나라 군대를 패배시키고, 〈貳 · 軫나라와〉 맹약을 마치고 돌아갔다.

字義 次 : 주둔할 차　銳 : 날카로울 예　虞 : 바랄 우　盍 : 어찌 아니 할 합
濟 : 구제할 제　成 : 갖출 성

【經】 夏五月癸未에 鄭伯寤生卒하다

여름 5월 계미일에 鄭伯 寤生(鄭 莊公)이 卒하였다.

【經】 秋七月에 葬鄭莊公하다

가을 7월에 鄭 莊公을 葬事 지냈다.

【經】 九月에 宋人執鄭祭(채)仲하니 突歸于鄭하고 鄭忽出奔衛하다

9월에 宋人이 鄭나라 祭仲을 사로잡으니, 突(厲公)이 정나라로 돌아갔고 鄭忽(昭公)이 衛나라로 달아났다.

---

29 濟 : '益(더하다)'의 뜻이다.(杜注)

【傳】鄭昭公之敗北戎也에 齊人將妻之러니 昭公辭한대 祭仲曰 必取之하소서 君多內寵하니 子無大援이면 將不立하리니 三公子皆君也니이다 弗從하다

鄭 昭公(忽)이 北戎의 군대를 패배시켰을 때 齊나라 군주가 그를 사위로 삼고자 하였다. 소공이 사양하자 祭仲이 말하기를 "반드시 취하소서. 임금께서는 총애하는 여인〔內寵〕이 많으니, 太子께 큰 나라의 원조가 없으면 장차 君位에 오르지 못할 것입니다. 세 公子(子突 · 子亹 · 子儀)가 모두 임금이 될 수 있습니다."라고 하였다. 그러나 소공은 따르지 않았다.

夏에 鄭莊公卒하다 初에 祭(채)封人仲足이 有寵於莊公이라 莊公使爲卿이러니 爲公娶鄧曼하야 生昭公이라 故祭仲立之하니라 宋雍氏女於鄭莊公하니 曰雍姞이라 生厲公하다 雍氏宗하고 有寵於宋莊公이라 故誘祭仲而執之하고 曰 不立突하면 將死하리라하고 亦執厲公而求賂焉하니 祭仲與宋人盟하고 以厲公歸而立之하다 秋九月丁亥에 昭公奔衛어늘 己亥에 厲公立하다

여름에 鄭 莊公이 卒하였다. 당초에 祭邑의 封人 仲足이 장공에게 총애를 받아, 장공이 그를 卿으로 삼았는데, 장공을 위해 鄧曼을 부인으로 맞이하게 하여 그녀가 昭公을 낳았다. 그러므로 〈장공이 죽자〉 祭仲이 그를 君主로 세웠다.

宋나라 雍氏가 정 장공에게 딸을 시집보내니 이름을 雍姞이라 하였고 厲公을 낳았다. 옹씨가 사람들에게 敬仰을 받고〔宗〕 宋 莊公에게도 총애를 받았다. 이 때문에 채중을 송나라로 유인하여 붙잡아 억류하고 말하기를 "突을 임금으로 세우지 않으면 죽이겠다."라고 하였다. 송나라가 또 厲公(突)을 붙잡아 뇌물을 요구하니, 채중이 宋人과 맹약하고 여공을 데리고 鄭나라에 돌아와 그를 군주로 세웠다.

가을 9월 정해일에 소공이 衛나라로 달아나자, 기해일에 여공이 즉위하였다.

字義 宗 : 존중할 종

【經】柔會宋公陳侯蔡叔하야 盟于折하다

柔(魯나라 大夫)가 宋公 · 陳侯 · 蔡叔과 회합하여 折에서 맹약하였다.

【經】公會宋公于夫鍾하다

桓公이 夫鍾에서 宋公과 회합하였다.

【經】冬十有二月에 公會宋公于闞(감)하다

겨울 12월에 桓公이 闞에서 宋公과 회합하였다.

〈12년, 辛巳(B.C. 700)〉

【經】十有二年이라 春正月이라

12년이다. 봄 정월이다.

【經】夏六月壬寅에 公會紀侯莒子하야 盟于曲池하다

여름 6월 임인일에 桓公이 紀侯·莒子와 회합하여 曲池에서 맹약하였다.

【傳】十二年이라 夏에 盟于曲池하니 平杞莒也[30]러라

12년이다. 여름에 曲池에서 결맹하였으니, 杞·莒 두 나라를 和平시키기 위함이었다.

【經】秋七月丁亥에 公會宋公燕人하야 盟于穀丘하다

가을 7월 정해일에 桓公이 宋公·燕人과 회합하여 穀丘에서 맹약하였다.

【傳】公欲平宋鄭하야 秋에 公及宋公盟于句瀆之丘하다

桓公이 宋·鄭나라를 화평시키려고 하여, 가을에 환공이 句瀆의 언덕(穀丘)에서 宋公과 맹약하였다.

---

30 平杞莒也 : 隱公 4년에 莒나라가 杞나라를 공격하여 牟婁를 탈취한 적이 있었기 때문에 不和하였는데, 魯나라가 중재하여 화평한 것이다.

【經】八月壬辰에 陳侯躍卒하다

8월 임진일에 陳侯 躍(厲公)이 卒하였다.

【經】公會宋公于虛하다

桓公이 虛에서 宋公과 회합하였다.

【傳】宋成을 未可知也라 故又會于虛하다

宋나라가 강화(成)를 할 것인지 알 수 없었기 때문에, 또 송나라와 虛에서 회합하였다.

【經】冬十有一月에 公會宋公于龜하다

겨울 11월에 桓公이 龜에서 宋公과 회합하였다.

【傳】冬에 又會于龜하다

겨울에 또 宋나라와 龜에서 회합하였다.

【經】丙戌에 公會鄭伯하야 盟于武父(보)하다

병술일에 桓公이 鄭伯과 회합하여 武父에서 맹약하였다.

【傳】宋公辭平이라 故與鄭伯盟于武父하다

宋公이 화평을 거절하였기 때문에 鄭伯과 武父에서 맹약하였다.

【經】丙戌에 衛侯晉卒하다

병술일에 衛侯 晉이 卒하였다.

【經】十有二月에 及鄭師伐宋하야 丁未에 戰于宋하다

12월에 魯나라가 鄭나라 군대와 함께 宋나라를 토벌하여, 정미일에 송나라 國都에서 전쟁하였다.

【傳】遂帥(솔)師而伐宋하야 戰焉하니 宋無信也일새라 君子曰 苟信不繼면 盟無益也니 詩云 君子屢盟이라 亂是用長이라하니 無信也니라

마침내 魯나라가 군대를 거느리고 宋나라를 공격하여 전쟁하였으니, 송나라가 信義가 없었기 때문이다. 君子가 다음과 같이 논평하였다.

"만약 신의가 지속되지 않으면 맹약은 아무런 이익이 없다. 《詩經》〈小雅 巧言〉에 '군자가 자주 결맹을 하는지라, 난리가 이 때문에 助長된다.'라고 하였으니, 신의가 없음을 이른 말이다."

字義 長 : 조장할 장

〈13년, 壬午(B.C. 699)〉

【經】十有三年이라 春이라

13년이다. 봄이다.

【傳】楚伐絞할새 軍其南門이러니 莫敖屈瑕曰 絞는 小而輕하니 輕則寡謀라 請無扞采樵者하야 以誘之하소서 從之한대 絞人獲三十人하다 明日에 絞人爭出하야 驅楚役徒於山中이어늘 楚人坐其北門하고 而覆諸(저)山下하야 大敗之하고 爲城下之盟[31]而還하다 伐絞之役에 楚師分涉於彭하니 羅人欲伐之하야 使伯嘉諜之하야 三巡數之하다

楚나라가 絞나라를 공격할 때 교나라의 南門에 주둔하였는데, 莫敖 屈瑕가 말하기를 "교나라는 땅이 작고 사람들이 경솔하니, 경솔하면 智謀가 부족합니다. 청컨대 호위병이 없이 나무하는 使役兵을 내보내어 그들을 유인하십시오."라고 하였다. 〈초자가 굴하의 계책을〉 따르자 絞人이 사역병 30명을 붙잡아 갔다.

다음날 교인이 서로 다투어 성문을 나와 산속에서 초나라의 사역병을 추격하였는데, 초나

---

31 城下之盟 : 성 밑까지 쳐들어 온 적군의 압박으로 항복하여 맺는 맹약이다. 杜預는 "城 아래에서 맺는 맹약은 제후가 가장 치욕으로 여기는 것이다."라고 하였다.(杜注)

라 군대가 北門을 지키고〔坐〕 산 아래에 복병을 배치하여 교나라 군대를 크게 패배시키고, 城下之盟을 하고 돌아왔다.

교나라를 공격한 전쟁에서 초나라 군대가 병력을 나누어 彭水를 건너니, 羅人이 초나라를 공격하려고 하여 伯嘉에게 정탐하게 하고 세 차례〔三巡〕 병력의 수를 점검하였다.

字義 扞 : 막을 한　采 : 채집할 채　樵 : 땔나무 초　役 : 사역할 역　坐 : 지킬 좌
覆 : 매복할 복　諜 : 염탐할 첩　巡 : 차례 순

十三年이라 春에 楚屈瑕伐羅하니 鬪伯比送之하고 還하야 謂其御曰 莫敖必敗하리라 擧趾高하니 心不固矣로다 遂見楚子曰 必濟師하소서 楚子辭焉하고 入告夫人鄧曼한대 鄧曼曰 大夫其非衆之謂[32]라 其謂 君撫小民以信하며 訓諸司以德하고 而威莫敖以刑也니이다 莫敖狃於蒲騷之役[33]하야 將自用也요 必小羅하리니 君若不鎭撫면 其不設備乎인저 夫固謂君을 訓衆而好鎭撫之하고 召諸司而勸之以令德이요 見莫敖而告諸(저)天之不假易(이)也로소이다 不然이면 夫豈不知楚師之盡行也리오 楚子使賴人追之나 不及하다

13년이다. 봄에 楚나라 屈瑕가 羅나라를 공격하기 위해 출병하였으니, 鬪伯比가 그를 전송하고 돌아와 자신의 御者에게 말하였다. “莫敖는 반드시 패배할 것이다. 그가 걸을 때 발을 높이 드니 적을 대비하는 마음이 견고하지 못하겠구나.” 이에 투백비가 楚子(楚 武王)를 뵙고 말하였다. “반드시 증원군을 보내십시오.” 초자가 거절하고 內殿으로 들어가 夫人 鄧曼에게 투백비의 말을 이야기하자 등만이 말하였다.

“大夫(투백비)의 뜻은 아마〔其〕 군대를 더 보내는 데 있는 것이 아니라, 군주께서 恩信으로 백성들을 어루만지며 훌륭한 덕으로 百官들을 훈계하고 형벌로 막오에게 위엄을 보이시라는 것입니다. 막오는 蒲騷의 전쟁에 승리를 거두고 교만해져서〔狃〕 장차 자신의 계책대로 하고 반드시 나나라를 경시할 것이니, 군주께서 만약 그를 억제하고 위로하지 않으신다면 장차〔其〕 적에 대한 대비를 세우지 않을 것입니다.

저 투백비의 말은 진실로 군주께서 백성들을 훈계하여 잘 진정시켜 위로하고 백관들을 불러 훌륭한 덕으로 권면하시고, 막오를 만나면 ‘하늘은 남을 경시하는 자를 너그럽게 용서하지 않는다.’는 것을 고해야 한다고 말하는 것입니다. 그렇지 않다면 저 사람이 어찌 초나라

---

32 其非衆之謂 : ‘其非衆之謂’는 ‘其非謂衆’의 도치된 말이니, 〈투백비의 말은〉 군사의 많고 적음에 달려 있지 않다는 말이다.(楊注)

33 蒲騷之役 : 桓公 11년에 屈瑕가 鄖나라와 연합한 隨·絞·州·蓼나라를 상대로 蒲騷에서 전쟁하여 승리했던 일을 가리킨다.

군대가 모두 출동했다는 것을 모르고 〈증원군을 요청하겠습니까.〉"

초자가 賴人에게 막오를 뒤쫓아가게 하였으나 따라잡지 못하였다.

字義 趾 : 발 지 其 : 아마 기 狃 : 교만할 뉴 小 : 경시할, 얕볼 소 鎭 : 어루만질 진
易 : 경시할 이

莫敖使徇于師하야 曰 諫者는 有刑하리라 及鄢하야 亂次以濟하니 遂無次하고 且不設備러라 及羅하니 羅與盧戎兩軍之하야 大敗之하다 莫敖縊于荒谷하고 群帥囚于冶父(보)하야 以聽刑이어늘 楚子曰 孤之罪也라하고 皆免之하다

莫敖가 사람을 시켜 군중에 명령을 선포하게 하면서〔徇〕 말하기를 "軍事의 일로 간언하는 자는 형벌을 내리겠다."라고 하였다. 楚나라 군대가 鄢水에 도착하여 질서 없이 물을 건너니 〈물을 건넌 뒤에는〉 결국 대열이 흐트러졌고, 또 적군에 대한 대비를 세우지 않았다. 나나라에 이르자 나나라 군대와 盧戎(南蠻)이 양쪽에서 공격하여〔軍〕 초나라를 크게 패배시켰다. 막오는 荒谷에서 목매어 죽고, 여러 장수들(副將)은 冶父에서 자신들을 拘禁시키고 처분을 기다렸는데, 楚子가 말하기를 "〈敗戰한 것은〉 나〔孤〕의 잘못이다."라고 하고는 장수들을 모두 사면하였다.

字義 徇 : 선포할 순 軍 : 공격할 군 縊 : 목매어 죽을 액

【經】 二月에 公會紀侯鄭伯하야 己巳에 及齊侯宋公衛侯燕人戰하니 齊師宋師衛師燕師敗績하다

2월에 桓公이 紀侯 · 鄭伯과 회합하여 기사일에 齊侯 · 宋公 · 衛侯 · 燕人과 전쟁을 하니, 齊 · 宋 · 衛 · 燕나라 군대가 크게 패하였다.

【傳】 宋多責賂於鄭[34]하니 鄭不堪命이라 故以紀魯及齊與宋衛燕戰하다 不書所戰은 後也라

宋나라가 鄭나라에 너무 많은 뇌물을 요구하니, 정나라가 송나라의 命을 감당할 수 없었다. 그러므로 紀 · 魯나라의 군대를 거느리고 齊 · 宋 · 衛 · 燕나라와 전쟁을 하였다. 經에 전쟁한 장소를 기록하지 않은 것은 魯나라가 늦게 도착했기 때문이다.

字義 責 : 요구할 책 賂 : 뇌물 뢰

34 宋多責賂於鄭 : 宋나라가 鄭나라 祭仲(채중)을 억류하여 鄭 厲公을 즉위시키고 나서 많은 뇌물을 요구한 것이다. 자세한 내용이 桓公 11년 傳에 보인다.

【經】三月에 葬衛宣公하다

3월에 衛 宣公을 장사 지냈다.

【經】夏에 大水하다

여름에 큰물이 졌다.

【經】秋七月이라

가을 7월이다.

【經】冬十月이라

겨울 10월이다.

〈14년, 癸未(B.C. 698)〉

【經】十有四年이라 春正月에 公會鄭伯于曹하다

14년이다. 봄 정월에 桓公이 曹에서 鄭伯과 회합하였다.

【傳】鄭人來請脩好하다

鄭人이 魯나라에 와서 修好하기를 청하였다.

十四年이라 春에 會于曹할새 曹人致餼하니 禮也라

14년이다. 봄에 曹에서 鄭伯과 회합할 때 曹人이 식료품(餼)을 보냈으니, 예에 맞는 처사였다.

字義 餼 : 식료품 희

【經】無冰하다

얼음이 얼지 않았다.

【經】夏五[35]라

여름 5월이다.

【經】鄭伯使其弟語來盟하다

鄭伯이 아우 語를 魯나라에 보내와서 맹약하게 하였다.

【傳】夏에 鄭子人來尋盟하고 且修曹之會하다

여름에 鄭나라 子人(語)이 와서 〈桓公 12년에 맺은〉 맹약을 거듭 다지고〔尋〕, 또 曹에서 회합하며 맺은 우호를 다시 회복하였다.

字義 尋 : 거듭할, 반복할 심

【經】秋八月壬申에 御廩[36]災하다 乙亥에 嘗하다

가을 8월 임신일에 御廩에 불이 났다. 을해일에 嘗祭를 지냈다.

【傳】秋八月壬申에 御廩災하고 乙亥에 嘗하니 書는 不害也라

가을 8월 임신일에 御廩에 불이 났고, 을해일에 嘗祭를 지냈으니, 經에 기록한 것은 곡식에 피해가 없었기 때문이다.

---

35 夏五 : '月'字가 없는 것은 글자가 빠진 것이다.(杜注)

36 御廩 : '御廩'은 公(諸侯)이 親耕하여 제사에 올릴 粢盛을 보관하던 창고이다.(杜注)

【經】冬十有二月丁巳에 齊侯祿父(보)卒하다

겨울 12월 정사일에 齊侯 祿父(齊 僖公)가 卒하였다.

【經】宋人以齊人蔡人衛人陳人伐鄭하다

宋人이 齊人 · 蔡人 · 衛人 · 陳人을 거느리고 鄭나라를 쳤다.

【傳】冬에 宋人以諸侯伐鄭하니 報宋之戰也라 焚渠門하야 入及大逵하고 伐東郊하야 取牛首하고 以大宮之椽歸하야 爲盧門之椽하다

겨울에 宋人이 제후의 군대를 거느리고 鄭나라를 공격하니, 〈桓公 12년에 정나라가〉 宋나라를 공격한 전쟁에 복수한 것이다. 渠門(정나라 성문)을 불태우고 성안으로 진입하여 큰 길까지 들어가고, 東郊를 공격하여 牛首邑을 탈취하였으며, 大宮(정나라 祖廟)의 서까래를 가지고 돌아와서 盧門(송나라 동쪽 성문)의 서까래로 삼았다.

〈15년, 甲申(B.C. 697)〉

【經】十有五年이라 春二月에 天王이 使家父(보)來求車하다

15년이다. 봄 2월에 天王이 家父를 魯나라에 보내 와서 수레를 요구하였다.

【傳】十五年이라 春에 天王이 使家父來求車하니 非禮也라 諸侯는 不貢車服하고 天子는 不私求財니라

15년이다. 봄에 天王이 家父를 魯나라에 보내 와서 수레를 요구하였으니, 옳은 禮가 아니다. 제후는 수레와 의복을 공물로 바치지 않고, 천자는 제후에게 사사로이 재물을 요구하지 않는 것이다.

【經】三月乙未에 天王崩하다

3월 을미일에 天王(周 桓王)이 崩하였다.

【經】夏四月己巳에 葬齊僖公하다

여름 4월 기사일에 齊 僖公을 장사 지냈다.

【經】五月에 鄭伯突出奔蔡하니 鄭世子忽復(부)歸于鄭하다

5월에 鄭伯 突이 蔡나라로 달아나니, 鄭 世子 忽이 다시 정나라로 돌아갔다.

【傳】祭(채)仲專하니 鄭伯患之하야 使其壻雍糾殺之하다 將享諸(저)郊하니 雍姬知之하고 謂其母曰 父與夫孰親고 其母曰 人盡夫也어니와 父一而已니 胡可比也리오 遂告祭仲曰 雍氏舍其室而將享子於郊하니 吾惑之하야 以告하노이다 祭仲殺雍糾하야 尸諸(저)周氏之汪[37]하다 公載以出曰 謀及婦人하니 宜其死也로다

祭仲이 정권을 專橫하니 鄭伯(厲公)이 이를 근심하여 채중의 사위 雍糾에게 그를 죽이게 하였다. 옹규가 교외에서 잔치를 벌이고 〈채중을 초청해 죽이려〉 하니, 〈채중의 딸이자 옹규의 아내인〉 雍姬가 이 사실을 알고 어머니에게 묻기를 "아버지와 남편 중 누가 더 가깝습니까?"라고 하자, 어머니가 말하기를 "남자(人)라면 모두 다 남편이 될 수 있지만 아버지는 한 명뿐이니, 어찌 비교할 수 있겠느냐."라고 하였다. 그러므로 옹희가 마침내 채중에게 말하기를 "雍氏(옹규)가 집을 버려두고 장차 교외에서 아버지를 대접하려 하니, 저는 의심스러워 이를 고합니다."라고 하였다.

채중이 옹규를 죽여서 시신을 大夫 周氏의 못가에 버려두었다. 여공이 그 시신을 싣고 달아나며 말하기를 "婦人과 일을 도모하였으니 죽는 것이 마땅하구나."라고 하였다.

字義 專 : 제멋대로 할 전 壻 : 사위 서 胡 : 어찌 호 載 : 실을 재

夏에 厲公出奔蔡하니 六月乙亥에 昭公入하다

여름에 厲公(突)이 蔡나라로 달아나니, 6월 을해일에 昭公(忽)이 鄭나라로 들어갔다.

【經】許叔入于許하다

許叔(許 莊公의 아우)이 〈許나라의 東偏에 거주하다가 鄭 莊公이 죽은 뒤에〉 허나라 首都로 들어갔다.

---

37 汪 : '池(못)'의 뜻이다.(杜注)

【經】公會齊侯于艾하다

桓公이 艾에서 齊侯와 회합하였다.

【傳】許叔入于許하다

許叔이 許나라의 國都로 들어갔다.

公會齊侯于艾하니 謀定許也라

桓公이 艾에서 제후와 회합하였으니, 許나라를 안정시킬 방안을 모의하기 위해서였다.

【經】邾人牟人葛人來朝하다

邾人·牟人·葛人이 〈魯나라에〉 와서 朝見하였다.

【經】秋九月에 鄭伯突入于櫟(력)하다

가을 9월에 鄭伯 突이 櫟(鄭나라 第二의 國都)으로 들어갔다.

【傳】秋에 鄭伯因櫟人하야 殺檀伯하고 而遂居櫟하다

가을에 鄭伯이 櫟人의 도움을 받아[因] 檀伯을 죽이고 마침내 櫟에 거주하였다.

【經】冬十有一月에 公會宋公衛侯陳侯于袲(치)하야 伐鄭하다

겨울 11월에 桓公이 宋公·衛侯·陳侯와 袲에서 회합하여 鄭나라를 공격하였다.

【傳】冬에 會于袲하야 謀伐鄭하고 將納厲公也러니 弗克而還하다

겨울에 桓公이 제후들과 袲에서 회합하여 鄭나라를 토벌하고 장차 厲公을 정나라에 들여보낼 것을 모의하였는데, 성공하지 못하고 돌아갔다.

〈16년, 乙酉(B.C. 696)〉

【經】十有六年이라 春正月에 公會宋公蔡侯衛侯于曹하다

16년이다. 봄 정월에 桓公이 宋公 · 蔡侯 · 衛侯와 曹에서 회합하였다.

【傳】十六年이라 春正月에 會于曹하니 謀伐鄭也라

16년이다. 봄 정월에 桓公이 제후들과 曹에서 회합하였으니, 鄭나라를 토벌하는 일을 모의하기 위함이었다.

【經】夏四月에 公會宋公衛侯陳侯蔡侯하야 伐鄭하다

여름 4월에 桓公이 宋公 · 衛侯 · 陳侯 · 蔡侯와 회합하여 鄭나라를 토벌하였다.

【經】秋七月에 公至自伐鄭하다

가을 7월에 桓公이 鄭나라를 토벌하고 돌아왔다.

【傳】夏에 伐鄭하다 秋七月에 公至自伐鄭하야 以飮至之禮[38]也하다

여름에 鄭나라를 토벌하였다. 가을 7월에 桓公이 정나라를 토벌하고 돌아와서 飮至의 禮를 거행하였다.

【經】冬에 城向(상)하다

겨울에 向에 성을 쌓았다.

---

38 飮至之禮 : 諸侯가 國外로 나갔다가 일을 마치고 國內로 돌아와, 宗廟에 제사 지내고 신하들을 모아 술을 마시던 예를 가리킨다. 자세한 내용이 桓公 2년에 보인다.

【傳】 冬에 城向하니 書는 時也라

겨울에 向에 성을 쌓았으니, 經에 기록한 것은 시기가 때에 맞았기 때문이다.

【經】 十有一月에 衛侯朔出奔齊하다

11월에 衛侯 朔(惠公)이 齊나라로 달아났다.

【傳】 初에 衛宣公烝[39]於夷姜하야 生急子하야 屬諸(촉저)右公子하고 爲之娶於齊而美어늘 公取之하야 生壽及朔하야 屬(촉)壽於左公子하다 夷姜縊하다 宣姜與公子朔構急子한대 公使諸(저)齊하고 使盜待諸(저)莘하야 將殺之하다 壽子告之하야 使行하니 不可曰 棄父之命이면 惡(오)用子矣리오 有無父之國則可也니라 及行에 飮(임)以酒하고 壽子載其旌以先하니 盜殺之하다 急子至하야 曰 我之求也라 此何罪오 請殺我乎인저 又殺之하니 二公子故怨惠公하다

당초에 衛 宣公이 자신의 庶母인 夷姜과 간음하여 急子를 낳아 右公子(職)에게 부탁하고 급자를 위하여 齊나라에서 아내를 맞이해왔는데, 그 여인이 미모가 뛰어나자 선공이 자신의 아내로 맞이하여 壽와 朔을 낳고 壽를 左公子(洩)에게 부탁하였다. 〈얼마 후 선공의 총애를 잃은〉 이강이 목을 매어 죽었다.

宣姜이 公子 朔과 함께 급자를 모함하자, 선공은 급자를 제나라에 사신으로 보내고 자객〔盜〕에게 莘에서 기다렸다가 그를 죽이게 하였다. 壽가 급자에게 陰謀를 알려주고 도망치라고 하니, 급자가 안 된다고 하며 말하기를 "아버지의 命을 저버리면 어찌 자식이라 할 수 있겠는가. 아버지가 없는 나라가 있다면 그곳으로 갈 수가 있을 것이다."라고 하였다.

출발함에 미쳐 〈壽가 급자에게〉 술을 접대하여 취하게 하고는 壽 자신이 급자의 旗를 수레에 세우고 먼저 출발하니 자객이 그를 죽였다. 급자가 도착하여 말하기를 "나를 죽이라고 요구하였는데, 이 사람이 무슨 죄가 있는가. 나를 죽여라."라고 하였다. 자객이 다시 그를 죽이니, 두 公子(左 · 右公子)가 이 때문에 惠公을 원망하였다.

字義 烝 : 간음할 증 屬 : 부탁할 촉 盜 : 자객 도 諸 : 어조사 저 惡 : 어찌 오
飮 : 마시게 할 임

---

39 烝 : 손윗사람과 간음하는 것을 말한다.(杜注)

十一月에 左公子洩과 右公子職이 立公子黔牟하니 惠公奔齊하다

11월에 左公子 洩과 右公子 職이 公子 黔牟를 임금으로 세우니, 惠公이 齊나라로 달아났다.

〈17년, 丙戌(B.C. 695)〉

【經】 十有七年이라 春正月丙辰에 公會齊侯紀侯하야 盟于黃하다

17년이다. 봄 정월 병진일에 桓公이 齊侯 · 紀侯와 회합하여 黃에서 맹약하였다.

【傳】 十七年이라 春에 盟于黃하니 平齊紀요 且謀衛故也라

17년이다. 봄에 桓公이 제후들과 黃에서 맹약하였으니, 齊 · 紀 두 나라를 화평시키고, 또 衛나라 임금을 축출하는 일을 모의하기 위해서였다.

【經】 二月丙午에 公會邾儀父(보)하야 盟于趡(추)하다

2월 병오일에 桓公이 邾儀父와 趡에서 맹약하였다.

【傳】 及邾儀父盟于趡하니 尋蔑之盟也라

桓公이 邾儀父와 趡에서 맹약하였으니, 〈隱公 원년에 邾나라와〉 蔑에서 맺은 맹약을 거듭 다진 것이다.

【經】 夏五月丙午에 及齊師戰于奚하다

여름 5월 병오일에 魯나라가 齊나라 군대와 奚에서 전쟁하였다.

【傳】 夏에 及齊師戰于奚하니 疆事也라 於是에 齊人侵魯疆이어늘 疆吏來告한대 公曰 疆場(역)之事는 愼守其一而備其不虞니 姑盡所備焉하야 事至而戰이니 又何謁焉이리오

여름에 魯나라가 齊나라 군대와 奚에서 전쟁하였으니, 국경으로 인한 전쟁이었다. 이때 齊人이 노나라 국경을 침범하였는데 국경을 지키는 관리가 와서 고하자 桓公이 말하였다.

"국경에 관한 일은 우리 한 쪽의 경계를 신중히 지켜서 뜻밖의 일에 대비하는 것이다. 우선 대비하는 일을 극진히 하여 일이 닥치면 싸우는 것이니, 또 어찌 보고하여 지시를 청하는가(謁)."

字義 埸 : 지경 역 謁 : 아뢸 알

【經】 六月丁丑에 蔡侯封人卒하다

6월 정축일에 蔡侯 封人(蔡 桓侯)이 卒하였다.

【經】 秋八月에 蔡季自陳歸于蔡하다

가을 8월에 蔡季(蔡 桓侯의 아우인 蔡 哀侯)가 陳나라에서 蔡나라로 돌아갔다.

【傳】 蔡桓侯卒커늘 蔡人召蔡季于陳하다 秋에 蔡季自陳歸于蔡하니 蔡人嘉之也라

蔡 桓侯가 卒하니 蔡人이 陳나라에서 蔡季를 불러들였다. 가을에 채계가 陳나라에서 蔡나라로 돌아왔으니, 〈字를 써서 통고한 것은〉 채나라 사람들이 그를 아름답게 여겼기 때문이다.

【經】 癸巳에 葬蔡桓侯하다

계사일에 蔡 桓侯를 장사 지냈다.

【經】 及宋人衛人伐邾하다

魯나라가 宋人 · 衛人과 함께 邾나라를 토벌하였다.

【傳】 伐邾는 宋志也라

邾나라를 토벌한 것은 宋나라의 뜻이었다.

【經】 冬十月朔에 日有食之하다

겨울 10월 초하루에 日食하였다.

【傳】 冬十月朔에 日有食之하다 不書日은 官失之也라 天子有日官하고 諸侯有日御하니 日官居卿하야 以(底)〔厎〕[40]日이 禮也요 日御不失日하야 以授百官于朝하나니라

겨울 10월 초하루에 일식하였다. 經에 날짜를 기록하지 않은 것은 史官이 기록하는 것을 잊었기 때문이다. 天子에게는 日官이 있고 제후에게는 日御가 있다. 일관은 卿의 지위에 있으면서 曆數를 추산하는〔厎〕 것이 禮이고, 일어는 〈일관이 정한 역수를 살펴서〉 날마다 잊지 않고 조정에서 백관에게 전하는 것이다.

初에 鄭伯將以高渠彌爲卿이어늘 昭公惡(오)之하야 固諫호대 不聽하다 昭公立에 懼其殺己也하야 辛卯에 弑昭公而立公子亹(미)하다 君子謂 昭公知所惡(오)矣로다 公子達曰 高伯其爲戮乎인저 復惡(오)已甚矣로다

당초에 鄭伯(莊公)이 高渠彌를 卿으로 삼으려 하자 昭公이 그를 미워하여 굳이 간하였으나 정백이 따르지 않았다. 소공이 즉위하자 고거미는 소공이 자신을 죽일까 두려워서, 신묘일에 소공을 시해하고 公子 亹(소공의 아우)를 군주로 세웠다.

君子는 "소공이 미워할 대상을 알았다."라고 하였고, 魯나라 大夫인 公子 達은 "高伯(고거미)은 아마도〔其〕 죽임을 당할 것이다. 미워한 대상에 대한 복수가 너무 심하였다."라고 하였다.

〈18년, 丁亥(B.C. 694)〉

【經】 十有八年이라 春王正月이라

18년이다. 봄 周王 정월이다.

---

40 (底)〔厎〕 : 저본에는 '底'로 되어 있으나, 〈杜注〉와 《新譯 左傳讀本》에 의거하여 '厎'로 바로잡았다. '厎'는 '추산하다', '고르게 하다'의 의미이다.

【經】公會齊侯于濼(록)하다 公與夫人姜氏遂如齊하다

桓公이 齊侯와 濼水에서 회합하였다. 〈회합을 마친 뒤〉 환공이 부인 姜氏와 함께 마침내 齊나라로 갔다.

【經】夏四月丙子에 公薨于齊하다

여름 4월 병자일에 桓公이 齊나라에서 薨하였다.

【傳】十八年이라 春에 公將有行하야 遂與姜氏如齊하니 申繻(수)曰 女有家하며 男有室하니 無相瀆也라야 謂之有禮라 易此면 必敗니이다 公會齊侯于濼하고 遂及文姜如齊하다 齊侯通焉이어늘 公謫之한대 以告하니 夏四月丙子에 享公하고 使公子彭生乘公이러니 公薨于車하다 魯人告于齊曰 寡君畏君之威하야 不敢寧居하야 來修舊好러니 禮成而不反하시니 無所歸咎라 惡於諸侯하니 請以彭生除之하노라 齊人殺彭生하다

18년이다. 봄에 桓公이 외출을 계획하고 마침내 姜氏(文姜)와 함께 齊나라에 가려고 하니, 申繻가 말하기를 "여자는 남편이 있고, 남자는 아내가 있으니, 서로 모독하지 않아야 禮가 있다고 하는 것입니다. 이를 어기면 반드시 敗亡합니다."라고 하였다. 그러나 환공은 따르지 않고 濼水에서 齊侯(齊 襄公)와 회합하고 마침내 문강과 함께 제나라로 갔다.

제후가 문강과 姦通을 하자 환공이 문강을 꾸짖자, 문강이 이를 제후에게 고하였다. 여름 4월 병자일에 연회를 열어 환공을 대접하고, 公子 彭生에게 환공을 부축해 수레에 태우게 했는데 〈팽생이 환공의 갈비뼈를 눌러 부러뜨리니〉 환공이 수레 안에서 薨하였다. 魯人이 제나라에 고하였다.

"우리 임금께서 齊君의 위엄을 두려워하여 魯나라에서 감히 편안히 거처하지 못하고 이곳 제나라에 와서 옛 우호를 거듭 밝히셨는데, 예를 마쳤음에도 노나라로 돌아오지 않으시니 죄를 돌릴 곳이 없습니다. 게다가 제후들 사이에서 추악한 소문〔惡〕이 돌고 있으니, 청컨대 팽생을 제거해 추악한 소문을 없애주시기 바랍니다."

그러자 齊人(齊侯)이 팽생을 죽였다.

字義 如 : 갈 여　家 : 남편 가　室 : 아내 실　瀆 : 모독할 독　通 : 간음할 통　謫 : 꾸짖을 적

魯 桓公 夫婦가 齊나라에 가다〔魯桓公夫婦如齊〕

【經】丁酉에 公之喪至自齊하다

정유일에 桓公의 靈柩가 齊나라에서 돌아왔다.

【經】秋七月이라

가을 7월이다.

【傳】秋에 齊侯師于首止하니 子亹會之할새 高渠彌相하다 七月戊戌에 齊人殺子亹而轘高渠彌하니 祭(채)仲逆鄭子于陳而立之하다 是行也에 祭仲知之라 故稱疾不往이어늘 人曰 祭仲以知免이로다 仲曰 信也니라

가을에 齊侯가 〈鄭나라를 토벌하기 위해〉 首止에 주둔하였는데, 子亹(鄭 昭公의 아우)가 齊나라와 회합할 적에 高渠彌가 보좌를 하였다. 7월 무술일에 齊人이 자미를 죽이고 고거미에게 車裂刑(轘)을 집행하니, 祭仲이 陳나라에서 鄭子(子儀)를 맞이하여 임금으로 세웠다. 이번 행차에 채중은 禍를 당할 줄 알았기 때문에 병을 핑계로 가지 않았는데, 사람들이 말하기를 "채중이 豫見한 지혜로 화를 면하였다."라고 하자, 채중이 말하기를 "사실이다."라고 하였다.

字義 相 : 보좌할 상 轘 : 거열형 환 逆 : 맞이할 역

【經】冬十有二月己丑에 葬我君桓公하다

겨울 12월 기축일에 우리 임금 桓公을 장사 지냈다.

【傳】周公欲弑莊王而立王子克하다 辛伯告王하고 遂與王殺周公黑肩하니 王子克奔燕하다 初에 子儀有寵於桓王하야 桓王屬諸(촉저)周公한대 辛伯諫曰 竝后匹嫡과 兩政耦國은 亂之本也라호대 周公弗從이라 故及하니라

周公(黑肩)이 莊王(桓王의 太子)을 弑害하고 王子 克(장왕의 아우)을 王으로 세우려고 하였다. 辛伯이 음모를 알아채 왕에게 보고하고는 마침내 장왕과 함께 주공 흑견을 죽이니, 왕자 극이 燕나라로 달아났다.

당초에 子儀(왕자 극)가 환왕에게 총애를 받아서 환왕이 그를 주공에게 부탁하자 신백이 간

하기를 "王后와 妾의 지위가 같고, 嫡子와 庶子의 위엄이 대등하며, 〈신하가 멋대로 명령을 내려〉 政事가 두 곳에서 나오고, 한 나라의 大都의 규모가 國都와 짝하는 것은 난리가 일어나는 장본입니다."라고 하였으나, 주공이 따르지 않았으므로 화란에 미친 것이다.

字義 嫡 : 대등할 적(=敵) 耦 : 짝할, 나란할 우

莊公[1]

〈원년, 戊子(B.C. 693)〉

【經】元年이라 春王正月이라

원년이다. 봄 周王 正月이다.

【傳】元年이라 春에 不稱卽位는 文姜出故也라

원년이다. 봄에 즉위를 칭하지 않은 것은 文姜이 國外(齊나라)에 나가 있었기 때문이다.

【經】三月에 夫人孫[2]于齊하다

3월에 부인(文姜)이 齊나라로 달아났다.

【傳】三月에 夫人孫于齊어늘 不稱姜氏는 絶不爲親[3]이니 禮也니라

3월에 부인이 齊나라로 달아났는데, 經에 〈'夫人'이라 칭하고〉 '姜氏'라고 칭하지 않은 것은 〈莊公이 母子간의 관계를〉 끊어 부모로 여기지 않은 것이니, 禮에 맞는 처사였다.

字義 孫 : 달아날 손(=遜)

---

1 莊公 : 魯나라 16대 임금으로 이름은 同이고, 桓公과 文姜 사이에서 태어났다. 32년간 재위하였다.

2 孫 : '遜'과 통용으로, '달아나다', '도망치다'의 의미이다. 杜預는 "'奔(달아나다)'을 諱하여 '孫'이라 하였다."라 하였고, 何休는 "'孫'은 '遁(도망치다)'과 같다."라고 하였다.

3 絶不爲親 : 莊公이 '絶'한 대상을 齊나라로 보는 견해도 있다. 桓公을 시해한 원흉이 바로 齊 襄公이기 때문이다. 본서에서는 문맥의 의미와 〈楊注〉·《新譯 左傳讀本》에 의거하여 장공이 母子간의 관계를 끊은 것으로 번역하였다.

【經】 夏에 單(선)伯送王姬하다

여름에 單伯이 〈齊나라로 下嫁하는 周王의 딸〉 王姬를 호송하여 魯나라에 왔다.

【經】 秋에 築王姬之館于外하다

가을에 王姬가 머무를 집을 성 밖에 지었다.

【傳】 秋에 築王姬之館于外하니 爲外는 禮也[4]라

가을에 王姬가 머무를 집을 성 밖에 지었으니, 성 밖에 지은 것은 禮에 맞는 처사였다.

【經】 冬十月乙亥에 陳侯林卒하다

겨울 10월 을해일에 陳侯 林이 卒하였다.

【經】 王使榮叔來錫桓公命[5]하다

周王이 榮叔을 魯나라에 보내 와서 桓公에게 追命을 내렸다.

【經】 王姬歸于齊하다

王姬가 齊나라로 시집갔다.

【經】 齊師遷紀郱鄑郚(병자오)하다

齊나라 군대가 紀나라 郱 · 鄑 · 郚邑의 백성들을 이주시켰다.

字義 錫 : 내릴, 하사할 석 歸 : 시집갈 귀

---

4 爲外 禮也 : 《春秋公羊傳》·《春秋穀梁傳》에 모두 "王姬의 혼례를 주관하는 제후가 그녀를 위해 성 밖에 집을 짓는 것이 禮에 맞으니, 성 안에 집을 지으면 왕희를 너무 높이는 것이고 부인의 처소에 머무르게 하는 것은 너무 낮춘 것이기 때문이다."라고 하였다.

5 命 : 諸侯가 죽은 뒤에 그의 공덕을 찬양하여 謚號나 爵位 등을 내려주는 것을 '追命'이라 한다.

〈2년, 己丑(B.C. 692)〉

【經】 二年이라 春王二月에 葬陳莊公하다

2년이다. 봄 周王 2월에 陳 莊公을 장사 지냈다.

【經】 夏에 公子慶父帥(보솔)師하야 伐於(오)餘丘하다

여름에 公子 慶父(莊公의 庶兄)가 군대를 거느리고 於餘丘(國名)를 토벌하였다.

【經】 秋七月에 齊王姬卒하다

가을 7월에 齊나라로 시집갔던 王姬가 卒하였다.

【經】 冬十有二月에 夫人姜氏會齊侯于禚(작)하다

겨울 12월에 夫人 姜氏가 齊侯와 禚에서 회합하였다.

【傳】 二年이라 冬에 夫人姜氏會齊侯于禚하니 書는 姦也라

2년이다. 겨울에 夫人 姜氏가 齊侯와 禚에서 회합하였으니, 經에 기록한 것은 〈회합을 가장하여〉 간음하였기 때문이다.

【經】 乙酉에 宋公馮卒하다

을유일에 宋公 馮(宋 莊公)이 卒하였다.

〈3년, 庚寅(B.C. 691)〉

【經】 三年이라 春王正月에 溺會齊師하야 伐衛하다

3년이다. 봄 周王 정월에 溺(魯나라 大夫)이 齊나라 군대와 회합하여 衛나라를 토벌하였다.

【傳】 三年이라 春에 溺會齊師하야 伐衛하니 疾之也라

3년이다. 봄에 溺이 齊나라 군대와 회합하여 衛나라를 토벌하였으니, 〈經에 이름을 기록한 것은〉 미워한 것이다.

【經】 夏四月에 葬宋莊公하다

여름 4월에 宋 莊公을 장사 지냈다.

【經】 五月에 葬桓王하다

5월에 周 桓王을 장사 지냈다.

【傳】 夏五月에 葬桓王하니 緩也라

여름 5월에 周 桓王을 장사 지냈으니, 〈죽은 뒤 7년이나 지났으므로〉 늦은 것이다.

【經】 秋에 紀季以酅(휴)入于齊하다

가을에 紀季(紀侯의 아우)가 酅邑을 가지고 齊나라에 들어가 귀순하였다.

【傳】 秋에 紀季以酅入于齊하니 紀於是乎始判하다

가을에 紀季가 酅邑을 가지고 齊나라에 들어가 귀순하니, 紀나라가 이때부터 비로소 갈라져서 〈제나라의 附庸國이 되었다.〉

【經】冬에 公次于滑하다

겨울에 莊公이 滑에 주둔하였다〔次〕.

【傳】冬에 公次于滑하니 將會鄭伯하야 謀紀故也러라 鄭伯辭以難하다 凡師一宿爲舍요 再宿爲信이요 過信爲次니라

겨울에 莊公이 滑에 주둔하였으니, 鄭伯(子儀)과 회합하여 紀나라의 난리를 구원하는 일을 모의하려 한 것이다. 그러나 정백은 〈厲公(突)이 櫟에 머무르고 있었기 때문에〉 난리를 핑계로 사절하였다.

범례에 따르면 군대가 하루 묵는 것을 '舍'라 하고, 이틀 묵는 것을 '信'이라 하며, 이틀 이상 묵는 것을 '次'라 한다.

字義 舍 : 하루 묵을 사 信 : 이틀 묵을 신 次 : 이틀 이상 묵을 차

〈4년, 辛卯(B.C. 690)〉

【經】四年이라 春王二月에 夫人姜氏享齊侯于祝丘하다

4년이다. 봄 周王 2월에 夫人 姜氏가 祝丘에서 齊侯를 접대하였다.

【經】三月에 紀伯姬卒하다

3월에 〈隱公 2년〉 紀나라로 出嫁한 伯姬가 卒하였다.

【傳】四年이라 春王三月에 楚武王荊尸하야 授師孑焉[6]하야 以伐隨러니 將齊(재)에 入告夫人鄧曼曰 余心蕩이로다 鄧曼歎曰 王祿盡矣로소이다 盈而蕩은 天之道也니 先君其知之

6 楚武王荊尸 授師孑焉 : '尸'는 '陳(陣)'이고, '荊'은 '楚'이니, 楚나라가 새로운 陣法을 만든 것이다. 揚雄의 《方言》에 '孑'은 '戟'이라고 하였으니, 그렇다면 楚나라가 이때부터 〈진법을 만들어〉 戟手(창지기)를 겸용하여 진을 친 것이다.(杜注)

矣라 故臨武事하야 將發大命이어늘 而蕩王心焉하니 若師徒無虧하고 王薨於行이면 國之福也리이다 王遂行하야 卒於樠(문)木之下하다 令尹鬪祁와 莫敖屈重除道梁溠(자)하고 營軍臨隨하니 隨人懼하야 行成하다 莫敖以王命으로 入盟隨侯하고 且請爲會於漢汭而還하야 濟漢而後發喪하다

4년이다. 봄 周王 3월에 楚 武王이 荊尸陣을 만들어 군사들에게 창을 나누어주고 隨나라를 토벌하려 하였다. 〈무왕이 宗廟에서 무기를 나누어주기 위해〉 齋戒하려다 말고 內殿으로 들어가 夫人 鄧曼에게 말하기를 "내 마음이 불안하여 동요된다."라고 하니, 등만이 탄식하며 대답하였다.

"임금의 복록이 다했나 봅니다. 가득 차면 동요하는 것이 하늘의 도리이니 先君께서 아마 그것을 아신 듯합니다. 그러므로 전쟁에 임하여 중대한 명령을 내리려 하는데 임금의 마음을 동요시켰으니, 만약 군대를 잃지 않고 임금께서만 행군 중에 薨하신다면 나라의 복일 것입니다."

무왕이 마침내 출정하였다가 樠木 아래에서 卒하였다. 令尹 鬪祁와 莫敖 屈重이 길을 트고〔除〕 溠水에 다리를 놓고는 營壘를 구축하여 수나라 都邑에 당도하니, 隨人이 두려워하여 화평을 요구하였다. 막오가 왕명으로 수나라에 들어가 隨侯와 맹약하고, 또 漢汭에서 회합할 것을 요청하고 〈회합을 마친 뒤에 초나라로〉 돌아오면서 漢水를 건넌 뒤에 發喪하였다.

字義 孑 : 창 혈(=槍) 蕩 : 동요할, 흔들릴 탕 盈 : 가득찰 영 虧 : 잃을 휴
除 : 길 치울, 길 닦을 제

【經】 夏에 齊侯陳侯鄭伯遇于垂하다

여름에 齊侯 · 陳侯 · 鄭伯이 垂에서 회합하였다.

【經】 紀侯大去其國하다

紀侯가 그 나라를 아주 떠났다.

【傳】 紀侯不能下齊하야 以與紀季하다 夏에 紀侯大去其國하니 違齊難也니라

紀侯가 몸을 낮추어 齊나라를 섬길 수가 없어서 나라를 紀季(기후의 아우)에게 주었다. 여름에 기후가 그 나라를 아주 떠났으니 齊나라로 인해 발생할 난리를 피한 것이다.

【經】六月乙丑에 齊侯葬紀伯姬하다

6월 을축일에 齊侯가 紀나라로 출가한 伯姬를 장사 지냈다.

【經】秋七月이라

가을 7월이다.

【經】冬에 公及齊人狩於禚하다

겨울에 莊公이 齊人과 禚에서 사냥하였다.

〈5년, 壬辰(B.C. 689)〉

【經】五年이라 春王正月이라

5년 봄 周王 정월이다.

【經】夏에 夫人姜氏如齊師하다

여름에 夫人 姜氏가 제나라 軍營으로 갔다.

【經】秋에 郳犂(예리)來來朝하다

가을에 郳나라 犂來가 魯나라에 와서 朝見하였다.

【傳】五年이라 秋에 郳犂來來朝하니 名은 未王命也일새라

5년이다. 가을에 郳나라 犂來가 魯나라에 와서 조현하였으니, 經에 이름을 기록한 것은 정식으로 王의 爵名을 받지 않았기 때문이다.

【經】冬에 公會齊人宋人陳人蔡人하야 伐衛하다

겨울에 莊公이 齊人 · 宋人 · 陳人 · 蔡人과 연합하여 衛나라를 토벌하였다.

【傳】冬에 伐衛하니 納惠公也라

겨울에 衛나라를 토벌하였으니, 衛 惠公(朔)을 위나라로 들여보내기 위해서였다.

〈6년, 癸巳(B.C. 688)〉

【經】六年이라 春王正月에 王人子突救衛하다

6년이다. 봄 周王 正月에 王人 子突이 衛나라를 구원하였다.

【傳】六年이라 春에 王人救衛하다

6년이다. 봄에 王人이 衛나라를 구원하였다.

【經】夏六月에 衛侯朔入于衛하다

여름 6월에 衛侯 朔이 衛나라로 들어갔다.

【傳】夏에 衛侯入하야 放公子黔牟于周하고 放甯跪(영궤)于秦하고 殺左公子洩과 右公子職하고 乃卽位하다 君子以二公子之立黔牟爲不度(탁)矣로다 夫能固位者는 必度(탁)於本末而後立衷焉하나니 不知其本이면 不謀요 知本之不枝면 弗强하나니 詩云 本枝百世라하니라

여름에 衛侯가 衛나라로 들어와서 公子 黔牟를 周나라로 추방하고, 甯跪를 秦나라로 추방하고, 左公子 洩과 右公子 職을 죽이고 즉위하였다. 君子가 다음과 같이 논평하였다.

“左右 두 공자가 검모를 임금으로 세운 것은 本末을 잘 헤아리지 못한 것이다. 대저 자신의 지위를 공고히 할 수 있는 사람은 반드시 事情의 본말을 헤아린 뒤에 적당한 사람을 임금으로 세우는 법이다. 그 사람의 本을 알 수 없으면 그를 위해 일을 도모하지 않고, 〈임금으로 세우더라도〉 本의 지엽이 무성하지 않을 줄을 알면 그를 위해 힘쓰지 않는다. 《詩經》 〈大雅 文王〉에 ‘뿌리와 가지가 백세토록 뻗으리라.’라고 하였다.”

字義 放 : 내쫓을 방　度 : 헤아릴 탁　衷 : 가운데, 올바를 충

【經】秋에 公至自伐衛하다

가을에 莊公이 衛나라를 토벌하고 돌아왔다.

【經】螟하다

螟蟲이 있었다.

【經】冬에 齊人來歸(궤)衛俘하다

겨울에 齊人이 魯나라에 와서 衛나라에서 빼앗은 물품〔俘〕을 주었다.

字義 俘 : 노획품 부

【傳】冬에 齊人來歸(궤)衛寶하니 文姜請之也라

겨울에 齊人이 魯나라로 와서 衛나라에서 빼앗은 寶物을 주었으니, 文姜이 요청하였기 때문이다.

楚文王伐申할새 過鄧하니 鄧祁侯曰 吾甥也라하고 止而享之하다 騅(추)甥聃(담)甥養甥이 請殺楚子어늘 鄧侯弗許한대 三甥曰 亡鄧國者는 必此人也리니 若不早圖면 後君噬(서)齊[7]리이다 其及圖之乎인저 圖之인댄 此爲時矣니이다 鄧侯曰 人將不食吾餘하리라 對曰 若不從三臣이면 抑社稷實不血食이리니 而君이 焉取餘리오 弗從이러니 還年에 楚子伐鄧하고 十六年에 楚復(부)伐鄧하야 滅之하다

楚 文王이 申나라를 토벌할 때 鄧나라를 지나니, 鄧 祁侯가 "나의 생질이다."라 하여 문왕을 등나라에 머무르게 하고 연회를 베풀어 대접하였다. 騅甥 · 聃甥 · 養甥이 楚子를 죽이라고 요청하였으나 鄧侯가 허락하지 않았다. 그러자 三甥이 말하였다.

"등나라를 망하게 할 자는 반드시 이 사람(문왕)일 것이니, 만약 일찍 도모하지 않으면 훗날 군주께서 후회를 하셔도 소용이 없을 것입니다〔噬齊〕. 기회에 미쳐서 도모해야 될 것입니다. 도모한다면 지금이 바로 적기입니다."

7 噬(서)齊 : 자신의 배꼽을 물어뜯으려는 것처럼 適期를 놓쳐서 일에 미칠 수 없음을 비유적으로 이르는 말이다. '噬臍'로도 쓴다.

등후가 대답하였다.

"〈지금 무왕을 죽인다면〉 사람들이 나를 천시해서 장차 내가 남긴 음식을 먹지 않을 것이다."

삼생이 말하였다.

"만약 세 신하의 간언을 따르지 않으신다면 〈나라가 망하여〉 社稷이 실로 제사를 받지 못할 것이니, 임금께서 무슨 남길 음식이 있겠습니까?"

그러나 등후가 간언을 따르지 않았다. 〈楚나라가 신나라를 토벌하고〉 돌아오던 해에 초자(문왕)가 등나라를 토벌하고, 莊公 16년에 초나라가 다시 등나라를 토벌하여 멸망시켰다.

字義 甥 : 생질 생　噬 : 깨물 서　齊 : 배꼽 제(=臍)

〈7년, 甲午(B.C. 687)〉

【經】七年이라 春에 夫人姜氏會齊侯于防하다

7년이다. 봄에 夫人 姜氏가 齊侯와 防에서 회합하였다.

【傳】七年이라 春에 文姜會齊侯于防하니 齊志也라

7년이다. 봄에 文姜이 齊侯(齊 襄公)와 防에서 회합하였으니, 제후의 뜻이었다.

【經】夏四月辛卯夜에 恒星[8]不見하고 夜中에 星隕如雨하다

여름 4월 신묘일 밤에 恒星이 보이지 않았고, 밤중에 별똥별이 비처럼 떨어졌다.

【傳】夏에 恒星不見하니 夜明也요 星隕如雨하니 與雨偕也라

여름에 恒星이 보이지 않았다는 것은 〈해가 아직 지지 않아〉 밤이 밝았기 때문이고, 별똥별이 비처럼 떨어졌다는 것은 〈구름이 일어 별똥별이〉 비와 함께 떨어졌기 때문이다.

字義 隕 : 떨어질 운　偕 : 함께 해

---

8 恒星 : 天球 위에서 서로의 상대 위치를 바꾸지 않고 별자리를 구성하는 별을 가리킨다. 맨눈으로 볼 수 있는 별 가운데 行星, 衛星, 彗星 따위를 제외한 별 모두가 해당된다. 北極星, 北斗七星, 三台星, 牽牛星, 織女星 등이 있다.(《漢韓大辭典》)

【經】秋에 大水하다 無麥苗하다

가을에 큰물이 졌다. 보리는 수확할 것이 없었고, 五穀의 싹이 물에 잠겼다.

【傳】秋에 無麥苗나 不害嘉穀也라

가을에 보리는 수확할 것이 없었고 五穀의 싹이 물에 잠겼으나, 〈黍稷은 다시 파종할 수 있었기 때문에〉 嘉穀(五穀)에 해가 되지 않았다.

【經】冬에 夫人姜氏會齊侯于穀하다

겨울에 夫人 姜氏가 齊侯와 穀에서 회합하였다.

〈8년, 乙未(B.C. 686)〉

【經】八年이라 春王正月에 師次于郎하야 以俟陳人蔡人하다

8년이다. 봄 周王 정월에 〈郕나라를 토벌하기 위해 魯나라〉 군대가 郎에 주둔하여 陳·蔡나라 군대를 기다렸다.

字義 俟 : 기다릴 사

【經】甲午에 治兵하다

갑오일에 군사 훈련을 하였다.

【經】夏에 師及齊師圍郕하니 郕降于齊師하다

여름에 魯나라 군대가 齊나라 군대와 함께 郕나라를 포위하니, 성나라가 제나라 군대에 항복하였다.

【經】秋에 師還하다

가을에 魯나라 군대가 〈郕나라를 토벌하고〉 돌아왔다.

【傳】八年이라 春에 治兵于廟하니 禮也라 夏에 師及齊師圍郕하니 郕降(항)于齊師하다 仲慶父(보)請伐齊師한대 公曰 不可하다 我實不德이니 齊師何罪오 罪我之由니라 夏書曰 皐陶(요)는 邁種德하야 德乃降[9]이라하니 姑務修德하야 以待時乎인저 秋에 師還하니 君子是以善魯莊公하니라

8년이다. 봄에 宗廟에서 군사 훈련을 하였으니, 禮에 맞는 처사였다.

여름에 魯나라 군대가 齊나라 군대와 함께 郕나라를 포위하니 성나라가 제나라 군대에 항복하였다. 〈제나라가 戰功을 공유하지 않았기 때문에 노나라의〉 仲慶父가 제나라 군대를 공격할 것을 청하였는데, 莊公이 말하였다.

"안 된다. 내가 실로 德이 없기 때문이니 제나라 군대가 무슨 죄가 있겠는가? 죄는 내게 〈덕이 없는 데에〉 연유한다. 〈夏書〉에 '皐陶가 힘써(邁) 덕을 펴서, 덕이 미치니 곧바로 항복하였다.'라고 하였으니, 우선 덕을 닦는 데 힘을 써서 때를 기다릴 것이다."

가을에 회군하니, 君子가 이 일로 魯 莊公을 훌륭하다고 여겼다.

字義 邁 : 힘쓸 매

【經】冬十有一月癸未에 齊無知弑其君諸(저)兒하다

겨울 11월 계미일에 齊나라 無知가 임금 諸兒(齊 襄公)를 시해하였다.

【傳】齊侯使連稱管至父戍葵丘할새 瓜時而往曰 及瓜而代호리라 期戍호되 公問不至하고 請代호되 弗許하니 故謀作亂하니라 僖公之母弟曰夷仲年이니 生公孫無知하야 有寵於僖公하야 衣服禮秩如適[10]이라 襄公黜之하니 二人因之以作亂하니라 連稱有從妹在公宮이러니 無寵이라 使間公曰 捷이면 吾以女爲夫人하리라

齊侯가 連稱·管至父에게 葵丘를 지키게 하였는데, 오이가 익어가는 시기에 보내며 말하기를 "내년에 오이가 익을 때 교대시켜주겠다."라고 하였다. 그런데 수자리한 지 1년(期)이 되었는

9 夏書曰……德乃降 : 이는 《書經》〈虞書 大禹謨〉의 글인데 여기에서 '夏書'라고 한 것은, 아마도 孔子가 詩書를 刪定하기 전에 '하서'라고 불렀기 때문인 듯하다.(朱申)

10 適 : 太子를 가리킨다.(杜注)

데도 교대하라는 齊 襄公의 명(問)이 오지 않았고, 교대할 것을 청하였는데도 허락하지 않으니, 그러므로 두 사람이 난리를 일으킬 것을 계획하였다.

僖公의 동복 아우는 夷仲年이니, 그가 公孫 無知를 낳아서 무지가 희공에게 총애를 받아 의복과 예우하는 등급(禮秩)이 太子와 같았다. 양공이 즉위하고 나서 무지의 등급을 강등시키니, 두 사람이 무지를 이용해 반란을 일으키기로 하였다. 연칭에게는 양공의 후궁으로 있는 사촌 누이동생이 있었는데, 양공에게 총애를 받지 못했으므로 〈무지가 그녀를 시켜〉 양공의 틈을 엿보게 하며 말하였다.

"일이 성공하면 내가 그대를 부인으로 삼겠다."

字義 戍 : 수자리할 수 問 : 명령, 소식 문(=聞) 秩 : 벼슬, 관직 질 黜 : 떨어뜨릴 출 捷 : 성공할 첩

冬十二月에 齊侯游于姑棼(분)하야 遂田于貝丘러니 見大豕하고 從者曰 公子彭生也로소이다 公怒曰 彭生敢見(현)이리오 射(석)之한대 豕人立而啼어늘 公懼하야 隊(추)于車하야 傷足喪屨하고 反하야 誅[11]屨於(徒)〔侍〕[12]人費호대 弗得이라 鞭之見血이러니 走出이라가 遇賊于門하니 劫而束之어늘 費曰 我奚御哉리오 袒而示之背한대 信之어늘 費請先入하야 伏公하고 而出鬪라가 死于門中하고 石之紛如는 死于階下하다 遂入하야 殺孟陽于牀하고 曰 非君也라 不類로다 見公之足于戶下하고 遂弑之而立無知하다

겨울 12월에 齊侯가 姑棼에서 유람하고 마침내 貝丘에서 사냥하였다. 큰 돼지를 보고는 從者가 말하기를 "公子 彭生입니다."라고 하니, 齊 襄公이 노하여 말하기를 "팽생이 감히 나타나느냐!"라고 하였다. 그러고는 활을 쏘았는데 맞추자 돼지가 사람처럼 선 채로 울었는데, 양공이 두려워 수레에서 떨어져 발을 다치고 신을 잃어버렸다.

사냥에서 돌아와 侍人 費에게 신을 찾아오도록(誅) 하였는데, 찾아오지 못하자 양공이 그를 피가 날 정도로 채찍질하였다. 費가 도망쳐 달아나다가 宮門에서 역적들을 만나자, 그들이 費를 겁박하고 결박하려 하였다. 費가 말하기를 "내 어찌 저항하겠소?"라 하고는 웃옷을 벗어 채찍질당한 등을 보여주니 역적들이 그를 믿었다.

費가 먼저 궁에 들어가길 청하여 궁에 들어와 양공을 숨겨주고 궁에서 나와 역적들과 싸우다가 문안에서 죽었고, 石之紛如는 섬돌 아래에서 죽었다. 역적들이 마침내 궁으로 들어가

---

11 誅 : '責求(찾도록 요구함)'의 뜻이다.

12 (徒)〔侍〕 : 저본에는 '徒'로 되어 있으나, 〈楊注〉에서 "'徒'는 '侍'의 誤字일 것이다. 《漢書》 〈古今人表〉에도 '侍人費'라고 되어 있다."라 하였는데, 《한서》에는 '寺'로 되어 있다. 王引之는 《經義述聞》 〈春秋左傳 上〉에서 "'徒'는 '侍'자의 誤字가 되어야 하니, '侍人'은 곧 '寺(시)人'이다."라고 한 말에 의거하여 '侍'로 바로잡았다.

양공을 대신해 龍床에 있던 孟陽을 죽이고 말하기를 "이 사람은 임금이 아니다. 용모가 닮지 않았다."라고 하였다. 그러고는 〈수색하다가〉 문 아래로 나와 있는 양공의 발을 발견하고 마침내 양공을 시해하고 無知를 임금으로 세웠다.

字義 游 : 놀 유　田 : 사냥할 전　豕 : 돼지 시　啼 : 울 제　隊 : 떨어질 추　屨 : 신 구　誅 : 찾을 주　鞭 : 채찍질할 편　劫 : 겁박할 겁　御 : 막을 어　袒 : 웃통 벗을 단　類 : 닮을 류

初에 襄公立하야 無常하니 鮑叔牙曰 君使民慢하니 亂將作矣로다하고 奉公子小白하야 出奔莒러니 亂作에 管夷吾召忽이 奉公子糾(규)하야 來奔하다

당초에 襄公이 즉위하여 政令에 準則이 없으니, 鮑叔牙가 말하기를 "군주가 백성들을 태만하게 만드니, 난리가 장차 일어날 것이다."라고 하였다. 그러고는 公子 小白(훗날의 齊 桓公)을 모시고 莒나라로 달아났는데, 얼마 후 난리가 일어나자 管夷吾 · 召忽이 公子 糾(小白의 庶兄)를 모시고 魯나라로 달아났다.

字義 常 : 규율 상

〈9년, 丙申(B.C. 685)〉

【經】九年이라 春에 齊人殺無知하다

9년이다. 봄에 齊人이 公孫 無知를 죽였다.

【傳】初에 公孫無知虐于雍廩(름)하다

당초에 公孫 無知가 雍廩(齊나라 大夫)을 학대하였다.

九年이라 春에 雍廩殺無知하다

9년이다. 봄에 雍廩이 公孫 無知를 죽였다.

【經】公及齊大夫盟于蔇(기)하다

莊公이 齊나라 大夫와 蔇에서 맹약하였다.

【傳】公及齊大夫盟于蔇하니 齊無君也일새라

莊公이 齊나라 大夫와 蔇에서 맹약하였으니, 〈당시 公孫 無知가 시해되어〉 齊나라에 임금이 없었기 때문이다.

【經】夏에 公伐齊하야 納子糾러니 齊小白入于齊하다

여름에 莊公이 齊나라를 토벌하여 子糾를 제나라에 들여보내려 하였는데, 제나라 小白이 먼저 제나라로 들어갔다.

【傳】夏에 公伐齊하야 納子糾러니 桓公自莒先入하다

여름에 莊公이 齊나라를 토벌하여 子糾를 제나라에 들여보내려 하였는데, 桓公(小白)이 莒나라에서 먼저 제나라로 들어갔다.

【經】秋七月丁酉에 葬齊襄公하다

가을 7월 정유일에 齊 襄公을 장사 지냈다.

【經】八月庚申에 及齊師戰于乾(간)時하야 我師敗績하다

8월 경신일에 魯나라가 齊나라 군대와 乾時에서 싸워서 우리 노나라 군대가 크게 패하였다.

【經】九月에 齊人取子糾殺之하다

9월에 齊人이 子糾를 잡아서 죽였다.

【傳】秋에 師及齊師戰于乾(간)時하야 我師敗績하다 公喪戎路하고 傳乘而歸하니 秦子梁子以公旗辟(피)于下道라 是以皆止하니라 鮑叔帥(솔)師來言曰 子糾는 親也니 請君討之하고 管召는 讐也니 請受而甘心焉하노이다 乃殺子糾于生竇(두)하니 召忽死之하고 管仲請囚하다 鮑叔受之하야 及堂阜而稅(탈)之하고 歸而以告曰 管夷吾治於高傒하니 使相可也니이다 公從之하다

檻車에서 풀어주고서 鮑叔이 管仲을 천거하다〔釋檻囚鮑叔薦仲〕

가을에 魯나라 군대가 齊나라 군대와 乾時에서 싸워서 우리 노나라 군대가 크게 패하였다. 莊公이 戎路(兵車)를 잃고는 다른 수레로 갈아타고〔傳乘〕 돌아왔는데, 〈장공의 御者와 戎右인〉 秦子·梁子가 장공의 旗를 가지고 샛길〔下道〕로 피해 있었기 때문에 두 사람이 모두 사로잡혔다〔止〕. 鮑叔이 군대를 거느리고 와서 말하기를 "子糾는 齊 桓公의 親族이니 魯君께서 그를 죽이시고, 管仲·召忽은 우리 환공의 원수이니 우리가 引受하여 원한을 풀고자 청합니다."라고 하였다.

이에 生竇에서 자규를 죽이니 소홀은 따라 죽고 관중은 포로가 되기를 청하였다. 포숙이 그의 청을 받아들여 압송하다가 堂阜에 이르러 풀어주고는 돌아가 고하기를 "管夷吾는 高傒보다 정사를 다스리는 재주가 뛰어나니, 그를 國相으로 삼는 것이 좋겠습니다."라고 하니, 환공이 이를 따랐다.

字義 辟 : 피할 피(=避) 止 : 사로잡을, 억류할 지 稅 : 석방할, 풀어놓을 탈(=脫)

【經】冬에 浚洙하다

겨울에 洙水를 준설하였다.

字義 浚 : 준설할 준

〈10년, 丁酉(B.C. 684)〉

【經】十年이라 春王正月에 公敗齊師于長勺(작)하다

10년이다. 봄 周王 정월에 莊公이 齊나라 군대를 長勺에서 패배시켰다.

【傳】十年이라 春에 齊師伐我하니 公將戰할새 曹劌(귀)請見(현)하니 其鄕人曰 肉食者[13]謀之어늘 又何間焉이리오 劌曰 肉食者鄙하야 未能遠謀니라 乃入見(현)하야 問何以戰이니잇고 公曰 衣食所安이로되 弗敢專也하고 必以分人호리라 對曰 小惠라 未徧이니

13 肉食者 : 벼슬 자리에 있는 자들을 가리킨다. 〈楊注〉에 따르면 "대부 이상의 사람을 가리키는 당시의 관용어이다."라고 하였다.

民弗從也리이다 公曰 犧牲玉帛을 弗敢加也하고 必以信호리라 對曰 小信이라 未孚니 神弗福也리이다 公曰 小大之獄을 雖不能察이나 必以情호리라 對曰 忠之屬也라 可以一戰이니 戰則請從호리이다

10년이다. 봄에 齊나라 군대가 우리 魯나라를 공격하였다. 莊公이 應戰하려 할 적에 曹劌가 뵙기를 청하니, 그 마을 사람들이 말하기를 "고기를 먹는 자들이 대책을 도모할 것인데 또 어찌 간여하려 하는가?"라고 하니, 조귀가 대답하기를 "고기를 먹는 자들은 소견이 비루하여 원대한 대책을 도모할 수 없기 때문이다."라고 하였다.

이에 궁중으로 들어가 장공을 뵙고 어떻게 싸울 것인지 물었다. 장공이 말하기를 "의복과 음식은 내 몸을 편안하게 하는 것이지만, 감히 혼자서 전유하지 않고 반드시 사람들과 나누겠다."라고 하니, 조귀가 대답하기를 "그것은 작은 은혜라 두루 미칠 수 없으니 백성들이 따르지 않을 것입니다."라고 하였다.

장공이 말하기를 "犧牲과 벽옥 · 비단을 감히 정해진 수 이상으로 더하지 않고, 〈祝史가 神에게 고할 때도〉 반드시 진실된 것을 고하도록 하겠다."라고 하니, 조귀가 대답하기를 "그것도 작은 믿음이라 神이 믿지 않을 것이니, 신이 복을 내리지 않을 것입니다."라고 하였다.

장공이 말하기를 "크고 작은 獄事를 비록 다 살필 수 없으나, 반드시 實情에 맞게 처리하겠다."라고 하니, 조귀가 대답하기를 "그것은 忠에 속하는 일이라 한번 믿고 싸워볼 만하니, 출전하신다면 함께 從軍하기를 청합니다."라고 하였다.

公與之乘하야 戰于長勺할새 公將鼓之한대 劌曰 未可라하더니 齊人三鼓어늘 劌曰 可矣로소이다 齊師敗績이어늘 公將馳之한대 劌曰 未可니이다 下視其轍하고 登軾[14]而望之曰 可矣라하고 遂逐齊師하다

莊公이 曹劌와 함께 수레를 타고 출전하여 長勺에서 싸우려 할 적에, 장공이 진격의 북을 치려 하자 조귀가 말하기를 "아직 안 됩니다."라고 하였다. 齊나라가 세 차례 북을 치자, 조귀가 말하기를 "이제 됐습니다."라고 하였다.

제나라 군대가 크게 패하자 장공이 추격하려 하였는데, 조귀가 말하기를 "아직 안 됩니다."라고 하였다. 그러고는 수레에서 내려 바퀴 자국을 살펴보고, 軾에 올라 〈후퇴하는 제나라 군대를〉 바라보고 말하기를 "이제 됐습니다."라고 하였다. 마침내 장공이 제나라 군대를 추격하였다.

---

14 軾 : 옛날 수레 앞턱에 가로댄 나무이니, 서서 타는 사람이 기대거나 공경을 표시할 대상을 보았을 때 몸을 숙여 예를 표하는 용도로 사용했다.

既克에 公問其故한대 對曰 夫戰은 勇氣也라 一鼓作氣라가 再而衰하고 三而竭하나니 彼竭我盈이라 故克之하니이다 夫大國은 難測也라 懼有伏焉이러니 吾視其轍亂하고 望其旗靡라 故逐之하니이다

전쟁에서 승리한 다음 莊公이 조귀에게 〈전쟁 중에 두 차례 만류한〉 까닭에 대해 물으니, 조귀가 대답하였다.

"무릇 전쟁의 승패란 군사들의 勇氣에 달려 있습니다. 한 번 북을 치면 용기가 진작되었다가 두 번 치면 쇠약해지며 세 번 치면 고갈되는 법이니, 〈이미 북을 세 차례 친〉 저들의 용기는 고갈되었고 〈북을 처음 친〉 우리의 용기는 충만했기 때문에 승리한 것입니다. 大國은 그 행동을 예측하기가 어려워 매복을 해두고 거짓으로 유인하는 것은 아닐까 염려되었습니다. 제가 그들의 바퀴 자국을 보니 이리저리 어지럽고, 旗를 바라보니 쓰러져 있었기 때문에 그제야 추격하게 하였던 것입니다."

字義 徧 : 두루 미칠 편　孚 : 믿을 부　轍 : 수레 바퀴 자국 철　軾 : 수레 앞 가로나무 식
竭 : 다할 갈

【經】 二月에 公侵宋하다

2월에 莊公이 宋나라를 침입하였다.

【經】 三月에 宋人遷宿하다

3월에 宋人이 宿邑의 백성들을 이주시켰다.

【經】 夏六月에 齊師宋師次于郎하니 公敗宋師于乘丘하다

여름 6월에 齊 · 宋나라의 군대가 〈魯나라를 공격하기 위해〉 郎에 주둔하니, 莊公이 송나라 군대를 乘丘에서 패배시켰다.

【傳】 夏六月에 齊師宋師次于郎하니 公子偃曰 宋師不整하니 可敗也라 宋敗면 齊必還하리니 請擊之하소서 公弗許한대 自雩門竊出하야 蒙皐比而先犯之어늘 公從之하야 大敗宋師于乘丘하니 齊師乃還하다

여름 6월에 齊·宋나라의 군대가 郎에 주둔하니, 公子 偃이 말하기를 "송나라 군대가 정돈되어 있지 않으니 패배시킬 수 있습니다. 송나라가 패배하면 제나라는 반드시 돌아갈 것이니 청컨대 공격하십시오."라고 하였다.

莊公이 허락하지 않자, 〈偃이 자신의 군대를 이끌고 남쪽 성문인〉 雩門으로 몰래 나와서 말에 호피(皐比)를 씌우고 먼저 송나라를 공격하였다. 장공이 뒤따라 공격하여 乘丘에서 송나라 군대를 크게 패배시키니, 제나라 군대가 이에 돌아갔다.

【經】秋九月에 荊敗蔡師于莘하고 以蔡侯獻舞歸하다

가을 9월에 荊(楚)나라가 蔡나라 군대를 莘에서 패배시키고 蔡侯 獻舞를 데리고 돌아갔다.

【傳】蔡哀侯娶于陳하고 息侯亦娶焉이라 息嬀將歸[15]에 過蔡하니 蔡侯曰 吾姨也라하고 止而見之호대 弗賓하다 息侯聞之하고 怒하야 使謂楚文王曰 伐我하면 吾求救於蔡호리니 而伐之하라 楚子從之하다 秋九月에 楚敗蔡師于莘하고 以蔡侯獻舞歸하다

蔡 哀侯가 陳나라에서 아내를 맞이하고, 息侯도 진나라에서 아내를 맞이하였다. 息嬀가 歸寧할 적에 蔡나라를 지나니, 蔡侯가 "나의 妻弟이다."라 하고 채나라에 머물게 하고는 서로 만날 때 예우해 공경하지 않았다. 식후가 이 소식을 듣고 노하여 楚 文王에게 말하였다.

"우리 息나라를 토벌하신다면 우리가 채나라에 구원을 요청할 것이니, 〈그 틈을 타서 채나라를〉 토벌하십시오."

楚子가 그 말을 따랐다. 가을 9월에 楚나라가 莘에서 채나라 군대를 패배시키고 蔡侯 獻舞를 붙잡아 데리고 돌아갔다.

字義 歸 : 귀녕할 귀 姨 : 처형제 이

【經】冬十月에 齊師滅譚하니 譚子奔莒하다

겨울 10월에 齊나라 군대가 譚나라를 멸망시키니 譚子가 莒나라로 달아났다.

---

15 歸 : '歸寧'을 이르니, 타국으로 시집간 여인이 부모를 찾아뵙고 문안드리는 것을 가리킨다.

【傳】齊侯之出也에 過譚에 譚不禮焉이러니 及其入也에 諸侯皆賀호대 譚又不至하다 冬에 齊師滅譚하니 譚無禮也일새라 譚子奔莒하니 同盟故也러라

齊侯(桓公)가 列國을 周遊할 때 譚나라를 지날 적에 담나라가 禮遇하지 않더니, 齊나라로 들어감에 미쳐서 제후들이 모두 賀禮하였으나 담나라는 또 오지 않았다.

겨울에 제나라 군대가 담나라를 멸망시켰으니, 담나라가 예가 없었기 때문이다. 譚子가 莒나라로 달아났으니 동맹국이었기 때문이다.

〈11년, 戊戌(B.C. 683)〉

【經】十有一年이라 春王正月이라

11년이다. 봄 周王 정월이다.

【經】夏五月戊寅에 公敗宋師于鄑하다

여름 5월 무인일에 莊公이 宋나라 군대를 鄑에서 패배시켰다.

【傳】十一年이라 夏에 宋爲乘丘之役하야 故侵我하니 公禦之할새 宋師未陳而薄之하야 敗諸鄑하다 凡師敵未陳曰 敗某師요 皆陳曰 戰이요 大崩曰 敗績이요 得儁[16]曰 克이요 覆而敗之曰 取某師요 京師敗曰 王師敗績于某라하나니라

11년이다. 여름에 宋나라가 乘丘의 전쟁 때문에 우리 魯나라를 침입하니, 莊公이 방어할 적에 송나라 군대가 아직 진열을 갖추기 전에 들이쳐서〔薄〕 鄑에서 패배시켰다.

범례에 따르면 전쟁을 할 때, 적이 진열을 갖추기 전에 공격하여 패배시키면 '敗某師(某國의 군대를 패배시켰다)'라 하고, 진열을 갖춘 뒤에 싸우면 '戰'이라 하며, 군대가 크게 붕괴되는 것을 '敗績'이라 하고, 적군의 장수를 사로잡으면 '克'이라 하며, 매복시킨 군대로 적군을 패배시키면 '取某師(某國의 군대와 싸워서 포로를 사로잡았다)'라 하고, 周나라의 군대〔京師〕를 패

16 儁 : 재주와 지혜가 뛰어난 사람이라는 뜻으로, 군대를 지휘하는 장수를 이르는 말로 썼다.

배시키면 '王師敗績于某(周王의 군대가 某國의 군대에게 크게 패배하였다)'라고 한다.

字義 薄 : 공격할 박 儁 : 장수, 준걸 준

【經】秋에 宋大水하다

가을에 宋나라에 홍수가 졌다.

【傳】秋에 宋大水하니 公使弔焉曰 天作淫雨하야 害於粢盛하니 若之何不弔리오 對曰 孤實不敬이라 天降之災하야 又以爲君憂하니 拜命之辱하노이다 臧文仲曰 宋其興乎인저 禹湯罪己하니 其興也悖(발)焉하고 桀紂罪人하니 其亡也忽焉이라 且列國有凶이면 稱孤는 禮也라 言懼而名禮하니 其庶乎인저 旣而聞之하니 曰 公子御說(열)之辭也어늘 臧孫達曰 是宜爲君이로다 有恤民之心이라하더라

가을에 宋나라에 홍수가 졌다. 莊公이 사람을 보내 위로하기를 "하늘이 큰비를 내려 粢盛에 해를 끼쳤으니 어찌 위로하지 않겠는가."라고 하니, 宋君이 대답하기를 "내[孤] 실로 불경스러워 하늘이 재앙을 내리시고 게다가[又] 임금에게까지 근심을 끼쳤으니, 임금께서 욕되이 위로해주신 命에 감사드립니다."라고 하였다. 이 말을 듣고 臧文仲이 말하였다.

"송나라는 아마도 흥할 것이다. 禹·湯이 자신에게 죄를 돌리니 그 흥함이 성대하였고, 桀·紂가 남에게 죄를 돌리니 그 망함이 신속하였다. 게다가 列國이 그 나라에 凶事가 있으면 자신을 '孤'라고 칭하는 것은 禮에 맞는 것이다. 송군은 말을 두려운 듯이 하고 명칭은 예에 맞게 하였으니 아마도 부흥할 것이다."

얼마 뒤에 그 말이 公子 御說의 말이었다는 것을 듣고, 臧孫達(장문중)이 말하기를 "이 사람이 임금이 되는 것이 마땅하다. 백성들을 긍휼히 여기는 마음이 있다."라고 하였다.

字義 淫 : 지나칠, 과도할 음 粢 : 곡식 자 悖 : 왕성할 발(=勃) 忽 : 신속할 홀

【經】冬에 王姬歸于齊하다

겨울에 王姬가 齊나라로 出嫁하였다.

【傳】冬에 齊侯來逆共姬하다

겨울에 齊侯(桓公)가 魯나라에 와서 共姬(王姬)를 아내로 맞이해 갔다.

〈12년, 己亥 B.C. 682〉

【經】十有二年이라 春王三月에 紀叔姬歸于酅(휴)하다

12년이다. 봄 周王 3월에 紀叔姬가 酅에서 魯나라로 돌아갔다.

【經】夏四月이라

여름 4월이다.

【經】秋八月甲午에 宋萬弑其君捷하고 及其大夫仇牧하다

가을 8월 갑오일에 宋萬이 그 임금 捷(宋 閔公)을 시해하고 대부 仇牧까지 죽였다.

【經】冬十月에 宋萬出奔陳하다

겨울 10월에 宋萬이 陳나라로 달아났다.

【傳】乘丘之役에 公以金僕姑로 射(석)南宮長萬하니 公右歂(천)孫生搏之하다 宋人請之하니 宋公靳[17]之하야 曰 始吾敬子러니 今子는 魯囚也니 吾弗敬子矣라하니 病之러라

乘丘의 전쟁에서 莊公이 金僕姑라는 화살로 南宮長萬(宋나라 大夫)을 쏘아 맞히니 장공의 車右 歂孫이 그를 생포하였다. 宋公이 그를 돌려달라고 요청하여 풀어주었는데, 그가 송나라로 돌아가자 송공이 조롱하면서 말하기를 "처음에는 내가 그대를 존경했는데 지금 그대는 노나라의 포로이니, 나는 그대를 존경하지 않는다."라고 하였다. 그러므로 남궁장만이 송공을 원망하였다(病).

字義 射 : 쏘아 맞힐 석　靳 : 조롱할 근　病 : 원망할 병

---

17 靳 : 조롱하여 상대를 부끄럽게 하는 것이다.(杜注)

十二年이라 秋에 宋萬弑閔公于蒙澤하고 遇仇牧于門하야 批而殺之하고 遇大(태)宰督于東宮之西하야 又殺之하고 立子游하니 群公子奔蕭하고 公子御說(열)奔亳하니 南宮牛猛獲이 帥(솔)師圍亳하다 冬十月에 蕭叔大心이 及戴武宣穆莊之族으로 以曹師伐之하야 殺南宮牛于師하고 殺子游于宋하고 立桓公하니 猛獲奔衛하고 南宮萬奔陳할새 以乘車輦其母하야 一日而至러라 宋人請猛獲于衛한대 衛人欲勿與러니 石祁子曰 不可하다 天下之惡이 一也라 惡於宋而保於我하면 保之何補리오 得一夫而失一國하고 與惡而棄好면 非謀也라한대 衛人歸之하다 亦請南宮萬于陳以賂하니 陳人使婦人飮(임)之酒하고 而以犀革裹之러니 比及宋에 手足皆見(현)이라 宋人皆醢之하다

12년이다. 가을에 宋萬(南宮長萬)이 蒙澤에서 宋 閔公을 시해하고 돌아오다가 문에서 仇牧과 마주치자 그를 손으로 쳐 죽이고, 東宮의 서쪽에서 太宰 督을 만나 또 죽이고, 子游를 임금으로 세웠다. 여러 공자들은 蕭邑으로 달아나고 公子 御說은 亳邑으로 달아나니, 南宮牛(송만의 長男)와 猛獲(송만의 徒黨)이 군대를 거느리고 박읍을 포위하였다.

겨울 10월에 소읍의 叔大心이 戴公 · 武公 · 宣公 · 穆公 · 莊公의 宗族들과 함께 曹나라 군대를 거느리고 송만을 공격하여, 남궁우를 전쟁에서 죽이고 자유를 國都에서 죽이고 桓公(어열)을 임금으로 세웠다. 맹획이 衛나라로 달아나고 남궁만이 陳나라로 달아났는데, 그때 乘車에 그의 어머니를 태우고 〈260리나 떨어진 거리를 내달려〉 하루 만에 도착하였다.

宋人이 위나라에 맹획을 돌려줄 것을 요청하자 衛人이 주지 않으려 하였는데, 石祁子가 말하기를 "안 됩니다. 천하가 미워하는 惡은 어느 곳이든 동일합니다. 그가 송나라에서 악행을 저질렀는데 우리나라가 보호해준다면, 보호한들 무슨 보탬이 되겠습니까. 한 사내를 얻고 한 나라를 잃으며, 惡人을 돕고 우호국을 버리는 것이니 좋은 계책이 아닙니다."라고 하니, 위인이 맹획을 돌려보냈다.

송나라가 또 진나라에 남궁만을 돌려줄 것을 요청하며 뇌물을 보냈다. 〈그의 힘이 장사였으므로〉 陳人이 부인(여자)을 시켜 술을 먹이게 하고는 〈그가 취하였을 때 몸을 묶고〉 무소 가죽으로 감싸서 보냈는데, 송나라에 이르렀을 때 그의 손과 발이 모두 밖으로 드러나 있었다. 송인이 맹획과 남궁만을 모두 죽여 젓을 담갔다.

字義 批 : 손으로 때릴 비　輦 : 수레 끌 련　犀 : 무소 서　裹 : 감쌀 과　醢 : 젓 담글 해

宋나라가 뇌물을 바쳐서 南宮長萬을 주살하다〔宋國納賂誅長萬〕

〈13년, 庚子(B.C. 681)〉

【經】 十有三年이라 春에 齊侯宋人陳人蔡人邾人會于北杏하다

13년이다. 봄에 齊侯가 宋人 · 陳人 · 蔡人 · 邾人과 北杏에서 회합하였다.

【傳】 十三年이라 春에 會于北杏하야 以平宋亂이러니 遂人不至하다

13년이다. 봄에 〈齊侯가 諸侯들과〉 北杏에서 회합하여 宋나라의 난리를 평정하려 하였는데, 遂人이 오지 않았다.

【經】 夏六月에 齊人滅遂하다

여름 6월에 齊人이 遂나라를 멸망시켰다.

【傳】 夏에 齊人滅遂而戍之하다

여름에 齊人이 遂나라를 멸망시키고 〈제나라 군대를 보내〉 지켰다.

【經】 秋七月이라

가을 7월이다.

【經】 冬에 公會齊侯하야 盟于柯하다

겨울에 莊公이 齊侯와 회합하여 柯에서 맹약하였다.

【傳】 冬에 盟于柯하니 始及齊平也라

겨울에 柯에서 齊나라와 맹약하였으니, 처음으로 제나라와 화평한 것이다.

〈14년, 辛丑(B.C. 680)〉

【經】十有四年이라 春에 齊人陳人曹人伐宋하다

14년이다. 봄에 齊人 · 陳人 · 曹人이 宋나라를 토벌하였다.

【經】夏에 單(선)伯會伐宋하다

여름에 單伯(周나라 大夫)이 宋나라를 토벌한 諸侯들과 회합하였다.

【傳】宋人背北杏之會어늘 十四年春에 諸侯伐宋할새 齊請師于周한대 夏에 單伯會之하야 取成于宋而還하다

宋人이 北杏에서 맺은 맹약을 배반하자, 14년 봄에 諸侯들이 宋나라를 토벌할 때 齊나라가 周나라에 군대를 요청하였는데, 여름에 單伯이 諸侯들과 회합하여 송나라와 화평을 맺고 돌아갔다.

鄭厲公自櫟侵鄭하야 及大陵하야 獲傅瑕하니 傅瑕曰 苟舍我면 吾請納君호리라 與之盟而赦之러니 六月甲子에 傅瑕殺鄭子及其二子하고 而納厲公하다

鄭 厲公이 櫟을 출발하여 鄭나라의 國都를 침공하고 大陵에 이르러 傅瑕(鄭나라 大夫)를 사로잡았다. 부하가 말하기를 "만약 저를 풀어주시면 제가 청컨대 임금께서 〈다시 정나라에〉 들어갈 수 있도록 돕겠습니다."라고 하였다. 여공이 그와 맹약하고 풀어주었는데, 6월 갑자일에 부하가 鄭子(子儀)와 그의 두 아들을 죽이고 여공을 맞이하였다.

初에 內蛇與外蛇鬪於鄭南門中하야 內蛇死러니 六年而厲公入하니 公聞之하고 問於申繻曰 猶有妖乎아 對曰 人之所忌에 其氣燄以取之하나니 妖由人興也라 人無釁焉이면 妖不自作이요 人棄常則妖興하나니 故有妖니이다

당초에 鄭나라 남쪽 성문에서 문안의 뱀과 문밖의 뱀이 싸워서 문안의 뱀이 죽는 일이 있었는데, 그 후 6년 만에 厲公이 정나라에 들어왔다. 여공이 이 일을 듣고 申繻에게 묻기를 "아직도 妖孼(재앙의 징조)이 있소?"라고 하니, 신수가 대답하였다.

"사람이 마음속에 꺼리는 일이 있으면 그 불안한 心氣가 불타올라서 요얼이 결정되는〔取〕 법이니, 요얼이란 사람으로 인해 만들어집니다. 사람이 잘못이 없으면 요얼은 저절로 생기지

않고, 사람이 평상심을 잃어버리면 요얼이 일어나니 이 때문에 요얼이 있게 됩니다.”

字義 妖 : 재앙 요 　 燄 : 불타오를 염

厲公入하야 遂殺傅瑕하고 使謂原繁曰 傅瑕貳하니 周有常刑이라 旣伏其罪矣어니와 納我而無二心者는 吾皆許之上大夫之事호리니 吾願與伯父圖之하노라 且寡人出에 伯父無裏言하고 入에 又不念寡人하니 寡人憾焉하노라 對曰 先君桓公이 命我先人하사 典司宗祏[18]하시니 社稷有主어늘 而外其心하면 其何貳如之리오 苟主社稷이면 國內之民이 其誰不爲臣이리오 臣無二心은 天之制也어늘 子儀在位十四年矣라 而謀召君者庸非貳乎잇가 莊公之子 猶有八人하니 若皆以官爵行賂勸貳면 而可以濟事하리니 君其若之何오 臣聞命矣리이다하고 乃縊而死하다

厲公이 鄭나라에 들어가서 마침내 傅瑕를 죽이고 原繁에게 사람을 보내 말하였다.

“부하는 두 마음을 품었으니 周나라에는 규정된 형벌이 있어서 그 죄에 대한 처분을 받았지만, 나를 받아들이고 두 마음을 품지 않는 자들은 내 모두 上大夫의 직무를 맡기고자 하니, 나는 伯父(원번)와 그 일을 도모하기를 바란다. 그러나〔且〕 寡人이 국외에 체류할 때 백부는 국내의 사정을 알려주지 않았고, 정나라에 들어왔을 때도 과인을 생각하지 않았으니 과인이 이에 대해 유감으로 생각한다.”

원번이 대답하였다.

“先君이신 桓公께서 우리 先人에게 명하시어 宗廟의 石室을 관장하게 하셨으니, 社稷에 주인이 계신데 국외에 있는 분에게 마음을 둔다면 이보다 더한 두 마음이 어디에 있겠습니까. 만약 임금이 되어 사직을 주관하신다면 국내의 백성들 중에 누군들 신하가 되지 않겠습니까. 신하로서 두 마음을 품지 않는 것은 하늘이 정한 제도인데, 子儀가 임금의 자리에 있은 지 14년이나 되었습니다. 〈오히려 그 와중에〉 임금(厲公)을 불러들이기 위해 계획한 자들이 어찌 두 마음을 품은 것이 아니겠습니까. 莊公의 아들이 아직도 8명이나 남아 있으니, 만약 그들이 官爵을 뇌물로 주면서 두 마음을 품게 한다면 일을 성공시킬 수도 있을 것입니다. 그렇게 된다면 임금께서는 어떻게 하시겠습니까. 신은 명을 따르겠습니다.”

그러고는 마침내 목을 매어 죽었다.

字義 且 : 그러나 차 　 裏 : 안, 속 리 　 憾 : 서운할 감 　 司 : 담당할 사 　 祏 : 石室 석
庸 : 어찌 용 　 縊 : 목매어 죽을 액

18 宗祏 : 宗廟 안에 神主를 간직해두는 石室이다.

【經】秋七月에 荊入蔡하다

가을 7월에 荊(楚)나라가 蔡나라를 침입하였다.

【傳】蔡哀侯爲莘故하야 繩息嬀以語楚子한대 楚子如息하야 以食入享이라가 遂滅息하고 以息嬀歸하다 生堵敖及成王焉이로되 未言이어늘 楚子問之한대 對曰 吾一婦人而事二夫하니 縱弗能死나 其又奚言이리오 楚子以蔡侯滅息으로 遂伐蔡하야 秋七月에 楚入蔡하다 君子曰 商書所謂惡之易(이)也는 如火之燎于原하야 不可鄉邇어늘 其猶可撲滅者아하니 其如蔡哀侯乎인저

蔡 哀侯가 息侯의 奸計로 莘의 전쟁에서 楚나라의 포로가 되었던 원한을 갚기 위해 楚子에게 息嬀의 미모를 칭찬하여〔繩〕 말하자, 초자가 식나라에 가서 음식을 가지고 들어가 식후를 대접하다가 결국 식나라를 멸망시키고 식규를 데리고 돌아왔다. 〈식규가 초자와의 사이에서〉 堵敖 · 成王을 낳았으나 초자와 말을 하지 않기에 초자가 그 까닭을 묻자, 식규가 대답하기를 "저는 한 여인으로서 두 남편을 섬겼으니, 비록 죽지는 못할망정 또 무슨 말을 하겠습니까."라고 하였다.

초자는 蔡侯 때문에 식나라를 멸망시킨 것 때문에 결국 채나라를 토벌하기로 하여, 가을 7월에 초나라가 채나라로 침입하였다. 君子가 다음과 같이 논평하였다.

"《書經》〈商書 盤庚 上〉에 이르기를 '惡이 쉽게 자라는 것은 마치 불이 들판을 태워서 가까이 다가갈 수 없는 것과 같으니, 〈가까이 다가갈 수도 없는데〉 오히려 불을 끌 수 있겠는가?'라고 하였으니, 아마도 채 애후를 이르는 말인 듯하다."

字義 繩 : 칭찬할 승 易 : 쉬울 이 燎 : 불태울 료 鄉 : 다가갈, 나아갈 향 邇 : 가까울 이

【經】冬에 單(선)伯會齊侯宋公衛侯鄭伯于鄄(견)하다

겨울에 單伯이 齊侯 · 宋公 · 衛侯 · 鄭伯과 鄄에서 회합하였다.

【傳】冬에 會于鄄하니 宋服故也라

겨울에 鄄에서 회합하였으니, 이는 宋나라가 복종하였기 때문이다.

〈15년, 壬寅(B.C. 679)〉

【經】十有五年이라 春에 齊侯宋公陳侯衛侯鄭伯會于鄄하다

15년이다. 봄에 齊侯 · 宋公 · 陳侯 · 衛侯 · 鄭伯이 鄄에서 회합하였다.

【傳】十五年이라 春에 復(부)會焉하니 齊始霸也라

15년이다. 봄에 諸侯들이 다시 회합하였으니, 齊나라가 비로소 霸者가 된 것이다.

【經】夏에 夫人姜氏如齊하다

여름에 夫人 姜氏가 齊나라로 갔다.

【經】秋에 宋人齊人邾人伐郳(예)하니 鄭人侵宋하다

가을에 宋人 · 齊人 · 邾人이 郳나라를 토벌하니, 鄭人이 宋나라를 侵攻하였다.

【傳】秋에 諸侯爲宋伐郳하니 鄭人間之而侵宋하다

가을에 諸侯가 宋나라를 위해 郳나라를 토벌하니, 鄭人이 그 틈을 타서 송나라를 침공하였다.

【經】冬十月이라

겨울 10월이다.

〈16년, 癸卯(B.C. 678)〉

【經】十有六年이라 春王正月이라

16년이다. 봄 周王 정월이다.

【經】夏에 宋人齊人衛人伐鄭하다

여름에 宋人 · 齊人 · 衛人이 鄭나라를 토벌하였다.

【傳】十六年이라 夏에 諸侯伐鄭하니 宋故也라

16년이다. 여름에 諸侯들이 鄭나라를 토벌하였으니, 〈지난해 제후들이 郳나라를 토벌하는 틈을 타 정나라가〉 宋나라를 침공하였기 때문이다.

【經】秋에 荊伐鄭하다

가을에 荊나라가 鄭나라를 토벌하였다.

【傳】鄭伯自櫟入하야 緩告于楚하다 秋에 楚伐鄭及櫟하니 爲不禮故也라

鄭伯(厲公)이 櫟에서 출발하여 鄭나라의 國都를 침입하고, 뒤늦게 楚나라에 통고하였다. 가을에 초나라가 정나라를 토벌하여 櫟까지 진입하였으니, 이는 정나라가 초나라를 예우하지 않았기 때문이다.

鄭伯治與於雍糾之亂者하야 九月에 殺公子閼하고 刖强鉏하니 公父定叔出奔衛어늘 三年而復之曰 不可使共叔無後於鄭이라하고 使以十月入하야 曰 良月也니 就盈數焉이라하다 君子謂 强鉏不能衛其足[19]이라하니라

鄭伯이 雍糾가 일으킨 난리를 진압하는 데 참여했던 자들을 처벌하면서, 9월에 〈祭仲의 徒黨인〉 公子 閼을 죽이고 强鉏의 두 발을 잘랐다. 公父定叔(共叔段의 孫子)이 衛나라로 달아났는데, 정백이 그를 3년 만에 돌아오라고 하면서 말하기를 "鄭나라에 共叔의 후손이 없게 해서는 안 된다."라고 하였고, 10월에 들어오게 하면서 말하기를 "10월은 좋은 달이니, 10은 바로 가득 찬 수이다."라고 하였다.

군자가 다음과 같이 논평하였다.

"强鉏는 제 발도 지키지 못하였다."

字義 刖 : 발뒤꿈치 자를 월 盈 : 가득찰 영

---

19 强鉏不能衛其足 : 强鉏가 早期에 害를 피하지 못했다는 말이다.(杜注)

【經】冬十有二月에 會齊侯宋公陳侯衛侯鄭伯許男滑伯滕子하야 同盟于幽하다

겨울 12월에 莊公이 齊侯·宋公·陳侯·衛侯·鄭伯·許男·滑伯·滕子와 회합하여 幽에서 동맹하였다.

【傳】冬에 同盟于幽하니 鄭成也라

겨울에 幽에서 동맹하였으니, 鄭나라와 和平하기 위함이었다.

王이 使虢公命曲沃伯하야 以一軍爲晉侯[20]하다

周 僖王이 虢公을 보내 曲沃伯에게 명을 내려 一軍을 편성하고 晉侯가 되게 하였다.

初에 晉武公伐夷하야 執夷詭諸(저)하니 蔿國請而免之러니 旣而요 弗報라 故子國作亂할새 謂晉人曰 與我伐夷하고 而取其地하라 遂以晉師伐夷하야 殺夷詭諸하다 周公忌父(보)出奔虢이어늘 惠王立而復之하다

당초에 晉 武公이 夷邑를 토벌하여 이읍의 詭諸를 포로로 잡으니 蔿國(周나라 大夫)이 요청하여 풀어주었는데, 궤저가 풀려난 뒤 은혜를 갚지 않았다. 그러므로 子國(위국)이 난리를 일으킬 때 晉人에게 말하기를 "우리와 함께 이읍을 토벌하고 그 땅을 취하라."라고 하였다. 마침내 晉나라 군대를 거느리고 이읍을 토벌하여 궤저를 죽였다. 周公 忌父가 虢나라로 달아나자, 惠王이 즉위하여 기보를 복위시켰다.

【經】郳子克卒하다

郳子 克(郳儀父)이 卒하였다.

---

20 以一軍爲晉侯 : 晉나라는 小國이기 때문에 一軍을 편성한 것이다. 《周禮》〈夏官 序官〉에 "무릇 군대를 편성함에 12,500명을 一軍으로 삼는다. 天王은 六軍을, 大國은 三軍을, 次國(侯伯의 나라)은 二軍을, 小國은 一軍을 거느린다.〔凡制軍 萬有二千五百人爲軍 王六軍 大國三軍 次國二軍 小國一軍〕"라고 하였다.

〈17년, 甲辰(B.C. 677)〉

【經】 十有七年이라 春에 齊人執鄭詹하다

17년이다. 봄에 齊人이 鄭나라 詹을 사로잡았다.

【傳】 十七年이라 春에 齊人執鄭詹하니 鄭不朝也러라

17년이다. 봄에 齊人이 鄭나라 詹을 사로잡으니, 정나라가 朝見하지 않았기 때문이다.

【經】 夏에 齊人殲于遂하다

여름에 〈遂나라에서 수자리하던〉 齊人이 수나라에서 모두 죽었다.

【傳】 夏에 遂因氏頜(합)氏工婁氏須遂氏饗齊戍라가 醉而殺之하니 齊人殲焉하다

여름에 遂나라의 因氏 · 頜氏 · 工婁氏 · 須遂氏가 〈수나라에서 수자리하던〉 齊나라 병사들을 대접하다가 그들이 술에 취하자 살해하니, 齊人이 수나라에서 모두 죽었다.

字義 醉 : 취할 취　殲 : 다 죽을 섬

【經】 秋에 鄭詹自齊逃來하다

가을에 鄭나라 詹이 齊나라에서 도망쳐 정나라로 돌아왔다.

麋

【經】 冬에 多麋[21]하다

겨울에 사슴이 많았다.

字義 麋 : 큰 사슴 미

21 多麋 : 사슴이 많으면 五穀에 해를 입힌다.

〈18년, 乙巳(B.C. 676)〉

【經】 十有八年이라 春이라

18년이다. 봄이다.

【傳】 十八年이라 春에 虢公晉侯朝王하니 王饗醴하야 命之宥[22]하고 皆賜玉五穀(곡)[23]과 馬三匹하니 非禮也라 王命諸侯에 名位不同하니 禮亦異數라 不以禮假人이니라

18년이다. 봄에 虢公·晉侯가 周王에게 朝見하였다. 주왕이 단술을 대접하면서 그들에게 술을 따르라고 명하고, 두 사람 모두에게 玉 다섯 쌍과 말 세 필씩을 하사하였으니, 〈公과 侯에게 차등 없이 물품을 하사한 것은〉 禮에 맞지 않았다. 天王이 제후를 임명함에 명칭과 지위가 같지 않으니, 대우하는 예에도 등급〔數〕이 달라야 한다. 예에 맞지 않는 대우를 사람에게 주어서는 안 된다.

字義 饗 : 잔치할 향 醴 : 단술 례 宥 : 술 따를, 음식 권할 유 瑴 : 쌍옥 각

虢公晉侯鄭伯使原莊公으로 逆王后于陳하다 陳嬀歸于京師하니 實惠后러라

虢公·晉侯·鄭伯이 原 莊公을 보내 陳나라에서 王后를 맞아오게 하였다. 陳嬀가 京師로 시집갔으니, 실로 惠后이다.

【經】 王三月에 日有食之하다

周王 3월에 日食하였다.

---

22 命之宥 : 〈杜注〉에는 '宥'를 '돕다(助)'의 뜻으로 보아 빈객이 기뻐서 주인을 존경하는 뜻이 일도록 돕는 것이라고 하였으나, 王引之의 《經義述聞》에 '宥'를 '侑'로 보아야 한다고 하면서 "侑는 '酬酢'과 뜻이 같으니, '命之宥'라는 것은 아마도 虢公과 晉侯에게 명하여 周王과 수작하라는 뜻일 것이다. 혹은 술을 바치고 혹은 술을 받으면서 보답을 베푸는 뜻이 있다."라고 하였기에 이에 의거하여 번역하였다.

23 瑴(곡) : 玉 한 쌍을 '瑴'이라 한다.(杜注)

【經】夏에 公追戎于濟西하다

여름에 莊公이 濟水 서쪽에서 戎을 추격하였다.

【傳】夏에 公追戎于濟西하니 不言其來는 諱之也라

여름에 莊公이 濟水 서쪽에서 戎을 추격하였으니, 經에서 융이 침입해온 것을 말하지 않은 것은 〈침입한 사실을 몰랐다가 그들이 떠난 뒤에야 알았기 때문에 그 사실을〉 숨긴 것이다.

字義 追 : 쫓을 추 諱 : 숨길 휘

【經】秋에 有蜮(역)[24]하다

가을에 害蟲(蜮)으로 인한 피해가 있었다.

【傳】秋에 有蜮하니 爲災也라

가을에 해충이 있었으니, 피해가 災害가 될 정도였기 때문에 기록하였다.

字義 蜮 : 해충 역

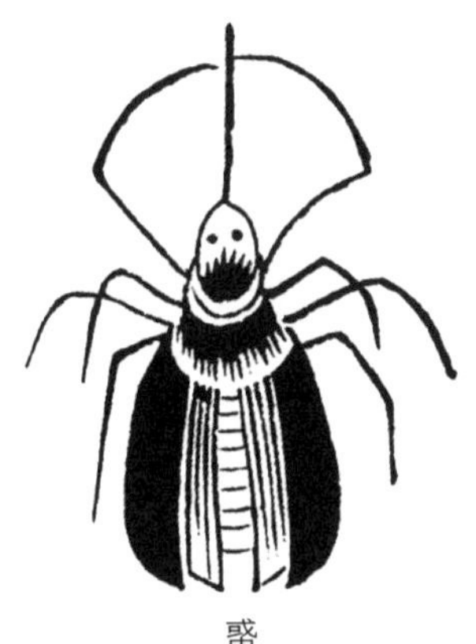

蜮

【經】冬十月이라

겨울 10월이다.

【傳】初에 楚武王克權하고 使鬪緡尹之러니 以叛이어늘 圍而殺之하고 遷權於那處하고 使閻(염)敖尹之하다 及文王卽位하야 與巴人伐申而驚其師하니 巴人叛楚而伐那處하야 取之하고 遂門于楚하다 閻敖游涌而逸이어늘 楚子殺之하니 其族爲亂하니 冬에 巴人因之以伐楚하다

24 蜮(역) : 볏모를 갉아먹는 해충으로 螣과 통용한다.《漢韓大辭典》

당초에 楚 武王이 權나라를 공격하여 이기고 鬪緡을 보내 그곳의 縣尹으로 삼았는데, 투민이 권나라를 가지고 반란을 일으키자 무왕이 권나라를 포위하고 함락하여 그를 죽이고는, 권나라 백성들을 초나라의 那處로 이주시키고 閻敖를 보내 현윤으로 삼았다.

楚 文王이 즉위함에 미쳐 초나라가 巴人과 함께 申나라를 정벌하였는데, 〈이 과정에서 염오가 파인을 모욕하여〉 파나라 군대를 놀라게 하니, 파인이 초나라를 배반하고 나처를 공격하여 탈취하고 마침내 초나라의 성문을 공격하였다. 염오가 〈성을 지키지 않고〉 涌水를 헤엄쳐 도망쳐오자 楚子가 그를 죽였는데, 염오의 종족이 반란을 일으키니, 겨울에 파인이 그 틈을 타서 초나라를 공격하였다.

字義 游 : 헤엄칠 유 逸 : 달아날 일

〈19년, 丙午(B.C. 675)〉

【經】 十有九年이라 春王正月이라

19년이다. 봄 周王 정월이다.

【經】 夏四月이라

여름 4월이다.

【傳】 十九年이라 春에 楚子禦之라가 大敗於津하고 還한대 鬻(육)拳弗納이어늘 遂伐黃하야 敗黃師于踖(작)陵하고 還이라가 及湫하야 有疾이러니 夏六月庚申에 卒하다 鬻拳葬諸夕室하고 亦自殺也하니 而葬於絰皇[25]하다

19년이다. 봄에 楚子(文王)가 巴나라 군대를 방어하다가 津에서 크게 패배하고 돌아왔는데, 〈楚나라의 守門將인〉 鬻拳이 초자를 들여보내주지 않았다. 초자가 결국 黃나라를 공격하

---

25 葬於絰皇 : 絰皇은 楚子의 무덤이 있는 궁전 앞의 뜰이다. 鬻拳을 그곳에 묻어, 죽어서도 生前에 하던 수문장 역할을 할 수 있게 해준 것이다.

여 황나라 군대를 踖陵에서 패배시키고 돌아오다가 湫에 이르러 병이 나더니, 여름 6월 경신일에 卒하였다.

육권이 초자를 夕室에서 장사 지내고 나서 자살하니, 그를 絰皇에 장사 지냈다.

初에 鬻拳强諫楚子한대 楚子弗從하니 臨之以兵한대 懼而從之라 鬻拳曰 吾懼君以兵하니 罪莫大焉이라하고 遂自刖也하니 楚人以爲大閽(혼)하야 謂之大(태)伯이라하고 使其後掌之하다 君子曰 鬻拳은 可謂愛君矣로다 諫以自納於刑하고 刑猶不忘納君於善이라하니라

당초에 鬻拳이 楚子에게 어떤 일에 대하여 강력히 간언하였는데 초자가 따르지 않았다. 이에 육권이 무기를 들고 위협하자 초자가 두려워 그의 말을 따랐는데, 육권이 말하기를 "내가 무기를 들고 군주를 위협하였으니 죄가 이보다 더 클 수 없다."라고 하고는 마침내 스스로 자신의 두 발을 잘랐다. 楚人(초자)이 그를 大閽(城門을 지키는 관리)으로 삼아 太伯이라 부르면서 그 후손들에게 대대로 그 관직을 맡게 하였다. 君子가 다음과 같이 논평하였다.

"육권은 군주를 사랑했다고 할 만하다. 간언하는 방법이 잘못된 것 때문에 스스로 형벌을 받았고, 형벌을 받고도 오히려 군주를 善에 들도록 하는 것을 잊지 않았다."

字義 兵 : 병장기 병 閽 : 문지기 혼 掌 : 관장할 장

【經】秋에 公子結媵(잉)陳人之婦于鄄하고 遂及齊侯宋公盟하다

가을에 公子 結(魯나라 大夫)이 陳侯에게 시집가는 여인의 媵妾을 호송하여 鄄까지 갔고, 마침내 齊侯 · 宋公과 맹약하였다.

【經】夫人姜氏如莒하다

夫人 姜氏(文姜)가 莒나라로 갔다.

【經】冬에 齊人宋人陳人伐我西鄙하다

겨울에 齊人 · 宋人 · 陳人이 우리 魯나라 서쪽 변방의 邑(鄙)을 공격하였다.

【傳】初에 王姚嬖于莊王하야 生子頹하니 子頹有寵하야 蔿國爲之師하다 及惠王卽位하야 取蔿國之圃하야 以爲囿하고 邊伯之宮이 近於王宮이라하야 王取之하고 王奪子禽祝跪與詹父(보)田하고 而收膳夫之秩이라 故蔿國邊伯石速詹父子禽祝跪作亂하야 因蘇氏하다 秋에 五大夫奉子頹以伐王이라가 不克하야 出奔溫하다 蘇子奉子頹以奔衛하니 衛師燕師伐周하야 冬에 立子頹하다

당초에 王姚가 周 莊王에게 총애를 받아 子頹를 낳으니, 장왕이 자퇴를 총애하여 蔿國을 그의 스승으로 삼았다. 周 惠王이 즉위함에 미쳐 위국의 菜園을 빼앗아 자신의 苑囿로 만들고, 邊伯의 집이 王宮에서 가깝다고 하여 혜왕이 그의 집을 빼앗았으며, 혜왕이 子禽 · 祝跪 · 詹父의 땅을 탈취하고, 膳夫(石速)의 祿秩을 몰수하였다. 그러므로 위국 · 변백 · 석속 · 첨보 · 자금 · 축궤가 난리를 일으켜 〈周 桓王에게 食邑을 빼앗겨 周나라 왕실과 불화가 있던 大夫〉 蘇氏에게 의지하였다.

가을에 다섯 대부가 자퇴를 임금으로 받들어 모시고 혜왕을 공격하였다가 승리하지 못하여 溫(소씨의 邑)으로 달아났다. 蘇子가 자퇴를 모시고 衛나라로 달아나니, 衛 · 燕나라 군대가 주나라를 공격하여 겨울에 자퇴를 周王으로 세웠다.

〈20년, 丁未(B.C. 674)〉

【經】二十年이라 春王二月에 夫人姜氏如莒하다

20년이다. 봄 周王 2월에 夫人 姜氏가 莒나라로 갔다.

【經】夏에 齊大災하다

여름에 齊나라에 큰불이 났다.

【經】秋七月이라

가을 7월이다.

【經】冬에 齊人伐戎하다

겨울에 齊人이 戎을 토벌하였다.

【傳】二十年이라 春에 鄭伯和王室하다가 不克하야 執燕仲父(보)하다 夏에 鄭伯遂以王歸하니 王處于櫟하다 秋에 王及鄭伯入于鄔(오)하야 遂入成周하야 取其寶器而還하다

20년이다. 봄에 鄭伯이 王室(周 惠王과 子頹)을 화해시키려다가 성공하지 못하고, 〈지난해 周나라를 공격하여 불화를 키웠던 南燕伯인〉 燕仲父를 사로잡았다.

여름에 정백이 마침내 혜왕을 모시고 鄭나라로 돌아오니, 혜왕이 櫟에 거처하였다. 가을에 혜왕이 정백과 함께 鄔에 들어가서 마침내 成周城에 진입하여 주나라의 寶器를 탈취하여 돌아왔다.

冬에 王子頹[26]享五大夫할새 樂(악)及徧舞[27]하니 鄭伯聞之하고 見虢叔曰 寡人聞之호니 哀樂失時면 殃咎必至라하니 今王子頹 歌舞不倦하니 樂(락)禍也라 夫司寇行戮이라도 君爲之不擧어든 而況敢樂禍乎아 奸王之位하니 禍孰大焉이리오 臨禍忘憂하니 憂必及之리니 盍(합)納王乎아 虢公曰 寡人之願也로라

겨울에 王子 頹가 다섯 大夫를 대접할 때 연주하던 음악이 六代의 음악〔舞〕까지 모두 미치니, 鄭伯이 이를 듣고 虢叔(虢公)을 만나 말하였다.

"과인이 들으니 슬퍼하고 즐거워하는 것이 때에 맞지 않으면 재앙이 반드시 이른다고 하였다. 그런데 지금 왕자 퇴가 歌舞 즐기기를 게을리하지 않으니, 이는 禍亂을 즐기는 것이다. 무릇 司寇가 사형을 집행하더라도 임금은 그를 위하여 盛饌을 물리는 법인데, 하물며 감히 화란을 즐긴단 말인가. 이런 사람이 天王의 지위를 범하였으니 재앙이 이보다 큰 것이 있겠는가. 화란을 눈앞에 두고도 근심을 잊고 있기 때문에 근심이 반드시 이를 것이니, 어찌 惠王을 주나라로 맞아들이지 않겠는가?"

괵공이 대답하기를 "실로 과인의 바람이다."라고 하였다.

字義 徧 : 두루 미칠 편　殃 : 재앙 앙　咎 : 재앙 구　戮 : 죽일 륙　奸 : 범할 간
盍 : 어찌 아니 할 합

---

26 王子頹 : 당시 頹가 이미 周王으로 즉위하였는데도 '王子'라고 칭한 것은, 그를 왕으로 인정하지 않은 것이다.(林堯叟)

27 舞 : 六代의 음악이다. 黃帝의 〈雲門〉·〈大卷〉, 堯임금의 〈大咸〉, 舜임금의 〈大韶〉, 禹임금의 〈大夏〉, 湯임금의 〈大濩〉, 周 武王의 〈大武〉를 가리킨다.(《周禮》〈春官 大司樂〉)

〈21년, 戊申(B.C. 673)〉

【經】二十有一年이라 春王正月이라

21년이다. 봄 周王 正月이다.

【經】夏五月辛酉에 鄭伯突卒하다

여름 5월 신유일에 鄭伯 突(鄭 厲公)이 卒하였다.

【傳】二十一年이라 春에 胥命[28]于弭(미)하고 夏에 同伐王城할새 鄭伯將王하야 自圉門入하고 虢叔自北門入하야 殺王子頹及五大夫하다 鄭伯享王于闕[29]西辟할새 樂備러라 王與之武公之略自虎牢以東[30]하니 原伯曰 鄭伯效尤하니 其亦將有咎리라 五月에 鄭厲公卒하다

21년이다. 봄에 〈鄭伯과 虢公이〉 弭에서 胥命하고, 여름에 함께 王城을 공격하였다. 이때 정백은 惠王을 모시고 圉門(南門)으로 들어가고, 虢叔은 북문으로 들어가서 王子 頹와 다섯 大夫를 죽였다.

정백이 궁문의 서쪽 외곽에 있는 城闕에서 혜왕을 대접할 때 六代의 음악을 모두 연주하였다. 혜왕이 정백에게 武公의 경계〔略〕인 虎牢 동쪽의 땅을 주니, 原伯이 말하기를 "정백이 왕자 퇴의 허물을 본받았으니, 그에게도 장차 재앙〔咎〕이 닥칠 것이다."라고 하였다. 5월에 정 여공이 卒하였다.

字義 略 : 경계 략 效 : 본받을 효

王巡虢守하니 虢公爲王宮于玤(방)이어늘 王與之酒泉하다 鄭伯之享王也에 王以后之鞶(반)鑑予之한대 虢公請器어늘 王予之爵하니 鄭伯由是始惡(오)於王하니라

---

28 胥命 : 약속한 말을 거듭하여 서로 命하기만 하고, 歃血은 하지 않는 것이다.(杜注) 魯 桓公 3년에 처음 보인다.

29 闕 : '象闕' 또는 '象魏'라고도 한다. 天子나 諸侯의 宮門 밖 양쪽에 세워, 敎令을 게시하던 한 쌍의 높은 건축물을 가리킨다.

30 王與之武公之略自虎牢以東 : 周 平王이 東遷할 당시 자신을 보좌한 鄭 武公의 功을 치하하여 하사한 땅을 가리킨다. 무공이 땅을 받았으나 뒤에 그 땅을 잃었으므로 惠王이 다시 厲公에게 준 것이다.

惠王이 虢나라를 巡守하자 虢公이 혜왕을 위해 玤에 行宮을 지어주었는데, 혜왕이 그에게 酒泉(邑名)을 주었다. 鄭伯(文公)이 혜왕을 대접할 때 혜왕이 后의 鞶鑑(거울을 장식하여 만든 가죽 띠)을 주었는데, 괵공은 그릇을 달라고 요청하자 혜왕이 爵(술잔)을 주었다. 정백이 이 일로 인해 〈자신을 괵공보다 소홀히 대했다고 여겨서〉 비로소 혜왕을 미워하게 되었다.

字義 鞶 : 가죽 띠 반　鑑 : 거울 감　予 : 줄 여

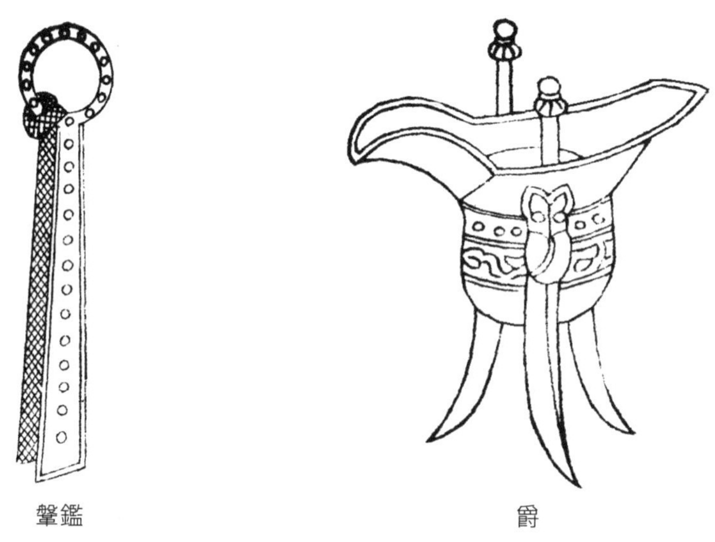

鞶鑑　　爵

【經】 秋七月戊戌에 夫人姜氏薨하다

가을 7월 무술일에 夫人 姜氏가 薨하였다.

【經】 冬이라

겨울이다.

【傳】 王歸自虢하다

惠王이 虢나라에서 周나라로 돌아갔다.

【經】 十有二月에 葬鄭厲公하다

12월에 鄭 厲公을 장사 지냈다.

〈22년, 己酉(B.C. 672)〉

【經】 二十有二年이라 春王正月에 肆大眚하다

22년이다. 봄 周王 正月에 죄수들을 크게 赦免하였다〔肆〕.

字義 肆 : 사면할 사 眚 : 과실 생

【經】 癸丑에 葬我小君文姜하다

계축일에 우리 小君 文姜을 장사 지냈다.

【經】 陳人이 殺其公子御寇하다

陳人(陳 宣公)이 公子 御寇를 죽였다.

【傳】 二十二年이라 春에 陳人殺其大(태)子御寇하니 陳公子完與顓孫으로 奔齊러니 顓孫自齊來奔하다 齊侯使敬仲爲卿한대 辭曰 羈旅之臣이 幸若獲宥하야 及於寬政하고 赦其不閑於教訓하야 而免於罪戾하야 弛於負擔이면 君之惠也라 所獲多矣니 敢辱高位하야 以速官謗이리오 請以死告하노이다 詩云 翹翹車乘이여 招我以弓이로다 豈不欲往이리오마는 畏我友朋이라하니이다 使爲工正[31]하다 飮(임)桓公酒[32]할새 樂하야 公曰 以火繼之하라 辭曰 臣卜其晝하고 未卜其夜하니 不敢이로소이다 君子曰 酒以成禮하고 不繼以淫은 義也요 以君成禮하고 弗納於淫은 仁也라하니라

22년이다. 봄에 陳人(陳 宣公)이 太子인 御寇를 죽이니 陳나라 公子 完이 顓孫과 함께 齊나라로 달아났는데, 전손이 다시 제나라에서 魯나라로 도망해왔다. 齊侯(齊 桓公)가 敬仲(公子

---

31 工正 : 百工(百官)을 관리하는 관직이다.(杜注)

32 飮(임)桓公酒 : 齊 桓公이 敬仲을 어질게 여겼기 때문에 그의 집에서 열리는 연회에 참석하였다. 傳에서는 客인 환공이 아닌 主人(경중)의 입장에서 말하였기 때문에 '飮桓公酒'라고 말한 것이다.(杜注)

完)을 卿으로 삼으려 하자, 경중이 사양하며 말하였다.

“떠도는 나그네 신세인 臣이 다행스럽게도 〈이곳에서 지낼 수 있도록〉 용서받아 너그러운 정사를 하는 제나라에 미칠 수 있었고, 교훈에 익숙하지〔閑〕 못함을 용서받고 죄를 사면받아 부담에서 벗어나도록 해주셨으니, 이는 임금의 은혜입니다. 이미 얻은 것이 많으니 감히 높은 지위를 욕되이 차지하여 관리들의 비방을 초래하겠습니까. 청컨대 죽음으로써 고합니다. 詩(逸詩)에 이르기를 ‘높은 수레를 탄 이여, 활로 나를 부르는구나. 어찌 가고 싶지 않겠는가마는, 내 벗들의 비난이 두려워서이니라.’라고 하였습니다.”

그러자 환공이 그를 工正으로 삼았다. 경중이 환공에게 술을 대접할 때 환공이 즐거워하여 말하기를 “불을 밝히고 계속 마시자.”라고 하니, 경중이 사양하며 말하기를 “臣이 임금을 낮에 모시는 일만 점치고 밤에 모시는 일은 점치지 않았으니, 감히 따를 수 없습니다.”라고 하였다. 君子가 다음과 같이 논평하였다.

“술을 마시면서 禮儀를 이루고도 과도하게 계속 마시지 않은 것은 임금을 섬기는 義理이고, 임금을 모시고 예의를 이루고도 과도한 데에 빠지지 않게 한 것은 임금을 사랑하는 仁愛이다.”

字義 羇 : 나그네 기　旅 : 나그네 려　宥 : 용서할 유　寬 : 너그러울 관　閑 : 익숙할 한
戾 : 죄 려　弛 : 풀어놓을, 벗어날 이

初에 懿氏卜妻敬仲할새 其妻占之曰 吉이라 是謂 鳳凰于飛하니 和鳴鏘鏘(장장)이로다 有嬀之後 將育于姜하야 五世其昌하야 竝于正卿하고 八世之後에 莫之與京이리라

당초에 懿氏(陳나라 大夫)가 敬仲을 사위 삼으려고 그 吉凶을 점칠 때, 아내가 점을 쳐보고 말하였다.

“길합니다. 이 점괘는 바로 ‘鳳과 凰이 짝지어 나니, 서로 조화롭게 우는 소리가 해맑도다. 嬀氏(陳나라)의 후예가 姜姓(齊나라)의 나라에서 길러져 5代가 지난 뒤에 번창하여 지위가 正卿의 반열과 나란하게 되고, 8대가 지난 뒤에는 누구도 그와 强大〔京〕함을 다툴 수 없다.’라는 것입니다.”

字義 和 : 조화로울 화　鏘 : 옥소리 장　昌 : 번창할 창

陳厲公은 蔡出也라 故蔡人殺五父(보)而立之하니 生敬仲하다 其少也에 周史有以周易으로 見陳侯者어늘 陳侯使筮之한대 遇觀䷓之否(비)䷋[33]하다 曰 是謂觀國之光하야 利用賓于王이라

33 遇觀䷓之否(비)䷋ : 坤卦(☷)가 아래 있고 巽卦(☴)가 위에 있는 것이 觀卦(䷓)이고, 坤卦(☷)가 아

此其代陳有國乎인저 不在此면 其在異國이요 非此其身이면 在其子孫이리니 光은 遠而自他有耀者也라 坤은 土也요 巽은 風也요 乾은 天也니 風爲天於土上하니 山也라 有山之材하고 而照之以天光하며 於是乎居土上이라 故曰 觀國之光(利用賓于王)[34]이라하고 庭實旅百하며 奉之以玉帛하니 天地之美具焉이라 故曰 利用賓于王이라하니이다 猶有觀焉이라 故曰 其在後乎인저 風行而著於土라 故曰 其在異國乎인저 若在異國이면 必姜姓也리니 姜은 大(태)嶽之後也라 山嶽則配天이라 物莫能兩大니 陳衰면 此其昌乎인저 及陳之初亡也하야 陳桓子始大於齊러니 其後亡也에 成子得政하니라

陳 厲公은 蔡나라 여인의 所生이므로 채나라 군주가 五父(陳佗)를 죽이고 그를 임금으로 세웠는데, 그가 敬仲을 낳았다. 경중이 어렸을 때 周나라 太史가 《周易》을 가지고 와서 陳侯를 조현하자, 진후가 그에게 蓍草占〔筮〕을 쳐보게 하였는데 觀卦(䷓)가 否卦(䷋)로 변하는 점괘를 얻었다. 태사가 점괘를 풀이하며 말하였다.

"이는 '그 나라의 빛나는 德을 살펴보고 임금의 賓客이 되는 것이 이롭다.'는 뜻이니, 이 사람(경중)이 陳나라를 대신해 나라를 소유할 것입니다. 나라를 소유하는 일이 이 나라(陳)에서 있지 않으면 다른 나라에서 있을 것이고, 그 자신의 몸에 있지 않으면 그 자손에게 있을 것이니, 빛남은 멀리 다른 곳에서부터 비추기 때문입니다.

〈관괘와 비괘를 구성하는〉 '坤'은 흙이고 '巽'은 바람이고 '乾'은 하늘이니, 바람이 흙 위에서 하늘이 되었으니 山입니다. 산에 材木이 있고 天光이 이를 비추며 흙 위에 있기 때문에 '그 나라의 빛남을 살핀다.〔觀國之光〕'라고 한 것이고, 뜰에 온갖 예물을 진열해놓고 벽옥과 비단을 바치니, 천지간의 아름다운 사물이 모두 갖추어져 있기 때문에 '임금의 빈객이 되는 것이 이롭다.〔利用賓于王〕'라고 한 것입니다.

그래도 우러러봄이 있기 때문에 '그 후손에게 있을 것'이라고 한 것이고, 바람이 불다가 흙 위에 떨어지기 때문에 '다른 나라에서 있을 것'이라 한 것입니다. 만약 〈경중이 나라를 소유하는 일이〉 다른 나라에서 있게 된다면 그 나라는 반드시 姜姓의 나라(齊나라)일 것입니다. 강성은 太嶽의 후손이니, 산악은 〈그 높고 큼이〉 하늘과 짝할 만합니다. 천하의 사물은 동시에 두 개의 강대함을 용납하지 않으니, 진나라가 쇠하면 이 사람의 후손이 번창하게 될 것입니다."

래 있고 乾卦(☰)가 위에 있는 것이 否卦(䷋)이니, 觀卦의 六四爻(아래에서 네 번째 위치한 陰爻)가 변하여 否卦가 된 것이다.(杜注)

34 (利用賓于王) : 저본에는 '利用賓于王'이 있으나, 〈楊注〉에 의거하여 衍文으로 처리하였다. 문맥을 살펴보아도 본문에서 '觀國之光'과 '利用賓于王'을 따로 풀이하고 있기 때문에 본서에서 이를 따라 번역하였다.

진나라가 〈魯 昭公 8년 楚나라에 의해〉 처음으로 망하기 시작했을 때 陳桓子(陳無宇)가 비로소 제나라에서 강대해지더니, 그 뒤 〈魯 哀公 17년 진나라가 초나라에 의해〉 망하였을 때 陳成子(陳常)가 정권을 잡았다.

字義 筮 : 시초점 서 庭 : 뜰 정 旅 : 벌여놓을 려 嶽 : 큰 산 악

【經】 夏五月이라

여름 5월이다.

【經】 秋七月丙申에 及齊高傒(혜)盟于防하다

가을 7월 병신일에 莊公이 齊나라 高傒와 防에서 맹약하였다.

【經】 冬에 公如齊納幣[35]하다

겨울에 莊公이 齊나라로 가서 納幣하였다.

字義 納 : 들일 납 幣 : 비단 폐

〈23년, 庚戌(B.C. 671)〉

【經】 二十有三年이라 春에 公至自齊하다

23년이다. 봄에 莊公이 齊나라에서 돌아왔다.

35 納幣 : 婚禮를 거행할 때 지내는 여섯 가지 예절 중 하나로, 신랑집에서 신부집으로 婚書와 함께 예물을 보내는 것을 이른다. 자세한 내용은 《儀禮》 〈士婚禮〉 참조.

【經】祭(채)叔來聘하다

祭叔이 와서 聘問하였다.

【經】夏에 公如齊觀社[36]하다

여름에 莊公이 齊나라로 가서 社祭(土地神에게 지내는 제사)를 구경하였다.

【傳】二十三年이라 夏에 公如齊觀社하니 非禮也라 曹劌(귀)諫曰 不可하니이다 夫禮는 所以整民也라 故會以訓上下之則(칙)하며 制財用之節하고 朝以正班爵之義하며 帥(솔)長幼之序하고 征伐以討其不然하나니 諸侯有王하며 王有巡守하야 以大習之하나니 非是면 君不擧矣니이다 君擧를 必書하나니 書而不法이면 後嗣何觀이리오

23년이다. 여름에 莊公이 齊나라에 가서 社祭를 구경하려 하니, 禮가 아니었으므로 曹劌가 간언하였다.

"안 됩니다. 무릇 예는 백성들을 다스리는〔整民〕 수단입니다. 그러므로 會盟함으로써 上下의 법도를 訓示하고 財用의 절도를 제정하며, 朝見함으로써 爵位의 의리를 바로잡고 長幼의 순서를 따르게 하며, 정벌함으로써 命을 따르지 않는〔不然〕 이들을 토벌하는 것입니다. 諸侯가 天王을 조현하고 천왕이 제후국을 순수하여 회맹과 조현의 큰 예절을 익히게 하는 것이니, 이런 일이 아니면 임금은 거동하지 않습니다. 임금의 거동은 반드시 史策에 기록하는 법인데 기록한 것이 법도에 맞지 않으면 후손들이 무엇을 보고 본받겠습니까."

字義 社 : 토지신 제사 사 整 : 다스릴 정 訓 : 가르칠 훈 則 : 법칙 칙

【經】公至自齊하다

莊公이 齊나라에서 魯나라로 돌아왔다.

36 如齊觀社 : 齊나라가 土地神에게 제사 지내면서 軍備를 검열하였기 때문에 莊公이 제나라에 가서 구경한 것이다.(杜注)

【經】荊人來聘하다

荊人이 魯나라에 와서 聘問하였다.

【經】公及齊侯遇于穀하다 蕭叔朝公하다

莊公이 齊侯와 穀에서 만났다. 蕭나라 叔이 莊公에게 朝見하였다.

【傳】晉桓莊之族이 偪하니 獻公患之한대 士蔿曰 去富子면 則群公子를 可謀也已리이다 公曰 爾試其事하라 士蔿與群公子로 謀譖富子而去之하다

晉나라 桓叔·莊伯의 종족이 公室을 핍박하니 獻公이 근심하였다. 士蔿가 말하기를 "〈두 종족 가운데〉 富强한 자를 제거하면 다른 公子들을 쉽게 도모할 수 있습니다."라고 하니, 헌공이 대답하기를 "그대가 그 일을 한번 해보라."라고 하였다.

사위가 여러 공자들과 함께 부강한 자를 참소할 것을 모의하여 그들을 제거하였다.

字義 偪 : 핍박할 핍 譖 : 참소할 참

【經】秋에 丹桓宮楹하다

가을에 桓公의 사당 기둥에 붉은색 칠을 하였다.

【傳】秋에 丹桓宮之楹[37]하다

가을에 桓公의 사당 기둥에 붉은색 칠을 하였다.

字義 丹 : 붉게 칠할 단 楹 : 기둥 영

37 丹桓宮之楹 : 《春秋穀梁傳》에 "禮에 따르면, 天子와 諸侯는 검은색·흰색을 칠하고, 大夫는 푸른색을 칠하며, 士는 누런색을 칠하는 것이니, 기둥에 붉은색을 칠한 것은 예에 맞지 않는다."라고 하였다. 〈楊注〉에는 "이 문장은 다음 해 24년의 傳文인 '刻其桷'과 본래 하나였는데, 後人들의 잘못으로 나뉜 것이다."라고 하였다.

【經】冬十有一月에 曹伯射(역)姑卒하다

겨울 11월에 曹伯 射姑(曹 莊公)가 卒하였다.

【經】十有二月甲寅에 公會齊侯하야 盟于扈하다

12월 갑인일에 莊公이 齊侯와 회합하여 扈에서 맹약하였다.

〈24년, 辛亥(B.C. 670)〉

【經】二十有四年이라 春王三月에 刻桓宮桷하다

24년이다. 봄 周王 3월에 桓公의 사당 서까래〔桷〕에 여러 무늬를 새겼다.

字義 刻 : 새길 각 桷 : 서까래 각

【傳】二十四年이라 春에 刻其桷하니 皆非禮也라 御孫諫曰 臣聞之호니 儉은 德之共也요 侈는 惡之大也라 先君有共德이어늘 而君納諸(저)大惡하니 無乃不可乎잇가

24년이다. 봄에 桓公의 사당 서까래에 여러 무늬를 새겼으니, 〈앞서 붉은색으로 기둥을 칠한 것과 지금 서까래에 무늬를 새긴 것이〉 모두 禮가 아니었다. 御孫이 간언하였다.

"臣이 들으니 검소함은 德 중에 큰 것〔共〕이고, 사치함은 惡 중에 큰 것이라고 하였습니다. 先君(환공)께서는 큰 덕을 소유하셨는데 임금(莊公)께서는 선군을 큰 악에 들이려 하시니 불가하지 않겠습니까."

字義 共 : 클 공 侈 : 사치할 치

【經】葬曹莊公하다

曹 莊公을 장사 지냈다.

【經】夏에 公如齊逆女하다

여름에 莊公이 齊나라로 가서 아내를 맞이하였다.

【經】秋에 公至自齊하다

가을에 莊公이 齊나라에서 魯나라로 돌아왔다.

【經】八月丁丑에 夫人姜氏入하다

8월 정축일에 夫人 姜氏(哀姜)가 魯나라로 들어왔다.

【經】戊寅에 大夫宗婦覿(적)用幣하다

무인일에 大夫와 宗婦들이 禮幣를 사용하여 夫人(哀姜)을 뵈었다.

【傳】秋에 哀姜至어늘 公使宗婦로 覿用幣하니 非禮也라 御孫曰 男贄는 大者玉帛이요 小者禽鳥하니 以章物也요 女贄는 不過榛栗棗脩니 以告虔也라 今에 男女同贄하니 是無別也라 男女之別은 國之大節也어늘 而由夫人亂之하니 無乃不可乎잇가

가을에 哀姜이 魯나라로 오자, 莊公이 宗婦들에게 禮幣를 사용하여 뵙게 하였으니 禮가 아니다. 御孫이 말하였다.

"남자가 사용하는 폐백은 〈公·侯·伯·子·男처럼〉 신분이 높은 사람은 玉帛을 가지고 朝見하고, 〈卿·大夫·士처럼〉 신분이 낮은 사람은 禽鳥를 가지고 조현하니 가지고 간 물건으로 신분의 귀천을 드러내는 것이고, 여자가 사용하는 폐백은 개암·밤·대추·말린 고기에 불과하니 가지고 간 물건으로 공경하는 뜻을 표시하는 것입니다.

그런데 지금 〈종부들이 夫人을 뵈면서〉 남녀가 같은 폐백을 사용하였으니 이는 구별이 없는 것입니다. 남녀 간의 구별은 나라의 큰 법도인데 부인으로 말미암아 어지럽혀졌으니 불가하지 않겠습니까."

字義 覿 : 뵐 적 贄 : 폐백 지 章 : 드러낼 장 榛 : 개암 진 栗 : 밤 율 棗 : 대추 조
脩 : 말린 고기, 포 수 虔 : 공경 건

【經】 大水라

홍수가 졌다.

【經】 冬에 戎侵曹어늘 曹羈出奔陳하니 赤歸于曹하다

겨울에 戎이 曹나라를 侵攻하자 曹羈(조나라 世子)가 陳나라로 달아나니, 赤(曹 僖公)이 조나라로 돌아갔다.

【經】 郭公[38]이라

郭公이다.

【傳】 晉士蔿又與群公子謀하야 使殺游氏之二子하고 士蔿告晉侯曰 可矣니 不過二年에 君必無患이리이다

晉나라 士蔿가 또 여러 公子들과 모의하여 〈桓叔 · 莊伯의 宗族인〉 游氏의 두 아들을 죽인 다음 사위가 晉侯에게 고하였다.

"일이 잘되었으니, 2년이 지나지 않아 임금께서 반드시 근심이 없게 될 것입니다."

〈25년, 壬子(B.C. 669)〉

【經】 二十有五年이라 春에 陳侯使女叔來聘하다

25년이다. 봄에 陳侯가 女叔(陳나라 卿)을 魯나라에 보내 聘問하였다.

【傳】 二十五年이라 春에 陳女叔來聘하니 始結陳好也라 嘉之라 故不名하다

38 郭公 : 傳이 없으니, 아마도 經文에 빠진 글이 있거나 잘못된 듯하다.(杜注)

25년이다. 봄에 陳나라 女叔이 魯나라에 와서 빙문하였으니, 처음으로 진나라와 우호를 맺은 것이다. 노나라가 이를 가상히 여겼기 때문에 經에 이름을 기록하지 않았다.

【經】 夏五月癸丑에 衛侯朔卒하다

여름 5월 계축일에 衛侯 朔(衛 惠公)이 卒하였다.

【經】 六月辛未朔에 日有食之어늘 鼓하고 用牲于社하다

6월 신미일 초하루에 日食하자, 조정에서 북을 울리고 社에서 희생을 사용하여 제사 지냈다.

【傳】 夏六月辛未朔에 日有食之어늘 鼓하고 用牲于社하니 非常也라 唯[39]正月之朔에 慝未作이니 日有食之어든 於是乎用幣于社하고 伐鼓于朝하나니라

여름 6월 신미일 초하루에 日食하자, 조정에서 북을 울리고 社에서 희생을 사용하여 제사 지냈으니 常禮에 맞지 않았다. 오직 정월(4월) 초하루에는 陰氣[慝]가 아직 일어나지 않으니, 이때 일식하면 이 경우에만 社에 幣帛을 사용하여 제사 지내고 조정에서 북을 울리는 것이다.

字義 慝 : 음기 특 伐 : 칠, 두드릴 벌

【經】 伯姬歸于杞하다

伯姬가 杞나라로 시집갔다.

【經】 秋에 大水어늘 鼓하고 用牲于社于門하다

가을에 큰물이 지니, 조정에서 북을 울리고 社와 國門(國都의 城門)에서 희생을 사용하여

---

39 唯 : '오직'이라고 말한 것은 이달(6월)이 正陽의 달(음력 4월)이 아님을 밝힌 것이다.(杜注)

제사 지냈다.

秋에 大水어늘 鼓하고 用牲于社于門하니 亦非常也라 凡天災에 有幣無牲하고 非日月之眚이면 不鼓하나니라

가을에 큰물이 지자, 조정에서 북을 울리고 社와 國門에서 희생을 사용하여 제사 지냈으니, 이 또한 常禮에 맞지 않았다. 무릇 天災(日食 · 月食 · 홍수 등)에는 폐백만 바치지 희생을 사용하여 제사 지내지는 않고, 일식 · 월식의 재앙〔眚〕이 아니면 북을 울리지 않는 것이다.

字義 眚 : 재앙 생

【經】 冬에 公子友如陳하다

겨울에 〈女叔의 聘問에 답례하기 위해 莊公의 母弟〉 公子 友가 陳나라로 갔다.

【傳】 晉士蔿使群公子로 盡殺游氏之族하고 乃城聚而處之러니 冬에 晉侯圍聚하야 盡殺群公子하다

晉나라 士蔿가 여러 公子들에게 游氏의 宗族을 다 죽이게 하고는 마침내 聚邑에 성을 쌓아 여러 공자들을 그곳에 살게 하였는데, 겨울에 晉侯가 취읍을 포위하여 여러 공자들을 모두 죽였다.

〈26년, 癸丑(B.C. 668)〉

【經】 二十有六年이라 春에 公伐戎하다

26년이다. 봄에 莊公이 戎을 토벌하였다.

【經】 夏에 公至自伐戎하다

여름에 莊公이 戎을 토벌하고 돌아왔다.

【傳】二十六年이라 春에 晉士蔿爲大司空하다 夏에 士蔿城絳하야 以深其宮하다

26년이다. 봄에 晉나라 士蔿가 〈桓叔 · 莊伯의 종족을 제거한 功으로〉 大司空이 되었다. 여름에 사위가 絳에 성을 쌓고 公宮의 담을 높이 쌓았다.

【經】曹殺其大夫하다

曹나라가 그 大夫를 죽였다.

【經】秋에 公會宋人齊人하야 伐徐하다

가을에 莊公이 宋人 · 齊人과 연합하여 徐나라를 토벌하였다.

【經】冬이라

겨울이다.

【傳】秋에 虢人侵晉하고 冬에 虢人又侵晉하다

가을에 虢人이 晉나라를 侵攻하고, 겨울에 괵인이 또 진나라를 침공하였다.

【經】十有二月癸亥朔에 日有食之하다

12월 계해일 초하루에 日食하였다.

〈27년, 甲寅(B.C. 667)〉

【經】二十有七年이라 春에 公會杞伯姬于洮(도)하다

27년이다. 봄에 莊公이 洮에서 杞나라로 출가한 딸 伯姬와 만났다.

【傳】二十七年이라 春에 公會杞伯姬于洮하니 非事也라 天子非展義면 不巡守하고 諸侯非民事면 不擧하고 卿非君命이면 不越竟하나니라

27년이다. 봄에 莊公이 洮에서 杞나라로 출가한 딸 伯姬를 만났으니, 제후가 해서는 안 되는 일이다. 天子는 德義를 널리 선포하여 알리는 일이 아니면 巡守하지 않고, 諸侯는 백성을 위한 일이 아니면 거동하지 않으며, 卿은 임금의 명이 아니면 국경을 넘지 않는 것이다.

字義 展 : 펼, 선포할 전　擧 : 움직일 거　越 : 넘을 월　竟 : 경계 경(=境)

【經】夏六月에 公會齊侯宋公陳侯鄭伯하야 同盟于幽하다

여름 6월에 莊公이 齊侯 · 宋公 · 陳侯 · 鄭伯과 회합하여 幽에서 동맹하였다.

【傳】夏에 同盟于幽하니 陳鄭服也일새니라

여름에 莊公이 제후들과 幽에서 동맹하였으니, 陳 · 鄭나라가 齊나라에 복종했기 때문이다.

【經】秋에 公子友如陳하야 葬原仲하다

가을에 公子 友가 陳나라에 가서 原仲(陳나라 大夫)을 장사 지냈다.

【傳】秋에 公子友如陳하야 葬原仲하니 非禮也라 原仲은 季友之舊也라

가을에 公子 友가 陳나라로 가서 原仲을 장사 지냈으니 禮에 맞지 않았다. 원중은 季友(莊公의 母弟)의 벗이기 때문이다.

字義 舊 : 벗, 친구 구

【經】冬에 杞伯姬來하다

겨울에 杞나라로 출가한 伯姬가 魯나라에 왔다.

【傳】冬에 杞伯姬來하니 歸寧也라 凡諸侯之女歸寧曰來요 出曰來歸요 夫人歸寧曰如

某요 出曰歸于某라하나니라

겨울에 杞나라로 출가한 伯姬가 魯나라에 왔으니, 부모에게 문안하러 온 것(歸寧)이다. 범례에 따르면 諸侯의 딸이 귀녕하는 것을 '來'라 하고, 출가한 나라에서 쫓겨오는 것을 '來歸'라 하며, 夫人이 귀녕하는 것을 '如某'라 하고, 출가한 나라에서 쫓겨오는 것을 '歸于某'라 하는 것이다.

字義 寧 : 문안할 녕

【經】 莒慶來逆叔姬하다

莒慶이 魯나라에 와서 叔姬(莊公의 딸)를 아내로 맞이해 갔다.

【經】 杞伯來朝하다

杞伯이 魯나라에 와서 朝見하였다.

【經】 公會齊侯于城濮하다

莊公이 衛나라 城濮에서 齊侯와 회합하였다.

【傳】 晉侯將伐虢한대 士蔿曰 不可하니이다 虢公驕하니 若驟得勝於我면 必棄其民이니 無衆而後에 伐之면 欲禦我인들 誰與리잇고 夫禮樂慈愛는 戰所畜之[40]라 夫民讓事하며 樂和하며 愛親하며 哀喪而後에 可用也어늘 虢弗畜也하니 亟(기)戰이면 將饑[41]하리이다

---

40 戰所畜之 : 전쟁을 하기 위해서는 평소 禮樂慈愛의 네 가지 덕을 가르쳐서 백성들이 모두 이 네 가지 덕목을 축적하여야 전쟁에 사용할 수 있다는 말이다.

41 饑 : 〈杜注〉에서는 '饑'를 '饑饉'으로 해석하였으나, 〈楊注〉에서 "'饑'는 배의 굶주림을 말한 것이 아니라 바로 백성·군사들의 士氣를 가리켜 말한 것이다. 《孟子》〈公孫丑 上〉에서 浩然之氣를 말하면서 '그 기운의 속성은 義와 道에 짝하니, 이것이 없으면 굶주리게 된다.'라고 한 것과 뜻이 같다."라고 하였기에 이를 따라 번역하였다.

晉侯가 虢나라를 토벌하려 하자, 士蔿가 말하였다.

"안 됩니다. 虢公은 性情이 교만하니, 만약 우리 晉나라와의 전쟁에서 자주〔驟〕 승리한다면 반드시 그 백성들을 버릴 것입니다. 그가 백성을 버린 뒤에 토벌한다면 우리를 막고자 한들 누가 그를 도우려 하겠습니까?

무릇 禮·樂·慈·愛는 전쟁을 하기 전에 축적해야 하는 德目입니다. 백성들이 겸양을 숭상하고 음악으로 화합하며, 친척을 사랑하고 喪事를 슬퍼한 뒤에야 전쟁에 사용할 수 있는데, 괵공은 〈이 네 가지 덕목을〉 축적하지 않았으니 전쟁을 자주 하면 장차 사기가 떨어질〔餒〕 것입니다."

字義 驟 : 자주 취 與 : 도울 여 畜 : 쌓을 축 亟 : 자주 기 餒 : 굶주릴 기

〈28년, 乙卯(B.C. 666)〉

【經】二十有八年이라 春王三月甲寅에 齊人伐衛하니 衛人及齊人戰하야 衛人敗績하다

28년이다. 봄 周王 3월 갑인일에 齊人(齊侯)이 衛나라를 토벌하니, 衛人(衛侯)이 제인과 전쟁하여 위인이 크게 패하였다.

【傳】王使召伯廖로 賜齊侯命하고 且請伐衛하니 以其立子頹也라

周 惠王이 召伯 廖를 보내 齊侯에게 명을 내려 〈侯伯으로 삼고〉 아울러 衛나라를 토벌하라고 하였으니, 〈莊公 19년에 衛나라가〉 王子 頹를 周王으로 세웠기 때문이다.

二十八年이라 春에 齊侯伐衛하야 戰敗衛師하고 數之以王命하고 取賂而還하다

28년이다. 봄에 齊侯가 衛나라를 토벌하려고 교전하여 위나라 군대를 패배시키고 周王의 命으로 數罪하고는 〈죄를 바로잡지 않고〉 뇌물을 받고 돌아왔다.

【經】夏四月丁未에 邾子瑣(쇄)卒하다

여름 4월 정미일에 邾子(邾 憲公)가 卒하였다.

【傳】晉獻公娶于賈러니 無子하고 烝於齊姜하야 生秦穆夫人과 及大(태)子申生하고 又娶二女於戎하니 大戎狐姬는 生重耳하고 小戎子는 生夷吾하다 晉伐驪戎한대 驪戎男女以驪姬하니 歸하야 生奚齊하고 其娣生卓子하다 驪姬嬖하니 欲立其子하야 賂外嬖梁五와 與東關嬖五[42]하야 使言於公曰 曲沃은 君之宗也요 蒲與二屈은 君之疆也니 不可以無主라 宗邑無主면 則民不威하고 疆埸無主면 則啓戎心이니 戎之生心과 民慢其政은 國之患也니이다 若使大子主曲沃하고 而重耳夷吾主蒲與屈하면 則可以威民而懼戎이요 且旌君伐이리이다 使俱曰 狄之廣莫이 於晉爲都니 晉之啓土 不亦宜乎잇가 晉侯說(열)之하야 夏에 使大子居曲沃하고 重耳居蒲城하고 夷吾居屈하고 群公子皆鄙하니 唯二姬之子在絳이라 二五卒與驪姬로 譖群公子而立奚齊하니 晉人謂之二五耦라하더라

晉 獻公이 賈나라에서 아내를 맞이하였는데 그녀는 아들을 낳지 못하였고, 〈晉 武公의 妾인〉 齊姜과 간음하여 秦穆夫人과 太子 申生을 낳았으며, 또 戎에서 두 여자를 맞이하니 大戎狐姬는 重耳를 낳고, 小戎子는 夷吾를 낳았다. 晉나라가 驪戎을 토벌하자 驪戎男이 자신의 딸 驪姬를 헌공에게 바치니 데리고 돌아와 그녀가 奚齊를 낳고, 그 동생이 卓子를 낳았다.

헌공이 여희를 총애하니 여희가 자신의 아들 해제를 태자로 세우고자 하여 外嬖 梁五와 東關嬖 五에게 뇌물을 주며 헌공에게 다음과 같이 말하게 하였다.

"曲沃은 先君의 宗廟가 있는 곳이고, 蒲邑과 두 屈邑(北屈 · 南屈)은 임금님의 疆域이니, 주관하는 이가 없어서는 안 됩니다. 宗邑(종묘가 있는 읍)에 주관하는 이가 없으면 백성들이 위엄을 느끼지 못하고, 강역에 주관하는 이가 없으면 戎狄의 野心을 열어주게 될 것이니, 융적이 야심을 내는 것과 백성들이 政令을 업신여기는 마음이 일어나는 것은 나라의 근심입니다. 만약 태자에게 곡옥을 주관하게 하고, 중이와 이오에게 포읍과 굴읍을 주관하게 한다면 백성들이 위엄을 느끼고 융적들을 두렵게 할 수 있을 것이며, 아울러 임금의 功烈〔伐〕을 드러낼 수 있을 것입니다."

또 그들에게 함께 가서 헌공에게 다음과 같이 말하게 하였다.

"〈태자와 아들들에게 그곳을 주관하게 하면〉 융적의 드넓은 땅이 진나라에 귀속되어 도읍으로 삼을 수 있으니, 진나라가 땅을 개척하는 것이 또한 마땅하지 않겠습니까."

晉侯가 기뻐하여 여름에 태자를 곡옥에 거주하게 하고, 중이를 蒲城에 거주하게 하고, 이

42 外嬖梁五 與東關嬖五 : '外嬖'는 임금이 거처하는 宮殿의 門(閨闥) 밖에 있는 사람이며, '東關嬖'는 따로 변경의 관문이나 요새〔關塞〕에 있는 사람이다. 두 사람 모두 이름이 '五'이고 晉 獻公이 총애하는 사람들이었다.

오를 굴읍에 거주하게 하고 여러 공자들을 모두 변방의 읍으로 내보내 살게 하니, 오직 여희와 그 동생의 아들(해제 · 탁자)만 絳(진나라의 국도)에 남아 있게 되었다. 두 五(外嬖 梁五 · 東關嬖 五)가 마침내 여희와 함께 여러 공자들을 참소하여 해제를 태자로 세우니, 진나라 사람들이 그들을 '二五耦(두 五가 짝을 이룸)'라고 하였다.

字義 烝 : 윗 사람 간음할 증　宗 : 사당 묘　疆 : 강역 강　主 : 주관할 주　埸 : 경계 역
啓 : 열, 개척할 계　旌 : 드러낼, 나타낼 정　伐 : 공로 벌　廣 : 넓을 광
莫 : 넓고 클 막(=漠)　說 : 기쁠 열

【經】秋에 荊伐鄭하니 公會齊人宋人하야 救鄭하다

가을에 荊(楚)나라가 鄭나라를 토벌하니, 莊公이 齊人 · 宋人과 회합하여 정나라를 구원하였다.

【傳】楚令尹子元欲蠱文夫人하야 爲館於其宮側而振萬[43]焉하니 夫人聞之하고 泣曰 先君以是舞也로 習戎備也어늘 今令尹不尋諸仇讐하고 而於未亡人之側하니 不亦異乎아 御人以告子元한대 子元曰 婦人不忘襲讐어늘 我反忘之로다 秋에 子元以車六百乘伐鄭할새 入于桔柣(길질)之門하야 子元鬪御彊鬪梧耿之不比爲旆(패)하고 鬪班王孫游王孫喜殿하다 衆車入自純門[44]하야 及逵市하니 縣門不發이어늘 楚言而出[45]하야 子元曰 鄭有人焉이로다 諸侯救鄭하니 楚師夜遁이라 鄭人將奔桐丘러니 諜告曰 楚幕에 有烏[46]라한대 乃止하다

楚나라 令尹 子元이 文夫人(楚 文王의 부인 息嬀)을 고혹하고자 하여, 그녀의 궁 옆에 집을 짓고 木鐸(방울)을 흔들며 萬舞를 추었다. 부인이 이 소리를 듣고 눈물을 흘리며 말하기를

---

43 振萬 : 萬舞를 춤을 이른다. '振'은 방울을 흔드는 것이고, '萬'은 武舞이다.

44 入于桔柣(길질)之門……衆車入自純門 : 桔柣門은 鄭나라 遠郊에 있는 문이고, 純門도 정나라 도성 외곽에 있는 문이다.

45 楚言而出 : 〈杜注〉에서는 "鄭나라가 군대를 출병시키면서 초나라 말을 따라했기 때문에 자원이 이상하게 여겨 감히 진격하지 못하였다."라고 하여 '楚言'의 주체를 '정나라 군대'로 보았다. 그러나 〈楊注〉와 《新譯 左傳讀本》에는 "초나라 자원 등이 성에 들어가 縣門이 내려와 있지 않은 것을 보고서 다시 초나라 말로 물러나라고 한 것이다."라고 하여 '楚言'의 주체를 '초나라 군대'로 보았다. 본서에서는 후자의 견해를 따라 번역하였다.

46 楚幕 有烏 : 군대가 주둔해 있으면 까마귀가 와서 앉을 수 없는데, 지금 楚나라 군영 막사에 까마귀가 앉은 것으로 보아 楚軍이 이미 도주했음을 안 것이다.(杜注)

"先君께서는 이 춤으로 전쟁의 준비를 익히셨는데, 지금 영윤은 원수에게 사용하지〔尋〕 않고 未亡人의 곁에서 사용하니 또한 이상하지 않은가."라고 하였다. 부인을 모시는 御人이 이 말을 자원에게 고해주자, 자원이 말하기를 "부인은 원수를 습격할 일을 잊지 않았는데, 내가 도리어 잊었구나."라고 하였다.

가을에 자원이 兵車 600乘을 거느리고 鄭나라를 공격할 때, 桔柣門으로 들어가서 子元·鬪御彊·鬪梧·耿之不比가 선봉〔旆〕이 되고 鬪班·王孫游·王孫喜가 후군〔殿〕이 되었다. 모든 병거가 純門으로 들어가서 逵市(성곽 안 도로 가의 시장)에 이르니, 〈정나라가 초나라를 속이기 위해 內城의〉 縣門을 내리지 않았는데 초나라 군대가 초나라 말로 후퇴를 명하며 성을 빠져나와 자원이 말하기를 "정나라에 인재가 있구나."라고 하였다.

諸侯들이 정나라를 구원하니 초나라 군대가 밤을 틈타 달아났다. 鄭人이 桐丘로 달아나려 했었는데, 첩보병이 보고하기를 "초나라 군영 막사에 까마귀가 있습니다."라고 하니 마침내 도주를 중지하였다.

字義 蠱 : 고혹할 고 側 : 곁 측 振 : 흔들 진 尋 : 사용할 심 仇 : 원수 구 旆 : 선봉 패
殿 : 후미 전 逵 : 큰 길 규 遁 : 달아날 둔 諜 : 염탐할 첩 幕 : 막사 막

【經】 冬에 築郿(미)하다

겨울에 郿邑에 城을 쌓았다.

【傳】 築郿하니 非都也라 凡邑有宗廟先君之主曰都요 無曰邑이니 邑曰築이요 都曰城이니라

郿邑에 성을 쌓았으니, 〈經에 '築'이라고 기록한 것은〉 都가 아니기 때문이다. 범례에 따르면 邑에 宗廟와 先君의 神主가 있으면 '都'라 하고 없으면 '邑'이라 하니, 城을 邑에 쌓으면 '築'이라 하고 都에 쌓으면 '城'이라 한다.

【經】 大無麥禾하다

보리와 벼에 큰 흉작이 들었다.

【經】臧孫辰(신)告糴于齊하다

臧孫辰(臧文仲)이 齊나라에 양곡을 판매할 것을 청하였다.

【傳】冬에 饑어늘 臧孫辰(신)告糴于齊하니 禮也러라

겨울에 기근이 들자 臧孫辰이 齊나라로 가서 양곡을 판매할 것을 청하였으니, 禮에 맞는 일이었다.

字義 糴 : 쌀 살 적

〈29년, 丙辰(B.C. 665)〉

【經】二十九年이라 春에 新延廐하다

29년이다. 봄에 延廐(마구간)를 새로 지었다.

【傳】二十九年이라 春에 新作延廐하니 書는 不時也라 凡馬를 日中而出하야 日中而入이라

29년이다. 봄에 새로 延廐를 지었으니, 經에 기록한 것은 시기가 때에 맞지 않았기 때문이다. 무릇 말은 春分(日中)이 되면 牧地로 풀어 내놓고, 秋分(日中)이 되면 마구간으로 몰아넣는다.

字義 廐 : 마구간 구

【經】夏에 鄭人侵許하다

여름에 鄭人이 許나라를 侵攻하였다.

【傳】夏에 鄭人侵許하다 凡師有鐘鼓曰伐이요 無曰侵이요 輕曰襲이니라

여름에 鄭人이 許나라를 침공하였다. 범례에 따르면 전쟁에서 〈죄를 성토하기 위해〉 종과 북을 울리며 공격하는 것을 '伐'이라 하고, 종과 북을 울리지 않고 공격하는 것을 '侵'이라 하며, 가볍고 날랜 군사로 공격하는 것을 '襲'이라 한다.

【經】 秋에 有蜚하다

가을에 싹싸기〔蜚〕가 있었다.

字義 蜚 : 싹싸기 비

【傳】 秋에 有蜚하니 爲災也라 凡物不爲災면 不書니라

가을에 싹싸기〔蜚〕가 있었으니, 〈經에 기록한 것은〉 재해가 되었기 때문이다. 모든 事物로 인한 피해가 재해가 될 정도가 아니면 기록하지 않는다.

【經】 冬十有二月에 紀叔姬卒하다

겨울 12월에 紀나라로 출가한 叔姬가 卒하였다.

【經】 城諸(저)及防하다

諸와 防에 성을 쌓았다.

【傳】 冬十二月에 城諸及防하니 書는 時也라 凡土功은 龍見(현)而畢務[47]하니 戒事也하고 火見而致用[48]하고 水昏正而栽[49]하고 日至而畢하나니라

겨울 12월에 諸와 防에 성을 쌓았으니, 經에 기록한 것은 때에 맞았기 때문이다. 모든 토목공사는 蒼龍星이 〈동쪽 방향에〉 나타나면 농사일이 끝나니 이때에 공사를 준비하도록〔戒〕 하고, 大火星이 〈동쪽 방향에〉 나타나면 공사에 필요한 用具를 공사장에 갖다놓으며, 水星(定星)이 초저녁에 남쪽 방향에 출현하면 〈담을 쌓기 위해〉 판자를 세우고, 冬至(日至)가 되면 공사를 마친다.

字義 見 : 나타날 현 畢 : 마칠 필 務 : 일 무 戒 : 준비할 계 昏 : 저물녘 혼 栽 : 건축할 재

---

47 龍見(현)而畢務 : 지금 9월은 周曆 11월이니, 蒼龍星의 7宿(수) 중 角星과 亢星이 새벽녘에 동쪽 방향에 나타난다. 이때가 되면 봄·여름·가을의 농사일〔三務〕이 비로소 끝나기 때문에 백성들에게 토목공사를 준비하게 한다는 말이다.(杜注)

48 火見而致用 : 大火星은 心星의 두 번째 별로 角星과 亢星의 위치에 머물렀다가 새벽녘에 나타나니, 이때 공사에 필요한 用具를 공사장에 갖다놓는 것이다.(杜注)

49 水昏正而栽 : 지금 10월에 定星(水星)이 초저녁에 남쪽 방향에 나타나니, 이때에 판자와 버팀목을 세우고서 공사를 시작한다는 말이다.(杜注)

〈30년, 丁巳(B.C. 664)〉

【經】 三十年이라 春王正月이라

30년이다. 봄 周王 正月이다.

【經】 夏에 次于成하다

여름에 魯나라 군대가 成에 주둔하였다.

【傳】 樊皮反王하다

樊皮(周나라 大夫)가 周王을 배반하였다.

三十年이라 春에 王命虢公하야 討樊皮하니 夏四月丙辰에 虢公入樊하야 執樊仲皮하야 歸于京師하다

30년이다. 봄에 周王이 虢公에게 命하여 樊皮를 討伐하게 하니, 여름 4월 병진일에 괵공이 樊邑으로 들어가 樊仲皮를 붙잡아 京師로 데리고 갔다.

【經】 秋七月에 齊人降(항)鄣하다

가을 7월에 齊人이 鄣나라를 항복시켰다.

【經】 八月癸亥에 葬紀叔姬하다

8월 계해일에 紀나라로 출가한 叔姬를 장사 지냈다.

【經】 九月庚午朔에 日有食之어늘 鼓用牲于社하다

9월 경오일 초하루에 日食하자, 조정에서 북을 울리고 社에 희생을 사용하여 제사 지냈다.

【傳】 楚公子元이 歸自伐鄭하야 而處王宮하니 鬪射(역)師諫한대 則執而梏之하다

楚나라 公子 元이 鄭나라를 토벌하고 돌아와서는 〈다시 文夫人을 고혹하고자〉 王宮에 거처하였다. 鬪射師(鬪廉)가 그만둘 것을 간언하였는데, 그를 붙잡아서 수갑을 채웠다〔梏〕.

字義 梏 : 수갑 채울 곡

秋에 申公鬪班殺子元이어늘 鬪穀於菟(누오도)爲令尹하야 自毁其家하야 以紓楚國之難하다

가을에 申公 鬪班이 子元을 죽이자, 鬪穀於菟(子文)가 令尹이 되어 스스로 자신의 家産을 헐어 楚나라의 危難을 완화시켰다.

字義 紓 : 완화할, 느슨할 서

【經】 冬에 公及齊侯로 遇于魯濟하다

겨울에 莊公이 齊侯(齊 桓公)와 魯濟(魯나라 경계에 있는 濟水)에서 만났다.

【傳】 冬에 遇于魯濟하니 謀山戎也라 以其病燕故也라

겨울에 莊公이 齊侯와 魯濟에서 만났으니, 이는 山戎(北戎)에 대한 토벌을 상의하기 위해서였다. 〈산융을 토벌하는 것은 그들이〉 燕나라를 괴롭혔기 때문이다.

【經】 齊人伐山戎하다

齊人이 山戎(北狄)을 토벌하였다.

〈31년, 戊午(B.C. 663)〉

【經】 三十有一年이라 春에 築臺于郎하다

31년이다. 봄에 郎邑에 臺를 쌓았다.

【經】夏四月에 薛伯卒하다

여름 4월에 薛伯이 卒하였다.

【經】築臺于薛하다

薛邑에 臺를 쌓았다.

【經】六月에 齊侯來獻戎捷하다

6월에 齊侯가 魯나라에 와서 山戎을 토벌하여 얻은 전리품〔捷〕을 주었다.

【傳】三十一年이라 夏六月에 齊侯來獻戎捷하니 非禮也라 凡諸侯有四夷之功이면 則獻于王하나니 王以警于夷나 中國則否하고 諸侯不相遺俘하나니라

31년이다. 여름 6월에 齊侯가 魯나라에 와서 山戎을 토벌하면서 얻은 전리품〔捷〕을 주었으니, 禮가 아니었다. 무릇 제후가 사방의 夷狄을 토벌하는 戰功이 있으면 전리품을 天王에게 바치는 것이니, 천왕이 이것으로 이적을 경계하지만 중국의 제후들끼리 전쟁한 경우에는 이렇게 하지 않고, 〈이적과의 전쟁에서 전리품을 얻었더라도〉 제후들끼리는 서로 전리품〔俘〕을 주지 않는다.

字義 捷 : 전리품 첩 俘 : 전리품 부

【經】秋에 築臺于秦하다

가을에 秦邑에 臺을 쌓았다.

【經】冬에 不雨하다

겨울에 비가 내리지 않았다.

〈32년, 己未(B.C. 662)〉

【經】三十有二年이라 春에 城小穀하다

32년이다. 봄에 齊나라가 小穀邑에 城을 쌓았다.

【傳】三十二年이라 春에 城小穀하니 爲管仲也라

32년이다. 봄에 齊나라가 小穀邑에 城을 쌓았으니, 管仲을 위해 쌓은 것이다.

【經】夏에 宋公齊侯遇于梁丘하다

여름에 宋公과 齊侯가 梁丘에서 만났다.

【傳】齊侯爲楚伐鄭之故하야 請會于諸侯러니 宋公請先見于齊侯한대 夏에 遇于梁丘하다

〈莊公 28년에〉 楚나라가 鄭나라를 토벌한 일로 인해 齊侯가 諸侯들과 회합하기를 청하였는데, 宋公(宋 桓公)이 齊侯에게 회합하기 전에 먼저 만나보기를 청하니, 여름에 송공과 齊侯가 梁丘에서 만났다.

【經】秋七月이라

가을 7월이다.

【傳】秋七月에 有神降于莘하니 惠王問諸內史過曰 是何故也오 對曰 國之將興에 明神降之하나니 監其德也요 將亡에 神又降之하나니 觀其惡也라 故有得神以興하고 亦有以亡하니 虞夏商周에 皆有之니이다 王曰 若之何오 對曰 以其物享焉이니 其至之日이 亦其物也[50]니이다 王從之하다 內史過往이라가 聞虢請命하고 反曰 虢必亡矣로다 虐而聽於神[51]이온여

---

50 其至之日 亦其物也 : 예컨대 神이 내린 날이 天干의 甲日이나 乙日이면 동쪽 방위에 해당한다. 그를 위한 제사에 제물은 脾臟을 먼저 올리고, 幣玉은 蒼玉을 쓰고, 제복은 청색의 상의를 입는 따위를 말한다.(杜注)

가을 7월에 神이 虢나라 莘邑의 어떤 사람에게 내리니, 周 惠王이 內史 過에게 물었다.

"이는 무슨 까닭이오?"

내사 과가 대답하였다.

"나라가 장차 흥하려 할 때 神明이 강림하니 그 나라의 德을 살피기 위함이고, 장차 망하려 할 때도 神이 강림하니 그 나라의 惡을 살피기 위함입니다. 그러므로 神을 얻어서 흥하는 경우도 있고 또 그로 인해 망하는 경우도 있으니, 虞·夏·商·周나라에도 모두 이러한 일이 있었습니다."

혜왕이 말하였다.

"신을 어떻게 대접해야 하는가?"

내사 과가 대답하였다.

"신이 강림한 날에 相應하는 物品(祭品·祭服)으로써 제사를 지내면 되니, 신이 내린 날에 해당하는 물품이 또한 〈제사를 지낼 때 상응하는〉 제물입니다."

혜왕이 그 말을 따랐다. 내사 과가 신읍에 갔다가 괵나라에서 〈신에게 土田을 내려달라고 청하는〉 命을 듣고는, 주나라로 돌아와 말하였다.

"괵나라는 반드시 망할 것이다. 포학한 정사를 행하면서 신에게 福을 구하는구나."

神이 居莘六月에 虢公使祝應宗區史嚚(은)享焉한대 神이 賜之土田하다 史嚚曰 虢其亡乎인저 吾聞之호니 國將興에 聽於民하고 將亡에 聽於神이라하니 神은 聰明正直而壹者也라 依人而行이어늘 虢多涼德하니 其何土之能得이리오

神이 莘邑에 머문 지 6개월이 되었을 때 虢公이 祝應·宗區·史嚚을 보내 신에게 제사를 드리게 하였는데, 이때 신이 土田을 주겠다고 하니, 사은이 말하였다.

"虢나라는 아마도〔其〕 망할 것이다. 내 들으니 '나라가 장차 흥하려 할 때는 민심을 따르는 政事를 하고, 장차 망하려 할 때는 신에게 福을 구한다.'고 하였다. 신은 총명하고 정직하여 한결같으므로 사람에게 의지하여 禍福을 시행하는 법인데, 괵나라는 薄德(德行의 결핍)이 많으니 어찌〔其〕 토전을 얻을 수 있겠는가."

字義 壹 : 한결 같을 일 涼 : 적을, 부족할 량

---

51 聽於神 : 神에게 土田을 내려달라고 요구하는 것을 가리킨다. 아래 傳에도 '將亡 聽於神'이라는 문장이 보이는데, 〈杜注〉에서 "신에게 복을 구하는 것이다.〔求福於神〕"라고 하였으므로 이곳에서도 동일하게 번역하였다.

【經】 癸巳에 公子牙卒하다

계사일에 公子 牙(僖叔, 慶父의 母弟)가 卒하였다.

【傳】 初에 公築臺하야 臨黨氏라가 見孟任하고 從之하니 閟어늘 而以夫人言으로 許之한대 割臂盟公하야 生子般焉하다 雩를 講于梁氏할새 女公子觀之어늘 圉人犖(락)自牆外與之戲한대 子般怒하야 使鞭之하니 公曰 不如殺之니 是不可鞭이라 犖有力焉하야 能投蓋于稷門하니라

당초에 莊公이 臺를 축조하여 黨氏의 집을 내려다보다가 孟任(당씨의 딸)을 보고 그녀를 찾아가니 맹임이 문을 닫고 거절하자, 장공이 부인으로 삼겠다는 말로 허락을 받았는데, 맹임이 칼로 팔을 그어 〈그 피를 함께 마시며〉 장공과 맹세하고는 子般을 낳았다.

장공이 梁氏의 집에서 雩祭를 지낼 때 女公子(자반의 누이동생)가 그것을 구경하였는데, 圉人 犖이 담 밖에서 그녀를 희롱하였다. 자반이 노하여 사람을 시켜 그를 채찍질하게 하니, 장공이 말하였다.

"차라리 죽이는 것이 나으니, 이 사람을 채찍질해서는 안 된다. 犖은 힘이 장사여서 稷門(魯나라 城門)의 문짝(蓋)을 집어던질 수 있다."

公疾하야 問後於叔牙한대 對曰 慶父(보)材라하야늘 問於季友한대 對曰 臣以死奉般호리이다 公曰 鄕者에 牙曰 慶父材라하니라 成季使以君命으로 命僖叔하야 待于鍼巫氏하고 使鍼季酖(짐)之曰 飮此하면 則有後於魯國이요 不然이면 死且無後하리라 飮之하고 歸라가 及逵泉而卒이어늘 立叔孫氏하다

莊公의 病이 악화되어 아우인 叔牙에게 後嗣에 대해 물었는데, 숙아가 대답하기를 "慶父가 재능이 있습니다."라고 하였다. 〈장공이 다른 아우인〉 季友에게 후사를 물었는데, 계우가 대답하기를 "신이 죽음으로써 子般을 받들겠습니다."라고 하였다. 장공이 말하기를 "조금 전 숙아는 경보가 재능이 있다고 하였다."라고 하였다. 成季(계우)가 사람을 시켜 임금의 명으로 僖叔(숙아)에게 命하여 鍼巫氏(노나라 大夫)의 집에서 기다리게 하고는 鍼季를 시켜 그에게 毒酒를 내리며 말하게 하였다.

"이것을 마시면 그대의 후손들이 노나라에서 총애와 복록을 누릴 것이고, 마시지 않으면 그대도 죽고 후손도 없게 될 것입니다."

숙아가 독주를 마시고는 돌아오다가 逵泉에 이르러 卒하자, 그 아들을 후사로 세워 叔孫氏

로 삼았다.

字義 臨 : 높은 곳에서 내려다볼 림　闋 : 문 닫을 비　割 : 벨 할　臂 : 팔 비　牆 : 담 장
戲 : 희롱할 희　盖 : 문짝 개(=蓋)　酖 : 짐새 독 짐

【經】八月癸亥에 公薨于路寢하다

8월 계해일에 莊公이 路寢(正寢)에서 薨하였다.

【傳】八月癸亥에 公薨于路寢하니 子般卽位하야 次于黨氏하다

8월 계해일에 莊公이 正寢에서 薨하니, 子般이 즉위하여 黨氏의 집에 가서 머물렀다.

【經】冬十月己未에 子般卒하다

겨울 10월 기미일에 子般이 卒하였다.

【傳】冬十月己未에 共仲使圉人犖으로 賊子般于黨氏하다 成季奔陳하고 立閔公하다

겨울 10월 기미일에 共仲(慶父)이 圉人 犖에게 黨氏의 집에서 子般을 죽이게 하였다. 成季는 陳나라로 달아나고, 경보가 閔公(莊公의 庶子)을 세웠다.

【經】公子慶父(보)如齊하다

公子 慶父가 齊나라로 갔다.

【經】狄伐邢하다

狄人이 邢나라를 토벌하였다.

閔公[1]

〈원년, 庚申(B.C. 661)〉

【經】 元年이라 春王正月이라

원년이다. 봄 周王 정월이다.

【傳】 元年이라 春에 不書卽位는 亂故也라

원년이다. 봄에 즉위를 기록하지 않은 것은 〈慶父가 莊公의 太子 子般을 시해한 일로〉 나라가 어지러웠기 때문이었다.

【經】 齊人救邢하다

齊人(齊 桓公)이 邢나라를 구원하였다.

【傳】 狄人伐邢이어늘 管敬仲言於齊侯曰 戎狄은 豺狼이니 不可厭也요 諸夏는 親暱하니 不可棄也요 宴安은 酖毒이니 不可懷也라 詩云 豈不懷歸리오마는 畏此簡書라하니 簡書는 同惡相恤之謂也라 請救邢以從簡書하소서 齊人救邢하다

〈莊公 32년에〉 狄人이 邢나라를 공격하자, 管敬仲(管夷吾)이 齊侯(齊 桓公)에게 말하였다. "戎狄은 승냥이나 이리 같은 무리이니 만족시킬 수 없고, 中原의 諸侯들은 서로 친밀하니

---

1 閔公 : 魯나라 17대 임금으로 이름은 啓方이고, 莊公과 叔姜 사이에 태어난 庶子이다. '閔'이 《史記》에는 '湣'으로 되어 있고, 《漢書》에는 '愍'으로 되어 있다. 2년간 재위하였다.

버려서는 안 되며, 안일함은 酖毒과 같으니 그런 생각을 마음에 품어서는 안 됩니다.《詩經》〈小雅 出車〉에 '어찌 돌아가기를 생각지 않겠는가마는, 이 簡書(위급함을 알리는 문서)가 두렵기 때문이다.'라고 하였으니, 간서의 뜻은 〈어떤 나라에 惡한 일이 있을 때, 다른 나라도 이 일을〉 같이 악이라 여겨서 서로 구제하는 데에 있습니다. 청컨대 형나라를 구원하여 간서의 뜻을 따르십시오."

齊人이 형나라를 구원하였다.

字義 豺 : 승냥이 시 狼 : 이리 랑 暱 : 친할 닐

【經】夏六月辛酉에 葬我君莊公하다

여름 6월 신유일에 우리 임금 莊公을 장사 지냈다.

【傳】夏六月에 葬莊公하니 亂故라 是以緩하니라

여름 6월에 莊公을 장사 지냈으니, 난리가 있었기 때문에 〈11달이나〉 늦게 지낸 것이다.

字義 緩 : 늦을 완

【經】秋八月에 公及齊侯盟于落姑하니 季子來歸[2]하다

가을 8월에 閔公이 齊侯와 落姑에서 맹약하니, 季子(公子 友)가 魯나라로 돌아왔다.

【傳】秋八月에 公及齊侯盟于落姑하니 請復季友也라 齊侯許之하야 使召諸(제)陳하니 公次于郎以待之하다 季子來歸는 嘉之也라

가을 8월에 閔公이 齊侯와 落姑에서 맹약하였으니, 〈霸主인 齊侯에게 陳나라로 달아났던〉 季友가 돌아오도록 힘써주기를 요청한 것이다. 제후가 허락하고 진나라로 사람을 보내니, 민공이 郎에 머무르며 그를 기다렸다. 經에 '季子가 돌아왔다.'라고 기록한 것은 계우를 아름답게 여긴 것이다.

---

2 季子來歸 : 지난해 慶父가 子般을 시해했을 때 陳나라로 달아났다가 魯나라로 돌아온 것이다.

【經】冬에 齊仲孫來하다

겨울에 齊나라 仲孫이 魯나라에 왔다.

【傳】冬에 齊仲孫湫來省難하니 書曰仲孫은 亦嘉之也라 仲孫歸曰 不去慶父(보)면 魯難未已리이다 公曰 若之何而去之오 對曰 難不已면 將自斃리니 君其待之하소서 公曰 魯可取乎아 對曰 不可하니이다 猶秉周禮하니 周禮는 所以本也라 臣聞之호니 國將亡에 本必先顚而後에 枝葉從之라하니 魯不棄周禮하니 未可動也라 君其務寧魯難而親之하소서 親有禮하며 因重固하며 間携貳하며 覆昏亂은 霸王之器也니이다

겨울에 齊나라 仲孫 湫가 魯나라에 와서 난리를 살폈으니, 經에 '仲孫'이라고 기록한 것은 또한 그를 아름답게 여긴 것이다. 중손이 제나라로 돌아가서 말하였다. "慶父를 제거하지 않으면 노나라의 난리는 끊이지 않을 것입니다." 桓公이 말하였다. "어떻게 하면 그를 제거할 수 있겠는가?"

중손이 대답하였다. "끊임없이 난리를 일으키면 장차 스스로 무너질 것이니, 임금께서는 기다리십시오." 환공이 말하였다. "노나라를 취할 수 있겠는가?" 중손이 대답하였다.

"안 됩니다. 노나라가 아직 周禮(周나라의 禮法)를 따르고 있으니, 주례는 나라를 다스리는 근본입니다. 신이 들으니 나라가 장차 망하려 할 때 뿌리(근본)가 반드시 먼저 전복된 뒤에 가지와 잎이 따라 떨어진다고 하였습니다. 노나라가 주례를 버리지 않았으니 아직 움직일 때가 아닙니다.

임금께서는 노나라의 난리를 안정시키는 데 힘쓰셔서 그들과 친근히 지내십시오. 예의 있는 나라와 친근히 지내고, 중후하고 견고한 나라를 가까이하며, 정권이 분열된 나라를 이간시키고 혼란한 나라를 전복시키는 것이 霸王의 수단〔器〕입니다."

字義 省 : 살필 성　斃 : 무너질 폐　固 : 견고할 고　間 : 이간질할 간　携 : 이반할, 흩어질 휴
器 : 수단 기

晉侯作二軍하야 公將上軍하고 大(태)子申生將下軍하고 趙夙御戎하고 畢萬爲右하야 以滅耿滅霍滅魏하다 還하야 爲大子城曲沃하고 賜趙夙耿(경)하고 賜畢萬魏하야 以爲大夫하니 士蔿曰 大子不得立矣로다 分之都城하고 而位以卿[3]하니 先爲之極이라 又焉得立이리오 不

3　位以卿 : 晉나라가 耿·霍·魏나라를 격멸할 때 太子 申生이 下軍을 통솔한 것을 이른다.(杜注)

如逃之하야 無使罪至니 爲吳大(태)伯이 不亦可乎[4]아 猶有令名하리니 與其及也[5]리오 且諺에 曰 心苟無瑕면 何恤乎無家리오하니 天若祚大子면 其無晉乎인저 卜偃曰 畢萬之後必大하리라 萬은 盈數也요 魏는 大名也니 以是始賞하니 天啓之矣로다 天子曰兆民이요 諸侯曰萬民이니 今名之大로 以從盈數하니 其必有衆하리라

晉侯(晉 獻公)가 2軍을 만들어 헌공이 上軍을 통솔하고, 太子 申生이 下軍을 통솔하며, 趙夙이 헌공의 戎車를 몰고 畢萬이 車右가 되어 耿·霍·魏나라를 격멸하였다. 晉나라로 돌아와 태자를 위하여 曲沃에 성을 쌓고, 조숙에게 耿을 하사하고 필만에게 魏를 하사하여 각각 大夫로 삼으니, 士蔿가 말하였다.

"태자는 임금이 될 수 없을 것이다. 都城(曲沃)을 나누어주고 卿의 지위를 주었으므로, 임금이 되기에 앞서 가장 높은 곳에 올랐으니 또 어찌 임금이 될 수 있겠는가. 차라리 禍亂이 닥치길 기다리는 것보다는〔與其及也〕 먼저 도망쳐서 죄에 이르지 않는 것이 나으니, 吳太伯처럼 되는 것이 또한 괜찮지 않겠는가. 그렇게 하면 그래도 아름다운 명성이 있을 것이다. 또 속담에 이르기를 '마음에 실로 잘못이 없다면 어찌 집이 없는 것을 걱정하겠는가?'라고 하였으니, 하늘이 만약 태자에게 복을 내린다면 진나라에 있지 않게 할 것이다."

卜偃이 말하였다. "필만의 후손은 반드시 昌大할 것이다. '萬'은 완전한 숫자이고 '魏'는 크다는 명칭이니, 〈크다는 의미를 가진〉 '魏'로써 비로소 상으로 주었으니 하늘이 계시한 것이다. 천자의 백성을 '兆民'이라 하고 제후의 백성을 '萬民'이라 하니, 지금 크다는 명칭으로 완전한 숫자를 따르게 하였으니 장차 반드시 大衆을 소유하게 될 것이다."

字義 將 : 거느릴 장 焉 : 어찌 언 逃 : 도망할 도 諺 : 속담 언 瑕 : 잘못, 흠 하
祚 : 복 내릴 조

初에 畢萬이 筮仕於晉할새 遇屯䷂之比䷇[6]하니 辛廖占之曰 吉이라 屯固比入하니 吉孰大

4 爲吳大(태)伯 不亦可乎 : 吳太伯은 周 太王의 장남이다. 태왕의 막내아들 季歷이 昌(文王)을 낳았는데, 그가 聖德을 갖춘 것을 보고 태왕이 계력에게 왕위를 물려주고자 하였다. 태백이 태왕의 의중을 파악하여 동생 仲雍과 함께 荊蠻으로 달아나 몸에 문신을 새기고 머리카락을 잘랐다. 형만 사람들이 그를 의롭게 여겨 그에게 의지하고서 '오태백'이라 불렀다.(《史記》〈吳大伯世家〉)

5 與其及也 : 〈楊注〉에 의하면 '與其及也'는 도치된 것으로 "與其及也 不如逃之 無使罪至 爲吳大伯 不亦可乎 猶有令名"으로 보아야 한다고 하였다. 문맥의 이해와 번역상의 편의를 위해 도치된 문장의 순서대로 번역하였다.

6 遇屯䷂之比䷇ : 震卦(☳)가 아래 있고 坎卦(☵)가 위에 있는 것이 屯卦(䷂)이고, 坤卦(☷)가 아래 있고 坎卦(☵)가 위에 있는 것이 比卦(䷇)이니, 屯卦의 初九爻(맨 아래에 위치한 陽爻)가 변하여 比

焉이리오 其必蕃昌하리라 震爲土하고 車從馬하고 足居之하고 兄長之하고 母覆(부)之하고 衆歸之하니 六體不易[7]하야 合而能固하며 安而能殺[8]하니 公侯之卦也라 公侯之子孫이 必復(복)其始[9]하리라

당초에 畢萬이 晉나라에서 벼슬하는 것의 吉凶에 대하여 蓍草占〔筮〕을 쳤을 때 屯卦(䷂)가 比卦(䷇)로 변하는 점괘를 얻으니, 辛廖(晉나라 大夫)가 이를 풀이하였다.

"吉합니다. 둔괘는 견고한 象이고, 비괘는 들어가는 상이니 무엇이 이보다 길하겠습니까. 반드시 번성하게 될 것입니다. 둔괘를 구성하는 震은 비괘를 구성하는 흙(坤)이 되고, 진괘의 수레가 곤괘의 말을 따르며, 진괘의 발이 안정되어 있고 진괘의 형(長男)이 길러주며, 곤괘의 어머니가 덮어주고 곤괘의 大衆이 귀의하니, 〈初爻가 변하였으나〉 六體가 바뀌지 않아서 백성들을 규합하여 견고하게 할 수 있으며, 안정시킬 수도 죽일 수도 있으니 公侯의 卦象입니다. 공후의 자손이 반드시 그 처음(諸侯)을 회복할 것입니다."

字義 蕃 : 우거질 번 昌 : 창성할 창 覆 : 덮을 부

〈2년, 辛酉(B.C. 660)〉

【經】 二年이라 春王正月에 齊人遷陽하다

2년이다. 봄 周王 정월에 齊人이 陽나라 주민들을 이주시켰다.

【傳】 二年이라 春에 虢公敗犬戎于渭汭하니 舟之僑曰 無德而祿은 殃也니 殃將至矣라하고 遂奔晉하다

卦가 된 것이다.(杜注)

7 六體不易 : '六體'는 卦를 구성하는 여섯 개의 爻를 가리킨다. 여기에서는 屯卦의 六五爻가 변하여 比卦가 되었으나, 각각의 괘가 상징하는 車·馬·足·長男·母·衆의 뜻은 바뀌지 않았음을 의미한다.

8 合而能固 安而能殺 : 比卦는 규합함이고 屯卦는 견고함이다. 坤卦는 안정시킴이고 震卦는 죽임이다. 그러므로 公侯의 卦象이라고 한 것이다.(杜注)

9 公侯之子孫 必復(복)其始 : 〈杜注〉에는 "畢萬은 畢公 高의 후손이므로, 傳에서 魏의 子孫이 많아지게 된 張本을 설명한 것이다."라고 하였으나, 《新譯 左傳讀本》에서 "〈필만의 자손이〉 장차 제후가 된다는 뜻이다.〔將爲諸侯〕"라고 풀이한 내용을 따랐다.

2년이다. 봄에 虢公이 渭水의 물굽이에서 犬戎을 패배시켰다. 舟之僑(虢나라 大夫)가 말하였다. "德이 없으면서 복[祿]을 받는 것은 재앙이니, 재앙이 장차 이를 것이다." 그러고는 마침내 晉나라로 달아났다.

【經】 夏五月乙酉에 吉禘[10]于莊公하다

여름 5월 을유일에 莊公에게 吉禘를 지냈다.

【傳】 夏에 吉禘于莊公하니 速也라

여름에 莊公에게 吉禘를 지냈으니, 〈喪制가 아직 끝나지 않았으므로〉 그 시기가 너무 빨랐다.

字義 禘 : 제사 체

【經】 秋八月辛丑에 公薨하다

가을 8월 신축일에 閔公이 薨하였다.

【傳】 初에 公傅奪卜齮(기)田호대 公不禁이러니 秋八月辛丑에 共仲使卜齮賊公于武闈(위)[11]하다

당초에 閔公의 스승이 卜齮의 土田을 빼앗았는데 민공이 금지하지 않았다. 가을 8월 신축일에 共仲(慶父)이 복기에게 武闈에서 민공을 시해하게 하였다.

【經】 九月에 夫人姜氏孫于邾하다

9월에 夫人 姜氏(哀姜)가 邾나라로 도망갔다.

---

10 吉禘 : 3년상을 마치면 새로 죽은 자의 神主를 宗廟로 모시고, 종묘에 있던 遠祖(高祖 이상의 먼 조상)의 神主를 祧廟로 옮기고 大祭를 지내 昭穆의 차례를 밝히는 것을 '禘'라 한다. 莊公의 喪制가 아직 끝나지 않았는데, 당시 따로 廟를 짓다가 廟가 완성되자 吉祭를 지낸 것이다.(杜注)

11 武闈(위) : 〈杜注〉에서는 '宮中의 작은 문'이라고 하였으나, 〈楊注〉에서 이를 의심하며 '路寢의 곁문'이라고 하였으므로, 〈楊注〉의 설을 따랐다.

【傳】閔公은 哀姜之娣叔姜之子也라 故齊人立之하다 共仲通於哀姜하니 哀姜欲立之러니 閔公之死也에 哀姜與知之라 故孫于邾하다 齊人取而殺之于夷하고 以其尸歸어늘 僖公請而葬之하다

閔公은 哀姜의 동생인 叔姜의 아들이므로, 齊人이 그를 임금으로 세웠다. 共仲이 애강과 간통하니 애강은 공중을 임금으로 세우고자 하였는데, 민공이 시해되었을 때 애강이 그 모의에 참여하여 사실을 알고 있었으므로 邾나라로 달아난 것이다.

齊人이 애강을 붙잡아 夷에서 죽이고 그 시신을 가지고 제나라로 돌아가자, 僖公이 〈제나라에 애강의 시신을 돌려줄 것을〉 요청하여 돌아오자 장사 지냈다.

字義 娣 : 누이 제 通 : 간통할 통 尸 : 시신, 주검 시

【經】公子慶父(보)出奔莒하다

公子 慶父가 莒나라로 달아났다.

【傳】成季以僖公適邾러니 共仲奔莒어늘 乃入하야 立之하고 以賂求共仲于莒하니 莒人歸之하다 及密하야 使公子魚請이어늘 不許한대 哭而往하니 共仲曰 奚斯之聲也라하고 乃縊하다

成季(季友)가 僖公(閔公의 庶兄)을 데리고 邾나라에 갔는데, 共仲이 莒나라로 달아나자 곧장 魯나라로 들어와서 희공을 임금으로 세우고, 거나라에 뇌물을 주며 공중을 돌려보낼 것을 요구하니 莒人이 그를 돌려보냈다. 공중이 密에 이르러 公子 魚를 보내 사면해줄 것을 요청하자 허락하지 않았는데, 공자 어가 곡하면서 돌아가니 공중이 말하기를 "이 울음소리는 奚斯(公子 魚)의 목소리다."라 하고는 마침내 스스로 목을 매어 죽었다.

成季之將生也에 桓公使卜楚丘之父卜之한대 曰 男也라 其名曰友니 在公之右하야 間于兩社하야 爲公室輔하리니 季氏亡하면 則魯不昌하리라 又筮之하야 遇大有䷍之乾䷀하니 曰 同復于父하고 敬如君所라하더니 及生에 有文在其手曰友라 遂以命之하다

成季가 태어날 때 魯 桓公이 卜楚丘(卜筮를 맡은 魯나라 대부)의 아버지에게 거북점을 치게 하였는데, 그가 점을 치고는 점괘를 풀이하여 말하였다.

"사내입니다. 이름은 '友'이니 임금의 오른쪽(要職)에 있으면서 兩社(周社와 亳社)의 사이에 위치하여 公室을 보좌할 것이니, 季氏가 망하면 魯나라도 번창하지 못할 것입니다."

또 시초점을 쳐서 大有卦(☲)가 乾卦(☰)로 변하는 점괘를 얻으니, 이를 풀이하여 말하였다. "존귀함이 다시 아버지와 같을 것이고, 임금처럼 존경받을 것입니다." 성계가 태어남에 미쳐 그의 손금에 '友'자 문양이 있었기 때문에, 마침내 이로써 이름을 지었다.

成風聞成季之繇(주)하고 乃事之하야 而屬僖公焉하니 故成季立之하니라

成風(僖公의 母)이 成季의 출생에 대한 점괘 풀이를 듣고는 곧바로 그와 결탁하여(事) 희공을 부탁하였다. 그러므로 성계가 희공을 임금으로 세운 것이다.

字義 繇 : 점괘 풀이할 주

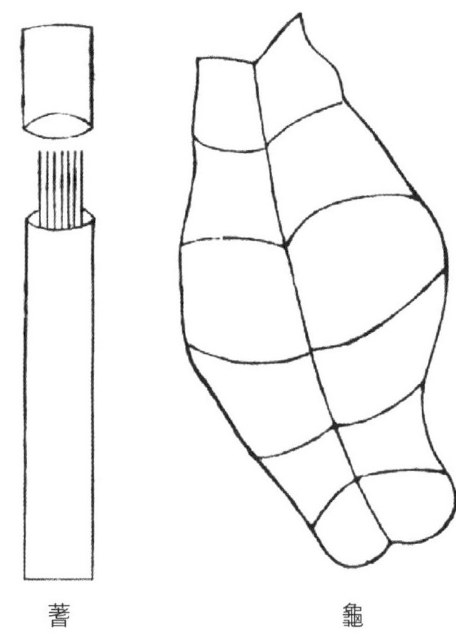
蓍 龜

【經】 冬에 齊高子來盟하다

겨울에 齊나라 高子(高傒)가 魯나라에 와서 맹약하였다.

【經】 十有二月에 狄入衛하다

12월에 狄人이 衛나라를 침입하였다.

【傳】 冬十二月에 狄人伐衛하다 衛懿公好鶴하야 鶴有乘軒者러니 將戰에 國人受甲者皆曰 使鶴하라 鶴은 實有祿位어니와 余는 焉能戰이리오 公與石祁子玦[12]하고 與甯莊子矢하야 使守曰 以此贊國하야 擇利而爲之하라하고 與夫人繡

玦

12 玦 : 한쪽이 터진 고리 모양의 佩玉을 가리키며, 쇠로 만든 것도 있다. 결단·절연 등의 뜻을 나타낸다.(《漢韓大辭典》)

衣하고 曰 聽於二子하라 渠孔御戎하고 子伯爲右하고 黃夷前驅하고 孔嬰齊殿하야 及狄人戰于熒澤하야 衛師敗績하다 遂滅衛하니 衛侯不去其旗라 是以甚敗하니라 狄人囚史華龍滑與禮孔하야 以逐衛人하니 二人曰 我는 大(태)史也라 實掌其祭하니 不先하면 國不可得也리라 乃先之하니 至則告守曰 不可待也[13]라하고 夜에 與國人出하니 狄入衛하야 遂從之하야 又敗諸(저)河하다

겨울 12월에 狄人이 衛나라를 침입하였다. 평소 衛 懿公이 학을 좋아하여 학 중에는 大夫로 임명되어 軒(대부의 수레)을 타는 놈도 있었는데, 狄人과 전쟁하려 할 때 갑옷을 지급받은 國人들이 모두 말하였다.

"학더러 싸우게 하라. 학은 실로 녹봉과 지위가 있지만 〈우리는 없으니,〉 우리가 어찌 싸울 수 있겠는가?"

의공이 石祁子에게 玦(佩玉)을 주고 甯莊子에게 矢(화살)를 주어 도성을 지키게 하고는 말하였다. "이것으로 나라를 도와 이로운 것을 선택하여 처리하라." 또 夫人에게는 수놓은 옷을 주면서 말하였다. "두 사람의 말을 따르라." 그러고는 渠孔에게 戎車를 몰게 하고 子伯을 車右로 삼았으며, 黃夷를 前驅(先鋒)로 삼고 孔嬰齊를 後軍으로 삼아, 狄人과 熒澤에서 싸워 위나라 군대가 크게 패하였다. 마침내 위나라가 멸망하니, 衛侯가 〈패배하고 나서도〉 그 旗를 버리지 않았기 때문에 크게 패배한 것이다.

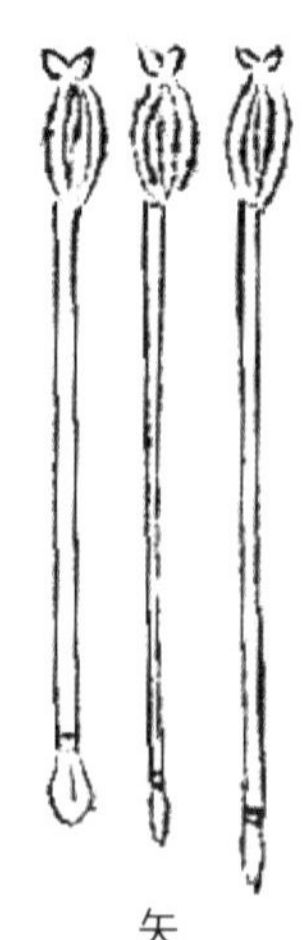
矢

狄人이 太史인 華龍滑과 禮孔을 잡아 가두고 衛人을 추격하니, 두 사람이 말하였다. "우리는 太史이므로 실로 제사를 관장하고 있으니, 우리가 먼저 들어가지 않으면 나라를 얻을 수 없을 것이다." 이에 그들을 먼저 위나라 도성에 들어가게 하니, 두 사람이 이르러 지키던 사람(石祁子·甯莊子)에게 말하였다. "狄人을 막을〔待〕 수 없다." 밤에 國人들과 함께 성을 빠져나가니, 적인이 위나라 도성에 들어가 마침내 그들을 추격하여 또 河水에서 패배시켰다.

字義 鶴 : 학 학　軒 : 수레 헌　甲 : 병장기 갑　玦 : 패옥 결　贊 : 도울 찬　擇 : 가릴 택
繡 : 수놓을 수　旗 : 기 기　掌 : 관장할 장　待 : 막을 대

---

13 不可待也 : 《國語》〈魯語 下〉와 〈楚語 下〉의 韋昭 註에 '待'는 '禦(막다, 방어하다)'와 같은 뜻이라고 하였다.(楊注)

衛 懿公이 학을 좋아하여 나라를 망치다(衛懿公好鶴亡國)

初에 惠公之卽位也에 少라 齊人使昭伯烝於宣姜한대 不可어늘 强之하야 生齊子戴公文公宋桓夫人許穆夫人하다 文公爲衛之多患也하야 先適齊러니 及敗에 宋桓公逆諸河하야 宵濟하니 衛之遺民이 男女七百有三十人이요 益之以共滕之民하야 爲五千人이러라 立戴公하야 以廬于曹하니 許穆夫人賦載馳[14]하다 齊侯使公子無虧帥(솔)車三百乘과 甲士三千人以戍曹하고 歸公乘[15]馬와 祭服五稱과 牛羊豕鷄狗皆三百與門材하고 歸(궤)夫人魚軒과 重錦三十兩하다

당초에 衛 惠公이 즉위하였을 때 나이가 어렸으므로 齊人이 昭伯(惠公의 庶兄)에게 宣姜과 간통하게 하였는데, 소백이 안 된다고 하자 강제로 밀어붙여서 齊子 · 戴公 · 文公 · 宋桓夫人 · 許穆夫人을 낳았다.

문공은 衛나라에 환란이 많다는 이유로 먼저 齊나라에 가 있었는데, 위나라가 狄人에게 패하였을 때 宋 桓公이 河水에서 위나라 패잔병들을 맞이하여 밤중에 하수를 건넜다. 이때 위나라 國都의 유민이 남녀 모두 730명이었고, 〈위나라의 別邑인〉 共邑 · 滕邑의 유민들까지 더하여 모두 5천 명이었다. 戴公을 임금으로 세워서 曹邑에 머무르게 하니, 허목부인이 〈載馳〉 詩를 지었다.

齊侯가 公子 無虧(齊 桓公의 아들 武孟)에게 兵車 3백 乘과 甲士 3천 명을 거느리고 조읍을 지키게 하고서, 대공에게 말 네 필과 祭服 다섯 벌과 소 · 양 · 돼지 · 닭 · 개 도합 3백 마리와 門을 지을 목재를 보내고, 부인에게는 물고기 비늘로 장식한 수레〔魚軒〕와 熟絲로 짠 세밀한 비단〔重錦〕 30兩(匹)을 보냈다.

字義 少 : 어릴 소 强 : 억지로, 강요할 강 適 : 갈 적 宵 : 밤 소

僖之元年에 齊桓公遷邢于夷儀하고 二年에 封衛于楚丘하니 邢遷如歸하고 衛國忘亡이러라

僖公 원년에 齊 桓公이 邢나라를 夷儀로 옮기고, 2년에 衛나라를 楚丘에 봉하였다. 형나라 사람들은 본국으로 돌아간 듯이 기뻐하였고, 위나라 사람들은 나라가 멸망한 원통함을 잊었다.

衛文公이 大布之衣와 大帛之冠으로 務材訓農하며 通商惠工하며 敬敎勸學하며 授方任能하니 元年에 革車三十乘이러니 季年에 乃三百乘이러라

---

14 載馳 : 《詩經》 〈鄘風 載馳〉를 가리킨다. 許穆夫人이 衛나라가 망했다는 소식을 듣고 曹邑으로 가서 衛侯를 위로하려 하였는데, 許나라 大夫들이 타국으로 시집온 부인의 올바른 禮가 아니라고 하면서 만류하자 결국 허나라로 돌아가는 과정의 所懷를 노래한 시이다.

15 乘 : 말 네 필을 말한다.(杜注)

衛 文公이 거친 베로 지은 옷을 입고 두꺼운 명주로 만든 冠을 쓰고서, 목재를 준비하는데 힘쓰고 농사를 가르쳤으며, 물자를 유통시켜 〈이익을 오가게 하고〉 工人에게 혜택을 주어 〈器用을 이롭게 함을 권장하며,〉 五敎(五倫)를 중시하고 학문을 권면하며, 관리들에게 알맞은 도리〔方〕를 가르쳐 유능한 자를 임용하였다. 그 결과 僖公 원년에는 革車(兵車)가 30乘이었는데, 季年(희공 25년)에는 300乘이 되었다.

【經】 鄭棄其師하다

鄭나라가 그 군대를 버렸다.

【傳】 鄭人惡(오)高克하야 使帥(솔)師하야 次于河上하고 久而弗召하니 師潰而歸어늘 高克奔陳하니 鄭人爲之賦淸人[16]하다

鄭人(鄭 文公)이 高克(鄭나라 大夫)을 미워하여 그에게 군대를 거느리고 가서 河水 가에 주둔하게 하고는 오랜 시간이 흐른 뒤에도 부르지 않으니, 군대가 흩어져 돌아가자 고극도 陳나라로 도망갔다. 정나라 사람들이 그를 위하여 〈淸人〉 詩를 지었다.

晉侯使大(태)子申生으로 伐東山皐落氏한대 里克諫曰 大(태)子는 奉冢祀社稷之粢盛하고 以朝夕視君膳者也니 故曰冢子니이다 君行則守하고 有守則從하나니 從曰撫軍이요 守曰監國이 古之制也니이다 夫帥(솔)師에 專行謀하며 誓軍旅는 君與國政之所圖也요 非大(태)子之事也니이다 師在制命而已니 禀命則不威요 專命則不孝라 故君之嗣適은 不可以帥師라 君失其官하고 帥(솔)師不威면 將焉用之리오 且臣聞皐落氏將戰이라하니 君其舍之하소서 公曰 寡人有子호대 未知其誰立焉이로라 不對而退하야 見大(태)子한대 大(태)子曰 吾其廢乎인저 對曰 告之以臨民[17]하고 敎之以軍旅하니 不共[18]是懼언정 何故廢乎아 且子는 懼不孝요 無懼弗得立이니 修己而不責人하면 則免於難하리이다

晉侯(晉 獻公)가 太子 申生에게 東山의 皐落氏(赤狄의 別種)를 토벌하게 하였는데, 里克(晉

---

16 淸人 : 《詩經》 〈鄭風〉의 詩이다. 鄭 文公이 정당하지 못한 방법으로 신하를 물리쳐서, 나라를 위태롭게 하고 군대를 잃게 한 장본이 되었음을 풍자한 것이다.(杜注)

17 告之以臨民 : 閔公 원년에 晉 獻公이 曲沃에 城을 쌓고 그곳에 太子를 거주하게 한 일을 가리킨다.

18 共 : '供(갖추다, 완수하다)'의 뜻이다.

나라 大夫)이 간언하였다.

"태자란 宗廟와 社稷의 제사를 받들고, 아침저녁으로 임금의 음식〔膳〕을 살피는 사람이니, 그러므로 태자를 '冢子'라고 합니다. 임금께서 국경 밖으로 出行하시면 〈태자는 남아서 나라를〉 지키고 달리 지킬 사람이 있으면 임금을 따라가는 법이니, 따라갈 때의 명칭을 '撫軍(군대를 위로함)'이라 하고, 남아서 나라를 지킬 때의 명칭을 '監國(나라를 감독함)'이라 하는 것이 옛 제도입니다.

무릇 군대를 거느리고 출정할 때 策略을 혼자서 결정하고 군대에 호령을 내리는 것은, 임금과 國政(나라의 正卿)이 도모할 일이지 태자의 일이 아닙니다. 군대를 지휘하는 일은 명령을 제어하는 데 달려 있으니, 명령을 임금에게 물어서 시행하면 위엄이 없어지고 명령을 혼자 결정하면 不孝가 됩니다. 그러므로 임금의 뒤를 잇는 適子는 군대를 거느려서는 안 되는 것입니다. 임금께서는 올바른 관원을 임명하는 법도를 잃고 태자는 군대를 거느리는 위엄이 없다면 장차 그것을 어디에 쓰겠습니까. 또 臣은 고락씨가 우리와 맞서 싸우려 한다는 소식을 들었으니 임금께서는 명령을 회수해주십시오."

그러자 헌공이 말하였다. "寡人에게 자식이 많은데, 누구를 後嗣로 세울지 모르겠다." 이극이 대답하지 않고 물러 나오다가 태자를 만났다. 태자가 말하였다. "내 장차〔其〕 폐출되겠는가?" 이극이 대답하였다.

"〈임금께서는 태자에게〉 백성을 다스리는 일로 고해주고 군대의 일로 教示하셨으니, 태자께서는 직무를 완수하지〔共〕 못할까 걱정할지언정 어찌 폐출될 것을 걱정하십니까. 게다가 태자께서는 불효만을 걱정하시고 임금의 자리에 서지 못할 것을 걱정하지 마셔야 하니, 자기 스스로를 수양하고 남을 책망하지 않는다면 화를 면할 것입니다."

字義 冢 : 클, 무덤 총　膳 : 음식 선　誓 : 맹서할 서　禀 : 여쭐 품　嗣 : 이을 사
共 : 완수할 공(=供)

大子帥(솔)師하니 公衣之偏衣하고 佩之金玦[19]하다 狐突御戎하고 先友爲右하고 梁餘子養御罕夷하고 先丹木爲右하고 羊舌大夫爲尉러니 先友曰 衣身之偏하며 握兵之要는 在此行也니 子其勉之하소서 偏躬無慝이요 兵要遠災라 親以無災어늘 又何患焉이리오

太子가 군대를 거느리고 出征하니, 獻公이 태자에게 偏衣를 입혀주고 金玦을 채워주었다.

19 公衣之偏衣 佩之金玦 : '偏衣'는 좌우의 색이 다른 옷으로 절반을 임금이 입는 公服의 색과 같이 만든 것이고, '金玦'은 쇠로 만든 玦(한쪽이 터진 고리)을 의미한다.

狐突이 戎車를 몰고 先友가 車右가 되며, 梁餘子養이 罕夷(晉나라의 下軍을 거느린 卿)의 수레를 몰고 先丹木이 車右가 되고, 羊舌大夫가 軍尉가 되었는데, 선우가 말하였다.

"몸에 편의를 입혀주고 병권의 요체를 쥐어준 것은 〈앞으로 태자가 행할 일의 成敗가〉 이번 행차에 달려 있는 뜻이니, 태자께서는 노력하십시오. 몸에 편의를 입혀준 것은 사특한 뜻이 없다는 것이고, 병권의 요체를 쥐어준 것은 災禍를 멀리하게 한 것입니다. 임금께서 태자를 친근히 대하면서 재화가 없게 하셨는데, 또 무엇을 근심하십니까."

字義 玦 : 옥고리 결 握 : 쥘 악

狐突嘆曰 時[20]는 事之徵也요 衣는 身之章也요 佩는 衷之旗也라 故敬其事則命以始하고 服其身則衣之純하고 用其衷則佩之度하나니 今에 命以時卒하니 閟其事也요 衣之尨服하니 遠其躬也요 佩以金玦하니 棄其衷也라 服以遠之하고 時以閟之하며 尨은 凉이요 冬은 殺이요 金은 寒이요 玦은 離하니 胡可恃也리오 雖欲勉之나 狄可盡乎아

狐突이 탄식하며 말하였다.

"時令은 일의 성패를 가늠하는 徵兆이고, 옷은 신분의 귀천을 나타내는 典章이며, 패옥은 속마음을 드러내는 旗幟이다. 그러므로 그 일을 공경히 여기면 시령의 시작에 명령을 내리고, 그 몸에 옷을 입히면 純色으로 된 옷을 입히며, 그 사람의 衷心을 쓰고자 하면 법도에 맞는 패옥을 채우는 것이다.

그런데 지금 임금께서 시령의 끝 무렵(冬季)에 명령을 내리셨으니 그 일이 통하지 못하게 막은 것이고, 잡색의 옷[尨服]을 입히셨으니 그 몸(태자)을 멀리한 것이고, 金玦을 채워주셨으니 충심을 버린 것이다. 잡색의 옷을 입혀 몸을 멀리하고 시령의 끝 무렵에 명을 내려 일을 막히게 하였으며, 잡색은 서늘함을, 겨울은 肅殺의 기운을, 金은 차가움을, 玦은 결별을 의미하니 어찌 믿을 수 있겠는가. 아무리 노력한들 狄人을 다 섬멸할 수 있겠는가."

字義 時 : 時令(절기, 계절) 시 徵 : 징조, 조짐 징 章 : 제도, 문물 장 衷 : 속마음 충
閟 : 막을 비 尨 : 섞일 방 離 : 이별할 리 恃 : 의지할 시

梁餘子養曰 帥(솔)師者는 受命於廟하고 受脤於社에 有常服矣[21]어늘 不獲而尨하니 命可知也로다 死而不孝론 不如逃之니라

---

20 時 : 時令(계절)을 가리키니, 太子 申生이 출정한 冬季(12월)를 의미한다.

21 帥(솔)師者……有常服矣 : 韋弁服이 군대의 常服이다.(杜注)

梁餘子養이 말하였다.

"군대를 거느린 사람은 宗廟에서 명령을 받고 土地神의 사당〔社〕에서 제사 고기〔脤〕를 받을 때 법도에 맞는 복장이 있는 법인데, 이러한 복장을 얻지 못하고 잡색 옷을 받았으니 임금의 명령이 의미하는 바를 알 만합니다. 전쟁에 죽어서 불효가 되는 것보다는 차라리 도망가는 것이 낫습니다."

字義 廟 : 사당 묘 社 : 토지신 사 脤 : 제사 고기 신

罕夷曰 尨奇는 無常하고 金玦은 不復하니 雖復何爲리오 君有心矣로다 先丹木曰 是服也는 狂夫도 阻[22]之어늘 曰 盡敵而反이라하니 敵可盡乎아 雖盡敵이라도 猶有內讒하리니 不如違之니이다

罕夷가 말하였다. "잡색의 기괴한 옷은 법도에 맞는 복장이 아니고, 쇠로 만든 玦은 살아 돌아오라는 뜻이 아니니, 비록 살아 돌아간들 무엇을 할 수 있겠습니까. 임금께서 〈태자를 해칠〉 마음이 있는 것입니다."

先丹木이 말하였다. "이 잡색 옷은 미친 사람에게 준다고 해도 거절할 것인데, 임금께서 '적군을 다 섬멸하고 나서 돌아오라.'고 하셨으니, 어떻게 적을 다 섬멸할 수 있겠습니까. 비록 적군을 다 섬멸하더라도 내부에서 참소를 할 것이니, 차라리 떠나는 것이 낫습니다."

字義 阻 : 거절할 조 讒 : 참소할 참 違 : 떠날 위

狐突欲行한대 羊舌大夫曰 不可하니이다 違命은 不孝요 棄事는 不忠이니 雖知其寒이라도 惡不可取니 子其死之하소서

狐突이 태자를 모시고 떠나려고 하자, 羊舌大夫가 말하였다.

"안 됩니다. 명령을 어기는 것은 不孝이고 國事를 저버리는 것은 不忠이니, 비록 임금의 마음이 냉담하다는 것을 알더라도 惡(불효 · 불충)을 취해서는 안 됩니다. 태자께서는 이 전쟁에서 죽으십시오."

大子將戰한대 狐突諫曰 不可하니이다 昔에 辛伯諗(심)周桓公云 內寵並后하며 外寵二

---

22 阻 : 〈杜注〉에서는 '疑(의심하다)'의 의미로 풀이하였으나, 〈楊注〉와 《新譯 左傳讀本》에 모두 '拒絶'의 의미로 보아야 한다고 한 설을 따랐다.

政[23]하며 嬖子配適하며 大都耦國은 亂之本也라호대 周公弗從이라 故及於難이라 今에 亂本成矣니 立可必乎아 孝而安民을 子其圖之하소서 與其危身하야 以速罪也[24]리잇가

태자가 狄人과 싸우려 하자, 狐突이 간언하였다.

"안 됩니다. 옛적에 辛伯이 周 桓公에게 고하기를 '임금의 총애를 받는 姬妾(驪姬)의 권위가 王后와 나란하고, 임금의 총애를 받는 신하(梁五·東關嬖五)가 正卿(政)과 같으며, 嬖子(奚齊)의 지위가 適子(申生)와 대등하고, 大都(曲沃)의 크기가 國都와 짝할 만한 것은 화란이 일어나는 근본입니다.'라고 하였는데, 周公(환공)이 따르지 않았으므로 화란에 미쳤습니다.

지금 화란의 근본이 이루어졌으니 태자께서 君位에 오르는 것을 기필할 수 있겠습니까. 몸을 위태롭게 하여 戰功을 세우다가 죄를 부르기보다는, 효도하여 백성을 편안하게 하기를 도모하십시오."

字義 諗 : 고할 심 配 : 대등할 배 耦 : 짝할 우

---

23 二政 : 권위가 執政大臣(正卿)과 똑같음을 이른다. '二'는 '貳'와 같으니 필적함이고, '政'은 집정대신을 이른다.

24 孝而安民……以速罪也 : "孝而安民 子其圖之 與其危身 以速罪也"는 앞뒤가 도치된 문장으로 "與其危身 以速罪也 孝而安民 子其圖之"가 되어야 한다.

僖公[1]

〈원년, 壬戌(B.C. 659)〉

【經】 元年이라 春王正月이라

元年이다. 봄 周王 正月이다.

【傳】 元年이라 春에 不稱卽位는 公出故也라 公出復(부)入호대 不書는 諱之也니 諱國惡이 禮也니라

元年이다. 봄에 즉위를 기록하지 않은 것은 僖公이 〈慶父의 난리 때 邾나라로〉 달아났기 때문이다. 희공이 달아났다가 다시 魯나라로 들어왔는데 經에 기록하지 않은 것은 숨긴 것이니, 나라의 좋지 않은 일을 숨겨서 〈君親의 명예를 보존하는〉 것이 禮에 맞는 일이다.

字義 諱 : 숨길 휘

【經】 齊師宋師曹師次于聶(섭)北하야 救邢하다

齊 · 宋 · 曹나라 군대가 聶北에 주둔하여 邢나라를 구원하였다.

【經】 夏六月에 邢遷于夷儀어늘 齊師宋師曹師城邢하다

여름 6월에 邢나라 사람들이 夷儀로 옮겨가자, 齊 · 宋 · 曹나라 군대가 형나라(夷儀)에 성을 쌓았다.

---

1 僖公 : 魯나라 18대 임금으로 이름은 申이고, 莊公과 成風 사이에서 태어났다. 《史記》와 《漢書》에는 '僖'를 '釐'로도 썼다. 33년간 재위하였다.

【傳】諸侯救邢할새 邢人潰하야 出奔師어늘 師遂逐狄人하고 具邢器用而遷之호대 師無私焉이러라

諸侯들이 邢나라를 구원할 때 형나라 사람들이 흩어져서 〈聶北에 주둔해 있던 제후의〉 군대로 도망해오자, 제후의 군대가 마침내 狄人을 축출하고 형나라에서 사용하던 器用을 모두 꾸려 옮겨주었으나, 제후의 군대가 사사로이 취한 것이 없었다.

夏에 邢遷于夷儀어늘 諸侯城之하니 救患也라 凡侯伯救患分災討罪 禮也라

여름에 邢나라 사람들이 夷儀로 옮겨가자 諸侯들이 그곳에 성을 쌓아주었으니, 형나라의 환란을 구원하기 위함이었다. 무릇 侯伯(方伯)이 환란을 구원하고, 재해를 분담하며, 죄가 있는 제후를 토벌하는 것이 예에 맞는 일이다.

字義 次 : 주둔할 차 潰 : 흩어질, 무너질 궤 奔 : 달아날 분 逐 : 내쫓을 축
用 : 기물, 용기 용 遷 : 옮길 천

【經】秋七月戊辰에 夫人姜氏薨于夷하니 齊人以歸하다

가을 7월 무신일에 夫人 姜氏(哀姜)가 夷에서 薨하니, 齊人이 그 시신을 가지고 齊나라로 돌아갔다.

【經】楚[2]人伐鄭하다

楚人이 鄭나라를 토벌하였다.

【傳】秋에 楚人伐鄭하니 鄭卽齊故也라

가을에 楚人이 鄭나라를 토벌하였으니, 정나라가 齊나라에 붙었기〔卽〕 때문이다.

字義 卽 : 붙을, 의지할 즉

---

2 楚 : 이때부터 荊나라가 비로소 國號를 '楚'라고 칭하였다.(杜注)

【經】八月에 公會齊侯宋公鄭伯曹伯邾人于檉(정)하다

8월에 僖公이 齊侯·宋公·鄭伯·曹伯·邾人과 檉에서 會盟하였다.

【傳】盟于犖(락)[3]하니 謀救鄭也라

〈僖公이 諸侯들과〉 犖에서 회맹하였으니, 鄭나라를 구원하는 일을 의논한 것이다.

【經】九月에 公敗邾師于偃하다

9월에 僖公이 邾나라 군대를 偃에서 패배시켰다.

【傳】九月에 公敗邾師于偃하니 虛丘之戍將歸者也[4]러라

9월에 僖公이 邾나라 군대를 偃에서 패배시켰으니, 虛丘를 지키다가 돌아가려는 자들이었다.

【經】冬十月壬午에 公子友帥(솔)師하야 敗莒師于酈(력)하야 獲莒挐(나)하다

겨울 10월 임오일에 公子 友가 군대를 거느리고 가서, 酈에서 莒나라 군대를 패배시키고 莒挐(莒子의 아우)를 사로잡았다.

【傳】冬에 莒人來求賂[5]어늘 公子友敗諸酈하고 獲莒子之弟挐하다 非卿也로대 嘉獲之也라 公賜季友汶陽之田及費하다

겨울에 莒人이 와서 뇌물을 요구하자, 公子 友(季友)가 酈에서 莒나라와 싸워 패배시키고 莒子의 아우인 莒挐를 사로잡았다. 거나는 卿이 아닌데도 〈그를 사로잡았다고 經에 기록한

---

3 犖(락) : 〈杜注〉에 따르면, '犖'은 經文에 보이는 地名 '檉(정)'의 異稱이라 한다.

4 虛丘之戍將歸者也 : 虛丘는 邾나라 땅이다. 邾人이 哀姜을 齊나라로 송환하자 齊人이 그녀를 살해하였는데, 주인은 그대로 허구를 지키고 있으면서 魯나라를 침략하려 하였다. 그런데 僖公이 母子간의 의리로 제나라에 애강의 시신을 돌려줄 것을 요구하니 제나라가 姜氏의 靈柩를 돌려주었다. 그러자 주인은 노나라가 보복할까 두려워 곧바로 돌아가려 하였기 때문에, 희공이 길목을 지키고 있다가 공격하여 패배시켰다.(杜注)

5 莒人來求賂 : 閔公 2년에 莒나라가 慶父를 魯나라로 돌려보내 준 일에 대한 보답을 요구한 것이다.

것은 계우의 功을〉 가상히 여긴 것이다. 僖公이 계우에게 汶陽田(汶水 북쪽의 土地)과 費邑를 하사하였다.

字義 帥 : 거느릴 솔 獲 : 사로잡을 획 汶 : 지명 문

【經】 十有二月丁巳에 夫人氏之喪이 至自齊하다

12월 정사일에 夫人氏(哀姜)의 靈柩(喪)가 齊나라에서 魯나라로 돌아왔다.

【傳】 夫人氏之喪이 至自齊하다 君子以齊人之殺哀姜也로 爲已甚矣라하니 女子는 從人者也[6]니라

夫人氏의 靈柩가 齊나라에서 魯나라로 돌아왔다. 君子는 齊人이 哀姜을 죽인 것이 너무 심한 처사라고 여겼으니, 여자는 남을 따르는 사람이기 때문이다.

字義 已 : 너무, 지나칠 이 從 : 따를 종

〈2년, 癸亥(B.C. 658)〉

【經】 二年이라 春王正月에 城楚丘하다

2년이다. 봄 周王 정월에 〈魯나라가 衛나라〉 楚丘에 성을 쌓았다.

【傳】 二年이라 春에 諸侯城楚丘而封衛焉하니 不書所會는 後也러라

2년이다. 봄에 諸侯들이 楚丘에 성을 쌓고 衛나라를 그곳에 봉하였으니, 經에 회합한 장소를 기록하지 않은 것은 〈僖公이 약속 장소에〉 늦게 도착했기 때문이다.

字義 封 : 봉할 봉 後 : 늦을 후

6 女子 從人者也 : 여자는 三從의 의리가 있기 때문에, 남편의 집에 있으면서 지은 죄를 〈여자의〉 부모 집에서 다스리는 것이 합당하지 않다는 말이다.(杜注) '三從의 의리'란 여자가 시집을 가기 전에는 아버지의 명을 따르고, 시집을 가서는 남편의 명을 따르고, 남편이 죽으면 適子의 명을 따르는 것을 의미한다.

【經】 夏五月辛巳에 葬我小君哀姜하다

여름 5월 신사일에 우리 小君 哀姜을 장사 지냈다.

【經】 虞師晉師 滅下陽하다

虞 · 晉나라의 군대가 虢나라의 下陽을 멸하였다.

【傳】 晉荀息이 請以屈産之乘과 與垂棘之璧으로 假道於虞하야 以伐虢한대 公曰 是吾寶也니라 對曰 若得道於虞하면 猶外府也니이다 公曰 宮之奇存焉하니라 對曰 宮之奇之爲人也는 懦而不能强諫하고 且少長於君하야 君暱(닐)之하니 雖諫이나 將不聽하리이다

晉나라 荀息이 北屈에서 생산되는 준마 네 필과 垂棘에서 나는 玉을 虞나라에 주고 길을 빌려 虢나라를 공격하자고 청하였다. 晉 獻公이 말하였다. "이것들은 나의 보물이니 줄 수 없다." 순식이 대답하였다. "만약 우나라에 길을 빌릴 수 있으면 보물을 나라 밖 창고에 보관해두는 것과 같습니다."

진 헌공이 말하였다. "우나라에는 宮之奇가 있으니 〈成事되지 못할 것이다.〉" 순식이 대답하였다. "궁지기의 사람됨은 유약하여 강력히 諫言하지 못하고, 게다가 어려서부터 우나라 임금과 함께 자라서 임금이 그를 임의롭게 대하니, 비록 그가 간언하더라도 아마〔將〕 임금이 따르지 않을 것입니다."

乃使荀息으로 假道於虞하니 曰 冀爲不道하야 入自顚軨(령)하야 伐鄍三門이러니 冀之旣病은 則亦唯君故니이다 今虢爲不道하야 保於逆旅하야 以侵敝邑之南鄙하니 敢請假道하야 以請罪于虢하노이다 虞公許之하고 且請先伐虢한대 宮之奇諫호대 不聽하고 遂起師하다 夏에 晉里克荀息이 帥(솔)師하야 會虞師伐虢하야 滅下陽하니 先書虞는 賄故也라

이에 獻公이 荀息에게 虞나라에 길을 빌리게 하니, 〈순식이 우나라에 가서〉 말하였다. "과거에 冀나라가 無道하게 〈우나라를 공격하여〉 顚軨에서부터 쳐들어와 鄍邑의 세 번째 성문까지 공격한 일이 있었는데, 기나라가 이미 쇠약해진〔病〕 것은 또한 임금께서 기나라에 보복하였기 때문입니다. 지금 虢나라가 무도하여 변방의 客舍 근처에 보루를 쌓고 우리나라〔敝邑〕의 남쪽 변방을 침략하려 하니, 감히 청컨대 우나라의 길을 빌려서 괵나라에 죄를 묻고자 합니다." 虞公이 허락하고 또 자신이 먼저 괵나라를 공격하겠다고 청하였다. 宮之奇가 간언

하였으나, 우공이 따르지 않고 마침내 군대를 일으켰다.

여름에 晉나라 里克 · 荀息이 군대를 거느리고 우나라 군대와 연합해서 괵나라를 공격하여 下陽을 격멸하였으니, 經에 우나라를 먼저 기록한 것은 우나라가 진나라의 뇌물을 탐한 것을 미워했기 때문이다.

虢公敗戎于桑田이어늘 晉卜偃曰 虢必亡矣리라 亡下陽호대 不懼而又有功하니 是天奪之鑑하야 而益其疾也라 必易(이)晉而不撫其民矣리니 不可以五稔[7]이리라

虢公이 桑田에서 戎을 패배시키자, 晉나라 卜偃이 말하였다.

"虢나라는 반드시 망할 것이다. 下陽을 잃고서도 두려워하지 않고 또 전쟁하여 功을 세웠으니, 이는 하늘이 그의 거울을 빼앗아 〈스스로의 죄악을 비추어볼 수 없게 하여〉 죄악을 더하게 한 것이다. 괵공은 반드시 晉나라를 경시하고 백성들을 어루만지지 않을 것이니, 5년을 넘기지 못할 것이다."

字義 乘 : 말을 세는 단위(네 마리) 승　璧 : 옥 벽　假 : 빌릴 가　府 : 창고 부
懦 : 나약할, 유약할 나　暱 : 친근할, 임의로울 닐　將 : 아마 장　病 : 쇠약할 병
逆 : 맞이할 역　旅 : 여관, 객사 려　敝 : 낡을, 겸사용 접두사 폐　賄 : 뇌물 회
易 : 경시할 이　撫 : 어루만질 무　稔 : 곡식 여물, 한 해 임

【經】秋九月에 齊侯宋公江人黃人盟于貫하다

가을 9월에 齊侯 · 宋公 · 江人 · 黃人이 貫에서 맹약하였다.

【傳】秋에 盟于貫하니 服江黃也러라

가을에 貫에서 맹약하였으니, 江 · 黃나라가 〈齊나라에〉 복종하였기 때문이다.

齊寺(시)人貂始漏師于多魚하다

齊나라 寺人 豎貂가 처음으로 多魚에서 군사 기밀을 누설하였다.

字義 服 : 복종할 복　寺 : 환관 시　漏 : 누설할 루

7　五稔 : '稔'은 곡식이 여문다는 뜻으로 '한 해'를 가리킨다. '五稔'은 5년이다.

【經】冬十月에 不雨하다

겨울 10월에 비가 내리지 않았다.

【經】楚人侵鄭하다

楚人이 鄭나라를 침공하였다.

【傳】冬에 楚人伐鄭하야 鬪章囚鄭聃伯하다

겨울에 楚人이 鄭나라를 토벌하여, 鬪章(楚나라 大夫)이 鄭나라 聃伯을 사로잡았다.

字義 囚 : 사로잡을 수

〈3년, 甲子(B.C. 657)〉

【經】三年이라 春王正月에 不雨하고 夏四月에 不雨하다

3년이다. 봄 周王 정월에 비가 내리지 않았고, 여름 4월에도 비가 내리지 않았다.

【經】徐人取舒하다

徐人이 舒나라를 취하였다.

【經】六月에 雨하다

6월에 비가 내렸다.

【傳】三年이라 春에 不雨하고 夏六月에 雨하다 自十月不雨하야 至于五月호대 不曰旱은 不爲災也라

3년이다. 봄에 비가 내리지 않았고, 여름 6월에 비가 내렸다. 지난해 10월부터 비가 내리지

않아 올해 5월까지 지속되었는데, 經에 '가물었다〔旱〕.'라고 기록하지 않은 것은 〈五穀의 씨앗을 뿌리는 일에〉 災害가 되지 않았기 때문이다.

字義 旱 : 가물 한

【經】秋에 齊侯宋公江人黃人會于陽穀하다

가을에 齊侯 · 宋公 · 江人 · 黃人이 陽穀에서 회합하였다.

【傳】秋에 會于陽穀하니 謀伐楚也러라

가을에 陽穀에서 회합하였으니, 楚나라를 토벌하는 일을 논의하기 위해서였다.

【經】冬에 公子友如齊涖(리)盟하다

겨울에 公子 友가 齊나라로 가서 맹약에 참여하였다.

【傳】齊侯爲陽穀之會하야 來尋盟하니 冬에 公子友如齊涖盟하다

齊侯가 陽穀의 會合에 〈魯나라가 참여하지 않았기〉 때문에 사람을 보내 와서 기존의 맹약을 거듭 다지기를 요구하였다. 겨울에 公子 友가 齊나라로 가서 맹약에 참여하였다.

字義 涖 : 임(臨)할, 다다를 리 尋 : 거듭할, 반복할 심

【經】楚人伐鄭하다

楚人이 鄭나라를 토벌하였다.

【傳】楚人伐鄭하니 鄭伯欲成한대 孔叔不可하야 曰 齊方勤我어늘 棄德이면 不祥이라하다

楚人이 鄭나라를 토벌하니 鄭伯이 楚나라와 講和하고자 하였는데, 孔叔(정나라 大夫)이 안 된다고 하면서 말하였다.

"齊나라가 한창 우리나라를 구원하고자 노력하고 있는데, 德을 저버리면 좋지 않을 것입니다."

字義 成 : 강화할, 화친할 성 祥 : 좋을 상

〈4년, 乙丑(B.C. 656)〉

【經】 四年이라 春王正月에 公會齊侯宋公陳侯衛侯鄭伯許男曹伯하야 侵蔡하니 蔡潰어늘 遂伐楚하야 次于陘하다

4년이다. 봄 周王 정월에 僖公이 齊侯 · 宋公 · 陳侯 · 衛侯 · 鄭伯 · 許男 · 曹伯과 회합하여 蔡나라를 侵攻하였다. 채나라 군대가 무너져 달아나자, 마침내 楚나라를 토벌하고서 陘에 주둔하였다.

【傳】 齊侯與蔡姬乘舟于囿러니 蕩公하니 公懼變色하야 禁之호대 不可러라 公怒하야 歸之호대 未之絶也러니 蔡人嫁之하다

齊侯가 蔡姬와 囿池에서 뱃놀이를 하였는데, 이때 채희가 齊 桓公이 타고 있는 배를 흔드니 환공이 두려워 낯빛이 변하면서 그만두라고 하였으나 듣지 않았다. 환공이 노하여 그녀를 蔡나라로 돌려보냈으나 부부간의 관계를 끊지는 않았는데, 蔡나라 군주가 그녀를 다른 곳으로 改嫁시켰다.

四年이라 春에 齊侯以諸侯之師侵蔡하니 蔡潰어늘 遂伐楚하니 楚子使與師言曰 君處北海하고 寡人處南海하니 唯是風馬牛不相及也라 不虞君之涉吾地也호니 何故오

4년이다. 봄에 齊侯가 諸侯의 군대를 거느리고 蔡나라를 침공하였다. 蔡나라 군대가 무너져 달아나자 마침내 楚나라를 토벌하였다. 楚子가 제후의 軍中으로 사람을 보내 말하였다.

"임금은 北海에 살고 寡人은 南海에 사니, 이는 바람난 마소도 서로 미칠 수 없는 거리요. 임금이 내가 사는 곳까지 걸음할 줄은 생각도 못했으니, 무슨 이유로 오셨소?"

管仲이 對曰 昔에 召康公命我先君大(태)公하야 曰 五侯九伯[8]을 女實征之하야 以夾輔周室하라하시고 賜我先君履호대 東至于海하고 西至于河하고 南至于穆陵하고 北至于無棣하니라 爾貢包茅[9]不入하야 王祭不共이라 無以縮酒하니 寡人是徵이요 昭王南征而不

---

8 五侯九伯 : 五等諸侯인 公·侯·伯·子·男과 九州의 長을 아울러 이르는 말이다. 천하 제후를 두루 이르는 말로 쓴다.

9 包茅 : 띠풀을 묶은 것으로, 제사에서 술을 걸러 지게미를 제거할 때 사용한다.

復하시니 寡人是問하노라 對曰 貢之不入은 寡君之罪也니 敢不共給이리오 昭王之不復은 君其問諸水濱[10]하라 師進하야 次于陘하다

管仲이 대답하였다.

"옛날 召康公(召公 奭)께서 우리 先君 太公(太公望)에게 명하시기를 '五侯·九伯을 그대가 실로 정벌하여 周나라 왕실을 보좌하라.'고 하시고, 우리 선군에게 정벌할 수 있는 범위〔履〕를 내리시되 동쪽으로는 바다까지, 서쪽으로는 黃河까지, 남쪽으로는 穆陵까지, 북쪽으로는 無棣까지 이르게 하셨소. 그런데 그대(楚)가 바쳐야 하는 包茅가 들어오지 않아 술을 거르지 못하여 天王께서 제사를 지내지 못하니, 寡人은 이를 징계하는 것이고, 또 周 昭王이 南方을 순수할 때 〈漢水를 건너다가 배가 물에 가라앉아〉 돌아오지 못하였으니, 과인은 이에 대해서도 죄를 묻겠소."

楚나라 사자가 대답하였다.

"貢物을 들이지 않은 것은 우리 임금의 죄이니 감히 바치지 않겠습니까. 그러나 소왕께서 돌아가지 못한 것에 대해서는 임금께서 물가에 가서 물어보십시오."

제후의 군대가 진군하여 陘에 주둔하였다.

字義 囿 : 동산 유 嫁 : 시집갈 가 潰 : 무너질 궤 虞 : 헤아릴 우 征 : 정벌할 정
輔 : 도울 보 履 : 경계, 영도 리 貢 : 공물, 바칠 공 包 : 싸서 묶은 다발 포
茅 : 띠, 향초 모 縮 : 술 거를 축 徵 : 징계할 징 濱 : 물가 빈

【經】夏에 許男新臣卒하다

여름에 許男 新臣(許 穆公)이 卒하였다.

【經】楚屈完來盟于師하고 盟于召陵하다

楚나라 屈完이 諸侯의 군영으로 와서 맹약하고, 〈다시〉 召陵에서 맹약하였다.

【傳】夏에 楚子使屈完如師하니 師退하야 次于召陵이러라 齊侯陳諸侯之師하고 與屈完乘而觀之할새 齊侯曰 豈不穀是爲리오 先君之好是繼니 與不穀同好如何오 對曰 君惠徼

---

10 昭王之不復 君其問諸水濱 : 昭王 때는 漢水가 楚나라의 경내가 아니었기 때문에 죄를 받아들이지 않은 것이다.(杜注)

福於敝邑之社稷하야 辱收寡君이 寡君之願也로소이다 齊侯曰 以此衆戰이면 誰能禦之며 以此攻城이면 何城不克이리오 對曰 君若以德綏諸侯면 誰敢不服이리오 君若以力이면 楚國方城以爲城하고 漢水以爲池하니 雖衆이나 無所用之니이다 屈完及諸侯盟하다

여름에 楚子가 屈完을 諸侯의 군영으로 보내니, 제후의 군대가 물러나 召陵에 주둔하였다. 齊侯가 제후들의 군대를 정렬시키고는 굴완과 함께 수레를 타고 사열할 때, 齊侯가 말하였다. "내가 군대를 끌고 온 것이 어찌 나 개인을 위해서 이겠는가. 우리 先君과 맺은 우호를 계승하기 위함이니, 나와 우호를 맺음이 어떠한가?" 굴완이 대답하였다. "임금께서 은혜로이 우리나라 社稷에 복을 구하면서 우리 임금을 거두어주시는 은혜를 받는 것이 우리 임금의 소원입니다."

齊侯가 말하였다. "이 무리를 이끌고 전쟁을 하면 누가 막을 수 있으며, 이 무리를 이끌고 城을 공격하면 어느 성인들 함락시키지 못하겠는가." 굴완이 대답하였다. "임금께서 만약 德으로 제후들을 안정시킨다면 누가 감히 복종하지 않겠습니까. 그러나 임금께서 만약 힘으로써 하신다면 楚나라는 方城山을 城으로 삼고 漢水를 垓字로 삼아 맞설 것이니 비록 군사가 많더라도 소용이 없을 것입니다."

굴완이 제후들과 맹약하였다.

字義 陳 : 늘어놓을 진 徼 : 구할 요 禦 : 막을 어 綏 : 편안할, 안정시킬 수 池 : 해자, 못 지

【經】齊人이 執陳轅濤塗하다

齊人이 陳나라 대부 轅濤塗를 잡아 가두었다.

【傳】陳轅濤塗謂鄭申侯曰 師出於陳鄭之間이면 國必甚病이어니와 若出於東方하야 觀兵於東夷하고 循海而歸면 其可也리라 申侯曰 善타 濤塗以告한대 齊侯許之러라 申侯見(현)曰 師老矣니 若出於東方而遇敵이면 懼不可用也요 若出於陳鄭之間하야 共其資糧屝屨면 其可也리이다 齊侯說(열)하야 與之虎牢하고 執轅濤塗하다

陳나라 대부 轅濤塗가 鄭나라 대부 申侯에게 말하였다. "군대가 陳나라와 鄭나라의 사이로 행군하면 우리 두 나라는 반드시 심한 곤욕을 겪게 될 것이고, 만약 동쪽으로 행군하여 東夷에게 위엄을 과시하고서 바닷가를 따라 행군하여 돌아온다면 이는 괜찮을 것입니다." 신후가 말하였다. "좋다."

원도도가 〈齊侯에게 동이를 복속시킬 것을〉 고하자 제후가 허락하였다. 신후가 제후를 뵙고 말하였다. "군대가 출정한 지가 오래되었으니〔老〕 만약 동쪽으로 행군하였다가 적군을 만나면 군대를 쓸 수 없을까 염려됩니다. 그러나 만약 진나라와 정나라의 사이로 행군해서 군량과 신발을 공급받는다면 괜찮을 것입니다." 齊侯가 기뻐하여 신후에게 虎牢(정나라의 邑)를 주고, 원도도를 잡아 가두었다.

字義 循 : 길 따라 돌 순　老 : 오래될 로　資 : 재물 자　糧 : 양식 량　屝 : 짚신 비　屨 : 신 구

【經】 秋에 及江人黃人伐陳하다

가을에 〈僖公이〉 江人 · 黃人과 陳나라를 토벌하였다.

【傳】 秋에 伐陳하니 討不忠也러라

가을에 陳나라를 토벌하였으니, 〈행군의 길을 그르게 말한 轅濤塗의〉 不忠함을 토벌한 것이다.

【經】 八月에 公至自伐楚하다

8월에 僖公이 楚나라를 토벌한 전쟁에서 돌아왔다.

【經】 葬許穆公하다

許 穆公을 장사 지냈다.

【傳】 許穆公卒于師어늘 葬之以侯하니 禮也라 凡諸侯薨于朝會면 加一等하고 死王事면 加二等하나니 於是에 有以袞斂하니라

許 穆公이 軍中에서 卒하자 侯의 禮로 장사 지냈으니 禮에 맞는 일이다. 범례에 의하면 제후가 朝見(조현)이나 회합 중에 薨하면 한 등급을 올려주고, 王事에 관련된 일로 죽으면 두 등급을 올려주니, 이 경우에 한해서 袞衣를 입혀서 殮할 수 있다.

字義 殮 : 염할 렴

【經】冬十有二月에 公孫玆帥(솔)師하야 會齊人宋人衛人鄭人許人曹人하야 侵陳하다

겨울 12월에 公孫玆(叔孫戴伯)가 군대를 거느리고 齊人 · 宋人 · 衛人 · 鄭人 · 許人 · 曹人과 연합하여 陳나라를 침공하였다.

【傳】冬에 叔孫戴伯帥(솔)師하고 會諸侯之師侵陳하다 陳成하니 歸轅濤塗하다

겨울에 叔孫戴伯(公孫玆)이 군대를 거느리고 諸侯의 군대와 연합하여 陳나라를 침공하였다. 진나라가 강화를 청하자, 轅濤塗를 진나라로 돌려보냈다.

〈5년, 丙寅(B.C. 655)〉

【經】五年이라 春이라

5년이다. 봄이다.

【傳】五年이라 春王正月辛亥朔에 日南至라 公旣視朔[11]하고 遂登觀臺하야 以望而書하니 禮也라 凡分至啓閉에 必書雲物은 爲備故也니라

5년이다. 봄 周王 정월 신해일 초하루에 冬至가 들었다. 僖公이 視朔하고 나서 마침내 觀臺에 올라 〈雲物(雲氣와 災變)을〉 관망하고 이를 기록하였으니 禮에 맞는 일이다. 무릇 春分 · 秋分〔分〕, 冬至 · 夏至〔至〕, 立春 · 立夏〔啓〕, 立秋 · 立冬〔閉〕 때에는 반드시 雲物을 관망하여 기록하니, 이는 재해나 흉년 등에 대비하기 위해서이다.

字義 朔 : 초하루 삭

【經】晉侯殺其世子申生하다

晉侯가 世子 申生을 죽였다.

---

11 視朔 : 매월 초하루에 조상의 祠堂에 朔日을 고한〔告朔〕 후 政務를 처리하던 것을 가리킨다.

【傳】初에 晉獻公欲以驪姬爲夫人하야 卜之하니 不吉하고 筮之하니 吉이라 公曰 從筮하라 卜人曰 筮短龜長하니 不如從長이요 且其繇에 曰 專之면 渝니 攘公之羭하리라 一薰一蕕면 十年에 尙猶有臭라하니 必不可니이다 弗聽하고 立之하야 生奚齊하고 其娣生卓子하다

당초에 晉 獻公이 驪姬를 夫人으로 삼고자 하여 〈길흉에 대해〉 거북점을 치니 점괘가 불길하게 나왔고, 시초점을 치니 점괘가 길하게 나왔다. 헌공이 말하였다. "시초점을 따르겠다."

그러자 卜人이 말하였다. "점괘의 확률이 시초점은 낮고 거북점은 높으니, 확률이 높은 거북점을 따르는 것이 낫고, 또 占辭(繇)에 이르기를 '그녀를 오로지 총애하면 그녀의 마음이 변할 것이니 공의 숫양(嫡子)을 빼앗을 것이다. 향기 나는 풀과 악취 나는 풀을 함께 두면 10년이 되어도 여전히 악취가 난다.'라고 하였으니, 절대로 안 됩니다."

헌공이 간언을 듣지 않고 여희를 부인으로 삼아서, 그녀가 奚齊를 낳고 그녀의 동생이 卓子를 낳았다.

及將立奚齊에 旣與中大夫成謀하고 姬謂大(태)子曰 君夢齊姜하니 必速祭之하라 大子祭于曲沃하고 歸(궤)胙于公하니 公田이라 姬寘諸宮이러니 六日에 公至커늘 毒而獻之하다 公祭之地하니 地墳하고 與犬하니 犬斃하고 與小臣하니 小臣亦斃어늘 姬泣曰 賊由大子니이다 大子奔新城한대 公殺其傅杜原款하다

奚齊를 太子로 세우려 할 때 이미 中大夫(里克)와 계획을 정하고, 驪姬가 太子(申生)에게 말하였다. "임금께서 齊姜(신생의 친모)이 나오는 꿈을 꾸셨다고 하니 필시 속히 제사 지내야 할 것이오."

태자가 曲沃에서 제사를 지내고 獻公에게 胙(제사 지낼 때 사용한 술과 고기)를 바쳤다. 헌공이 사냥을 나갔기 때문에 여희가 胙를 궁중에 방치해두었다가, 6일 만에 헌공이 돌아오자 여희가 胙에 독을 묻혀 바쳤다. 헌공이 〈고수레를 하려〉 술을 땅에 뿌리자 흙이 끓어오르고, 고기를 개에게 주자 개가 죽고, 小臣에게 주자 소신도 죽었다. 여희가 눈물을 흘리며 말하였다. "이러한 흉계(賊)는 태자에게서 나온 것입니다."

태자가 新城(곡옥)으로 달아나자, 헌공이 그의 스승인 杜原款을 죽였다.

或謂大子호대 子辭면 君必辯焉하리이다 大子曰 君非姬氏면 居不安하며 食不飽하시니 我辭면 姬必有罪하리라 君老矣시니 吾又不樂하노라 曰 子其行乎인저 大子曰 君實不察其罪하시니 被此名也하고 以出하면 人誰納我리오 十二月戊申에 縊于新城하니 姬遂譖二公子曰 皆知之라한대 重耳奔蒲하고 夷吾奔屈하니라

晉 獻公이 거북점을 어기고 驪姬를 부인으로 세우다〔晉獻公違卜立驪姬〕

어떤 사람이 太子에게 말하였다. "태자께서 해명을 하시면 임금께서 반드시 是非를 판별해 주실 것입니다." 태자가 말하였다. "임금께서 여희가 아니면 편안히 거처하지 못하시고 배불리 드시지도 못하시니, 내가 해명을 하면 여희는 반드시 죄를 얻게 될 것이다. 임금께서 노쇠하셨으니 〈여희를 잃어 자지도 먹지도 못하게 되는 것을〉, 나도 즐거이 여길 수 없다."

어떤 사람이 말하였다. "그렇다면 태자께서는 달아나십시오." 태자가 말하였다. "임금께서 실로 나에게 죄가 없음을 살피지 못하시니, 이런 누명을 뒤집어쓰고 달아난들 누가 나를 받아주겠는가."

12월 무신일에 태자가 新城에서 목매어 죽으니, 여희가 마침내 두 公子(重耳·夷吾)를 참소하여 말하였다. "〈저들도 태자의 이 계획을〉 모두 알고 있었습니다." 이에 重耳는 蒲城으로 달아나고, 夷吾는 屈邑으로 달아났다.

晉侯使以殺大子申生之故來告하다 初에 晉侯使士蔿爲二公子하야 築蒲與屈이러니 不愼하야 置薪焉이어늘 夷吾訴之한대 公使讓之하니 士蔿稽首而對曰 臣聞之호니 無喪而慼하면 憂必讐焉이요 無戎而城이면 讐必保焉이라하니 寇讐之保를 又何愼焉이리오 守官廢命은 不敬이요 固讐之保는 不忠이니 失忠與敬이면 何以事君이릿가 詩云 懷德惟寧이며 宗子惟城이라하니 君其修德而固宗子하시면 何城如之리오 三年에 將尋師焉이리니 焉用愼이릿가 退而賦曰 狐裘尨茸(몽용)하니 一國三公[12]이로소니 吾誰適從고

晉侯(晉 獻公)가 魯나라에 사람을 보내와서 太子 申生을 죽인 일을 고하였다. 당초에 진후가 士蔿에게 두 公子(重耳·夷吾)를 위해 蒲城과 屈邑에 성을 쌓게 하였는데, 사위가 공사를 성실하게 하지 않고 흙 속에 섶을 집어넣어 〈견고하지 않게 쌓았다.〉 夷吾가 이를 알리자 헌공이 사람을 보내 사위를 꾸짖으니, 사위가 머리를 조아리며 대답하였다.

"신이 들으니 '喪事가 없는데 슬퍼하면 근심이 반드시 응답하고, 싸울 일이 없는데 성을 쌓으면 원수가 반드시 〈내가 쌓은 보루를 자신의〉 보루로 삼는다.'고 하였으니, 원수의 보루를 또 어찌 신중히 쌓는단 말입니까. 관직에 있으면서 君命을 어기는 것은 不敬이고, 적의 보루를 견고하게 쌓는 것은 不忠이니, 충성과 공경을 잃는다면 무엇으로 임금을 섬기겠습니까.

《詩經》〈大雅 板〉에 이르길 '德으로 회유하는 것은 나라를 편안하게 하는 것이며, 宗子는 나라의 城이다.'라고 하였으니, 임금께서 덕을 닦고 종자의 지위를 견고하게 하신다면 어떤 城인들 이처럼 견고하겠습니까. 그렇지 않으면 3년 만에 군사를 사용하게〔尋〕 될 것이니, 어

12 三公 : 晉 獻公과 두 公子(重耳·夷吾)를 가리킨다.

찌 신중히 성을 쌓겠습니까."

사위가 물러나와 이렇게 시를 읊었다.

"여우 갖옷에 털이 잡다하게 섞였으니 한 나라에 公이 셋이구나. 내 누구를 따라야 할 것인가."

及難에 公使寺(시)人披伐蒲한대 重耳曰 君父之命은 不校[13]니라 乃徇曰 校者는 吾讐也라하고 踰垣而走커늘 披斬其袪하니 遂出奔翟하다

〈申生의 죽음과 驪姬의 참소로〉 난리가 일어나자 獻公이 寺人 披에게 蒲城을 공격하게 하였는데, 重耳가 말하였다. "君父의 명을 저항해서는〔校〕 안 된다." 이에 포성의 백성들에게 두루 알리며 말하였다. "저항하는 사람은 나의 원수이다." 그리고는 담을 넘어 달아나자 披가 〈추격하여 중이의〉 소맷자락을 자르니, 중이가 마침내 翟나라로 달아났다.

字義 卜 : 거북점 칠 복　筮 : 시초점 칠 서　繇 : 占辭 주　渝 : 변할 투　攘 : 빼앗을 양
羭 : 숫양 유　薰 : 향초 훈　蕕 : 누린내 풀 유　歸 : 보낼 궤　胙 : 제사 고기 조
田 : 사냥할 전　寘 : 둘 치(=置)　墳 : 부풀어 오를 분　辭 : 변명할, 해명할 사
辯 : 분별할 변　縊 : 목매어 죽을 액　譖 : 참소할 참　薪 : 섶 신　讓 : 꾸짖을 양
稽 : 조아릴 계　慼 : 슬퍼할 척　讐 : 대응할 수(=對)　尋 : 사용할 심　裘 : 갖옷 구
尨 : 난잡할 몽　茸 : 어지러울 용　校 : 저항할 교　垣 : 담 원　袪 : 소매 거

【經】杞伯姬來朝其子하다

杞伯姬가 와서 그 아들을 魯 僖公에게 朝見시켰다.

【經】夏에 公孫玆如牟하다

여름에 公孫玆가 牟나라에 갔다.

【傳】夏에 公孫玆如牟하야 娶焉하다

여름에 公孫玆가 牟나라에 〈聘問하러 갔다가 그곳에서〉 아내를 맞이하였다.

字義 娶 : 장가들 취

---

13 校 : '抗(맞서다, 저항하다)'의 의미로 보아야 한다는 〈楊注〉의 설을 따랐다.

【經】公及齊侯宋公陳侯衛侯鄭伯許男曹伯이 會王世子于首止하다

僖公과 齊侯 · 宋公 · 陳侯 · 衛侯 · 鄭伯 · 許男 · 曹伯이 首止에서 王世子와 회합하였다.

【傳】會于首止하야 會王大(태)子鄭하니 謀寧周也[14]라

諸侯들이 首止에서 만나서 王太子 鄭을 회합하였으니, 周나라의 안정을 모의하기 위함이었다.

陳轅宣仲이 怨鄭申侯之反己於召陵이라 故勸之하야 城其賜邑하고 曰 美城之하면 大名也라 子孫不忘하리니 吾助子請호리라 乃爲之請於諸侯而城之하니 美라 遂譖諸鄭伯曰 美城其賜邑하니 將以叛也니이다 申侯由是得罪하니라

陳나라 轅宣仲(轅濤塗)은 鄭나라 申侯가 召陵에서 자기를 배반했던 것을 원망하였다. 그러므로 신후에게 권하여 齊 桓公에게 하사받은 邑(虎牢)에 城을 쌓게 하고는 말하였다. "아름답게 성을 쌓으면 막대한 명성을 보존할 수 있을 것이다. 그렇게 하면 자손들이 잊지 않을 것이니, 내 그대를 도와 청하겠다."

그러고는 신후를 위해 제후들에게 청하여 성을 쌓게 하니 규모가 몹시 아름다웠다. 마침내 원선중이 鄭伯에게 신후를 참소하였다. "신후가 하사받은 읍에 아름답게 성을 쌓았으니, 이를 바탕으로 장차 배반하려는 것입니다." 신후가 이로 말미암아 죄를 얻었다.

字義 轅 : 사람 이름 원 賜 : 하사할 사

【經】秋八月에 諸侯盟于首止하니 鄭伯逃歸하야 不盟하다

가을 8월에 諸侯들이 首止에서 맹약하였는데, 鄭伯은 〈군대를 버려두고 혼자〉 달아나 鄭나라로 돌아와서 맹약에 참여하지 않았다.

【傳】秋에 諸侯盟할새 王使周公召鄭伯曰 吾撫女以從楚하고 輔之以晉이면 可以少

14 謀寧周也 : 周 惠王이 惠后를 총애하였기 때문에 太子 鄭을 폐위하고 王子 帶를 태자로 세우려 하였다. 그러므로 齊 桓公이 제후들을 거느리고 王太子와 회합하여 태자의 지위를 안정시킨 것이다.(杜注)

安이리라 鄭伯喜於王命이나 而懼其不朝於齊也라 故逃歸不盟하니 孔叔止之曰 國君不可以輕이니 輕則失親이요 失親이면 患必至리이다 病而乞盟이면 所喪多矣니 君必悔之리이다 弗聽하고 逃其師而歸하다

가을에 제후들이 맹약할 때 周 惠王이 周公(宰孔)을 보내 鄭伯을 부르며 말하였다. "내 그대를 安撫하여 楚나라를 따르게 하고 晉나라에게 그대를 돕게 하면 그대의 나라가 조금은 편안해질 것이다."

정백은 天子의 命에는 기뻐하였으나 齊나라에 朝見하지 않은 것이 두려웠으므로, 정나라로 도망쳐 돌아와 맹약에 참여하지 않으려 하였다. 그러자 孔叔이 정백을 만류하며 말하였다. "國君은 경솔하게 행동하면 안 되니, 경솔하면 친한 나라를 잃게 되고, 친한 나라를 잃으면 환란이 반드시 이르게 됩니다. 불리해진 뒤에 맹약하기를 청하면 잃는 것이 많아지니, 임금께서는 반드시 후회하게 될 것입니다."

정백이 듣지 않고, 군대를 〈버려두고 혼자서〉 달아나 정나라로 돌아왔다.

字義 逃 : 달아날 도 輕 : 경솔할 경 病 : 불리할 병

【經】 楚人滅弦하니 弦子奔黃하다

楚人이 弦나라를 멸망시키니, 弦子가 黃나라로 달아났다.

【傳】 楚鬪穀於菟(누오도)滅弦하니 弦子奔黃하다 於是에 江黃道柏이 方睦於齊하니 皆弦姻也라 弦子恃之而不事楚하고 又不設備라 故亡하니라

楚나라 鬪穀於菟가 弦나라를 멸망시키니 弦子가 黃나라로 도망갔다. 이때에 江·黃·道·柏나라가 한창 齊나라와 화목하게 지냈으니, 모두 현나라와 인척 사이였다. 弦子가 이들을 믿고 초나라를 섬기지 않았고, 또 방비도 설치하지 않았기 때문에 멸망한 것이다.

字義 睦 : 화목할 목 姻 : 인척 인 恃 : 믿을 시

【經】 九月戊申朔에 日有食之하다

9월 戊申朔에 일식하였다.

【經】 冬에 晉人執虞公하다

겨울에 晉人이 虞公을 사로잡았다.

【傳】 晉侯復(부)假道於虞하야 以伐虢한대 宮之奇諫曰 虢은 虞之表也니 虢亡이면 虞必從之하리이다 晉不可啓요 寇不可翫이니 一之謂甚이어늘 其可再乎잇가 諺所謂輔車相依하며 脣亡齒寒者는 其虞虢之謂也니이다

晉侯가 다시 虞나라에 길을 빌려 虢나라를 치려 하자, 宮之奇가 간하였다.

"괵나라는 우나라의 울타리〔表〕이니, 괵나라가 망하면 우나라도 반드시 따라 망할 것입니다. 晉나라에 길을 열어주어서는 안 되고, 적을 가벼이 보아서도 안 됩니다. 한 번 빌려준 것도 심하다고 할 수 있는데, 어찌〔其〕 다시 빌려줄 수 있겠습니까. 속담에 이르기를 '턱뼈〔輔〕와 치아〔車〕는 서로 의지하며, 입술이 없으면 이가 시리다.'라고 하는 것은 우나라와 괵나라를 이른 말일 것입니다."

【傳】 公曰 晉은 吾宗[15]也니 豈害我哉리오 對曰 大(태)伯虞仲은 大(태)王之昭[16]也로대 大伯不從하니 是以不嗣하고 虢仲虢叔은 王季之穆也요 爲文王卿士하야 勳在王室하야 藏於盟府호대 將虢是滅하니 何愛於虞리오 且虞能親於桓莊乎잇가 其愛之也인댄 桓莊之族이 何罪而以爲戮이리오 不唯偪乎잇가 親以寵偪하야도 猶尙害之온 況以國乎잇가

昭穆

虞公이 말하였다.

"晉나라는 우리의 同宗이니 어찌 우리를 해치겠는가."

15 宗 : 宗族이니, 여기에서는 同宗을 가리킨다. 晉나라와 虞나라는 모두 周王의 후예로서 나라를 分封받았으므로, 둘 다 姬姓을 사용한다.

16 昭 : 昭와 穆은 고대의 廟次·墓次이니, 始祖를 中으로 하고 그 왼쪽을 昭, 오른쪽을 穆이라 한다.(楊注) 穆이 昭를 낳고 昭가 穆을 낳으니, 世次로 계산하면 太伯·虞仲이 周 太王의 昭가 된다.(杜注)

宮之奇가 대답하였다.

"太伯(泰伯)과 虞仲은 太王의 아들[昭]인데, 태백이 아버지의 명을 따르지 않았기 때문에 왕위를 잇지 못했고, 虢仲 · 虢叔은 王季의 아들[穆]로서 文王의 卿士가 되어 왕실에 功勳을 세워 〈分封을 받을 때 盟誓한〉 기록이 盟府에 보관되어 있는데도 장차 虢나라를 멸망시키려 하니, 어찌 虞나라를 사랑스럽게 여기겠습니까.

또 우리 우나라가 〈晉 獻公이 죽인 자신의 6촌 형제인〉 桓叔 · 莊伯의 후손보다 가깝다고 할 수 있습니까. 만약[其] 진나라가 진정으로 동종을 사랑한다면 환숙 · 장백의 자손은 무슨 죄가 있어 죽임을 당했단 말입니까. 다만 자신을 위협한다고 여겨서가 아닙니까. 親族이 총애를 믿고서 〈權勢로〉 자신을 위협하는 것만으로도 오히려 살해하였는데, 하물며 나라를 가지고 위협하는 경우이겠습니까."

公曰 吾享祀豐絜하니 神必據我하리라 對曰 臣聞之호니 鬼神은 非人實親이라 惟德是依라하니 故周書曰 皇天無親하사 惟德是輔[17]라하고 又曰 黍稷非馨이라 明德惟馨[18]이라하고 又曰 民不易物하야 惟德繄物[19]이라하니이다 如是則非德이면 民不和하고 神不享矣리니 神所馮(빙)依는 將在德矣라 若晉取虞하고 而明德以薦馨香하면 神其吐之乎잇가 弗聽하고 許晉使하니 宮之奇以其族行曰 虞不臘(납)[20]矣리라 在此行也니 晉不更(갱)擧矣리라

虞公이 말하였다.

"나는 풍성하고 깨끗한 제물을 사용하여 제사 지냈으니, 神께서 반드시 우리나라를 편안하게 해줄 것이다."

宮之奇가 대답하였다.

"臣이 들으니 '귀신은 사람이라 하여 실로 친하게 여기는 것이 아니라, 德이 있는 사람이라야 의지한다.'라고 하였습니다. 그러므로 周書에 '하늘은 남달리 친하게 여기는 것이 없어서 덕이 있는 사람을 돕는다.'라고 하였고, 또 '〈제물로 사용하는〉 黍稷이 향기로운 것이 아니라

---

17 皇天無親 惟德是輔 : 《書經》 〈周書 蔡仲之命〉에 보인다.

18 黍稷非馨 明德惟馨 : 《書經》 〈周書 君陳〉에 보인다.

19 民不易物 惟德繄物 : 《書經》 〈周書 旅獒〉에 보이며, 《서경》에는 '民'이 '人'으로, '繄'가 '其'로 되어 있다.

20 臘(납) : 한 해를 마칠 때 여러 神에게 지내는 제사의 명칭이다.(杜注) 宮之奇는 올해 虞나라가 晉나라에 의해 멸망당할 것이기 때문에 연말에 臘祭를 지내지 못할 것을 예견한 것이다.

밝은 덕을 지닌 사람이 향기롭다.'라고 하였으며, 또 '백성이 제물을 바꿀 필요가 없어서 오직 덕이 바로 〈흠향하는〉 제물이다.'라고 하였습니다.

이 말과 같다면 덕이 아니면 백성들이 화목하지 못하고 제사를 지내도 신이 흠향하지 않으니, 신이 의지하는 곳은 아마 덕에 있을 것입니다. 만약 晉나라가 虞나라를 취하고 밝은 덕으로 향기로운 제물을 바친다면 신이 어찌 그것을 토해내겠습니까."

우공이 듣지 않고 진나라 사신의 요청을 허락하니, 궁지기가 그의 가족을 이끌고 우나라를 떠나며 말하였다.

"우나라는 臘祭를 지내지 못할 것이다. 운명이 이번 진나라의 행차에 달려있으니, 진나라는 다시 군대를 일으키지 않을 것이다."

八月甲午에 晉侯圍上陽하고 問於卜偃曰 吾其濟乎아 對曰 克之리이다 公曰 何時오 對曰 童謠云 丙之晨에 龍尾伏辰이어든 均服振振하야 取虢之旂로다 鶉之賁賁하고 天策焞焞(순순)하며 火中成軍하면 虢公其奔이라하니 其九月十月之交[21]乎인저 丙子旦에 日在尾하고 月在策하고 鶉火中하니 必是時也리이다

8월 갑오일에 晉侯가 上陽(虢나라의 國都)을 포위하고 卜偃에게 물었다. "우리가 성공하겠는가?" 복언이 대답하였다. "승리할 것입니다." 헌공이 말하였다. "언제쯤이겠는가?" 복언이 대답하였다.

"동요에 이르기를 '병자일 새벽에 해와 달이 만나는 곳(辰)에 龍尾星이 숨어 보이지 않게 되면, 군복을 씩씩하게 차려입고 괵나라의 깃발(旂)을 빼앗는도다. 鶉火星이 새 모양을 띠고 天策星이 가물가물하며, 순화성이 남쪽 하늘에 뜰 때 군대가 대오를 이루면 虢公이 달아날 것이다.'라고 하였으니, 아마(其) 9월과 10월 어름일 것입니다. 병자일 아침에 해가 용미성에 있고 달이 천책성에 있으며 순화성이 남쪽에 뜰 것이니, 반드시 이때일 것입니다."

旂

21 交 : 그믐과 초하루가 교차하는 시기이다.(杜注)

冬十二月丙子朔에 晉滅虢하니 虢公醜奔京師하다 師還에 館于虞라가 遂襲虞滅之하고 執虞公及其大夫井伯하야 以媵(잉)秦穆姬[22]하며 而修虞祀하고 且歸其職貢於王하다 故書曰 晉人執虞公이라하니 罪虞요 且言易(이)也니라

겨울 12월 병자일 초하루에 晉나라가 虢나라를 멸망시키니, 虢公 醜가 京師로 달아났다. 진나라 군대가 돌아올 때 虞나라에 머물다가 마침내 우나라를 기습하여 멸망시키고 虞公과 그 大夫 井伯을 사로잡아 秦 穆姬의 媵臣으로 삼았으며, 우나라가 지내던 산천의 제사를 대신 지내고, 또 天王에게 바치던 職貢을 대신 바쳤다. 그러므로 經에 기록하기를 '晉人이 虞公을 사로잡았다.'라고 하였으니, 〈우나라가 멸망하게 된〉 잘못이 우나라에 있었고, 또 쉽게 멸망시켰음을 말한 것이다.

字義 復 : 다시 부　表 : 울타리, 겉 표　啓 : 열 계　翫 : 익숙히 여겨 소홀히 할 완(=習)
輔 : 턱뼈 보　車 : 치아 거　脣 : 입술 순　齒 : 이 치　宗 : 친족 종
昭 : 始祖廟 왼쪽 位次, 아들 소　穆 : 始祖廟 오른쪽 位次, 아들 목
藏 : 저장할, 보관할 장　其 : 만약 기(=若)　戮 : 죽일 륙　偪 : 핍박할, 위협할 핍
豐 : 풍성할 풍　絜 : 깨끗할 결　據 : 안정시킬 거(=安)　黍 : 기장 서　稷 : 기장 직
馨 : 향기로울 향　繄 : 어조사 예　馮 : 기댈, 의지할 빙　將 : 아마 장　薦 : 재물 올릴 천
臘 : 납제사 랍　更 : 다시 갱　謠 : 노래 요　晨 : 새벽 신　辰 : 해와 달이 만나는 곳 신
振 : 떨칠, 盛할 진　旂 : 기 기　焞 : 어스레할 순　交 : 어름 교　襲 : 기습할 습
媵 : 딸려 보낼 잉

〈6년, 丁卯(B.C. 654)〉

【經】 六年이라 春王正月이라

6년이다. 봄 周王 正月이다.

【傳】 六年이라 春에 晉侯使賈華伐屈하니 夷吾不能守하야 盟而行하다 將奔狄할새 郤芮曰 後出同走는 罪也라 不如之梁이니 梁近秦而幸焉이니이다 乃之梁하다

6년이다. 봄에 晉侯가 賈華를 보내 屈邑을 공격하니, 夷吾가 지켜내지 못하여 屈人들과 맹약하고 떠났다. 狄으로 달아나려 할 적에 郤芮가 말하였다.

---

22 媵(잉)秦穆姬 : 秦 穆姬는 秦 穆公에게 시집 간 晉 獻公의 딸이다. 헌공이 虞公을 딸이 시집보낼 때 딸려보내는 媵臣으로 삼은 것이다.

"뒤에 달아나면서 먼저 달아난 사람(重耳)과 같은 곳으로 가는 것은 죄를 인정하는 것입니다. 梁나라로 가는 것이 나으니, 양나라는 秦나라와 가깝고 진나라의 총애를 받고 있습니다."

이에 이오가 양나라로 갔다.

【經】 夏에 公會齊侯宋公陳侯衛侯曹伯하야 伐鄭하야 圍新城하다

여름에 僖公이 齊侯 · 宋公 · 陳侯 · 衛侯 · 曹伯과 회합하여 鄭나라를 토벌하여 新城(新密)을 포위하였다.

【傳】 夏에 諸侯伐鄭하니 以其逃首止之盟故也[23]라 圍新密하니 鄭所以不時城也니라

여름에 제후들이 鄭나라를 토벌하였으니, 首止의 회맹에서 달아난 일 때문이다. 新密을 포위하였으니, 〈經에 '新密'을 '新城'이라고 쓴 것은〉 鄭나라가 성을 쌓을 시기가 아닌데 성을 쌓았기 때문이다.

【經】 秋에 楚人圍許하니 諸侯遂救許하다

가을에 楚人이 許나라를 포위하니, 〈鄭나라를 토벌했던〉 제후들이 마침내 허나라를 구원하였다.

【經】 冬에 公至自伐鄭하다

겨울에 僖公이 鄭나라를 토벌한 전쟁에서 돌아왔다.

【傳】 秋에 楚子圍許以救鄭이어늘 諸侯救許하니 乃還하다

가을에 楚子가 許나라를 포위하여 鄭나라를 구원하려 하였는데, 제후들이 〈정나라의 포위를 풀고〉 허나라를 구원하니 楚子가 이내 돌아갔다.

---

23 諸侯伐鄭 以其逃首止之盟故也 : 僖公 5년에 諸侯들이 首止에서 맹약할 때, 鄭伯이 군대를 버리고 혼자 鄭나라로 돌아갔던 일을 가리킨다.

冬에 蔡穆侯將許僖公하야 以見(현)楚子於武城하다 許男面縛銜璧하고 大夫衰絰(최질)하고 士輿櫬(츤)이어늘 楚子問諸逢伯하니 對曰 昔에 武王克殷에 微子啓如是어늘 武王親釋其縛하고 受其璧而祓[24]之하며 焚其櫬하고 禮而命之하야 使復其所하니이다 楚子從之하다

겨울에 蔡 穆侯가 許 僖公을 데리고 武城에서 楚子를 알현하였다. 〈이때 항복하는 처지의〉 許男은 손을 뒤로 묶고 입에 碧玉을 물었으며, 大夫는 喪服을 입고 士는 棺을 매었는데, 초자가 逢伯(楚나라 대부)에게 〈허 희공의〉 처분에 대해 물으니, 봉백이 대답하였다.

"옛날 武王이 殷나라를 이겼을 때 微子 啓가 이처럼 하자, 무왕이 손수 그 결박을 풀어주고 옥을 받아 祓을 하였으며, 그 관을 불사르고 禮에 맞게 명을 내려서 원래 있던 자리를 회복시켜 주었습니다."

초자가 그 말을 따랐다.

字義 縛 : 끈으로 묶을 박 銜 : 머금을 함 衰 : 상복 최 絰 : 首絰, 腰絰 질 輿 : 마주들 여
櫬 : 널 츤 祓 : 푸닥거리할, 不淨 제거할 불

〈7년, 戊辰(B.C. 653)〉

【經】七年이라 春에 齊人伐鄭하다

7년이다. 봄에 齊人이 鄭나라를 토벌하였다.

【傳】七年이라 春에 齊人伐鄭하니 孔叔言於鄭伯曰 諺有之曰 心則不競이어늘 何憚於病이리오 旣不能彊하고 又不能弱이 所以斃也니이다 國危矣니 請下齊以救國하소서 公曰 吾知其所由來矣니 姑少待我하라 對曰 朝不及夕이어니 何以待君이리오

7년이다. 봄에 齊人이 鄭나라를 토벌하니, 孔叔이 鄭伯에게 말하였다. "속담에 '마음이 강하지 않으면서 어째서 굴욕당하는 것을 두려워하는가?'라는 말이 있으니, 이미 강하지도 못하면서 도리어〔又〕 약하지도 못한 것이 패망하는 이유입니다. 나라가 위태로우니 청컨대 齊나라에 항복하여 나라를 구하십시오."

---

24 祓 : '祓'은 凶惡을 제거하는 禮式이다.(杜注)

정백이 말하였다. “나는 저들이 온 까닭을 알고 있으니, 우선 잠시 내 지시를 기다려보라.” 공숙이 대답하였다. “아침의 일을 저녁까지 기약할 수 없는데 어떻게 임금의 지시를 기다리겠습니까.”

字義 競 : 강할 경　病 : 굴욕당할 병　憚 : 어려워할, 두려워할 탄(=難)　又 : 도리어 우

【經】夏에 小邾子來朝하다

여름에 小邾子가 魯나라에 와서 朝見하였다.

【經】鄭殺其大夫申侯하다

鄭나라가 그 大夫 申侯를 죽였다.

【傳】夏에 鄭殺申侯하야 以說于齊[25]하니 且用陳轅濤塗之譖也라 初에 申侯는 申出也라 有寵於楚文王이러니 文王將死에 與之璧하야 使行曰 唯我知女로라 女專利而不厭하야 予取予求로대 不女疵瑕也어니와 後之人은 將求多於女[26]하리니 女必不免하리라 我死어든 女必速行호대 無適小國하라 將不女容焉하리라 旣葬에 出奔鄭하야 又有寵於厲公하다 子文聞其死也하고 曰 古人有言曰 知臣莫若君이라하니 弗可改也已로다

여름에 鄭나라가 申侯를 죽여 齊나라에 해명하였으니, 이 또한 陳나라 轅濤塗의 참소를 따른 것이다. 당초에 신후는 申氏의 소생으로 楚 文王에게 총애를 받았는데, 문왕이 죽을 때 그에게 碧玉을 주어 떠나게 하며 말하였다.

“오직 나만이 너를 안다. 너는 이익만을 오로지 추구하고 만족할 줄 몰라서 나에게서 취하고 나에게 요구하였지만 나는 너를 허물하지 않았다. 그러나 〈楚나라의 왕위를 잇는〉 나중 사람들은 장차 너에게 많은 財貨를 요구할 것이니, 너는 반드시 화를 면하지 못할 것이다. 내

25 鄭殺申侯 以說于齊 : 僖公 5년에 首止의 회맹에서 군대를 버리고 혼자 달아난 죄를 그에게 덮어씌운 것이다.

26 求多於女 : ‘求多’에 대하여, 〈杜注〉에서는 “禮義로써 크게 책망하는 것이다.”라고 풀이하였으나, 〈楊注〉에서는 “너를 향해 많은 재화를 요구할 것이다.”라고 풀이하였다. 《新譯 左傳讀本》에도 〈楊注〉와 동일하게 해석하였으므로, 본서에서는 〈楊注〉에 의거하여 번역하였다.

가 죽으면 너는 빨리 떠나되 작은 나라로 가지 말라. 작은 나라는 〈정사가 까다롭고 법이 엄하기 때문에〉 너를 용납하지 못할 것이다."

신후가 문왕의 장사를 지낸 뒤 정나라로 달아나 다시 鄭 厲公의 총애를 받았다. 子文(鬬穀於菟)은 신후가 죽었다는 소문을 듣고 말하였다.

"옛사람의 말에 '신하를 알아보는 것은 임금만 한 이가 없다.'라고 하였으니, 과연 고칠 수 없는 말이다."

字義 說 : 해명할 설 女 : 너 여 厭 : 만족할 염 疵 : 흠 자 瑕 : 허물 하 容 : 용납할 용

【經】 秋七月에 公會齊侯宋公陳世子款(관)鄭世子華하야 盟于甯母하다

가을 7월에 僖公이 齊侯·宋公·陳世子 款·鄭世子 華와 회합하여 甯母에서 맹약하였다.

【傳】 秋에 盟于甯母하니 謀鄭故也라 管仲言於齊侯曰 臣聞之호니 招攜以禮하고 懷遠以德이라하니 德禮不易이면 無人不懷리이다 齊侯修禮於諸侯하니 諸侯官受方物[27]하다

鄭伯使大(태)子華聽命於會러니 言於齊侯曰 洩氏孔氏子人氏三族이 實違君命하니 君若去之以爲成하면 我以鄭爲內臣하리니 君亦無所不利焉이리이다

가을에 甯母에서 맹약하였으니 鄭나라 토벌을 모의하기 위함이었다. 管仲이 齊侯(환공)에게 말하였다. "신이 들으니 '이반한 나라를 禮로써 부르고, 멀리 있는 나라는 德으로써 회유한다.'고 하였으니, 덕과 예를 어기지 않으면 회유하지 못할 사람이 없을 것입니다."

管仲

27 齊侯修禮於諸侯 諸侯官受方物 : 諸侯의 관리들이 각각 자기 나라에서 응당 天子에게 바쳐야 할 方物을 바치라는 제후의 命을 받아들인 것이다.(杜注) 이는 周나라가 東遷한 뒤로 세력이 약해지고, 상대적으로 諸侯들의 세력은 커졌기 때문에 그동안 제후들이 천자에게 공물을 바치지 않았던 것을 齊 桓公의 명으로 바치게 된 일을 말한다.

齊侯가 諸侯들에게 예를 행하니, 諸侯의 관리들이 〈자기 나라에서 天子에게 바쳐야 할〉 方物의 목록을 接受하였다. 鄭伯이 太子 華를 보내 회합에서 齊侯의 명을 따르게 하였는데, 태자가 齊侯에게 말하였다.

"〈鄭나라 大夫인〉 洩氏 · 孔氏 · 子人氏 세 宗族이 실로 임금의 명령을 어겼으니, 임금께서 만약 이들을 제거하고 우리나라와 우호를 맺는다면 저는 정나라를 齊나라의 內臣이라 생각하겠습니다. 그렇게 되면 임금께서도 불리함이 없을 것입니다."

齊侯將許之한대 管仲曰 君以禮與信屬(촉)諸侯라가 而以姦終之면 無乃不可乎잇가 子父不奸之謂禮요 守命共時之謂信이니 違此二者면 姦莫大焉이니이다 公曰 諸侯有討於鄭이나 未捷하니 今苟有釁이면 從之 不亦可乎아 對曰 君若綏之以德하고 加之以訓이라가 辭어든 而帥(솔)諸侯以討鄭이면 鄭將覆亡之不暇리니 豈敢不懼리잇가 若摠其罪人以臨之면 鄭有辭矣리니 何懼리잇가 且夫合諸侯는 以崇德也어늘 會而列姦이면 何以示後嗣리잇가 夫諸侯之會에 其德刑禮義를 無國不記니 記姦之位면 君盟替矣요 作而不記면 非盛德也니 君其勿許하소서 鄭必受盟하리이다 夫子華既爲大(태)子어늘 而求介於大國하야 以弱其國하니 亦必不免이리이다 鄭有叔詹堵叔師叔하야 三良爲政하니 未可間也니이다 齊侯辭焉하다 子華由是得罪於鄭하다

齊侯가 허락하려 하자, 管仲이 말하였다.

"임금께서 禮와 信義로 제후들을 불러 모으셨다가〔屬〕 邪僻한 마음을 갖고 일을 마친다면 불가하지 않겠습니까. 자식이 되어 아버지의 명을 범하지〔奸〕 않는 것을 禮라 하고, 임금의 명을 따라서 때에 맞게 이바지하는 것을 信義라고 하니, 이 두 가지를 어기면 사악함이 이보다 더 큰 것이 없습니다."

환공이 말하였다.

"제후들이 鄭나라를 토벌하였으나 아직 승리하지 못하였다. 지금 만약 틈이 보이면 그 틈을 이용하는 것이 좋지 않겠는가?"

관중이 대답하였다.

"임금께서 만약 정나라를 德으로 편안하게 하고 훈계를 더하셨다가, 그들이 거절하거든 그때 제후들을 거느리고 정나라를 토벌한다면 정나라는 장차 패망하는 것을 구원하는 데에도 겨를이 없을 것이니 어찌 감히 두려워하지 않겠습니까. 그러나 만약 죄인(子華)을 거느리고 그들에게 임하면 정나라는 〈정당하게 大義를 갖고〉 변명할 말이 있을 것이니 무엇을 두려워하겠습니까. 또 제후들을 회합한 것은 덕을 숭상하기 위함인데, 회합을 하면서 간악한 자를

同列에 세우면 무엇을 후손들에게 보여주겠습니까.

무릇 제후들의 회맹에는 德·刑·禮·義를 나라마다 기록하지 않는 곳이 없으니, 간악한 자를 회합의 자리에 앉히고 이를 기록한다면 임금의 맹약은 폐기〔替〕될 것이고, 이러한 일이 있었는데도 기록하지 않으면 성대한 덕이라 할 수 없으니 임금께서는 허락하지 마십시오. 정나라는 반드시 맹약을 받아들일 것입니다. 저 子華는 이미 太子가 되었는데 대국에 의지하여〔介〕 제 나라를 약하게 만들 것을 요구하고 있으니 또한 반드시 화를 면치 못할 것입니다. 정나라에 叔詹·堵叔·師叔이 있어서 세 어진 신하들이 政事를 하고 있으니 틈이 생기지 않을 것입니다."

齊侯가 거절하자, 자화가 이로 말미암아 정나라에서 죄를 얻었다.

字義 攜 : 이반할, 마음이 떠날 휴 屬 : 불러 모을 촉 奸 : 범할 간 共 : 이바지할 공
違 : 어길 위 捷 : 이길 첩 釁 : 틈 흔 摠 : 거느릴 총 替 : 폐기할, 쇠퇴할 체
介 : 의지할 개(=因)

【經】曹伯班卒하다

曹伯 班(曹 昭公)이 卒하였다.

【經】公子友如齊하다

公子 友가 齊나라에 갔다.

【經】冬이라

겨울이다.

【傳】鄭伯使請盟于齊하다

鄭伯이 齊나라에 사신을 보내 맹약을 요청하였다.

【經】葬曹昭公하다

曹 昭公을 장사 지냈다.

〈8년, 己巳(B.C. 652)〉

【經】八年이라 春王正月에 公會王人齊侯宋公衛侯許男曹伯陳世子款(관)하야 盟于洮하다

8년이다. 봄 周王 정월에 僖公이 王人·齊侯·宋公·衛侯·許男·曹伯·陳世子 款과 회합하여 洮에서 맹약하였다.

【經】鄭伯乞盟하다

鄭伯이 맹약하기를 청하였다.

【傳】閏月에 惠王崩하다 襄王惡大(오태)叔帶之難하야 懼不立이라 不發喪하고 而告難于齊하다

閏月에 周 惠王이 崩하였다. 太子인 襄王은 〈惠王의 총애를 받던 자신의 아우〉 太叔 帶가 난리를 일으킬 것을 꺼리면서[惡] 즉위하지 못할까 두려워하여, 혜왕의 喪을 발표하지 않고 齊나라에 난리를 통고하였다.

八年이라 春에 盟于洮하니 謀王室也라 鄭伯乞盟하니 請服也라 襄王定位而後發喪하다

8년이다. 봄에 洮에서 맹약하였으니, 周 王室의 안정을 의논하기 위함이었다. 鄭伯이 맹약을 청하였으니 〈鄭나라가 齊나라에〉 복종하기를 청한 것이다. 襄王이 왕위를 확정한 뒤에 惠王의 喪을 발표하였다.

字義 惡 : 미워할 오

【經】夏에 狄伐晉하다

여름에 狄人이 晉나라를 공격하였다.

【傳】晉里克帥(솔)師하니 梁由靡御하고 虢射(석)爲右하야 以敗狄于采桑하다 梁由靡曰 狄無恥하니 從之면 必大克하리라 里克曰 懼之而已요 無速衆狄이니라 虢射曰 期年狄必至리니 示之弱矣라 夏에 狄伐晉하야 報采桑之役也하니 復期月이러라

〈僖公 7년에〉 晉나라 里克이 군사를 거느리고 출정하니, 梁由靡가 御가 되고 虢射이 車右가 되어 狄人을 采桑에서 패배시켰다.

양유미가 말하였다. "적인은 〈敗走하는 것을〉 부끄럽게 여기지 않으니, 추격하면 반드시 크게 승리할 것입니다."

이극이 말하였다. "겁을 주었으면 그만이지, 〈지나치게 추격하여 원한이 깊어진〉 많은 적인들을 불러들일 필요는 없다."

괵석이 말하였다. "1년이 지나면 적인이 반드시 쳐들어올 것이니, 〈이는 지금 저들을 추격하지 않아서 우리가〉 약함을 보였기 때문입니다."

여름에 적인이 진나라를 공격하여 采桑에서 패배한 전쟁을 보복하였으니, 1년 뒤에 〈적인이 쳐들어올 것이라는〉 괵석의 말이 들어맞았다〔復〕.

字義 帥 : 거느릴 솔 役 : 전쟁 역 復 : 들어맞을 복

【經】 秋七月에 禘(체)于大廟하야 用致夫人하다

가을 7월에 太廟에 禘祭를 지내면서 夫人(哀姜)의 神主를 태묘에 들였다.

【傳】 秋에 禘而致哀姜焉하니 非禮也라 凡夫人이 不薨于寢하고 不殯于廟하며 不赴于同하고 不祔于姑면 則弗致也니라

가을에 禘祭를 지내면서 哀姜의 神主를 태묘에 들였으니, 禮에 맞지 않는 일이다. 범례에 따르면 夫人이 小寢에서 薨하지 않고, 宗廟에서 殯하지 않았으며, 동맹국에 부고하지 않고, 姑廟에 祔하지 않았으면 그 신주를 태묘에 들이지 않는다.

字義 禘 : 제사 체

【經】 冬十有二月丁未에 天王崩하다

겨울 12월 정미일에 天王(周 惠王)이 崩하였다.

【傳】 冬에 王人來告喪하니 難故也라 是以緩하다

겨울에 王人이 와서 惠王의 喪을 고하였으니, 〈太叔 帶의〉 난리가 있었기 때문에 부고가 늦어진 것이다.

〈9년, 庚午(B.C. 651)〉

【經】九年이라 春王三月丁丑에 宋公御說(열)卒하다

9년이다. 봄 周王 3월 정축일에 宋公 御說(宋 桓公)이 卒하였다.

【傳】宋公疾하니 大(태)子玆父(보)固請曰 目夷長且仁하니 君其立之하소서 公命子魚한대 子魚辭曰 能以國讓하니 仁孰大焉이릿가 臣不及也요 且又不順이니이다 遂走而退하다

宋公의 병이 위독하자, 太子 玆父(훗날 襄公)가 굳이 청하였다. "目夷(子魚)는 저보다 나이가 많고 어지니, 임금께서는 그를 세우십시오."

송공이 자어에게 후사를 이을 것을 명하자, 자어가 사양하며 말하였다. "태자가 능히 나라를 사양하였으니 이보다 어짊이 클 수가 있겠습니까. 臣은 태자에게 미칠 수 없을 뿐더러 또한 〈庶子가 임금이 되는 것은〉 순리가 아닙니다."

그러고는 마침내 빠른 걸음으로 물러났다.

九年이라 春에 宋桓公卒커늘 宋襄公卽位히야 以公子目夷爲仁이라하야 使爲左師以聽政하니 於是宋治라 故魚氏世爲左師하다

9년이다. 봄에 宋 桓公이 卒하자 宋 襄公이 즉위하여 公子 目夷(子魚)가 어질다고 여겨 左師로 삼아 政事를 다스리게 하니, 이로 인해 宋나라가 잘 다스려졌다. 그러므로 魚氏(자어의 후예)가 대대로 송나라의 左師가 되었다.

字義 疾 : 위독할 질 讓 : 사양할 양 聽 : 다스릴 청

【經】夏에 公會宰周公[28]齊侯宋子衛侯鄭伯許男曹伯于葵丘하다

여름에 僖公이 宰周公 · 齊侯 · 宋子 · 衛侯 · 鄭伯 · 許男 · 曹伯과 葵丘에서 회합하였다.

---

28 宰周公 : 周公은 宰孔이다. 宰는 官名이고 周는 采地이니, 天子의 三公은 字를 經에 쓰지 않는다.(杜注)

【傳】夏에 會于葵丘하야 尋盟하고 且修好하니 禮也라 王使宰孔賜齊侯胙(조)하야 曰 天子有事于文武일새 使孔賜伯舅胙하노라 齊侯將下拜한대 孔曰 且有後命하니 天子使孔曰 以伯舅耋老로 加勞일새 賜一級하노니 無下拜하라 對曰 天威不違顏咫尺하니 小白[29]余敢貪天子之命하야 無下拜리잇가 恐隕越于下하야 以遺天子羞니 敢不下拜리잇가 下하야 拜하고 登하야 受하다

여름에 葵丘에서 회합하여 지난 맹약을 거듭 천명하고 또 우호를 다졌으니 禮에 맞는 일이다. 周 襄王이 宰孔을 보내 齊侯(齊 桓公)에게 胙肉(제사 고기)을 하사하며 말하였다.

"天子가 文王 · 武王에게 제사를 지냈기 때문에 재공을 보내 伯舅에게 조육을 하사하노라."

제후가 堂에서 뜰 아래로 내려와 절하며 받으려 하자, 재공이 말하였다.

"또 다음 명이 있었으니, 천자께서 제게 '백구는 노령인 데다가 공로가 있으므로 한 등급을 올려주니 뜰에 내려와 절하지 말라.'고 하셨소."

제후가 대답하였다.

"천자의 위엄이 면전에서 지척도 떨어져 있지 않으니, 小白 제가 감히 천자의 명을 탐하여 뜰에 내려가 절하지 않겠습니까. 위엄이 아래로 떨어져 천자께 수치를 끼쳐드릴까 두려우니, 감히 내려가 절하지 않겠습니까."

그리고는 뜰에 내려가 절하고 올라와서 조육을 받았다.

宋桓公卒커늘 未葬而襄公會諸侯라 故曰子라하니라 凡在喪에 王曰小童이요 公侯曰子라하나니라

宋 桓公이 卒하였는데, 장사를 치르기 전에 宋 襄公이 諸侯들과 회합하였기 때문에 經에 그를 '宋子'라고 한 것이다. 범례에 따르면 喪中에 있을 때에 王은 '小童'이라 하고, 公侯는 '子'라고 한다.

字義 胙 : 제사 고기 조　舅 : 異姓 제후 칭호 구　耋 : 늙은이 질　違 : 서로 떨어진 거리 위
隕 : 떨어진 운　越 : 잃어버릴 월　羞 : 부끄러울 수

【經】秋七月乙酉에 伯姬卒하다

가을 7월 을유일에 伯姬가 卒하였다.

---

29 小白 : 小白은 齊 桓公의 이름이다.

【經】 九月戊辰에 諸侯盟于葵丘하다

9월 무신일에 諸侯들이 葵丘에서 맹약하였다.

【傳】 秋에 齊侯盟諸侯于葵丘할새 曰 凡我同盟之人은 旣盟之後에 言歸于好라하다 宰孔先歸라가 遇晉侯曰 可無會也라 齊侯不務德而勤遠略이라 故北伐山戎하고 南伐楚하고 西爲此會也하니 東略之는 不知어니와 西則否矣라 其在亂乎인저 君務靖亂이요 無勤於行하라 晉侯乃還하다

가을에 齊侯가 諸侯들과 葵丘에 맹약하면서 말하였다.

"우리 동맹한 사람들은 맹약한 뒤에 友好로 돌아갑시다."

宰孔이 회합을 마치고 먼저 돌아가다가 晉侯를 만나 말하였다.

"회합에 갈 것 없소. 齊侯가 德에 힘쓰지 않고 遠征하는 데만 부지런하기 때문에, 북쪽으로 山戎을 치고 남쪽으로 楚나라를 치고, 서쪽으로 와서 이 회합을 하는 것이오. 동쪽 지역을 공략할 지는 모르겠으나, 서쪽 지역으로는 가지 않을 것이오. 〈그러니 晉나라가 당면할 문제는〉 아마도〔其〕 內亂에 있을 것이오. 임금께서는 난리를 다스리는 데 힘쓰고 회합에 가느라 수고할 것 없소."

晉侯가 이에 돌아갔다.

字義 其 : 아마 기 務 : 힘쓸 무

【經】 甲子에 晉侯佹諸(저)卒하다

갑자일에 晉侯 佹諸(晉 獻公)가 卒하였다.

【經】 冬에 晉里克殺其君之子奚齊하다

겨울에 晉나라 里克이 그 임금의 아들 奚齊를 죽였다.

【傳】 九月에 晉獻公卒하니 里克丕鄭欲納文公하다 故以三公子之徒作亂하다 初에 獻公

使荀息傅奚齊러니 公疾에 召之曰 以是藐諸[30]孤辱在大夫하니 其若之何오 稽首而對曰 臣竭其股肱之力하고 加之以忠貞하리니 其濟면 君之靈也요 不濟면 則以死繼之호리이다 公曰 何謂忠貞고 對曰 公家之利를 知無不爲 忠也요 送往事居에 耦俱無猜 貞也니이다

9월에 晉 獻公이 卒하니, 里克과 丕鄭이 文公(重耳)을 맞이하여 임금으로 세우고자 하였으므로 三公子(申生 · 重耳 · 夷吾)를 추종하는 무리가 난리를 일으켰다. 당초에 헌공은 荀息을 奚齊의 師傅로 삼았는데, 헌공의 병이 위독해지자 그를 불러 말하였다. "이 어리고 약한 孤兒를 수치스럽게〔辱〕 大夫에게 맡기니, 장차〔其〕 어떻게 보좌하겠소?" 순식이 머리를 조아리며 대답하였다. "臣이 股肱의 힘을 다하고 忠貞을 더할 것이니, 만약〔其〕 일이 성공하면 임금의 英靈 덕분일 것이고, 성공하지 못한다면 죽음으로 따르겠습니다."

헌공이 말하였다. "무엇을 忠貞이라 하는가?" 순식이 대답하였다. "나라〔公家〕에 이익이 되는 일을 알고서 하지 않음이 없는 것이 '忠'이고, 돌아가신 임금을 잘 전송하고 새로운 임금을 섬김에 두 가지 일〔耦〕에 모두 의심이나 여한이 없도록 하는 것이 '貞'입니다."

及里克將殺奚齊에 先告荀息曰 三怨將作하고 秦晉輔之하니 子將如何오 荀息曰 將死之호리라 里克曰 無益也라 荀叔曰 吾與先君言矣라 不可以貳니 能欲復言인댄 而愛身乎아 雖無益也나 將焉辟(피)之리오 且人之欲善이 誰不如我리오 我欲無貳而能謂人已乎아

里克이 奚齊를 죽이려 할 때 먼저 荀息에게 고하였다. "원한을 품은 三公子의 무리가 난리를 일으키고 秦 · 晉나라가 저들을 도우려 하니, 그대는 장차 어찌하겠는가?" 순식이 대답하였다. "장차 해제를 위해 죽겠다."

이극이 말하였다. "죽는 것은 아무런 도움이 되지 못한다." 荀叔(순식)이 대답하였다. "나는 先君과 언약을 하였으므로 두 마음을 품을 수 없으니, 약속을 실천하려〔復〕 한다면 목숨을 아끼겠는가. 비록 도움이 되지 못하더라도 어찌 죽음을 피하겠는가. 게다가 사람이 善을 하고자 하는 것이 누군들 나만 못하겠는가. 나는 두 마음을 품지 않으려 하면서 남에게는 그렇게 하지 말라고 할 수 있겠는가?"

冬十月에 里克殺奚齊于次하다 書曰 殺其君之子라하니 未葬也일새라 荀息將死之한대 人曰 不如立卓子而輔之니라 荀息立公子卓以葬하다

30 藐諸 : '藐'은 어리고 약하다는 뜻이며, '諸'는 '~의'라는 뜻으로 백화문의 '的'에 해당한다.

겨울 10월에 里克이 喪次(喪主가 거주하는 廬幕)에서 奚齊를 죽였다. 經에 기록하기를 "그 임금의 아들을 죽였다."라고 하였으니, 이는 아직 장사를 지내기 전이었기 때문이다. 荀息이 장차 해제를 따라 죽으려 하자, 어떤 사람이 말하였다. "죽는 것보다 卓子를 임금으로 세우고 그를 보좌하는 것이 낫다."

순식이 公子 卓을 임금으로 세우고 獻公을 장사 지냈다.

字義 納 : 맞아들일 납　其 : 장차 기　往 : 죽은 사람 왕　居 : 산 사람 거　耦 : 짝수 우
猜 : 의심할 시　復 : 말 실천할 복　愛 : 아낄 애　辟 : 피할 피　貳 : 두 마음 품을 이
已 : 그만둘 이　次 : 곳, 장소 차

〈10년, 辛未(B.C. 650)〉

【經】 十年이라 春王正月에 公如齊하다

10년이다. 봄 周王 정월에 僖公이 齊나라에 갔다.

【經】 狄滅溫하니 溫子奔衛하다

狄人이 溫나라를 멸망시키니 溫子가 衛나라로 달아났다.

【傳】 十年이라 春에 狄滅溫하니 蘇子無信也라 蘇子叛王卽狄이러니 又不能於狄하야 狄人伐之로대 王不救라 故滅하니 蘇子奔衛하다

10년이다. 봄에 狄人이 溫나라를 멸망시켰으니, 蘇子(溫子)가 信義가 없었기 때문이다. 소자가 〈莊公 19년에〉 周王을 배반하고 狄으로 갔는데 또 적과 사이가 좋지 않아서, 적인이 그를 공격하였는데도 주왕이 그를 구원하지 않았다. 그러므로 온나라가 멸망하니, 소자가 衛나라로 달아났다.

字義 如 : 갈 여　奔 : 달아날 분

【經】 晉里克이 弑其君卓及其大夫荀息하다

晉나라 里克이 그 임금 卓과 大夫 荀息을 죽였다.

【傳】十一月에 里克殺公子卓于朝하니 荀息死之하다 君子曰 詩所謂白圭之玷은 尙可磨也어니와 斯言之玷은 不可爲也라하니 荀息有焉이로다

11월에 里克이 朝廷에서 公子 卓을 죽이니 荀息도 그를 위해 죽었다. 君子가 다음과 같이 評論하였다.

"《詩經》 〈大雅 抑〉에 이르기를 '흰 玉의 티는 그래도 갈아 없앨 수 있지만, 말로 인한 잘못은 어찌할 수 없다.'라고 하였으니, 순식이 이처럼 〈자신의 말을 중하게 여긴 뜻이〉 있다."

齊侯以諸侯之師伐晉하야 及高梁而還하니 討晉亂也라 令不及魯라 故不書하니라

齊侯가 諸侯의 군대를 거느리고 晉나라를 토벌하여 高梁까지 갔다가 돌아왔으니, 晉나라에서 일어난 내란을 평정하기 위함이었다. 出兵의 命이 魯나라에는 이르지 않았기 때문에 經에 기록하지 않았다.

晉郤芮使夷吾重賂秦以求入曰 人實有國하니 我何愛焉이며 入而能民이면 土於何有리오 從之하다 齊隰朋帥(솔)師會秦師하야 納晉惠公하다 秦伯謂郤芮曰 公子誰恃오 對曰 臣聞亡人無黨하니 有黨必有讎리이다 夷吾弱不好弄하며 能鬪不過하며 長亦不改요 不識其他로소이다 公謂公孫枝曰 夷吾其定乎아 對曰 臣聞之호니 唯則(칙)定國이라하고 詩曰 不識不知하야 順帝之則(칙)이라하니 文王之謂也요 又曰 不僭不賊이면 鮮不爲則이라하니 無好無惡(오)하야 不忌不克之謂也니이다 今其言多忌克하니 難哉인저 公曰 忌則多怨이니 又焉能克이리오 是吾利也라

晉나라 郤芮가 夷吾(晉 惠公)에게 秦나라에 많은 뇌물을 주고 본국으로 들어가는 일을 도와줄 것을 요청하게 하며 말하였다. "나라를 실로 다른 사람이 차지하였으니 우리가 무엇을 아끼겠으며, 晉나라에 들어와 民心을 얻는다면 國土를 얻는 것이 무슨 어려움이 있겠습니까." 이오가 그 말을 따랐다.

齊나라 隰朋이 군대를 거느리고 秦나라 군대와 연합하여 晉 惠公을 晉나라에 들여보내기로 하였다. 秦伯(穆公)이 극예에게 말하였다. "公子는 누구를 믿고 의지하는가?" 극예가 대답하였다. "臣이 들으니 '亡命人은 徒黨이 없으니, 도당이 있으면 반드시 원수가 있다.'고 하였습니다. 이오는 어려서부터 장난을 좋아하지 않았고, 싸움에 능했으나 절제하여 지나치지 않았으며, 장성해서도 그 습관을 고치지 않았다는 것 이외의 다른 것은 모르겠습니다."

목공이 〈秦나라 大夫〉 公孫枝에게 말하였다. "이오가 晉나라를 안정시킬 수 있겠는가?" 공

손지가 대답하였다. "신이 들으니 '오직 법칙만이 나라를 안정시킬 수 있다.'라고 하였고, 《詩經》〈大雅 皇矣〉에 '사사로운 지식을 쓰지 않고 上帝의 법칙을 따른다.'라고 하였으니 이는 文王을 이른 것이고, 또 '남을 不信하지 않고 해치지 않으면 법칙이 되지 않음이 드물다.'라고 하였으니, 남을 좋아하거나 미워함도 없고 의심을 품거나 이기려 하지 않음도 없음을 말한 것입니다. 지금 이오는 그 말에 남을 의심하고 이기려 함이 많으니 나라를 안정시키기 어려울 것입니다."

목공이 말하였다. "남을 의심하면 원망이 많을 것이니, 또 어찌 이길 수 있겠는가. 이는 우리에게 유리하다."

字義 玷 : 티끌 점　磨 : 갈 마　賂 : 뇌물 줄 뢰　恃 : 믿을 시　黨 : 무리 당　弄 : 장난할 롱
帝 : 하늘 제　則 : 법칙 칙　僭 : 분수에 지나칠 참　鮮 : 드물 선　忌 : 의심할 기

【經】 夏에 齊侯許男伐北戎하다

여름에 齊侯 · 許男이 北戎(山戎)을 토벌하였다.

【經】 晉殺其大夫里克하다

晉나라가 그 大夫 里克을 죽였다.

【傳】 夏四月에 周公忌父(보)王子黨이 會齊隰朋하야 立晉侯하다 晉侯殺里克以說하다 將殺里克할새 公使謂之曰 微子면 則不及此리라 雖然이나 子弑二君與一大夫하니 爲子君者 不亦難乎아 對曰 不有廢也면 君何以興이리오마는 欲加之罪인댄 其無辭乎잇가 臣聞命矣리이다하고 伏劍而死하다 於是丕鄭聘于秦하고 且謝緩賂라 故不及하다

여름 4월에 周公 忌父 · 王子 黨이 齊나라 隰朋과 만나서 晉侯(惠公)를 임금으로 세웠다. 진후가 里克을 죽여서 〈왕위를 찬탈한 것이 아님을 스스로〉 해명하였다. 이극을 죽이려 할 때 혜공이 사람을 보내 말하였다. "그대가 아니었다면 내가 이 자리에 이르지 못했을 것이다. 그렇지만 그대가 두 임금(奚齊 · 卓子)과 한 大夫(荀息)를 죽였으니, 그대의 임금이 되기에는 또한 어렵지 않겠는가."

이극이 대답하였다. "두 임금을 폐위시키지 않았다면 임금께서 어찌 흥기하셨겠습니까. 그

러나 臣에게 죄를 씌우고자 하시면 어찌〔其〕 해명할 말이 없겠습니까. 신은 명을 따르겠습니다." 그러고는 칼 위에 엎어져 죽었다.

이때 丕鄭은 秦나라에 聘問을 가 있었고, 또 약속했던 뇌물이 늦어지는 것에 대한 사과를 하고 있었기 때문에 禍가 미치지 않았다.

字義 微 : 아닐 미 聘 : 聘問할 빙 緩 : 늦을 완

【經】 秋七月이라

가을 7월이다.

【傳】 晉侯改葬共大(태)子하다 秋에 狐突適下國이라가 遇大子[31]하니 大子使登僕하고 而告之曰 夷吾無禮하니 余得請於帝矣로라 將以晉畀秦하리니 秦將祀余하리라 對曰 臣聞之호니 神不歆非類하고 民不祀非族이라하니 君祀無乃殄乎잇가 且民何罪오 失刑乏祀니 君其圖之하소서 君曰 諾다 吾將復(부)請호리니 七日에 新城西偏에 將有巫者而見(현)我焉호리라 許之하니 遂不見하다 及期而往하니 告之曰 帝許我罰有罪矣니 敝於韓하리라

晉侯가 共太子(申生)를 改葬하였다. 가을에 狐突이 下國(曲沃의 新城)에 갔다가 〈홀연히 꿈을 꾸는 것처럼 이미 죽은〉 太子를 만났는데, 태자가 호돌에게 수레에 올라 수레를 몰게 하면서 말하였다. "夷吾가 무례하게 〈나의 부인 賈君과 간음하니〉 내가 上帝께 요청하여 허락을 받았다. 장차 晉나라를 秦나라에게 줄 것이니 秦나라가 내 제사를 지낼 것이다."

호돌이 대답하였다. "臣이 들으니 '귀신은 同類의 제사가 아니면 흠향하지 않고, 백성은 同族이 아니면 제사 지내지 않는다.'고 하였으니, 그렇게 되면 君(신생)의 제사가 끊어지지〔殄〕 않겠습니까. 또 백성들은 무슨 죄가 있습니까. 〈晉나라를 秦나라에게 주는 것은〉 형벌을 잘못 행하고 제사를 끊기게 하는 것이니, 君께서는 잘 고려하십시오."

君이 말하였다. "알았다. 내 장차 다시 청해보겠다. 7일 후에 新城 서쪽에 무당이 있을 것이니 그 무당에게 의지해 내가 나타날 것이다."

호돌이 알겠다고 하니 마침내 보이지 않았다. 기약한 날이 되어 호돌이 약속한 장소에 가

---

31 遇大子 : 홀연히 꿈을 꾸는 것처럼 서로 만난 것이다. 狐突이 본래 申生의 御였기 때문에 신생이 그에게 다시 수레에 올라 수레를 몰게 한 것이다.(杜注)

니, 태자가 호돌에게 말하였다. "상제께서 내게 죄 있는 자를 처벌함을 허락하셨으니, 이오는 韓에서 패망할 것이다."

字義 遇 : 뜻밖에(기약없이) 만날 우 畀 : 줄 비 歆 : 흠향할 흠 殄 : 다할, 끊어질 진
復 : 다시 부 見 : 나타날 현 敝 : 패배할 폐

【經】 冬에 大雨雪하다

겨울에 크게 눈이 내렸다.

〈11년, 壬申(B.C. 649)〉

【經】 十有一年이라 春에 晉殺其大夫丕鄭父(보)하다

11년이다. 봄에 晉나라가 그 大夫 丕鄭父를 죽였다.

【傳】 丕鄭之如秦也에 言於秦伯曰 呂甥郤稱冀芮는 實爲不從[32]하니 若重問以召之시면 臣出晉君하리니 君納重耳하면 蔑不濟矣리이다

丕鄭이 秦나라에 갔을 때 秦伯에게 말하였다.

"呂甥 · 郤稱 · 冀芮는 실제로 약속을 따르려 하지 않을 것이니, 만약 예물(問)을 많이 주면서 그들을 秦나라로 부르시면 臣이 晉君을 축출하겠습니다. 그리고 임금께서 重耳를 들여보내시면 성공하지 않을 리 없을 것입니다."

冬에 秦伯使泠至報問하고 且召三子어늘 郤芮曰 幣重而言甘하니 誘我也라하고 遂殺丕鄭祁擧及七輿大夫[33]하니 左行共華右行賈華叔堅騅歂纍(추천류)虎特宮山祁 皆里丕之

---

32 呂甥郤稱冀芮 實爲不從 : 晉 惠公(夷吾)이 秦나라의 도움으로 晉나라에 들어가 임금이 되었는데, 이때 秦나라에 도움을 받는 대가로 河外의 5城을 주기로 하였다. 그러나 이미 還國의 목적을 달성한 이오의 무리들은 약속을 따르려 하지 않을 것이라는 뜻이다.

33 七輿大夫 : 輿大夫는 官名이니, 侯·伯의 副車를 관장한다. 侯·伯은 수레가 7대이므로 7명의 輿大夫를 두는데, 바로 아래 글의 共華 등 일곱 사람이 그것이다.(《新譯 左傳讀本》)

黨也라 丕豹奔秦하야 言於秦伯曰 晉侯背大主而忌小怨하니 民弗與也니이다 伐之면 必出하리이다 公曰 失衆이면 焉能殺이며 違禍하니 誰能出君이리오

지난해 겨울에 秦伯이 泠至를 晉나라에 보내 答聘하게 하고 또 세 사람을 秦나라로 초청하자, 郤芮가 말하기를 "폐백을 많이 주고 말을 달콤하게 하니, 우리를 유인하려는 것이다."라고 하였다. 그러고는 마침내 丕鄭 · 祈擧와 七輿大夫를 죽이니, 左行共華 · 右行賈華 · 叔堅 · 騅歂 · 纍虎 · 特宮 · 山祈가 모두 里克과 丕鄭의 黨이었다.

丕豹(丕鄭의 아들)가 秦나라로 달아나 秦伯에게 말하였다. "晉侯가 大主(秦나라)를 배반하고 작은 원한(里克 · 丕鄭)을 꺼리니 백성들이 그를 돕지〔與〕 않습니다. 그를 공격하시면 반드시 축출할 수 있을 것입니다." 秦 穆公이 말하였다. "晉侯가 백성의 마음을 잃었다면 어찌 저들을 죽일 수 있었겠으며, 그대는 화를 피해 이곳에 왔으니 누가 임금을 축출할 수 있겠는가?"

字義 問 : 예물, 폐백 문　出 : 내쫓을, 축출할 출　蔑 : 없을 멸　濟 : 성공할, 성취할 제
誘 : 꾈, 유인할 유　焉 : 어찌 언

十一年이라 春에 晉侯使以丕鄭之亂來告하다

11년이다. 봄에 晉侯가 使臣을 보내 丕鄭의 난리를 통고하였다.

天王使召武公內史過賜晉侯命하니 受玉惰어늘 過歸하야 告王曰 晉侯其無後乎인저 王賜之命이어늘 而惰於受瑞하니 先自棄也已라 其何繼之有릿가 禮는 國之幹也요 敬은 禮之輿也니 不敬이면 則禮不行하고 禮不行이면 則上下昏이니 何以長世리잇가

天王(周 襄王)이 召武公(周나라의 卿士)과 內史 過(周나라 大夫)를 보내 晉侯(晉 惠公)에게 爵命를 내렸다. 〈혜공이 信標로 내려주는〉 玉을 받을 때 禮를 게을리하자, 過가 돌아와서 양왕에게 고하였다.

"晉侯는 아마도 後嗣가 없을 것입니다. 천왕께서 작명을 내리셨는데 瑞(符信으로 삼는 玉)를 받을 때 禮를 게을리하였으니, 먼저 스스로의 예를 버린 것입니다. 그러니 어찌 후사가 있겠습니까. 禮는 나라의 근간이고 敬은 예를 싣는 수레이니, 공경하지 않으면 예가 행해지지 않고, 예가 행해지지 않으면 上下가 혼란해집니다. 어찌 오랫동안 세대를 이을 수 있겠습니까."

字義 惰 : 게으를 타　瑞 : 옥홀 서　繼 : 이을 계　幹 : 줄기, 근간 간　昏 : 어두울 혼

【經】 夏에 公及夫人姜氏 會齊侯于陽穀하다

여름에 僖公이 夫人 姜氏와 함께 陽穀에서 齊侯를 만났다.

【經】 秋라

가을이다.

【傳】 夏에 揚拒泉皐伊雒之戎이 同伐京師하야 入王城하야 焚東門하니 王子帶召之也라 秦晉伐戎以救周러니 秋에 晉侯平戎于王하다

여름에 揚 · 拒 · 泉 · 皐 네 개의 邑과 伊水 · 雒水에 사는 戎人들이 함께 京師를 공격하여 王城으로 들어가서 東門을 불태웠으니, 王子 帶(甘昭公)가 〈왕위를 찬탈하고자 그들을〉 불러들인 것이다. 秦 · 晉나라가 융인을 토벌하여 周나라를 구원하였는데, 가을에 晉侯가 융인을 天王과 화평시켰다.

【經】 八月에 大雩하다

8월에 祈雨祭를 지냈다.

【經】 冬에 楚人伐黃하다

겨울에 楚人이 黃나라를 토벌하였다.

【傳】 黃人이 不歸(궤)楚貢하니 冬에 楚人伐黃하다

黃人이 〈齊나라의 구원을 믿고〉 楚나라에 공물을 바치지 않으니, 겨울에 楚人이 황나라를 토벌하였다.

字義 雩 : 기우제 지낼 우 歸 : 보낼 궤

〈12년, 癸酉(B.C. 648)〉

【經】 十有二年이라 春이라

12년이다. 봄이다.

【傳】 十二年이라 春에 諸侯城衛楚丘之郛하니 懼狄難也라

12년이다. 봄에 諸侯들이 衛나라 國都인 楚丘에 外城을 쌓았으니, 狄人이 난리를 일으킬까 두려웠기 때문이다.

字義 郛 : 外城 부

【經】 王三月庚午에 日有食之하다

周王 3월 경오일에 日食하였다.

【經】 夏에 楚人滅黃하다

여름에 楚人이 黃나라를 멸망시켰다.

【傳】 黃人恃諸侯之睦于齊也하야 不共楚職曰 自郢及我九百里니 焉能害我리오 夏에 楚滅黃하다

黃人은 諸侯들이 齊나라와 화목한 것을 믿고서 楚나라에 공물을 바치지 않으며 말하였다. "郢(초나라 國都)에서 우리나라까지의 거리가 9백 리이니, 초나라가 어찌 우리나라를 해칠 수 있겠는가."

여름에 초나라가 황나라를 멸망시켰다.

字義 職 : 공물 직

【經】秋七月이라

가을 7월이다.

【經】冬이라

겨울이다.

【傳】王以戎難故로 討王子帶하니 秋에 王子帶奔齊하다

周 襄王이 지난해 戎人이 쳐들어왔던 난리를 이유로 王子 帶를 토벌하니, 가을에 왕자 대가 齊나라로 달아났다.

冬에 齊侯使管夷吾平戎于王하고 使隰朋平戎于晉하다 王以上卿之禮로 饗管仲한대 管仲辭曰 臣은 賤有司也니이다 有天子之二守國高在하니 若節春秋에 來承王命이면 何以禮焉이릿가 陪臣[34]은 敢辭하노이다 王曰 舅氏[35]아 余嘉乃勳하고 應乃懿德하야 謂督不忘하노니 往踐乃職하야 無逆朕命하라 管仲受下卿之禮而還하다 君子曰 管氏之世祀也宜哉라 讓不忘其上이로다 詩曰 愷悌君子는 神所勞矣라하니라

겨울에 齊侯가 管夷吾(管仲)를 보내 戎人을 周 襄王과 화평시키고, 隰朋을 보내 융인을 晉나라와 화평시켰다. 양왕이 上卿의 禮로 관중을 대접하니, 관중이 사양하며 말하였다. "臣은 비천한 有司일 뿐입니다. 齊나라에는 天子께서 임명한 두 守臣인 國氏 · 高氏가 있으니, 만약 〈지금 저를 상경의 예로 대접하셨다가〉 저들이 봄 · 가을철에 와서 王命을 받든다면 저들에게 어떤 예로 대접하시겠습니까. 陪臣은 감히 사양하겠습니다."

양왕이 말하였다. "舅氏여, 나는 그대〔乃〕의 공훈을 가상히 여기고 그대의 아름다운 덕을 받아들여서〔應〕 돈독히 잊지 않을 것이니, 돌아가 그대의 직임을 수행하여 朕의 명을 거역하지 말라."

관중이 下卿의 예우를 받고 돌아왔다. 君子가 다음과 같이 論評하였다.

"管氏는 대대로 제사가 이어지는 것이 마땅하다. 사양하면서도 윗사람(國氏 · 高氏)을 잊지

34 陪臣 : 諸侯의 신하를 '陪臣'이라 한다.(杜注)

35 舅氏 : 伯舅(齊 桓公)의 사신이므로 '舅氏'라고 한 것이다.(杜注)

않았으니 말이다. 《詩經》〈大雅 旱鹿〉에 '和樂하고 平易한 君子는 神明이 위로한다.'라고 하였다."

字義 平 : 화평할 평　饗 : 연회할, 대접할 향　節 : 때, 시기 절　陪 : 보좌할, 모실 배
乃 : 너(2인칭) 내　懿 : 아름다울 의　督 : 두터울 독(=篤)　踐 : 실천할 천
愷 : 화락할 개　悌 : 평이할 제　勞 : 위로할 로

【經】 十有二月丁丑에 陳侯杵臼卒하다

12월 정축일에 陳侯 杵臼(陳 宣公)가 卒하였다.

〈13년, 甲戌(B.C. 647)〉

【經】 十有三年이라 春이라

13년이다. 봄이다.

【傳】 十三年이라 春에 齊侯使仲孫湫聘于周하고 且言王子帶러니 事畢에 不與王言하고 歸하야 復命曰 未可니이다 王怒未怠하니 其十年乎인저 不十年이면 王弗召也리이다

13년이다. 봄에 齊侯가 仲孫湫를 보내 周나라에 聘問하고, 또 王子 帶를 〈귀국시키는 일을〉 말하게 하였는데, 〈중손추가 빙문의〉 일을 마친 뒤에 周王에게 왕자 대의 일을 말하지 않고, 돌아와서 復命하였다.

"아직 안 됩니다. 王의 노여움이 지금껏 누그러지지 않았으니, 아마 10년은 지나야 할 것입니다. 10년이 되기 전에는 왕이 부르지 않을 것입니다."

字義 復 : 되풀이할, 대답할 복　怠 : 약해질, 느슨해질 태　其 : 아마 기

【經】 狄侵衛하다

狄人이 衛나라를 침략하였다.

【經】夏四月에 葬陳宣公하다

여름 4월에 陳 宣公을 葬事 지냈다.

【經】公會齊侯宋公陳侯衛侯鄭伯許男曹伯于鹹(함)하다

僖公이 齊侯 · 宋公 · 陳侯 · 衛侯 · 鄭伯 · 許男 · 曹伯과 鹹에서 회합하였다.

【傳】夏에 會于鹹하니 淮夷[36]病杞故요 且謀王室也라

여름에 鹹에서 회합하였으니 淮水 부근에 사는 夷狄이 杞나라를 侵攻했기 때문이고, 또 周王室의 안정을 상의하기 위함이었다.

字義 病 : 해칠, 침공할 병

【經】秋라

가을이다.

【傳】爲戎難故로 諸侯戍周하니 齊仲孫湫致之하다

戎人이 난리를 일으켰기 때문에 諸侯들이 周나라에 군대를 보내 지키게 하니, 齊나라 仲孫湫가 제후의 군대를 거느리고 주나라로 갔다.

字義 戍 : 수자리할, 지킬 수　致 : 이를, 도달할 치(=至)

【經】九月에 大雩하다

9월에 祈雨祭를 지냈다.

36 淮夷 : 〈杜注〉에는 별다른 언급이 없으며, 〈楊注〉에는 "《春秋左氏傳》에 네 차례 보이는데 혹은 민족을 가리키고, 혹은 나라 이름을 가리킨다."라고 하였으나 이곳은 무엇을 지칭하는지 확정하지 않았다. 《新譯 左傳讀本》에 "淮水 中·下流 부근에 흩어져 살던 夷狄을 가리킨다."고 하였으므로, 이를 따랐다.

【經】冬이라

겨울이다.

【傳】晉荐饑하야 使乞糴于秦하다 秦伯謂子桑호대 與諸(저)乎아 對曰 重施而報면 君將何求릿가 重施而不報면 其民必攜하리니 攜而討焉이면 無衆必敗리이다 謂百里호대 與諸乎아 對曰 天災流行은 國家代有라 救災恤隣은 道也니 行道면 有福하리이다 丕鄭之子豹在秦이러니 請伐晉한대 秦伯曰 其君是惡(오)어니와 其民何罪오 秦於是乎輸粟于晉하야 自雍及絳히 相繼하니 命之曰 汎舟之役이라하다

겨울에 晉나라가 거듭 기근이 들어서 秦나라에 사신을 보내 양곡을 사겠다고 청하였다. 秦伯이 子桑에게 말하였다. "주어야겠는가?" 자상이 대답하였다. "거듭 은혜를 베풀고 보답을 받으면 〈손해 볼 것이 없으니〉 임금께서 장차 무엇을 더 바라겠습니까. 그러나 우리가 거듭 은혜를 베풀었는데도 보답을 받지 못하면 晉나라 백성들의 마음이 반드시 떠날 것이니〔攜〕, 백성의 마음이 떠난 뒤에 토벌하면 돕는 무리가 없어서 반드시 패망할 것입니다."

秦伯이 百里(百里奚)에게 말하였다. "주어야겠는가?" 백리가 대답하였다. "天災가 유행하는 것은 나라마다 번갈아 발생합니다. 재난을 구원하고 이웃 나라를 구휼하는 것이 올바른 도리이니, 도리를 시행하면 복이 있을 것입니다."

丕鄭의 아들 丕豹가 당시 秦나라에 있었는데, 〈아비의 원수를 갚고자 기근으로 약해진〉 晉나라를 토벌하자고 청하니 秦伯이 말하였다. "그 임금이야 미워할 만하지만 그 백성들은 무슨 죄가 있는가." 秦나라가 이에 晉나라에 양곡을 보내어 수송하는 행렬이 雍(秦나라 國都)에서 絳(晉나라 국도)까지 이어졌으니, 이를 '泛舟之役'이라고 命名하였다.

字義 荐 : 거듭 천 饑 : 굶주릴 기 糴 : 쌀 사들일 적 與 : 줄 여 諸 : 어조사 저 重 : 거듭 중
攜 : 떠날 휴 代 : 번갈아 대 恤 : 구휼할 휼 惡 : 미워할 오 輸 : 보낼 수

【經】公子友如齊하다

公子 友가 齊나라에 갔다.

〈14년, 乙亥(B.C. 646)〉

【經】 十有四年이라 春에 諸侯城緣陵하다

14년이다. 봄에 諸侯들이 〈杞나라의〉 緣陵에 城을 쌓았다.

【傳】 十四年이라 春에 諸侯城緣陵而遷杞焉하니 不書其人은 有闕也라

14년이다. 봄에 諸侯들이 緣陵에 城을 쌓아서 杞나라의 國都를 그곳으로 옮겼으니, 〈'諸侯'라고만 하고〉 성을 쌓은 사람을 기록하지 않은 것은 闕文이다.

字義 遷 : 옮길 천 闕 : 빠질 궐

【經】 夏六月에 季姬及鄫子遇于防하야 使鄫子來朝하다

여름 6월에 〈鄫나라로 시집간 魯나라의〉 季姬가 鄫子와 防에서 만나, 증자에게 노나라로 와서 朝見(조현)하도록 하였다.

【傳】 鄫季姬來寧이어늘 公怒하야 止之하니 以鄫子之不朝也라 夏에 遇于防하야 而使來朝하다

鄫季姬가 歸寧하자 僖公이 노하여 季姬를 魯나라에 억류시켰으니, 鄫子가 함께 와서 朝見하지 않았기 때문이다. 여름에 〈계희가 증자와〉 防에서 만나서, 노나라로 와서 조현하도록 하였다.

字義 朝 : 朝見할 조 寧 : 귀녕할 녕

【經】 秋八月辛卯에 沙鹿崩하다

가을 8월 신묘일에 沙鹿山이 무너졌다.

【傳】 秋八月辛卯에 沙鹿崩하니 晉卜偃曰 期年에 將有大咎하야 幾亡國하리라

가을 8월 신묘일에 沙鹿山이 무너지니, 晉나라 卜偃이 말하였다. "1년 안에 큰 재앙이 발생하여 나라가 거의 망하게 될 것이다."

字義 期 : 돌, 1주년 기 咎 : 재앙 구 幾 : 거의 기

【經】狄侵鄭하다

狄人이 鄭나라를 침략하였다.

【經】冬이라

겨울이다.

【傳】秦饑하야 使乞糴于晉한대 晉人弗與하니 慶鄭曰 背施無親이요 幸災不仁이요 貪愛不祥이요 怒隣不義니 四德皆失이면 何以守國이릿가 虢射(석)曰 皮之不存이어니 毛將安傅[37]리오 慶鄭曰 棄信背隣이면 患孰恤之리잇가 無信患作하고 失援必斃니 是則然矣니이다 虢射曰 無損於怨이요 而厚於寇니 不如勿與니이다 慶鄭曰 背施幸災는 民所棄也니 近猶讐之온 況怨敵乎잇가 弗聽하니 退曰 君其悔是哉리라

秦나라에 기근이 들어 晉나라에 사신을 보내 양곡을 사겠다고 청하였는데 晉人(惠公)이 허락하지 않으니, 慶鄭이 말하였다. "은혜를 저버리면 친근한 나라가 없고, 다른 나라의 재앙을 다행으로 여기면 어질지 못한 것이며, 탐욕을 부리며 아끼는 것은 상서롭지 못한 것이고, 이웃 나라를 노하게 하는 것은 의롭지 못한 것이니, 네 가지 德을 모두 잃는다면 무엇으로 나라를 지키겠습니까." 虢射(혜공의 外叔)이 말하였다. "가죽이 남아 있지 않은데, 털을 장차 어디에 붙이겠습니까."

경정이 말하였다. "신의를 저버리고 이웃 나라를 배반하면 〈나중에 우리의〉 근심을 누가 구휼해주겠습니까. 신의가 없으면 근심이 생기고, 구원이 없으면 반드시 죽게 되니, 이것은 필연의 이치입니다." 괵석이 말하였다. "〈양곡을 준다고 해도 秦나라의〉 원한은 덜지 못하고 적에게 힘만 보태주게 되니, 주지 않는 것이 낫습니다."

경정이 말하였다. "은혜를 저버리고 다른 나라의 재앙을 다행으로 여기는 것은 백성을 버리는 일입니다. 친근했던 나라도 오히려 원수로 여길 것인데 하물며 원한을 품은 敵이겠습니까."

혜공이 간언을 따르지 않으니, 경정이 물러나와 말하였다. "임금께서는 아마〔其〕 이 일을 후회할 것이다."

字義 斃 : 죽을 폐 損 : 덜 손

---

37 皮之不存 毛將安傅 : '皮'는 晉 惠公이 秦나라의 도움으로 晉나라로 들어올 때 秦나라에 주기로 약속했던 城을 비유하고, '毛'는 지금 秦나라가 요구한 양곡을 비유한 말이다. 이미 약속한 성을 주지 않아 秦나라의 은혜를 배반한 원한이 깊어졌는데, 비록 양곡을 주더라도 이전에 쌓은 원한이 사라지지 않으므로 마치 가죽이 없는데 털을 붙이려는 격이라는 말이다.(杜注)

【經】 蔡侯肸卒하다

蔡侯 肸(蔡 繆侯)이 卒하였다.

〈15년, 丙子(B.C. 645)〉

【經】 十有五年이라 春王正月에 公如齊하다

15년이다. 봄 周王 正月에 僖公이 齊나라에 갔다.

【經】 楚人伐徐하다

楚人이 徐나라를 토벌하였다.

【傳】 十五年이라 春에 楚人伐徐하니 徐卽諸夏故也라

15년이다. 봄에 楚人이 徐나라를 토벌하였으니, 서나라가 諸夏에 붙었기 때문이다.

【經】 三月에 公會齊侯宋公陳侯衛侯鄭伯許男曹伯하야 盟于牡丘하고 遂次于匡하다 公孫敖帥(솔)師하야 及諸侯之大夫救徐하다

3월에 僖公이 齊侯 · 宋公 · 陳侯 · 衛侯 · 鄭伯 · 許男 · 曹伯과 회합하여 牡丘에서 맹약하고, 마침내 〈衛나라 땅인〉 匡에 주둔하였다〔次〕. 公孫敖가 군대를 거느리고 諸侯의 大夫와 연합하여 徐나라를 구원하였다.

【傳】 三月에 盟于牡丘하니 尋葵丘之盟이요 且救徐也라 孟穆伯帥師하야 及諸侯之師救徐하니 諸侯次于匡以待之하다

3월에 牡丘에서 맹약하였으니, 葵丘의 맹약을 다시 다지고 또 徐나라를 구원하고자 한 것이다. 孟穆伯(公孫敖)이 군대를 거느리고 諸侯의 군대와 연합하여 서나라를 구원하니, 제후들은 匡에 주둔하여 결과를 기다렸다.

字義 尋 : 거듭할, 반복할 심　次 : 주둔할 차

【經】 夏五月에 日有食之하다

여름 5월에 日食하였다.

【傳】 夏五月에 日有食之하니 不書朔與日은 官失之也라

여름 5월에 日食하였으니, 經에 朔과 日辰을 기록하지 않은 것은 史官이 빠뜨린 것이다.

字義 失 : 빠뜨릴, 누락할 실

【經】 秋七月에 齊師曹師伐厲하다

가을 7월에 齊·曹나라의 군대가 厲나라를 토벌하였다.

【傳】 秋에 伐厲以救徐也하다

가을에 〈齊·曹나라의 군대가 楚나라의 동맹국인〉 厲나라를 쳐서 徐나라를 구원하였다.

【經】 八月에 螽하다

8월에 蝗蟲으로 인한 피해가 있었다.

字義 螽 : 누리, 황충 종

【經】 九月에 公至自會하다

9월에 僖公이 제후들과의 會合에서 돌아왔다.

【經】 季姬가 歸于鄫하다

季姬가 鄫나라로 돌아갔다.

【經】己卯晦에 震夷伯之廟하다

기묘일 그믐날에 夷伯(魯나라 大夫 展氏의 祖父)의 廟堂에 벼락이 쳤다.

【傳】震夷伯之廟하니 罪之也라 於是에 展氏有隱慝焉이라

夷伯의 廟堂에 벼락이 쳤으니 이는 罪를 내린 것이다. 이때 展氏에게 숨겨진 죄악이 있었다.

字義 慝 : 나쁠, 사악할 특

【經】冬에 宋人伐曹하다

겨울에 宋人이 曹나라를 토벌하였다.

【傳】冬에 宋人伐曹하니 討舊怨也[38]라

겨울에 宋人이 曹나라를 토벌하였으니 옛 원한을 갚고자 토벌한 것이다.

【經】楚人敗徐于婁林하다

楚人이 婁林에서 徐나라를 패배시켰다.

【傳】楚敗徐于婁林하니 徐恃救也라

楚나라가 婁林에시 徐나라를 쌔배시켰으니, 서나라가 〈齊나라의 구원을〉 믿었기 때문이다.

【經】十有一月壬戌에 晉侯及秦伯戰于韓하야 獲晉侯하다

11월 임술일에 晉侯와 秦伯이 韓에서 싸워서, 진백이 진후를 사로잡았다.

---

38 宋人伐曹 討舊怨也 : 莊公 14년에 曹나라가 제후들과 연합하여 宋나라를 공격한 일을 가리킨다.

【傳】晉侯之入也에 秦穆姬屬(촉)賈君焉하고 且曰 盡納群公子[39]하라 晉侯烝於賈君하고 又不納群公子라 是以穆姬怨之하다 晉侯許賂中大夫러니 旣而皆背之하고 賂秦伯以河外列城五호대 東盡虢略하고 南及華山하고 內及解梁城이러니 旣而不與하고 晉饑에 秦輸之粟이로대 秦饑에 晉閉之糴이라 故秦伯伐晉하다 卜徒父(보)筮之하니 吉이라 涉河면 侯車敗하리이다 詰之한대 對曰 乃大吉也니 三敗면 必獲晉君하리이다 其卦遇蠱䷑[40]하니 曰 千乘三去니 三去之餘에 獲其雄狐라하니 夫狐蠱는 必其君也라 蠱之貞은 風也요 其悔는 山也니 歲云秋矣라 我落其實而取其材니 所以克也니이다 實落材亡이면 不敗何待[41]리잇가

晉侯가 晉나라로 들어갈 때 秦 穆姬가 그에게 賈君을 부탁하고, 또 말하였다. “여러 公子들을 모두 晉나라로 불러들이시오.” 그러나 진후가 晉나라에 들어와 賈君을 간음하고, 또 여러 공자들을 불러들이지도 않았으므로 穆姬가 그를 원망하였다.

진후가 中大夫(里克 · 丕鄭)에게 뇌물을 주기로 허락했는데, 임금이 된 뒤에는 모두 배신하였고, 秦伯에게 河外의 다섯 城을 뇌물로 주기로 하여 그 범위가 동쪽으로 虢나라와의 경계까지, 남쪽으로 華山까지, 河內의 解梁城까지였는데 임금이 된 뒤에는 주지 않았으며, 晉나라에 기근이 들자 秦나라가 양곡을 보내주었는데 秦나라에 기근이 들었을 때는 晉나라가 양곡 판매를 막았기 때문에 진백이 晉나라를 토벌하였다.

秦나라의 卜人 徒父가 전쟁의 승패에 대하여 시초점을 쳐보니, 吉하였다. “黃河를 건너면 秦侯의 兵車가 무너질 것입니다.” 〈秦侯가 자신이 탄 수레가 무너지는 것을 길한 점괘라 풀이한 것에 대하여〉 자세히 묻자〔詰〕, 도보가 대답하였다.

“그것이 곧 크게 길한 것이니, 세 번 패배하면 반드시 晉君을 사로잡을 것입니다. 점괘가 蠱卦(䷑)를 만났으니 그 占辭에 ‘千乘(諸侯)이 세 번 패배하니, 세 번 패배한 뒤에 그 수여우〔雄狐〕를 사로잡는다.’라고 하였으니, 저 수여우〔狐蠱〕는 필시 晉君일 것입니다. 蠱卦의 貞(內卦)은 風이고 悔(外卦)는 山입니다. 계절이 가을이라서 우리가 그 열매를 떨어뜨리고 재목을 취하는 조짐이니, 이 때문에 이길 수 있습니다. 열매가 떨어지고 재목이 없어지면 패배하지

---

39 晉侯之入也……盡納群公子 : ‘晉侯’는 晉 惠公(夷吾)이고, ‘秦穆姬’는 太子 申生의 누이이다. ‘賈君’에 대해서는 異說이 있으나, 〈杜注〉에 의거하여 신생의 夫人으로 보는 것이 적절할 듯하다. ‘群公子’는 驪姬의 난리 때 他國으로 달아난 公子들을 가리킨다.

40 蠱䷑ : 巽卦(☴)가 下卦이고 艮卦(☶)가 上卦인 것이 蠱卦이다.(杜注)

41 蠱之貞……不敗何待 : ‘風’은 秦나라를, ‘山’은 晉나라를 상징한다. 바람이 산에 불어 산에 있는 나무의 열매가 떨어지고, 열매가 떨어진 나무를 사람들이 재목으로 베어가기 때문에 남는 것이 없게 된다는 말이다.

않고 무엇을 기대하겠습니까."

字義 屬 : 부탁할 촉　烝 : 손윗사람과 간통할 증　賂 : 뇌물 뢰　略 : 경계 략
閉 : 막을, 닫을 폐　涉 : 건널 섭　乘 : 수레 승　去 : 쫓아낼 거

三敗及韓하니 晉侯謂慶鄭曰 寇深矣니 若之何오 對曰 君實深之하니 可若何리잇고 公曰 不孫하다 卜右한대 慶鄭吉이로대 弗使하고 步揚御戎하고 家僕徒爲右하고 乘小駟하니 鄭入也라 慶鄭曰 古者大事에 必乘其産하나니 生其水土而知其人心하고 安其教訓而服習其道하야 唯所納之하야 無不如志니이다 今乘異産以從戎事하니 及懼而變이면 將與人易이니 亂氣狡憤하야 陰血周作하고 張脈僨興하야 外彊中乾하야 進退不可하고 周旋不能하리니 君必悔之리이다 弗聽하다

晉나라가 세 번 패배하여 韓에 이르니, 晉侯(晉 惠公)가 慶鄭에게 말하였다. "적들이 깊이 들어왔으니 어찌면 좋겠는가?" 경정이 대답하였다. "임금께서 실로 깊이 끌어들인 것이니 어찌할 수 있겠습니까." 혜공이 말하였다. "말이 불손하다."

晉侯가 車右로 누구를 쓰면 좋을지 점을 쳤는데 경정이 길하다고 나왔음에도 그를 쓰지 않고, 步揚을 戎車(兵車)의 御로, 家僕徒를 車右로 삼고, 小駟가 끄는 수레를 탔는데 小駟는 鄭나라가 바친 말의 이름이다. 경정이 말하였다.

"옛날 전쟁을 할 때〔大事〕 반드시 그 나라에서 생산된 말을 탔으니, 말이 그 나라의 水土에서 태어나 그 주인의 마음을 알고, 주인의 가르침을 편안하게 받아들이고 그 나라의 길에 익숙해서, 오직 명하는 대로 받아들여 뜻하는 대로 움직이지 않는 경우가 없었습니다. 그런데 지금 외국에서 자란 말을 타고 전쟁하려 하니, 그 상황에 미쳐서 말이 겁을 먹고 변한다면 주인의 뜻을 어기게 될 것입니다. 그렇게 되면 기운이 사납게 움직여서 〈그 기운을 따라〉 몸 안의 피가 두루 발작하고 혈맥이 팽창하여 솟아올라서, 겉은 강해 보이나 속의 기운은 고갈되어 나아갈 수도 물러날 수도 없고 周旋도 할 수 없게 될 것이니 임금께서 반드시 후회하실 것입니다."

그러나 혜공이 그 말을 따르지 않았다.

字義 孫 : 공손할 손　御 : 수레 몰 어　狡 : 사나울 교　憤 : 움직일 분　周 : 두루 주
作 : 진작할 작　張 : 넓힐 장　僨 : 떨쳐 일어날, 분기할 분　彊 : 굳셀 강
乾 : 마를, 고갈될 간

九月에 晉侯逆秦師할새 使韓簡視師한대 復曰 師少於我나 鬪士倍我니이다 公曰 何故오 對曰 出因其資하고 入用其寵하며 饑食其粟이어늘 三施而無報라 是以來也어늘 今又擊

之하니 我怠秦奮이라 倍猶未也니이다 公曰 一夫도 不可狃어든 況國乎아 遂使請戰曰 寡人不佞이 能合其衆而不能離也니 君若不還이면 無所逃命하리라 秦伯使公孫枝對曰 君之未入에 寡人懼之하고 入而未定列에 猶吾憂也러니 苟列定矣면 敢不承命가 韓簡退曰 吾幸而得囚로다

9월에 晉侯(晉 惠公)가 秦나라 군대를 맞아 싸울 때 韓簡을 보내 敵陣을 정탐하게 하였는데, 한간이 돌아와 復命하였다. "군사는 우리보다 적지만 싸울 의지를 가진 병사는 우리의 갑절이 됩니다." 혜공이 말하였다. "어째서 그런가?" 한간이 대답하였다.

"임금께서 晉나라에서 出奔하셨을 때는 秦나라의 도움(물자)에 의지하였고, 晉나라에 들어올 때는 秦나라의 총애를 입었으며, 기근이 들었을 때는 秦나라의 곡식을 먹었는데, 세 번이나 은혜를 입고도 갚지 않았기 때문에 저들이 온 것입니다. 그런데 지금 또 저들을 공격하려 하니 우리 군사들의 의지가 태만하고 秦나라 군사들은 士氣가 떨치는 것입니다. 갑절로도 오히려 비유가 부족합니다."

그러자 혜공이 말하기를 "匹夫 하나도 업신여길 수 없는데, 하물며 國君이겠는가."라고 하고는, 마침내 秦나라에 싸움을 청하면서 말하였다. "변변찮은 재주도 없는 寡人이 무리를 모을 수는 있으나 흩어지게 할 수는 없으니, 임금께서 만약 돌아가지 않는다면 싸우자는 임금의 命을 피하지 않겠습니다."

秦伯이 公孫枝를 보내 대답하였다. "임금께서 晉나라에 들어가지 못했을 때 과인이 임금을 위해 걱정하였고, 晉나라에 들어가서 君位를 안정시키지 못했을 때도 오히려 내가 임금을 위해 근심하였는데, 지금 만약 임금의 자리가 안정되었다면 감히 명을 받들지 않을 수 있겠소."

〈秦나라에 싸움을 청하러 갔던〉 한간이 물러나와 말하였다. "나는 포로라도 되면 다행이겠다."

字義 視 : 살필, 관찰할 시　鬪 : 싸울 투　倍 : 곱, 갑절 배　資 : 도울 자　怠 : 태만할 태
狃 : 방자할, 업실여길 뉴 列 : 자리, 위차 렬　逃 : 달아날, 피할 도　囚 : 포로 수

壬戌에 戰于韓原할새 晉戎馬還(선)濘而止하다 公號慶鄭한대 慶鄭曰 愎諫違卜은 固敗是求니 又何逃焉이릿가 遂去之하다 梁由靡御韓簡하고 虢射(석)爲右하야 輅(아)秦伯하야 將止之러니 鄭以救公誤之하야 遂失秦伯하다 秦獲晉侯以歸하니 晉大夫反首拔舍[42]從之하니

42 拔舍 : 〈楊注〉에 "막사를 뽑아들고 秦나라 군대를 따라 서쪽으로 갔다."라고 하였으므로, 이에 의거하여 번역하였다.

秦伯使辭焉曰 二三子는 何其慼也오 寡人之從君而西也는 亦晉之妖夢[43]是踐이니 豈敢以至리오 晉大夫三拜稽首曰 君履后土而戴皇天하시니 皇天后土實聞君之言하고 群臣敢在下風이로소이다

임술일에 두 나라가 韓原에서 싸울 때 晉 惠公의 戎馬가 진창에 빠져 빙빙 돌다가 나오지 못하고 멈추었다. 혜공이 慶鄭을 불러 도와달라고 하였는데, 경정이 말하였다. "간언을 따르지 않고〔愎〕 占을 어겨 〈저를 車右로 쓰지 않은 것은〉 실로 패배를 자초한 것인데, 또 어찌 도망가려 하십니까." 그리고는 마침내 그곳을 떠났다.

梁由靡가 韓簡의 수레를 몰고 虢射이 車右가 되어 秦伯을 맞아 싸우다가 진백을 거의 사로잡을 뻔하였는데, 경정이 혜공을 구원해야 한다고 소리치는 바람에 일을 그르쳐서 결국 진백을 놓쳤다.

진백이 晉侯를 사로잡아 돌아가니 晉나라 大夫들이 머리를 풀어 늘어뜨리고〔反首〕 군영의 장막을 뽑아 들고서〔拔舍〕 혜공을 따르니, 진백이 사람을 보내 그들에게 따라오지 못하도록 사양하며 말하였다. "그대들은 어찌 슬퍼하는가. 寡人이 晉君을 따라 서쪽으로 가는 것은 단지〔亦〕 晉나라의 요사스런 꿈을 따르는 것일 뿐이니, 어찌 감히 지나치게 하는 데 이르겠는가."

晉나라 대부들이 세 번 절하며 머리를 조아리고 말하였다. "임금께서 后土(땅)를 밟고 皇天을 머리 위에 두셨으니, 황천 · 후토가 실로 임금께서 하신 말씀을 들었고, 신들도 감히 아래에서 들었습니다."

字義 濘 : 진흙, 진창 녕　還 : 돌 선　愎 : 거스를 퍅　輅 : 맞이할 아　拔 : 뽑을 발　慼 : 슬퍼할 척　亦 : 다만, 단지 역　妖 : 괴이할 요　稽 : 조아릴 계　履 : 밟을 리　戴 : 일 대

穆姬聞晉侯將至하고 以大子罃(앵)弘與女簡璧으로 登臺而履薪焉하고 使以免(문)服衰絰(최질)逆하고 且告曰 上天降災하야 使我兩君匪以玉帛相見하고 而以興戎하니 若晉君朝以入이면 則婢子夕以死하고 夕以入이면 則朝以死하리니 唯君裁之하소서 乃舍諸靈臺하다 大夫請以入하니 公曰 獲晉侯는 以厚歸也어늘 旣而喪歸면 焉用之며 大夫其何有焉이리오 且晉人慼憂以重我하고 天地以要我하니 不圖晉憂면 重其怒也요 我食吾言이면 背天地也라 重怒는 難任이요 背天은 不祥이니 必歸晉君하리라 公子縶(집)曰 不如殺之하야 無聚慝焉이니이다 子桑曰 歸之而質其大(태)子면 必得大成하리이다

---

43 妖夢 : 狐突이 下國(曲沃의 新城)에 갔다가 太子 申生의 혼령을 만나서 晉侯(夷吾)가 韓에서 패망할 것이라는 말을 들었던 일을 가리킨다. 자세한 내용은 僖公 10년에 보인다.

晉未可滅이어늘 而殺其君이면 祗以成惡이니이다 且史佚有言曰 無始禍하며 無怙亂하며 無重怒라하니 重怒는 難任이요 陵人은 不祥이니이다 乃許晉平하다

秦穆姬는 〈자신의 오라버니인〉 晉侯(惠公)가 장차 秦나라에 붙잡혀 온다는 소식을 듣고 太子 罃·弘과 딸 簡璧을 데리고 臺로 올라가 섶을 밟고서, 사람을 시켜 袒免을 하고 衰絰을 입고 秦伯(穆公)을 맞게 하고는, 또 다음과 같이 고하게 하였다. "하늘이 재앙을 내려서 우리 두 임금에게 서로 玉帛을 주고받는 禮로 만나지 않게 하고 전쟁을 일으키게 하였으니, 만약 晉君이 아침에 國都로 들어오면 저는 저녁에 죽고, 저녁에 들어오면 아침에 죽을 것입니다. 임금께서는 헤아려주십시오."

목공이 이에 혜공을 靈臺에 머무르게 하였다. 大夫들이 혜공을 데리고 들어갈 것을 청하니, 목공이 말하였다. "晉侯를 사로잡은 것은 많은 수확을 얻고 돌아온 것인데, 이렇게 하고서 일이 喪事로 귀결된다면 무슨 소용이 있겠으며, 대부들에게 무슨 이득이 있겠는가? 또 晉나라 백성들이 근심과 걱정으로 내 마음을 움직이고(重) 天地에 대고 내게 약속(要)하도록 하였으니, 晉나라의 걱정을 생각지 않는다면 그들의 노여움이 가중될 것이요, 내가 나의 말을 저버리면 天地를 배반하는 것이다. 가중된 노여움은 감당하기 어렵고 천지를 배반하는 것은 상서롭지 못하니 반드시 晉君을 돌려보낼 것이다."

公子 縶이 말하였다. "그를 죽여서 무리를 모아 나쁜 짓을 하지 못하도록 하는 것이 낫습니다." 子桑이 말하였다. "그를 晉나라로 돌려보내고 그 태자를 인질로 삼으면 반드시 화평과 우호를 크게 이룰 수 있을 것입니다. 晉나라를 아직 멸망시킬 수 없는데 그 임금을 죽이면 단지 관계만 악화될 뿐입니다. 게다가 史佚이 말하기를 '禍亂의 唱導가 되지 말며, 남의 화란을 자신의 이익으로 믿지 말며, 남의 노여움을 가중시키지 말라.'고 하였으니, 가중된 노여움은 감당하기 어렵고, 남을 능멸하는 것은 상서롭지 못합니다." 이에 목공이 晉나라와의 화평을 허락하였다.

字義 薪 : 섶 신　免 : 상복 문(=絻)　降 : 내릴 강　戎 : 전쟁 융　裁 : 헤아릴, 고려할 재
要 : 약속할 요　食 : 식언할, 멸식할 식　任 : 감당할 임　聚 : 모을 취　祗 : 다만 지
怙 : 믿을 호

晉侯使郤(극)乞告瑕呂飴甥하고 且召之한대 子金教之言曰 朝國人而以君命賞하라 且告之曰 孤雖歸나 辱社稷矣니 其卜貳圉也하라 衆皆哭하니 晉於是乎作爰田[44]하다 呂甥曰

44 爰田 : 국가로 납입할 公田의 租稅를 나누어, 상을 받을 사람들에게 준 것이다.(杜注)

君亡之不恤하고 而群臣是憂하니 惠之至也라 將若君何오 衆曰 何爲而可오 對曰 征繕以輔孺子하라 諸侯聞之면 喪君有君하고 群臣輯睦하며 甲兵益多라하야 好我者勸하고 惡(오)我者懼하리니 庶有益乎인저 衆說(열)하니 晉於是乎作州兵[45]하다

晉侯가 郤乞을 보내 瑕呂飴甥(呂甥)에게 〈자신의 귀환 소식을 알리고〉 장차 그를 불러오게 하였는데, 子金(呂甥)이 〈극걸에게 혜공을 대신해서〉 할 말을 가르쳐 말하였다. "도성 사람들을 조정에 모아놓고 임금의 命으로 상을 내리고, 또 '내〔孤〕 비록 돌아가지만 사직에 욕을 보였으니, 圉(太子)가 대신 임금으로 즉위할 날을 점쳐 정하라.'고 하라." 그러자 사람들이 모두 통곡을 하니, 晉나라가 이때에 爰田 제도를 만들었다.

여생이 말하였다. "임금께서 亡命 중이시면서 자신의 일은 근심하지 않고 뭇 신하들을 근심하셨으니 은혜가 지극하다. 장차 임금께 어떻게 보답할 것인가." 사람들이 말하였다. "어떻게 해야 되겠습니까?" 여생이 대답하였다. "賦稅를 거두고〔征〕 군비를 수선하여〔繕〕 孺子(太子 圉)를 보좌해야 한다. 제후들이 이 소식을 들으면 '옛 임금을 잃었으나 새 임금을 얻었고, 신하들이 화목하며 군사들이 더욱 많아졌다.'고 하면서, 우리 晉나라를 우호하는 제후는 우리를 권면하고 우리를 미워하는 제후는 우리를 두려워할 것이니, 아마도 유익하게 될 것이다."

사람들이 이 말을 듣고 기뻐하니, 晉나라가 이때부터 州兵 제도를 만들었다.

字義 國 : 국도 국　朝 : 모을 조　貳 : 대신할 이　征 : 조세 거둘 정　繕 : 다스릴, 수선할 선
輯 : 화목할 집　說 : 기쁠 열

初에 晉獻公이 筮嫁伯姬於秦하야 遇歸妹☳☱之睽(규)☲☱[46]하니 史蘇占之曰 不吉하니이다 其繇(주)曰 士刲(규)羊이라도 亦無衁(황)也하고 女承筐이라도 亦無貺(황)也라 西隣責言을 不可償也[47]라하니 歸妹之睽는 猶無相也요 震之離는 亦離之震하야 爲雷爲火하니 爲嬴敗姬라 車說(탈)其輹(복)[48]하고 火焚其旗니 不利行師하야 敗于宗丘리이다 歸妹睽孤[49]하야

45 州兵 : 5黨이 1州가 되고, 1州가 2,500家이다. 이를 통해 또 州의 長官에게 각각 甲兵을 수선하도록 한 것이다.(杜注)

46 遇歸妹☳☱之睽(규)☲☱ : 兌卦(☱)가 아래에 있고 震卦(☳)가 위에 있는 것이 歸妹卦(䷵)이고, 兌卦(☱)가 아래에 있고 離卦(☲)가 위에 있는 것이 睽卦(䷥)이니, 귀매괘의 上六爻(가장 위에 위치한 陰爻)가 변하여 규괘가 된 것이다.(杜注)

47 西隣責言 不可償也 : 晉나라가 서쪽(秦나라)으로 딸을 시집보내려 하는데 불길한 卦를 만났으므로 비록 나중에 이로 인하여 책망하는 말이 있다 하더라도 報償할 수 없음을 안다는 것이다.(杜注)

48 輹(복) : 수레의 伏兎이다. 수레 굴대의 좌우 끝에서 車箱과 굴대를 연결하는, 쪼그려 앉은 토끼 모양으로 생긴 물건이다.(《漢韓大辭典》)

寇張之弧하니 姪其從姑라가 六年其逋하야 逃歸其國하야 而棄其家하고 明年其死於高梁之虛하리이다

당초에 晉 獻公이 伯姬를 秦나라에 시집보내는 일의 길흉에 대한 시초점을 치게 하여 歸妹卦(䷵)가 睽卦(䷥)로 변하는 점괘를 얻으니, 史蘇가 점괘를 풀이하여 말하였다.

"불길합니다. 占辭에 '사내가 양을 도살해도〔刲〕 피가 보이지 않고 여인이 광주리를 들어도 줄 것이 없다. 서쪽 이웃(秦)이 우리(晉)를 책망하는 말을 報償할 수가 없다.'라고 하였으니, 귀매괘가 규괘로 변한 것은 도움이 없는 것과 같고, 震卦가 離卦로 변한 것도 리괘가 진괘로 변한 것과 같아서 雷가 되고 火가 되니 嬴氏(秦)에게 姬氏(晉)가 패망할 것입니다. 그러므로 수레에 伏兎가 떨어져나가고 불이 깃발을 태우니 〈수레로서의 기능이 상실되므로〉 전쟁을 하는 데 불리하여 宗丘(宗邑)에서 패배할 것입니다. 귀매괘는 睽孤하여 寇敵이 활을 당기는 象이니, 조카(太子 圉)가 姑母에 의지하다가 6년 만에 도망해 자기 나라로 돌아와서 그 아내(懷嬴)를 버리고 이듬해에 高梁의 언덕에서 죽을 것입니다."

字義 繇 : 점사 주 刲 : 벨, 찌를 규 衁 : 피 황 筐 : 광주리 광 貺 : 줄 황 責 : 꾸짖을 책
償 : 갚을 상 相 : 도울 상 說 : 벗을 탈(=脫) 輹 : 수레의 伏兔와 굴대를 동여매는 끈 복
張 : 활시위 당길 장 弧 : 활 호 姪 : 조카 질 逋 : 도망할 포 家 : 아내 가 虛 : 언덕 허

及惠公在秦에 曰 先君若從史蘇之占이면 吾不及此夫인저 韓簡侍라가 曰 龜는 象也요 筮는 數也라 物生而後에 有象하고 象而後에 有滋하고 滋而後에 有數하니 先君之敗德을 及可數乎잇가 史蘇是占을 勿從何益이리잇가 詩曰 下民之孽은 匪降自天이라 (僔)〔噂〕[50] 沓背憎이 職競由人이라하니이다

惠公이 秦나라 있을 때 말하였다. "先君께서 만약 史蘇의 점 풀이를 따랐다면 내가 이 지경에 이르지 않았을 것이다."

韓簡이 모시고 있다가 말하였다. "거북점은 象으로 보이는 것이고 시초점은 數로 보이는 것입니다. 물체가 있은 뒤에 상이 생기고, 상이 생긴 뒤에 점점 많아지고, 점점 많아진 뒤에 수가 있는 법이니, 선군의 敗德을 어찌 수로 미칠 수 있겠습니까. 사소의 점 풀이를 따르지 않았다 하여 어찌 禍가 더 보태지겠습니까. 《詩經》〈小雅 十月之交〉에 이르기를 '백성들의 재

---

49 歸妹睽孤 : 歸妹卦는 딸을 시집보내는 괘인데, 변하여 이별하여 헤어지는 睽卦를 만나 외로워진다는 말이다. '睽孤'는 규괘의 上九 爻辭로 헤어져 외로워진다는 뜻이다.

50 (僔)〔噂〕 : 저본에는 '僔'으로 되어 있으나, 《詩經》과 《春秋經傳集解》에 의거하여 '噂'으로 바로잡았다.

앙은 하늘로부터 내리는 것이 아니라, 면전에서는 좋은 말만 하다가 돌아서서는 서로를 미워하는 짓 하기를 사람들이 다투어 힘쓰기 때문이다.'라고 하였습니다."

字義 侍 : 모실 시 滋 : 불을 자 孽 : 재앙 얼 噂 : 수군거릴 준 沓 : 수다스러울 답
憎 : 미워할 증 職 : 주관할, 일삼을 직 競 : 다툴 경

十月에 晉陰飴甥會秦伯하야 盟于王城하다 秦伯曰 晉國和乎아 對曰 不和니이다 小人은 恥失其君而悼喪其親하야 不憚征繕以立圉也曰 必報讐하리라 寧事戎狄이리오하고 君子는 愛其君而知其罪하야 不憚征繕以待秦命曰 必報德하리라 有死無二라하니 以此不和니이다 秦伯曰 國謂君何오 對曰 小人慼하야 謂之不免이라하고 君子恕하야 以爲必歸라하며 小人曰 我毒秦하니 秦豈歸君이리오하고 君子曰 我知罪矣니 秦必歸君하리라 貳而執之하고 服而舍之면 德莫厚焉이요 刑莫威焉이니 服者懷德하고 貳者畏刑하리니 此一役也에 秦可以霸리라 納而不定하고 廢而不立이면 以德爲怨이니 秦其不然하리라 秦伯曰 是吾心也라하고 改館晉侯하고 饋七牢[51]焉하다 蛾(아)析謂慶鄭曰 盍行乎아 對曰 陷君於敗하고 敗而不死어늘 又使失刑이면 非人臣也라 臣而不臣이면 行將焉入이리오

10월에 晉나라 陰飴甥(呂甥)이 秦伯과 회합하여 秦나라 王城에서 맹약하였다. 秦伯이 물었다. "晉나라는 화목한가?" 여생이 대답하였다. "화목하지 못합니다. 小人은 그 임금(晉 惠公)을 잃은 것을 부끄러워하고 그 친척이 전쟁에서 살해된 것을 슬퍼하여, 賦稅를 내고 군비를 수선하는 일을 꺼리지 않고 太子 圉를 임금으로 세우려 하며 말하기를 '반드시 원수를 갚으리라. 어찌 戎狄(秦)을 섬기겠는가.'라고 합니다. 君子는 임금을 사랑하지만 그 임금의 죄를 알아서 부세를 내고 군비를 수선하는 일을 꺼리지 않고 〈혜공의 귀환을 약속한〉 秦나라의 命을 기다리며 말하기를 '반드시 은덕을 갚으리라. 죽더라도 두 마음을 품지 않을 것이다.'라고 하니, 이 때문에 화목하지 못합니다."

秦伯이 묻기를 "晉나라에서는 임금(혜공)이 어떻게 될 것이라 생각하는가?"라고 하자, 여생이 대답하였다. "소인은 슬퍼하며 죽음을 면치 못할 것이라 하고, 군자는 〈秦伯의 마음을〉 미루어 생각하여 반드시 돌아올 것이라고 합니다. 소인이 말하기를 '우리가 秦나라에 해를 끼쳤으니 秦나라가 어찌 임금을 돌려보내겠는가.'라고 하고, 군자가 말하기를 '우리가 죄를 알고 있으니 秦나라가 반드시 임금을 돌려보낼 것이다. 두 마음을 품으면 잡아가고 복종하면 놓아주니, 이렇게 하면 이보다 후한 덕이 없고 이보다 엄한 형벌이 없다. 복종하는 사람은 덕

---

51 七牢 : 天子가 諸侯에게 하사하던 소·양·돼지고기로 일곱 가지씩 만든 요리이다.(《漢韓大辭典》)

을 품고 두 마음을 품은 사람은 형벌을 두려워할 것이니, 이 한 번의 일로 秦나라가 霸者가 될 수 있을 것이다. 〈秦나라에서 혜공을 晉나라에〉 들여보낸 뒤 君位를 안정시키지 않고, 그를 폐위한 뒤 복위시키지 않으면 은덕을 원수로 만드는 것이니 秦나라는 그렇게 하지 않을 것이다.'라고 합니다."

秦伯이 말하기를 "군자의 말이 바로 나의 생각이다." 하고는 〈靈臺에 구금해놓았던〉 晉侯의 처소를 바꾸어주고, 7牢를 보내 제후의 禮로 대접하였다.

晉나라 大夫 蛾析이 慶鄭에게 말하였다. "〈혜공이 돌아오면 형벌을 받을 것인데〉 어찌 도망가지 않는가?" 경정이 대답하였다. "임금을 실패에 빠뜨렸고 敗戰하고도 죽지 않았는데, 도망하여 또 형벌조차 시행하지 못하게 한다면 신하의 도리가 아니다. 신하이면서 신하의 도리를 하지 않으면 도망을 간들 어디로 가겠는가."

字義 悼 : 슬퍼할 도 憚 : 꺼릴 탄 寧 : 어찌 녕 二 : 두 마음 먹을 이 慼 : 슬퍼할 척
舍 : 놓아줄, 풀어줄 사 廢 : 폐위할 폐 牢 : 犧牲 뢰 盍 : 어찌 아니할 합 陷 : 빠질 함

十一月에 晉侯歸하야 丁丑에 殺慶鄭而後入하다 是歲에 晉又饑어늘 秦伯又餼之粟曰 吾怨其君이나 而矜其民하노라 且吾聞唐叔[52]之封也에 箕子曰 其後必大라하니 晉其庸可冀乎아 姑樹德焉하야 以待能者하노라 於是에 秦始征晉河東하고 置官司焉하다

11월에 晉侯가 晉나라로 돌아와서, 정축일에 慶鄭을 죽인 뒤 國都로 들어갔다. 이해에 晉나라에 또 기근이 들자, 秦伯이 또 곡식을 보내주며 말하였다.

"나는 그 군주를 원망하지만 그 백성들은 불쌍히 여기노라. 또 내가 들으니 唐叔이 봉해질 때 箕子가 말하기를 '그 후손이 반드시 盛大할 것이다.'라고 하였으니, 晉나라가 어찌 天命이 다하기를 바라겠는가. 우선 은덕을 베풀어 훌륭한 사람을 기다리노라."

이에 秦나라가 비로소 〈晉 惠公이 주기로 허락한〉 晉나라 河東에서 賦稅를 거두고〔征〕 官司를 설치하였다.

字義 餼 : 양식 보낼 희 矜 : 불쌍히 여길 긍 封 : 봉할 봉 庸 : 어찌 용 姑 : 우선 고
樹 : 심을, 세울 수 征 : 부세 거둘 정 置 : 설치할 치

52 唐叔 : 周 武王의 아들로, 晉나라에 처음 봉해진 군주이다.

〈16년, 丁丑(B.C. 644)〉

【經】十有六年이라 春王正月戊申朔에 隕石于宋五하고 是月에 六鷁退飛하야 過宋都하다

16년이다. 봄 周王 정월 戊申日 초하루에 宋나라에 돌이 떨어지니 그 개수가 다섯 개였고, 이 달에 여섯 마리 鷁鳥(바닷새)가 날다가 바람에 밀려 宋나라 都城을 지나갔다.

【傳】十六年이라 春에 隕石于宋五하니 隕星也라 六鷁退飛하야 過宋都하니 風也라 周內史叔興聘于宋하니 宋襄公問焉曰 是何祥也며 吉凶焉在오 對曰 今玆魯多大喪하고 明年齊有亂이니 君將得諸侯而不終하리이다 退而告人曰 君失問이로다 是陰陽之事요 非吉凶所生也라 吉凶由人이니라 吾不敢逆君故也라

16년이다. 봄에 宋나라에 돌이 떨어져 그 개수가 다섯 개였으니, 隕星이었다. 여섯 마리 鷁鳥(바닷새)가 날다가 밀려서 宋나라 都城을 지나갔으니, 바람 때문이었다.

周나라 內史 叔興이 宋나라를 聘問하였는데, 宋 襄公이 이 일들에 대해 물었다. "이것이 무슨 조짐이며, 길흉이 어느 나라에 해당하는가?" 숙흥이 대답하였다. "올해 魯나라에는 喪事가 많을 것이고 내년 齊나라에는 난리가 있을 것이니, 임금께서 장차 제후들을 거느릴 수 있겠지만 끝을 보지는 못하실 것입니다."

숙흥이 물러나와 사람들에게 말하였다. "임금께서 잘못 물으셨다. 이는 陰陽에 관련된 일이지 길흉이 생기는 일이 아니다. 길흉은 사람 때문에 생기는 것이다. 내 감히 임금을 거역할 수 없었기 때문에 〈이처럼 대답한 것이다.〉"

鷁

字義 鷁 : 바닷새 익　祥 : 상서, 조짐 상　由 : 말미암을 유　逆 : 거스를 역

【經】 三月壬申에 公子季友卒하다

3월 임신일에 公子 季友가 卒하였다.

【經】 夏라

여름이다.

【傳】 齊伐厲不克하고 救徐而還하다

齊나라가 厲나라를 토벌하였으나 이기지 못하고, 徐나라를 구원하고 돌아왔다.

【經】 四月丙申에 鄫季姬卒하다

4월 병신일에 鄫季姬가 卒하였다.

【經】 秋라

가을이다.

【傳】 狄侵晉하야 取狐廚受鐸하고 涉汾하야 及昆都하니 因晉敗也라

狄人이 晉나라를 침략하여 狐廚·受鐸을 탈취하고 汾水를 건너 昆都까지 미쳤으니, 晉나라가 〈秦나라와의 전투에서〉 패배한 틈을 이용한 것이다.

【經】 七月甲子에 公孫玆卒하다

7월 갑자일에 公孫 玆가 卒하였다.

【傳】 王以戎難告于齊하니 齊徵諸侯而戍周하다

周王이 戎人의 禍難을 齊나라에 通告하니, 齊侯가 諸侯의 군대를 징집하여 周나라를 지키게 하였다.

字義 徵 : 부를 징 戍 : 수자리할 수

【經】 冬이라

겨울이다.

【傳】 十一月乙卯에 鄭殺子華하다

11월 을묘일에 鄭나라가 太子 華를 죽였다.

【經】 十有二月에 公會齊侯宋公陳侯衛侯鄭伯許男邢侯曹伯于淮하다

12월에 僖公이 齊侯 · 宋公 · 陳侯 · 衛侯 · 鄭伯 · 許男 · 邢侯 · 曹伯과 淮에서 회합하였다.

【傳】 十二月에 會于淮하니 謀鄫이요 且東略也라 城鄫할새 役人病하야 有夜登丘而呼曰 齊有亂이라하니 不果城而還하다

12월에 淮에서 회합하였으니, 鄫나라를 구원하고 또 동쪽을 경략하기 위함이었다. 증나라를 위해 城을 쌓을 때 부역하는 사람들이 피로에 지쳐서 어떤 사람이 밤중에 언덕에 올라 소리치기를 '齊나라에 난리가 났다.'라고 하니, 성을 다 쌓지 못하고 돌아갔다.

字義 役 : 부릴, 일 시킬 역 病 : 피로할 병 呼 : 부를, 소리칠 호 果 : 실현할, 성취할 과

〈17년, 戊寅(B.C. 643)〉

【經】 十有七年이라 春에 齊人徐人伐英氏하다

17년이다. 봄에 齊人과 徐人이 英氏(國名)를 토벌하였다.

【傳】 十七年이라 春에 齊人爲徐伐英氏하야 以報婁林之役也하다

17년이다. 봄에 齊人이 徐나라를 위해 英氏를 토벌하여, 〈僖公 15년에 있었던〉 婁林의 전쟁을 보복하였다.

【經】夏라

여름이다.

【傳】晉大子圉爲質於秦하니 秦歸河東而妻之하다 惠公之在梁也에 梁伯妻之하니 梁嬴孕過期어늘 卜招父(보)與其子卜之하다 其子曰 將生一男一女리라 招曰 然하다 男爲人臣이요 女爲人妾하리라 故名男曰圉라하고 女曰妾이러니 及子圉西質에 妾爲宦女焉하다

晉나라 太子 圉가 秦나라의 인질이 되니, 秦나라가 河東을 晉나라에 되돌려주고 圉를 사위로 삼았다. 晉 惠公이 梁나라에 있을 때 梁伯이 그를 사위로 삼았는데, 梁嬴(혜공의 부인)이 임신하여 출산할 시기를 넘기자 卜招父(梁나라의 太卜)가 그 아들과 함께 점을 쳤다.

그의 아들이 말하였다. "장차 1남 1녀를 낳을 것입니다." 招父가 말하였다. "그렇다. 아들은 남의 신하가 될 것이고, 딸은 남의 妾이 될 것이다." 그러므로 아들의 이름을 '圉'로 짓고 딸의 이름을 '妾'으로 지었는데, 子圉가 서쪽으로 秦나라의 인질이 되었을 때 妾은 秦伯을 섬기는 첩〔宦女〕이 되었다.

【經】滅項하다

魯나라가 項나라를 멸하였다.

【傳】師滅項하다 淮之會에 公有諸侯之事하야 未歸而取項하니 齊人以爲討라하야 而止公하다

魯나라 군대가 項나라를 멸하였다. 淮의 회합에서 僖公이 諸侯 사이에 처리할 일이 있어서 아직 귀국하지 않았는데 〈노나라 군대가〉 항나라를 취하니, 齊人은 희공이 토벌을 지시한 것이라 생각하여 희공을 억류하였다.

字義 止 : 억류할 지

【經】秋에 夫人姜氏會齊侯于卞하다

가을에 夫人 姜氏가 卞에서 齊侯와 회합하였다.

【傳】秋에 聲姜以公故로 會齊侯于卞하다

가을에 聲姜(僖公의 부인)이 僖公을 억류한 일로 卞에서 齊侯를 만났다.

【經】九月에 公至自會하다

9월에 僖公이 회합에서 돌아왔다.

【傳】九月에 公至하다 書曰至自會라하니 猶有諸侯之事焉이요 且諱之也니라

9월에 僖公이 魯나라에 도착하였다. 經에 "회합에서 돌아왔다."라고 기록하였으니, 여전히 제후 사이에 처리할 일이 있어서 〈늦게 온 것처럼〉 쓴 것이고, 또 억류당한 일을 숨긴 것이다.

【經】冬十有二月乙亥에 齊侯小白卒하다

겨울 12월 을해일에 齊侯 小白(齊 桓公)이 卒하였다.

【傳】齊侯之夫人三이니 王姬徐嬴蔡姬皆無子하다 齊侯好內하야 多內寵하니 內嬖如夫人者六人이러라 長衛姬는 生武孟하고 少衛姬는 生惠公하고 鄭姬는 生孝公하고 葛嬴은 生昭公하고 密姬는 生懿公하고 宋華子는 生公子雍하다 公與管仲屬孝公於宋襄公하야 以爲大(태)子하고 雍巫有寵於衛共姬하야 因寺(시)人貂以薦羞於公하니 亦有寵하다 公許之立武孟이러니 管仲卒에 五公子[53]皆求立하다 冬十月乙亥에 齊桓公卒하니 易牙入하야 與寺人貂因內寵以殺群吏하고 而立公子無虧하니 孝公奔宋하다 十二月乙亥에 赴하고 辛巳夜에 殯[54]하다

齊侯(齊 桓公)는 夫人이 셋이었는데, 王姬 · 徐嬴 · 蔡姬가 모두 아들이 없었다. 齊侯가 女色을 좋아하여 총애하는 여인이 많았으니, 부인처럼 총애하는 여자가 6명이었다. 長衛姬는 武孟(公子 無虧)을 낳고, 少衛姬는 惠公(公子 元)을 낳고, 鄭姬는 孝公(公子 昭)을 낳고, 葛嬴은

53 五公子 : 齊 桓公의 여섯 아들 가운데 公子 雍을 제외한 나머지 다섯 아들을 가리킨다.

54 辛巳夜 殯 : 죽은 지 67일이 지나고서야 殯한 것이다.(杜注)

昭公(公子 潘)을 낳고, 密姬는 懿公(公子 商人)을 낳고, 宋華子는 公子 雍을 낳았다. 桓公은 管仲과 함께 宋 襄公에게 孝公을 太子로 세우도록 부탁하였다.

한편 雍巫(易牙)가 衛共姬(長衛姬)의 총애를 받아 寺人 貂를 통해 환공에게 別味를 올리니, 그 또한 총애를 받았기 때문에 환공이 무맹(장위희의 아들)을 태자로 세우는 것을 허락했었는데, 관중이 죽고 나서 다섯 공자가 모두 後嗣가 되기를 구하였다.

겨울 10월 을해일에 제 환공이 卒하니, 易牙가 궁중에 들어가 寺人 貂와 함께 內寵의 도움으로 뭇 官吏들을 죽이고 公子 無虧(武孟)를 임금으로 세우니, 효공이 宋나라로 달아났다. 12월 을해일에 〈환공의 죽음을 제후들에게〉 赴告하고, 신사일 밤이 되어서야 殯하였다.

字義 因 : 통할, 거칠 인 薦 : 올릴 천 殯 : 빈할(시신을 관에 넣어 장사 때까지 안치함) 빈

〈18년, 己卯(B.C. 642)〉

【經】 十有八年이라 春王正月에 宋公曹伯衛人邾人伐齊하다

18년이다. 봄 周王 정월에 宋公 · 曹伯 · 衛人 · 邾人이 〈孝公을 들여보내기 위해〉 齊나라를 토벌하였다.

【傳】 十八年이라 春에 宋襄公以諸侯伐齊하니 三月에 齊人殺無虧하다

18년이다. 봄에 宋 襄公이 〈孝公을 들여보내기 위해〉 諸侯들을 거느리고 齊나라를 토벌하니, 3월에 齊人이 無虧를 죽였다.

鄭伯이 始朝于楚하니 楚子賜之金하고 既而悔之하야 與之盟曰 無以鑄兵하라 故以鑄三鐘하다

鄭伯이 처음으로 楚나라에 朝見하니, 楚子가 정백에게 銅를 주고는 얼마 뒤 후회하여 정백에게 맹약하게 하며 말하였다. "이 銅으로 兵器를 만들지 말라." 그러므로 銅으로 세 개의 鐘을 주조하였다.

鐘

字義 朝 : 조현할 조 金 : 구리 금(=銅) 鑄 : 주조할 주 兵 : 병장기 병 鐘 : 종 종

【經】夏에 師救齊하다

여름에 魯나라 군대가 齊나라를 구원하였다.

【經】五月戊寅에 宋師及齊師戰于甗(언)하야 齊師敗績하다

5월 무인일에 宋나라 군대와 齊나라 군대가 甗에서 전쟁하여, 제나라 군대가 크게 패하였다.

【傳】齊人將立孝公호대 不勝四公子[55]之徒하야 遂與宋人戰하다 夏五月에 宋敗齊師于甗하고 立孝公而還하다

齊人이 孝公을 세우고자 하였으나 네 公子의 무리를 이기지 못하여, 결국 그들이 〈효공을 지원하는〉 宋人과 전쟁을 하였다. 여름 5월에 宋나라가 齊나라 군대를 甗에서 패배시키고, 孝公을 임금으로 세우고 돌아갔다.

字義 甗 : 지명 언

【經】狄救齊하다

狄人이 齊나라 〈네 公子의 무리를〉 구원하였다.

【經】秋八月丁亥에 葬齊桓公하다

가을 8월 정해일에 齊 桓公을 장사 지냈다.

【傳】秋八月에 葬齊桓公하다

가을 8월에 〈孝公이 즉위하고 나서〉 齊 桓公을 장사 지냈다.

---

55 四公子 : 五公子 가운데 살해된 無虧를 제외한 나머지 네 公子이다.

【經】冬에 邢人狄人伐衛하다

겨울에 刑人·狄人이 衛나라를 토벌하였다.

【傳】冬에 邢人狄人伐衛하야 圍菟(토)圃하니 衛侯以國讓父兄子弟及朝衆曰 苟能治之면 燬[56]請從焉호리라 衆不可而後에 師于訾婁하니 狄師還하다

겨울에 邢人·狄人이 衛나라를 토벌하여 菟圃邑을 포위하니, 衛侯(衛 文公)가 父兄·子弟 및 朝廷의 衆人(國人)들에게 나라를 사양하며 말하였다. "만일 나라를 잘 다스릴 수 있는 자가 있다면 나(燬)는 그의 명을 따르겠다."

중인들이 나라를 양보하는 것은 안 된다고 한 다음 訾婁邑에 군대를 배치하니 狄人의 군대가 되돌아갔다.

〈19년, 庚辰(B.C. 641)〉

【經】十有九年이라 春이라

19년이다. 봄이다.

【傳】梁伯益其國而不能實也하고 命曰新里라하더니 秦取之하다 十九年이라 春에 遂城而居之하다

梁伯이 城邑을 많이 축조하였으나 그곳에 백성을 이주시켜 채우지 못하고 이름을 '新里'라고 하였는데, 秦나라가 그곳을 취하였다.

19년이다. 봄에 마침내 〈진나라가 신리에〉 성을 쌓고 백성들을 이주시켜 살게 하였다.

字義 益 : 확장할, 확대할 익 實 : 채울 실

【經】王三月에 宋人執滕子嬰齊하다

周王 3월에 宋人이 滕子 嬰齊(滕 宣公)를 사로잡았다.

56 燬 : '燬'는 衛 文公의 이름이다.(杜注)

【傳】宋人執滕宣公하다

宋人이 滕 宣公을 사로잡았다.

【經】夏六月에 宋公曹人邾人盟于曹南하다 鄫子會盟于邾어늘 己酉에 邾人執鄫子하야 用之하다

여름 6월에 宋公 · 曹人 · 邾人이 曹나라의 南方에서 맹약하였다. 鄫子가 뒤늦게 회맹에 참여하기 위해 邾나라에 가자, 기유일에 邾人이 鄫子를 붙잡아 祭祀에 犧牲으로 썼다.

【傳】夏에 宋公使邾文公用鄫子于次睢之社하야 欲以屬東夷[57]하니 司馬子魚曰 古者에 六畜不相爲用하고 小事不用大牲이온 而況敢用人乎잇가 祭祀는 以爲人也요 民은 神之主也니 用人이면 其誰饗之리오 齊桓公存三亡國以屬諸侯[58]로대 義士猶曰薄德이어늘 今一會而虐二國之君[59]하고 又用諸(저)淫昏之鬼하야 將以求霸하니 不亦難乎잇가 得死爲幸이리이다

여름에 宋公(宋 襄公)이 邾 文公에게 鄫子를 睢水 가에 있는 社堂에 犧牲으로 쓰게 하여 東夷를 복속시키려 하니, 宋나라 司馬 子魚(公子 目夷)가 말하였다.

"옛적에 六畜(말 · 소 · 양 · 닭 · 개 · 돼지)을 서로의 제사에 쓰지 않았고, 작은 제사에 큰 희생(소)을 쓰지 않았는데, 하물며 감히 사람을 희생으로 쓰는 일이겠습니까. 제사라는 것은 사람을 위해서 지내는 것이고 백성은 神의 主人이니, 사람을 희생으로 쓰면 누가 그 희생을 흠향하겠습니까.

齊 桓公은 망해가던 세 나라(魯 · 衛 · 邢)를 보존시켜 제후들을 복속시켰음에도 義士는 오

---

57 宋公使邾文公用鄫子于次睢之社 欲以屬東夷 : 이 물(睢水)의 가에 妖神이 있어서 東夷가 모두 社를 세우고 제사를 지냈는데, 사람을 죽여 제사의 희생으로 사용한 듯하다.(杜注) 神에게 복을 빌어 동이의 무리를 복속시키고자 한 것이다.(林堯叟)

58 齊桓公存三亡國以屬諸侯 : 혼란을 틈타 魯나라를 취하려 하고, 뒤늦게 邢·衛나라를 구원하려 한 것을 이른다.(杜注)

59 今一會而虐二國之君 : 宋公이 3월에 회합을 핑계로 諸侯들을 불러서 滕子를 사로잡았고, 6월에 회맹하고 그달 22일에 鄫子를 사로잡았다.(杜注)

히려 薄德하다고 하였는데, 임금께서 지금 한 차례 회합을 하여 두 나라의 임금을 해치고 또 淫昏한 鬼神에게 〈鄫子를 희생으로 써서 제사를 지내〉 霸者가 되기를 구하려 하시니 또한 어렵지 않겠습니까. 天命대로 살다가 죽으면 다행일 것입니다."

字義 屬 : 귀속할, 복속할 속　夷 : 오랑캐 이　畜 : 가축 축　牲 : 희생 생
饗 : 누릴, 흠향할 향(=享)　薄 : 각박할, 야박할 박

【經】秋에 宋人圍曹하다

가을에 宋人이 曹나라를 포위하였다.

【傳】宋人圍曹하니 討不服也라 子魚言於宋公曰 文王聞崇德亂而伐之하야 軍三旬而不降(항)이어늘 退修教而復(부)伐之하야 因壘而降하니이다 詩曰 刑于寡妻하야 至于兄弟하야 以御于家邦이라하니 今君德無乃猶有所闕가 而以伐人하니 若之何오 盍(합)姑內省德乎잇가 無闕而後動하소서

宋人이 曹나라를 포위하였으니, 조나라가 복종하지 않았기 때문에 토벌한 것이다. 子魚가 宋公(宋 襄公)에게 말하였다.

"周 文王은 崇侯의 德이 어지럽다는 말을 듣고 토벌하여 30일 동안 공격하였으나 항복을 받지 못하자, 후퇴하여 교화를 닦은 뒤에 다시 토벌하여 〈이전에 공격할 때 쌓았던〉 보루를 그대로 이용하여 항복을 받았습니다.

《詩經》〈大雅 思齊〉에 이르기를 '아내에게 모범이 되어 형제에까지 미쳐서 집안과 나라를 다스린다.'라고 하였으니, 지금 임금의 덕이 오히려 부족한 점이 있지 않습니까? 그럼에도 남을 토벌하시니 어떻게 복종시킬 수 있겠습니까. 어찌 우선 안으로 덕을 살피지 않으십니까. 〈덕에〉 부족함이 없고난 뒤에 움직이십시오."

字義 旬 : 열흘 순　復 : 다시 부　壘 : 보루 루　降 : 항복할 항　刑 : 모범 형(=法)　御 : 다스릴 어
闕 : 빠질, 부족할 궐　姑 : 우선 고　省 : 살필 성

【經】衛人伐邢하다

衛人이 邢나라를 토벌하였다.

【傳】秋에 衛人伐邢하야 以報菟圃之役[60]하다 於是衛大旱하야 卜有事於山川하니 不吉이러라 甯莊子曰 昔周饑에 克殷而年豐하니 今邢方無道하고 諸侯無伯(패)하니 天其或者欲使衛討邢乎아 從之하야 師興而雨하다

가을에 衛人이 邢나라를 토벌하여 菟圃를 포위했던 전쟁을 보복하였다. 이때 위나라에 크게 가뭄이 들어서 山川의 神에게 제사(祈雨祭)를 지낼 것을 점쳤는데, 점괘가 불길하게 나왔다. 甯莊子가 말하였다.

"옛날 周나라에 기근이 들었을 때 殷나라를 공격해 승리하자 풍년이 들었다고 합니다. 지금 형나라가 無道하고 제후들간에 霸者가 없으니, 어쩌면 하늘이 우리 위나라에게 형나라를 토벌하도록 하는 것이 아니겠습니까."

衛侯가 그 말을 따라 군대를 일으키자 비가 내렸다.

字義 豐 : 풍년들 풍 伯 : 으뜸 패(=霸)

【經】冬에 會陳人蔡人楚人鄭人하야 盟于齊하다

겨울에 僖公이 陳人 · 蔡人 · 楚人 · 鄭人과 회합하여 齊나라에서 맹약하였다.

【傳】陳穆公請修好於諸侯하야 以無忘齊桓之德하다 冬에 盟于齊하니 修桓公之好也라

陳 穆公이 제후들간에 서로 우호를 닦아서 齊 桓公의 德을 잊지 말자고 청하였다. 겨울에 齊나라에서 맹약하였으니, 환공이 〈霸者였을 때 달성한〉 우호를 천명한 것이다.

【經】梁亡하다

梁나라가 망하였다.

【傳】梁亡에 不書其主는 自取之也라 初에 梁伯好土功하야 亟(기)城而弗處하니 民罷(피)而弗堪이어늘 則曰 某寇將至라하고 乃溝公宮하며 曰 秦將襲我라하니 民懼而潰하니 秦遂取梁하다

60 衛人伐邢 以報菟圃之役 : 僖公 18년에 邢·狄나라가 衛나라 菟圃를 포위했던 일을 가리킨다.

梁나라가 망한 데 대하여 經에 멸망시킨 主體를 기록하지 않은 것은 양나라가 스스로 멸망을 자초했기 때문이다. 당초에 梁伯이 토목공사 일으키기를 좋아하여 자주 城을 쌓고도 그곳에 백성들을 이주시켜 살게 하지 않으니, 백성들이 노역에 지쳐서 감당하지 못하였다.

이에 양백이 말하기를 "아무개 적이 쳐들어오려 한다."라고 하였고, 이윽고 公宮 바깥에 垓字를 깊이 파도록 하며 말하기를 "秦나라가 장차 우리나라를 습격할 것이다."라고 하였다. 이에 백성들이 두려워서 흩어지니 진나라가 마침내 양나라를 취하였다.

字義 亟 : 자주, 거듭 기　罷 : 피로할 피　堪 : 견딜 감　溝 : 垓字를 팔 구　襲 : 엄습할 습
潰 : 달아날, 흩어질 궤

〈20년, 辛巳(B.C. 640)〉

【經】 二十年이라 春에 新作南門하다

20년이다. 봄에 새로 魯나라 城의 南門을 지었다.

【傳】 二十年이라 春에 新作南門하니 書는 不時也라 凡啓塞은 從時[61]니라

20년이다. 봄에 새로 魯나라 城의 南門을 지었으니, 經에 기록한 것은 공사 시기가 때에 맞지 않았기 때문이다. 그러나 啓 · 塞에 대해서는 〈시기에 관계없이〉 발생한 때에 맞게 따라 한다.

【經】 夏에 郜子來朝하다

여름에 郜子가 와서 朝見하였다.

【經】 五月乙巳에 西宮災하다

5월 을사일에 西宮(別宮)에 불이 났다.

---

61 凡啓塞 從時 : 門·戶·도로·교량을 '啓'라 하고, 城·郭·담·해자를 '塞'이라 하니, 모두 官民이 출입할 때 여닫는 통로로 하루도 없어서는 안 되기 때문에 農閑期를 따질 것 없이 무너진 때에 곧바로 수리해야 한다. 그러나 지금 僖公이 성문을 보수하여 꾸민 것은 통로를 여닫는 신속함에 관계된 것이 아니기 때문에 토목공사의 제도를 따라 비판한 것이다.(杜注)

【經】鄭人入滑(활)하다

鄭人이 滑나라를 침입하였다.

【傳】滑人叛鄭而服於衛어늘 夏에 鄭公子士洩堵寇帥(솔)師入滑하다

滑人이 鄭나라를 배반하고 衛나라에 복종하자, 여름에 정나라 公子 士와 大夫 洩堵寇가 군대를 거느리고 활나라를 침입하였다.

字義 叛 : 배반할 반

【經】秋에 齊人狄人盟于邢하다

가을에 齊人 · 狄人이 邢나라에서 맹약하였다.

【傳】秋에 齊狄盟于邢하니 爲邢謀衛難也라 於是衛方病邢하다

가을에 齊人 · 狄人이 邢나라에서 맹약하였으니, 형나라를 위하여 衛나라가 일으킬 환란을 대비하기 위함이었다. 이때 위나라가 한창 형나라를 괴롭혔다.

【經】冬에 楚人伐隨하다

겨울에 楚人이 隨나라를 토벌하였다.

【傳】隨以漢東諸侯叛楚한대 冬에 楚鬪穀於菟(누오도)帥師伐隨하야 取成而還하다 君子曰 隨之見伐은 不量力也라 量力而動이면 其過鮮矣라 善敗由己요 而由人乎哉아 詩曰 豈不夙夜리오마는 謂行多露라하니라

隨나라가 漢水 동쪽의 제후들을 거느리고 楚나라를 배반하자, 겨울에 楚나라 鬪穀於菟가 군대를 거느리고 가서 수나라를 토벌하여 화친을 맺고 돌아왔다. 君子가 다음과 같이 論評하였다.

"수나라가 정벌당한 것은 자신의 힘을 헤아리지 않았기 때문이다. 힘을 헤아려 행동하면 과실이 적다. 성공과 실패는 자신에게 달린 것이지 남에게 달린 것이겠는가. 《詩經》〈召南 行露〉에 '어찌 밤낮으로 가고 싶지 않겠는가마는 길에 이슬이 많아 〈옷이 젖을까 두렵기〉 때문이다.'라고 하였다."

字義 成 : 강화할 성 量 : 헤아릴 량 鮮 : 적을 선 善 : 성공할 선 夙 : 새벽 숙 露 : 이슬 로

〈21년, 壬午(B.C. 639)〉

【經】二十有一年이라 春에 狄侵衛하다 宋人齊人楚人이 盟于鹿上하다

21년이다. 봄에 狄人이 衛나라를 侵攻하였다. 宋人 · 齊人 · 楚人이 鹿上에서 맹약하였다.

【傳】宋襄公이 欲合諸侯하니 臧文仲聞之하고 曰 以欲從人則可어니와 以人從欲이면 鮮濟라하다

宋 襄公이 제후들을 규합하려 하니 臧文仲이 그 소식을 듣고 말하였다.

"욕심을 가지고 남을 따르는 것은 괜찮지만, 다른 사람에게 나의 욕심을 따르게 하면 성공하지 못한다."

二十一年이라 春에 宋人爲鹿上之盟하야 以求諸侯於楚하니 楚人許之하다 公子目夷曰 小國爭盟은 禍也니 宋其亡乎인저 幸而後敗하리라

21년이다. 봄에 宋人이 제후들과 鹿上에서 맹약하여 제후들이 〈자신을 盟主로 추대하도록 도와줄 것을〉 楚나라에 요구하니 楚人이 허락하였다. 그러자 公子 目夷가 말하였다.

"작은 나라가 맹주가 되고자 다투는 것은 禍를 초래하는 일이니, 宋나라는 아마도 망할 것이다. 요행이 있은 뒤에야 전쟁에서 패배하는 정도로 그칠 것이다."

【經】夏에 大旱하다

여름에 크게 가뭄이 들었다.

【傳】夏에 大旱하니 公欲焚巫尫(왕)[62]한대 臧文仲曰 非旱備也니 脩城郭하고 貶食省(생)用하고 務穡勸分이 此其務也니이다 巫尫何爲리잇가 天欲殺之인댄 則如勿生이요 若能爲旱인댄 焚之滋甚하리이다 公從之하니 是歲也에 饑而不害하다

여름에 크게 가뭄이 드니 僖公이 巫尫을 태워 죽이려 하였는데, 臧文仲이 말하였다.

---

62 公欲焚巫尫(왕) : 巫尫은 여자 무당이니, 하늘에 기도하여 비를 청하는 일을 맡은 자이다. 혹자는 "尫은 무당이 아니라 앞곱사이니, 그 얼굴이 위로 향하기 때문에 속된 말로 '하늘이 그의 병을 애달피 여겨 비가 내리면 그의 코로 빗물이 들어갈까 염려하기 때문에 가물게 한다.'라고 하였다. 그러므로 僖公이 그를 죽이려 한 것이다."라고 하였다.(杜注)

"이는 旱災에 대한 대비책이 아니니, 城郭을 보수하고 盛饌을 줄이고 財用을 절약하며, 검소함을 힘쓰고 서로 나누어 먹기를 권하는 것이 바로 힘써야 할 일입니다. 巫尫이 무슨 능력으로 이렇게 만든 것이겠습니까. 하늘이 그를 죽이고자 하였다면 태어나지 않게 했어야 하고, 만약 巫尫이 가물게 한 것이라면 태워 죽이더라도 더욱 가뭄이 심해질 것입니다."

희공이 그의 말을 따르니, 결국 이해에 기근은 들었으나 백성이 해를 입을 정도는 아니었다.

字義 貶 : 줄일 폄 省 : 덜, 줄일 생 穡 : 아낄, 절약할 색 滋 : 더욱, 보탤 자 饑 : 기근, 주릴 기

【經】秋에 宋公楚子陳侯蔡侯鄭伯許男曹伯會于盂(우)러니 執宋公以伐宋하다

가을에 宋公 · 楚子 · 陳侯 · 蔡侯 · 鄭伯 · 許男 · 曹伯이 盂에서 회합하였는데, 〈楚나라가 오히려〉 宋公을 붙잡고 宋나라를 토벌하였다.

【傳】秋에 諸侯會宋公于盂할새 子魚曰 禍其在此乎인저 君欲已甚하니 其何以堪之리오 於是楚執宋公하야 以伐宋하다

가을에 제후들이 宋公(宋 襄公)과 盂에서 회합할 적에, 子魚가 말하였다. "宋나라의 禍가 이번 회합에 있을 것이다. 임금의 욕심이 너무 심하니 어찌 霸業을 감당할 수 있겠는가." 이때 楚나라가 宋公을 붙잡고 송나라를 토벌하였다.

字義 已 : 너무 이

【經】冬에 公伐邾하다

겨울에 僖公이 邾나라를 토벌하였다.

【傳】任宿須句顓臾는 風姓也니 實司大(태)皞與有濟之祀하야 以服事諸夏하다 邾人滅須句어늘 須句子來奔하니 因成風[63]也라 成風爲之言於公曰 崇明祀保小寡[64]는 周禮也요 蠻夷猾夏는 周禍也니 若封須句면 是崇皞濟而脩祀紓禍也니라

63 成風 : 僖公의 어머니 成風의 親家가 須句이다.

64 崇明祀保小寡 : '明祀'는 大皞(伏羲)와 濟水에 지내는 祭祀를 가리키고, '小寡'는 영토가 작고 백성이 적은 나라를 가리킨다.

任 · 宿 · 須句 · 顓臾는 風姓이니, 실로 太皞(伏羲)와 有濟(濟水)의 제사를 주관하고 諸夏에 복종하여 섬겼다. 邾人이 수구를 멸망시키자 須句子가 魯나라로 도망해오니 成風에게 의지하기 위해서였다. 성풍이 그를 위해 僖公에게 말하였다.

"明祀를 높이고 小寡한 나라를 보호하는 것은 周나라의 禮이고, 蠻夷(邾나라)가 제하를 어지럽히는 것은 주나라의 禍이니, 만약 수구를 봉해준다면 이는 태호와 유제를 높여서 제사를 닦고 화를 푸는 일이 될 것이오."

字義 司 : 주관할 사 崇 : 높일, 숭상할 숭

【經】楚人使宜申來獻捷하다 十有二月癸丑에 公會諸侯하야 盟于薄하고 釋宋公하다

楚人이 宜申을 보내 와서 〈宋나라와의 전쟁에서 획득한〉 전리품〔捷〕을 바쳤다. 12월 계축일에 僖公이 제후들과 회합하여 薄에서 맹약하고, 이어서 宋公을 풀어주었다.

【傳】冬에 會于薄以釋之하니 子魚曰 禍猶未也라 未足以懲君이로다

겨울에 薄에서 회맹하고 宋公을 풀어주었는데, 〈송공이 여전히 경계하고 두려워하는 마음이 없었다.〉 子魚가 말하였다. "송나라의 禍가 아직 끝나지 않았다. 임금에 대한 징벌이 부족하다."

字義 釋 : 풀어줄, 방면할 석

〈22년, 癸未(B.C. 638)〉

【經】二十有二年이라 春에 公伐邾하야 取須句하다

22년이다. 봄에 僖公이 邾나라를 토벌하여 須句 지역을 탈취하였다.

【傳】二十二年이라 春에 伐邾하야 取須句하고 反其君焉하니 禮也라

22년이다. 봄에 邾나라를 토벌하여 須句 지역을 취하고 그 임금(須句子)을 귀국시켰으니, 〈큰 나라가 작은 나라를 구휼하는〉 禮에 맞는 일이다.

【經】夏에 宋公衛侯許男滕子伐鄭하다

여름에 宋公 · 衛侯 · 許男 · 滕子가 鄭나라를 토벌하였다.

【傳】三月에 鄭伯如楚어늘 夏에 宋公伐鄭[65]하니 子魚曰 所謂禍在此矣로다

3월에 鄭伯이 楚나라에 가자 여름에 宋公(宋 襄公)이 鄭나라를 토벌하니, 子魚가 말하였다. "내가 말했던 禍가 이번 전쟁에 있겠구나."

【經】秋라

가을이다.

【傳】初에 平王之東遷也에 辛有適伊川이라가 見被髮而祭於野者하고 曰 不及百年하야 此其戎乎인저 其禮先亡矣로다 秋에 秦晉遷陸渾之戎于伊川하다

당초에 周 平王이 東遷할 때 辛有(周나라 大夫)가 伊川에 갔다가 머리를 풀어헤치고 野外에서 제사 지내는 자를 보고 말하였다. "백 년이 못 되어 이곳은 오랑캐 땅이 될 것이다. 주나라의 禮가 먼저 없어졌구나."

가을에 秦 · 晉나라가 陸渾 지역의 戎을 伊川으로 이주시켰다.

晉大子圉爲質於秦이러니 將逃歸할새 謂嬴(영)氏[66]曰 與子歸乎인저 對曰 子는 晉大(태)子而辱於秦하니 子之欲歸는 不亦宜乎잇가 寡君之使婢子로 侍執巾櫛은 以固子也어늘 從子而歸면 棄君命也니 不敢從이어니와 亦不敢言호리이다 遂逃歸하다

晉나라 太子 圉가 秦나라에 인질로 있었는데, 장차 도망쳐 돌아오려 할 때 아내인 嬴氏(懷嬴)에게 말하기를 "그대와 함께 돌아가겠다."라고 하자, 영씨가 대답하였다.

"公子는 晉나라의 태자로서 秦나라에서 치욕을 겪고 있으니 공자가 돌아가려 하는 것은 당연하지 않겠습니까. 그러나 우리 임금께서 제게 수건과 빗을 들고 공자를 모시게 한 것은 공

65 三月……宋公伐鄭 : 宋 襄公은 鄭나라가 霸者를 자처한 자신에게 의지하지 않고 楚나라에 빙문하러 간 것에 분노하였기 때문에 공격한 것이다.(杜注)

66 嬴(영)氏 : 秦나라가 太子 圉에게 아내로 삼게 한 懷嬴이다.

자의 마음을 편안하게〔固〕 하려 한 것입니다. 그런데 제가 공자를 따라 돌아간다면 임금의 명을 저버리는 것이니, 감히 따를 수 없지만 또한 감히 이 일을 누설하지도 않겠습니다."

圉가 마침내 도망쳐 晉나라로 돌아왔다.

富辰(신)言於王曰 請召大(태)叔하소서 詩曰 協比其隣하면 昏姻孔云이라하니 吾兄弟之不協이면 焉能怨諸侯之不睦이릿가 王說(열)하다 王子帶自齊復(부)歸于京師하니 王召之也라

富辰(周나라 大夫)이 周 襄王에게 말하였다. "太叔(王子 帶)을 불러 돌아오게 하십시오. 《詩經》〈小雅 正月〉에 '이웃과 화목하게 지내면 姻戚들도 매우 友愛한다.'라고 하였으니, 우리 주나라가 형제간에 화목하지 못하면서 어떻게 제후들의 불화를 원망할 수 있겠습니까." 이에 양왕이 기뻐하였다. 王子 帶가 齊나라에서 다시 京師로 돌아왔으니, 양왕이 불러들인 것이다.

字義 遷 : 옮길 천 適 : 갈 적 戎 : 오랑캐 융 婢 : 소첩 비 巾 : 수건 건 櫛 : 빗 즐
固 : 편안히 여길 고 孔 : 매우, 심히 공 說 : 기쁠 열 復 : 다시 부

【經】 八月丁未에 及邾人戰于升陘하다

8월 정미일에 魯나라가 邾人과 升陘에서 전쟁하였다.

【傳】 邾人以須句故出師어늘 公卑邾하야 不設備而禦之하니 臧文仲曰 國無小하니 不可易(이)也니이다 無備면 雖衆이나 不可恃也니이다 詩曰 戰戰兢兢하야 如臨深淵하며 如履薄冰이라하고 又曰 敬之敬之어다 天惟顯思라 命不易(이)哉라하니이다 先王之明德으로도 猶無不難也하고 無不懼也온 況我小國乎잇가 君其無謂邾小하소서 蠭蠆有毒이온 而況國乎잇가 弗聽하다 八月丁未에 公及邾師戰于升陘하야 我師敗績하다 邾人獲公冑하야 縣諸(저)魚門하다

邾人이 魯나라가 須句를 구원해준 일 때문에 출병을 하였는데, 僖公이 邾나라를 얕잡아보아 방비를 제대로 설치하지 않고 방어하니, 臧文仲이 말하였다.

"나라에는 약소국이 따로 없으니 얕잡아보아서는 안 됩니다. 방비가 없으면 비록 맞서는 군대가 많더라도 믿을 수 없습니다. 《詩經》〈小雅 小旻〉에 '조심하고 경계하기를 깊은 물가에 다다른 듯이 하며, 얇은 얼음을 밟은 듯이 하라.'고 하였고, 또 〈周頌 敬之〉에 '공경하고 공경하라. 하늘은 밝아서 천명을 보존하기가 쉽지 않다.'라고 하였습니다. 先王의 밝은 德으로도

어려워하지 않음이 없고 두려워하지 않음이 없었는데, 하물며 우리 같은 작은 나라이겠습니까. 임금께서는 주나라가 작다고 여기지 마십시오. 벌과 전갈도 독이 있는데 하물며 나라이겠습니까.”

그러나 희공이 따르지 않았다.

8월 정미일에 희공이 주나라 군대와 升陘에서 싸워, 우리 노나라 군대가 크게 패하였다. 邾人이 희공의 투구를 노획하여 魚門(邾나라의 城門)에 매달아놓고 〈모욕하였다.〉

字義 卑 : 얕볼 비 易 : 경시할, 얕볼 이 顯 : 밝을 현 思 : 어조사 사 蠭 : 벌 봉
蠆 : 전갈 채 績 : 이을 적 冑 : 투구 주 縣 : 매달 현 諸 : 어조사 저

【經】冬十有一月己巳朔에 宋公及楚人戰于泓하야 宋師敗績하다

겨울 11월 기사일 초하루에 宋公이 楚人과 泓水에서 전쟁하여, 宋나라 군대가 크게 패하였다.

【傳】楚人伐宋以救鄭하다 宋公將戰한대 大司馬固諫曰 天之棄商久矣어늘 君將興之하시니 不可赦也已리이다 弗聽하다 冬十一月己巳朔에 宋公及楚人戰于泓할새 宋人既成列하고 楚人未既濟어늘 司馬曰 彼衆我寡하니 及其未既濟也하야 請擊之하소서 公曰 不可하다 既濟而未成列이어늘 又以告한대 公曰 未可하다 既陳而後擊之하야 宋師敗績하다 公傷股하고 門官殲焉하다

楚人이 宋나라를 토벌하여 鄭나라를 구원하였다. 宋公(宋 襄公)이 楚나라와 전쟁하려 하자, 大司馬 固가 간하기를 “하늘이 商나라(宋)를 버린 지 오래인데 임금께서 부흥시키려 하시니, 하늘이 용서하지 않을 것입니다.”라고 하였는데, 襄公이 따르지 않았다.

겨울 11월 기사일 초하루에 宋公이 楚人과 泓水에서 전쟁을 할 때, 宋人은 이미 전열을 모두 갖추었으나 초인은 아직 홍수를 다 건너지 못한 상태였다. 司馬가 말하기를 “저들은 군사가 많고 우리는 적으니 홍수를 다 건너기 전에 공격하십시오.”라고 하자, 양공이 말하기를 “안 된다.”고 하였다. 초나라가 이미 홍수를 다 건넜으나 아직 전열을 갖추지 못하자, 또 〈사마가 공격하라고〉 간언하였는데, 양공이 말하기를 “아직 안 된다.”라고 하였다. 결국 초나라가 진열을 다 갖추고 난 뒤에 공격하여 송나라 군대가 크게 패배하였다. 양공은 허벅지에 상처를 입었고, 〈임금을 좌우에서 보좌하던〉 門官들은 모두 죽었다.

字義 濟 : 물 건널 제 陳 : 진칠 진 股 : 허벅지 고 殲 : 전멸할 섬

國人皆咎公하니 公曰 君子不重傷하고 不禽二毛니라 古之爲軍也에 不以阻隘也하니 寡人雖亡國之餘나 不鼓不成列이로라 子魚曰 君未知戰이로소이다 勍敵之人이 隘而不列은 天贊我也니 阻而鼓之 不亦可乎잇가 猶有懼焉이니이다 且今之勍者는 皆吾敵也니 雖及胡耇라도 獲則取之어늘 何有於二毛리잇가 明恥教戰은 求殺敵也니 傷未及死면 如何勿重이릿가 若愛重傷이면 則如勿傷이요 愛其二毛면 則如服焉이니이다 三軍以利用也요 金鼓以聲氣也니 利而用之면 阻隘可也요 聲盛致志면 鼓儳(참)可也니이다

〈敗戰에 대하여〉 國人들이 모두 宋公을 탓하니, 송공이 말하였다. "君子는 상처 입은 적을 거듭 상해하지 않고, 반백의 늙은이를 포로로 잡지 않는 법이다. 옛날에 전쟁을 할 때는 험하고 좁은 지형을 이용하지 않았으니, 寡人이 비록 망한 나라(商)의 후손이지만 전열을 갖추지 못한 적을 공격하지는 않는다."

子魚가 말하였다. "임금께서는 전쟁을 알지 못하십니다. 강한 적이 좁은 지형 탓에 전열을 갖추지 못한 것은 하늘이 우리나라를 도운 것이니, 적군이 험한 곳에 있을 때 공격하는 것이 옳지 않겠습니까. 〈이렇게 하고서도〉 오히려 승리하지 못할까 두렵습니다. 게다가 지금 강한 적(제후)들은 모두 우리의 적이니, 비록 나이든 늙은이라도 붙잡을 수 있으면 잡아야 하는데 어찌 반백의 늙은이를 가엾게 여기는 마음을 두십니까. 군사들에게 치욕을 분명하게 일러주고 전술을 가르친 것은 적을 죽이도록 요구한 것인데, 적이 상처를 입고도 죽지 않았다면 어째서 거듭 공격하지 않는단 말입니까.

만약 거듭 상해를 입는 것을 가엾게 여긴다면 애초에 상처를 입히지 않는 것이 낫고, 반백의 늙은이를 가엾게 여긴다면 싸우지 않고 항복하는 것이 낫습니다. 三軍은 이로움을 따라 쓰는 것이고, 징과 북은 소리를 통해 士氣를 진작시키는 것이니, 이로움을 따라 삼군을 사용하면 적군이 험하고 좁은 지형에 있을 때 공격하는 것이 옳고, 징과 북을 울려 사기를 진작시켰으면 적군이 전열을 갖추지 못한 때 공격하는 것이 옳습니다."

字義 禽 : 사로잡을 금　軍 : 공격할, 전쟁할 군　阻 : 험할 조　隘 : 좁을 애
餘 : 후예, 후손 여　勍 : 강할 경(=强)　贊 : 도울 찬　耇 : 늙은이 구
儳 : 난잡할, 정돈되지 않을 참

丙子晨에 鄭文夫人芊(미)氏姜氏[67] 勞楚子於柯澤하니 楚子使師縉示之俘馘(부괵)하다 君子曰 非禮也라 婦人送迎不出門하고 見兄弟不踰閾(역)하며 戎事不邇女器하나니라 丁

67 鄭文夫人芊(미)氏姜氏 : 鄭 文公의 夫人 芊氏는 楚나라의 딸이고, 姜氏는 齊나라의 딸이다.(杜注)

丑에 楚子入享于鄭에 九獻하고 庭實旅百하고 加籩豆六品하다 享畢하고 夜出에 文芈送于軍이어늘 取鄭二姬以歸하다 叔詹曰 楚王其不沒乎인저 爲禮卒於無別이로다 無別이면 不可謂禮니 將何以沒이리오 諸侯是以로 知其不遂霸也하다

〈楚子가 宋나라와의 전쟁에서 승리하고 돌아갈 때 鄭나라에 들렀다.〉 병자일 새벽에 鄭 文公의 夫人 芈氏·姜氏가 柯澤에서 楚子를 위로하니, 초자가 樂師인 縉을 보내 그들에게 포로와 죽인 적의 귀〔俘馘〕를 보여주게 하였다. 군자가 이에 대하여 다음과 같이 논평하였다. "禮에 맞는 처사가 아니다. 婦人은 남을 배웅하거나 마중할 때 寢門을 나가지 않고, 형제를 만날 때 문지방을 넘지 않으며, 전쟁을 할 때에는 여인의 물품을 가까이하지 않는 법이다."

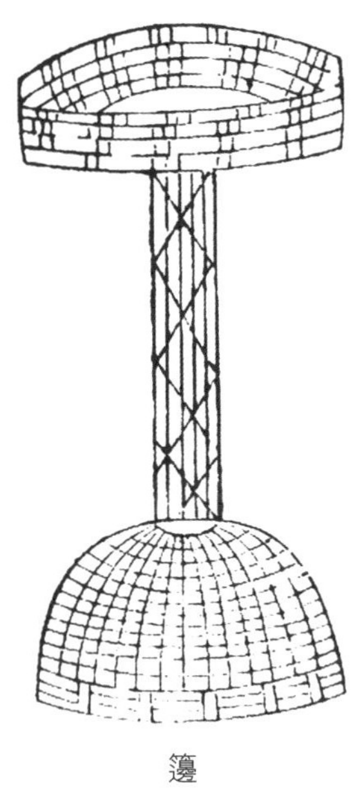
籩

정축일에 초자가 정나라 國都에 들어가 연회를 받을 때 鄭伯이 〈上公의 禮로써〉 아홉 번 술잔을 올리고, 뜰에 백 가지의 예물을 벌여놓으며, 籩豆(연회에 사용하는 禮器)에 여섯 가지 음식물을 더하여 〈정해진 예법보다 많게 하였다.〉 연회를 마치고 밤에 나올 때 文芈가 초자를 초나라 軍中까지 전송하자, 초자가 정나라의 二姬(文芈의 두 딸)를 취하여 데리고 돌아갔다. 叔詹이 말하였다. "楚王은 아마〔其〕 제명대로 살지 못할 것이다. 예를 행하면서 남녀의 구별을 무시하는 행위로 끝을 내었으니, 구별을 무시하면 예라고 할 수 없다. 장차 어찌 제명대로 살 수 있겠는가."

豆

제후들이 이로 인해 그가 霸業을 이루지 못할 것을 알았다.

字義 俘 : 포로, 사로잡을 부 馘 : 베어낸 왼쪽 귀 괵
送 : 전송할, 배웅할 송 迎 : 맞이할 영
閾 : 문지방 역 邇 : 가까이할 이 籩 : 祭器 변
豆 : 제기 두 其 : 아마 기

〈23년, 甲申(B.C. 637)〉

【經】二十有三年이라 春에 齊侯伐宋圍緡하다

23년이다. 봄에 齊侯(齊 孝公)가 宋나라를 토벌하여 緡邑을 포위하였다.

【傳】二十三年이라 春에 齊侯伐宋圍緡하니 以討其不與盟于齊也라

23년이다. 봄에 齊侯가 宋나라를 토벌하여 緡邑을 포위하였으니, 〈僖公 19년에〉 齊나라에서 회맹할 때 송나라가 참여하지 않았기 때문에 토벌한 것이다.

【經】夏五月庚寅에 宋公茲父(보)卒하다

여름 5월 경인일에 宋公 茲父(齊 襄公)가 卒하였다.

【傳】夏五月에 宋襄公卒하니 傷於泓故也라

여름 5월에 宋 襄公이 卒하였으니, 泓水의 전쟁에서 입은 부상 때문이었다.

【經】秋에 楚人伐陳하다

가을에 楚人이 陳나라를 토벌하였다.

【傳】秋에 楚成得臣帥(솔)師伐陳하니 討其貳於宋也라 遂取焦夷하고 城頓而還하다 子文以爲之功이라하야 使爲令尹한대 叔伯曰 子若國何오 對曰 吾以靖國也라 夫有大功而無貴仕면 其人能靖者與[68]有幾오

가을에 楚나라 成得臣(子玉)이 군대를 거느리고 陳나라를 토벌하였으니, 진나라가 〈초나라를 배신하고〉 宋나라에 두 마음을 품었기 때문에 토벌한 것이다. 마침내 焦·夷邑을 탈취하고서 頓나라에 성을 쌓고 돌아왔다. 子文(鬭穀於菟)은 〈두 城을 탈취한 것을 子玉의〉 공로라

---

68 與 : 이 문구의 '與'는 用法이 분명하지 않다. 다만 淸末의 馬建忠이 지은 《馬氏文通》에는 "'與'자가 본래 이 句의 끝에 있었는데 倒置되어 앞으로 왔다."라고 하였다. 또한 '與'에서 句讀를 끊어 "其人能靖者與아 有幾리오"라고 읽는 사람도 있는데, 해석은 거의 같다.

생각하여 그를 令尹으로 삼았다. 叔伯(薳呂臣)이 말하기를 "그대는 나라를 어떻게 운영할 생각인가?"라고 하자, 자문이 대답하였다.

"나는 이렇게 함으로써 나라를 안정시키려는 것이다. 큰 공이 있는 사람에게 존귀한 벼슬을 주지 않는다면, 〈亂을 일으키지 않고〉 나라를 안정시킬 사람이 몇이나 되겠는가?"

字義 貳 : 두 마음 먹을 이 靖 : 다스릴, 안정시킬 정 幾 : 몇 기

【經】 冬十有一月에 杞子卒하다

겨울 11월에 杞子(杞 成公)가 卒하였다.

【傳】 十一月에 杞成公卒하다 書曰子는 杞夷也요 不書名은 未同盟也라 凡諸侯同盟이면 死則赴以名이 禮也라 赴以名이면 則亦書之하고 不然則否하나니 辟(피)不敏也니라

11월에 杞 成公이 卒하였다. 經에 '子'라고 기록한 것은 杞나라가 〈伯의 작위에 있으면서〉 夷狄의 禮를 행해서이고, 이름을 기록하지 않은 것은 동맹하지 않았기 때문이다.

범례에 의하면 제후간에 동맹을 하면 군주가 죽었을 때 이름을 기록해 赴告하는 것이 예이다. 이름을 기록해 부고하면 또한 史書에 이름을 기록하고, 그렇지 않으면 기록하지 않으니, 이는 자세히 알 수 없어서 〈잘못 기록하는 것을〉 피하기 위해서이다.

字義 赴 : 부고할, 알릴 부 辟 : 피할 피 敏 : 자세할 민(=審)

〈24년, 乙酉(B.C. 636)〉

【經】 二十有四年이라 春王正月이라

24년이다. 봄 周王 正月이다.

【經】 夏에 狄伐鄭하다

여름에 狄人이 鄭나라를 토벌하였다.

【傳】鄭之入滑也에 滑人聽命[69]이러니 師還에 又卽衛하다 鄭公子士洩堵(설도)兪彌帥(솔)師伐滑하니 王使伯服游孫伯如鄭請滑하다 鄭伯怨惠王之入而不與厲公爵也[70]하고 又怨襄王之與衛滑也라 故不聽王命而執二子하다 王怒하야 將以狄伐鄭한대 富辰(신)諫曰 不可하니이다 臣聞之호니 大(태)上以德撫民하고 其次親親以相及也라하니이다 昔周公弔二叔之不咸이라 故封建親戚하야 以蕃屛周하니 管蔡郕霍魯衛毛聃郜雍曹滕畢原酆郇은 文之昭也요 邘晉應韓은 武之穆也요 凡蔣邢茅胙祭(채)는 周公之胤也니이다 召穆公은 思周德之不類라 故糾合宗族于成周而作詩하야 曰 常棣之華여 鄂不韡韡(위)로다 凡今之人은 莫如兄弟라하고 其四章曰 兄弟鬩(혁)于墻이나 外禦其侮라하니이다 如是則兄弟雖有小忿이라도 不廢懿親[71]이리이다 今天子不忍小忿하사 以棄鄭親하시니 其若之何잇가

鄭나라가 滑나라에 쳐들어갔을 때 滑人이 정나라의 命을 따르겠다고 하였는데, 정나라 군대가 돌아가자 활나라가 다시 衛나라에 붙었다〔卽〕. 鄭나라 公子 士와 洩堵兪彌가 군대를 거느리고 가서 활나라를 토벌하니, 周 襄王이 伯服·游孫伯을 정나라에 보내 활나라를 〈공격하지 말 것을〉 청하였다. 그러나 鄭伯은 惠王이 〈정나라의 도움을 받아〉 周나라로 들어갔을 때 鄭 厲公에게 술잔〔爵〕을 하사하지 않은 것을 원망하였고, 또 양왕이 위·활나라를 돕는 것을 원망하였으므로 王命을 따르지 않고 두 사람을 가두었다. 양왕이 노하여 狄人을 거느리고 정나라를 토벌하려고 하자, 富辰이 간하였다.

“안 됩니다. 臣이 들으니 가장 좋은 방법은 德으로 백성을 어루만지는 것이고, 그 다음은 親族을 가까이하고 나서 疏遠한 사람에게 미치는 것이라 하였습니다. 옛날 周公은 二叔(管叔·蔡叔)이 화합하지 못한 것을 가슴 아파하였으므로, 친척을 봉건하여 周나라의 울타리로 삼았으니 管·蔡·郕·霍·魯·衛·毛·聃·郜·雍·曹·滕·畢·原·酆·郇은 文王의 昭(아들)이고, 邘·晉·應·韓은 武王의 穆(아들)이며, 凡·蔣·邢·茅·胙·祭는 주공의 후손입니다.

召穆公(周나라의 卿士)은 주나라의 덕이 善하지 못함을 우려하였으므로〔思〕 成周에 宗族들을 모아놓고 詩(《詩經》 〈小雅 常棣〉)를 지어 ‘아가위 꽃이여, 꽃받침이 화사하도다. 지금 모든 사람들은 형제만한 이가 없느니라.’라고 하였고, 네 번째 章에서는 ‘형제가 담 안에서는 다투지만 외부에서 들어오는 모욕은 함께 막아낸다네.’라고 하였습니다. 이와 같으니 형제간에

---

69 鄭之入滑也 滑人聽命 : 이 내용은 僖公 20년에 보인다.

70 鄭伯怨惠王之入而不與厲公爵也 : 이 내용은 莊公 21년에 보인다.

71 懿親 : 皇室의 宗親과 外戚을 아울러 이르는 말이다.

비록 작은 원망이 있더라도 懿親을 버려서는 안 됩니다. 지금 天子께서 작은 원망을 참지 못하고 정나라와 같은 의친을 버리려 하시니 〈문왕 · 무왕의 功業을〉 어찌할 생각이십니까.

字義 卽 : 붙을 즉 爵 : 술잔 작 與 : 도울 여 弔 : 마음 아파할, 불쌍히 여길 조
咸 : 화합할, 협동할 함 蕃 : 울타리, 장벽 번(=藩) 屛 : 가릴, 막을 병 胤 : 後嗣 윤
思 : 상심할, 슬퍼할 사 類 : 선할 류(=善) 糾 : 모을 규 棣 : 아가위 체 華 : 꽃 화
鄂 : 꽃받침 악 韡 : 아름다울, 화사할 위 鬩 : 다툴 혁 墻 : 담 장
侮 : 업신여길, 수모 모 懿 : 아름다울 의

庸勳親親하며 暱近尊賢은 德之大者也요 卽聾從昧하며 與頑用嚚은 姦之大者也요 棄德崇姦은 禍之大者也니이다 鄭有平惠之勳하고 又有厲宣之親하고 棄嬖寵而用三良[72]하고 於諸姬爲近하니 四德具矣니이다 耳不聽五聲之和爲聾이요 目不別五色之章爲昧요 心不則(칙)德義之經爲頑이요 口不道忠信之言爲嚚이어늘 狄皆則之하니 四姦具矣니이다 周之有懿德也에도 猶曰莫如兄弟라 故封建之하고 其懷柔天下也에도 猶懼有外侮하야 扞禦侮者엔 莫如親親이라 故以親屛周러니 召穆公도 亦云하니이다 今周德旣衰어늘 於是乎又渝周召하야 以從諸姦하시니 無乃不可乎잇가 民未忘禍어늘 王又興之하시니 其若文武何잇가 王弗聽하고 使頹叔桃子出狄師하다

功勳이 있는 사람에게 보답하고 친한 사람을 친하게 여기며, 가까이에 있는 자들을 친밀하게 대하고 賢者를 존중하는 것은 德行 가운데 큰 것이고, 귀머거리〔聾〕에게 의지하고 눈이 어두운 사람〔昧〕을 따르며 頑惡한 사람과 어울리고 간사한 사람을 쓰는 것은 姦惡 가운데 큰 것이며, 덕행을 저버리고 간악을 쌓는 것은 災禍의 큰 것입니다. 정나라는 周 平王 · 惠王을 보좌한 공훈이 있고 또 厲王 · 宣王의 친족이며, 嬖寵(申侯 · 子華)을 버리고 어진 신하 세 사람(叔詹 · 堵叔 · 師叔)을 등용하였고 姬姓을 쓰는 여러 제후들 중에 왕실과 가장 가까우니, 네 가지 덕을 모두 갖춘 셈입니다.

귀로 五聲의 조화로운 소리를 듣지 못하는 것은 귀머거리〔聾〕이고, 눈으로 五色의 문채를 구별하지 못하는 것은 눈이 어두운 사람〔昧〕이며, 마음으로 德義의 떳떳함을 본받지 못하는 것은 頑惡한 사람이고, 입으로 忠信의 말을 내지 못하는 것은 간사한 사람인데, 狄人은 이 네 가지를 모두 본받았으니 네 가지 간악함이 모두 갖추어졌습니다. 주나라에 아름다운 덕이 있을 때도 오히려 '형제만 한 이가 없다.'라고 하였기 때문에 형제들을 봉건하였고, 천하를 회유할 때도

72 棄嬖寵而用三良 : 鄭나라가 僖公 7년에 嬖臣 申侯를 죽이고, 16년에 寵子 子華를 죽였다. '三良'은 叔詹·堵叔·師叔이니, 이들을 등용한 것이 이른바 '尊賢'이다.(杜注)

오히려 外侮(외부로부터 받는 모욕)가 있을까 염려하여, 外侮를 막는 데 친족을 가까이하는 것만 함이 없었기 때문에 친족(同姓의 제후)을 울타리로 삼았는데, 召穆公도 이렇게 말하였습니다. 지금 주나라의 덕이 이미 쇠하였음에도 이러한 때에 도리어 周公·召公의 법을 바꾸어 여러 간악함을 따르려 하시니 불가하지 않겠습니까. 백성들이 아직도 화란의 고통을 잊지 못했는데 왕께서 다시 전쟁을 일으키려 하시니, 장차〔其〕 文王·武王의 功業을 어찌할 생각이십니까?"

그러나 양왕이 듣지 않고, 頹叔·桃子를 보내 狄人의 군대를 출병하게 하였다.

字義 庸 : 보답할, 사례할 용 暱 : 가까이할, 친밀하게 여길 닐 聾 : 귀머거리 롱
昧 : 눈 어두울 매 頑 : 완악할 완 嚚 : 간사할 은 崇 : 쌓을 숭 用 : 등용할 용
和 : 조화로울 화 章 : 문채, 무늬 장 則 : 본받을 칙 經 : 떳떳할 경 道 : 말할 도
具 : 갖출 구 扞 : 막을 한 又 : 도리어, 오히려 우 渝 : 바꿀, 변할 투 其 : 장차 기

夏에 狄伐鄭取櫟(력)하니 王德狄人하야 將以其女爲后한대 富辰(신)諫曰 不可하니이다 臣聞之호니 曰 報者倦矣로대 施者未厭이라하니 狄固貪惏(람)이어늘 王又啓之니이다 女德無極하고 婦怨無終하니 狄必爲患하리이다 王又弗聽하다

여름에 狄人이 鄭나라를 토벌하여 櫟을 취하였다. 周 襄王이 적인에게 고마워하여〔德〕 적인의 딸을 王后로 삼으려 하자, 富辰이 말하였다.

"안 됩니다. 臣이 들으니 '은혜를 갚는 사람은 이미 지쳤는데, 은혜를 베푼 사람은 만족함이 없다.'라고 하였습니다. 적인은 본래 탐욕스러운데, 왕께서 또 〈이처럼 대우하시면 그 탐욕의 길을〉 열어주는 것입니다. 여인의 뜻〔德〕은 다함이 없고 부인의 원망은 끝이 없으니, 적인은 반드시 후환이 될 것입니다."

왕이 또 간언을 듣지 않았다.

字義 德 : 은혜에 감사할, 뜻(심정) 덕 倦 : 고달플, 피곤할 권 厭 : 만족할 염
惏 : 탐욕스러울 람 啓 : 열 계

【經】秋七月이라

가을 7월이다.

【傳】鄭子華之弟子臧出奔宋하야 好聚鷸(휼)冠[73]하니 鄭伯聞而惡(오)之하야 使盜誘之하니

73 好聚鷸(휼)冠 : 〈杜注〉에는 '물총새 깃털로 장식한 관을 쓰는 것을 즐겼다.'고 되어 있으나, 〈楊注〉에서 '관을 모으는 것을 즐겼다.'고 풀이한 것에 의거하여 번역하였다.

八月에 盜殺之于陳宋之間하다 君子曰 服之不衷은 身之災也라 詩曰 彼己之子여 不稱其服이라하니 子臧之服이 不稱也夫인저 詩曰 自詒伊慼이라하니 其子臧之謂矣로다 夏書曰 地平天成이라하니 稱也니라

鄭나라 子華의 아우 子臧이 宋나라로 달아나 그곳에서 지내면서 물총새 깃털로 장식한 冠 모으기를 좋아하였다. 鄭伯(鄭 文公)이 그 소문을 듣고 미워하여 자객을 보내 유인하게 하니, 8월에 자객이 陳나라와 宋나라 사이에서 그를 죽였다. 군자가 다음과 같이 논평하였다.

"의복이 禮에 걸맞지 않는 것은 몸의 재앙이다. 《詩經》〈曹風 候人〉에 이르기를 '저 사람이여, 옷이 어울리지 않는다네.'라고 하였으니, 자장의 의복이 적합하지 않았음을 말한 것이다. 〈小雅 小明〉에 이르기를 '스스로 근심을 끼친다.'라고 하였으니, 자장을 이른 말이로다. 〈夏書〉(逸書)에 이르기를 '땅이 평정되고 하늘이 평안해졌다.'라고 하였으니, 〈上下가 서로〉 걸맞다는 말이다."

字義 鷸 : 물총새 휼 惡 : 미워할 오 盜 : 자객 도 衷 : 알맞을 충(=適)
稱 : 걸맞을, 부합할 칭 詒 : 끼칠 이 慼 : 근심 척

宋及楚平하다 宋成公如楚라가 還에 入於鄭하니 鄭伯將享之하야 問禮於皇武子한대 對曰 宋은 先代之後也니 於周爲客이니이다 天子有事에 膰焉하고 有喪에 拜焉하니 豐厚可也니이다 鄭伯從之하야 享宋公에 有加하니 禮也라

宋나라가 楚나라와 화평하였다. 宋 成公이 楚나라에 갔다가 돌아오는 길에 鄭나라에 들르니, 鄭伯이 그를 대접하려 하면서 皇武子에게 禮를 물었다. 황무자가 대답하였다.

"송나라는 先代(殷나라)의 후예이니 周나라에 있어서는 손님이 됩니다. 天子가 제사를 지냈을 적에 제사 고기(膰)를 내리고, 喪事가 있을 적에 〈송나라 임금이 주나라에 가서 조문을 하면 천자가〉 절을 하니, 宋公을 대접하는 예는 풍성하고 두터이 해야 함이 옳습니다."

정백이 그 말을 따라 송공을 대접할 때 예물을 추가해서 행하니 禮에 맞는 일이었다.

字義 膰 : 제사 고기 번

【經】冬에 天王出居于鄭하다

겨울에 天王(周 襄王)이 〈患難을 피해〉 도성을 빠져나와 鄭나라에서 거처하였다.

【傳】初에 甘昭公有寵於惠后하다 惠后將立之라가 未及而卒하니 昭公奔齊하다 王復之한대 又通於隗(외)氏어늘 王替隗氏하다 頹叔桃子曰 我實使狄하니 狄其怨我하리라하고

遂奉大(태)叔하야 以狄師攻王하다 王御士將禦之한대 王曰 先后其謂我何리오 寧使諸侯圖之하라하고 王遂出하야 及坎欿(담)하니 國人納之하다 秋에 頹叔桃子奉大叔하고 以狄師伐周하야 大敗周師하야 獲周公忌父原伯毛伯富辰(신)하니 王出適鄭하야 處于氾하다 大叔以隗氏居于溫하다

당초에 甘昭公(王子 帶)이 惠后에게 총애를 받았다. 혜후가 그를 왕으로 세우려 하다가 미처 이루지 못하고 卒하니, 昭公이 齊나라로 달아났다. 〈僖公 22년에〉 襄王이 소공을 周나라로 돌아오게 하였는데, 소공이 다시 隗氏(狄國에서 맞이한 王后)와 사통하자 양왕이 외씨를 폐출하였다. 頹叔 · 桃子가 말하였다. "우리가 실로 狄人에게 딸을 시집보내도록 시켰는데 〈그녀가 폐출당했으니,〉 적인이 아마도 우리를 원망할 것이다." 그러고는 마침내 太叔(왕자 대)을 받들고 적인의 군대를 거느리고 가서 양왕을 공격하였다. 양왕을 모시던 병사들이 막으려 하자, 양왕이 말하였다. "〈이들을 직접 토벌하면〉 先后(惠后)께서 내게 뭐라고 하시겠느냐. 차라리 제후들에게 도모하게 해야겠다." 양왕이 마침내 도성을 떠나 坎欿으로 가니, 國人이 받아들였다.

가을에 퇴숙 · 도자가 태숙을 받들고 적인의 군대를 거느리고 주나라를 토벌하여, 주나라 군대를 크게 패배시키고 周公 忌父 · 原伯 · 毛伯 · 富辰을 사로잡았다. 양왕이 도성을 빠져나와 鄭나라로 가서 氾에 거처하였다. 태숙이 외씨를 데리고 溫에서 거처하였다.

字義 通 : 사통할 통 替 : 폐할 체(=廢) 寧 : 차라리 녕

冬에 王使來告難曰 不穀不德하야 得罪于母弟之寵子帶하야 鄙在鄭地氾일새 敢告叔父하노라 臧文仲對曰 天子蒙塵[74]于外하시니 敢不奔問官守리잇가 王使簡師父(보)告于晉하고 使左鄢父(보)告于秦하다 天子無出이어늘 書曰 天王出居于鄭이라하니 辟(피)母弟之難也라 天子凶服이면 降名이 禮也니라

겨울에 周 襄王이 魯나라에 사람을 보내 周나라에 난리가 난 것을 고하며 말하였다. "내〔不穀〕가 不德하여 母后(惠后)께서 총애한 子帶(太叔)에게 죄를 얻어 鄭나라의 궁벽한 氾 지역에서 거처하고 있으므로, 감히 숙부에게 고하노라." 臧文仲이 대답하였다. "天子께서 도성 밖으로 蒙塵하셨으니, 감히 달려가 官守에게 위로하지 않을 수 있겠습니까." 양왕이 簡師父를 보내 晉나라에 고하고, 左鄢父를 보내 秦나라에 고하였다.

---

74 蒙塵 : 먼지를 뒤집어쓴다는 뜻으로, 帝王이 난리를 피하여 안전한 곳으로 떠난 것을 이르는 말이다.(《漢韓大辭典》)

천자는 〈海內가 모두 자신의 영토이기 때문에〉 밖으로 나갔다고 하지 않는 법인데, 經에 기록하기를 '天王이 〈患難을 피해〉 도성을 빠져나와 鄭나라에 거처하였다.'라고 하였으니, 자신의 아우가 일으킨 난리라고 드러냄을 피한 것이다. 천자가 凶服을 입으면 스스로의 名稱(不穀)을 낮추는 것이 禮이다.

字義 鄙 : 궁벽한 두메 비 蒙 : 무릅쓸 몽 塵 : 먼지 진

鄭伯與孔將鉏石甲父侯宣多로 省視官具于氾하고 而後聽其私政하니 禮也라

鄭伯이 孔將鉏 · 石甲父 · 侯宣多와 함께 鄭나라의 氾으로 가서 官司를 살피고 器用을 갖추게 한 뒤에 私政(鄭나라의 政事)을 처리하였으니, 禮에 맞는 일이었다.

【經】晉侯夷吾卒하다

晉侯 夷吾(晉 惠公)가 卒하였다.

【傳】九月에 晉惠公卒하니 懷公命無從亡人하라 期하리니 期而不至면 無赦하리라 狐突之子毛及偃從重耳在秦이러니 弗召하다 冬에 懷公執狐突曰 子來則免하리라 對曰 子之能仕면 父教之忠이 古之制也요 策名委質이라가 貳乃辟也니이다 今臣之子名在重耳有年數矣니 若又召之면 教之貳也니이다 父教子貳면 何以事君이릿가 刑之不濫은 君之明也요 臣之願也어니와 淫刑以逞이면 誰則無罪리잇가 臣聞命矣리이다 乃殺之하다 卜偃稱疾不出曰 周書有之하니 乃大明服이라하니 己則不明而殺人以逞하니 不亦難乎아 民不見德하고 而唯戮是聞하니 其何後之有리오

9월에 晉 惠公이 卒하니, 懷公(子圉)이 命하였다. "亡命한 사람(重耳)을 따르지 말라. 돌아올 기한을 줄 것이니, 기한이 되었는데도 돌아오지 않으면 용서하지 않겠다."

狐突의 아들 毛 · 偃(子犯)이 중이를 따라 秦나라에 있었는데, 호돌이 그들을 부르지 않았다. 겨울에 회공이 호돌을 체포하여 말하였다. "아들이 돌아오면 사면하겠다." 호돌이 대답하였다. "자식이 벼슬할 나이가 되면 아비가 충성을 가르치는 것이 옛 법도이고, 簡策에 신하로서 이름을 올리고 몸을 바쳐 임금을 섬기다가 두 마음을 품는 것은 죄입니다. 지금 臣의 아들은 이름이 중이의 간책에 오른 지 여러 해가 되었는데, 만약 다시 晉나라로 돌아오도록 부른다면 두 마음을 품도록 가르치는 것입니다. 아비가 자식에게 두 마음을 품도록 가르친다면 어떻게 임금을 섬기겠습니까. 형벌을 남용하지 않는 것은 임금의 밝음이요, 신의 바람입니다.

형벌을 남용하여 만족을 느끼려 한다면 누군들 죄가 없겠습니까. 신은 명을 따르겠습니다."

마침내 회공이 호돌을 죽였다. 卜偃이 병을 핑계대고 조정에 나가지 않으며 말하였다. "《書經》〈周書 康誥〉에 말하기를 '임금이 크게 밝으면 신하가 복종한다.'고 하였으니, 자신은 밝지 못하면서 남을 죽여 만족을 느끼려 하니 또한 어렵지 않겠는가. 백성들이 임금의 덕행은 보지 못하고 살육만 듣고 있으니, 어찌 후손이 있을 수 있겠는가."

字義 赦 : 용서할 사　免 : 면할 면　委 : 맡길, 소속시킬 위　質 : 몸, 형체 질　辟 : 죄 벽
濫 : 넘칠 람　淫 : 지나칠, 과도할 음　逞 : 만족할, 유쾌할 령　戮 : 죽일 륙

晉公子重耳之及於難也에 晉人伐諸蒲城하니 蒲城人欲戰한대 重耳不可曰 保君父之命而享其生祿하고 於是乎得人이어늘 有人而校면 罪莫大焉이라 吾其奔也호리라하고 遂奔狄하니 從者狐偃趙衰(최)顚頡魏武子司空季子러라

晉나라 公子 重耳가 驪姬의 난리를 만났을 때 晉人이 蒲城을 공격하였는데, 포성 사람들이 맞서 싸우려 하자 중이가 안 된다고 하며 말하였다. "君父의 命에 의지하여 생명을 保養할 수 있는 녹읍을 받았고 이로 인해 백성들의 마음을 얻었는데, 백성들의 마음을 얻었다 해서 君命에 저항한다면(校) 이보다 큰 죄가 없다. 나는 도망갈 것이다." 그리고는 마침내 狄으로 달아나니, 그를 따르는 자가 狐偃 · 趙衰 · 顚頡 · 魏武子(魏犨) · 司空季子(胥臣)였다.

字義 保 : 의지할, 믿을 보(=恃)　享 : 받을 향　校 : 저항할, 맞설 교

狄人伐廧(장)咎如하야 獲其二女叔隗季隗하야 納諸公子하니 公子取季隗하야 生伯儵(조)叔劉하고 以叔隗妻趙衰(최)하야 生盾(돈)하다 將適齊할새 謂季隗曰 待我二十五年하야 不來而後嫁하라 對曰 我二十五年矣라 又如是而嫁면 則就木焉이리니 請待子호리이다 處狄十二年而行하다 過衛할새 衛文公不禮焉하니 出於五鹿하야 乞食於野人하다 野人與之塊하니 公子怒하야 欲鞭之한대 子犯曰 天賜也라하니 稽首受而載之하다

狄人이 廧咎如(赤狄의 別種)를 토벌하여 그의 두 딸인 叔隗 · 季隗를 붙잡아 公子(重耳)에게 바치니, 公子가 계외를 취하여 伯儵 · 叔劉를 낳고, 숙외를 趙衰에게 아내로 주어 趙盾(趙宣子)을 낳았다.

중이가 齊나라로 가려 할 때 계외에게 말하였다. "나를 25년 동안 기다렸다가 돌아오지 않거든 改嫁를 하시오." 계외가 대답하였다. "제가 지금 25세인데, 또 이만큼 있다가 개가를 하면 棺에 들어가 있을 것입니다. 청컨대 공자를 기다리겠습니다."

중이가 狄에 머문 지 12년 만에 狄을 떠났다. 衛나라를 지나갈 적에 衛 文公이 禮遇하지 않

으니, 五鹿으로 나와 野人에게 음식을 구걸하였다. 야인이 흙덩이를 주니, 공자가 노하여 채찍질을 하려고 하였다. 子犯이 말하기를, "하늘이 주신 것입니다."라고 하자, 중이가 머리를 조아리면서 흙덩이를 받아 수레에 실었다.

字義 取 : 장가들 취 塊 : 흙덩이 괴 鞭 : 채찍질할 편 載 : 실을 재

及齊하니 齊桓公妻之하고 有馬二十乘하니 公子安之러라 從者以爲不可라하야 將行을 謀於桑下러니 蠶妾在其上이라가 以告姜氏한대 姜氏殺之하고 而謂公子曰 子有四方之志어늘 其聞之者를 吾殺之矣니이다 公子曰 無之로라 姜曰 行也하소서 懷與安은 實敗名이니이다 公子不可라한대 姜與子犯謀하야 醉而遣之하니 醒에 以戈逐子犯하다

齊나라에 이르니 齊 桓公이 重耳를 사위로 삼고 말 20乘(80필)을 주니, 公子가 그곳에서 편안한 생활을 하려 하였다. 따르던 자들이 〈桓公은 이미 죽고, 孝公은 믿을 만한 사람이〉 못된다고 여겨 장차 떠날 것을 뽕나무 아래에서 모의하였는데, 누에를 치는 여종(妾)이 나무 위에 있다가 〈모의를 엿듣고 그 일을〉 姜氏에게 고하였다. 그러자 강씨가 여종을 죽여서 〈입을 막고는〉 공자에게 말하였다. "공자께서 천하를 경영할 뜻이 있는데, 이를 엿들은 사람을 제가 죽였습니다." 공자가 말하였다. "그런 일 없소." 강씨가 말하였다. "떠나십시오. 총애를 그리워하고 거처를 편안히 여기는 것은 실로 功名을 무너뜨리는 일입니다."

공자가 안 된다고 하자, 강씨가 子犯(狐偃)과 모의하여 공자를 술에 취하게 한 다음에 수레에 실어 떠나보냈다. 공자가 술에서 깨어 〈화가 난 나머지〉 창을 들고 자범을 뒤쫓았다.

字義 蠶 : 누에칠 잠 醉 : 술 취할 취 醒 : 술 깰 성 戈 : 창 과 逐 : 쫓을 축

及曹하니 曹共公聞其騈脅하고 欲觀其裸하야 浴에 薄而觀之하니 僖負羈之妻曰 吾觀晉公子之從者호니 皆足以相國이니 若以相이면 夫子必反其國이요 反其國이면 必得志於諸侯하고 得志於諸侯하야 而誅無禮면 曹其首也리니 子盍(합)蚤自貳[75]焉가 乃饋盤飧한새 寘璧焉하니 公子受飧反璧[76]하다

曹나라에 이르니, 曹 共公이 重耳의 갈비가 통뼈로 되어 있다는 소문을 듣고 그의 알몸을 보고자 하여 목욕을 할 때 가까이에서 살펴보았다. 僖負羈(曹나라 大夫)의 아내가 희부기에게

75 自貳 : 스스로 曹君에게 다른 마음을 품었다는 것을 公子에게 보이라는 말이다.(杜注)

76 公子受飧反璧 : 僖負羈가 보낸 밥을 받아서 그의 뜻은 받아들이고, 구슬은 돌려주어 탐욕이 없음을 보인 것이다.(林堯叟)

말하였다.

"제가 晉나라 公子를 따르는 사람들을 보니 모두 나라의 宰相이 되기에 충분한 자들입니다. 만약 저들을 師傅나 丞相으로 삼는다면 夫子(중이)는 반드시 그 나라(晉)로 돌아갈 것이고, 나라로 돌아가게 되면 반드시 제후에게 뜻을 얻어 〈霸者가 될 것이며,〉 제후에게 뜻을 얻어 무례한 나라를 주벌한다면 조나라가 맨 처음이 될 것입니다. 그러니 그대는 어찌 일찌감치 스스로 두 마음을 품었다는 것을 공자에게 보이지 않으십니까."

아내의 말을 들은 희부기가 한 소반의 음식을 보내면서 밥 속에 구슬을 넣으니, 公子가 그 밥만 받고 구슬은 돌려보냈다.

字義 駢 : 서로 연결될, 연이어 있을 변 脅 : 갈빗대 협 裸 : 벌거벗을 라 浴 : 목욕할 욕
薄 : 접근할 박 首 : 먼저 수 盍 : 어찌 아니할 합 蚤 : 일찍 조 饋 : 음식 보낼 궤
盤 : 소반 반 飧 : 저녁밥 손

及宋하니 宋襄公贈之以馬二十乘하다 及鄭하니 鄭文公亦不禮焉이어늘 叔詹諫曰 臣聞天之所啓는 人弗及也라하니이다 晉公子有三焉하니 天其或者將建諸인저 君其禮焉하소서 男女同姓이면 其生不蕃어어늘 晉公子는 姬出也로대 而至于今하니 一也요 離外之患이로대 而天不靖晉國하야 殆將啓之하니 二也요 有三士足以上人而從之하니 三也니이다 晉鄭同儕니 其過子弟라도 固將禮焉이온 況天之所啓乎잇가 弗聽하다

宋나라에 이르니 宋 襄公이 그에게 말 20乘을 보내주었다. 鄭나라에 이르니 鄭 文公이 또한 예우하지 않자, 叔詹이 간하였다.

"臣이 들으니 하늘이 돕는(啓) 자는 보통사람이 미칠 수 없다고 합니다. 晉나라 公子에게는 〈보통사람이 미칠 수 없는 점이〉 세 가지 있으니, 하늘이 어쩌면 그를 세우려는 듯합니다. 임금께서는 그를 예우하십시오.

남녀가 同姓이면 그 사이에서 낳은 자녀가 昌盛하지 못하는데, 진나라 공자는 姬氏의 소생인데도 지금까지 이르렀으니 첫 번째이고, 외국으로 流離하는 우환을 만났는데도 천하가 晉나라를 안정시키지 않아서 장차 그를 도울 듯하니 두 번째이고, 세 사람(狐偃 · 趙衰 · 賈佗)은 남의 윗사람이 되기에 충분한 재주가 있는데 공자를 따르고 있으니 세 번째입니다. 晉 · 鄭나라는 대등한 나라이니, 진나라의 子弟로서 우리 정나라를 지나더라도 실로 예우를 해주어야 하는데 하물며 하늘이 돕는 사람이겠습니까."

그러나 문공이 따르지 않았다.

字義 啓 : 도울 계 蕃 : 번성할, 우거질 번 離 : 떠날 리 靖 : 안정할, 편안할 정 儕 : 대등할 제

宋나라에 이르니 宋 襄公이 말 20乘을 보내주다〔及宋宋襄公贈之以馬二十乘〕

鄭나라에 이르니 鄭 文公이 또한 예우하지 않다〔及鄭鄭文公亦不禮焉〕

及楚하니 楚子饗之曰 公子若反晉國이면 則何以報不穀고 對曰 子女[77]玉帛은 則君有之하고 羽毛齒革은 則君地生焉이라 其波及晉國者는 君之餘也니 其何以報君이리잇가 曰 雖然이나 何以報我오 對曰 若以君之靈으로 得反晉國이면 晉楚治兵하야 遇於中原이면 其辟(피)君三舍하리이다 若不獲命이면 其左執鞭弭(미)하고 右屬(촉)櫜鞬(고건)하야 以與君周旋하리이다

楚나라에 이르니 楚子가 연회를 베풀어 대접하며 말하였다. "公子가 만약 晉나라로 돌아가게 된다면 무엇으로써 내〔不穀〕게 보답하겠소?" 重耳가 대답하였다. "남녀 노예와 옥·비단은 임금

---

77 子女 : 朱買臣은 '妃妾'이라고 하였으나, 〈楊注〉에서 '남녀 노예를 가리킨다.'라고 말한 것에 의거하여 번역하였다.

楚나라에 이르니 楚子가 연회를 베풀어 대접하다(及楚楚子饗之)

께서 갖고 계시고, 새와 짐승의 털 · 상아 · 가죽은 임금의 땅에서 생산되는 것입니다. 〈이것들은 모두 초나라에서 생산되는 것들로〉 진나라까지 흘러들어온 것들은 임금께서 쓰시고 남은 것들이니, 무엇으로 임금께 보답할 수 있겠습니까."

초자가 말하였다. "비록 그렇지만 무엇으로써 내게 보답하겠소?" 중이가 대답하였다. "만약 임금의 도움(靈)으로 진나라에 돌아가게 된다면, 진나라와 초나라가 군대를 거느려 中原에서 만났을 때 임금을 피해 3舍(90里)를 물러나겠습니다. 〈그러나 이렇게 했는데도 전쟁을 그만두자는 임금의〉 명을 받지 못하면 왼손으로 채찍과 활(弭)을 잡고 오른손으로 활집(櫜)과 화살통(鞬)을 차고 임금과 한번 겨루어보겠습니다."

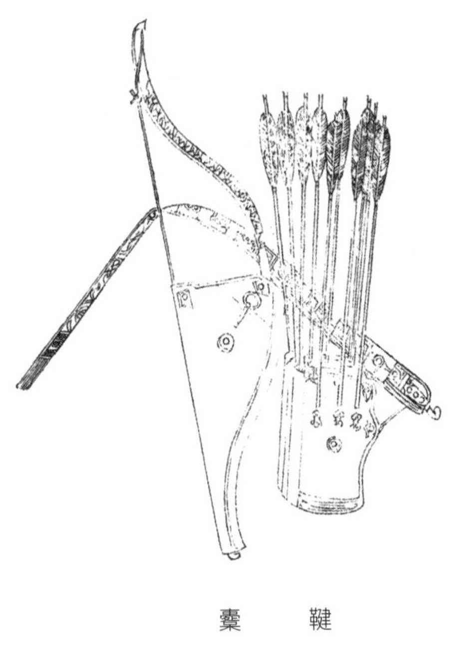

櫜 鞬

字義 靈 : 도울 령 舍 : 30里 사 辟 : 피할 피 弭 : 활 미 櫜 : 활집 고 鞬 : 화살통 건

子玉請殺之한대 楚子曰 晉公子廣而儉하고 文而有禮하며 其從者肅而寬하고 忠而能力이어늘 晉侯無親하야 外內惡(오)之하니라 吾聞姬姓은 唐叔之後라 其後衰者也라하니 其將由晉公子乎인저 天將興之하니 誰能廢之리오 違天이면 必有大咎라하고 乃送諸秦하다

子玉(成得臣)이 楚子에게 重耳를 죽이자고 청하자, 초자가 말하였다.

"晉나라 공자(중이)는 뜻이 넓고 몸이 검소하며 文華하면서도 예의가 있고, 그를 따르는 자들은 엄숙하면서도 너그럽고 충성스러우며 부지런히 힘쓰는데, 晉侯는 가까운 사람이 없어서 안팎으로 모두 그를 미워한다. 내 들으니 姬姓의 제후들 중 唐叔의 후손이 가장 늦게 쇠락한다고 하였는데, 아마도 진나라 공자가 부흥시키기 때문인 듯하다. 하늘이 장차 그를 일으키려 하니 누가 그만두게 할 수 있겠는가. 하늘의 뜻을 어기면 반드시 큰 재앙이 있을 것이다."

그러고는 마침내 중이를 秦나라로 보내주었다.

字義 廣 : 넓을 광 儉 : 검소할 검 文 : 文華할 문 肅 : 엄숙할 숙 衰 : 쇠할 쇠 違 : 어길 위

秦伯納女五人한대 懷嬴與焉이라 奉匜(이)沃盥(관)이러니 旣而揮之한대 怒曰 秦晉匹也어늘 何以卑我오 公子懼하야 降服而囚하다 他日에 公享之할새 子犯曰 吾不如衰(최)之文也니 請使衰從하소서 公子賦河水한대 公賦六月[78]하다 趙衰曰 重耳拜賜[79]하소서 公子降拜稽首하니 公降一級而辭焉하다 衰曰 君稱所以佐天子者命重耳니 重耳敢不拜아

秦伯이 重耳에게 다섯 명의 여인을 보내 〈시중을 들게 하였는데, 그중 子圉(晉 懷公)의 아내였던〉 懷嬴이 포함되어 있었다. 어느 날 회영이 주전자〔匜〕를 잡고 〈중이의 손에〉 물을 부어 세수하게 하였는데, 중이가 세수를 마치고 물을 털어 회영에게 뿌리니, 회영이 성을 내며 말하였다. "秦나라와 晉나라는 대등한 나라인데 어째서 나를 천대하십니까!" 公子가 두려워 상의를 벗고 죄인처럼 사죄하였다.

匜

다른 날 秦 穆公이 중이에게 연회를 베풀 때, 子犯이 말하였다. "저는 趙衰의 말솜씨만 못하니, 청컨대 조최를 수행케 하십시오." 〈연회가 진행될 때〉 공자가 〈河水〉를 읊자, 목공은 《詩經》〈小雅 六月〉을 읊었다. 그러자 조최가 말하였다. "중이는 拜賜하십시오."라고 하였다.

공자가 堂 아래로 내려가 절하고 머리를 조아리니 목공이 한 계단을 내려가 사양하였다. 조최가 말하였다. "임금께서 천자를 보좌하는 일로 중이에게 명하시니, 중이가 감히 절하지 않을 수 있겠습니까."

字義 匜 : 주전자 이 沃 : 물 댈 옥 盥 : 대야 관 揮 : 뿌릴 휘 匹 : 필적할, 대등할 필 佐 : 도울 좌

78 公子賦河水 公賦六月 : 〈河水〉는 逸詩이니, 河水가 바다로 흘러 들어간다는 뜻을 취하여 秦나라를 바다에 비유한 것이다. 〈六月〉은 《詩經》〈小雅〉의 篇名이다. 尹吉甫가 周 宣王을 도와 征伐한 일을 讚揚한 詩인데, 公子가 晉나라로 돌아가 임금이 되면 반드시 王國을 바로잡을 것이라는 뜻을 비유한 것이다.(杜注)

79 拜賜 : 내려준 것(命)에 대한 감사의 뜻을 전하는 것이다.(杜注)

秦伯이 重耳에게 다섯 명의 여인을 보내 시중들게 하다〔秦伯納女五人〕

二十四年이라 春王正月에 秦伯納之하다 不書는 不告入也일새라 及河하야 子犯以璧授公子曰 臣負羈紲(기설)從君巡於天下에 臣之罪甚多矣니이다 臣猶知之온 而況君乎잇가 請由此亡하노이다 公子曰 所不與舅氏同心者면 有如白水라하고 投其璧于河하다 濟河하야 圍令狐하고 入桑泉하야 取臼衰(최)하다 二月甲午에 晉師軍于廬柳러니 秦伯使公子縶(집)如晉師하니 師退하야 軍于郇(순)하다 辛丑에 狐偃及秦晉之大夫盟于郇하다 壬寅에 公子入于晉師하다 丙午에 入于曲沃하야 丁未에 朝于武宮하고 戊申에 使殺懷公于高梁하다 不書는 亦不告也일새라

24년이다. 봄 周王 正月에 秦伯이 重耳를 晉나라에 들여보냈다. 經에 기록하지 않은 것은 晉나라가 입국한 일을 魯나라에 고하지 않았기 때문이다.

〈중이의 무리가〉 黃河에 이르렀을 때 子犯이 璧玉을 公子에 주면서 말하였다. "臣이 굴레와 고삐를 잡고 주군을 따라 천하를 순행할 때 신이 지은 죄가 몹시 많습니다. 신 또한〔猶〕 이것을 알고 있는데 하물며 주군이겠습니까. 청컨대 여기에서 떠나겠습니다." 공자가 말하였다. "내 만약〔所〕 舅氏(外叔)와 마음을 같이하지 않는다면 白水의 神이 증인이 될 것이오." 그러고는 황하에 벽옥을 던져 맹세하였다.

황하를 건너 令狐를 포위하고 桑泉으로 들어가서 臼衰를 취하였다. 2월 갑오일에 晉나라 군대가 廬柳에 주둔하였는데, 秦伯이 公子 縶을 晉나라 군영에 보내니, 晉나라 군대가 후퇴하여 郇에 주둔하였다. 신축일에 狐偃이 秦·晉나라의 大夫와 郇에서 맹약하였다. 임인일에 공자가 晉나라 군영으로 들어갔다. 병오일에 曲沃으로 들어가서 정미일에 武宮(晉 武公의 廟)을 알현하고, 무신일에 高梁으로 사람을 보내 懷公을 죽였다. 〈經에〉 기록하지 않은 것은 또한 노나라에 고하지 않았기 때문이다.

字義 羈 : 굴레 기　紲 : 고삐 설　猶 : 또한 유　所 : 만약 소

중이의 무리가 黃河에 이르다〔及河〕

중이의 무리가 黃河를 건너가다〔濟河〕

呂郤畏偪하야 將焚公宮而弑晉侯하다 寺(시)人披請見(현)한대 公使讓之하고 且辭焉曰 蒲城之役에 君命一宿이어늘 女卽至하고 其後에 余從狄君以田渭濱에 女爲惠公하야 來求殺余할새 命女三宿이어늘 女中宿至하니 雖有君命이나 何其速也오 夫祛猶在하니 女其行乎인저 對曰 臣謂君之入也에 其知之矣러니 若猶未也인댄 又將及難하리이다 君命無貳古之制也니이다 除君之惡엔 唯力是視니 蒲人狄人이 余何有焉이리잇가 今君卽位하시니 其無蒲狄乎잇가 齊桓公置射(석)鉤하고 而使管仲相하니 君若易之시면 何辱命焉이리잇가 行者甚衆하리니 豈唯刑臣이리오 公見之한대 以難告하다 三月에 晉侯潛會秦伯于王城이러니 己丑晦에 公宮火하다 瑕甥郤芮不獲公하야 乃如河上이어늘 秦伯誘而殺之하다 晉侯逆夫人嬴氏以歸할새 秦伯送衛於晉三千人하니 實紀綱之僕이러라

〈晉 惠公의 舊臣인〉 呂甥·郤芮가 文公에게 핍박을 받을까 두려워 公宮에 불을 지르고 晉侯를 시해하려 하였다. 寺人 披가 〈이 사실을 고하고자 문공에게〉 뵙기를 청하자, 문공이 사

람을 보내 그를 꾸짖고 만나지 않겠다며 사절하고는 말하였다.

"蒲城의 전쟁에서 임금(晉 獻公)께서 하루 뒤에 가라고 명하였는데 너는 그날로 즉시 왔고, 그 뒤에 내가 狄君과 渭水 가에서 사냥을 할 적에 너는 혜공을 위해 그곳에 와서 나를 죽이려 하면서 혜공이 네게 사흘 뒤에 가라고 명하셨는데 너는 이틀 만에 이르렀다. 비록 임금의 명이 있었다고 하나 어찌 그리도 빨리 왔느냐. 그때 네가 자른 옷소매가 아직도 있으니 너는 떠나라."

披가 대답하였다. "臣은 임금께서 들어와 임금이 되셨을 때 道理를 아실 것이라 생각했는데, 만약 아직 모르신다면 또한 장차 난리가 이를 것입니다. 임금의 명을 수행하는 자는 두 마음을 품지 않는 것이 옛날의 제도입니다. 임금에게 해악이 되는 대상을 제거할 때는 오직 〈이를 수행하는 자신의〉 힘만을 볼 뿐이니 蒲人이니 狄人이니 하는 것을 어찌 마음에 두겠습니까. 지금 임금께서 즉위하셨으니 어찌〔其〕 蒲人·狄人이 될 자들이 없겠습니까.

齊 桓公은 띠고리를 쏘아 맞힌 원한을 버리고 管仲을 丞相으로 삼았으니, 임금께서 만약 환공의 행동과 반대로 하시겠다면 어찌 수고롭게 떠나라는 욕된 명을 내리실 때까지 기다리겠습니까. 떠나는 사람이 몹시 많아질 것이니 어찌 刑臣(披)뿐이겠습니까."

문공이 그를 접견하자 〈시인 피가 여생·극예가 꾸미는〉 난리를 고하였다. 3월에 晉侯가 秦伯과 王城에서 은밀히 회합하였는데, 기축일 그믐날에 公宮에 불이 났다. 〈문공이 난리를 피해 있던 까닭에〉 瑕甥(呂甥)·극예가 문공을 잡지 못하고 이내 황하 가로 갔는데, 秦伯이 그들을 유인해 죽였다. 晉侯가 夫人 嬴氏(懷嬴)를 아내로 맞이하여 데리고 올 때, 秦伯이 秦나라에서 호위병 3천 명을 보내주었으니 실로 紀綱이 잡힌 노복들이었다.

字義 偪 : 핍박할, 위협할 핍　焚 : 불사를 분　讓 : 꾸짖을 양　辭 : 사양할 사　役 : 전쟁 역
田 : 사냥할 전　袪 : 소매 거　射 : 쏠 사　鉤 : 혁대 갈구리 구　紀 : 벼리 기　綱 : 벼리 강
僕 : 종 복

初에 晉侯之豎(수)頭須는 守藏者也라 其出也에 竊藏以逃하야 盡用以求納之하다 及入하야 求見(현)한대 公辭焉以沐하니 謂僕人曰 沐則心覆하고 心覆則圖反하니 宜吾不得見也라 居者爲社稷之守하고 行者爲羈紲之僕이 其亦可也어늘 何必罪居者오 國君而讐匹夫면 懼者甚衆矣리라 僕人以告한대 公遽見之하다

당초에 晉侯(晉 文公)의 豎(小吏)였던 頭須는 창고를 지키는 자였다. 문공이 晉나라를 떠나 유랑할 때 창고의 재물을 훔쳐 도망하여 그 재물을 다 쓰면서 문공을 晉나라에 들여보내줄 것을 요청하였다. 〈이후 문공이 晉나라에〉 들어왔을 때 미쳐 두수가 뵙기를 청하자 문공이 머리를 감는다는 핑계로 거절하니, 두수가 僕人에게 말하였다.

“머리를 감으면 심장이 뒤집어지고 심장이 뒤집어지면 생각이 전도되니, 내가 뵙지 못하는 것이 당연하다. 국내에 남아 있던 자들이 임금을 위해 社稷을 지키고, 국외로 수행한 사람들이 임금을 위해 굴레와 고삐를 잡는 일을 한 것은 저마다 또한 각자의 일을 한 것인데 어찌 반드시 국내에 있던 사람만 죄를 씌우는가. 임금으로서 필부를 원수로 대한다면 두려워하는 사람이 매우 많을 것이다.”

복인이 이 말을 고하자 문공이 서둘러 그를 접견하였다.

字義 豎 : 지위가 낮은 벼슬아치 수 藏 : 창고, 곳집 장 竊 : 훔칠 절 逃 : 달아날 도
沐 : 머리감을 목 覆 : 뒤집어질 복 反 : 뒤집을 반

狄人歸季隗于晉하며 而請其二子하다 文公妻趙衰(최)하야 生原同屛括樓嬰하다 趙姬請逆盾(돈)與其母하니 子餘辭하다 姬曰 得寵而忘舊면 何以使人이릿가 必逆之하소서 固請한대 許之하다 來에 以盾爲才라하야 固請于公하야 以爲嫡子하고 而使其三子下之하고 以叔隗爲內子하고 而己下之하다

狄人이 〈晉 文公의 부인〉 季隗를 晉나라로 보내며, 그녀가 낳은 두 아들(伯儵 · 叔劉)의 거취를 정해줄 것을 청하였다. 문공이 자기의 딸을 趙衰에게 시집보내어 그녀가 原同 · 屛括 · 樓嬰을 낳았다. 趙姬(조최의 아내)가 趙盾(조최의 아들)과 그의 어미(叔隗)를 狄에서 맞이해오도록 청하니 子餘(조최)가 거절하였다. 그러자 조희가 말하였다. “총애하는 사람을 새로 얻었다 하여 옛 사람을 잊는다면 어찌 사람을 부릴 수 있겠습니까. 반드시 맞이하십시오.” 굳이 요청하니, 조최가 허락하였다.

〈그들이 晉나라로〉 오자 조희는 조돈이 재주가 있다고 여겨 문공에게 굳이 청하여 嫡子로 삼고, 자신이 낳은 세 아들을 조돈의 아래에 있게 하였으며, 숙외를 內子(嫡妻)로 삼고 자신이 그 아래가 되었다.

字義 逆 : 맞이할 역

晉侯賞從亡者할새 介之推不言祿하니 祿亦不及하다 推曰 獻公之子九人에 唯君在矣라 惠懷無親하야 外內棄之어늘 天未絶晉은 必將有主니 主晉祀者는 非君而誰오 天實置之어늘 而二三子以爲己力하니 不亦誣乎아 竊人之財도 猶謂之盜온 況貪天之功하야 以爲己力乎아 下義其罪하고 上賞其姦하야 上下相蒙하니 難與處矣로다 其母曰 盍亦求之오 以死誰懟오 對曰 尤而效之면 罪又甚焉이요 且出怨言하니 不食其食이니이다 其母曰 亦使知之若何오 對曰 言은 身之文也니 身將隱이어늘 焉用文之리잇가 是求顯也니이다 其母

曰 能如是乎아 與女偕隱하리라하고 遂隱而死하다 晉侯求之不獲하야 以緜(면)上爲之田曰 以志吾過하고 且旌善人하노라

晉侯가 자신을 따라 망명했던 사람들을 포상할 때 介之推가 祿位를 구하지 않았고, 녹위 또한 그에게 이르지 않았다. 그러자 개자추가 말하였다. "晉 獻公의 아들 9명 중에 오직 임금만이 살아 계신다. 惠公·懷公은 친근한 사람이 없어서 안팎으로 모두가 그들을 버렸는데, 하늘이 晉나라의 명을 끊어내지 않은 것은 반드시 장차 나라를 主宰할 사람이 있게 하려는 것이니, 진나라의 제사를 주재할 사람이 임금이 아니면 누구이겠는가. 하늘이 실로 임금을 세운 것인데 몇몇 사람들이 자신들의 功이라고 하니 또한 속이는 것이 아닌가. 남의 재물을 훔치는 것도 오히려 도둑이라고 하는데 하물며 하늘의 공로를 탐하여 자신의 공로로 삼는 것이겠는가. 아랫사람은 그 지은 죄를 의롭게 여기고, 윗사람은 그들의 간악한 행위를 포상하여 위아래가 서로를 속이니 그들과 함께 살기 어렵겠다."

그의 어머니가 말하였다. "어째서 너 또한 포상을 구하지 않느냐. 이렇게 죽는다면 누구를 원망하겠느냐." 개지추가 말하였다. "〈저들의 행위가〉 잘못임을 알면서 본받는다면 죄가 더욱 심하게 되며, 게다가 이미 원망하는 말을 꺼냈으니 그의 祿을 먹지 않겠습니다." 어머니가 말하였다. "〈임금에게 너의 일을〉 알리는 것은 또 어떠하냐?" 개지추가 대답하였다. "말은 몸을 꾸미는 것이니, 몸을 장차 숨기려 하면서 어찌 꾸미겠습니까. 〈만약 꾸미려 하면〉 이는 현달하기를 바라는 것입니다." 어머니가 말하였다. "이와 같이 할 수 있겠느냐. 그렇다면 내가 너와 함께 은거하겠다." 마침내 은둔하여 살다가 죽었다.

진후가 뒤늦게 개지추를 찾았으나 찾지 못하여 緜上을 그의 封田으로 삼고 말하였다. "이로써 나의 잘못을 기억하고, 또 훌륭한 사람을 旌閭하노라."

字義 賞 : 상줄 상　主 : 주관할 주　誣 : 속일 무　蒙 : 속일, 기만할 몽　尤 : 허물 우
文 : 꾸밀 문　隱 : 숨을 은　顯 : 드러낼, 현달할 현　偕 : 함께 해　旌 : 표창할 정

〈25년, 丙戌(B.C. 635)〉

【經】 二十有五年이라 春王正月丙午에 衛侯燬(훼)滅邢하다

25년이다. 봄 周王 正月 병오일에 衛侯 燬가 邢나라를 멸하였다.

【傳】衛人將伐邢한대 禮至曰 不得其守면 國不可得也니 我請昆弟仕焉호리라하고 乃往得仕하다

衛人이 邢나라를 토벌하려 하자, 〈衛나라 大夫〉 禮至가 말하였다. "守(邢나라의 正卿인 國子)를 잡지 못하면 나라를 얻을 수 없으니, 청컨대 우리 형제가 그곳에 가서 벼슬을 하겠습니다." 그러고는 마침내 형나라에 가서 벼슬을 하였다.

字義 昆 : 형, 맏이 곤

二十五年이라 春에 衛人伐邢하니 二禮從國子巡城이라가 掖以赴外하야 殺之하다 正月丙午에 衛侯燬滅邢이라하니 同姓也라 故名하다 禮至爲銘曰 余掖殺國子하니 莫余敢止로다

25년이다. 봄에 衛人이 邢나라를 토벌하니, 두 禮氏(禮至의 형제)가 國子를 따라 성을 순찰하다가 그의 팔을 양쪽에서 붙잡고 성 밖으로 데리고 나와 살해하였다. 經에 '正月 병오일에 衛侯 燬가 邢나라를 멸하였다.'라고 기록한 것은 衛 · 邢 두 나라가 同姓(姬姓)이었기 때문에 위후의 이름을 명시한 것이다. 禮至가 다음과 같이 銘文을 새겼다.

"내가 국자를 데리고 나와 죽이니, 아무도 나를 감히 막지 못하는구나."

字義 巡 : 순시할 순 掖 : 낄 액 赴 : 나아갈 부 銘 : 새길 명

【經】夏四月이라

여름 4월이다.

【傳】秦伯師于河上하야 將納王이러니 狐偃言於晉侯曰 求諸侯는 莫如勤王이니 諸侯信之요 且大義也니이다 繼文之業하야 而信宣於諸侯인댄 今爲可矣니이다 使卜偃卜之한대 曰 吉하니 遇黃帝戰于阪泉之兆니이다 公曰 吾不堪也로라 對曰 周禮未改하니 今之王은 古之帝也니이다 公曰 筮之하라 筮之하야 遇大有䷍之睽䷥[80]하다 曰 吉하리이다 遇公用享于天子之卦하니 戰克而王饗이면 吉孰大焉이리오 且是卦也는 天爲澤以當日하니 天子降

80 遇大有䷍之睽䷥ : 乾卦(☰)가 아래에 있고 離卦(☲)가 위에 있는 것이 大有卦(䷍)이고, 兌卦(☱)가 아래에 있고 離卦(☲)가 위에 있는 것이 睽卦(䷥)이다. 大有卦의 九三爻(아래에서 세 번째 위치한 陽爻)가 변하여 睽卦가 된 것이다.(杜注)

心以逆公이니이다 不亦可乎잇가 大有去睽而復하니 亦其所也니이다 晉侯辭秦師而下하야 三月甲辰에 次于陽樊하야 右師圍溫하고 左師逆王하다

秦伯(秦 文公)이 군대를 黃河 가에 주둔시켜서 天王(周 襄王)을 京師로 들여보내려 하였는데, 狐偃이 晉侯에게 말하였다. "제후들에게 盟主로 추대되려면 천자의 일에 힘쓰는 것만 한 것이 없으니, 그리되면 제후들이 신임할 것이고 또한 대의에 맞습니다. 晉 文侯의 功業을 계승하여 제후들에게 信義를 선양하려면 지금이 좋습니다."

文公이 卜偃에게 거북점을 쳐보게 하자, 복언이 말하였다. "길합니다. 黃帝가 阪泉에서 싸울 때의 징조를 얻었습니다." 문공이 말하였다. "〈黃帝의 징조라면〉 내가 감당할 수 없다." 복언이 대답하였다. "周나라의 예가 아직 바뀌지 않았으니, 지금의 王은 옛날의 帝입니다." 문공이 말하였다. "시초점을 쳐보라." 복언이 시초점을 치니 大有卦가 睽卦로 변하는 괘를 얻었다. 복언이 말하였다.

"길합니다. 公이 天子에게 대접을 받는 卦를 얻었으니, 전쟁에서 승리하고 왕의 대접을 받는다면 이보다 길한 점괘가 어디 있겠습니까. 게다가 이 괘는 하늘이 못이 되어 햇볕을 받고 있으니, 천자가 마음을 낮추어 공을 맞이하는 象입니다. 또한 좋지 않겠습니까. 大有卦䷍가 睽卦䷥로 변하였다가 다시 회복하니 또한 마땅히 있을 곳을 얻는 것입니다."

晉侯가 秦나라 군대를 사양하여 〈돌려보내고 물길을 따라〉 내려가서 3월 갑진일에 陽樊에 주둔하여, 右軍은 〈太叔이 있던〉 溫을 포위하고 左軍는 양왕을 맞아들였다.

字義 繼 : 이을 계 宣 : 베풀, 펼 선 卜 : 거북점 칠 복 遇 : 얻을 우 兆 : 조짐, 징조 조
筮 : 시초점 칠 서 克 : 이길 극 所 : 마땅할, 적절할 소

夏四月丁巳에 王入于王城하야 取大(태)叔于溫하야 殺之于隰城하다 戊午에 晉侯朝王하니 王饗醴하고 命之宥하다 請隧[81]어늘 弗許曰 王章也니 未有代德而有二王은 亦叔父之所惡(오)也라 與之陽樊溫原欑(찬)茅之田하니 晉於是에 始啓南陽하다 陽樊不服이어늘 圍之한대 倉葛呼曰 德以柔中國하고 刑以威四夷하나니 宜吾不敢服也라 此誰非王之親姻이리오 其俘之也오하야늘 乃出其民하다

여름 4월 정사일에 天王이 王城으로 들어가 溫에서 太叔을 잡아 隰城에서 죽였다. 무오일에 晉侯가 왕을 朝見하니 왕이 단술을 대접하고 그에게 술을 따를 것〔宥〕을 명하였다. 〈문공

81 隧 : 땅을 파서 통로를 만드는 것을 '隧'라 하니, 王의 葬禮 禮式이다. 諸侯는 모두 靈柩를 밧줄로 매달아 下棺한다.(杜注)

이 이를 사양하고 천왕의 장례 예식인〉 隧를 사용할 수 있도록 청하자 왕이 허락하지 않으며 말하였다.

"隧는 王의 典章(制度)이다. 아직 周나라의 德을 대신할 사람이 있지 않은데 〈그대가 隧를 행하여 천하에〉 두 왕이 있게 되는 것은 叔父(晉 文公)도 미워하는 바일 것이다."

그러고는 陽樊 · 溫 · 原 · 欑茅 등의 땅을 주니, 晉나라가 이때부터 비로소 南陽으로 영토를 확장하였다. 양번 사람들이 복종하지 않자 그곳을 포위하였는데 양번 사람 倉葛이 소리쳐 말하였다. "덕으로 中國(諸夏)을 회유하고 형벌로 四夷에게 위엄을 드러내는 것인데, 〈지금 그대가 우리를 병력으로 위협하니〉 우리가 복종하지 않는 것이 당연하다. 이곳 사람들 중 누군들 왕의 친척이 아닌 자가 있는가. 어찌 포로로 잡으려 하는가?"

그러자 晉侯가 〈그 땅만 취하고〉 백성들을 다른 곳으로 축출하였다.

字義 宥 : 도울 유 隧 : 天王의 장례 예식(땅에 굴을 파서 통로를 만드는 것) 수
章 : 제도, 典章 장 啓 : 개척할 계 誰 : 누구 수 姻 : 인척 인 俘 : 포로 부

【經】癸酉에 衛侯燬卒하다

계유일에 衛侯 燬(衛 文公)가 卒하였다.

【經】宋蕩伯姬來逆婦하다

宋나라 蕩伯姬가 와서 며느리를 맞이하였다.

【經】宋殺其大夫하다

宋나라가 그 大夫를 죽였다.

【經】秋에 楚人圍陳하야 納頓子于頓하다

가을에 楚人이 陳나라를 포위하여 頓子를 頓나라로 들여보냈다.

【傳】秋에 秦晉伐鄀(약)하니 楚鬪克屈禦寇以申息之師戍商密하다 秦人過析하야 隈(외)入而係輿人하야 以圍商密하고 昏而傅焉하야 宵에 坎(감)血加書하고 僞與子儀子邊盟者하니 商密人懼曰 秦取析矣라 戍人反矣라하고 乃降(항)秦師하니 秦師囚申公子儀息公子邊以歸하다 楚令尹子玉追秦師나 弗及하다 遂圍陳하야 納頓子于頓하다

가을에 秦·晉나라가 鄀나라를 토벌하니, 楚나라 鬪克·屈禦寇가 申·息나라의 군대를 거느리고 〈析에 주둔하여 약나라의 別邑인〉 商密을 지켰다. 秦人이 析을 통과하여 물굽이를 따라 들어가 많은 사람〔輿人〕을 결박하여 〈초나라 포로를 잡은 것처럼 위장하여〉 상밀을 포위하고, 날이 저물자 성으로 다가갔다〔傅〕. 밤에 땅을 파서 구덩이를 만들고 희생을 잡아 그 피로 맹약하는 글을 써서 올려두고 子儀·子邊과 맹약하는 것처럼 위장하니, 商密 사람들이 두려워하며 말하였다.

"秦나라가 析을 취했구나. 〈후방에서 우리를〉 지키던 사람들이 배반하였다."

마침내 秦나라 군대에 투항하니, 秦나라 군대가 申公 子儀와 息公 子邊을 잡아 가두어 데리고 돌아갔다. 초나라 令尹 子玉이 秦나라 군대를 추격하였으나 따라잡지 못하였다. 마침내 陳나라를 포위하여 頓子를 頓나라로 들여보냈다.

字義 隈 : 물굽이 외 輿 : 많을 여 傅 : 붙을, 밀착할 부 宵 : 밤 소 坎 : 구덩이 감
僞 : 거짓 위

【經】葬衛文公하다

衛 文公을 장사 지냈다.

【經】冬이라

겨울이다.

【傳】〔冬〕[82]晉侯圍原할새 命三日之糧이러니 原不降(항)이어늘 命去之하다 諜出曰 原將降(항)矣라하니 軍吏曰 請待之하소서 公曰 信은 國之寶也요 民之所庇也니 得原失信이면 何以庇之리오 所亡滋多라하고 退一舍而原降하니 遷原伯貫于冀하다 趙衰(최)爲原大

82 〔冬〕: 저본에는 '冬'이 없으나, 《春秋經傳集解》에 의거하여 보충하였다.

夫하고 狐溱爲溫大夫하다 晉侯問原守於寺(시)人勃鞮(발제)한대 對日 昔趙衰以壺飧從徑에 餒而弗食하니이다 故使處原하다

겨울에 晉侯가 原을 포위할 때 사흘 치 식량만 가지고 가도록 명하였는데, 原나라가 항복하지 않자 되돌아갈 것을 명하였다. 원나라에 잠입했던 첩자가 원나라를 빠져나와 말하였다. "원나라가 항복하려 합니다." 軍吏가 말하였다. "청컨대 기다리십시오." 文公이 말하였다. "信義는 나라의 보배이고 백성들이 비호받는 것이니, 원나라를 얻고 신의를 잃으면 무엇으로 백성을 비호하겠는가. 잃는 것이 더욱 많을 것이다." 그러고는 1舍(30리)를 물러나니 원나라가 항복하였다.

〈晉侯가 원나라를 지키던 周나라 大夫인〉 原伯 貫을 冀로 옮겼다. 趙衰를 原大夫로 삼고 狐溱을 溫大夫로 삼았다. 晉侯가 寺人 勃鞮(披)에게 原나라 太守에 임명할 사람을 묻자, 발제가 대답하였다. "지난날 趙衰가 병에 담은 밥〔壺飧〕을 가지고 임금을 따라다닐 때 아무리 굶주려도 그것을 먹지 않았습니다." 그러므로 그를 〈원대부로 삼아〉 原에 거처하게 하였다.

字義 糧 : 양식 량 庇 : 덮을 비 滋 : 더욱 자 壺 : 병 호

【經】十有二月癸亥에 公會衛子莒慶하야 盟于洮하다

12월 계해일에 僖公이 衛子 · 莒慶과 회합하여 洮에서 맹약하였다.

【傳】衛人平莒于我하다 十二月에 盟于洮하니 修衛文公之好요 且及莒平也라

衛人(衛 成公)이 莒나라를 우리 魯나라와 화평하도록 주선하였다. 12월에 洮에서 맹약하였으니, 이는 衛 文公이 수선하려던 友好를 다시 회복하고 또 거나라와 화평하기 위함이었다.

〈26년, 丁亥(B.C. 634)〉

【經】二十有六年이라 春王正月己未에 公會莒子衛甯速하야 盟于向(상)하다

26년이다. 봄 周王 正月 기미일에 僖公이 莒子 · 衛나라 甯速(甯莊子)과 회합하여 向에서 맹약하였다.

【傳】二十六年이라 春王正月에 公會莒玆丕[83]公甯莊子하야 盟于向하니 尋洮之盟也러라

26년이다. 봄 周王 正月에 僖公이 莒나라 玆丕公·〈衛나라〉 甯莊子와 회합하여 向에서 맹약하였으니, 洮에서의 맹약을 거듭 다진 것이다.

字義 尋 : 거듭할, 반복할 심

【經】齊人侵我西鄙하니 公追齊師하야 至酅(휴)나 弗及하다

齊人이 우리 魯나라의 서쪽 변방을 침공하니, 僖公이 齊나라 군대를 추격하여 〈齊나라 땅인〉 酅까지 갔으나 따라잡지 못하였다.

【傳】齊師侵我西鄙하니 討是二盟也라

齊나라 군대가 우리나라의 서쪽 변방을 침공하니, 〈우리나라가 衛·莒〉 두 나라와 회맹한 것을 징벌하기 위함이었다.

【經】夏에 齊人伐我北鄙하다

여름에 齊人이 우리나라의 북쪽 변방을 토벌하였다.

【傳】夏에 齊孝公伐我北鄙어늘 衛人伐齊하니 洮之盟故也라 公使展喜犒師할새 使受命于展禽하다 齊侯未入竟에 展喜從之하야 曰 寡君聞君親擧玉趾하야 將辱於敝邑하고 使下臣犒執事하니이다 齊侯曰 魯人恐乎아 對曰 小人恐矣어니와 君子則否니이다 齊侯曰 室如縣罄하고 野無靑草어늘 何恃而不恐고 對曰 恃先王之命이니이다 昔周公大(태)公股肱周室하야 夾輔成王하니 成王勞之하사 而賜之盟曰 世世子孫이 無相害也라하야 載在盟府하야 大(태)師職之하니이다 桓公是以糾合諸侯하야 而謀其不協하고 彌縫其闕하야 而匡救其災하니 昭舊職也니이다 及君卽位하야 諸侯之望曰 其率桓之功이라하고 我敝邑用

83 玆丕 : 玆丕는 당시 莒나라 군주의 號이다. 거나라는 오랑캐여서 諡가 없었으므로 호를 호칭으로 삼았다.(杜注)

不敢保聚하야 曰 豈其嗣世九年에 而棄命廢職이리오 其若先君何오 君必不然이리라하야 恃此以不恐이니이다 齊侯乃還하다

여름에 齊 孝公이 우리나라의 북쪽 변방을 토벌하자 衛人이 〈魯나라를 구원하기 위해〉 齊나라를 토벌하였으니, 이는 洮에서 맹약했기 때문이다. 僖公이 展喜를 보내 齊나라 군중에 가서 犒饋하려 할 때 展禽(柳下惠)에게 가르침〔命〕을 받게 하였다. 齊侯가 아직 境內로 들어오지 않았는데 전희가 齊侯를 찾아가 말하였다. "우리 임금께서 君主께서 친히 귀한 발걸음〔玉趾〕을 옮겨 우리나라에 오려 하신다는 소식을 듣고 下臣을 보내 執事를 호궤하게 하셨습니다." 제후가 말하였다. "魯나라 사람들이 두려워하는가?" 전희가 대답하였다. "小人은 두려워하지만, 君子는 그렇지 않습니다." 제후가 말하였다. "집은 경쇠를 달아놓은 것마냥 텅 비었고, 들에는 푸성귀도 하나 없는데 무엇을 믿고 두려워하지 않는가?" 전희가 대답하였다.

"先王의 命을 믿기 때문입니다. 지난날 周公과 太公이 周나라 왕실의 股肱이 되어 成王을 양쪽에서 보필하니, 성왕이 그들을 위로하여 맹약을 하도록 명하시며 '대대로 자손들이 서로 해치지 말라.'고 하셔서 그 맹약한 문서가 盟府에 보관되어 太師가 관리하고 있습니다. 齊 桓公이 이 때문에 제후들을 규합하여 제후들 간의 불화를 해결할 것을 도모하고, 제후들 간의 벌어진 틈을 봉합하여 災難을 바로잡아 구제하였으니, 이는 옛날 태공의 직분을 밝힌 것입니다.

군주께서 즉위하심에 미쳐 제후들은 기대하며 말하기를 '아마도 환공의 공업을 따를 것이다.'라고 하였고, 우리나라도 이 때문에 감히 성을 지키는 병사를 모으지 않고 말하기를 '어찌 대를 이어 즉위한 지 9년 만에 선왕(成王)의 명을 저버리고 직분을 폐기하겠는가. 〈만약 그렇게 한다면〉 선군을 어떻게 대하겠는가. 군주께서는 반드시 그렇게 하지 않을 것이다.'라고 하였습니다. 〈우리나라 군자들은〉 이를 믿고 두려워하지 않는 것입니다."

제후가 마침내 회군하였다.

字義 鄙 : 변경, 변읍 비　犒 : 호궤할(음식과 상품을 내려 군사들을 위로함) 호
命 : 가르침 명　竟 : 경계, 국경 경(=境)　趾 : 발, 자취 지　敝 : 겸사용 접두사 폐
罄 : 경쇠 경　職 : 주관할 직　糾 : 모을 규　彌 : 봉합할, 막을 미　縫 : 꿰맬, 기울 봉
匡 : 구원할, 구제할 광　率 : 따를 솔

【經】 衛人伐齊하다

衛人이 齊나라를 토벌하였다

【經】公子遂如楚乞師하다

公子 遂가 楚나라에 가서 援軍의 파병을 요청하였다.

字義 乞 : 빌, 구할 걸

【傳】東門襄仲臧文仲이 如楚乞師러니 臧孫見子玉而道之伐齊宋하니 以其不臣也라

東門襄仲(公子 遂)·臧文仲이 楚나라에 가서 援軍의 파병을 요청하였다. 臧孫(장문중)이 〈초나라 令尹〉 子玉(成得臣)을 만나 齊·宋나라를 토벌할 것을 권하였으니〔道〕, 〈두 나라가 초나라에〉 신하의 예절을 지키지 않았기 때문이다.

字義 道 : 계도할, 권할 도

【經】秋에 楚人滅夔(기)하고 以夔子歸하다

가을에 楚人이 夔나라를 멸하고서 夔子를 데리고 돌아갔다.

【傳】夔子不祀祝融與鬻(육)熊이어늘 楚人讓之한대 對曰 我先王熊摯有疾에 鬼神弗赦어늘 而自竄于夔[84]하니 吾是以失楚어늘 又何祀焉이리오 秋에 楚成得臣鬬宜申이 帥(솔)師滅夔하고 以夔子歸하다

〈楚나라의 別封인〉 夔子가 祝融과 鬻熊의 제사를 지내지 않자 楚人이 이를 꾸짖었는데, 기자가 대답하였다. "우리 先王인 熊摯가 병이 났을 때 鬼神이 용서하지 않기에 스스로 夔나라로 가셨으니, 우리가 이 때문에 초나라를 잃었는데 또 어찌 제사를 지내겠습니까?"

가을에 초나라 成得臣(子玉)과 鬬宜申(子西)이 군대를 거느리고 가서 기나라를 멸하고 夔子를 데리고 돌아왔다.

字義 赦 : 용서할 사 竄 : 달아날, 도망칠 찬

【經】冬에 楚人伐宋하야 圍緡(민)하다

겨울에 楚人이 宋나라를 토벌하여 緡을 포위하였다.

---

84 鬼神弗赦 而自竄于夔 : 병을 치유하기 위해 귀신에게 기도하였으나 병이 낫지 않아, 왕위를 계승하지 못하고 夔나라로 別封되었음을 이른다.

【傳】宋以其善於晉侯也로 叛楚卽晉하니 冬에 楚令尹子玉司馬子西帥(솔)師伐宋하야 圍緡하다

宋나라는 晉侯(文公)가 〈천하를 주유할 때 그를〉 잘 대접했다는 이유로 楚나라를 배반하고 晉나라에 다가갔다. 겨울에 楚나라 令尹 子玉과 司馬 子西가 군대를 거느리고 송나라를 토벌하여 緡을 포위하였다.

【經】公以楚師伐齊하야 取穀하다

僖公이 楚나라 군대를 거느리고 齊나라를 토벌하여 穀을 취하였다.

【傳】公以楚師伐齊하야 取穀하다 凡師能左右之曰以니라 置桓公子雍於穀하고 易牙奉之하야 以爲魯援하다 楚申公叔侯戍之하고 桓公之子七人爲七大夫於楚하다

僖公이 楚나라 군대를 거느리고 齊나라를 토벌하여 穀을 취하였다. 범례에 따르면 군대를 마음대로 좌지우지하는 것을 '以'라고 한다.

齊 桓公의 아들 雍을 穀에 안치하고 易牙에게 그를 모시게 하여 魯나라의 원군으로 삼았다. 楚나라 申公 叔侯가 그곳(穀)을 지켰고, 환공의 일곱 아들이 초나라의 일곱 大夫가 되었다.

【經】公至自伐齊하다

僖公이 齊나라 토벌에서 돌아왔다.

〈27년, 戊子(B.C. 633)〉

【經】二十有七年이라 春에 杞子來朝하다

27년이다. 봄에 杞子가 와서 朝見하였다.

【傳】二十七年이라 春에 杞桓公來朝하다 用夷禮라 故曰子라하다 公卑杞하니 杞不共也일새라

27년이다. 봄에 杞 桓公이 와서 朝見하였다. 조현할 때 東夷의 禮를 사용하였으므로 〈'伯'

의 등급인데도 낮추어 經에 기록하기를〉 '子'라고 하였다. 僖公이 기자를 천하게 여겼으니, 기자가 공손하지 않았기 때문이다.

字義 共 : 공손할 공(=恭)

【經】 夏六月庚寅에 齊侯昭卒하다

여름 6월 경인일에 齊侯 昭(齊 孝公)가 卒하였다.

【傳】 夏에 齊孝公卒하다 有齊怨호대 不廢喪紀[85]하니 禮也라

여름에 齊 孝公이 卒하였다. 魯나라가 齊나라에 원한이 있었으나 〈賻儀를 보낼 때〉 喪紀를 폐하지 않았으니 禮에 맞는 일이다.

【經】 秋八月乙未에 葬齊孝公하다

가을 8월 을미일에 齊 孝公을 장사 지냈다.

【經】 乙巳에 公子遂帥(솔)師入杞하다

을사일에 公子 遂가 군대를 거느리고 杞나라로 쳐들어갔다.

【傳】 秋에 入杞하니 責禮也라

가을에 杞나라로 쳐들어갔으니, 杞子의 무례함을 꾸짖은 것이다.

【經】 冬에 楚人陳侯蔡侯鄭伯許男圍宋하다

겨울에 楚人 · 陳侯 · 蔡侯 · 鄭伯 · 許男이 宋나라를 포위하였다.

---

85 喪紀 : 산 사람을 위로하고 죽은 사람을 전송하는 일을 신분과 등급에 따라 정해진 禮數로 처리하는 것을 가리킨다.

【傳】楚子將圍宋할새 使子文治兵於睽하니 終朝而畢호대 不戮一人하다 子玉復(부)治兵於蔿하니 終日而畢호대 鞭七人하고 貫三人耳하다 國老皆賀子文이어늘 子文飮(임)之酒러니 蔿賈尙幼로대 後至不賀어늘 子文問之한대 對曰 不知所賀로소이다 子之傳政於子玉에 曰以靖國也라하더니 靖諸(저)內而敗諸(저)外하니 所獲幾何오 子玉之敗는 子之擧也라 擧以敗國이면 將何賀焉이릿가 子玉剛而無禮하야 不可以治民이니 過三百乘이면 其不能以入矣리니 苟入而賀런들 何後之有리오

楚子가 宋나라를 포위하려 할 때 子文에게 睽에서 군사훈련을 하게 하니, 자문은 동틀 무렵부터 아침밥을 먹을 때까지〔終朝〕 훈련을 마쳤으나 1명도 처벌하지 않았다. 子玉에게 다시 蔿에서 군사훈련을 하게 하니 하루 종일 훈련을 한 뒤에 마쳤으나 7명에게 매질하고 3명의 귀를 화살로 꿰뚫었다. 國老들이 모두 〈적임자를 추천한 것에 대하여〉 자문을 축하하자 자문이 그들에게 술을 대접하였는데, 蔿賈는 아직 나이가 어렸으나 늦게 도착하여 축하도 하지 않았다. 자문이 그 까닭을 묻자 위가가 대답하였다.

"축하드릴 일이 무엇인지 모르겠습니다. 당신께서 자옥에게 국정을 전해주면서 말하기를 '이렇게 하여 나라를 안정시키려 한다.'라고 하였는데, 나라 안의 일은 안정시켰더라도 나라 밖의 일은 실패하였으니 얻는 것이 얼마나 되겠습니까. 자옥의 실패는 당신의 천거 때문입니다. 사람을 천거하여 그가 國事를 실패하게 하였다면 장차 무엇을 축하하겠습니까. 자옥은 性情이 剛愎하고 무례하여 군대를 다스릴 수 없으니, 〈그가 거느리는 군대가〉 300乘이 넘으면 군대를 온전히 거느리고 돌아올 수 없을 것입니다. 만약 온전히 돌아온 다음에 축하한들 무엇이 늦겠습니까."

字義 畢 : 마칠 필 鞭 : 채찍질 할 편 貫 : 뚫을 관 賀 : 하례할 하 擧 : 천거할 거
剛 : 강팍할 강

冬에 楚子及諸侯圍宋하니 宋公孫固如晉告急하다 先軫曰 報施救患하며 取威定霸 於是乎在矣로다 狐偃曰 楚始得曹하고 而新昏於衛하니 若伐曹衛면 楚必救之하리니 則齊宋免矣리라 於是乎蒐于被廬하야 作三軍하고 謀元帥하다 趙衰(최)曰 郤縠(극곡)可니이다 臣亟(기)聞其言矣로니 說(열)禮樂(악)而敦詩書니이다 詩書는 義之府也요 禮樂은 德之則(칙)也니 德義는 利之本也라 夏書曰 賦納以言하며 明試以功하며 車服以庸[86]이라하니 君其試之하소서 乃使郤縠將中軍하고 郤溱佐之하며 使狐偃將上軍한대 讓於狐毛而佐之하고 命趙衰爲卿한대

86 車服以庸 : 《書經》〈虞書 益稷〉에 보이며, 《서경》에는 '賦'가 '敷'로, '試'가 '庶'로 되어 있다.

讓於欒枝先軫이어늘 使欒枝將下軍하고 先軫佐之하며 荀林父御戎하고 魏犨(주)爲右하다

겨울에 楚子가 諸侯들과 함께 宋나라를 포위하였다. 宋나라 公孫固가 晉나라에 가서 위급함을 고하자, 先軫(原軫)이 말하였다. "은혜를 보답하고 환난을 구제하며, 위엄을 취하고 패업을 정하는 일이 여기에 달려 있습니다." 狐偃이 말하였다. "楚나라가 막 曹나라를 얻고 衛나라와 새로 혼인 관계를 맺었으니, 만약 우리가 曹 · 衛나라를 공격하면 초나라는 반드시 그들을 구원할 것입니다. 그렇게 되면 齊 · 宋나라는 어려움을 면할 수 있을 것입니다."

이에 晉나라가 被廬에서 蒐禮(閱兵式)를 행하여 三軍을 편성하고 元帥를 누구로 삼을지 논의하였다. 趙衰가 말하였다. "郤縠이 좋습니다. 신이 그의 말을 자주 들어보니 禮樂을 좋아하고 詩書를 중시하였습니다〔敦〕. 詩書는 義理의 창고요 禮樂은 道德의 법칙이니, 도덕과 의리는 이로움의 근본입니다. 〈夏書〉에 이르길 '훌륭한 말은 널리 받아들이고, 공로는 분명하게 시험해보며, 車服으로 공로에 보답한다〔庸〕.'라고 하였으니, 임금께서 그를 시험해보십시오."

마침내 극곡에게 中軍을 거느리게 하고 郤溱에게 그를 보좌하게 하였으며, 호언에게 上軍을 거느리게 하자 호언이 狐毛에게 사양하고 그를 보좌하였다. 조최를 卿으로 임명하자 조최가 欒枝 · 先軫에게 사양하기에, 난지에게 下軍을 거느리게 하고 선진에게 그를 보좌하게 하였으며, 荀林父에게 戎車를 몰게 하고 魏犨를 車右로 삼았다.

字義 在 : ~에 달려 있을 재 亟 : 자주 기 說 : 기쁠 열 敦 : 중시할, 숭상할 돈
賦 : 펼 부(=敷) 庸 : 보답할 용

晉侯始入而敎其民하고 二年에 欲用之하니 子犯曰 民未知義하니 未安其居하니이다 於是乎出定襄王하고 入務利民[87]하니 民懷生矣어늘 將用之한대 子犯曰 民未知信하니 未宣其用이니이다 於是乎伐原하야 以示之信[88]하니 民易資者 不求豐焉하고 明徵其辭어늘 公曰 可矣乎아 子犯曰 民未知禮하니 未生其共이니이다 於是乎大蒐하야 以示之禮하고 作執秩[89]以正其官하니 民聽不惑이라 而後用之하야 出穀戍하고 釋宋圍하야 一戰而霸[90]하니 文之敎也러라

---

87 出定襄王 入務利民 : 晉 文公이 周 襄王을 京師로 들여보내려 출병하였던 일을 가리킨다. 자세한 내용이 僖公 25년에 보인다.

88 伐原 以示之信 : 晉 文公이 原나라를 포위하면서 사흘 치 식량만 가지고 가도록 하였는데, 원나라가 항복하지 않자 되돌아갈 것을 명하였다. 이때 첩자가 돌아와 곧 원나라가 항복하려 하므로 기다릴 것을 권하였는데, 문공이 처음 출병할 때 군사들과 약속한 信義를 지켜야 한다고 말하면서 30리를 물러났다. 자세한 내용이 僖公 25년에 보인다.

89 執秩 : '執秩'은 爵秩을 주관하는 관직이다.(杜注)

晉侯(文公)가 처음 晉나라에 들어와서는 백성을 敎化하고, 2년째에 그 백성들을 써서 전쟁을 하려 하니, 子犯이 말하였다. "백성들이 아직 義理를 알지 못하니, 그 거처를 편안히 여기지 못합니다."

이에 문후가 출병하여 周 襄王의 지위를 안정시키고 돌아와서 백성들을 이롭게 하는 데 힘쓰니 백성들이 생활을 편안히 여겼다. 〈다시〉 문공이 이들을 쓰려 하자, 자범이 말하였다. "백성들이 아직 信義를 알지 못하니, 그 功用을 펼칠 수 없습니다."

이에 原을 쳐서 백성들에게 신의를 보이니, 백성들 가운데 교역을 하는 자들이 많은 이윤을 구하지 않고 言約을 분명한 증거로 삼았다. 문공이 말하였다. "〈이제 백성들을 써도〉 되겠는가?" 자범이 말하였다. "백성들이 아직 禮義를 알지 못하니, 공경하는 마음이 생기지 않습니다."

이에 크게 蒐禮(閱兵式)을 행하여 백성들에게 예를 보이고, 執秩을 설치하여 관작의 등급을 바로잡으니, 백성들이 명을 따르며 의혹을 갖지 않았다. 그런 다음 백성들을 써서 穀을 지키고 있던 〈楚나라 병사들을〉 축출하고 宋나라의 포위를 풀어서, 한 차례 싸워서 霸業을 이루었으니 바로 문공이 백성들을 교화했기 때문이었다.

字義 豐 : 많을, 후할 풍　蒐 : 검열할, 열병할 수　秩 : 차례 질　正 : 바로잡을 정

【經】 十有二月甲戌에 公會諸侯하야 盟于宋하다

12월 갑술일에 僖公이 諸侯와 회합하여 宋나라에서 맹약하였다.

〈28년, 己丑(B.C. 632)〉

【經】 二十有八年이라 春에 晉侯侵曹하고 晉侯伐衛[91]하다

28년이다. 봄에 晉侯가 曹나라를 침공하고, 晉侯가 衛나라를 토벌하였다.

---

90 一戰而霸 : 晉나라가 제후들을 이끌고 楚나라와 城濮에서 싸워 승리한 전쟁을 가리킨다. 자세한 내용이 僖公 25년에 보인다.

91 晉侯侵曹 晉侯伐衛 : 經에서 '晉侯'를 재차 거론한 것은 曹·衛나라가 〈각각 와서〉 두 차례 通告하였기 때문이다.(杜注)

【傳】二十八年이라 春에 晉侯將伐曹할새 假道于衛하니 衛人弗許하다 還하야 自南河濟하야 侵曹伐衛하야 正月戊申에 取五鹿하다

28년이다. 봄에 晉侯가 曹나라를 토벌하려 할 때 衛나라에 길을 빌려달라고 요청하였는데 衛人이 허락하지 않았다. 文公이 길을 돌아 위나라 남쪽에서 黃河를 건너 조나라를 침공하고 위나라까지 토벌하여 正月 무신일에 〈衛나라〉 五鹿을 취하였다.

字義 假 : 빌릴 가　濟 : 건널 제

二月에 晉郤縠卒커늘 原軫將中軍하고 胥臣佐下軍하니 上德也라 晉侯齊侯盟于斂盂할새 衛侯請盟이어늘 晉人弗許하다 衛侯欲與楚한대 國人不欲이라 故出其君하야 以說(열)于晉하니 衛侯出居于襄牛하다

2월에 晉나라 郤縠이 죽자 原軫(先軫)이 中軍을 거느리고 胥臣이 下軍의 〈副將이 되어 主將인 欒枝를〉 보좌하였으니, 이는 德이 있는 자를 우대한 것이다. 晉侯와 齊侯가 斂盂에서 맹약할 때 衛侯가 맹약에 참여할 것을 요청하였는데, 진후가 허락하지 않았다. 그러자 위후가 楚나라와 동맹하려고 하니 國人들이 원하지 않았다. 그러므로 국인들이 임금을 축출하여 晉나라에 환심을 사니, 위후가 國都에서 빠져나와 襄牛에 거처하였다.

字義 上 : 높일, 숭상할 상　與 : 동맹할 여

【經】公子買戍衛러니 不卒戍라하야 刺之하다

公子 買(魯나라 大夫)가 衛나라에서 수자리를 살고 있었는데, 수자리하는 책임을 다하지 못했다 하여 그를 죽였다.

【經】楚人救衛하다

楚人이 〈晉나라를 공격하여〉 衛나라를 구원하였다.

【傳】公子買戍衛러니 楚人救衛라가 不克이어늘 公懼於晉하야 殺子叢以說(열)焉하고 謂楚人호대 不卒戍也라하다

公子 買(子叢)가 衛나라에서 수자리를 살고 있었는데, 楚人이 衛나라를 구원하려 晉나라를 공격하였다가 이기지 못하였다. 僖公이 晉나라에 〈보복을 당할까〉 두려워하여 子叢을 죽여서 환심을 사고, 楚人에게 通告하기를 "자총이 수자리하는 책임을 다하지 못했다."라고 하였다.

字義 戍 : 수자리할 수 刺 : 죽일 자

【經】 三月丙午에 晉侯入曹하야 執曹伯하고 畀宋人하다

3월 병오일에 晉侯가 曹나라에 침입하여 曹伯을 사로잡고, 그 땅을 宋人에게 주었다.

【傳】 晉侯圍曹하야 門焉이러니 多死라 曹人尸諸城上이어늘 晉侯患之하야 聽輿人之謀하니 曰稱舍於墓[92]라하야늘 師遷焉하다 曹人兇懼하야 爲其所得者하야 棺而出之어늘 因其兇也而攻之하야 三月丙午에 入曹하야 數之以其不用僖負羈와 而乘軒者三百人也하고 且曰 獻狀하라하고 令無入僖負羈之宮而免其族하니 報施也러라 魏犨(주)顚頡怒曰 勞之不圖하고 報於何有리오 爇僖負羈氏라가 魏犨傷於胸하다 公欲殺之나 而愛其材하야 使問하고 且視之하야 病이면 將殺之하다 魏犨束胸하고 見使者曰 以君之靈으로 不有寧也아하고 距躍三百하고 曲踊三百[93]하니 乃舍之하다 殺顚頡以徇于師하고 立舟之僑以爲戎右하다

晉侯가 曹나라를 포위하여 城門을 공격하였는데 전사자가 많았다. 曹人이 〈晉나라의 士氣를 꺾기 위해 진나라 군사들의〉 시체를 성 위에 늘어놓자 진후가 근심하여 여러 사람의 계책을 들으니, 바로 '〈조나라 선조의〉 무덤이 있는 곳에 주둔하자.'라고 말하기에 군대를 그곳으로 옮겼다.

조인들은 진후가 무덤을 파헤칠까 두려워서 늘어놓았던 시신을 棺에 넣어 성 밖으로 내보냈다. 진나라는 조나라가 두려워하는 기회를 틈타 공격하여, 3월 병오일에 조나라 國都에 들어가 僖負羈를 등용하지 않은 것과 〈德도 없으면서 大夫의 지위에 올라〉 軒車를 타는 사람이

92 曰稱舍於墓 : 〈杜注〉에 "各本에는 '曰'자가 있으나, 金澤文庫本과 敦煌殘卷에는 없다. 《通典》〈兵 15〉와 《太平御覽》〈兵部 45〉의 인용문도 이것과 같으니, 이에 따라 '曰'자를 삭제하였다. '稱'은 말하는 것이니 '舍於墓'가 곧 輿人의 계획이다."라고 하였기에, '曰'을 번역하지 않았다.

93 距躍三百 曲踊三百 : '百'은 '힘쓰다'라는 뜻으로, 音은 '陌(맥)'이다. 곧 '힘을 써서 세 차례(여러 차례)하다.'라는 뜻이다.(杜注)

300명이나 되는 것을 꾸짖고〔數〕, 또 "〈軒車를 타는 자들의〉 功狀을 올려라."라고 하였으며, 군사들에게 희부기의 집에는 침입하지 말도록 명령하여 그 가족이 화를 면하게 해주었으니, 〈지난날 밥 속에 옥을 넣어 바친〉 은혜에 보답한 것이다.

魏犨 · 顚頡이 성을 내며 말하였다. "〈우리가 公을 따라 망명할 때 세운〉 공로는 생각도 않으면서 무슨 까닭으로 희부기에게만 보답한단 말인가?" 그러고는 희부기의 집을 불태우다가 위주가 가슴에 상처를 입었다. 문공이 그를 죽이려고 하였으나 그의 재주를 아깝게 여겨 使者를 보내 위문하고는 부상의 정도를 살펴서 증세가 깊으면 죽이려 하였다. 위주가 가슴을 동여매고는 사자를 보고 말하였다. "임금의 위엄 때문에 내가 편안함이 있지 않은가." 그러고는 높이 뛰고 멀리 뛰기를 여러 차례 하니, 마침내 그를 사면하고 전힐만 죽여 군중에 조리 돌리고 舟之僑를 세워 戎右로 삼았다.

字義 尸 : 시체, 주검 시 輿 : 여러 여 兇 : 두려워할 흉 數 : 수죄할, 꾸짖을 수 獻 : 바칠 헌
狀 : 문서 장 爇 : 불사를 설 愛 : 아낄 애 靈 : 은혜, 총애 령 寧 : 편안할 녕
距 : 뛰어넘을 거 躍 : 뛸 약 踊 : 뛸, 도약할 용 徇 : 조리돌릴 순

宋人使門尹般如晉師告急이어늘 公曰 宋人告急하니 舍之則絶이요 告楚不許라 我欲戰矣로대 齊秦未可하니 若之何오 先軫曰 使宋舍我而賂齊秦하야 藉之告楚하고 我執曹君하고 而分曹衛之田以賜宋人이면 楚愛曹衛하야 必不許也리니 喜賂怒頑이면 能無戰乎잇가 公說(열)하야 執曹伯하고 分曹衛之田以畀宋人하다

宋人이 門尹般(宋나라 大夫)을 보내 晉나라 軍營에 가서 위급함을 고하게 하자, 文公이 말하였다. "송인이 위급함을 고하였으니 내버려두면 우리와의 관계가 끊어질 것이고, 楚나라에 포위를 풀 것을 고하여도 허락하지 않을 것이다. 우리가 초나라와 싸우고자 해도 齊 · 秦나라가 그들과 싸우려 하지 않을 것이니 어떻게 해야겠는가?"

先軫이 말하였다. "宋나라에게 우리(晉나라)를 제쳐두고 제 · 진나라에게 뇌물을 주어 〈두 나라의 입장을〉 빌려서 초나라에게 포위를 풀도록 고하게 하고, 우리는 曹나라 군주를 사로잡아 曹 · 衛나라의 땅을 나누어 송인에게 준다면, 초나라는 조 · 위나라를 아껴서 반드시 〈제 · 진나라의 요청을〉 허락하지 않을 것입니다. 이렇게 하면 제 · 진나라는 뇌물을 준 송나라를 좋아하고 완고하게 요청을 거절한 초나라를 미워하게 될 것이니, 그렇게 되면 싸우지 않을 수 있겠습니까."

문공이 기뻐하여 曹伯을 사로잡고 조 · 위나라의 땅을 나누어 송인에게 주었다.

字義 藉 : 빌릴 자 畀 : 줄 비

【經】 夏四月己巳에 晉侯齊師宋師秦師及楚人戰于城濮(복)하야 楚師敗績하다

여름 4월 기사일에 晉侯 · 齊 · 宋 · 秦나라 군대가 楚人과 城濮에서 전쟁하여 楚나라 군대가 크게 패배하였다.

【傳】 楚子入居于申하야 使申叔去穀하고 使子玉去宋曰 無從晉師하라 晉侯在外十九年矣로대 而果得晉國하니 險阻艱難을 備嘗之矣요 民之情僞를 盡知之矣어늘 天假之年하고 而除其害[94]하니 天之所置를 其可廢乎아 軍志曰 允當則歸라하고 又曰 知難而退라하며 又曰 有德不可敵이라하니 此三志者는 晉之謂矣니라 子玉使伯棼請戰曰 非敢必有功也라 願以間執讒慝之口[95]하노이다 王怒하야 少與之師하니 唯西廣東宮과 與若敖之六卒實從之[96]러라

楚子가 〈宋나라를 공격하고자 方城 안에 있는〉 申으로 들어가 거처하면서, 申叔에게는 〈그가 지키고 있던〉 穀을 떠나게 하고, 子玉(成得臣)에게는 송나라를 떠나게 하며 말하였다.

"晉나라 군대를 쫓지 마라. 晉侯가 국외에서 19년을 있었는데도 결국 晉나라를 얻었으니 험하고 고된 일들을 두루 경험했을 것이고, 백성들의 진실과 거짓을 모두 알고 있을 것이다. 그런데도 하늘이 그에게 수명을 주고 해로움을 제거하였으니, 하늘이 세운 사람을 어찌 폐할 수 있겠는가. 《軍志》에 이르길 '적당하면 돌아가라.'고 하였고, 또 이르길 '어려움을 알면 돌아가라.'고 하였으며, 또 이르길 '德이 있는 사람은 대적할 수 없다.'라고 하였으니, 이 세 가지 기록은 晉나라의 경우를 이른 것이다."

자옥이 楚子에게 伯棼을 보내 晉나라와 싸울 것을 청하며 말하였다. "감히 반드시 戰功을 세우겠다는 것이 아니라, 바라건대 이를 통해〔以〕 참소하고 사특한 말을 하는 입을 막고자〔間執〕 합니다." 楚王이 노하여 자옥에게 적은 수의 군대를 주니, 西廣 · 東宮과 若敖의 六卒만 실로 그를 따랐다.

字義 險 : 험할 험 阻 : 험할 조 艱 : 어려울 간 難 : 어려울 난 嘗 : 겪을, 경험할 상
允 : 적당할, 합당할 윤 敵 : 대적할 적 志 : 기록, 서술 지(=誌) 間 : 막을 간
讒 : 참소할 참 慝 : 사특할 특

---

94 天假之年 而除其害 : '假之年'은 晉 獻公의 아들 9명 중에 오직 文公만이 살아남았다는 뜻이고, '除其害'는 문공을 해치려고 한 세력인 晉 惠公·懷公과 呂甥·郤芮를 제거하였다는 뜻이다.

95 間執讒慝之口 : '間執'은 '塞(막다)'과 같고, '讒慝'은 지난해 蔿賈가 '子玉이 거느리는 군대가 300乘이 넘으면 군대를 온전히 거느리고 돌아올 수 없을 것이다.'라고 한 말을 이른다.(杜注)

96 唯西廣東宮 與若敖之六卒實從之 : '西廣東宮'은 太子 商臣을 호위하는 宮甲이고, '六卒'은 子玉의 宗人으로 편성된 병사이다.

子玉使宛春告於晉師曰 請復(복)衛侯而封曹하라 臣亦釋宋之圍호리라 子犯曰 子玉無禮哉인저 君取一이요 臣取二[97]하니 不可失矣로다 先軫曰 子與之하소서 定人之謂禮니 楚一言而定三國하고 我一言而亡之하니 我則無禮니 何以戰乎리오 不許楚言하면 是棄宋也니 救而棄之하면 謂諸侯何오 楚有三施하고 我有三怨하니 怨讐已多라 將何以戰이리오 不如私許復曹衛以攜(휴)之하고 執宛春以怒楚하고 既戰而後圖之니이다 公說(열)하야 乃拘宛春於衛하고 且私許復曹衛하니 曹衛告絶於楚하다

子玉이 〈楚나라 大夫〉 宛春을 보내 晉나라 軍營에 고하게 하였다. "청컨대 衛侯를 복위시키고, 曹나라를 봉해주십시오. 그렇게 하면 臣도 宋나라의 포위를 풀겠습니다." 子犯이 말하였다. "자옥이 무례합니다. 임금(문공)은 하나의 功만을 취하려 하는데, 신하(자옥)는 두 개의 공을 취하려 하니, 이 기회를 놓쳐서는 안 됩니다."

先軫이 말하였다. "임금〔子〕께서는 〈초나라의 요청을〉 허락하십시오. 남의 나라를 안정시키는 것을 禮라고 하니, 초나라는 한마디 말로 세 나라를 안정시키려 하고 우리 晉나라는 한마디 말로 그들을 망치려 합니다. 우리가 무례한 것이니 어떻게 싸울 수 있겠습니까. 초나라의 요청을 허락하지 않으면 이는 宋나라를 저버리는 것이니, 송나라를 구원하러 왔다가 오히려 그들을 저버린다면 제후들에게 무어라 변명하겠습니까.

초나라는 세 나라(衛 · 曹 · 宋)에 은혜가 있고 우리나라는 세 나라에 원한이 있을 것이니, 원수가 너무 많아질 것입니다. 장차 어떻게 싸울 수 있겠습니까. 은밀하게 曹 · 衛나라에 〈사신을 보내 초나라와의 관계를 단절하면〉 복위시켜주겠다고 허락하여 초나라와 떼어놓고, 초나라 사신 완춘을 포로로 잡아 초나라를 성나게 하고 그들과 결전하고 난 뒤에 〈조 · 위나라의 처우를〉 도모하는 것만 못합니다."

文公이 기뻐하면서 곧 완춘을 위나라에 구금하고, 또 은밀하게 조 · 위나라를 복위시켜줄 것을 허락하니, 조 · 위나라가 초나라에 우호 관계를 단절하겠다고 통고하였다.

字義 與 : 허락할 여　私 : 비밀리, 남몰래 사　攜 : 이반할, 흩어질 휴　拘 : 구금할 구

子玉怒하야 從晉師어늘 晉師退하니 軍吏曰 以君辟(피)臣은 辱也요 且楚師老矣어늘 何故退오 子犯曰 師直爲壯이요 曲爲老니 豈在久乎리오 微楚之惠면 不及此리니 退三舍辟(피)

97 君取一 臣取二 : 晉 文公은 임금으로서 宋나라의 포위를 풀 것만을 요구하였는데, 子玉은 신하로서 衛侯를 복위시키고 曹나라를 봉해주라는 두 가지를 요구한 것이다.

之는 所以報也라 背惠食言하야 以亢其讐[98]면 我曲楚直이요 其衆素飽하니 不可謂老라 我退而楚還이면 我將何求리오 若其不還이면 君退臣犯이니 曲在彼矣니라 退三舍하니 楚衆欲止한대 子玉不可하다

子玉이 노하여 晉나라 군대를 추격하자 진나라 군대가 후퇴하니, 軍吏가 말하였다. "임금이 신하를 피하는 것은 수치이고, 또 楚나라 군대는 〈출정한 지 오래되어〉 지쳐 있는데 어째서 퇴각하십니까?"

子犯이 말하였다. "군대는 명분이 바르면 사기가 높고 바르지 못하면 낮아지니, 어찌 출정한 지 오래된 여부에 달려 있겠는가. 〈예전에 임금께서 천하를 周遊하실 때〉 초나라의 은혜가 없었다면 이 자리에 이르지 못했을 것이니, 3舍(90리)를 물러나 피하는 것은 은혜를 보답하는 것이다. 은혜를 배신하고 언약을 저버리면서 초나라의 원수(宋나라)를 비호한다면〔亢〕 우리는 명분이 바르지 못하고 초나라는 바르며, 초나라 군대는 평소 사기가 충만하였으니 지쳐 있다고 할 수 없다. 우리가 후퇴하여 초나라도 돌아간다면 우리가 장차 무엇을 바라겠느냐마는, 만약 그들이 돌아가지 않는다면 임금은 물러나는데 신하는 범하는 꼴이니 잘못이 저들에게 있게 된다."

〈마침내 진나라 군대가〉 3舍를 후퇴하니, 초나라 군대가 추격을 그만두려 하였는데 자옥이 허락하시 않았다.

字義 壯 : 씩씩할, 굳셀 장　微 : 아닐 미　食 : 식언할 식　亢 : 덮을, 가릴 항
曲 : 바르지 못할, 그릇될 곡

夏四月戊辰에 晉侯宋公齊國歸父(보)崔夭秦小子慭(은)이 次于城濮하니 楚師背酅(휴)而舍하다 晉侯患之하야 聽輿人之誦하니 曰 原田每每하니 舍其舊而新是謀라하야늘 公疑焉하니 子犯曰 戰也니이다 戰而捷이면 必得諸侯요 若其不捷이라도 表裏山河니 必無害也리이다 公曰 若楚惠何오 欒貞子曰 漢陽諸姬를 楚實盡之하니 思小惠而忘大恥는 不如戰也니이다 晉侯夢與楚子搏할새 楚子伏己而盬(고)其腦라 是以懼한대 子犯曰 吉이니이다 我得天하고 楚伏其罪하니 吾且柔之矣리이다

여름 4월 무진일에 晉侯 · 宋公 · 齊나라 國歸父 · 崔夭 · 秦나라 小子慭이 城濮에 주둔하니, 楚나라 군대가 험한 구릉〔酅〕을 등지고 陣을 쳤다. 晉侯(文公)가 이를 근심하여 여러 군사

98 以亢其讐 : '亢'을 〈杜注〉에는 " '當(막다, 저지하다)'과 같다."라고 하였으나 이를 따르지 않고 《左氏會箋》과 '亢'의 字解의 '비호하다, 보호하다'의 뜻을 따랐다.

들의 노래를 들으니, 그 노래에 이르길 "묵정밭〔原田〕에 풀이 무성하니, 옛것(은혜)을 버리고 새것(戰功)을 도모하네."라고 하였다.

문공은 〈병사들이 자신을 옛 은혜를 배반하고 새로운 功만을 도모하는 사람으로 여긴다고〉 의심하니, 자범이 말하였다. "초나라와 전쟁해야 합니다. 전쟁하여 이기면 반드시 제후들의 마음을 얻을 것이고, 만약 이기지 못하더라도 진나라의 안팎은 山河로 〈감싸져 있으니〉 반드시 피해가 없을 것입니다." 문공이 말하였다. "초나라에 받은 은혜는 어찌할 것인가?" 欒貞子가 말하였다. "漢水 이북〔陽〕에 있는 여러 姬姓 제후들을 초나라가 실로 다 섬멸하였으니, 작은 은혜를 생각하여 큰 치욕을 잊는 것은 전쟁을 하는 것만 못합니다."

晉侯가 꿈에서 楚子와 맨손으로 싸울 적에 초자가 자신의 몸 위에 엎드려 뇌를 파먹고 있었다. 이 때문에 두려워하자, 자범이 말하였다. "길한 꿈입니다. 우리가 〈하늘을 보고 누웠으므로〉 하늘을 얻었고, 초자는 〈땅을 향해 엎드렸으므로〉 그 죄를 엎드려 빈 것이니, 우리가 장차〔且〕 저들을 유순하게 만들 수 있을 것입니다."

字義 鄰 : 험한 구릉 휴　誦 : 노래할 송　每 : 풀이 무성한 모양 매　捷 : 이길 첩　表 : 겉 표
裏 : 속 리　陽 : 강 북쪽 양　搏 : 칠 박　盬 : 파먹을 고　腦 : 뇌 뇌　且 : 장차 차

子玉使鬪勃請戰曰 請與君之士戲호리니 君馮軾而觀之하소서 得臣與寓目焉호리이다 晉侯使欒枝對曰 寡君聞命矣라 楚君之惠를 未之敢忘이라 是以在此하야 爲大夫退하니 其敢當君乎아 旣不獲命矣일새 敢煩大夫하노니 謂二三子하야 戒爾車乘하며 敬爾君事하라 詰朝將見호리라 晉車七百乘이 韅靷鞅靽(현인앙반)이러니 晉侯登有莘之虛하야 以觀師曰 少長有禮하니 其可用也로다 遂伐其木하야 以益其兵하다

子玉이 鬪勃을 晉나라 軍營에 보내 전쟁을 요청하였다. "청컨대 君의 군사들과 겨뤄보고자 하니, 君께서는 軾(수레의 가로막대)에 기대어 구경하십시오. 저〔成得臣 : 子玉〕도 함께 구경하겠습니다."

晉侯가 欒枝를 보내 대답하였다. "寡君(우리 임금)께서 그대의 命을 들으셨습니다. 楚君의 은혜를 감히 잊을 수 없었기 때문에 이곳으로 후퇴해 있으면서 大夫(자옥)가 물러갈 것이라고 여겼으니, 어찌 감히 초군에게 대항할 수 있겠습니까. 그런데 이미 〈전쟁을 그만두겠다는〉 명을 받지 못하였으므로 감히 대부(鬪勃)를 번거롭게 하고자 하니, 그대의 군사들에게 '너희 兵車를 정비하고 너희 임금에게 받은 직무를 경건히 수행하라. 내일 아침에 장차 만날 것이다.'라고 이르시오."

晉나라 병거 700乘에 메운 말들이 등받이끈〔韅〕, 가슴걸이〔靷〕, 뱃대끈〔鞅〕, 밀치끈〔靽〕 등의

장비를 갖추니, 晉侯가 有莘의 언덕에 올라 군대를 바라보면서 말하였다. "군사들이 長幼 간에 禮가 있으니 쓸 만하겠다." 마침내 나무를 베어 병장기를 더 만들게 하였다.

字義 馮 : 기댈 빙(=憑) 軾 : 수레 가로막대 식 戱 : 힘 겨룰, 격투할 희 煩 : 번거로울 번
詰 : 다음날 힐(=翌) 韅 : 등받이(마소의 안장이나 길마를 고정시키는 줄) 현
靷 : 가슴걸이(驂馬의 가슴에 걸어 수레를 끌게 하는 가죽끈) 인 鞅 : 뱃대끈 앙
靽 : 밀치끈(길마에 걸어 꼬리 밑으로 돌리는 끈) 반 虛 : 언덕, 구릉 허 伐 : 벨 벌
兵 : 병장기 병

己巳에 晉師陳于莘北하니 胥臣以下軍之佐當陳蔡하다 子玉以若敖之六卒로 將中軍하고 曰 今日必無晉矣리라 子西將左하고 子上將右러니 胥臣蒙馬以虎皮하야 先犯陳蔡하니 陳蔡奔하고 楚右師潰라 狐毛設二旆(패)[99]而退之하고 欒枝使輿曳柴而僞遁한대 楚師馳之러니 原軫郤溱이 以中軍公族橫擊之하고 狐毛狐偃이 以上軍夾攻子西하니 楚左師潰하야 楚師敗績하다 子玉收其卒而止라 故不敗러라 晉師三日館穀하고 及癸酉而還하다 甲午에 至于衡雍하야 作王宮于踐土하다 鄕役之三月에 鄭伯如楚하야 致其師러니 爲楚師旣敗而懼하야 使子人九行成于晉하니 晉欒枝入盟鄭伯하야 五月丙午에 晉侯及鄭伯盟于衡雍하다

기사일에 晉나라 군대가 莘北(城濮)에 진을 치니, 진나라 胥臣(臼季)이 下軍의 補佐(副將)로서 〈楚나라에 예속된〉 陳·蔡나라 군대를 상대하였다. 子玉이 若敖의 六卒을 거느리고 中軍을 지휘하면서 말하였다. "오늘 반드시 진나라를 없앨 것이다."

초나라 子西(鬪宜申)가 左軍을 거느리고 子上(鬪勃)이 右軍을 거느렸는데, 서신이 말에 호랑이 가죽을 씌우고 먼저 진·채나라 군대를 공격하니〔犯〕 진·채나라 군대가 달아났고 초나라의 우군도 무너졌다. 〈晉나라 上軍을 이끌던〉 狐毛가 군대를 나누어 두 부대를 만들어 퇴각시키고, 欒枝가 兵車에 섶을 매달아 달아나는 것처럼 먼지를 일으켜 위장하게 하자, 과연 초나라 군대가 추격하였다. 原軫·郤溱이 중군의 公族을 거느리고 옆에서 공격하고, 狐毛·狐偃이 상군을 거느리고 자서를 양쪽에서 협공하니 초나라의 좌군이 무너져서 초나라 군대가 크게 패배하였다. 그러나 자옥이 군대를 수습하여 추격을 멈추었기 때문에 〈중군까지〉 패하지는 않았다.

진나라 군대가 사흘 동안 주둔하며 〈초나라 군대가 버리고 간〉 양식을 먹고 계유일에 돌아

---

99 設二旆(패) : 旆는 大旗이다. 군대를 둘로 나누고 다시 두 개의 旆를 세운 채 퇴각하여, 마치 大將이 퇴각하는 것처럼 꾸민 것이다.(杜注)

왔다. 갑오일에 衡雍에 이르러 〈晉侯를 위로하기 위해 행차한 周 襄王을 위해〉 踐土에 王宮을 지었다.

城濮의 전쟁이 있기 석 달 전〔鄕〕에 鄭伯이 초나라에 가서 鄭나라 군대를 〈초나라에 원군으로〉 보냈는데, 초나라 군대가 패배하자 정백이 두려워서 子人九를 晉나라에 보내 강화를 맺게 하였다. 이에 진나라 난지가 정나라에 들어가 정백과 맹약에 대해 상의하여 5월 병오일에 진후가 정백과 형옹에서 맹약하였다.

字義 蒙 : 뒤집어쓸 몽 犯 : 공격할, 침범할 범 潰 : 무너질 궤 旆 : 깃발 패 曳 : 끌 예
柴 : 섶 시 遁 : 달아날 둔 成 : 강화할, 화해할 성

丁未에 獻楚俘于王하니 駟介百乘이요 徒兵千이러라 鄭伯傅王하야 用平禮也하다 己酉에 王享醴할새 命晉侯宥하고 王命尹氏及王子虎內史叔興父(보)하야 策命晉侯爲侯伯하고 賜之大輅之服과 戎輅之服과 彤(동)弓一과 彤矢百과 玈(로)弓矢千과 秬鬯(거창)一卣(유)와 虎賁三百人하고 曰 王謂叔父하노니 敬服王命하야 以綏四國하고 糾逖王慝하라하니라 晉侯三辭하고 從命하야 曰 重耳敢再拜稽首하야 奉揚天子之丕顯休命하노이다 受策以出하야 出入三覲하다

정미일에 晉侯가 周 襄王에게 楚나라와의 전쟁에서 얻은 전리품을 바치니, 갑옷을 입힌 네 匹의 말〔駟介〕 1백 乘과 步兵 1천 명이었다. 鄭伯이 양왕의 傅(相)로 있으면서 〈禮를 행하는 것을 도왔는데〉 周 平王이 晉 文侯(仇)를 대접했던 예로써 진후를 대접하였다.

기유일에 양왕이 진후에게 단술을 대접할 때 진후에게 술을 따를 것〔宥〕을 명하였고, 尹氏·王子 虎·內史 叔興父에게 王命을 내려서 진후를 策命하여 侯伯으로 삼게 하고, 大輅의 복장(鷩冕)·戎輅의 복장(韋弁)·彤弓 하나·彤矢 백 개·玈弓矢 천 개·秬鬯(香酒) 한 통〔卣〕·虎賁 3백 명을 下賜하면서 말하였다. "왕은 叔父에게 이르노니 삼가 왕명에 복종하여 사방의 제후국을 편안히 하고, 왕에게 잘못하는 자들을 규찰하여 내쫓아라." 진후가 세 번 사양하고 명을 따르며 말하였다. "제〔重耳〕가 감히 再拜하고 머리를 조아리고, 天子의 크고 밝으며 아름다운 명을 받들어 선양하겠습니다." 그러고는 책명을 받고서 나와서, 〈진나라로 돌아갈 때까지〉 모두 세 차례 천자를 謁見하였다.

字義 俘 : 전리품 부 介 : 갑옷 개 彤 : 붉을 동 玈 : 검을 로 秬 : 검은 기장 거
鬯 : 울창주 창 卣 : 술통 유 綏 : 편안할 수 糾 : 규찰할 규 逖 : 멀 적 丕 : 클 비
休 : 아름다울 휴

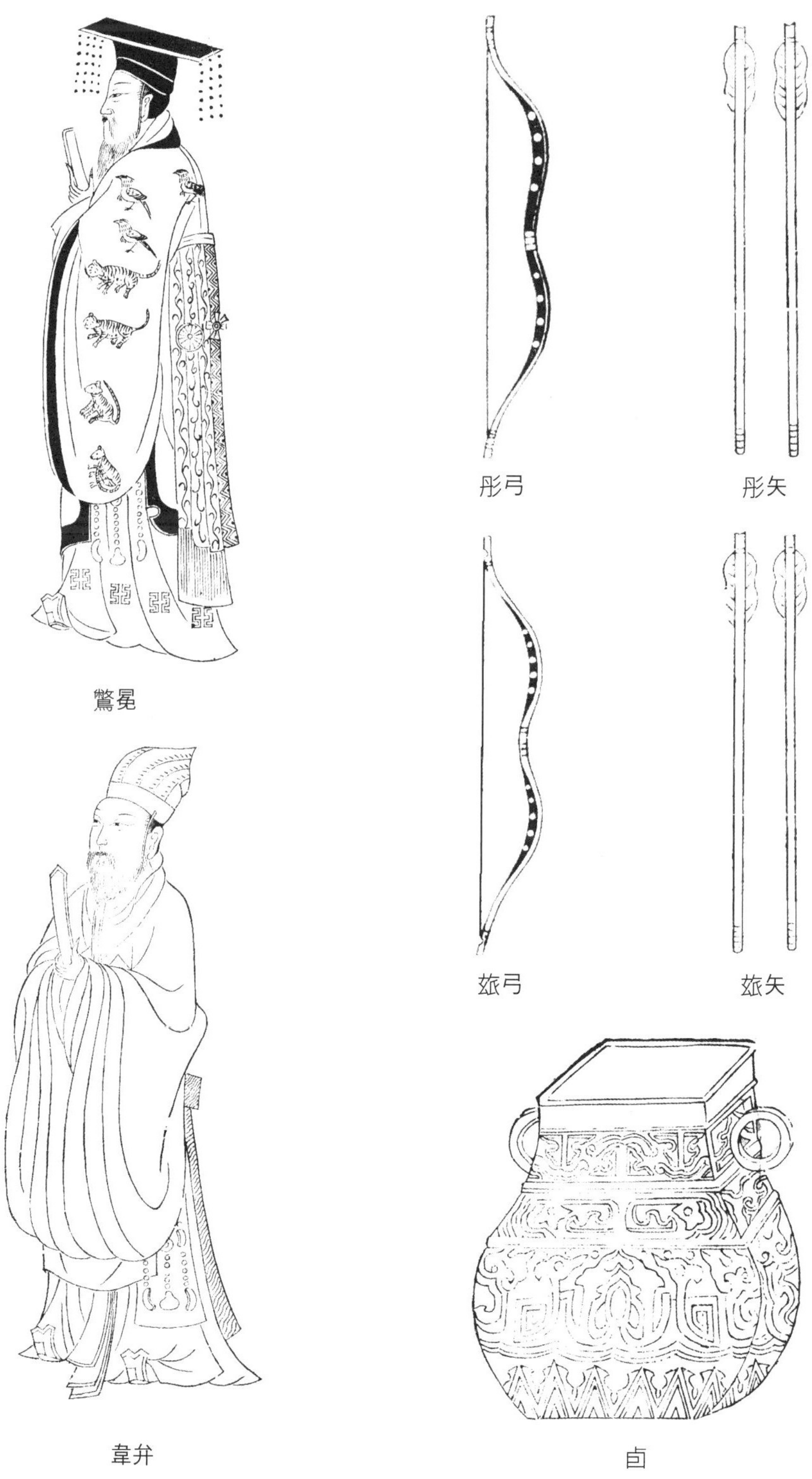

鷩冕

韋弁

彤弓

彤矢

玈弓

玈矢

卣

【經】楚殺其大夫得臣하다

楚나라가 그 大夫 成得臣(子玉)을 죽였다.

【傳】初에 楚子玉自爲瓊弁玉纓하야 未之服也러니 先戰에 夢河神謂己曰 畀余하라 余賜女孟諸(저)之麋[100]호리라 弗致也하니 大心與子西使榮黃諫호대 弗聽이어늘 榮季曰 死而利國이라도 猶或爲之온 況瓊玉乎아 是糞土也어늘 而可以濟師면 將何愛焉이리오 弗聽한대 出告二子曰 非神敗令尹이라 令尹其不勤民하니 實自敗也로다

당초에 楚나라 子玉이 직접 瓊弁과 玉纓을 만들어 놓고 아직 착용하지 않았는데, 城濮의 전쟁이 있기에 앞서 꿈에 河神이 나와 자옥에게 말하기를 "그것을 나에게 주어라. 나는 너에게 孟諸의 麋를 주겠다."라고 하였으나 자옥이 주지 않았다. 大心(자옥의 아들)과 子西가 榮黃(榮季)을 시켜 〈그것을 祭物로 써서 하신에게 기도하도록〉 간하게 하였으나 자옥이 따르지 않자, 영계가 말하였다. "죽어서 나라에 이익이 된다면 오히려 죽을 수도 있는데, 하물며 瓊玉을 아끼겠습니까. 이것은 썩은 흙처럼 하찮은 물건인데 만약[而] 전쟁에서 이길 수만 있다면 무엇을 아끼겠습니까."

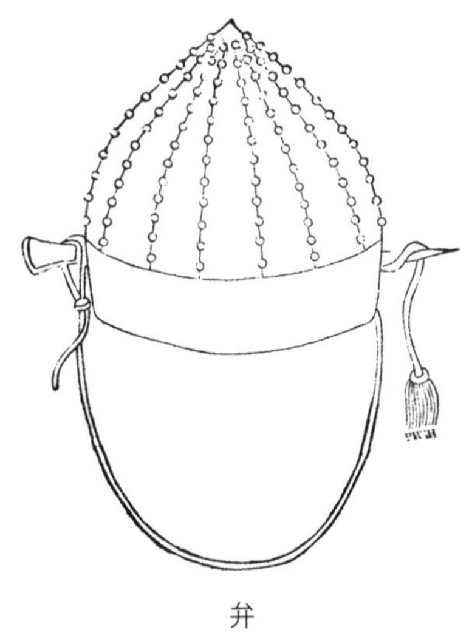

弁

그러나 자옥이 간언을 따르지 않자, 영황이 나와서 두 사람에게 말하였다. "鬼神이 令尹(자옥)을 패배시키는 것이 아니라 영윤이 백성들에게 힘을 다하지 않는 것이니, 실로 실패를 자초하는 것이다."

字義 瓊 : 옥 경　弁 : 모자 변　纓 : 갓끈 영　畀 : 줄 비　麋 : 풀 이름 미　糞 : 거름 분
而 : 만약 이

旣敗에 王使謂之曰 大夫若入이면 其若申息之老何오 子西孫伯曰 得臣將死어늘 二臣止之曰 君其將以爲戮이라하니이다 及連穀而死어늘 晉侯聞之而後喜可知也하야 曰 莫余

---

100 余賜女孟諸(저)之麋 : 河神의 말뜻은 '내가 너에게 전쟁을 하기 위한 地勢의 이로움을 주어서 네가 전쟁에서 이기도록 돕겠다.'는 의미이다.(朱買臣)

毒也已라 蔿呂臣實爲令尹이니 奉己而已요 不在民矣러라

子玉이 전쟁에서 패배한 뒤에 楚王이 그에게 사람을 보내 말하였다. "大夫가 만약 〈살아서 나라에〉 들어온다면 무슨 낯으로 申 · 息의 父老들을 대하겠는가." 子西 · 孫伯(大心)이 말하였다. "得臣은 자살하려 하였지만 우리 두 신하가 만류하면서 '임금께서 장차 처벌하실 것입니다.'라고 하였습니다."

자옥이 連穀에 이르러 자살하자, 晉侯가 그 소식을 듣고 기쁨을 안색에 드러내며〔知〕 말하였다. "〈자옥이 죽었으니 앞으로〉 나에게 害毒이 될 자가 없을 것이다. 蔿呂臣이 실로 令尹이 될 것이니, 그는 자신만을 받들 뿐 백성에게 마음을 두지 않을 것이다."

字義 知 : 나타낼, 드러낼 지

【經】 衛侯出奔楚하다

衛侯가 楚나라로 달아났다.

【傳】 衛侯聞楚師敗하고 懼하야 出奔楚라가 遂適陳하야 使元咺奉叔武以受盟하다

衛侯는 楚나라 군대가 패배하였다는 소식을 듣고 두려워 襄牛에서 빠져나와 초나라로 달아나 마침내 陳나라로 가서, 元咺을 보내 叔武에게 임금의 일을 대행하여〔奉〕 맹약을 授受하도록 하였다.

字義 奉 : 명을 받들어 시행할, 대행할 봉

【經】 五月癸丑에 公會晉侯齊侯宋公蔡侯鄭伯衛子莒子하야 盟于踐土하다

5월 계축일에 僖公이 晉侯 · 齊侯 · 宋公 · 蔡侯 · 鄭伯 · 衛子 · 莒子와 회합하여 踐土에서 맹약하였다.

【傳】 癸亥에 王子虎盟諸侯于王庭할새 要言[101]曰 皆獎王室하야 無相害也하라 有渝此盟이면 明神殛之하야 俾隊(추)其師하야 無克祚國하고 及而玄孫히 無有老幼하리라 君子謂

101 要言 : 載書(盟書)에 기록한 盟約의 말이다.(杜注)

是盟也信이라하고 謂晉於是役也에 能以德攻[102]이라하다

계해일에 王子 虎가 王庭에서 제후들과 맹약할 때 맹서하기를 "모두 周 王室을 도와 서로 해치지 말라. 이 맹약을 어기는 자가 있으면 明神이 주벌을 내려서 그 군대를 무너지게 하여 국가를 지탱할 수 없게 하고, 너〔而〕의 玄孫에 이르기까지 老少의 구별 없이 〈화를 받을 것이다.〉"라고 하였다.

군자가 이에 대하여 "맹약이 信義를 지켰다."라고 하였고, "晉나라가 이번 전쟁에서 德으로 공격하였다."라고 하였다.

字義 獎 : 도울, 보조할 장 渝 : 변할 투 殛 : 징벌할, 처벌할 극 隊 : 무너질 추 克 : 능할 극
祚 : 보우할 조

【經】 陳侯如會하다

陳侯가 會盟에 갔다.

【經】 公朝于王所하다

僖公이 周 襄王이 계신 곳(踐土의 新宮)으로 가서 朝見하였다.

【經】 六月에 衛侯鄭自楚復歸于衛하니 衛元咺出奔晉하다

6월에 衛侯 鄭(衛 成公)이 楚나라에서 衛나라로 돌아오니, 衛나라 元咺이 晉나라로 달아났다.

【傳】 或訴元咺於衛侯曰 立叔武矣라하다 其子角從公이러니 公使殺之로대 咺不廢命하고 奉夷叔以入守하다 六月에 晉人復衛侯하다 甯武子與衛人盟于宛濮하야 曰 天禍衛國하야 君臣不協[103]하야 以及此憂也러니 今天誘其衷하야 使皆降心以相從也라 不有居者면 誰守社稷이며 不有行者면 誰扞牧圉리오 不協之故로 用昭乞盟于爾大神하야 以誘天

---

102 能以德攻 : 晉 文公이 子犯의 조언을 따라 백성을 가르친 뒤에 전쟁에 사용했던 것을 가리킨다.

103 君臣不協 : 衛侯는 楚나라와 동맹을 하고자 하고, 國人은 초나라와 동맹하는 일을 원치 않았기 때문에 불화하였다.(杜注)

衷하노니 自今日以往으로 旣盟之後에 行者無保其力하며 居者無懼其罪하라 有渝此盟하야 以相及也면 明神先君이 是糾是殛하리라 國人聞此盟也하고 而後不貳하다 衛侯先期入할새 甯子先이러니 長牂(장)守門이라가 以爲使也라하야 與之乘而入하다 公子歂(천)犬華仲前驅러니 叔武將沐이라가 聞君至하고 喜하야 捉髮走出하니 前驅射(석)而殺之하다 公知其無罪也하고 枕之股而哭之하다 歂犬走出이어늘 公使殺之하다 元咺出奔晉하다

어떤 사람이 衛侯(衛 成公)에게 元咺을 참소하여 말하기를 "원훤이 叔武를 임금으로 세웠다."라고 하였다. 그의 아들 元角이 成公을 隨從하고 있었는데 성공이 그를 죽이게 하였다. 그런데 원훤은 命을 저버리지 않고 夷叔(叔武)을 받들고 衛나라로 들어가 城을 지켰다. 〈叔武가 踐土로 가서 맹약을 接受하였으므로〉 6월에 晉人이 위후를 복위시켰다. 甯武子(甯兪)가 衛人과 宛濮에서 맹약하며 말하였다.

"하늘이 衛나라에 화를 내려 君臣이 화합하지 못하여 이러한 우환에 미쳤는데, 지금 하늘이 위나라 사람들에게 中正한 마음을 갖도록 이끌어 모두 심기를 누그러뜨리고 서로를 따르게 하였다. 居者(국내에 남아 있던 자들)가 없었다면 누가 社稷을 지켰겠으며, 行者(임금을 따라 국외로 나갔던 자들)가 없었다면 누가 임금의 牛馬를 보호하였겠는가〔扞〕. 〈그러나 거자와 행자가〉 서로 화합하지 못할까 염려되기 때문에 그대들의 大神 앞에서 밝게 맹약하여 하늘의 마음이 우리를 향하게 하고자 하니, 오늘 이후로 맹약한 뒤에는 행자는 功勞〔力〕를 믿고 〈남을 업신여기지 말며〉 거자는 죄를 받을까 두려워하지 말라. 이 맹약을 어겨서 서로에게 害惡을 미치게 하는 자가 있다면 明神과 先君이 그 죄를 규찰하고 처벌할 것이다."

國人들이 이 맹약을 듣고 난 뒤에야 두 마음을 품지 않았다. 위후가 〈숙무를 불신하여 입국하기로 한〉 기일보다 먼저 衛나라로 들어갈 적에 영무자가 먼저 들어가니, 長牂이 성문을 지키고 있다가 그를 위후의 使者라 생각하여 함께 수레를 타고 성안으로 들어갔다. 公子 歂犬과 華仲이 위후의 前驅가 되어 성안으로 들어왔는데, 숙무가 막 머리를 감으려다가 임금이 당도했다는 소식을 듣고는 기뻐서 풀어헤친 머리를 손으로 움켜쥐고 달려나오자 전구가 그를 화살로 적중시켜 죽였다. 成公이 그의 죄 없음을 알고 그의 시신을 다리에 눕히고 통곡하였다. 천견이 〈처벌을 받을까 두려워서 달아나기 위해〉 달려 나오자 성공이 사람을 시켜 그를 죽이게 하였다. 원훤은 晉나라로 달아났다.

字義 訴 : 참소할 소　誘 : 이끌, 꾈 유　衷 : 중앙, 가운데 충　社 : 토지신 사　稷 : 제사 지낼 직
扞 : 보호할 한　圉 : 말 어(=馬)　捉 : 잡을 착　髮 : 터럭 발　枕 : 누일 침

【經】陳侯款卒하다

陳侯 款(陳 穆公)이 卒하였다.

【經】秋라

가을이다.

【傳】城濮之戰에 晉中軍風于澤하야 亡大旆(패)之左旃(전)[104]하니 祁瞞奸命이라 司馬殺之하야 以徇于諸侯하고 使茅茷(패)代之하다 師還하야 壬午에 濟河하다 舟之僑先歸하니 士會攝右하다 秋七月丙申에 振旅하야 愷以入于晉하야 獻俘授馘하고 飮至大賞하며 徵會討貳하고 殺舟之僑以徇于國하니 民於是大服하다 君子謂 文公其能刑矣인저 三罪而民服이로다 詩云 惠此中國하야 以綏四方이라하니 不失賞刑之謂也니라

城濮의 전쟁에서 晉나라 中軍이 늪지대를 행군할 적에 큰바람을 만나 大旆의 左旃을 잃어버리니, 祁瞞이 〈직무를 수행하지 못한〉 軍令〔命〕을 범했다 하여 司馬가 그를 죽여 제후군의 군중에 조리돌리고 茅茷에게 그 직무를 대신하게 하였다.

晉나라 군대가 回軍하여 임오일에 河水를 건널 때 舟之僑가 먼저 돌아가자 士會가 車右의 직무를 대행하였다. 가을 7월 병신일에 隊伍를 정비하여 回軍하면서〔振旅〕 개선가를 부르며 晉나라 國都로 들어와, 생포하거나 귀를 벤 楚나라 군사를 종묘에 바치고 飮至하고 크게 상을 내렸으며, 제후들을 소집하여 두 마음을 먹은 나라를 토벌하게 하고, 〈군대를 버리고 먼저 돌아간 죄를 물어〉 주지교를 죽여 나라 안에 조리돌리니 백성들이 이에 크게 복종하였다. 君子가 다음과 같이 논평하였다.

“文公은 형벌을 잘 시행하였다. 죄인 세 명(顚頡 · 祁瞞 · 舟之僑)을 죽여서 백성들을 복종시켰구나. 《詩經》〈大雅 民勞〉에 이르기를 ‘이

旃

104 亡大旆(패)之左旃(전) : ‘大旆’는 旗의 이름이다. 깃 가에 술을 매달아놓은 것을 ‘旆’라 하고, 아무 무늬가 없이 순색으로 만든 깃발〔通帛〕을 ‘旃’이라고 한다.(杜注) ‘亡’은 분실함이다. ‘左旃’이라고 한 것은 아마도 大旆에 좌우의 구분이 있는 旃이 있었던 듯하다.(朱買臣)

中原의 제후국에 은혜를 베풀어 사방의 제후를 편안하게 하였다.'라고 하였으니, 賞刑을 시행하는 공정함을 잃지 않았음을 말한 것이다."

字義 澤 : 늪, 진펄 택 亡 : 잃을 망 旃 : 기 전 奸 : 범할 간 振 : 거둘, 정리할 진
旅 : 군대 려 愷 : 즐거울, 개선가 연주할 개 馘 : 벨 괵 徵 : 부를 징

【經】 杞伯姬來하다

杞伯姬가 魯나라에 왔다.

【經】 公子遂如齊하다

公子 遂가 齊나라에 갔다.

【經】 冬에 公會晉侯齊侯宋公蔡侯鄭伯陳子莒子邾子秦人于溫하다

겨울에 僖公이 晉侯·齊侯·宋公·蔡侯·鄭伯·陳子·莒子·邾子·秦人과 溫에서 회합하였다.

【傳】 冬에 會于溫하니 討不服也라

겨울에 溫에서 회합하였으니, 복종하지 않는 나라를 토벌하기 위함이었다.

【經】 天王狩于河陽하니 壬申에 公朝于王所하다

天王이 晉나라 河陽에서 사냥을 하니, 임신일에 僖公이 왕이 계신 곳으로 가서 朝見하였다.

【傳】 是會也에 晉侯召王하야 以諸侯見(현)하고 且使王狩하다 仲尼曰 以臣召君은 不可以訓이로다 故書曰 天王狩于河陽이라하니 言非其地也요 且明德也라 壬申에 公朝于王所하다

이번 회합에 晉侯가 周 襄王을 불러 제후들을 거느리고 朝見하였고, 또 왕에게 사냥을 하게 하니, 仲尼(孔子)가 말하기를 "신하로서 임금을 부른 것은 교훈이 될 수 없다."라고 하였다. 그러므로 經에 기록하기를 "天王이 晉나라 河陽에서 사냥을 하였다.〔天王狩于河陽〕"라고 하였으니, 〈천왕이 사냥을 하기에〉 적절한 장소가 아님을 말한 것이고, 또 晉 文公의 功德을 밝힌 것이다.

임신일에 僖公이 왕이 계신 곳〔王所〕으로 가서 朝見하였다.

字義 狩 : 사냥할 수

【經】晉人執衛侯하야 歸之于京師하니 衛元咺自晉復歸于衛하다

晉人이 衛侯를 사로잡아 京師로 보내니, 衛 元咺이 晉나라에서 衛나라로 復歸하였다.

【傳】衛侯與元咺訟할새 甯武子爲輔하고 鍼莊子爲坐하고 士榮爲大士[105]러니 衛侯不勝이어늘 殺士榮하고 刖鍼莊子로대 謂甯兪忠而免之하다 執衛侯하야 歸之于京師하야 置諸深室하니 甯子職納橐饘(탁전)焉하다 元咺歸于衛하야 立公子瑕하다

衛侯가 元咺과 〈叔武를 죽인 일을 가지고 晉侯에게〉 爭訟을 할 때 甯武子가 輔(相)가 되고 鍼莊子가 坐(소송 대리인)가 되고 士榮이 大士가 되었다. 〈그러나 세 사람의 말재주가 부족하여〉 위후가 승소하지 못하자 사영을 죽이고 침장자에게 刖刑을 내렸으나, 甯兪(영무자)는 충성스럽다 여겨 사면해주었다.

진후가 위후를 붙잡아 京師로 돌려보내 深室(囚室)에 안치하니, 甯子가 〈따라가서 위후에게〉 의복과 음식 바치는 일을 직무로 삼았다. 원훤이 衛나라로 돌아가서 公子 瑕를 임금으로 세웠다.

字義 坐 : 소송 대리인 좌 刖 : 발꿈치 자를 월 免 : 면할 면 橐 : 옷을 넣는 자루 탁 饘 : 죽 전

【經】諸侯遂圍許하다

제후들이 마침내 許나라를 포위하였다.

---

105 大士 : 獄事를 다스리는 관원을 가리킨다.

【傳】丁丑에 諸侯圍許하다

정축일에 제후들이 許나라를 포위하였다.

【經】曹伯襄復歸于曹하다 遂會諸侯하야 圍許하다

曹伯 襄(曹 共公)이 曹나라로 復歸하였다. 드디어 제후들과 회합하여 許나라를 포위하였다.

【傳】晉侯有疾하니 曹伯之豎侯獳(누)貨筮史하고 使曰 以曹爲解하라 齊桓公爲會而封異姓이어늘 今君爲會而滅同姓하니 曹叔振鐸은 文之昭也요 先君唐叔[106]은 武之穆也라 且合諸侯而滅兄弟하니 非禮也요 與衛偕命호대 而不與偕復하니 非信也요 同罪異罰하니 非刑也라 禮以行義하며 信以守禮하며 刑以正邪하나니 舍此三者하니 君將若之何오 公說(열)하야 復曹伯하니 遂會諸侯于許하다

晉侯가 병이 드니, 曹伯의 小臣(豎)인 侯獳가 〈卜筮를 맡은 晉나라 관원인〉 筮史에게 뇌물을 주고, 발병의 원인이 曹나라를 멸망시켰기 때문이라 풀이하도록 하였다. 〈서사가 진후에게 말하였다.〉

"齊 桓公은 會盟을 하여 異姓의 제후(邢·衛)를 봉하였는데, 지금 임금께서는 회맹을 하여 同姓의 제후(曹)를 멸하셨으니, 曹叔 振鐸(曹나라에 처음 봉해진 임금)은 文王의 아들이고 임금님의 先君 唐叔은 武王의 아들입니다. 또한 제후들을 규합하여 형제의 나라를 멸하였으니 禮가 아니고, 衛나라와 함께 〈조나라도 복위시킬 것을〉 명했으면서 함께 복위시키지 않았으니 信이 아니며, 같은 죄를 다르게 처벌하였으니 刑이 아닙니다. 禮로써 義를 행하고, 信으로써 禮를 지키며, 刑으로써 邪를 바로잡는 것입니다. 이 세 가지를 버리셨으니 임금께서는 장차 어찌하려 하십니까."

文公이 기뻐하여 조백을 복위시키니, 조백이 마침내 許나라에서 제후들과 회맹하였다.

字義 昭 : 아들, 시조묘 왼쪽 자리 소　穆 : 아들, 시조묘 오른쪽 자리 목　偕 : 함께 해

106 唐叔 : 唐叔虞로 처음 晉나라에 봉해진 임금이다. 처음엔 국명이 '唐'이었으나 후에 '晉'으로 변경하였다.

【傳】晉侯作三行(항)以禦狄할새 荀林父將中行하고 屠擊將右行하고 先蔑將左行하다

晉侯가 〈天子가 거느리는 六軍의 명칭을 피하기 위해〉 '三行'을 만들어 狄軍을 방어할 때, 荀林父는 中行을 거느리고 屠擊은 右行을 거느리고 先蔑은 左行을 거느렸다.

字義 禦 : 막을 어 狄 : 오랑캐 적

〈29년, 庚寅(B.C. 631)〉

【經】二十有九年이라 春에 介葛盧來하다

29년이다. 봄에 介나라 葛盧가 魯나라에 왔다.

【傳】二十九年이라 春에 介葛盧來朝하야 舍于昌衍之上이어늘 公在會하야 饋之芻米하니 禮也라

29년이다. 봄에 介나라 葛盧가 魯나라에 와서 朝見하므로 그를 昌衍 가에 머무르게 하였는데, 僖公이 회합으로 인해 국외에 나가 있으면서 건초〔芻〕와 쌀을 보내주었으니 禮에 맞는 일이었다.

字義 饋 : 보낼 궤 芻 : 건초, 꼴 추

【經】公至自圍許하다

僖公이 許나라를 포위한 전쟁에서 돌아왔다.

【經】夏六月에 會王人晉人宋人齊人陳人蔡人秦人하야 盟于翟泉하다

여름 6월에 王人 · 晉人 · 宋人 · 齊人 · 陳人 · 蔡人 · 秦人과 회합하여 翟泉에서 맹약하였다.

【傳】夏에 公會王子虎晉狐偃宋公孫固齊國歸父(보)陳轅濤塗秦小子憖(은)하야 盟于翟泉하야 尋踐土之盟하고 且謀伐鄭也라 卿不書는 罪之也라 在禮에 卿不會公侯하나니 會伯子男은 可也니라

여름에 僖公이 王子 虎 · 晉 狐偃 · 宋 公孫固 · 齊 國歸父 · 陳 轅濤塗 · 秦 小子憖과 회합하고 翟泉에서 맹약하여 踐土에서 한 맹약을 다졌고, 또 鄭나라를 토벌하는 일을 상의하였다. 〈經에 회맹에 참여한〉 卿의 이름을 기록하지 않은 것은 〈신분에 맞지 않게 회맹에 참여한 것을〉 폄하한 것이다〔罪〕. 禮에 따르면 卿은 公 · 侯와 회합할 수 없는 법이니, 伯 · 子 · 男과 회합하는 것은 가능하다.

字義 罪 : 다스릴, 징벌할 죄

【經】秋에 大雨雹(박)하다

가을에 크게 우박이 떨어졌다.

【傳】秋에 大雨雹하니 爲災也라

가을에 크게 우박이 떨어졌으니, 災害가 되었기 때문에 기록하였다.

字義 雹 : 우박 박

【經】冬에 介葛盧來하다

겨울에 介나라 葛盧가 魯나라에 왔다.

【傳】冬에 介葛盧來하니 以未見公이라 故復(부)來朝하다 禮之할새 加燕好러니 介葛盧聞牛鳴하고 曰 是生三犧하니 皆用之矣리니 其音云이라하야늘 問之而信이러라

겨울에 介나라 葛盧가 魯나라에 왔으니, 僖公을 만나지 못하였기 때문에 다시 와서 朝見한 것이다. 〈한 해에 두 차례 왔으므로〉 그를 禮遇할 적에 연회하는 禮式과 좋은 재화를 정해진 등급보다 추가하였는데, 개나라 갈로가 소의 울음소리를 듣고는 말하였다. "이 소가 새끼를 세 마리 낳았으니 모두 제사의 犧牲으로 사용할 수 있을 것이니, 그 소리가 그렇습니다." 〈관원에게 사실 관계를〉 물어보니 그의 말이 사실이었다.

〈30년, 辛卯(B.C. 630)〉

【經】 三十年이라 春王正月이라

30년이다. 봄 周王 正月이다.

【經】 夏에 狄侵齊하다

여름에 狄人이 齊나라를 침공하였다.

【傳】 三十年이라 春에 晉人侵鄭하야 以觀其可攻與否하니 狄間晉之有鄭虞也라가 夏에 狄侵齊하다

30년이다. 봄에 晉人이 鄭나라를 침입하여 공격할 만한지의 여부를 관찰하였다. 狄人이 晉나라가 정나라를 침공하는 일로 근심하는 틈을 엿보다가 여름에 狄人이 齊나라를 침공하였다.

【經】 秋에 衛殺其大夫元咺하고 及公子瑕하니 衛侯鄭歸于衛하다

가을에 衛나라가 그 大夫 元咺을 죽이고 公子 瑕까지 죽이니, 衛侯 鄭이 衛나라로 돌아갔다.

【傳】 晉侯使醫衍酖衛侯한대 甯兪貨醫하야 使薄其酖하니 不死하다 公爲之請할새 納玉於王與晉侯를 皆十瑴(각)하니 王許之하다 秋에 乃釋衛侯하니 衛侯使賂周歂(천)冶廑(근)曰 苟能納我면 吾使爾爲卿호리라 周冶殺元咺及子適子儀하니 公入하야 祀先君에 周冶旣服하고 將命이러니 周歂先入이라가 及門하야 遇疾而死하니 冶廑辭卿하다

晉侯가 의원 衍을 보내 衛侯(衛 成公)를 酖毒으로 살해하게 하였는데, 甯兪가 의원에게 뇌물을 주어 짐독을 치사량보다 적게 넣도록 하니 위후가 죽지 않았다. 僖公이 위후를 위하여 사면해줄 것을 청할 때 周 襄王과 진후에게 모두 열 쌍(瑴)의 玉을 바치니, 양왕이 허락하였다.

가을에 위후를 풀어주니, 위후가 周歂 · 冶廑에게 사람을 보내 뇌물을 주며 말하기를 "만약 나를 衛나라로 들여보내준다면 내가 그대들을 卿으로 삼겠다."라고 하였다. 주천 · 야근이 元

咺과 子適(公子 瑕) · 子儀(공자 하의 母弟)를 죽였다. 成公이 위나라로 들어가서 先君에게 제사를 지내려 할 때 주천 · 야근이 벌써 卿의 복장을 하고 임명을 받으려 하였는데, 주천이 먼저 들어가다가 문에 이르러 갑자기 발작을 일으키며 죽으니, 야근이 〈두려워서〉 卿의 지위를 사양하였다.

字義 醫 : 의원 의 酖 : 鴆毒 짐 貨 : 뇌물 줄 화 薄 : 적을, 덜 박 穀 : 쌍옥 각 疾 : 발작할 질

【經】晉人秦人圍鄭하다

晉人과 秦人이 鄭나라를 포위하였다.

【傳】九月甲午에 晉侯秦伯圍鄭하니 以其無禮於晉이요 且貳於楚也라 晉軍函陵하고 秦軍氾南하다 佚之狐言於鄭伯曰 國危矣니이다 若使燭之武見(현)秦君이면 師必退리이다 公從之러니 辭曰 臣之壯也에도 猶不如人이어든 今老矣라 無能爲也已니이다 公曰 吾不能早用子라가 今急而求子하니 是寡人之過也라 然鄭亡이면 子亦有不利焉이리라 許之하고 夜에 縋(추)而出하야 見(현)秦伯曰 秦晉圍鄭하니 鄭既知亡矣로소이다 若亡鄭而有益於君인댄 敢以煩執事어니와 越國以鄙遠은 君知其難也니 焉用亡鄭以陪隣이리오 隣之厚는 君之薄也라 若舍鄭以爲東道主하야 行李之往來에 共其乏困이면 君亦無所害리이다 且君嘗爲晉君賜矣[107]에 許君焦瑕러니 朝濟而夕設版焉은 君之所知也니이다 夫晉何厭之有잇가 既東封鄭이면 又欲肆其西封하리니 若不闕秦인댄 將焉取之리잇가 闕秦以利晉이니 唯君圖之하소서 秦伯說(열)하야 與鄭人盟하고 使杞子逢孫楊孫戍之하고 乃還하다 子犯請擊之한대 公曰 不可하다 微夫人之力이면 不及此니 因人之力而敝之는 不仁이요 失其所與는 不知요 以亂易整은 不武니 吾其還也호리라 亦去之하다

9월 갑오일에 晉侯 · 秦伯이 鄭나라를 포위하니, 〈晉 文公이 周遊할 때 鄭伯이〉 진나라(문공)에 무례하였고 또 楚나라에 다가가 두 마음을 품었기 때문이다. 晉나라 군대가 函陵에 주둔하고 秦나라 군대는 氾南에 주둔하였다. 佚之狐가 정백에게 말하였다. "나라가 위태롭습니다. 만약 燭之武에게 秦나라 군주를 뵙게 한다면 군대를 반드시 물릴 수 있을 것입니다."

鄭公이 그 말을 따랐는데, 촉지무가 사양하며 말하였다. "臣은 혈기가 왕성할 때도 오히려

107 君嘗爲晉君賜矣 : 晉 惠公(夷吾)이 秦나라의 도움으로 晉나라에 들어가 임금이 되었던 일을 가리킨다.

남보다 못하였는데 이제는 늙었으므로 잘할 수 있는 것이 없습니다." 정공이 말하였다. "내 일찍이 그대를 등용하지 않다가 이제 나라가 위급해져서 그대에게 요구하니, 이는 寡人의 잘못이다. 그렇지만 鄭나라가 망하면 그대도 이롭지 못할 것이다." 촉지무가 허락하고 밤에 밧줄을 타고 성 밖으로 나가 秦伯을 뵙고 말하였다.

"秦 · 晉나라가 정나라를 포위하였으니 정나라가 망할 것임은 이미 알고 있습니다. 만약 정나라를 멸망시켜 君께 이익이 있다면 〈이렇게 뵙고서〉 감히 執事(秦君)를 번거롭게 하겠습니까마는, 다른 나라를 넘어 먼 곳에 나라의 변경을 삼는 것은 君께서도 그 어려움을 알고 계실 것입니다. 어찌 정나라를 멸망시켜서 이웃 나라(晉)를 돕고자 하십니까. 이웃 나라의 영토가 넓어지는 것은 君의 영토가 줄어드는 것입니다. 만약 정나라를 내버려두고 동쪽으로 나아가는 길의 주인으로 삼아서, 行李(使臣)가 왕래할 때 부족한 物資와 유숙할 館舍를 공급하게 한다면 君께서도 손해가 없을 것입니다.

게다가 君께서 일찍이 晉君(晉 惠公)에게 은혜를 베푸셨을 때 혜공이 君께 焦 · 瑕 등 〈河外의 다섯 城을〉 주기로 약속하였는데, 아침에 河水를 건너 晉나라에 들어가서는 저녁에 〈秦나라의 침입을 대비하기 위해〉 城을 쌓은 것〔設版〕은 君께서도 아시는 일입니다. 저 晉나라가 어찌 만족함이 있겠습니까. 晉나라는 동쪽으로 정나라를 疆土로 삼고 나면 또 서쪽으로 강토를 넓히려 할 것이니, 秦나라의 영토를 침해하지〔闕〕 않고 장차 어느 곳을 취하겠습니까. 秦나라의 영토를 줄여서 晉나라를 이롭게 하는 것이니, 바라건대 君께서는 헤아리십시오."

秦伯이 기뻐하여 鄭人과 맹약하고 杞子 · 逢孫 · 楊孫에게 정나라를 지키게 하고서 이내 돌아갔다. 子犯이 秦나라를 공격할 것을 청하자, 文公이 말하였다. "안 된다. 저 사람(秦 穆公)의 도움〔力〕이 아니었다면 이곳에 이르지 못했을 것이니, 남의 도움을 빌렸다가 도리어 그를 해친다면〔敝〕 不仁이고, 同盟國을 잃는다면 不知이며, 난리로 안정을 바꾼다면 不武이니 나는 돌아갈 것이다." 그리하여 晉軍 또한 정나라를 떠났다.

字義 貳 : 두 마음 먹을 이　壯 : 혈기 왕성할 장　早 : 일찍 조　縋 : 밧줄 타고 오르내릴 추
煩 : 번거로울 번　越 : 넘을 월　焉 : 어찌 언　陪 : 더할, 보탤 배　共 : 이바지할 공
濟 : 건널 제　厭 : 만족할 염　肆 : 넓힐 사　闕 : 침해할 궐　說 : 기쁠 열
力 : 도움, 공로 력　敝 : 해칠 폐

初에 鄭公子蘭出奔晉이라가 從於晉侯伐鄭하야 請無與圍鄭하니 許之하야 使待命于東하다 鄭石甲父(보)侯宣多逆以爲大(태)子하야 以求成于晉하니 晉人許之하다

당초에 鄭나라 公子 蘭(鄭 穆公)이 晉나라로 달아났다가, 晉侯가 정나라를 토벌하는 데 따라와서 정나라를 포위하는 일에 참여하지 않게 해줄 것을 요청하였다.

文公이 허락하여 동쪽 변경에서 命을 기다리게 하였는데, 정나라 石甲父 · 侯宣多가 그를 맞이하여 太子로 삼고 晉나라에 和親을 요구하니 晉人이 허락하였다.

【經】 介人侵蕭하다

介人이 蕭나라를 침공하였다.

【經】 冬에 天王使宰周公來聘하다

겨울에 天王이 宰周公을 보내 와서 聘問하게 하였다.

【傳】 冬에 王使周公閱來聘하니 饗有昌歜白黑形鹽이라 辭曰 國君文足昭也하며 武可畏也면 則有備物之饗하야 以象其德하고 薦五味하며 羞嘉穀하며 鹽虎形하야 以獻其功하나니 吾何以堪之리오

겨울에 周 襄王이 周公 閱을 魯나라에 보내 와서 聘問하게 하니, 〈僖公이 그를〉 대접할 때 창포김치〔昌歜〕 · 흰쌀과 검은 기장〔白黑〕 · 호랑이 모양으로 깎은 소금〔形鹽〕을 두었다. 그러자 閱이 사양하며 말하였다.

"國君의 文德이 밝게 드러날 만하고 武功이 사람들을 畏服시킬 만하면 온갖 음식을 갖추고 접대하여 그 문덕을 상징하고, 五味를 올리고 嘉穀을 바치며 호랑이 모양으로 소금을 깎아서 무공을 상징하는〔獻〕 것이니, 제가 어찌 이를 감당하겠습니까."

字義 昌 : 창포 창 歜 : 창포 김치 잠 鹽 : 소금 염 象 : 상징할 상 羞 : 바칠, 올릴 수
獻 : 상징할, 표현할 헌

【經】 公子遂如京師라가 遂如晉하다

公子 遂가 京師에 聘問하러 갔다가, 마침내 晉나라에 빙문을 갔다.

【傳】 東門襄仲將聘于周할새 遂初聘于晉하다

東門襄仲(公子 遂)이 周나라에 聘問하려 할 적에 마침내 〈魯나라가 春秋時代에 들어와〉 처음으로 晉나라에 빙문하였다.

〈31년, 壬辰(B.C. 629)〉

【經】 三十有一年이라 春에 取濟西田하다

31년이다. 봄에 魯나라가 濟水의 서쪽 땅을 취하였다.

【傳】 三十一年이라 春에 取濟西田하니 分曹地也라 使臧文仲往하야 宿於重館이러니 重館人告曰 晉新得諸侯하니 必親其共하리라 不速行이면 將無及也리라 從之하야 分曹地하니 自洮以南으로 東傅于濟히 盡曹地也라

31년이다. 봄에 魯나라가 濟水의 서쪽 땅을 취하였으니, 〈晉나라가 曹나라를 토벌하고〉 조나라 땅을 나누어준 것이다. 臧文仲이 땅을 받으러 가면서 重 땅의 客館에서 묵었는데, 重 땅의 客館을 관리하는 사람이 말하였다. "진나라가 새로 제후를 얻었으니 반드시 恭順한 사람을 친애할 것입니다. 속히 가지 않으면 〈먼저 간 자들이 전부 받아갈 것이므로〉 아마〔將〕 미치지 못할 것입니다."

장문중이 그 말을 따라 〈속히 가서〉 조나라 땅을 나누어 받았으니, 洮水 이남에서 동쪽으로 濟水에 이르기까지의 모든 조나라를 받았다.

字義 宿 : 머무를 숙 共 : 恭順할 공

【經】 公子遂如晉하다

公子 遂가 晉나라에 갔다.

【傳】 襄仲如晉하니 拜曹田也라

襄仲(公子 遂)이 晉나라에 갔으니, 조나라 땅을 〈나누어준 것에 대한〉 사례〔拜〕를 한 것이다.

字義 拜 : 사례할 배

【經】夏四月에 四卜郊한대 不從이어늘 乃免牲하고 猶三望[108]하다

여름 4월에 郊祭를 지내는 것에 대하여 네 차례 거북점(卜)을 쳤는데, 점괘가 不吉(不從)하게 나오자 이내 牲을 놓아주고, 오히려 三望祭를 지냈다.

【傳】夏四月에 四卜郊한대 不從이어늘 乃免牲하니 非禮也요 猶三望하니 亦非禮也라 禮에 不卜常祀요 而卜其牲日하나니 牛卜日曰牲이라 牲成而卜郊하니 上怠慢也라 望은 郊之細也니 不郊면 亦無望可也니라

여름 4월에 郊祭를 지내는 것에 대하여 네 차례 거북점을 쳤는데, 점괘가 불길하게 나오자 이내 牲을 놓아주었으니 禮에 맞지 않았고, 오히려 三望祭를 지냈으니 이 또한 예에 맞지 않는 일이다.

예에 따르면 해마다 지내는 고정적인 제사(常祀)는 길흉을 점치지 않고 제사에 쓸 牲과 날짜만 점치는 것이니, 吉日을 잡고 나면 소를 '牲'이라 칭한다. 牲이 정해졌는데 교제를 지내는 것에 대한 길흉을 점쳤으니 윗사람이 태만한 것이다. '望'은 교제의 작은 제사이니 교제를 지내지 않으면 望祭도 지내지 않는 것이 옳다.

字義 常 : 변함없을, 일정할 상 怠 : 게으를 태 慢 : 게으를 만

【經】秋七月이라

가을 7월이다.

【傳】秋에 晉蒐于淸原하야 作五軍以禦狄할새 趙衰(최)爲卿하다

가을에 晉나라가 淸原에서 蒐禮(閱兵式)를 하고 五軍을 편성하여 狄人을 방어할 때 趙衰를 卿으로 삼았다.

108 猶三望 : '三望'은 하늘의 28宿(수) 중 魯나라에 해당하는 分野의 별과 國中의 山·川에 모두 望祭를 지내는 것이다. 노나라가 하늘에 제사하는 郊祭는 폐지하고 작은 제사(망제)를 지냈으므로 '猶(오히려)'라고 한 것이니, '猶'라는 것은 그만두는 것이 낫다는 말이다.(杜注)

【經】冬에 杞伯姬來求婦하다

겨울에 杞伯姬가 魯나라에 와서 며느리를 구하였다.

【經】狄圍衛하다 十有二月에 衛遷于帝丘하다

狄人이 衛나라를 포위하였다. 12월에 衛나라가 〈狄人의 난리를 피해〉 帝丘로 遷都하였다.

【傳】冬에 狄圍衛한대 衛遷于帝丘할새 卜曰三百年이러라 衛成公夢하니 康叔曰 相奪予享[109]이라하야늘 公命祀相이러니 甯武子不可하야 曰 鬼神非其族類면 不歆其祀하나니 杞鄫何事오 相之不享於此久矣로대 非衛之罪也니 不可以間成王周公之命祀니 請改祀命하소서

겨울에 狄人이 衛나라를 포위하자, 衛나라가 帝丘로 遷都할 때 제구에 대한 길흉을 점치니 3백 년 동안은 안정될 것이라는 점괘가 나왔다. 衛 成公이 꿈을 꾸었는데, 康叔(위나라에 처음 봉해진 임금)이 나타나 말하기를 "相이 나의 제사를 빼앗는다."라고 하였다. 이에 성공이 相에게 제사를 지내라고 명하니, 甯武子가 반대하며 말하였다.

"鬼神은 그 族類가 아니면 제사를 흠향하지 않는 법이니, 〈夏나라의 후손인〉 杞 · 鄫나라가 제사를 지내는 이유가 무엇이겠습니까. 相이 여기에서 제사를 흠향하지 않은 지가 오래되었지만 이는 우리 위나라의 잘못이 아니니, 〈본래 기 · 증나라가 제사지내야 할〉 成王과 周公이 명한 제사를 범(間)해서는 안 됩니다. 청컨대 제사 지내라는 명을 바꿔주십시오."

鄭洩駕惡(오)公子瑕하고 鄭伯亦惡(오)之라 故公子瑕出奔楚하다

鄭나라 大夫 洩駕가 公子 瑕를 미워하고 鄭伯도 그를 미워하였다. 그러므로 公子 瑕가 楚나라로 달아났다.

字義 歆 : 받을, 흠향할 흠　間 : 범할 간

---

109 相奪予享 : '相'은 夏后 啓(禹王의 아들)의 손자이니, 帝丘에 거주하였다. '享'은 제사이다.(杜注)

〈32년, 癸巳(B.C. 628)〉

【經】三十有二年이라 春王正月이라

32년이다. 봄 周王 正月이다.

【傳】三十二年이라 春에 楚鬪章請平于晉이어늘 晉陽處父(보)報之하니 晉楚始通하니라

32년이다. 봄에 楚나라 鬪章이 晉나라에 와서 화평을 요청하자 晉나라 陽處父가 答訪을 하였으니, 晉·楚나라가 비로소 通好한 것이다.

【經】夏四月己丑에 鄭伯捷卒하다

여름 4월 기축일에 鄭伯 捷(鄭 文公)이 卒하였다.

【經】衛人侵狄이러니 秋에 衛人及狄盟하다

衛人이 狄을 침공하니, 가을에 衛人이 狄人과 맹약하였다.

【傳】夏에 狄有亂이어늘 衛人侵狄하다 狄請平焉한대 秋에 衛人及狄盟하다

여름에 狄에 난리가 일어나자 衛人이 狄을 침공하였다. 狄人이 화평하기를 청하자, 가을에 衛人과 狄人이 맹약하였다.

【經】冬十有二月己卯에 晉侯重耳卒하다

겨울 12월 기묘일에 晉侯 重耳(晉 文公)가 卒하였다.

【傳】冬에 晉文公卒하다 庚辰에 將殯于曲沃하야 出絳하니 柩有聲如牛어늘 卜偃使大夫拜曰 君命[110]大事라 將有西師過軼(질)我하리니 擊之면 必大捷焉하리라

---

110 君命 : 靈柩에서 소리가 났기 때문에 '君命'이라 한 것이다.(杜注)

겨울에 晉 文公이 卒하였다. 경진일에 〈舊宮이 있는〉 曲沃에서 殯하기 위해 絳에서 나가니, 靈柩에서 소가 우는 듯한 소리가 났다. 그러자 卜偃이 大夫들에게 영구를 향해 절을 하게 하며 말하였다.

"임금께서 大事(전쟁)를 명하셨다. 장차 서쪽 나라(秦)의 군대가 우리 국경을 지나갈 것이니, 이들을 공격하면 반드시 크게 승리할 것이다."

字義 軼 : 지날 질

〈33년, 甲午(B.C. 627)〉

【經】三十有三年이라 春王二月에 秦人入滑하다

33년이다. 봄 周王 2월에 秦人이 滑나라를 침입하였다.

【傳】杞子自鄭使告于秦曰 鄭人使我掌其北門之管하니 若潛師以來면 國可得也라하야늘 穆公訪諸蹇叔한대 蹇叔曰 勞師以襲遠은 非所聞也로소이다 師勞力竭하고 遠主備之하면 無乃不可乎잇가 師(知)〔之〕[111]所爲를 鄭必知之하리니 勤而無所면 必有悖心이요 且行千里니 其誰不知리오 公辭焉하고 召孟明西乞白乙하야 使出師於東門之外하다 蹇叔哭之曰 孟子아 吾見師之出이요 而不見其入也리라 公使謂之曰 爾何知오 中壽라도 爾墓之木拱矣니라 蹇叔之子與師러니 哭而送之曰 晉人禦師必於殽요 殽有二陵焉하니 其南陵은 夏后皐之墓也요 其北陵은 文王之所辟(피)風雨也라 必死是間이리니 余收爾骨焉호리라 秦師遂東하다

〈秦 穆公의 명으로 鄭나라를 지키던 秦나라 大夫〉 杞子가 정나라에서 秦나라로 사람을 보내 말하기를 "鄭人이 우리에게 北門의 열쇠(管)를 맡겼으니, 은밀하게 군대를 일으켜 온다면 정나라를 얻을 수 있을 것입니다."라고 하였다. 목공이 蹇叔에게 의견을 묻자, 건숙이 말하였다.

"군대를 수고롭게 하여 먼 곳에 있는 나라를 공격한다는 것은 들어보지 못했습니다. 군대가 수고로워 힘이 다하고 먼 나라(鄭)의 군주가 대비를 하면 불가하지 않겠습니까. 우리 군대가 하려는 것을 정나라도 반드시 알고 있을 것이니, 수고스럽기만 하고 소득이 없다면 반드

111 (知)〔之〕: 저본에는 '知'로 되어 있으나, 十三經注疏本《春秋左傳正義》에 의거하여 '之'로 바로잡았다.

시 불순한 마음이 생길 것이고, 게다가 천 리를 행군해야 되니 누군들 알지 못하겠습니까."

그러나 목공은 그의 말을 받아들이지 않고 孟明·西乞·白乙을 불러 東門 밖으로 출병하게 하였다. 건숙이 통곡하며 말하였다. "孟子(孟明)여. 나는 군대가 나가는 것은 보지만 들어오는 것은 보지 못할 것이다." 그러자 목공이 건숙에게 사람을 보내 말하였다. "네가 무얼 안단 말이냐. 네가 중간 정도의 수명만 누리고 죽었더라도, 네 무덤에 심은 나무가 한 아름은 되었을 것이다."

건숙의 아들이 출병하는 군사에 포함되어 있었는데, 건숙이 통곡하여 전송하면서 말하였다. "晉人은 반드시 우리나라 군대를 殽山에서 막을 것이고, 효산에는 언덕이 두 곳 있으니, 남쪽 언덕은 夏后 皐(夏桀의 祖父)의 무덤이고 북쪽 언덕은 文王이 비바람을 피했던 곳이다. 네가 반드시 이 사이에서 죽을 것이니, 내 그곳에서 너의 유골을 수습하겠다."

秦나라 군대가 마침내 동쪽으로 출병하였다.

[字義] 管 : 열쇠 관 潛 : 은밀히, 남몰래 잠 悖 : 거스를, 불순할 패 壽 : 장수할 수
拱 : 두 손 맞잡을 공 收 : 거둘 수

三十三年이라 春에 秦師過周北門할새 左右免胄而下라가 超乘者三百乘이러라 王孫滿尙幼러니 觀之하고 言於王曰 秦師輕而無禮하니 必敗리이다 輕則寡謀하고 無禮則脫이니 入險而脫하고 又不能謀면 能無敗乎잇가 及滑하니 鄭商人弦高將市於周라가 遇之하야 以乘韋先하고 牛十二犒師曰 寡君聞吾子將步師出於敝邑하고 敢犒從者하노니 不腆敝邑이 爲從者之淹하야 居則具一日之積하고 行則備一夕之衛하노라 且使遽告于鄭하니 鄭穆公使視客館한대 則束載厲兵秣馬矣어늘 使皇武子辭焉曰 吾子淹久於敝邑하야 唯是脯資餼(희)牽竭矣라 爲吾子之將行也하니 鄭之有原圃는 猶秦之有具囿也라 吾子取其麋鹿하야 以間(한)敝邑이 若何오 杞子奔齊하고 逢孫楊孫奔宋하니 孟明曰 鄭有備矣니 不可冀也라 攻之不克하고 圍之不繼리니 吾其還也호리라 滅滑而還하다

33년이다. 봄에 秦나라 군대가 周나라의 北門을 경유할 때 〈天子에게 禮를 갖추기 위해 수레의〉 좌우에서 투구를 벗고 내렸다가 다시 뛰어올라 탄 숫자가 300乘이었다. 아직 나이가 어렸던 王孫 滿이 이 모습을 보고 王에게 말하였다. "진나라 군대가 경박하고 무례하니 반드시 패배할 것입니다. 경박하면 계책이 부족하고 무례하면 〈일처리가〉 소략하니, 험한 곳으로 들어가면서 소략하고 또 계책도 낼 수 없다면 패배하지 않겠습니까."

진나라 군대가 滑나라에 이르니, 鄭나라 商人 弦高가 주나라에 장사를 하러 가다가 그들을 만나 먼저 네 장의 가죽〔乘韋〕으로 〈예를 표하고〉 소 열두 마리로 군사를 犒饋하고 말하였다.

"寡君(鄭君)께서 그대(孟明)가 장차 군대를 거느리고 우리나라로 온다는 말을 들으시고 〈저를 보내〉 감히 從者를 위로하게 하셨습니다. 변변치 못한 우리나라가 종자께서 이곳으로 오랫동안 행차하신 것을 위하여, 머무르면 하루치의 물자를 준비하고 떠난다면 하룻저녁을 지켜드리겠습니다."

그러고는 신속히 정나라에 소식을 알리니, 鄭 穆公이 사람을 보내 〈杞子 등이 머무는〉 客館을 살펴보게 하였는데, 그들이 짐을 꾸리고 무기를 벼리며 말을 먹이고 있자 목공이 皇武子를 보내 그들에게 말하게 하였다.

"그대들이 우리나라에 오랫동안 머물러서 말린 고기 · 양식 · 희생 · 가축 등이 고갈되었다. 그대들이 장차 떠나려 한다고 하니, 정나라에도 진나라의 具囿와 같은 原圃가 있다. 그대들이 그곳의 사슴과 고라니를 잡아다가 〈行資로 써서〉 우리나라 사람을 한가롭게 해주는 것이 어떻겠는가?"

杞子는 齊나라로 달아나고, 逢孫 · 楊孫은 宋나라로 달아나니, 孟明이 말하였다. "정나라가 대비를 하고 있으니 승리를 바랄 수 없다. 공격해도 이기지 못하고 포위해도 지속할 수 없을 것이니 나는 돌아갈 것이다." 그러고는 滑나라를 멸하고 돌아갔다.

字義 過 : 지날, 경유할 과　冑 : 투구 주　輕 : 경솔할 경　寡 : 적을 과　脫 : 소략할 탈
韋 : 가죽 위　犒 : 호궤할 호　腆 : 좋을 전(=善)　淹 : 오랠 구(=久)　積 : 물자 적
衛 : 지킬, 호위할 위　遽 : 빠를, 신속할 거　厲 : 갈, 벼릴 려　秣 : 말 먹일 말
脯 : 말린 고기 포　資 : 양식 자(=糧)　餼 : 살아 있는 짐승 희　牽 : 가축 견
竭 : 다할 갈　間 : 한가할 한

【經】齊侯使國歸父(보)來聘하다

齊侯가 魯나라에 國歸父를 보내 와서 聘問하였다.

【傳】齊國莊子來聘할새 自郊勞至于贈賄히 禮成而加之以敏[112]하니 臧文仲言於公曰 國子爲政하야 齊猶有禮로소니 君其朝焉하소서 臣聞之호니 服於有禮는 社稷之衛也라하니이다

齊나라 國莊子(國歸父)가 魯나라에 와서 聘問할 적에 郊勞에서 贈賄까지 禮에 따라 행동하

112 自郊勞至于贈賄 禮成而加之以敏 : '郊勞'는 使者가 聘問國의 郊外에 당도하면 本國의 國君이 卿이나 大夫를 교외로 보내어 慰勞하는 것인데, 〈杜注〉에는 "가는 나라의 교외에 이르러 땅을 깨끗이 쓸고 흙을 쌓아 壇을 만들고 郊勞를 받는다."라고 하였다. '贈賄'는 財物을 주는 禮이다.

고 영민함까지 갖추니, 臧文仲이 僖公에게 말하였다.

"國子가 執政이 되어 제나라에는 아직 예가 있으니, 임금께서는 제나라에 조현하십시오. 臣이 들으니 '예가 있는 나라에 복종하는 것은 社稷을 保衛하는 것이다.'라고 하였습니다."

字義 聘 : 빙문할, 문안할 빙 敏 : 민첩할 민

【經】夏四月辛巳에 晉人及姜戎敗秦師于殽하다

여름 4월 신사일에 晉人이 姜戎과 연합하여 殽山에서 秦나라 군대를 패배시켰다.

【經】癸巳에 葬晉文公하다

계사일에 晉 文公을 장사 지냈다.

【傳】晉原軫曰 秦違蹇叔하고 而以貪勤民하니 天奉我也니이다 奉不可失이요 敵不可縱이니 縱敵이면 患生하고 違天이면 不祥이니 必伐秦師하소서 欒枝曰 未報秦施하고 而伐其師면 其爲死君乎아 先軫曰 秦不哀吾喪하고 而伐吾同姓하니 秦則無禮라 何施之爲리오 吾聞之호니 一日縱敵이면 數世之患也라하니 謀及子孫이라 可謂死君乎인저 遂發命하야 遽興姜戎하고 子[113]墨衰(최)絰하고 梁弘御戎하고 萊駒爲右하다

晉나라 原軫이 말하였다. "秦나라가 蹇叔의 간언을 어기고 이익을 탐내서 백성들을 수고롭게 하니 하늘이 우리에게 기회를 준(奉) 것입니다. 하늘이 준 기회를 놓쳐서는 안 되고 적군을 놓아주어서도 안 되니, 적을 놓아주면 후환이 생길 것이고 하늘의 뜻을 어기면 상서롭지 못할 것이니, 반드시 秦나라 군대를 토벌하십시오."

欒枝가 말하였다. "秦나라가 베푼 은혜를 갚지 않고 그 군대를 토벌한다면 어찌 돌아가신 임금(文公)을 위하는 것이겠습니까."

先軫(原軫)이 말하였다. "秦나라가 우리의 喪을 애도하지 않고 우리 同姓國(滑나라)을 토벌하였습니다. 秦나라가 이처럼 무례한데 무슨 은혜를 베풀었단 말입니까. 제가 들으니 '하루

113 子 : 晉 文公의 장사를 지내기 전이었으므로 襄公을 '子'라고 칭한 것이다. 凶服(喪服)을 입고 출정하였으므로 검은 물을 들인 것이다.(杜注)

적을 풀어주면 몇 代의 근심이 된다.'라고 하였습니다. 자손들에게까지 미칠 계책이니 돌아가신 임금께 정당하게 할 말이 있을 것입니다."

마침내 〈晉 襄公이〉 명을 내려 급히 姜戎에게 군대를 일으키게 하고, 子(襄公)는 검은 衰絰을 입고 梁弘을 御者로 삼고 萊駒를 車右로 삼았다.

字義 奉 : 줄, 보낼 봉 縱 : 풀어줄, 놓아줄 종 違 : 어길 위 絰 : 수질과 요질 질

夏四月辛巳에 敗秦師于殽하야 獲百里孟明視西乞術白乙丙以歸하다 遂墨以葬文公하니 晉於是始墨하니라 文嬴[114]請三帥曰 彼實構吾二君하니 寡君若得而食之라도 不厭이어늘 君何辱討焉이리오 使歸就戮于秦하야 以逞寡君之志若何오 公許之하다 先軫朝하고 問秦囚한대 公曰 夫人請之일새 吾舍之矣로라 先軫怒曰 武夫力而拘諸(저)原이어늘 婦人暫而免諸(저)國하니 墮(휴)軍實而長寇讐라 亡無日矣로다하고 不顧而唾러라 公使陽處父(보)追之하야 及諸(저)河하니 則在舟中矣라 釋左驂하야 以公命贈孟明한대 孟明稽首曰 君之惠로 不以纍(루)臣[115]釁鼓[116]하고 使歸就戮于秦하니 寡君之以爲戮이면 死且不朽요 若從君惠而免之면 三年將拜君賜호리이다 秦伯素服郊次하야 鄕師而哭曰 孤違蹇叔하야 以辱二三子하니 孤之罪也라 不替孟明하고 孤之過也라 大夫何罪오 且吾不以一眚掩大德호리라

여름 4월 신사일에 晉나라가 殽山에서 秦나라 군대를 패배시키고 百里孟明視 · 西乞術 · 白乙丙을 사로잡아 데리고 돌아왔다. 마침내 검은 물을 들인 상복을 입고 晉 文公을 장사 지내니, 晉나라가 이때부터 비로소 검은 상복을 입기 시작하였다.

文嬴이 秦나라 세 장수의 석방을 요청하며 말하였다. "저들이 실로 우리 두 임금을 이간하였으니, 寡君이 그들의 고기를 씹어 먹더라도 성에 차지 않을 것인데, 君이 어찌 욕되이 그들을 처벌할 것이 있겠소? 그들을 돌려보내 秦나라에서 형벌을 받도록 하여 과군의 마음을 푸는 것이 어떻겠소?" 양공이 허락하였다.

〈이윽고〉 先軫이 朝見하고 秦나라 포로들의 처우에 관해서 묻자 양공이 대답하였다. "夫人께서 석방을 요청하시기에 내가 풀어주었다." 선진이 성을 내며 말하였다. "武夫들이 힘을 다해 전장에서 사로잡았는데 아녀자가 갑작스레 나라에서 그들을 풀어주니, 전쟁의 성과를

---

114 文嬴 : 秦 穆公의 딸이며, 晉 襄公의 모친이다.

115 纍(루)臣 : 남의 나라에 구금된 관리가 그 나라 임금에 대하여 스스로 일컫는 칭호이다.(《漢韓大辭典》)

116 釁鼓 : 사람을 죽여서 그 피를 북에 바르는 것이다.(杜注)

무너뜨리고 원수(秦나라)를 키워주는 격입니다. 나라가 망할 날이 머지 않았습니다." 그러고는 돌아보지도 않고 침을 뱉었다.

양공이 陽處父를 보내 그들을 추격하게 하여 양처보가 河水에 이르러 보니 그들은 이미 배 안에 타고 있었다. 양처보가 왼쪽 驂馬를 풀어서 공의 命이라 하며 孟明에게 주어 〈그가 拜謝하러 올 때 붙잡으려 하였는데,〉 맹명이 머리를 조아리며 말하였다. "임금의 은혜로 纍臣을 죽여 釁鼓하지 않고 돌아가 秦나라에서 형벌을 받도록 하였으니, 寡君(秦君)이 우리에게 형벌을 내리신다면 죽더라도 晉君의 〈은혜에 감동한 이 마음은〉 썩어 없어지지 않을 것이고, 만약 晉君의 은혜로 죽음을 면하게 되면 3년 뒤에 다시 와서 은혜에 拜謝하겠소."

秦伯이 素服을 입고 郊外로 나와 머물며 〈기다리다가 돌아온〉 군대를 향해 통곡하며 말하였다. "내가 蹇叔의 간언을 어기고 그대들을 치욕스럽게 하였으니, 나의 잘못이다." 그리고 孟明을 교체하지 않고 〈다시 등용하면서 말하였다.〉 "나의 잘못이니, 大夫들이야 무슨 잘못이 있겠는가. 게다가 나는 한 번의 과오로 큰 덕을 덮어버리지 않겠다."

字義 構 : 모함할, 이간질할 구　暫 : 갑자기 잠(=卒)　墮 : 무너뜨릴 휴　纍 : 구금할 루
釁 : 피 바를 흔　鼓 : 북 고　朽 : 썩을 후　鄉 : 향할 향　替 : 폐할, 바꿀 체
眚 : 잘못 생　掩 : 덮을, 가릴 엄

【經】狄侵齊하다

狄人이 齊나라를 침입하였다.

【傳】狄侵齊하니 因晉喪也라

狄人이 齊나라를 침입하였으니, 이는 晉나라에 喪事가 있는 틈을 이용한 것이다.

【經】公伐邾하야 取訾婁하다

僖公이 邾나라를 토벌하여 訾婁를 탈취하였다.

【經】秋에 公子遂帥(솔)師伐邾하다

가을에 公子 遂가 군대를 거느리고 가서 邾나라를 토벌하였다.

【傳】公伐邾하야 取訾婁하니 以報升陘之役[117]이라 邾人不設備어늘 秋에 襄仲復(부)伐邾하다

僖公이 邾나라를 토벌하여 訾婁를 탈취하니, 升陘에서 패배한 전쟁을 복수한 것이다. 邾人이 〈訾婁를 잃고도〉 방비를 설치하지 않자, 가을에 襄仲(公子 遂)이 다시 邾나라를 토벌하였다.

【經】晉人敗狄于箕하다

晉人이 箕城에서 狄軍을 패배시켰다.

【傳】狄伐晉하야 及箕어늘 八月戊子에 晉侯敗狄于箕하고 郤缺獲白狄子하다 先軫曰 匹夫逞志於君호대 而無討하시니 敢不自討乎아하고 免胄入狄師하야 死焉하다 狄人歸其元하니 面如生이러라

狄人이 晉나라를 침입하여 箕城까지 쳐들어오자, 8월 무자일에 晉侯가 箕城에서 狄軍을 패배시키고 郤缺이 白狄子를 사로잡았다. 先軫이 말하였다. “匹夫로서 임금에게 제 마음대로 행동하였으나 처벌하지 않으셨으니, 감히 스스로를 처벌하지 않을 수 있겠는가.” 그러고는 투구를 벗고 狄의 軍中으로 뛰어 들어가 싸우다가 죽었다. 狄人이 〈그의 목을 베어〉 머리를 돌려보내니, 얼굴이 마치 살아 있는 듯하였다.

字義 元 : 머리 원(=首)

初에 臼季使過冀라가 見冀缺耨에 其妻饁之호대 敬하야 相待如賓하고 與之歸하야 言諸文公曰 敬은 德之聚也니 能敬이면 必有德이니이다 德以治民이니 君請用之하소서 臣聞之호니 出門如賓하며 承事如祭는 仁之則也라하니이다 公曰 其父有罪[118]하니 可乎아 對曰 舜之罪也엔 殛鯀호대 其擧也엔 興禹하고 管敬仲은 桓之賊也로대 實相以濟하니이다 康誥曰 父不慈하며 子不祗하며 兄不友하며 弟不共이라도 不相及也[119]라하고 詩曰 采葑采菲는 無以

---

117 報升陘之役 : 魯나라가 升陘에서 邾나라에 패배한 일은 僖公 22년에 보인다.

118 其父有罪 : 冀缺의 아버지인 冀芮가 文公을 죽이려 한 것이 僖公 24년에 보인다.(杜注)

119 康誥曰……不相及也 : 이 문장은 《書經》〈康誥〉의 내용을 변형 축약하여 말한 것이다. 〈강고〉의 原文은 “子弗祗服厥父事 大傷厥考心 于父不能字厥子 乃疾厥子 于弟弗念天顯 乃不克恭厥兄 兄亦不念鞠子哀 大不友于弟(자식이 그 아비의 일을 공경히 행하지 않아 아비의 마음을 크게 상하게 하면 아비는 그 자식을 사랑하지 않아 자식을 미워할 것이다. 아우가 하늘의 드러난 도리를 생각지 않아 그 형을 잘 공경하지 않으면 형 또한 부모가 자식을 기른 수고를 생각지 않아서 아우에게 크게 우애하지 않을 것이다.)”라고 되어 있다. 여기서 ‘字’는 곧 ‘父不慈’와 같은 뜻으로 ‘사랑하다’의 의미이고, ‘不相及也’

下體라하니 君取節焉이 可也니이다 文公以爲下軍大夫러니 反自箕하야 襄公以三命[120]命先且(저)居[121]하야 將中軍하고 以再命命先茅之縣賞胥臣[122]曰 擧郤缺은 子之功也라하고 以一命命郤缺爲卿하고 復(부)與之冀호대 亦未有軍行[123]이러라

당초에 臼季(胥臣)가 使臣이 되어 冀를 지나다가, 밭에서 김을 매는 冀缺에게 그의 아내가 밥을 내어다 먹이는데 공경하여 서로를 손님 대하듯이 하는 것을 보고, 그를 데리고 돌아와 晉 文公에게 말하였다. "공경은 德이 모여 〈겉으로 드러난〉 것이니, 능히 공경한다면 반드시 덕이 있을 것입니다. 백성을 다스림은 덕으로 하는 것이니 임금께서는 그를 등용하십시오. 臣이 들으니 '문을 나서면 손님을 대하듯이 하며, 일을 처리함에는 제사를 모시듯이 하는 것은 仁의 법칙이다.'라고 하였습니다."

文公이 말하였다. "그의 아비에게 罪가 있는데 괜찮겠는가?" 구계가 대답하였다. "舜이 죄인을 처벌할(罪) 때엔 鯀을 추방하였으나 인재를 등용할 때엔 곤의 아들 禹를 기용하였고, 管敬仲(管仲)은 齊 桓公의 적이었으나 환공은 실로 그를 재상으로 삼아 霸業을 이루었습니다. 《書經》〈康誥〉에 '아비가 자애롭지 못하고 자식이 공경하지 않으며, 형이 우애하지 않고 아우가 공손하지 않더라도 그 죄가 서로에게 미치지 않는다.'라고 하였고, 《詩經》〈邶風 谷風〉에 '순무를 캐고 무를 뽑을 때는 뿌리가 나쁘다 하여 좋은 순까지 버리지 않는다.'라고 하였으니, 임금께서는 그의 장점만을 취하심이 옳을 것입니다."

그러고는 문공이 그를 下軍大夫로 삼았는데, 箕城의 전투에서 돌아와 晉 襄公이 三命으로 先且居를 임명하여 中軍을 거느리게 하고, 再命으로 〈胥臣을〉 임명하여 先茅의 縣을 胥臣에게 상으로 주면서 말하였다. "郤缺(冀缺)을 〈천거하여 白狄子를 잡게 한 것은〉 그대의 공이다." 그러고는 一命으로 극결을 임명하여 卿(下卿)으로 삼고 다시 冀를 주었으나 軍行(軍職)은 주지 않았다.

字義 耨 : 김맬 누 饁 : 음식 보낼 엽 濟 : 이룰 제 共 : 공손할 공(=恭) 采 : 캘 채
葑 : 순무 봉 菲 : 무 비 節 : 알맞을 절

는 〈강고〉에 없는 내용이다.

120 三命 : 春秋時代 諸侯의 卿에 대하여 '一命'·'再命'·'三命' 등의 구별이 있었는데 命數가 많은 것을 존귀함으로 삼았으며, 車服의 제도 또한 이를 따랐다.(楊注)

121 先且(저)居 : 先且居는 先軫의 아들이니, 아비가 적군과 싸우다 죽었으므로 그 아들을 승진시킨 것이다.(杜注)

122 命先茅之縣賞胥臣 : 先茅가 후손이 끊어졌기 때문에 그 縣을 취하여 胥臣에게 상으로 준 것이다.(杜注)

123 復(부)與之冀 亦未有軍行 : 아버지(冀芮)에게 주었던 옛 읍을 郤缺에게 되돌려준 것이고, 그가 비록 卿의 지위에 오르긴 했으나 軍列(軍職)은 주지 않은 것이다.(杜注)

冀缺 부부가 서로를 손님 대하듯이 하다〔夫婦如賓〕

【經】冬十月에 公如齊하다

겨울 10월에 僖公이 齊나라에 갔다.

【傳】冬에 公如齊朝하고 且弔有狄師也하다

겨울에 僖公이 齊나라에 가서 朝見하고, 狄軍에게 침공당한 일에 대하여 위문하였다.

【經】十有二月에 公至自齊하다 乙巳에 公薨于小寢하다

12월에 僖公이 齊나라에서 돌아왔다. 을사일에 희공이 小寢에서 薨하였다.

【傳】反하야 薨于小寢하니 卽安也라

〈僖公이 齊나라에서 魯나라로〉 돌아와 小寢에서 薨하였으니, 燕寢(편안히 쉬는 곳)에 가서 있다가 죽은 것이다.

【經】隕霜不殺草하고 李梅實하다

서리가 내렸으나 풀을 죽이지 못하였고, 자두와 매실이 열렸다.

字義 霜 : 서리 상 李 : 오얏 리 梅 : 매실 매

【經】晉人陳人鄭人伐許하다

晉人·陳人·鄭人이 許나라를 토벌하였다.

【傳】晉陳鄭伐許하니 討其貳於楚也라

晉·陳·鄭나라가 許나라를 토벌하니, 〈허나라가 晉나라와의 연합을 배반하고〉 楚나라를 따랐기 때문에 토벌한 것이다.

楚令尹子上侵陳蔡하니 陳蔡成이어늘 遂伐鄭하야 將納公子瑕[124]할새 門于桔柣之門하다 瑕覆于周氏之汪이어늘 外僕髡屯禽之以獻하니 文夫人斂而葬之鄶城之下하다

---

124 公子瑕 : 僖公 31년에 楚나라로 달아났던 鄭나라 公子 瑕이다.

楚나라 令尹 子上(鬪勃)이 陳·蔡나라를 침공하니 진·채나라가 강화를 하였는데, 〈이들이 초나라와 함께〉 마침내 鄭나라를 토벌하여 公子 瑕를 정나라에 임금으로 들여보내려 할 적에 桔柣의 城門을 공격하였다. 그런데 공자 하의 수레가 周氏의 연못에 빠져 전복되자 外僕 髡屯이 그를 사로잡아 죽여서 鄭 穆公에게 바치니, 〈鄭 文公의 부인인〉 文夫人이 그의 시체를 斂하여 鄶城 아래에서 장사 지냈다.

字義 覆 : 뒤집어질 복　禽 : 사로잡을 금

晉陽處父(보)侵蔡하니 楚子上救之할새 與晉師夾泜(지)而軍이러라 陽子患之하야 使謂子上曰 吾聞之호니 文不犯順이요 武不違敵이라하니 子若欲戰인댄 則吾退舍호리니 子濟而陳하라 遲速唯命호리라 不然이면 紓我하라 老師費財는 亦無益也니라 乃駕以待하니 子上欲涉한대 大孫伯曰 不可하다 晉人無信하니 半涉而薄我면 悔敗何及이리오 不如紓之니라 乃退舍하니 陽子宣言曰 楚師遁矣라하고 遂歸하니 楚師亦歸하다 大(태)子商臣譖子上曰 受晉賂而辟(피)之하니 楚之恥也라 罪莫大焉이니이다 王殺子上하다

晉나라 陽處父가 蔡나라를 침공하니, 楚나라 子上이 채나라를 구원하려 할 적에 晉나라 군대와 泜水를 끼고 대치하고 있었다. 陽子는 〈초나라 군대가 대치하기만 하고 결전하려 하지 않는 것을〉 근심하여 자상에게 사람을 보내 말하였다. "내 들으니 文德이 있는 사람은 순리를 범하지 않고 武德이 있는 사람은 적군이 걸어오는 싸움을 피하지 않는다고 하니, 그대가 만약 싸우고자 한다면 내 30리〔舍〕를 물러날 것이니, 그대는 물을 건너와서 진을 쳐라. 〈군대를 이동시키는〉 시기의 속도는 그대의 命을 따르겠다. 그렇지 않다면 우리가 〈물을 건널 수 있도록 방비를〉 완화하라. 군대를 수고롭게 하고 물자를 낭비하는 것은 실로 이익이 없다." 그러고는 말에 멍에를 메우고 기다렸다.

자상이 물을 건너려고 하자, 大孫伯(成大心)이 말하였다. "안 됩니다. 晉人은 信義가 없으니 우리가 물을 반쯤 건넜을 때 우리를 공격하면 패전을 후회한들 어찌 미칠 수가 있겠습니까. 〈저들이 물을 건너오도록 우리가 방비를〉 완화해주는 것이 낫습니다."

마침내 초나라가 30리를 퇴각하니, 陽子가 "초나라 군대가 달아났다."라고 선언하고는 마침내 돌아가니 초나라 군대도 돌아갔다. 초나라 太子 商臣이 자상을 참소하여 말하였다. "진나라의 뇌물을 받고 싸움을 피하였으니 초나라의 수치입니다. 죄가 이보다 클 수가 없습니다." 그러자 楚 成王이 자상을 죽였다.

字義 紓 : 완화할, 느슨할 서　費 : 허비할 비　薄 : 칠, 공격할 박　譖 : 참소할 참　賂 : 뇌물 뢰

文公[1]

〈원년, 己未(B.C. 626)〉

【經】元年이라 春王正月에 公卽位하다 二月癸亥에 日有食之하다 天王使叔服來會葬하다

원년이다. 봄 周王 정월에 文公이 즉위하였다. 2월 癸亥日(1일)에 일식하였다. 天王이 叔服(周의 大夫)을 보내 와서 會葬하였다.

【傳】元年이라 春에 王使內史叔服來會葬하니 公孫敖聞其能相人也하고 見其二子焉한대 叔服曰 穀也는 食(사)子요 難也는 收子[2]리라 穀也豐下하니 必有後於魯國이라하니라

元年이다. 봄에 周王이 內史 叔服을 보내 와서 會葬하니, 公孫敖(魯나라 大夫, 慶父의 아들)는 숙복이 사람의 相을 잘 본다는 말을 듣고 자기의 두 아들을 그에게 보이자, 숙복이 말하였다.

"穀은 그대를 먹일 것이고 難은 그대를 거둘 것이다. 곡은 아래턱이 튼실하니 반드시 魯나라에서 후손이 昌盛할 것이다."

於是에 閏三月이 非禮也[3]라 先王之正時也에 履端於始하고 擧正於中[4]하며 歸餘於終하나니 履端於始면 序則不愆이요 擧正於中이면 民則不惑이요 歸餘於終이면 事則不悖하나니라

---

1 文公 : 魯나라 19대 임금으로 이름은 興이다. 僖公의 아들로 어머니는 聲姜이다. 諡法에 慈惠로이 백성을 사랑하는 것을 '文'이라 하고, 忠信을 행하고 사람을 예로 접대하는 것을 '文'이라 한다.

2 穀也……收子 : 穀은 文伯이고, 難은 惠叔이다. '食'는 제사를 받들고 공양한다는 말이고, '收'는 시신을 장사 지낸다는 말이다.(杜注)

3 於是……非禮也 : 曆法에 의거하면 閏月이 僖公 末年에 들었어야 하는데 금년 3월에 윤월을 잘못 넣었기 때문에 비판한 것이다.(杜注)

이해에 閏 3月을 넣은 것은 禮가 아니다. 先王이 時令을 바르게 정할 때에 曆의 推算〔履〕을 冬至〔始〕로부터 시작하고〔端〕, 中氣를 바로잡아〔擧〕 달을 定하며〔正〕, 餘分을 歲末로 돌리는 것이니, 시작을 동지로부터 추산하면 節序가 어긋나지 않고, 中氣를 가지고 달을 정하면 백성들이 의혹하지 않으며, 여분을 세말로 보내면 일이 어그러지지 않는 것이다.

【經】 夏四月丁巳에 葬我君僖公하다

여름 4월 丁巳日(26일)에 우리 임금 僖公을 장사 지냈다.

【傳】 夏四月丁巳에 葬僖公하다 葬僖公에 緩作主하니 非禮也[5]라

여름 4월 丁巳日에 僖公을 장사 지냈다. 희공을 장사 지냄에 늦게 神主를 만들었으니 禮가 아니다.

凡君薨에 卒哭而祔[6]하고 祔而作主하야 特祀於主하고 烝嘗이라가 禘於廟하나니라

범례에 의하면 임금이 죽었을 적에 卒哭하고서 祔廟하고, 부묘할 때 神主를 만들어서 그 신주에만 제사 지내고, 烝祭(겨울 제사)와 嘗祭(가을 제사)를 지냈다가 宗廟에서 禘祭를 지낸다.

【經】 天王使毛伯[7]來錫公命하시다

天王이 毛伯을 보내 와서 文公에게 爵命을 내리셨다.

【傳】 王使毛伯衛來錫公命하시다

---

4 擧正於中 : '擧'는 바로잡음이고, '中'은 '中氣'로 春分·秋分·夏至·冬至의 네 철 仲月이다.

5 緩作主 非禮也 : 禮에 의하면 祔廟할 때 神主를 만드는 것인데, 僖公의 신주를 文公 2년에 만들었으니 장사 지내고 열 달이 지났기 때문에 이른 말이다.(楊注)

6 卒哭而祔 : 卒哭은 無時로 哀哭하는 것을 끝내고, 朝夕으로만 哭하는 것이다. 다섯 달 만에 장사 지내고 일곱 차례의 虞祭를 지내는데, 장사 지낸 날 初虞를 지내고, 柔日(乙·丁·己·辛·癸日)에 再虞·三虞·四虞·五虞·六虞를 지내고, 剛日(甲·丙·戊·庚·壬日)에 七虞를 지내고서 하루 건너 卒哭禮를 거행한다. 祔廟는 新死者의 神主를 死者의 祖父의 신주 옆에 모시는 것이다.(楊注)

7 毛伯 : 毛는 國名이고 伯은 爵位인데 諸侯로서 王의 卿士가 된 자이다.(杜注)

王이 毛伯 衛(毛伯의 字)를 보내 와서 文公에게 策命을 하사하셨다.

【經】晉侯伐衛하다

晉侯가 衛나라를 토벌하였다.

【傳】晉文公之季年에 諸侯朝晉호대 衛成公不朝하고 使孔達로 侵鄭하야 伐綿訾及匡이러니 晉襄公旣祥에 使告於諸侯而伐衛하야 及南陽하니 先且(저)居曰 效尤[8]는 禍也라 請君朝王하소서 臣從師호리이다 晉侯朝王于溫하고 先且居胥臣伐衛하야 五月辛酉朔에 晉師圍戚하야 六月戊戌에 取之하고 獲孫昭子하다

晉 文公 말년에 諸侯가 晉나라로 가서 朝見(조현)하였으되, 衛 成公은 조현하러 가지 않고 孔達(衛나라 大夫)을 보내어 鄭나라를 침공하여 綿·訾를 공격하고 匡(모두 鄭나라 땅)까지 들어갔다. 晉 襄公이 祥祭를 지낸 뒤에 使者를 보내 제후에게 고하고 衛나라를 토벌하여 南陽(邑 이름)으로 쳐들어갔다. 先且居가 말하였다.

"잘못을 본받는 것은 禍를 부르는 것이니 主君께서는 王께 조현하소서. 臣이 군대를 거느리고 가서 위나라를 토벌하겠습니다."

晉侯는 왕께 조현하기 위해 溫으로 가고, 先且居와 胥臣이 위나라를 토벌하였다. 5월 초하루 辛酉日에 晉軍이 戚(孫昭子의 食邑)을 포위하여, 6월 戊戌日에 척을 취하고 孫昭子(衛나라 대부)를 사로잡았다.

【經】叔孫得臣如京師하다

叔孫得臣(叔牙의 손자)이 京師에 갔다.

【傳】叔孫得臣如周拜하다

叔孫得臣이 周나라에 가서 〈策命을 하사한 데에〉 拜謝하였다.

---

8 效尤 : 衛侯가 王에게 朝見하지 않는 허물을 본받는다는 말이다. 곧 위후가 조현하지 않는 것을 허물로 여겨 토벌하면서 지금 王에게 조현하지 않는다면, 이는 위후를 본받아 禍를 부르는 것이라는 말이다. 이때 왕이 溫에 있었기 때문에 조현하도록 권한 것이다.(杜注)

【經】衛人伐晉하다

衛人이 晉나라를 토벌하였다.

【傳】衛人使告於陳한대 陳共公曰 更伐之면 我辭之호리라 衛孔達帥師伐晉한대 君子以爲古[9]라하니 古者는 越國而謀라

衛人이 陳나라로 使者를 보내어 위급함을 고하자, 陳 共公이 말하였다. "衛나라가 다시 晉나라를 토벌하면 내가 화해를 주선하겠다."

위나라 孔達이 군대를 거느리고 가서 晉나라를 토벌하자, 이에 대해 君子는 "소홀하였다."라고 논평하였으니, 소홀하다는 것은 자기 나라의 일을 스스로 결단하지 못하고 다른 나라와 상의하였기 때문이다.

字義 古 : 거칠 고

【經】秋에 公孫敖會晉侯于戚하다

가을에 公孫敖가 戚(衛나라 邑)에서 晉侯와 회합하였다.

【傳】秋에 晉侯疆戚田이라 故公孫敖會之하다

가을에 晉侯가 戚地의 경계를 획정하였기 때문에 公孫敖가 가서 立會하였다.

【經】冬十月丁未에 楚世子商臣弑其君頵(균)[10]하다

겨울 10월 丁未日에 楚나라 세자 商臣(楚 穆王)이 그 임금 頵(楚 成王)을 시해하였다.

【傳】初에 楚子將以商臣爲大(태)子할새 訪諸令尹子上한대 子上曰 君之齒未也요 而又多愛하니 黜이면 乃亂也라 楚國之擧恒在少者하고 且是人也 蜂目而豺聲이니 忍人也라 不可立也니이다 弗聽이러니 旣요 又欲立王子職하고 而黜大子商臣하다 商臣聞之

9 君子以爲古 : '古'는 '沽'와 같으니, '粗略(소홀함)'의 뜻이다. 곧 國事를 스스로 결단하지 못하고 다른 나라와 의논하였으니 이것이 바로 매우 조략하다는 것이다.(楊注)

10 頵(균) : 楚 成王의 이름이니 '惲'으로 되어 있는 곳도 있다.

而未察하야 告其師潘崇曰 若之何而察之오 潘崇曰 享江芈(미)호대 而勿敬也하소서 從之하니 江芈怒曰 呼라 役夫아 宜君王之欲殺女而立職也로다하니 告潘崇曰 信矣니라 潘崇曰 能事諸乎아 曰 不能이로라 能行乎아 曰 不能이로라 能行大事乎아 曰 能이라하다 冬十月에 以宮甲圍成王한대 王請食熊蹯而死[11]호대 弗聽이라 丁未에 王縊커늘 諡之曰 靈이라하니 不瞑이어늘 曰成이라하니 乃瞑하다 穆王立하야 以其爲大子之室與潘崇하고 使爲大(태)師하며 且掌環列之尹하다

당초 楚子(成王)가 商臣을 太子로 삼으려고 할 적에 令尹 子上에게 의견을 묻자, 자상이 말하였다.

"임금의 나이가 아직 젊으시고 또 사랑하는 아들이 많으니, 〈만약 그를 태자로 세웠다가〉 廢黜한다면 화란이 생길 것입니다. 楚나라에서 태자로 세운 이는 항상 나이가 어린 분이었고, 더욱이 이 사람은 눈은 벌 눈과 같고 소리는 늑대소리 같으니 잔인한 사람입니다. 세워서는 안 됩니다."

楚子는 이 말을 따르지 않았다. 〈상신을 태자로 세운 다음〉 얼마 지나서 또 王子 職(상신의 庶弟)을 태자로 세우고 태자 상신을 폐출하고자 하였다. 상신이 그 소문을 들었으나 분명하게 알지 못해서, 그 스승 潘崇에게 "어떻게 하면 분명하게 알 수 있겠소?"라고 하니, 반숭이 "江芈(成王의 누이, 江나라로 出嫁한 여자)를 초대해 접대하되 존경해주지 마십시오." 하였다. 상신이 그의 말대로 하니, 강미가 노하여 "아, 미천한 놈아! 君王께서 너를 죽이고 직을 태자로 세우려는 것이 당연하다." 하였다.

상신이 반숭에게 "그 소문이 사실이다."라고 고하였다. 반숭이 "당신이 직을 섬길 수 있겠습니까?"라고 물으니, 상신이 "섬길 수 없소."라고 대답하였다. 반숭이 "出奔할 수 있겠습니까?"라고 물으니, 상신이 "출분할 수 없소."라고 대답하였다. 반숭이 "그렇다면 大事(임금을 弑害하는 일)를 거행할 수 있겠습니까?"라고 물으니, 상신이 "할 수 있소."라고 대답하였다.

겨울 10월에 상신이 宮甲(太子宮의 甲士)을 거느리고 가서 성왕을 포위하였다. 왕이 熊蹯(熊掌)을 먹고 죽기를 청하였으나 들어주지 않았다. 그래서 丁未日(18일)에 왕이 목매어 죽었다. 시호를 '靈'으로 정하자 왕이 눈을 감지 않았는데, '成'으로 정하자 눈을 감았다. 穆王(商臣)이 즉위하고 나서 자기가 태자 때 살던 宮室의 재물과 僕妾을 모두 반숭에게 주고 그를 太師로 삼았으며, 또 宮中侍衛軍의 長官을 맡겼다.

字義 齒 : 나이 치 擧 : 세울 거 蹯 : 발바닥 번 瞑 : 눈감을 명

---

11 請食熊蹯而死 : 熊掌은 익히기가 어려우므로 시간을 오래 끌면 장차 외부의 구원이 있을 것으로 기대한 것이다.(杜注)

【經】公孫敖如齊하다

公孫敖가 齊나라에 갔다.

【傳】穆伯如齊하야 始聘焉하니 禮也라 凡君卽位에 卿出幷聘하야 踐修舊好하고 要結外援하며 好事隣國하야 以衛社稷이 忠信卑讓之道也라 忠은 德之正也요 信은 德之固也며 卑讓은 德之基也니라

穆伯(公孫敖)이 齊나라에 가서 비로소 聘問하였으니 禮에 맞는 일이다. 凡例에 의하면 國君이 즉위하면 卿이 나가 여러 나라를 두루 빙문하여 옛 우호를 회복하고 외국과 원조조약을 체결하며 이웃나라와 잘 지내어 社稷을 보위하는 것이 忠 · 信 · 卑讓의 도리이다. 충은 덕의 순정함이고 신은 덕의 견고함이며 비양은 덕의 기본이다.

〈2년, 丙申(B.C. 625)〉

【經】二年이라 春王二月甲子에 晉侯及秦師戰于彭衙하야 秦師敗績하다

2년이다. 봄 周王 2월 甲子日에 晉侯가 秦軍과 彭衙(秦나라 땅)에서 전쟁하여 秦軍이 대패하였다.

【傳】殽之役에 晉人旣歸秦帥하니 秦大夫及左右 皆言於秦伯曰 是敗也는 孟明之罪也니 必殺之하소서 秦伯曰 是孤之罪也라 周芮良夫之詩曰 大風有隧하니 貪人敗類로다 聽言則對나 誦言如醉하나니 匪用其良하야 覆俾我悖[12]라하니 是貪故也니 孤之謂矣라 孤實貪하야 以禍夫子하니 夫子何罪리오 復使爲政하다

殽의 전쟁(僖公 33년)이 끝난 뒤에 晉人이 포로로 잡은 秦나라의 장수들을 돌려보내자, 秦나라 大夫와 좌우의 신하들이 모두 秦伯에게 말하였다. "이번 전쟁의 패배는 孟明의 罪이니 반드시 그를 죽이소서." 秦伯이 말하였다.

---

12 大風有隧……覆俾我悖 :《詩經》〈大雅 桑柔〉에 보인다. 周나라 大夫 芮伯이 厲王을 풍자하여 읊은 시이다. 탐욕스런 사람이 善類를 해치는 것이 마치 大風이 지나가는 곳에는 衆物이 파괴되어 가는 곳마다 길이 생기는 것과 같다고 말한 것이다.(杜注)

"이것은 나의 죄이다. 周나라 芮良夫의 詩에 '大風이 지남에 길이 생기니, 탐욕스런 사람이 선한 사람을 해치도다. 허튼 소리 들으면 기뻐서 대답하나, 좋은 말 해주면 술 취한 듯이 듣지 않는다. 良臣의 말을 듣지 않아 도리어 나로 하여금 悖亂한 짓을 하게 한다.' 하였다. 이는 탐욕 때문이니 바로 나의 경우를 말한 것이다. 내가 실로 탐욕을 부려 夫子(맹명)에게 화를 끼친 것이니 부자에게 무슨 죄가 있는가?"

그러고는 다시 그를 執政으로 삼았다.

字義 隧 : 작은 길 수 類 : 선할 류 覆 : 도리어 복

二年春에 秦孟明視 帥師伐晉하야 以報殽之役하다 二月에 晉侯禦之할새 先且(저)居는 將中軍하고 趙衰(최)佐之하며 王官無地는 御戎하고 狐鞫居는 爲右하야 甲子에 及秦師戰於彭衙하야 秦師敗績하니 晉人謂秦拜賜之師[13]라하더라

2년 봄에 秦나라 孟明視가 군사를 거느리고 晉나라를 토벌하여 殽의 전쟁을 보복하였다. 2월에 晉侯(襄公)가 秦軍을 방어할 적에, 先且居는 中軍을 거느리고 趙衰는 佐(副將)가 되며 王官無地는 戎을 몰고 狐鞫居(續簡伯)는 車右가 되어 甲子日(7일)에 秦軍과 彭衙에서 교전하여 秦軍이 대패하니, 晉人은 이를 조롱하여 秦의 '拜賜軍'이라 하였다.

戰于殽也에 晉梁弘御戎하고 萊駒爲右러니 戰之明日에 晉襄公縛秦囚하야 使萊駒以戈斬之한대 囚呼하니 萊駒失戈라 狼瞫取戈以斬囚하야 禽之하고 以從公乘한대 遂以爲右하다 箕之役에 先軫黜之하고 而立續簡伯하니 狼瞫怒하다 其友曰 盍(합)死之오 瞫曰 吾未獲死所로라 其友曰 吾與女爲難호리라 瞫曰 周志有之하니 勇則害上이면 不登于明堂[14]이라하니 死而不義 非勇也요 共用之謂勇이라 吾以勇求右라가 無勇而黜은 亦其所也라 謂上不我知인댄 黜而宜어니와 乃知我矣리니 子姑待之하라 及彭衙하야 既陳에 以其屬馳秦師하야 死焉이어늘 晉師從之하야 大敗秦師하다 君子謂狼瞫於是乎君子로다 詩曰 君子如怒면 亂庶遄沮[15]라하고 又曰 王赫斯怒하사 爰整其旅[16]라하니 怒不作亂하고

---

13 拜賜之師 : 복수하기 위하여 出戰했다가 패전한 일을 조롱하는 말이다. 秦나라의 孟明이 晉나라의 포로로 잡혔다가 풀려난 뒤 이 은혜를 갚겠다(拜賜)고 출전했다가 다시 晉나라에 패배하자 晉人이 이 말로 조롱하였다.

14 不登于明堂 : 明堂은 祖廟이다. 곧 공로를 策에 기록하고 공덕의 서열을 정하는 곳이기 때문에 의롭지 못한 사람은 오를 수 없는 것이다.(杜注)

15 君子如怒 亂庶遄沮 : 《詩經》〈小雅 巧言〉에 보인다. 君子가 怒하면 반드시 난리를 그치게 한다

而以從師하니 可謂君子矣로다

전에 殽에서 전쟁할 적에 晉나라 梁弘이 戎을 몰고 萊駒가 車右가 되었는데, 전투가 있은 다음날 晉 襄公이 포로로 잡은 秦軍을 묶어놓고 내구에게 그 포로를 창으로 베어 죽이라고 하자, 포로가 소리를 지르니 내구가 놀라서 창을 떨어뜨렸다. 狼瞫이 그 창을 가져다 포로를 베어 죽이고는 내구를 잡아서 襄公의 수레를 따라가니, 드디어 그를 車右로 삼았다.

箕의 전쟁(僖公 33년) 때 先軫이 낭심을 물리치고 續簡伯을 거우로 삼으니 낭심이 노하였다. 그의 벗이 말하기를 "어찌 죽지 않는가?" 하니, 낭심이 말하기를 "나는 아직 죽을 곳을 얻지 못하였다."라고 하였다. 그 벗이 말하기를 "내가 그대와 함께 난을 일으켜 〈선진을 죽이겠다.〉" 하니, 낭심이 말하였다.

"《周志》에 이런 말이 있으니, '용맹하다 하여 윗사람을 해친다면 죽어서 明堂에 오르지 못한다.'고 하였다. 의롭지 못하게 죽는 것은 용맹이 아니고, 나라를 위해 죽는 것을 용맹이라고 한다. 나는 용맹으로 거우가 되었다가 이제 용맹하지 못하여 물리침을 당한 것은 당연한 것이다. 윗사람(선진)이 나를 모른다면 물리침을 당해도 당연하다고 생각되지만 곧 나를 알게 될 것이니, 그대는 일단 기다려보라."

彭衙의 전쟁에 이르러 진을 친 다음 낭심이 자신의 군대를 거느리고 秦軍으로 달려가 싸우다가 죽었는데, 晉軍이 그 뒤를 따라 공격하여 秦軍을 대패시켰다. 君子는 이에 대해 다음과 같이 논평하였다.

"낭심은 이번 일에 있어 군자다웠다. 《詩經》에 '君子가 노하면 난이 빨리 그친다.' 하였고, 또 '王이 赫然히 노하여 그 군대를 정돈하였다.' 하였다. 노하였으나 난을 일으키지 않고 從軍하였으니, 군자라고 이를 만하다."

字義 禽 : 사로잡을 금 遄 : 빠를 천 旅 : 군대 려

秦伯猶用孟明하니 孟明增修國政하야 重施於民이러니 趙成子言於諸大夫曰 秦師又至리니 將必辟(피)之하라 懼而增德하니 不可當也라 詩曰 毋念爾祖아 聿修厥德[17]이라하니 孟明念之矣로다 念德不怠하니 其可敵乎아

는 말이다.(杜注)

16 王赫斯怒 爰整其旅 : 《詩經》〈大雅 皇矣〉에 보인다. 文王이 분노하면 군대를 정돈하여 난을 討平하였다는 말이다.

17 毋念爾祖 聿修厥德 : 《詩經》〈大雅 文王〉에 보인다. 그 祖考를 생각한다면 의당 조고를 이어 덕을 닦아서 조고를 빛나게 해야 한다는 말이다.(杜注)

秦伯이 여전히 孟明을 임용하니, 맹명은 더욱 국정을 닦아 백성들에게 두텁게 은덕을 베풀었다. 趙成子(趙衰)가 大夫들에게 말하였다.

"秦軍이 다시 올 것이니, 반드시 피하도록 해라. 두려워하면서 더욱 덕을 닦고 있으니 당할 수가 없다. 《詩經》에 '너의 조상을 생각하지 않는가? 그 덕을 닦으라.' 하였는데, 맹명이 이를 염두에 두고 있다. 덕을 닦기를 생각해 게을리하지 않고 있으니, 그런 사람을 어찌 대적할 수 있겠는가?"

字義 將 : 마땅할 장 辟 : 피할 피

【經】 丁丑에 作僖公主하다

丁丑日(20일)에 僖公의 神主를 만들었다.

【傳】 丁丑에 作僖公主하니 書는 不時也[18]라

丁丑日에 僖公의 神主를 만들었으니, 이를 기록한 것은 알맞은 때를 잃었기 때문이다.

【經】 三月乙巳에 及晉處父(보)盟하다

3월 乙巳日에 晉나라 處父와 結盟하였다.

【傳】 晉人以公不朝라하야 來討한대 公如晉하니 夏四月己巳[19]에 晉人使陽處父(보)盟公하야 以恥之하다 書曰 及晉處父盟이라하니 以厭之也요 適晉호대 不書는 諱之也라

晉人이 文公이 晉나라에 朝見하지 않았다는 이유로 와서 토벌하자 문공이 晉나라로 가니, 여름 4월 己巳日에 晉人이 陽處父를 시켜 문공과 결맹하게 하여 문공에게 치욕을 주었다. 그러므로 經에 "晉나라 處父와 결맹하였다."라고 기록하였으니 혐오한 것이고, 문공이 晉나라에 갔으나 기록하지 않은 것은 숨긴 것이다.

字義 厭 : 싫어할 염

---

18 不時也 : 장사 지낸 지 열 달이 지난 뒤에 神主를 만들었기 때문에 이른 말이다.(杜注)

19 四月己巳 : 經에는 3월 乙巳로 기록하였는데, 傳에는 4월 己巳로 기록하였으니, 經이나 傳에 필시 오류가 있다.(杜注)

【經】夏六月에 公孫敖會宋公陳侯鄭伯晉士穀(곡)하야 盟于垂隴하다

여름 6월에 公孫敖가 宋公 · 陳侯 · 鄭伯 · 晉나라 士穀과 회합하여 垂隴(鄭나라 땅)에서 결맹하였다.

【傳】公未至하니 六月에 穆伯會諸侯하야 及晉司空士穀으로 盟於垂隴하니 晉討衛故也라 書士穀은 堪其事也라 陳侯爲衛하야 請成于晉하고 執孔達以說하다

文公이 아직 歸國하지 않았는데, 6월에 穆伯(公孫敖)이 諸侯들과 회합하여 晉나라 司空 士穀(士蔿의 아들)과 垂隴에서 결맹하였으니, 이는 晉나라를 도와 衛나라를 토벌하는 일 때문이었다. 經에 사곡의 이름을 기록한 것은 그가 회맹의 일을 감당해 잘 처리하였기 때문이다. 陳侯가 위나라를 위해 晉나라에 화평 맺기를 요청하고 孔達을 잡아와서 晉나라에 해명하였다.

【經】自十有二月로 不雨하야 至于秋七月하다

지난해 12월부터 금년 가을 7월까지 비가 내리지 않았다.

【經】八月丁卯에 大事于大(태)廟하야 躋僖公하다

8월 丁卯日(13일)에 太廟에 禘祭를 지내고 僖公의 神主를 閔公의 신주 위로 올려 모셨다.

【傳】秋八月丁卯에 大事于大廟하야 躋僖公하니 逆祀也[20]라 於是에 夏父弗忌爲宗伯이러니 尊僖公하고 且明見曰 吾見新鬼大하고 故鬼小[21]하니 先大後小는 順也요 躋聖賢은 明也니 明順禮也니라

---

20 躋僖公 逆祀也 : '躋'는 올리는 것〔升〕이다. 僖公은 閔公의 庶兄으로 민공의 뒤를 이어 임금이 되었으니 宗廟의 座次가 민공의 아래에 있어야 하는데, 지금 민공의 신주를 위로 올려 모신 것이다. 그래서 '逆祀'라고 한 것이다.(杜注)

21 新鬼大 故鬼小 : 新鬼는 僖公이니 형이며 죽을 때에 나이도 많았다는 말이고, 故鬼는 閔公이니 죽을 때의 나이가 젊었다는 말이다.(杜注)

가을 8월 丁卯日에 太廟에 禘祭를 지내면서 僖公의 神主를 閔公의 신주 위로 올렸으니 이는 逆祀이다. 이때 夏父弗忌가 宗伯(宗廟에 昭穆의 禮를 맡은 관직)이었는데 그는 희공을 높이고 또 神을 분명히 보았다고 하며 말하였다.

"내가 보기에 新鬼는 크고 故鬼는 작으니 큰 분을 앞에 모시고 작은 분을 뒤에 모시는 것은 순리이고 聖賢(희공)을 위로 올리는 것은 명철이니, 명철과 순리가 禮이다."

字義 躋 : 올릴 제

君子以爲失禮라 禮無不順이니 祀는 國之大事也어늘 而逆之하니 可謂禮乎아 子雖齊聖이나 不先父食久矣라 故禹不先鯀하며 湯不先契(설)하며 文武不先不窋(줄)하며 宋祖帝乙하고 鄭祖厲王하니 猶上祖也라 是以魯頌[22]曰 春秋匪解하야 享祀不忒하야 皇皇后帝와 皇祖后稷이라하야늘 君子曰 禮라하니 謂其后稷親而先帝也일새라 詩[23]曰 問我諸姑하고 遂及伯姊라하야늘 君子曰 禮라하니 謂其姊親而先姑也일새라

君子는 이를 失禮라고 論評하였다.

"禮는 순리에 부합하지 않음이 없다. 제사는 국가의 대사인데 순서를 어겼으니 禮라고 할 수 있겠는가? 아들이 아무리 聰明하고 賢哲하다〔齊聖〕 하더라도 아버지보다 먼저 제사를 받지 않는 것이 오랜 법도이다. 그러므로 禹가 鯀(禹의 아버지)보다 먼저, 湯이 契(湯의 13世祖)보다 먼저, 文王 · 武王이 不窋(后稷의 아들)보다 먼저 제사를 받지 않았다. 宋나라가 帝乙(微子의 아버지)을 시조로 삼고 鄭나라가 厲王(鄭 桓公의 아버지)을 시조로 삼으니, 〈제을과 여왕이 不肖해도〉 조상으로 존숭한 것이다. 그러므로 〈魯頌〉에 '春秋로 제사를 게을리하지 않아 제사를 지내는 일에 어그러짐이 없이 하여, 크나큰 后帝에 제사하며 皇祖 후직을 배향하네.'라고 하였는데, 군자가 이를 예에 맞는다고 하였으니, 이는 후직이 가까운 주상인데도 하늘〔帝〕에 먼저 지냈기 때문이다. 《詩經》에 '나의 여러 姑母에게 問候하고 드디어 큰언니에게 미친다.'고 하였는데 군자가 이를 예에 맞는다고 하였으니, 이는 누님이 더 친근한데도 고모에게 먼저 문후하였기 때문이다."

字義 忒 : 어그러질 특

---

22 魯頌 : 《詩經》 〈魯頌 閟宮〉이다.

23 詩 : 《詩經》 〈邶風 泉水〉이다. 이 詩는 諸侯에게 시집간 衛나라의 딸이 문안하기 위해 친정 나라로 돌아가기를 생각하나 갈 수 없기 때문에 고모와 언니에게 문후하기를 원한 것이다.(杜注)

仲尼曰 臧文仲其不仁者三이요 不知者三이니 下展禽하며 廢六關[24]하며 妾織蒲는 三不仁也요 作虛器[25]하며 縱逆祀[26]하며 祀爰居[27]는 三不知也라하시다

仲尼(孔子)가 말하였다.

"臧文仲에게는 不仁한 일 세 가지가 있고 不智한 일 세 가지가 있으니, 展禽(柳下惠)을 下位에 있게 하고 六關(關 이름)을 설치하며 아내에게 부들자리를 짜서 팔게 한 것은 세 가지 불인한 일이고, 虛器를 만들고 逆祀를 하도록 들어주고 爰居에게 제사 지내게 한 것은 부지한 세 가지 일이다."

字義 知 : 지혜 지(=智) 廢 : 둘 폐

【經】冬에 晉人宋人陳人鄭人伐秦하다

겨울에 晉人 · 宋人 · 陳人 · 鄭人이 秦나라를 토벌하였다.

【傳】冬에 晉先且(저)居宋公子成陳轅選鄭公子歸生伐秦하야 取汪하고 及彭衙而還하야 以報彭衙之役하다 卿不書는 爲穆公故로 尊秦也니 謂之崇德이라

겨울에 晉나라 先且居, 宋나라 公子 成, 陳나라 轅選, 鄭나라 公子 歸生이 秦나라를 토벌하여 汪을 취하고 彭衙까지 갔다가 돌아와서 팽아의 전쟁을 보복하였다. 經에 이 토벌에 참가한 卿들의 이름을 기록하지 않은 것은 穆公 때문에 秦나라를 높인 것이니, 이를 일러 德 있는 사람을 존숭한 것이라 한다.

【經】公子遂如齊納幣하다

公子 遂가 齊나라에 가서 納幣하였다.

---

24 廢六關 : '廢'는 '설치함(置)'이니, 곧 關門을 설치하여 行旅들에게 세금을 징수한 것이다.(楊注)

25 作虛器 : 거북을 간직하는 집을 짓되 斗栱에 山을 새기고 동자기둥에 水草를 그린 것이다.(杜注)

26 縱逆祀 : 僖公을 올리자는 夏父의 말을 들어준 것이다.(杜注)

27 爰居 : 海鳥이다. 爰居가 魯나라 東門 밖에 와서 앉으니, 文仲은 그 새를 神이라 하여 國人에게 명하여 그 새에게 제사 지내게 하였다.(杜注)

【傳】襄仲如齊納幣하니 禮也라 凡君卽位에 好舅甥[28]하며 修昏姻하며 娶元妃하야 以奉粢盛이 孝也니 孝는 禮之始也니라

襄仲이 齊나라에 가서 納幣하였으니 禮에 맞았다. 凡例에 의하면 임금이 즉위하면 舅甥國 간에 우호를 증진하고 혼인을 맺으며 元妃을 맞이하여 제사를 받드는 것이 효도이다. 효도는 禮를 행하는 시작이다.

〈3년, 丁酉(B.C. 624)〉

【經】三年이라 春王正月에 叔孫得臣會晉人宋人陳人衛人鄭人하야 伐沈(심)하니 沈潰하다

3년이다. 봄 周王 正月에 叔孫得臣이 晉人 · 宋人 · 陳人 · 衛人 · 鄭人과 회합하여 沈나라를 토벌하니 沈의 백성들이 潰散하였다.

【傳】三年이라 春에 莊叔會諸侯之師하야 伐沈하니 以其服於楚也라 沈潰하다 凡民逃其上曰潰요 在上曰逃니라

3년이다. 봄에 莊叔(得臣)이 諸侯의 군대와 회합하여 沈나라를 토벌하였으니, 심나라가 楚나라에 복종하였기 때문이다. 심나라의 백성들이 潰散하였다. 凡例에 의하면 백성이 그 임금을 버리고 도망가는 것을 '潰'라 하고, 임금이 백성을 버리고 도망가는 것을 '逃'라 한다.

字義 潰 : 도망해 흩어질 궤

衛侯如陳하야 拜晉成也하다

衛侯가 陳나라에 가서 晉나라와 화평을 이루어준 것에 대해 拜謝하였다.

---

28 舅甥 : 장인과 사위를 아울러 이르는 말. 魯 文公이 齊侯의 宗室 딸에게 장가들었으므로 제나라와 노나라는 장인과 사위 관계의 나라이다.

【經】夏五月에 王子虎卒하다

여름 5월에 王子 虎가 卒하였다.

【傳】夏四月乙亥에 王叔文公卒한대 來赴어늘 弔如同盟하니 禮也라

여름 4월에 乙亥日에 王叔 文公이 卒하였는데, 赴告가 오자 同盟한 諸侯의 禮로 弔喪하였으니 예에 맞는 처사였다.

【經】秦人伐晉하다

秦人이 晉나라를 토벌하였다.

【傳】秦伯伐晉할새 濟河하야 焚舟하고 取王官及郊어늘 晉人不出하니 遂自茅津濟하야 封殽尸而還하고 遂霸西戎하니 用孟明也일새라

秦伯이 晉나라를 토벌할 적에 黃河를 건너서 〈필사의 각오로〉 배를 다 불태우고 王官과 郊(모두 晉나라 땅)를 취하였는데 晉軍이 출전하지 않으니, 마침내 茅津(晉나라 땅)에서 황하를 건너 殽의 전쟁에서 죽은 秦軍의 시신을 수습해 매장한 뒤에 還軍하였고, 마침내 〈秦나라가〉 西戎의 霸主가 되었으니 이는 孟明을 중용하였기 때문이다.

字義 封 : 매장할 봉

君子是以知秦穆之爲君也에 擧人之周也며 與人之壹也요 孟明之臣也에 其不解也며 能懼思也요 子桑之忠也에 其知人也며 能擧善也하니라 詩曰 于以采蘩을 于沼于沚[29]로다 于以用之를 公侯之事로다하니 秦穆有焉이요 夙夜匪解하야 以事一人[30]이라하니 孟明有焉이요 詒厥孫謀하야 以燕翼子[31]라하니 子桑有焉이로다

---

29 于以采蘩 于沼于沚 : 《詩經》〈國風 召南 采蘩〉에 보인다. 연못가와 물가의 쑥은 지극히 보잘것없는 물건인데도 그것을 뜯어다가 公侯의 제사에 썼듯이 秦 穆公이 작은 長點(小善)도 버리지 않은 것을 비유한 것이다.

30 夙夜匪解 以事一人 : 《詩經》〈大雅 蒸民〉에 보인다. 仲山甫를 찬미한 詩로, 一人은 天子이다.

31 詒厥孫謀 以燕翼子 : 《詩經》〈大雅 文王有聲〉에 보인다. 武王이 그 자손을 위해 훌륭한 계책을 끼쳐 자손에게 안녕이 이루어지게 한 것을 찬미한 시이다. 곧 子桑에게 인재를 천거한 계책이 있

君子는 이로 인해 다음을 알았다고 하였다.

"秦穆 公이 임금 노릇 함에 두루 살펴 人才를 擧用하였고 거용한 인재를 한결같이 신임하였으며, 孟明이 신하 노릇함에 패전했다고 해이해지지 않고 지난 패전을 두려워하여 고치길 생각하였으며, 子桑(公孫枝로, 맹명을 천거한 사람)이 나라에 충성함에 사람을 알아보고 좋은 인재를 천거한 것이다. 《詩經》에 '더북쑥 캐기를 연못가와 물가에서 하였네. 이것을 쓰기를 公侯의 祭祀에서 한다네.'라고 하였는데 진 목공에게 이런 점이 있고, '밤낮으로 게을리하지 않고 한 사람만을 섬긴다.'고 하였는데 맹맹에게 이런 점이 있고, '후손을 위해 좋은 계책을 남겨 자손을 편안하도록 도왔다.'고 하였는데 자상에게 이런 점이 있다."

蘩

字義 蘩 : 산흰쑥 번　詒 : 끼칠 이　翼 : 도울 익

【經】 秋에 楚人圍江하다

가을에 楚人이 江나라를 포위하였다.

【傳】 楚師圍江하니 晉先僕伐楚以救江하다

楚軍이 江나라를 포위하니 晉나라 先僕(晉나라 大夫)이 楚나라를 토벌하여 강나라를 구원하였다.

【經】 雨螽于宋하다

宋나라에 비가 내리듯이 메뚜기가 떨어졌다.

다는 것을 말한 것이다.

【傳】秋에 雨螽于宋하니 隊(추)而死也라

가을에 宋나라에 메뚜기가 비가 내리듯이 떨어졌으니, 이는 땅에 떨어져 죽은 것이다.

字義 螽 : 메뚜기 종 隊 : 떨어질 추(=墜)

【經】冬에 公如晉하야 十有二月乙巳에 公及晉侯盟하다

겨울에 文公이 晉나라에 가서 12월 乙巳日에 문공이 晉侯와 結盟하였다.

【傳】晉人懼其無禮於公也하야 請改盟하니 公如晉하야 及晉侯盟하다 晉侯饗公할새 賦菁菁者莪[32]어늘 莊叔以公降拜曰 小國受命於大國하니 敢不愼儀아 君貺之以大禮하시니 何樂如之리오 抑小國之樂은 大國之惠也로소이다 晉侯降辭하고 登하야 成拜하니 公賦嘉樂[33]하다

晉人이 전에 文公에게 無禮했던 것을 두렵게 여겨, 전에 맺은 맹약(문공 2년에 處父와 맺었던 맹약)을 改訂하기를 청하자 문공이 晉나라에 가서 晉侯와 결맹하였다. 진후가 연회를 열어 문공을 대접할 때 〈菁菁者莪〉를 읊으니, 莊叔(叔孫得臣)이 문공에게 뜰 아래로 내려가서 拜謝하게 하며 말하였다. "小國이 大國에게 명을 받았으니 감히 예의를 삼가지 않을 수 있습니까? 晉君께서 大 禮로 접대해주시니 이런 즐거움이 다시 어디 있습니까? 소국의 즐거움은 대국의 은혜입니다." 진후가 뜰에 내려가 사양하고 함께 올라와서 拜禮를 이루었다. 문공이 〈嘉樂〉을 읊었다.

字義 貺 : 줄 황

【經】晉陽處父(보)帥師伐楚하야 以救江하다

晉나라 陽處父가 군대를 거느리고 가서 楚나라를 토벌하여 江나라를 구원하였다.

【傳】冬에 晉以江故로 告于周하다 王叔桓公晉陽處父(보)伐楚하야 以救江할새 門于方城이라가 遇息公子朱而還하다

---

32 菁菁者莪 : 《詩經》 〈小雅〉의 篇名이다. 이 편의 "이미 君子를 만나보니 즐겁고 禮儀가 있도다.〔旣見君子 樂且有儀〕"라는 句를 취한 것이다.(杜注)

33 嘉樂 : 《詩經》 〈大雅〉의 篇名이다. 이 편의 "드러난 아름다운 덕이 백성과 관리에게 모두 합당하니 하늘에게 복록을 받는다.〔顯顯令德 宜民宜人 受祿于天〕"는 句를 취한 것이다.(杜注)

겨울에 晉나라가 江나라의 일을 가지고 周나라에 보고하였다. 王叔 桓公(周나라 卿士 王叔 文公의 아들)과 진나라 陽處父가 楚나라를 토벌해 강나라를 구원하려고 할 적에 초나라 方城의 門을 공격하다가 回軍하는 息公 子朱(초나라 大夫로 강나라를 토벌한 군대의 將帥)를 보고는 군대를 거느리고 돌아갔다.

字義 門 : 성문 공격할 문

〈4년, 戊戌(B.C. 623)〉

【經】 四年이라 春이라

4년이다. 봄이다.

【傳】 四年이라 春에 晉人歸孔達于衛하니 以爲衛之良也라 故免之하다

4년이다. 봄에 晉人이 孔達을 衛나라로 돌려보냈으니, 그를 위나라의 良臣으로 여겼기 때문에 방면한 것이다.

【經】 公至自晉하다

文公이 晉나라에서 돌아왔다.

【經】 夏라

여름이다.

【傳】 衛侯如晉하야 拜하고 曹伯如晉會正하다

衛侯가 晉나라에 가서 〈孔達을 돌려보낸 데 대해〉 拜謝하고 曹伯이 진나라에 가서 貢賦를 정하는 정사에 회합하였다.

字義 正 : 정사 정(=政)

【經】逆婦姜于齊하다

齊나라에서 婦姜을 맞이해 왔다.

【傳】逆婦姜于齊할새 卿不行하니 非禮也라 君子是以知出姜[34]之不允於魯也라 曰 貴聘而賤逆之하니 君而卑之요 立而廢之요 棄信而壞其主하니 在國必亂이요 在家必亡이라 不允宜哉인저 詩曰 畏天之威하야 于時保之[35]라하니 敬主之謂也니라

齊나라에서 婦姜을 맞이해 올 적에 卿이 가지 않았으니 禮가 아니다. 君子는 이로 인해 出姜이 魯나라에서 신임을 받지 못할 것을 알고 말하였다.

"귀한 자가 聘問하고 천한 자가 맞이하였으니, 小君인데도 비천한 예로 대우한 것이고 夫人으로 세우고도 상응한 예를 폐한 것이며, 신의를 버리고 內主의 권위를 무너뜨렸으니, 나라에 이런 일이 있으면 나라가 반드시 어지러워지고, 집안에 이런 일이 있으면 집안이 반드시 망한다. 그러니 신임을 받지 못하는 것이 당연할 것이다. 《詩經》에 '하늘의 위엄을 두려워하여 이에 福祿을 보전한다.' 하였으니, 이는 내주를 존경하라는 말이다."

字義 允 : 믿을 윤

【經】狄侵齊하다

狄人이 齊나라를 侵攻하였다.

【經】秋에 楚人滅江하다

가을에 楚人이 江나라를 滅하였다.

【傳】楚人滅江하니 秦伯爲之降服하야 出次하고 不擧호되 過數하니 大夫諫이어늘 公曰 同盟滅하니 雖不能救나 敢不矜乎아 吾自懼也로라 君子曰 詩云 惟彼二國이 其政不獲일새 惟此四國이 爰究爰度(탁)[36]이라하니 其秦穆之謂矣로다

34 出姜 : 文公이 죽은 뒤에 축출되었기 때문에 '出姜'이라 한 것이다.(杜注)

35 畏天之威 于時保之 : 《詩經》〈周頌 我將〉이다. 하늘의 위엄을 두려워하여 이에 福祿을 보전한다는 말이다.(杜注)

36 惟彼二國……爰究爰度 : 《詩經》〈大雅 皇矣〉에 보인다. 夏·商 두 나라 임금들의 정치가 인심

楚人이 江나라를 滅하니 秦伯이 강나라를 위해 素服을 입고〔降服〕 正殿을 피해 다른 곳에 머물며〔出次〕 盛饌을 들지 않기〔不擧〕를 정해진 예의 등급보다 지나치게 하니 大夫가 간하였는데, 穆公이 말하였다.

"동맹국이 멸망하였으니 비록 구원할 수는 없다 하더라도 감히 가여워하지 않을 수 있겠는가? 이는 나 스스로를 경계하고 두려워하는 것이다."

君子는 이에 대해 다음과 같이 논평하였다.

"《詩經》에 '저 두 나라는 정치가 인심을 얻지 못해 망하였기 때문에 사방의 나라들이 이에 나라 보존하기를 계획하였다.' 하였으니, 이 詩는 아마〔其〕 秦 穆公의 경우를 이른 듯하다."

【經】 晉侯伐秦하다

晉侯가 秦나라를 토벌하였다.

【傳】 秋에 晉侯伐秦하야 圍邧新城하야 以報王官之役하다

가을에 晉侯가 秦나라를 토벌해 邧과 新城(모두 秦나라의 邑)을 포위하여 王官의 전쟁을 보복하였다.

字義 邧 : 고을 이름 원

【經】 衛侯使甯俞來聘하다

衛侯가 甯俞를 보내어 와서 聘問하였다.

【傳】 衛甯武子來聘이어늘 公與之宴할새 爲賦湛露及彤弓[37]하니 不辭하고 又不答賦하다 使行人私焉하니 對曰 臣以爲肄業及之也니이다 昔諸侯朝正於王이어든 王宴樂之하나니 於是乎賦湛露[38]하야 則天子當陽하고 諸侯用命也라 諸侯敵王所愾하야 而獻其功이면 王

을 얻지 못하여 나라가 멸망하였기 때문에 사방의 제후들은 그 멸망을 보고 모두 두려워하여 자기 나라의 정사를 계획했다는 말인데, 여기서는 秦穆公도 江나라의 멸망에 느낌이 있어 두려워하며 정치를 잘할 것을 생각했다는 말이다.(杜注)

37 湛露及彤弓 : 〈湛露〉와 〈彤弓〉은 《詩經》 〈小雅〉의 篇名이다.

38 湛露 : 《詩經》 〈小雅 湛露〉에 "촉촉이 젖은 이슬은 태양이 아니고는 말릴 수 없네.〔湛湛露斯 匪陽

於是乎賜之彤弓一과 彤矢百과 玈弓矢千하사 以覺報宴이니이다 今陪臣來繼舊好어늘 君辱貺之하시니 其敢干大禮하야 以自取戾잇가

衛나라 甯武子가 와서 빙문하였는데, 文公이 연회를 열어 그를 접대할 적에 〈湛露〉·〈彤弓〉을 읊으니, 영무자는 사례도 하지 않고, 또 答賦하지도 않았다. 문공이 行人을 보내어 사사로이 그 이유를 묻게 하니 대답하였다.

"신은 악공들이 연습으로 그 曲을 연주하는 줄 알았습니다. 諸侯가 王께 조회하여 政教를 받거든 왕이 연회를 열어 함께 즐기니, 이때에 〈湛露〉을 읊어 天子는 태양에 해당하고 제후는 명에 복종한다는 뜻을 표현합니다. 제후가 왕이 노여워하는 상대를 대적하여 功을 바치면 왕이 이에 彤弓 하나, 彤矢 1백, 검은 弓矢 1천 개를 하사하시어 공을 보답하는 연회임을 밝힙니다. 지금 陪臣은 옛 우호를 계승하기 위해 왔는데 君께서 이러한 연회를 열어주시니 어찌 감히 大禮를 범하여 스스로 죄를 취하겠습니까?"

字義 愾 : 성낼 개 覺 : 밝힐 각 貺 : 줄 황(=賜) 干 : 범할 간 戾 : 죄 려

【經】冬十有一月壬寅에 夫人風氏薨하다

겨울 11월 壬寅日에 夫人 風氏(僖公의 어머니 成風)가 薨하였다.

【傳】冬에 成風薨하다

겨울에 成風이 薨하였다.

〈5년, 己亥(B.C. 622)〉

【經】五年이라 春王正月에 王使榮叔歸(궤)含且賵하시다 三月辛亥에 葬我小君成風하니 王使召伯來會葬하다

5년이다. 봄 周王 正月에 王이 榮叔(榮나라 君主)을 보내어 含(죽은 사람의 입에 채워 넣

不晞)"라는 구절이 나오는데, 곧 이슬이 해를 보면 마르는 것이 諸侯가 天子의 命을 받아 행하는 것과 같다는 것을 말한 것이다.(杜注)

는 珠玉)과 賵(車馬)을 주었다. 3월 辛亥日에 우리 小君 成風을 장사 지내니, 왕이 召伯을 보내어 와서 會葬하였다.

字義 賵 : 부의할 봉

【傳】五年이라 春에 王使榮叔來含且賵하야 召昭公來會葬하니 禮也[39]라

5년이다. 봄에 王이 榮叔을 보내어 와서 含과 賵을 주고, 召昭公(天子의 卿으로, 召는 采地이고 伯은 爵)이 와서 會葬하였으니 禮에 맞는 일이다.

【經】夏에 公孫敖如晉하다

여름에 公孫敖(慶父의 아들)가 晉나라에 갔다.

【經】秦人入鄀하다

秦人이 鄀나라로 쳐들어갔다.

【傳】初에 鄀叛楚卽秦이러니 又貳於楚하니 夏에 秦人入鄀하다

처음에 鄀나라가 楚나라를 배반하고 秦나라에 가까이하더니, 또 두 마음을 품고 초나라를 따르니, 여름에 秦人이 약나라로 쳐들어갔다.

字義 鄀 : 나라 이름 약

【經】秋에 楚人滅六하다

가을에 楚人이 六나라를 滅하였다.

---

39 禮也 : 成風은 莊公의 妾인데도 天子가 夫人의 禮를 적용해 含과 賵을 주어, 어머니는 아들로 인해 귀해진다는 것을 밝혔으므로, '禮'라고 한 것이다.(杜注)

【傳】六人叛楚하고 卽東夷하니 秋에 楚成大心仲歸帥師滅六하다

六人이 楚나라를 배반하고 東夷에 가까이하니, 가을에 楚나라 成大心(子玉의 아들)과 仲歸(子家)가 군대를 거느리고 가서 六나라를 멸하였다.

【經】冬이라

겨울이다.

【傳】楚公子燮滅蓼하니 臧文仲聞六與蓼滅하고 曰 皐陶(요)庭堅不祀忽諸하니 德之不建하야 民之無援이니 哀哉라

楚나라 公子 燮이 蓼나라를 멸하자, 臧文仲이 六나라와 蓼나라가 멸망하였다는 말을 듣고 말하였다.

"皐陶(六나라의 조상)와 庭堅(蓼나라의 조상)의 祭祀가 갑자기 끊기게 되었으니, 德을 세우지 않아서 백성들이 구원하지 않았으니, 슬프도다."

字義 蓼 : 나라 이름 료

【經】十月甲申에 許男業卒하다

겨울 10월 甲申日에 許男 業(許 僖公)이 卒하였다.

〈6년, 庚子(B.C. 621)〉

【經】六年이라 春이라

6년이다. 봄이다.

【傳】晉陽處父(보)聘于衛하고 反過甯하니 甯嬴從之라가 及溫而還하다 其妻問之한대 嬴

曰 以剛이니라 商書曰 沈漸으란 剛克하고 高明으란 柔克[40]이라하야늘 夫子壹之하니 其不沒乎인저 天爲剛德이라도 猶不干時어든 況在人乎아 且華而不實은 怨之所聚也라 犯而聚怨하니 不可以定身이라 余懼不獲其利而離其難이라 是以去之호라 晉趙成子欒貞子霍伯臼季皆卒하다

晉나라 陽處父가 衛나라에 가서 聘問하고 돌아오는 길에 甯에 들르니, 甯嬴(甯은 晉나라 邑이고, 嬴은 逆旅의 관리를 맡은 大夫)이 따라오다가 溫까지 와서 되돌아갔다. 그 아내가 그 까닭을 묻자, 영영이 대답하였다.

"너무 剛하기 때문이다. 〈商書〉에 '성질이 가라앉고 柔弱한 자는 剛으로 그 유약을 극복하고, 성질이 강하고 쾌활한 자는 柔順함으로 그 剛을 극복한다.' 하였는데, 그분은 한결같이 강하기에만 마음을 쓰니 아마도 수명대로 살지 못할 것이다. 하늘은 剛을 덕으로 삼는데도 四時의 운행을 범하지 않는데 하물며 사람에 있어서이겠는가? 또 말만 번지르르하고 진실이 없는 것은 원망이 모이는 법이다. 그가 남을 침범하여 원망을 모으고 있으니 몸을 편안히 보전하지 못할 것이다. 나는 그에게서 이익은 얻지 못하고 그의 화란에 걸릴까 두려웠기 때문에 그를 버리고 돌아온 것이다."

晉나라의 趙成子(趙衰), 欒貞子(欒枝), 霍伯(先且居), 臼季(胥臣)가 모두 卒하였다.

字義 離 : 걸릴 리

六年春에 晉蒐于夷할새 舍二軍하고 使狐射(역)姑將中軍하며 趙盾(돈)佐之러니 陽處父至自溫하야 改蒐于董하고 易中軍하다 陽子는 成季之屬也라 故黨於趙氏하고 且謂趙盾能이라하야 曰 使能은 國之利也라 是以上之하노라

6년 봄 晉나라가 夷(晉나라 땅)에서 군사 훈련을 할 적에 〈五軍 중에〉 二軍을 감축하고 狐射姑에게 中軍을 거느리게 하고 趙盾(趙衰의 아들)을 그 副將으로 삼았는데, 陽處父가 溫에서 와서 다시 董에서 군사 훈련을 하고 중군의 장수와 부장을 맞바꾸었다. 陽子는 成季(趙衰)의 부하였기 때문에 趙氏를 편들고 또 조돈이 유능하다고 하여 "유능한 사람을 시키는 것이 국가의 이익이 되기 때문에 그를 윗자리에 올린 것이다." 하였다.

字義 蒐 : 사냥(군사 훈련) 수

---

40 沈漸剛克 高明柔克 :《書經》〈周書 洪範〉에 보인다. 沈漸은 滯溺(성격이 활달하지 못하고 가라앉은 것)과 같고, 高明은 亢爽(기상이 높고 쾌활한 것)과 같다. 각각 剛과 柔로 자기 本性에 부족한 점을 극복하여야 완전한 사람이 될 수 있다는 말이다.(杜注) '沈漸'은《書經》에 '沈潛'으로 되어 있다.

宣子於是乎始爲國政하야 制事典하며 正法罪하며 辟獄刑하며 董逋逃하며 由質要하며 治舊洿하며 本秩禮하며 續常職하며 出滯淹하다 既成에 以授大(태)傅陽子와 與大(태)師賈佗하야 使行諸晉國하야 以爲常法하다

宣子(趙盾의 諡號)가 이때에 비로소 國政(正卿)이 되어 일을 처리하는 규정을 제정하고 형률을 바르게 하며, 獄刑을 심리하고 죄를 짓고 도망하는 자를 엄히 살피며, 계약서〔質要〕를 사용하고 지난 부정을 다스리며, 귀천을 구별하는 예를 회복하고 常職을 존속시키며, 막혀 있는 인재를 진출시키는 등의 법제를 제정하였다. 이 법제가 완성되자 太傅 陽子(陽處父)와 太師 賈佗(公族으로, 晉 文公이 亡命할 때 따라 다닌 인물)에게 주어 晉나라에 시행하여 常法으로 삼게 하였다.

字義 辟 : 다스릴 벽 董 : 감독할 동 由 : 쓸 유(=用) 洿 : 더러울 오

【經】葬許僖公하다

許 僖公을 장사 지냈다.

【經】夏에 季孫行父如陳하다

여름에 季孫行父(季友의 손자)가 陳나라에 갔다.

【傳】臧文仲以陳衛之睦也로 欲求好於陳하니 夏에 季文子聘于陳하고 且娶焉하다

臧文仲은 陳나라와 衛나라가 서로 화목하다 하여 진나라와 우호를 구하고자 하였다. 여름에 季文子가 진나라에 가서 聘問하고 아내를 맞이해 왔다.

秦伯任好卒이어늘 以子車氏之三子奄息仲行(항)鍼虎爲殉하니 皆秦之良也라 國人哀之하야 爲之賦黃鳥[41]하니라

---

41 黃鳥 : 《詩經》〈秦風〉의 篇名이다. 꾀꼬리는 가시나무나 뽕나무에 앉아 오고 가는 것을 마음대로 할 수 있으나, 三良은 그렇지 못했음을 가슴 아프게 여겨 지은 시이다.(杜注)

秦伯 任好(秦 穆公)가 卒하자 子車氏(秦나라 大夫의 姓)의 세 아들 奄息·仲行·鍼虎를 殉葬하였으니, 이들은 모두 秦나라의 良臣이었다. 그러므로 國人이 그들의 죽음을 슬퍼하여 그들을 위해 〈黃鳥〉 詩를 지었다.

君子曰 秦穆之不爲盟主也宜哉라 死而棄民이로다 先王違世에 猶詒之法이어든 而況奪之善人乎아 詩曰 人之云亡에 邦國殄瘁[42]라하니 無善人之謂라 若之何奪之리오 古之王者는 知命之不長이라 是以並建聖哲하야 樹之風聲하고 分之采物[43]하고 著之話言[44]하고 爲之律度[45]하고 陳之藝極[46]하고 引之表儀[47]하고 予之法制하고 告之訓典하고 敎之防利[48]하고 委之常秩하고 道之以禮則(칙)[49]하야 使毋失其土宜하니 衆隸賴之하야 而後卽命이라 聖王同之러니 今縱無法以遺後嗣나 而又收其良以死하니 難以在上矣로다 君子是以知秦之不復東征也하니라

君子는 이에 대해 다음과 같이 論評하였다.

"秦 穆公이 盟主가 되지 못한 것은 당연하다. 죽으면서도 백성을 버렸구나. 옛날의 先王들은 세상을 떠날 적에도 오히려 後人에게 법도를 남겼는데, 하물며 백성에게서 善人을 빼앗아 간다는 말인가? 《詩經》에 '선인이 죽으니 나라가 병든다.' 하였으니 이는 나라에 선인이 없음을 말한 것인데 穆公은 어찌해서 선인을 빼앗아갔단 말인가?

옛날의 王者는 자기의 생명이 영원하지 못하다는 것을 알았기 때문에 덕과 지혜가 높은 사

---

42 人之云亡 邦國殄瘁 : 《詩經》 〈大雅 瞻卬〉이다. 善人이 죽으면 나라가 병든다는 말이다.(杜注)

43 分之采物 : 采物은 采色으로 治粧한 器物로 신분의 고하에 따라 구분한 旌旗와 衣服 따위이다. 天子가 신하의 귀천에 따라 각각 그 신분에 맞는 채물을 나누어주어 그 신분의 고하를 드러내게 한다.(楊注)

44 著之話言 : 話言은 善言이다. 선언을 竹帛에 기록하여 遺訓으로 삼게 하는 것이다.(楊注)

45 爲之律度 : 律度는 鍾律度量으로 曆을 만들어 時를 밝히는 것이다.(杜注) 鍾律은 黃鍾의 律인데, 度量衡이 모두 황종에서 나왔다. 度는 分·寸·尺·丈·引으로 길이를 재는 것인데 본래 黃鍾管의 길이에서 나왔다.(楊注)

46 陳之藝極 : 藝는 準이고, 極은 中이다.(杜注) 貢賦의 알맞은 기준을 마련한 것이다.(楊注)

47 引之表儀 : 表儀는 儀表와 같은 말로, 법도와 예의이다.(楊注) 곧 자기의 의표로 사람들을 인도해 따르도록 한 것이다.

48 防利 : 杜注에서는 '防惡興利(害惡을 막고 이익을 일으키는 것이다.)'라고 하였는데, 楊注에서는 지나친 이익을 탐하는 것을 막는 것이라고 하였다.

49 道之以禮則(칙) : 底本은 '道之以禮'에 현토하고 '則'은 아래 구에 이었으나, 여기서는 楊注에 의거하여, '則'을 위로 붙여 구두하고 번역하였다.

람을 널리 등용하여, 風聲을 세우는 일을 맡기고 采物을 나누어주며, 善言을 기록하고 律度를 제정하며, 藝極을 선포하며 表儀로 인도하고, 法制를 만들어주고, 訓典(先王의 글)을 일러주고 防利를 가르치고 일정한 직무를 맡기고 禮則으로 教導하여 土宜(그 지방의 지리나 풍속에 적합한 제도)를 잃지 않게 하고 衆隸(官이나 士 · 農 · 工 · 賈에 예속된 자들)가 이를 신뢰한 뒤에 명을 받아들였고, 聖王도 이와 같이 하였는데, 지금 목공은 후세에게 법도를 남겨주진 못한다 하더라도 또 良臣을 거두어 죽게 하였으니, 남의 윗자리에 있기가 어려울 것이다."

군자는 이로써 진나라가 다시 동쪽으로 정벌하지 못할 줄을 알았다.

字義 話 : 선언 화　藝 : 궁극 예

【經】秋에 季孫行父(보)如晉하다

가을에 季孫行父가 晉나라에 갔다.

【傳】秋에 季文子將聘於晉할새 使求遭喪之禮以行하니 其人曰 將焉用之리오 文子曰 備豫不虞는 古之善教也니 求而無之면 實難이어니와 過求何害리오

가을에 季文子(季孫行父)가 晉나라에 聘問 가려 할 적에 〈晉侯가 병을 앓고 있다는 말을 들었으므로〉 그 從者에게 상을 당했을 경우에 사용할 儀物을 청구하게 한 뒤에 떠나니, 그 종자가 "어디에 쓰려는 것입니까?"라고 묻자, 文子가 말하였다.

"뜻밖에 생길지도 모르는 일에 미리 대비하라는 말은 옛날의 좋은 가르침이다. 일을 당하여 구할 곳이 없으면 실로 난처하게 될 것이니 지나치게 구한다 하여 무엇이 해롭겠는가?"

【經】八月乙亥에 晉侯驩卒하다

8월 乙亥日에 晉侯 驩이 卒하였다.

【傳】八月乙亥에 晉襄公卒하니 靈公少라 晉人以難故로 欲立長君하니 趙孟曰 立公子雍이니라 好善而長하고 先君愛之하며 且近於秦하니 秦은 舊好也라 置善則固하고 事長則順하며 立愛則孝하고 結舊則安이라 爲難故하야 故欲立長君인댄 有此四德者라야 難必抒矣리라 賈季曰 不如立公子樂(악)이라 辰嬴嬖於二君하니 立其子면 民必安之리라 趙孟曰 辰嬴賤하야 班在九人하니 其子何震之有리오 且爲二嬖하니 淫也요 爲先君子로대 不能求大하고 而出在小國하니 辟也라 母淫子辟하니 無威요 陳小而遠하니 無援이라 將

何安焉이리오 杜祁以君故로 讓偪姞(길)而上之하고 以狄故로 讓季隗而己次之라 故班在四하니 先君是以愛其子하야 而仕諸秦하야 爲亞卿焉이라 秦大而近하니 足以爲援이요 母義子愛하니 足以威民이니 立之不亦可乎아 使先蔑士會如秦逆公子雍하니 賈季亦使召公子樂于陳이어늘 趙孟使殺諸郫하다

8월 乙亥日(14일)에 晉 襄公이 卒하니 그 太子 靈公이 아직 어렸다. 晉人은 환난 때문에 나이 많은 사람을 임금으로 세우고자 하니, 趙孟(趙盾)이 말하였다.

"公子 雍(文公의 아들이자 襄公의 庶弟이고 杜祁의 아들)을 세워야 한다. 그는 善을 좋아하고 나이가 많은데다가 先君(문공)이 총애하였으며 또 秦나라와 친근하니 秦나라는 우리의 오랜 우호국이다. 선한 사람을 임금으로 세우면 나라가 공고해지고, 나이 많은 사람을 임금으로 섬기면 순리가 되고, 선군이 사랑한 사람을 세우면 효도가 되고, 오랜 우호국과 친분을 맺으면 나라가 편안해진다. 환난을 이유로 그 때문에 나이 많은 임금을 세우고자 한다면, 이러한 네 가지 덕이 있는 사람을 세워야만 환난이 반드시 제거될 것이다."

賈季(狐射古)가 말하였다.

"公子 樂(문공의 아들)을 세우는 것만 못하다. 辰嬴(懷嬴)이 두 임금(懷公과 文公)에게 사랑을 받았으니, 그 아들을 임금으로 세우면 백성들이 반드시 安定될 것이다."

조맹이 말하였다. "진영은 신분이 미천하여 夫人 중에 서열이 아홉 번째이니 그 아들이 무슨 위엄이 있겠는가? 그리고 또 두 임금에게 사랑을 받았으니 음탕한 것이고, 선군의 아들인데도 大國으로 가서 벼슬을 구하지 않고 작은 나라에 가 있으니 식견이 비루한 것이다. 어미는 음탕하고 아들은 비루하니 위엄이 없고, 陳나라는 작은 나라로 멀리 있으니 우리의 도움이 되지 못할 것이다. 장차 무엇으로 백성을 안정시킨다는 말인가?

杜祁(杜伯의 후손으로 祁姓)는 양공 때문에 偪姞(姞姓의 여자로, 晉 襄公의 생모)에게 序列을 사양하여 자기의 위가 되게 하고, 狄人 때문에 季隗(문공이 狄에 의탁해 있을 때의 아내)에게 서열을 사양하고 자기는 그 다음이 되었다. 그러므로 서열이 4位가 된 것이니 선군께서 이 때문에 그 아들을 총애하여 秦나라로 보내 벼슬하여 亞卿이 되게 하셨다. 秦나라는 큰 나라로서 가까운 거리에 있으니 충분히 우리의 도움이 될 수 있고, 어머니는 의롭고 아들은 선군의 총애를 받았으니 충분히 백성을 威服시킬 수 있다. 그를 세우는 것이 옳지 않겠는가?"

先蔑(士伯)과 士會(隨季)를 보내어 秦나라로 가서 공자 옹을 맞이해오게 하니, 가계도 陳나라로 사람을 보내어 공자 악을 불러오게 하였는데, 조맹이 사람을 보내어 공자 악을 郫(晉나라 땅)에서 죽였다.

字義 抒 : 제거할 서　班 : 등급 반　震 : 위엄 진(=威)　辟 : 비루할 벽　郫 : 땅 이름 비

【經】冬十月에 公子遂如晉하야 葬晉襄公하다

겨울 10월에 公子 遂가 晉나라에 가서 晉 襄公의 장사에 참가하였다.

【傳】冬十月에 襄仲如晉하야 葬襄公하다

겨울 10월에 襄仲이 晉나라에 가서 襄公의 장사에 참가하였다.

【經】晉殺其大夫陽處父하니 晉狐射(역)姑出奔狄하다

晉나라가 그 大夫 陽處父를 죽이니, 진나라 狐射姑(狐偃의 아들 賈季)가 狄으로 出奔하였다.

【傳】賈季怨陽子之易其班也하고 而知其無援於晉也하야 九月에 賈季使續鞫居殺陽處父(보)하다 書曰 晉殺其大夫라하니 侵官也라

賈季는 陽子가 자기의 班次를 바꾼 것에 원한을 품었고, 또 晉나라 안에 그를 돕는 세력이 없다는 것을 알고, 9월에 賈季가 續鞫居(狐氏의 族屬)를 시켜 陽處父를 죽였다. 經에 "晉나라가 그 大夫를 죽였다."고 기록하였으니, 이는 자기의 권한을 넘어 남의 권한을 침범하였기 때문이다.

十一月丙寅에 晉殺續簡伯하다 賈季奔狄이어늘 宣子使臾駢送其帑(노)하다 夷之蒐에 賈季戮臾駢하니 臾駢之人欲盡殺賈氏以報焉한대 臾駢曰 不可하다 吾聞前志有之하니 曰 敵惠敵怨이요 不在後嗣는 忠之道也라하니 夫子禮於賈季어늘 我以其寵으로 報私怨이면 無乃不可乎아 介人之寵은 非勇也요 損怨益仇는 非知也요 以私害公은 非忠也니 釋此三者면 何以事夫子리오 盡具其帑與其器用財賄하야 親帥(솔)扞之하야 送致諸竟하다

11월 丙寅日에 晉나라가 續簡伯(續鞫居)을 죽였다. 賈季가 狄으로 도망가니 宣子(趙盾)는 臾駢을 시켜 그의 妻子를 적으로 보내주게 하였다. 夷에서의 군사 훈련 때에 가계가 유병에게 모욕을 준 일이 있었으므로 유병의 부하가 賈氏의 一族을 모두 죽여 보복하려 하자, 유병이 말하였다.

"안 된다. 내가 듣건대 前代의 기록에 '은혜와 원수는 당사자에게 갚고 그 후손에게 갚지 않는 것이 충후한 도이다.'라고 하였다. 저분(趙盾)은 가계를 예우하는데 나는 저분의 총애를 이용해서 사사로운 원한을 갚는다면 불가하지 않겠는가? 남의 총애를 이용해〔以〕〈원한을 갚

는 것은〉 용맹이 아니고, 원수를 제거하려다 원수를 더 만드는 것은 지혜가 아니며 사적인 일로 공적인 일을 방해하는 것은 충성이 아니니, 이 세 가지를 버린다면 무엇으로 저분을 섬기겠는가?"라고 하고, 그의 처자식과 器用 · 재물을 모두 싣고 친히 군사를 거느려서 호송해 국경까지 보내주었다.

字義 帑 : 妻子 노(=孥) 戮 : 욕보일 륙 敵 : 상대 적 介 : 말미암을 개 扞 : 호위할 한

【經】閏月不告(곡)月호되 猶朝于廟하다

閏月에 告朔은 하지 않았으나 오히려 宗廟에 謁見은 하였다.

【傳】閏月不告朔하니 非禮也라 閏以正時하며 時以作事하고 事以厚生이니 生民之道 於是乎在矣어늘 不告閏朔하니 棄時政也라 何以爲民이리오

閏月에 告朔하지 않았으니 禮가 아니다. 윤월로 四時를 바로잡고, 사시에 의거해 농사를 짓고 농사로써 백성들의 생활을 넉넉하게 하는 것이니, 백성을 기르는 길이 여기에 있는데 윤월에 告朔하지 않았으니 이는 사시를 바로잡는 정사를 버린 것이다. 무엇으로 백성을 다스리겠는가?

〈7년, 辛丑(B.C. 620)〉

【經】七年이라 春에 公伐邾하다 三月甲戌에 取須句하고 遂城郚하다

7년이다. 봄에 文公이 邾나라를 토벌하였다. 3월 甲戌日에 須句(魯나라 領內에 있는 屬國)를 취하고 드디어 郚(魯나라 邑)에 성을 쌓았다.

【傳】七年이라 春에 公伐邾하니 間晉難也라 三月甲戌에 取須句하야 寘文公子焉하니 非禮也[50]라

50 非禮也 : 邾 文公의 아들이 邾나라를 배반하고 魯나라에 와서 있었기 때문에 魯 文公이 그를 須句를 지키는 大夫로 삼았는데, 太皞의 제사를 끊고 이웃 나라의 叛臣에게 주었으므로 이른 말이다.(杜注)

7년이다. 봄에 公이 邾나라를 토벌하였으니, 이는 晉나라에 난리가 난 틈을 이용한 것이다. 3월 甲戌日(17일)에 須句를 취하여 邾 文公의 아들을 그곳에 두었으니 禮가 아니다.

【經】 夏四月에 宋公王臣卒하니 宋人殺其大夫하다

여름 4월에 宋公 王臣(宋 成公)이 卒하니, 宋人이 그 大夫를 죽였다.

【傳】 夏四月에 宋成公卒하다 於是에 公子成爲右師하고 公孫友爲左師하고 樂豫爲司馬하고 鱗矔爲司徒하고 公子蕩爲司城하고 華御事爲司寇러니 昭公將去群公子한대 樂豫曰 不可하니이다 公族은 公室之枝葉也니 若去之면 則本根無所庇廕矣리이다 葛藟猶能庇其本根이라 故君子以爲比[51]어든 況國君乎아 此諺所謂庇焉而縱尋[52]斧焉者也라 必不可하리니 君其圖之하소서 親之以德이면 皆股肱也니 誰敢携貳리오 若之何去之릿고 不聽하니 穆襄之族率國人以攻公할새 殺公孫固公孫鄭于公宮하다 六卿和公室하고 樂豫舍司馬하야 以讓公子卬하니 昭公卽位而葬하다 書曰 宋人殺其大夫라하니 不稱名은 衆也요 且言非其罪也라

여름 4월에 宋 成公이 卒하였다. 이때 公子 成(莊公의 아들)이 右師로, 公孫友(目夷의 아들)가 左師로, 樂豫(戴公의 玄孫)가 司馬로, 鱗矔(桓公의 손자)이 司徒로, 公子 蕩(桓公의 아들)이 司城으로, 華御事(華元의 아버지)가 司寇로 되었는데, 宋 昭公이 群公子를 제거하려 하자, 악예가 말하였다.

"안 됩니다. 公族은 公室의 지엽이니 만약 그 지엽을 제거한다면 근본을 보호할 그늘이 없어질 것입니다. 칡덩굴도 오히려 그늘을 만들어 그 뿌리를 보호하기 때문에 君子는 이를 九族兄弟에 비유하였는데, 하물며 나라의 임금이겠습니까? 이것은 속담에 이른바 '비호를 받으면서도 함부로 도끼를 사용해 지엽을 찍어낸다.'는 것입니다. 결코 안 될 일이니, 주군께서는 헤아리소서. 德으로 저들을 친애하시면 모두 수족이 될 것이니 누가 감히 두 마음을 품겠습니까. 그런데 무엇 때문에 저들을 제거하려 하십니까."

---

51 葛藟猶能庇其本根 故君子以爲比 : 《詩經》 〈王風 葛藟〉을 이른다.

52 尋 : 林堯叟의 注에는 '8자를 尋이라 하니 나무를 재는 자이다.'라고 하였으나, 〈楊注〉에서 '用'으로 풀이한 것을 따랐다. 莊公 28년 傳의 '不尋諸仇讎'에 대한 〈楊注〉에도 '尋'을 '用'으로 풀이하였다.

昭公은 듣지 않았다. 穆公과 襄公의 族人들이 〈반란을 일으켜〉 國人을 거느리고 소공을 공격할 적에 公孫固와 公孫鄭을 公宮에서 죽였다. 六卿이 나서서 이들을 공실과 화해시키고 악예가 사마의 관직에서 물러나 公子 卬(소공의 아우)에게 양보하니, 소공이 즉위하여 송 성공을 장사 지냈다. 經에 '宋人이 그 大夫를 죽였다.'라고만 기록하였으니, 그 이름을 기록하지 않은 것은 살해에 가담한 자가 많고, 또 피살된 자는 죄가 없음을 말한 것이다.

字義 縱 : 함부로 할 종　尋 : 쓸 심(=用)

【經】 戊子에 晉人及秦人이 戰于令狐하니 晉先蔑奔秦하다

戊子日에 晉人과 秦人이 令狐에서 전쟁하니, 晉나라 先蔑이 秦나라로 도망갔다.

【傳】 秦康公送公子雍于晉할새 曰 文公之入也에 無衛라 故有呂郤之難이라하고 乃多與之徒衛하다 穆嬴日抱大(태)子하고 以啼于朝曰 先君何罪며 其嗣亦何罪오 舍嫡嗣不立하고 而外求君하니 將焉寘此오 出朝則抱以適趙氏하야 頓首於宣子曰 先君奉此子也하야 而屬諸(촉저)子曰 此子也才면 吾受子之賜요 不才면 吾唯子之怨호리라하시니라 今君雖終이나 言猶在耳어늘 而棄之하니 若何오 宣子與諸大夫皆患穆嬴하고 且畏偪하야 乃背先蔑하고 而立靈公하야 以禦秦師하다 箕鄭居守하고 趙盾(돈)將中軍하고 先克佐之하고 荀林父(보)佐上軍하고 先蔑將下軍하고 先都佐之하고 步招御戎하고 戎津爲右하다 及堇陰하야 宣子曰 我若受秦이면 秦則賓也어니와 不受면 寇也니 旣不受矣어늘 而復緩師면 秦將生心이리라 先人有奪人之心은 軍之善謀也요 逐寇如追逃는 軍之善政也라하고 訓卒利兵하며 秣馬蓐食하고 潛師夜起하야 戊子에 敗秦師于令狐하야 至于刳首하다 己丑에 先蔑奔秦이어늘 士會從之하다

秦 康公이 公子 雍을 晉나라로 보낼 적에 말하기를 "文公이 晉나라로 들어갈 때는 호위가 없었기 때문에 呂甥 · 郤芮의 난리가 일어난 것이다." 하고 호위하는 군졸을 많이 주었다. 이때 穆嬴(襄公의 夫人이자 靈公의 어머니)은 날마다 太子를 안고 조정에서 울면서 말하였다.

"先君에게 무슨 죄가 있고 그 嗣子에겐 또 무슨 죄가 있는가? 태자를 버려서 임금으로 세우지 않고 밖에서 임금을 찾고 있으니 이 아이를 어떻게 처리하려는 것인가?"

그리고 조정을 나와서 태자를 안고 趙氏의 집으로 가서 宣子(趙遁)에게 머리를 조아리며 말하였다.

“선군께서 이 아이를 안고 그대에게 부탁하며 말씀하기를 ‘이 아이를 임금의 材木으로 키워준다면 나는 그대의 은혜에 감사하겠고, 그런 재목으로 키우지 못한다면 나는 그대를 원망할 따름이네.’ 하셨소. 지금 선군은 비록 薨逝하셨지만 그 말씀은 아직 귓가에 남아 있을 것인데 이 아이를 버리려 하니, 이 아이를 어찌하려는 것이오?”

선자와 여러 大夫는 모두 목영을 걱정하고 또 國人의 핍박을 두려워하여, 이에 〈公子 雍을 맞으려고 秦나라로 간〉 先蔑을 배신하고 靈公(太子 夷皐)를 즉위시키고서 〈공자 옹을 호위해오는〉 秦軍을 막았다.

箕鄭은 남아 나라를 지키고, 趙盾이 中軍을 거느리고 先克(先且居의 아들)이 그의 佐가 되며, 荀林父가 上軍의 佐가 되고, 先蔑이 下軍을 거느리고 先都가 그의 佐가 되며, 步招가 戎車를 몰고 戎津이 車右가 되었다. 堇陰(晉나라 땅)에 이르러 선자가 말하였다.

“우리가 秦나라가 호송해오는 공자 옹을 받아들인다면 秦軍은 우리의 손님이지만, 받아들이지 않는다면 秦軍은 우리의 寇賊이니, 이미 받아들이지 않기로 하였는데 다시 進軍을 늦춘다면 秦나라는 반드시 다른 마음을 품을 것이다. 적에 앞서 적의 전의를 빼앗는 것은 軍事에 훌륭한 전략이고, 적을 축출하기를 도망가는 자를 추포하듯이 하는 것은 軍事에 훌륭한 전술이다.”

그리하여 軍師를 조련시키고 무기를 날카롭게 손질하게 하고, 전마를 배불리 먹이고 병사들에게 잠자리에서 새벽밥을 먹게 하고는 은밀히 밤에 군대를 일으켜 출발하여 戊子日(1일)에 令狐에서 秦軍을 패배시키고 刳首(秦나라 땅)까지 추격하였다. 己丑日(2일)에 선멸이 秦나라로 도망가자 士會도 따라갔다.

字義 秣 : 꼴 말 蓐 : 요 욕

先蔑之使(시)也에 荀林父止之曰 夫人大(태)子猶在어늘 而外求君하니 此必不行하리니 子以疾辭若何오 不然이면 將及하리라 攝卿以往可也어늘 何必子리오 同官爲寮니 吾嘗同寮하니 敢不盡心乎아 弗聽이어늘 爲賦板之三章[53]호대 又弗聽하다 及亡에 荀伯盡送其帑와 及器用財賄於秦하고 曰 爲同寮故也라하더라

---

53 板之三章 : 〈板〉은 《詩經》 〈大雅〉의 篇名이다. 그 3章이 “내 비록 일이 다르나 너와 더불어 동료라네. 내 너에게 가서 상의하니 내 말을 듣기를 건성으로 하는구나. 내 말은 당장 시급한 일이니 비웃음거리로 삼지 말라. 先賢들이 말씀하되 나무꾼에게도 물으라 하시니라.〔我雖異事 及爾同僚 我卽爾謀 聽我囂囂 我言維服 勿以爲笑 先民有言 詢于芻蕘〕”인데, 곧 ‘나무꾼의 말도 허술히 여길 수 없는데 하물며 동료의 말이겠느냐?’라는 뜻을 취한 것이다.

전에 先蔑이 〈公子 雍을 맞이하는〉 使臣으로 秦나라에 갈 적에 荀林父가 말리며 말하였다. "夫人과 太子가 그대로 있는데 밖에서 임금을 구해오려 하니 이 일은 반드시 성공할 수 없을 것이다. 그대는 병을 핑계로 사양하는 것이 어떻겠는가? 그렇게 하지 않는다면 禍가 미칠 것이다. 다른 사람을 卿의 代理로 보내도 되는데, 무엇 때문에 꼭 그대가 가야겠는가? 同官을 僚라 하는데 우리는 同僚였으니 감히 마음을 다해 말하지 않을 수 있겠는가?"

그러나 선멸은 듣지 않았는데, 순림보가 또 그를 위해 〈板〉 詩의 제3章을 읊었으나 또 듣지 않았다. 이번에 그가 망명하자 荀伯(순림보)은 그의 처자식과 器用 · 재물을 모두 秦나라에 보내주며 말하기를 "동료이기 때문이다."라고 하였다.

士會在秦三年호대 不見士伯하니 其人曰 能亡人於國하고 不能見於此하니 焉用之[54]오 士季曰 吾與之同罪요 非義之也라 將何見焉이리오 及歸히 遂不見하다

士會가 秦나라에 3년을 있었으나 士伯(先蔑)을 만나지 않으니, 그 從者가 말하기를 "그 사람과 晉나라에서 함께 도망하였으면서 이곳에서 만나지 않으니, 어째서 그러십니까?" 하자, 士季(士會)가 말하기를 "나는 그와 죄가 같기 때문에 함께 도망한 것뿐이고 그를 의롭게 여겨 따라온 것이 아니니 무엇 때문에 만나겠는가?" 하였다. 晉나라로 돌아올 때까지 끝내 士伯을 만나지 않았다.

【經】狄侵我西鄙하다

狄人이 우리나라 서쪽 변경을 침범하였다.

【傳】狄侵我西鄙어늘 公使告于晉한대 趙宣子使因賈季問酆舒하고 且讓之하다 酆舒問於賈季曰 趙衰(최)趙盾(돈)孰賢고 對曰 趙衰는 冬日之日也요 趙盾은 夏日之日也[55]라하더라

狄人이 우리나라 서쪽 변경을 침범하였는데, 文公이 使臣을 보내어 晉나라에 고하자 趙宣子(趙遁)가 사신을 보내 賈季(狐射古, 北狄으로 달아남)를 통해 酆舒(狄의 丞相)에게 안부를 묻고 또 魯나라를 침범한 것을 꾸짖었다. 풍서가 가계에게 "趙衰와 趙盾 중에 누가 더 현명한가?" 하고 묻자, 가계는 "조최는 겨울날의 햇볕이고, 조돈은 여름날의 햇볕이다."라고 대답하였다.

---

54 焉用之 : '何用如此(무엇 때문에 이와 같이 하느냐)'와 같다.(杜注)

55 趙衰……夏日之日也 : 겨울 햇볕은 사랑스럽고 여름 햇볕은 두렵다는 뜻이다.(杜注)

【經】秋八月에 公會諸侯晉大夫하야 盟于扈하다

가을 8월에 文公이 諸侯 및 晉나라 大夫와 회합하여 扈(鄭나라 땅)에서 結盟하였다.

【傳】秋八月에 齊侯宋公衛侯陳侯鄭伯許男曹伯이 會晉趙盾하야 盟于扈하니 晉侯立故也라 公後至라 故不書所會하다 凡會諸侯에 不書所會는 後也요 後至에 不書其國은 辟(피)不敏也라

가을 8월에 齊侯·宋公·衛侯·陳侯·鄭伯·許男·曹伯이 晉나라 趙盾과 회합하여 扈에서 結盟하였으니, 이는 晉侯가 즉위하였기 때문이다. 魯 文公이 늦게 회합에 도착하였기 때문에 經에 회합에 참가한 사람들을 기록하지 않은 것이다. 凡例에 의하면 諸侯의 회합에 참가한 사람을 기록하지 않는 것은 魯君이 회합에 늦게 갔기 때문이고, 늦게 간 경우에 참가한 나라들을 기록하지 않는 것은 〈참가한 사람들의 班位의 차서를〉 불분명하게 기록하는 것을 피하기 위해서이다.

字義 辟 : 피할 피

【經】冬에 徐伐莒하니 公孫敖如莒涖盟하다

겨울에 徐나라가 莒나라를 토벌하니, 公孫敖가 거나라에 가서 회맹에 참여하였다.

【傳】穆伯娶于莒하니 曰戴己라 生文伯하고 其娣聲己生惠叔이러니 戴己卒에 又聘[56]于莒하니 莒人以聲己辭한대 則爲襄仲하야 聘焉하다

穆伯(公孫敖)이 莒나라에서 아내를 맞이하였으니 그 이름이 戴己이다. 대기는 文伯(穀)을 낳고 그의 동생 聲己는 惠叔(難)을 낳았는데, 대기가 죽자 목백이 또 거나라에 行聘하려 하니 莒人이 성기가 있다는 이유로 사절하자 목백은 襄仲(공손오의 종형제)을 위해 행빙하였다.

冬에 徐伐莒하니 莒人來請盟하다 穆伯如莒涖盟하고 且爲仲逆이러니 及鄢陵하야 登城見之하니 美어늘 自爲娶之라 仲請攻之하니 公將許之한대 叔仲惠伯諫曰 臣聞之호니 兵作

---

56 聘 : 혼인을 청한 남자 집에서 여자의 집으로 예물을 보내는 것인데, 이를 行聘 또는 下聘이라 한다.

於內爲亂이요 於外爲寇라 寇猶及人이어니와 亂自及也라하니이다 今臣作亂이어늘 而君不禁하사 以啓寇讎하시니 若之何잇가 公止之하고 惠伯成之하야 使仲舍之하며 公孫敖反之하고 復爲兄弟如初하니 從之하다

겨울에 徐나라가 莒나라를 토벌하니 莒人이 魯나라에 와서 결맹을 요청하였다. 穆伯이 거나라로 가서 결맹에 참가하고 襄仲을 위해 여자를 맞이해왔는데, 鄢陵(거나라의 邑)에 당도하여 城에 올라 그 여자를 바라보니 아름답자 그 여자를 자신의 아내로 맞이하였다. 양중이 목백을 공격하기 위해 文公에게 허락을 요청하니, 문공이 허락하려 하자 叔仲惠伯(叔牙의 손자)이 간하였다.

"臣이 듣건대 '병란이 내부에서 일어나는 것을 亂이라 하고 외부에서 닥치는 것을 寇라고 하니 外寇는 화가 사람들에게 미치지만 內亂은 화가 스스로에게 미친다.'라고 하였습니다. 지금 신하가 내란을 일으키려 하는데 君께서 금하지 않으시어 외구가 침입할 마음을 먹도록 이끄시니, 〈만약 외구가 쳐들어온다면〉 어찌하시겠습니까?"

문공은 양중이 공격하지 못하도록 막고, 혜백은 두 사람을 화해시켜서 양중으로 하여금 그 여자를 포기하게 하고 公孫敖로 하여금 그 여자를 거나라로 돌려보내게 하여 다시 형제가 옛날처럼 지내도록 하니, 모두 그의 말을 따랐다.

字義 涖 : 임할 리 逆 : 맞이할 역

〈8년, 壬寅(B.C. 619)〉

【經】八年이라 春王正月이라

8년이다. 봄 周王 正月이다.

【傳】晉郤缺言於趙宣子曰 日衛不睦이라 故取其地러니 今已睦矣니 可以歸之니라 叛而不討면 何以示威며 服而不柔면 何以示懷며 非威非懷면 何以示德이며 無德이면 何以主盟이리오 子爲正卿하야 以主諸侯而不務德이면 將若之何오 夏書[57]曰 戒之用休[59]하며 董

57 夏書 : 《書經》〈虞書 大禹謨〉의 글인데, 《尙書》僞古文을 만든 자가 이 말을 채용하여 아래 글의 郤缺이 해석한 말까지 아울러 〈대우모〉에 끼워넣은 것이다.(楊注)

之用威하며 勸之以九歌하야 勿使壞라하니 九功之德을 皆可歌也니 謂之九歌요 六府三事를 謂之九功이요 水火金木土穀을 謂之六府요 正德利用厚生을 謂之三事니 義而行之를 謂之德禮라 無禮면 不樂이니 所由叛也니라 若吾子之德이 莫可歌也면 其誰來之리오 盍使睦者歌吾子乎아 宣子說(열)之하다

晉나라 郤缺이 趙宣子에게 말하였다.

"지난날에는 衛나라와 화목하지 못하였기 때문에 그 땅을 취하였는데, 지금은 이미 화목하게 지내고 있으니 취한 땅을 되돌려주는 것이 좋겠습니다. 배반하는데도 토벌하지 않는다면 무엇으로 大國의 위엄을 보이며 복종하는데도 安撫하지 않는다면 무엇으로 회유하는 뜻을 보이겠으며, 위엄과 회유가 아니면 무엇으로 우리의 덕을 보이며, 덕이 없으면 무엇으로 會盟을 主宰하겠습니까? 당신이 正卿이 되어 諸侯의 일을 주재하면서 덕을 힘쓰지 않으면 장차 어떻게 회맹을 주재하겠습니까?

〈夏書〉에 '善行이 있는 자는 賞을 주어 경계하고, 罪가 있는 자는 형벌로 다스리며, 九歌로 권면하여 九功을 무너뜨리지 않도록 하라.' 하였습니다. 구공의 덕이 모두 노래로 부를 만하니 이를 '구가'라 하고, 六府·三事를 '구공'이라 하고, 水·火·金·木·土·穀을 '육부'라 하고, 正德·利用·厚生을 '삼사'라 하니, 육부·삼사를 義에 맞게 행하는 것을 德과 禮라고 합니다. 예가 없으면 백성이 즐거워하지 않으니 반란이 이로 말미암아 일어납니다. 만약 당신의 덕이 노래로 부를 만하지 못하다면 그 누가 귀의해오겠습니까? 어찌 화목한 나라(衛나라)에게 당신의 덕을 노래하게 하지 않으십니까?"

宣子는 이 말을 듣고 기뻐하였다.

字義 日 : 지난날 일　柔 : 安撫할 유　休 : 경사 휴　董 : 다스릴 동

八年春에 晉侯使解揚歸匡戚之田于衛하고 且復致公壻池之封호대 自申至於虎牢之竟[59]하다

8년 봄에 晉侯가 解揚(晉나라 大夫)을 보내어 匡과 戚 두 곳의 땅을 衛나라에 돌려주고, 또 다시 公壻 池(晉君의 사위)의 封地를 돌려주되 申에서 虎牢의 경계까지로 하였다.

---

58 戒之用休 : 休는 慶이니 賢行이 있는 사람에게는 褒旌(慶)하여 더욱 게을리하지 않도록 勸勉하는 것이다.(《左氏會箋》)

59 自申至於虎牢之竟 : 申과 虎牢는 모두 鄭나라 땅으로, 晉나라가 公壻 池의 封地로 준 것인데 지금 정나라에 돌려준 것이다.(杜注)

【經】 夏四月이라

여름 4월이다.

【傳】 夏에 秦人伐晉하야 取武城하니 以報令狐之役이러라

여름에 秦人이 晉나라를 토벌해 武城을 취하니 令狐의 전쟁을 보복한 것이었다.

【經】 秋八月戊申에 天王崩하다

가을 8월 戊申日에 天王(周 襄王)이 崩하였다.

【傳】 秋에 襄王崩하다

가을에 襄王이 崩하였다.

【經】 冬十月壬午에 公子遂會晉趙盾(돈)하야 盟于衡雍하고 乙酉에 公子遂會雒戎하야 盟于暴하다

겨울 10월 壬午日(5일)에 公子 遂(襄仲)가 晉나라 趙盾과 만나 衡雍에서 結盟하였고, 乙酉日(8일)에 공자 수가 雒戎(雒水 유역에 거주하는 戎族)과 暴(鄭나라 땅)에서 회맹하였다.

【傳】 晉人以扈之盟來討어늘 冬에 襄仲會晉趙孟하야 盟于衡雍하니 報扈之盟也라 遂會伊雒之戎하다 書曰 公子遂는 珍之也[60]라

晉人이 扈의 會盟에 〈文公이 늦게 갔다는〉 이유로 와서 魯나라를 징벌하였는데, 겨울에 襄仲이 晉나라 趙孟과 만나 衡雍에서 결맹하였으니, 이는 호의 회맹에 늦게 간 잘못을 보상한 것이다. 마침내 伊雒의 戎과 회합하였다. 經에 '公子遂'라고 기록한 것은 그를 존귀하게 여긴 것이다.

---

60 珍之也 : 大夫가 나라 밖으로 나갔을 때 社稷을 편안하게 하고 국가를 이롭게 할 일이 있으면 君命을 받지 않고 임의로 처리하는 것이 옳기 때문에 존귀하게 여긴 것이다.(杜注)

【經】公孫敖如京師라가 不至而復하고 丙戌에 奔莒하다

公孫敖(穆伯)가 京師에 가다가 경사로 가지 않고 도중에 되돌아와서 丙戌日에 莒나라로 도망갔다.

【傳】穆伯如周弔喪이라가 不至하고 以幣奔莒하야 從己氏焉하다

穆伯(公孫敖)이 弔喪하기 위해 周나라에 가다가 경사로 가지 않고 가지고 간 예물을 가지고 莒나라로 도망하여 己氏(莒나라 여자)를 찾아갔다.

【經】螽하다

蝗蟲의 재해가 발생하였다.

【經】宋人殺其大夫司馬하니 宋司城來奔하다

宋人이 그 大夫 司馬를 죽이니, 宋나라 司城이 魯나라로 도망해왔다.

【傳】宋襄夫人은 襄王之姊也라 昭公不禮焉하니 夫人因戴氏之族[61]하야 以殺襄公之孫孔叔公孫鍾離及大司馬公子卬하니 皆昭公之黨也라 司馬握節以死라 故書以官하다 司城蕩意諸(저)來奔할새 效節於府人而出하니 公以其官逆之하고 皆復之[62]하다 亦書以官은 皆貴之也라

宋 襄公의 夫人(昭公의 嫡祖母)은 周 襄王의 누이이다. 昭公이 예우하지 않자, 부인은 戴氏의 宗族을 이용해 襄公의 손자 孔叔 · 公孫 鍾離와 大司馬 公子 卬을 죽이니, 이들은 모두 소공의 黨이었다. 司馬는 符節을 손에 쥐고 죽었기 때문에 經에 관직을 기록한 것이다. 司城 蕩意諸(公子 蕩의 손자)는 魯나라로 도망해올 적에 부절을 府人에게 반납하고 나왔으니 魯 文公은 그를 본래 관직으로 맞이하였고, 그 관속들도 모두 본래의 관직으로 대우하였다. 이 또한 經에 관직을 기록한 것은 두 사람 모두를 존귀하게 여긴 것이다.

字義 節 : 부신 절 效 : 바칠 효

---

61 戴氏之族 : 華氏·樂氏·皇氏가 모두 이 종족이다.(杜注)

62 皆復之 : 魯 文公이 意諸를 隨從한 관속을 모두 원래의 관직으로 대우한 것이다.(楊注)

〈9년, 癸卯(B.C. 618)〉

【經】九年이라 春이라

9년이다. 봄이다.

【傳】夷之蒐에 晉侯將登箕鄭父(보)先都하고 而使士穀梁益耳將中軍하니 先克曰 狐趙之勳을 不可廢也니이다 從之하다 先克奪蒯得田于堇陰이라 故箕鄭父先都士穀梁益耳蒯得作亂하야 九年春王正月己酉에 使賊殺先克하다

夷에서의 군사 훈련 때 晉侯가 箕鄭父와 先都의 품계를 올려주고 士穀과 梁益耳에게 中軍을 거느리게 하려 하자, 先克이 말하기를 "狐偃과 趙衰(조최)의 공을 폐기해서는 안 됩니다." 하니, 진후가 그 말을 따랐다. 선극이 堇陰에 있는 蒯得의 땅을 빼앗았기 때문에 기정보 · 선도 · 사곡 · 양익이 · 괴득이 난을 일으켜서, 9년 봄 周王 正月 己酉日(2일)에 자객을 시켜 선극을 죽였다.

【經】毛伯來求金하다

毛伯이 魯나라에 와서 金(賻儀)을 요구하였다.

【傳】毛伯衛來求金하니 非禮也라 不書王命은 未葬也라

毛伯 衛가 와서 金을 요구하였으니 禮가 아니다. 王命이라고 기록하지 않은 것은 아직 襄王의 장례를 치르지 않았기 때문이다.

【經】夫人姜氏如齊하다

夫人 姜氏가 〈부모를 뵙기 위해〉 齊나라에 갔다.

【經】二月에 叔孫得臣如京師하야 辛丑에 葬襄王하다

2월에 叔孫得臣이 京師에 가서 辛丑日에 襄王의 葬事에 참가하였다.

【傳】 二月에 莊叔如周하야 葬襄王하다

2월에 莊叔이 周나라에 가서 襄王의 장사에 참가하였다.

【經】 晉人殺其大夫先都하다

晉人이 그 大夫 先都를 죽였다.

【傳】 乙丑에 晉人殺先都梁益耳하다

乙丑日(18일)에 晉人이 先都와 梁益耳를 죽였다.

【經】 三月에 夫人姜氏至自齊하다

3월에 夫人 姜氏가 齊나라에서 돌아왔다.

【經】 晉人殺其大夫士穀及箕鄭父(보)하다

晉人이 그 大夫 士穀과 箕鄭父를 죽였다.

【傳】 三月甲戌에 晉人殺箕鄭父士穀蒯得하다

3월 甲戌日(28일)에 晉人이 箕鄭父 · 士穀 · 蒯得을 죽였다.

【經】 楚人伐鄭하니 公子遂會晉人宋人衛人許人하야 救鄭하다

楚人이 鄭나라를 토벌하자, 公子 遂(襄仲)가 晉人 · 宋人 · 衛人 · 許人과 會合하여 정나라를 구원하였다.

【傳】 范山言於楚子曰 晉君少하야 不在諸侯하니 北方可圖也니이다 楚子師于狼淵以伐鄭하야 囚公子堅公子尨及樂耳하니 鄭及楚平하다

范山(楚나라 大夫)이 楚子에게 말하기를 "晉君은 어려서 諸侯의 霸主가 되는 데 뜻이 없으니 북방의 제후를 도모할 수 있습니다."라고 하자, 초자가 狼淵에 진을 치고 鄭나라를 토벌하여 公子 堅·公子 尨과 樂耳(모두 鄭나라 大夫)를 사로잡으니, 정나라가 초나라와 화평하였다.

公子遂會晉趙盾(돈)宋華耦衛孔達許大夫하야 救鄭이러니 不及楚師하다 卿不書는 緩也요 以懲不恪이라

公子 遂가 晉나라 趙盾·宋나라 華耦(華父督의 曾孫)·衛나라 孔達·許나라 大夫와 會合해서 鄭나라를 구원하였는데, 楚軍에 미치지 못하였다. 經에 卿의 이름을 기록하지 않은 것은 늦게 출병하였기 때문이고, 일 처리에 신중하지 않은 죄를 징계한 것이다.

【經】夏에 狄侵齊하다

여름에 狄人이 齊나라를 침공하였다.

【經】秋라

가을이다.

【傳】夏에 楚侵陳하야 克壺丘하니 以其服於晉也라

여름에 楚나라가 陳나라를 侵攻하여 壺丘(陳나라 邑)에서 승전하였으니, 이는 陳나라가 晉나라에 복종하였기 때문이다.

秋에 楚公子朱自東夷伐陳하니 陳人敗之하고 獲公子茷하다 陳懼하야 乃及楚平하다

가을에 楚나라 公子 朱(息公)가 東夷로부터 陳나라를 토벌하니, 陳人이 楚軍을 패배시키고 公子 茷을 사로잡았다. 진인은 초군이 다시 침공할 것이 두려워 초나라와 화평하였다.

【經】八月에 曹伯襄卒하다

8월에 曹伯 襄(曹 共公)이 卒하였다.

【經】九月癸酉에 地震하다

9월 癸酉日에 지진이 있었다.

【經】冬에 楚子使椒來聘하다

겨울에 楚子가 椒를 보내어 와서 聘問하였다.

【傳】冬에 楚子越椒來聘할새 執幣傲하니 叔仲惠伯曰 是必滅若敖氏[63]之宗이로다 傲其先君하니 神弗福也리라

겨울에 楚나라 子越椒(令尹 子文의 從子)가 와서 聘問할 적에 가지고 온 幣帛을 바치는 태도가 오만하였다. 이를 본 叔仲惠伯(叔牙의 손자 彭生)이 다음과 같이 말하였다.

"이 사람이 반드시 若敖氏의 宗族을 멸망시킬 것이다. 저희 先君에게 오만하였으니 神이 福을 내리지 않을 것이다."

【經】秦人來歸(궤)僖公成風之襚하다

秦人이 와서 僖公과 成風의 襚衣를 주었다.

【傳】秦人來歸僖公成風之襚하니 禮也라 諸侯相弔賀也에 雖不當事나 苟有禮焉이면 書也니 以無忘舊好니라

秦人이 와서 僖公과 成風의 襚衣를 주었으니 禮에 맞았다. 諸侯가 서로 弔喪하고 축하할 적에 비록 그 행사 때에 미치지 못하였다 하더라도 진실로 예에 부합하였으면 史策에 기록하는 것이니 옛 우호를 잊지 않기 위해서이다.

【經】葬曹共公하다

曹 共公을 장사 지냈다.

---

63 若敖氏 : 子越椒는 鬭氏인데, 투씨는 若敖氏의 후예이다.

〈10년, 甲辰(B.C. 617)〉

【經】 十年이라 春王三月辛卯에 臧孫辰(신)卒하다

10년이다. 봄 周王 3월 辛卯日에 臧孫辰이 卒하였다.

【經】 夏에 秦伐晉하다

여름에 秦나라가 晉나라를 토벌하였다.

【傳】 十年春에 晉人伐秦하야 取少梁하니 夏에 秦伯伐晉하야 取北徵하다

10년 봄에 晉人이 秦나라를 토벌하여 少梁(馮翊 夏陽縣)을 취하니, 여름에 秦伯이 晉나라를 토벌하여 北徵을 취하였다.

【經】 楚殺其大夫宜申하다

楚나라가 그 大夫 宜申(子西)을 죽였다.

【傳】 初에 楚范巫矞(율)似 謂成王與子玉子西曰 三君皆將强死라하더니 城濮之役에 王思之라 故使止子玉曰 毋死하라호대 不及하고 止子西한대 子西縊而縣絶이러라 王使適至하야 遂止之하고 使爲商公하다 沿漢泝江하야 將入郢이러니 王在渚宮이라가 下見之하니 懼而辭曰 臣免於死어늘 又有讒言하야 謂臣將逃라하니 臣歸死於司敗也호리이다 王使爲工尹이러니 又與子家謀弑穆王이어늘 穆王聞之하고 五月에 殺鬬宜申及仲歸하다

당초에 楚나라 范邑의 무당 矞似가 成王과 子玉 · 子西에게 "세 분께서는 장차 모두 非命에 죽을 것(强死)입니다."라고 하였다. 城濮의 전쟁 때 성왕은 무당의 이 말을 생각하였으므로 자옥의 자살을 저지하기 위해 使者를 보내어 "자살하지 말라." 하였으나 미치지 못하였고, 자서에게도 사람을 보내어 자살을 저지하게 하였는데 자서는 목을 매었으나 끈이 끊어졌다. 마침 그때 왕의 사자가 와서 마침내 그의 자살을 막고 그를 商邑(楚나라 邑)의 公(長)으로 삼았다.

자서가 漢水를 따라 내려가다 다시 長江을 거슬러 올라가서 초나라의 국도 郢으로 들어가

려고 하였는데 성왕이 渚宮에 있다가 내려와서 자서를 만나니, 자서가 겁이 나서 변명하였다. "臣이 죽음을 면하였는데 또 신이 도망가려 한다는 讒言이 있으니, 신은 司敗(司寇)에게 가서 죽고자 합니다." 성왕은 그를 工尹(百工을 맡아 다스리는 관직)으로 삼았는데, 그가 또 子家와 모의하여 穆王을 시해하려고 하자 목왕이 그 음모를 듣고 5월에 鬪宜申(子西)과 仲歸(子家)를 죽였다.

字義 沿 : 물 따라 내려갈 연　泝 : 물 거슬러 오를 소　渚 : 모래섬 저

【經】 自正月不雨하야 至于秋七月하다

정월부터 가을 7월까지 비가 내리지 않았다.

【經】 及蘇子盟于女栗하다

蘇子(周나라 卿士)와 女栗에서 결맹하였다.

【傳】 秋七月에 及蘇子盟于女栗하니 頃王立故也라

가을 7월에 蘇子와 女栗에서 결맹하였으니, 이는 頃王이 즉위하였기 때문이다.

【經】 冬에 狄侵宋하다

겨울에 狄人이 宋나라를 침공하였다.

【經】 楚子蔡侯次于厥貉하다

楚子와 蔡侯가 厥貉에 주둔하였다.

【傳】 陳侯鄭伯會楚子于息하다 冬에 遂及蔡侯次于厥貉하야 將以伐宋할새 宋華御事曰 楚欲弱我也니 先爲之弱乎인저 何必使誘我리오 我實不能이니 民何罪오 乃逆楚子하야 勞且聽命하고 遂道하야 以田孟諸하다 宋公爲右盂하고 鄭伯爲左盂하고 期思公復遂爲右司馬하고 子朱及文之無畏爲左司馬하다 命夙駕載燧러니 宋公違命이어늘 無畏抶其僕以

徇이라 或謂子舟曰 國君은 不可戮也라하니 子舟曰 當官而行이니 何彊之有리오 詩曰 剛亦不吐하며 柔亦不茹라하고 毋縱詭隨하야 以謹罔極[64]이라하니 是亦非辟(피)彊也라 敢愛死以亂官乎리오

陳侯 · 鄭伯이 息(楚나라 邑)에서 楚子와 회합하였다. 겨울에 세 나라가 드디어 蔡侯와 함께 厥貉에 주둔하여 宋나라를 토벌하려 할 적에 송나라 華御事가 말하였다.

"楚나라가 우리를 복종시키려 하니 우리가 먼저 楚나라에 복종하는 것이 좋겠습니다. 어찌 저들이 우리를 전쟁으로 유인하게 할 필요가 있겠습니까? 우리가 실로 무능해서이니 백성들에게 무슨 죄가 있습니까?"

이에 宋公은 楚子를 영접해 위로하고 순순히 명을 따르고는 드디어 초자를 인도하여 孟諸(宋나라의 큰 濕地)에서 사냥하였다. 송공은 右盂가 되고 정백은 左盂가 되며, 期思公 復遂(楚나라 期思邑의 長)는 右司馬가 되고 子朱와 文之無畏(모두 楚나라 大夫)가 左司馬가 되었다. 초자가 새벽 일찍이 수레에 燧(불을 採取하는 도구)를 실으라고 명하였는데, 송공이 명을 어기자 無畏가 송공의 御者에게 채찍을 쳐서 全軍에 조리돌렸다. 어떤 자가 子舟(무외의 字)에게 "國君은 모욕을 해서는 안 된다." 하자, 자주가 말하였다.

"관직을 맡아 직무를 수행하는 것이니, 어찌 강자를 의식할 필요가 있는가?《詩經》에 '강하여도 뱉지 않고 부드러워도 먹지 않는다.' 하였고, 또 '속임수로 기망하는 자를 놓아주지 말아서 행동에 준칙이 없는 자들을 경계하라.' 하였으니, 이 또한 강자를 피하지 않은 뜻이다. 내 어찌 감히 죽음을 아껴 관직을 어지럽힐 수 있겠는가?"

字義 道 : 인도할 도(=導) 盂 : 진 이름 우 燧 : 부싯돌 수 抶 : 매질할 질 僕 : 마부 복
徇 : 조리돌릴 순 茹 : 먹을 여

〈11년, 乙巳(B.C. 616)〉

【經】 十有一年이라 春에 楚子伐麇(균)[65]하다

11년이다. 봄에 楚子가 麇나라를 토벌하였다.

64 剛亦不吐……以謹罔極 : 《詩經》〈大雅 民勞〉편에 보인다. '詭隨'는 속임수로 기망한다는 뜻이다.(楊注)

65 麇(균) : 麇은 國名으로 嬴姓이고 子爵이다

【傳】厥貉之會에 麇子逃歸하다 十一年春에 楚子伐麇하야 成大心敗麇師於防渚하고 潘崇復(부)伐麇하야 至于錫(양)穴하다

厥貉의 회합에서 麇子가 도망해 돌아갔다.

11년 봄에 楚子가 麇나라를 토벌하여 成大心(子玉의 아들 大孫伯)이 防渚(균나라 땅)에서 麇軍을 패배시켰고, 潘崇(楚나라 太師)이 다시 균나라를 토벌하여 錫穴(균나라 땅)까지 쳐들어갔다.

字義 麇 : 나라 이름 균

【經】夏에 叔仲彭生會晉郤缺于承筐하다

여름에 叔仲彭生(叔仲惠伯)이 晉나라 郤缺(冀缺)과 承筐(宋나라 땅)에서 회합하였다.

【傳】夏에 叔仲惠伯會晉郤缺于承筐하야 謀諸侯之從於楚者하다

여름에 叔仲惠伯이 承筐에서 晉나라 郤缺과 회합하여 楚나라를 따르는 제후들의 처리를 상의하였다.

【經】秋에 曹伯來朝하다

가을에 曹伯이 와서 朝見하였다.

【傳】秋에 曹文公來朝하니 卽位而來見(현)也라

가을에 曹 文公이 와서 朝見하였으니, 즉위하고 와서 조현한 것이다.

【經】公子遂如宋하다

公子 遂가 宋나라에 갔다.

【傳】襄仲聘于宋하야 且言司城蕩意諸而復之하고 因賀楚師之不害也하다

襄仲이 宋나라에 가서 聘問하고 또 司城 蕩意諸의 일을 거론하여 그를 복귀시키고, 이어 楚軍의 해를 입지 않은 것을 축하하였다.

【經】狄侵齊하다 冬十月甲午에 叔孫得臣敗狄于鹹(함)하다

狄人이 齊나라를 침공하였다. 겨울 10월 甲午日에 叔孫得臣이 鹹(魯나라 땅)에서 狄軍을 패배시켰다.

【傳】鄋瞞侵齊하고 遂伐我어늘 公卜使叔孫得臣追之하니 吉이라 侯叔夏御莊叔하고 緜房甥爲右하고 富父終甥駟乘[66]하야 冬十月甲午에 敗狄于鹹하고 獲長狄僑如하다 富父終甥摏其喉以戈하야 殺之하니 埋其首於子駒之門하고 以命宣伯하다

鄋瞞(狄의 國名, 防風氏의 후손으로 漆姓)이 齊나라를 침공하고 드디어 우리 魯나라를 공격하였는데, 文公이 叔孫得臣을 보내어 鄋瞞의 군대를 추격하는 것이 어떤 지에 대해 점을 치니 길하였다. 이에 侯叔夏를 莊叔(叔孫得臣)의 御로 삼고 緜房甥을 車右로 삼고 富父終生을 駟乘으로 삼아, 겨울 10월 甲午日(3일)에 狄人을 鹹에서 패배시키고 長狄僑如(鄋瞞國의 군주)를 생포하였다. 富父終甥이 창으로 그 목을 찔러서 죽이니, 得臣은 그 머리를 子駒門(魯나라 外郭의 문) 밑에 묻고 자기의 아들 宣伯의 이름을 僑如로 지었다.

字義 鹹 : 땅 이름 함 摏 : 찌를 용

初에 宋武公之世에 鄋瞞伐宋이어늘 司徒皇父(보)帥師禦之할새 耏(이)班御皇父充石하고 公子穀甥爲右하고 司寇牛父(보)駟乘하야 以敗狄于長丘하야 獲長狄緣斯하고 皇父之二子死焉이라 宋公於是以門賞耏班하야 使食其征하고 謂之耏門이라하다 晉之滅潞也에 獲僑如之弟焚如하고 齊襄公之二年에 鄋瞞伐齊어늘 齊王子成父(보)獲其弟榮如하야 埋其首於周首之北門하고 衛人獲其季弟簡如하니 鄋瞞由是遂亡하니라

당초 宋 武公 때 鄋瞞이 宋나라를 공격하니 司徒 皇父(戴公의 아들)가 군대를 거느리고 방어할 적에 耏班을 皇父充石(황보의 이름)의 御로 삼고 公子 穀甥을 車右로 삼고 司寇 牛父를 駟乘으로 삼아 狄人을 長丘(송나라 땅)에서 패배시기고 長狄緣斯(僑如의 先代)를 잡고 황보와 두 사람은 전사하였다. 그래서 宋公은 내반에게 關門 하나를 상으로 주어 關稅를 받아먹게 하고 그 관문을 '耏門'이라고 하였다. 晉나라가 潞나라를 멸할 때(宣公 15년)에 僑如의 아우 焚如를 잡았고, 齊 襄公 2년(魯 桓公 16년)에 수만이 齊나라를 공격하자 제나라 王子 成父(제

66 駟乘 : 兵車에 將軍은 왼쪽, 御는 중앙, 車右는 오른쪽에 타는 것이 상례인데 이를 驂乘이라 한다. 이 밖에 한 사람이 더 탈 경우 이를 '駟乘'이라 하며, 車右의 助手 역할을 한다.(楊注)

나라 大夫)가 분여의 아우 榮如를 잡아서 周首(제나라 邑)의 北門 밑에 그 머리를 묻고, 衛人은 그 막내아우 簡如를 잡으니, 수만은 이로 말미암아 결국 멸망하였다.

字義 征 : 세금 정

〈12년, 丙午(B.C. 615)〉

【經】十有二年이라 春王正月에 郕伯來奔하다

12년이다. 봄 周王 正月에 郕伯이 도망해왔다.

【傳】郕大(태)子朱儒自安於夫鍾하니 國人弗徇이러라

郕나라 太子 朱儒가 자기 혼자서 夫鍾(성나라 邑)에 거처하니, 國人이 그에게 순종하지 않았다.

字義 郕 : 나라 이름 성　安 : 거처할 안　徇 : 순종할 순

十二年春에 郕伯卒커늘 郕人立君하니 大(태)子以夫鍾與郕邽(규)來奔하다 公以諸侯逆之하니 非禮也라 故書曰 郕伯來奔이라하고 不書地는 尊諸侯也라

12년 봄에 郕伯(朱儒의 아버지)이 卒하였는데, 郕人이 다른 사람을 임금으로 세우니 太子가 夫鍾과 郕邽(모두 邑 이름)를 가지고 魯나라로 도망해왔다. 文公이 諸侯의 禮로 그를 맞이하였으니 예에 맞는 처사가 아니다. 그러므로 經에 "성백이 도망해왔다."라고 기록하고, 가지고 온 땅을 기록하지 않은 것은 그를 제후로 존대한 것이다.

【經】杞伯來朝하다

杞伯이 와서 朝見하였다.

【傳】杞桓公來朝하니 始朝公也라 且請絶叔姬而無絶昏[67]하니 公許之하다

---

67 請絶叔姬而無絶昏 : 杞 桓公이 叔姬의 동생을 夫人으로 세워 魯나라와의 혼인관계를 단절하지

杞 桓公이 와서 朝見하였으니 비로소 文公에게 조현한 것이다. 또 叔姬와는 夫婦의 인연은 단절하되 魯나라와의 혼인관계는 단절하지 않기를 요청하니 문공이 허락하였다.

字義 昏 : 혼인할 혼(=婚)

【經】二月庚子에 子叔姬卒하다

2월 庚子日에 子叔姬가 卒하였다.

【傳】二月에 叔姬卒하니 不言杞는 絶也요 書叔姬는 言非女也라

2월에 叔姬가 卒하니 '杞'라고 말하지 않은 것은 부부의 인연을 끊었기 때문이고, '叔姬'라고 기록한 것은 處女가 아님을 말한 것이다.

【經】夏에 楚人圍巢[68]하다

여름에 楚人이 巢나라를 포위하였다.

【傳】楚令尹大孫伯卒하고 成嘉爲令尹하다 群舒叛楚어늘 夏에 子孔執舒子平及宗子하고 遂圍巢하다

楚나라 令尹 大孫伯이 卒하고 成嘉(若敖의 曾孫 子孔)가 영윤이 되었다. 群舒(偃姓으로 舒庸·舒鳩 따위)가 초나라를 배반하였는데, 여름에 子孔이 舒子 平(舒君의 이름)과 宗子(宗나라의 임금)를 사로잡고, 드디어 巢나라를 포위하였다.

【經】秋에 滕子來朝하다

가을에 滕子가 와서 朝見하였다.

【傳】秋에 滕昭公來朝하니 亦始朝公也라

가을에 滕 昭公이 와서 朝見하였으니 이 또한 처음으로 文公에게 조현한 것이다.

않았다는 의미이다.

68 巢 : 吳나라와 楚나라 사이에 있는 小國이다.

【經】秦伯使術來聘하다

秦伯이 術을 보내어 와서 聘問하였다.

【傳】秦伯使西乞術來聘하고 且言將伐晉이어늘 襄仲辭玉曰 君不忘先君之好하고 照臨魯國하야 鎭撫其社稷하시고 重之以大器하시니 寡君敢辭玉하노라 對曰 不腆敝器를 不足辭也니라 主人三辭하니 賓答曰 寡君願徼福于周公魯公以事君일새 不腆先君之敝器를 使下臣致諸執事하야 以爲瑞節하야 要結好命이라 所以藉寡君之命하야 結二國之好라 是以敢致之하노라 襄仲曰 不有君子면 其能國乎아 國無陋矣라하고 厚賄之하다

秦伯이 西乞術을 보내어 와서 聘問하고 또 晉나라를 토벌하려 한다고 말하였는데, 襄仲이 〈진백이 보낸〉 玉을 사양하며 말하였다.

"秦君께서 先君의 우호를 잊지 않으시고 魯나라에 왕림하시어 우리나라 社稷을 安撫하시고 거듭 大器(圭璋, 玉으로 만든 貴重한 器物)를 주시니, 寡君은 감히 玉을 사양하십니다."

서걸술이 대답하였다.

"변변치 못한 敝器를 사양하실 것이 없습니다."

主人(양중)이 세 번 사양하니 賓(서걸술)이 대답하였다.

"과군께서는 魯君과 잘 지내 周公과 魯公(伯禽)께 복을 구하기를 바라기에 변변치 못한 선군의 폐기를 下臣으로 하여금 執事에게 바쳐 瑞節(빙문할 때 신임을 표하는 王製 符節)로 삼아 우호를 맺도록 하셨습니다. 그래서 과군의 명으로 이 옥을 바쳐 두 나라 사이에 우호를 맺으려는 것입니다. 이 때문에 감히 이 옥을 바치는 것입니다."

양중이 말하기를 "君子가 없으면 어찌 나라를 잘 다스릴 수 있겠습니까? 秦나라는 鄙陋한 나라가 아닙니다." 하고, 서걸술이 돌아갈 때 많은 예물을 주어 보냈다.

字義 腆 : 두터울 전　徼 : 구할 요　藉 : 바칠 적　賄 : 예물 줄 회

【經】冬十有二月戊午에 晉人秦人戰于河曲하다

겨울 12월 戊午日에 晉人과 秦人이 河曲(晉나라 땅)에서 전쟁하였다.

【傳】秦爲令狐之役故로 冬에 秦伯伐晉하야 取羈馬하다 晉人禦之할새 趙盾(돈)將中軍하고 荀林父佐之하고 郤缺將上軍하고 臾駢佐之하고 欒盾(돈)將下軍하고 胥甲佐之하고 范無恤御戎하야 以從秦師于河曲하다 臾駢曰 秦不能久하리니 請深壘固軍以待之하소서 從之하다

秦나라는 令狐에서의 패전한 일 때문에 겨울에 秦伯이 晉나라를 토벌해 羈馬(晉나라 邑)를 취하였다. 晉人이 秦軍을 방어할 적에 趙盾이 中軍을 거느리고 荀林父가 그의 佐(副帥)가 되고, 郤缺이 上軍을 거느리고 臾騈(趙盾의 屬大夫)이 좌가 되고, 欒盾(欒枝의 아들)이 下軍을 거느리고 胥甲(胥臣의 아들)이 좌가 되고, 范無恤이 戎車를 몰아 河曲에서 秦軍을 맞아 싸웠다. 유병이 말하기를 "秦軍이 오래 버티지 못할 것이니 堡壘를 높이 쌓고 軍陣의 경비를 단단히 하고서 기다리길 청합니다."라고 하니, 그의 말을 따랐다.

秦人欲戰할새 秦伯謂士會曰 若何而戰고 對曰 趙氏新出其屬하니 曰臾騈이라 必實爲此謀하야 將以老我師也어니와 趙有側室曰穿이니 晉君之壻也니이다 有寵而弱하야 不在軍事하고 好勇而狂하며 且惡(오)臾騈之佐上軍也하니 若使輕者肆焉이면 其可리이다 秦伯以璧祈戰于河하다

秦人이 교전하려 하면서 秦伯이 士會에게 "어떤 방법으로 전쟁해야 되겠는가?" 하고 물으니, 士會가 대답하였다.

"趙氏가 새로 부하를 발탁하였는데 臾騈이라고 합니다. 반드시 실로 이 자가 이런 계책을 꾸며 우리 군대를 지치게 하려고 하거니와, 조씨에게는 穿(趙夙의 庶孫)이라는 側室(支子)이 있는데 晉君의 사위입니다. 총애를 받고 있으나 나이가 어려 軍事를 알지 못하고 용맹을 좋아하여 방자하고 오만하며, 또 유병이 上軍의 佐가 된 것을 미워하고 있으니, 輕銳兵을 시켜 한번 공격하고는 즉시 후퇴해오게 한다면 전쟁할 수 있을 것입니다."

秦伯은 玉璧을 黃河에 던져 전쟁의 승리를 빌었다.

字義 老 : 지칠 로　弱 : 어릴 약　在 : 겪어 알 재　狂 : 방자하고 오만할 광　肆 : 빠를 사

十二月戊午에 秦軍掩晉上軍하니 趙穿追之不及하고 反하야 怒曰 裹糧坐甲은 固敵是求어늘 敵至不擊하니 將何俟焉고 軍吏曰 將有待也니라 穿曰 我不知謀하니 將獨出호리라하고 乃以其屬出하니 宣子曰 秦獲穿也면 獲一卿矣니 秦以勝歸면 我何以報리오 乃皆出戰이라가 交綏[69]하다

12월 戊午日(4일)에 秦軍이 晉나라 上軍을 습격하니 趙穿이 秦軍을 뒤쫓았으나 따라잡지 못하고 돌아와서 화를 내며 말하였다.

69 交綏 : 退軍하는 것을 綏라고 한다. 晉과 秦 두 나라는 전쟁하려는 뜻이 굳지 못하였기 때문에 무기를 서로 마주치기도 전에 兩軍이 앞다투어 동시에 퇴각한 것이다.

"양식을 싸서 메고 갑옷을 입은 채 앉아 있는 것은 진실로 적을 잡기 위해서인데 지금 적이 왔는데도 추격하지 않으니 장차 무엇을 기다리는 것인가?"

軍吏가 말하였다.

"아마 기다리는 바가 있어서일 것입니다."

조천이 말하기를 "나는 計謀를 모르니 혼자라도 나가서 싸우려 한다." 하고 그 부하들을 거느리고 나갔다. 宣子(趙遁)가 말하기를 "秦軍이 조천을 잡는다면 우리나라의 한 卿을 잡는 것이니, 秦軍이 승리하고 돌아간다면 우리는 무엇으로 보고하겠는가?" 하고 全軍을 거느리고 나가 싸우다가 兩軍이 동시에 퇴각하였다.

字義 掩 : 기습할 엄 裹 : 쌀 과 綏 : 물러날 수

秦行人夜戒晉師曰 兩軍之士 皆未憖也하니 明日에 請相見也하노라 臾駢曰 使者目動而言肆하니 懼我也로다 將遁矣리니 薄諸河하면 必敗之하리라 胥甲趙穿當軍門하야 呼曰 死傷을 未收而棄之면 不惠也며 不待期而薄人於險하면 無勇也라하고 乃止하니 秦師夜遁이러니 復(부)侵晉하야 入瑕하다

秦나라의 行人(使者)이 밤에 晉軍에 가서 "兩國 군사에 모두 결손이 없으니 내일 전장에서 서로 만나기를 청한다."고 고하였다. 臾駢이 말하기를 "使者의 눈동자가 어지러이 움직이고 말소리가 침착하지 않으니, 우리를 두려워하는 것입니다. 장차 도망치려는 것이니 저들을 黃河로 몰아붙이면 반드시 패배시킬 수 있습니다."라고 하자, 胥甲과 趙穿이 軍門을 막아서서 큰소리로 말하기를 "사상자를 수습하지 않고 버리는 것은 은혜롭지 않은 짓이고, 약속한 시기를 기다리지 않고 秦人을 험한 곳으로 몰아붙이는 것은 용맹이 없는 짓이다." 하고 추격을 정지하였다. 秦軍이 밤을 이용해 도망갔는데, 뒤에 秦軍은 또 晉나라를 침공하여 瑕로 쳐들어갔다.

字義 戒 : 고할 계 憖 : 빠질 은 薄 : 가까워질 박

【經】季孫行父帥師하고 城諸及鄆하다

季孫行父가 군대를 거느리고 가서 諸와 鄆에 城을 쌓았다.

【傳】城諸及鄆하다 書는 時也라

諸와 鄆(莒나라와 魯나라가 서로 다투는 땅)에 성을 쌓았다. 經에 기록한 것은 때에 맞았기 때문이다.

〈13년, 丁未(B.C. 614)〉

【經】 十有三年이라 春王正月이라

13년이다. 봄 周王 正月이다.

【傳】 十三年이라 春에 晉侯使詹(첨)嘉處瑕하야 以守桃林之塞(색)하다

13년이다. 봄에 晉侯가 詹嘉(晉나라 大夫)를 보내어 瑕에 거처하면서 桃林(晉나라 남쪽 국경)의 요새를 지키게 하였다.

【經】 夏라

여름이다.

【傳】 晉人患秦之用士會也하야 夏에 六卿相見於諸浮할새 趙宣子曰 隨會在秦하고 賈季在狄하야 難日至矣니 若之何오 中行(항)桓子曰 請復賈季하라 能外事요 且由舊勳이니라 郤成子曰 賈季는 亂且罪大[70]하니 不如隨會니라 能賤而有恥하고 柔而不犯하며 其知足使也요 且無罪하니라

晉人은 秦나라가 士會를 중용하는 것을 근심하여 여름에 六卿이 諸浮(晉나라 땅)에서 서로 만났다. 이때 趙宣子(趙盾)가 말하였다.

"隨會(士會)는 秦나라에 있고 賈季(狐射姑)는 狄에 있어 화난이 날로 닥치고 있으니 어쩌면 좋겠는가?"

中行桓子(荀林父)가 말하였다.

"가계를 불러들여 그 지위를 회복시키십시오. 그는 외국의 사정을 잘 알고, 또 先代(狐突)의 功勳을 따라 임용하는 것입니다."

郤成子(郤缺)가 말하였다.

"가계는 난을 일으켰고 또 지은 죄가 크니 수회를 불러들여 지위를 회복시키는 것만 못합니다. 수회는 비천하게 처신하면서도 염치가 있고, 유순하면서도 남의 침범을 받지 않으며, 그 지혜도 충분히 부릴 만하고 죄도 없습니다."

字義 由 : 임용할 유(=用)

---

70 賈季 亂且罪大 : 文公 6년에 賈季가 公子 樂을 불러들이고, 陽處父를 죽인 일을 이른다.

乃使魏壽餘僞以魏叛者하야 以誘士會하다 執其帑(노)於晉하고 使夜逸하다 請自歸于秦한대 秦伯許之하니 履士會之足於朝하다 秦伯師于河西하고 魏人在東이러니 壽餘曰 請東人之能與夫二三有司言者와 吾與之先호리라 使士會한대 士會辭曰 晉人은 虎狼也니 若背其言하면 臣死하고 妻子爲戮하리니 無益於君이니 不可悔也리이다 秦伯曰 若背其言이라도 所不歸爾帑者하리니 有如河라한대 乃行이러니 繞朝贈之以策하고 曰 子無謂秦無人하라 吾謀를 適不用也니라 旣濟에 魏人譟而還하다 秦人歸其帑하니 其處者는 爲劉氏[71]하다

이에 魏壽餘(魏邑을 지키는 大夫)에게 魏邑 사람들을 거느리고 晉나라를 배반한 것처럼 위장해서 士會를 유인하도록 하였다. 그래서 위수여와 그의 妻子를 晉에 잡아 가두고는 밤에 壽餘를 도망가게 놓아주었다. 수여가 秦나라로 도망가서 秦나라에 귀순하기를 청하자 秦伯이 허락하니, 수여는 조정에서 〈속뜻을 암시하기 위해〉 사회의 발을 슬쩍 밟았다. 진백은 군대를 거느리고 河西에 주둔하고 魏人은 河東에 있었는데, 수여가 "청컨대 東人으로서 저 위읍의 몇몇 有司와 담판할 수 있는 자와 함께 제가 먼저 가겠습니다." 하니, 진백이 사회에게 가도록 하였다. 사회가 사양하며 말하였다.

"晉人은 호랑이나 이리 같아서 믿을 수 없으니, 만약 저들이 언약을 어긴다면 臣은 晉人에게 죽고 妻子는 秦나라에서 죽임을 당할 것이며 임금님께도 아무 이익이 없을 것이니, 그때 가서 후회한들 아무 소용없을 것입니다."

진백이 말하였다.

"만약 저들이 약속한 말을 어기고 〈그대를 돌려보내지 않더라도〉 나는 그대의 처자를 돌려보내지 않을 것이니 黃河의 神이 이를 증명할 것이다."

이에 사회는 수여와 함께 떠났는데, 이때 繞朝(秦나라 大夫)가 사회에게 채찍을 주며 말하였다.

"그대는 秦나라에 사람이 없다고 말하지 말라. 나의 계책을 마침 쓰지 않았을 뿐이다."

사회가 황하를 건너가자 魏邑 사람들은 환호하며 사회를 맞이해 돌아갔다. 秦人은 그의 처자를 돌려보내 주었고, 〈그때 돌아가지 않고〉 秦나라에 남아서 살던 자들은 劉氏가 되었다.

字義 帑 : 처자 노 策 : 채찍 책 譟 : 환호할 조

---

71 爲劉氏 : 士會는 堯의 후손 劉累의 자손이므로 別族이 累의 姓인 '劉'로 회복한 것이다.(杜注)

【經】五月壬午에 陳侯朔卒하다

5월 壬午日에 陳侯 朔(陳 共公)이 卒하였다.

【經】邾子蘧蒢卒하다

邾子 蘧蒢(邾 文公)가 卒하였다.

【傳】邾文公卜遷于繹하니 史曰 利於民이요 而不利於君이로소이다 邾子曰 苟利於民이면 孤之利也라 天生民而樹之君은 以利之也니 民旣利矣인댄 孤必與焉이리라 左右曰 命可長也어늘 君何弗爲오 邾子曰 命在養民하니 死之短長은 時也니라 民苟利矣인댄 遷也니 吉莫如之라하고 遂遷于繹이라 五月에 邾文公卒하니 君子曰 知命이러라

邾 文公이 太史에게 繹(邾나라 邑)으로 遷都하는 것이 어떤지 점을 치게 하니, 태사가 말하기를"백성에게는 이롭고 임금님께는 불리합니다." 하자, 邾子가 말하였다. "진실로 백성에게 이롭다면 바로 나의 이로움이다. 하늘이 백성을 내고서 임금을 세운 것은 백성을 이롭게 하려는 것이니, 백성이 이미 이롭다면 나도 반드시 그 이로움에 참여하게 될 것이다."

左右가 말하였다. "〈遷都하지 않으면〉 임금님의 수명을 연장할 수 있는데 임금님께서는 무엇 때문에 그렇게 하지 않으십니까?"

주자가 말하였다. "천명은 백성을 양육하는 데 있으니, 生死의 길고 짧음은 時運에 있다. 백성에게 진실로 이롭다면 천도할 것이니, 이보다 더 길한 것은 없다."

드디어 繹으로 천도하였다.

5월에 주 문공이 卒하였다. 君子가 말하였다. "주 문공이 天命을 알았다."

字義 繹 : 땅 이름 역

【經】自正月不雨하야 至于秋七月하다

正月부터 가을 7월까지 비가 내리지 않았다.

【經】 大(태)室屋壞[72]하다

太室의 지붕이 무너졌다.

【傳】 秋七月에 大室之屋壞하니 書는 不共也라

가을 7월에 太室의 지붕이 무너졌으니 經에 이를 기록한 것은 不恭을 꾸짖은 것이다.

字義 屋 : 지붕 옥　共 : 공손할 공(=恭)

【經】 冬에 公如晉하니 衛侯會公于沓하다

겨울에 文公이 晉나라에 가니 衛侯가 沓에서 문공과 會合하였다.

【傳】 冬에 公如晉하야 朝하고 且尋盟하니 衛侯會公于沓하야 請平于晉하다

겨울에 文公이 晉나라에 가서 晉君에게 朝見하고 또 전에 맺은 〈文公 8년 衡雍에서 맺은〉 맹약을 거듭 다지니, 衛侯가 沓에서 문공과 회합하여 진나라와의 화평을 주선해주기를 청하였다.

【經】 狄侵衛하다

狄人이 衛나라를 침공하였다.

【經】 十有二月己丑에 公及晉侯盟하다 公還自晉하니 鄭伯會公于棐하다

12월 己丑日에 文公이 晉侯와 결맹하였다. 문공이 晉나라에서 돌아오니, 鄭伯이 棐(鄭나라 땅)에서 문공과 회합하였다.

---

72 大(태)室屋壞 : 太室은 太廟 안의 중앙에 위치한 周公의 廟이다. 태묘 안에 神主를 안치하는 廟室에 지붕을 2층으로 만들어 지붕 위에 또 하나의 지붕을 설치하는데, 이번에 무너진 것은 위의 지붕이 무너진 것인 듯하다.(楊注)

【傳】公還에 鄭伯會公于棐하야 亦請平于晉이어늘 公皆成之하다 鄭伯與公宴于棐할새 子家賦鴻鴈[73]이어늘 季文子曰 寡君未免於此로다 文子賦四月[74]하니 子家賦載馳[75]之四章이어늘 文子賦采薇[76]之四章하다 鄭伯拜하니 公答拜하다

文公이 돌아올 때 鄭伯이 棐에서 문공과 회합하여 또 晉나라와의 화평을 주선해주기를 청하였는데 문공은 두 나라(鄭나라와 衛나라)가 모두 진나라와 화평을 맺도록 주선하였다. 정백이 棐에서 연회를 열어 문공을 접대할 때 子家(鄭나라 大夫인 公子 歸生)가 〈鴻鴈〉 詩를 읊었는데, 季文子가 말하기를 "우리 임금께서도 이런 근심에서 벗어나지 못하고 있습니다." 하고 〈四月〉 시를 읊었다. 이에 자가가 〈載馳〉 시의 4章을 읊었는데, 文子가 〈采薇〉 시의 4장을 읊었다. 정백이 拜謝하니 문공이 答拜하였다.

字義 棐 : 땅 이름 비

〈14년, 戊申(B.C. 613)〉

【經】十有四年이라 春王正月에 公至自晉하다

14년이다. 봄 周王 正月에 文公이 晉나라에서 돌아왔다.

【傳】十四年이라 春에 頃王崩하니 周公閱與王孫蘇爭政이라 故不赴하다 凡崩薨에 不赴면 則不書하고 禍福[77]을 不告면 亦不書하니 懲不敬也라

---

73 鴻鴈 : 《詩經》〈小雅〉의 篇名이다. 侯伯이 鰥寡를 가엾게 여겨 길을 걷는 수고를 아끼지 않는다는 뜻을 취하여, 鄭나라의 형세가 외롭고 약하니 魯侯에게 다시 晉나라로 돌아가서 정나라를 구휼하기를 바란다는 것을 말한 것이다.(杜注)

74 四月 : 《詩經》〈小雅〉의 篇名이다. 여행에서 돌아갈 시기가 이미 지났으므로 돌아가서 제사를 지내기를 생각한다는 뜻을 취하여, 도로 晉나라로 돌아가고 싶지 않다는 것을 말한 것이다.(杜注)

75 載馳 : 《詩經》〈鄘風〉의 篇名이다. 小國에 危急한 일이 있어 大國에 호소해 구조해주기를 바란다는 뜻을 취한 것이다.(杜注)

76 采薇 : 《詩經》〈小雅〉의 篇名이다. "어찌 편안히 거처할 수 있으리, 한 달 사이에 세 번 승리하였네.〔豈敢定居 一月三捷〕"라는 詩句의 뜻을 취하여, 鄭나라를 위해 다시 晉나라로 돌아갈 것이고 감히 편안히 있지 않겠다는 뜻을 말한 것이다.(杜注)

77 禍福 : 禍는 국외로 도망가는 것이고, 福은 국내로 복귀하는 것이다.(杜注)

14년이다. 봄에 周 頃王이 崩하자 周公 閱과 王孫 蘇가 정권을 다투었다. 그러므로 魯나라에 부고하지 않았다. 凡例에 의하면 天子의 崩이나 諸侯의 薨에 노나라에 부고하지 않으면 經에 기록하지 않고, 禍福을 通告하지 않으면 역시 기록하지 않으니, 이는 不敬을 징계하는 뜻이다.

【經】邾人伐我南鄙하니 叔彭生帥師伐邾하다

邾人이 우리나라 남쪽 변방을 토벌하니, 叔彭生(叔仲惠伯)이 군대를 거느리고 가서 邾나라를 토벌하였다.

【傳】邾文公之卒也에 公使弔焉할새 不敬이어늘 邾人來討하야 伐我南鄙라 故惠伯伐邾하니라

邾 文公이 卒하였을 때 文公이 使者를 보내어 弔問하게 하였을 적에 그 사자가 邾나라에 가서 공경하지 않았는데, 邾人이 討罪하러 와서 우리나라 남쪽 변방을 공격하였으므로 惠伯이 주나라를 토벌하였다.

【經】夏五月乙亥에 齊侯潘卒하다

여름 5월 乙亥日에 齊侯 潘(齊 昭公)이 卒하였다.

【傳】子叔姬妃齊昭公하야 生舍러니 叔姬無寵하고 舍無威라 公子商人은 驟施於國하고 而多聚士하야 盡其家에 貸於公有司하야 以繼之러라 夏五月에 昭公卒하니 舍卽位하다

子叔姬(魯나라 여자)가 齊 昭公의 夫人이 되어 舍를 낳았는데, 叔姬가 昭公의 총애를 받지 못하고 舍도 권위가 없었다. 公子 商人(桓公의 아들, 懿公)은 자주 國人들에게 은혜를 베풀고 인재도 많이 모아들여서 집안 재산이 바닥이 나자 公有司(公室의 재정을 담당하는 관리)에게 빌리면서까지 계속하여 그 일을 하였다. 여름 5월에 소공이 卒하니 舍가 즉위하였다.

字義 驟 : 자주 취

【經】 六月에 公會宋公陳侯衛侯鄭伯許男曹伯晉趙盾(돈)하야 癸酉에 同盟于新城하다

6월에 文公이 宋公 · 陳侯 · 衛侯 · 鄭伯 · 許男 · 曹伯 · 晉나라 趙盾과 회합하여 癸酉日에 新城(宋나라 땅)에서 결맹하였다.

【傳】 邾文公元妃齊姜은 生定公하고 二妃晉姬는 生捷菑(치)러니 文公卒에 邾人立定公하니 捷菑奔晉하다 六月에 同盟于新城하니 從於楚者服이요 且謀邾也러라

邾 文公의 元妃 齊姜은 定公을 낳고, 二妃 晉姬는 捷菑를 낳았는데, 文公이 卒한 뒤에 邾人이 定公을 세우니, 첩치는 晉나라로 도망갔다.

6월에 新城에서 결맹하였으니, 이는 楚나라를 따르던 나라들(陳 · 鄭 · 宋)이 晉나라에 복종하였고, 또 첩치를 邾나라로 들여보내는 일을 상의하기 위해서였다.

【經】 秋七月에 有星孛하야 入于北斗하다

가을 7월에 彗星이 나타나 北斗星으로 들어갔다.

【傳】 有星孛하야 入于北斗하니 周內史叔服曰 不出七年하야 宋齊晉之君皆將死亂하리라

혜성이 나타나 북두성으로 들어가니, 周나라 內史 叔服이 말하였다.
"7년 안에 宋나라 · 齊나라 · 晉나라의 임금이 모두 반란에 죽을 것이다."

字義 孛 : 혜성 패

【經】 公至自會하다

文公이 會合에서 돌아왔다.

【經】 晉人納捷菑于邾하다가 弗克納하다

晉人이 邾나라 公子 捷菑를 호송해 주나라로 들여보내어 즉위시키려고 하다가 邾人의 사절로 들여보내지 못하였다.

【傳】晉趙盾(돈)以諸侯之師八百乘으로 納捷菑于邾한대 邾人辭曰 齊出玃且(확저)長이라하니 宣子曰 辭順而弗從이면 不祥이라하고 乃還하다

晉나라 趙盾이 諸侯의 군대 8백 乘을 거느리고 捷菑를 호송해 邾나라로 들여보내어 임금으로 세우려 하자, 邾人이 사절하며 말하였다. "齊女가 낳은 玃且(定公)가 연장자이기 때문에 그를 임금으로 세웠다."

이에 宣子가 말하기를 "말이 사리에 맞는데도 따르지 않는다면 상서롭지 못하다." 하고는 마침내 군대를 이끌고 돌아갔다.

周公將與王孫蘇訟于晉이러니 王叛王孫蘇하고 而使尹氏與聃啓訟周公于晉이라 趙宣子平王室而復之하다

周公이 王孫 蘇를 상대로 晉나라에 訴訟을 제기하려 하였는데, 周 匡王은 왕손 소를 배반하고 尹氏(周나라 卿士)와 聃啓(周나라 大夫)를 晉나라에 보내어 주공을 변호하게 하였다. 趙宣子는 王室을 화평하게 하여 각각 제자리로 회복시켰다.

楚莊王立하니 子孔潘崇將襲群舒하야 使公子燮與子儀守하고 而伐舒蓼하다 二子作亂하야 城郢하고 而使賊殺子孔호대 不克而還하다 八月에 二子以楚子出하야 將如商密이어늘 廬戢(집)黎及叔麇誘之하야 遂殺鬪克及公子燮하다 初에 鬪克囚于秦이러니 秦有殽之敗하야 而使歸求成하다 成而不得志하고 公子燮은 求令尹而不得이라 故二子作亂하다

楚 莊王(穆王의 아들)이 즉위하니, 子孔과 潘崇이 群舒를 습격하려고 하여 公子 燮과 子儀에게 나라를 지키게 하고 진군하여 舒蓼(群舒)를 토벌하였다. 그런데 공자 섭과 자의 두 사람이 반란을 일으켜 郢에 성을 쌓고 자객을 보내어 자공을 죽이게 하였으나 성공하지 못하고 돌아왔다.

8월에 두 사람이 楚子를 데리고 國都를 나와 商密로 가려 하였는데, 廬戢黎(廬邑의 大夫)와 叔麇(戢黎의 佐)이 그들을 유인하여 드디어 鬪克(자의)과 공자 섭을 죽였다. 당초에 투극이 秦나라에 수금되어 있었는데(僖公 25년), 그때 秦나라가 殽의 전쟁(僖公 33년)에서 晉나라에 패배하여 秦나라는 투극을 楚나라로 돌려보내면서 초나라에 화평을 구하게 하였다. 투극은 두 나라의 화평을 성사시켰으나 보상을 받지 못하였고〔不得志〕, 공자 섭은 令尹이 되기를 구하였으나 되지 않았다. 그러므로 두 사람이 반란을 일으킨 것이다.

【經】九月甲申에 公孫敖卒于齊하다

9월 甲申日에 公孫敖(穆伯)가 齊나라에서 卒하였다.

【傳】穆伯之從己氏也에 魯人立文伯하다 穆伯生二子於莒하고 而求復이어늘 文伯以爲請한대 襄仲使無朝聽命하다 復而不出이러니 三年에 盡室以復(부)適莒하다 文伯疾에 而請曰 穀之子弱하니 請立難也하노이다 許之러니 文伯卒커늘 立惠叔하니 穆伯請重賂以求復이어늘 惠叔以爲請한대 許之하다 將來라가 九月에 卒于齊하다 告喪하고 請葬[78]하니 弗許하다

穆伯이 己氏를 찾아 莒나라로 갔을 때에 魯人은 文伯(목백의 아들 穀)을 목백의 후계자로 세웠다. 목백이 거나라에서 아들 둘을 낳은 뒤에 魯나라로 돌아오기를 요구하였는데, 문백이 목백을 위해 노나라 조정에 청원하자 襄仲이 〈그가 돌아온 뒤에〉 조정에 나와 정사에 참여하지 못하게 하라고 하였다. 목백이 돌아와서는 외출하지 않더니 3년이 지나 전 재산을 다 가지고 다시 거나라로 갔다.

문백이 병들자 文公에게 청하기를 "臣의 자식(孟獻子)은 어리니 신의 아우 難(穀의 아우)을 後繼者로 세워주소서."하니 허락하였는데, 문백이 죽자 惠叔(難)을 後嗣로 세웠다. 얼마 뒤에 목백이 노나라에 많은 재물을 바치고 귀국을 허락해 달라고 청하였는데, 혜숙이 그를 위해 청하자 문공이 허락하였다. 돌아오다가 9월에 齊나라에서 卒하였다. 노나라에 喪을 고하고 歸葬하기를 청하니 허락하지 않았다.

字義 室 : 가산 실

【經】齊公子商人弑其君舍하다

齊나라 公子 商人이 그 임금 舍를 시해하였다.

【傳】秋七月乙卯[79]夜에 齊商人弑舍하고 而讓元한대 元曰 爾求之久矣라 我能事爾어니와 爾不可리라 使多蓄憾이면 將免我乎아 爾爲之하라

---

78 請葬 : 魯나라에 歸葬하기를 청한 것이다. 귀장은 타향에서 죽은 사람을 고향으로 운구하여 장사 지내는 것이다.(楊注)

79 七月乙卯 : 7월에는 乙卯가 없으니 날짜가 잘못 기록된 것이다.(杜注)

가을 7월 乙卯日 밤에 齊나라 商人이 舍를 시해하고 임금 자리를 元(상인의 兄인 齊 惠公)에게 사양하자, 원이 말하였다.

"그대가 임금 되기를 구한 지 오래이다. 나는 그대를 임금으로 섬길 수 있으나, 그대는 나를 섬길 수 없을 것이다. 〈만약 내가 임금이 되어〉 그대에게 많은 한을 품게 한다면 장차 나를 살려두겠는가? 그러니 그대가 임금이 되라."

齊人定懿公하고 使來告難이라 故書以九月하다 齊公子元不順懿公之爲政也하야 終不曰公이라하고 曰夫己氏[80]라하다

齊人이 懿公을 임금으로 정하고 魯나라에 使臣을 보내어 와서 화난을 통고하였기 때문에 經에 '9월'이라 기록한 것이다. 齊나라 公子 元은 의공이 임금이 되어 집정하는 것에 순종하지 않아 끝내 '公'이라고 부르지 않고 '저 사람〔夫己氏〕'이라고 불렀다.

【經】宋子哀來奔하다

宋나라 子哀가 魯나라로 도망해왔다.

【傳】宋高哀爲蕭封人이러니 以爲卿한대 不義宋公而出하야 遂來奔하다 書曰 宋子哀來奔이라하니 貴之也라

宋나라의 高哀는 蕭邑(송나라의 附庸)의 封人이었는데, 그를 卿으로 삼자 고애는 宋公을 의롭지 못하다고 여겨 송나라를 나와 마침내 魯나라로 도망해왔다. 經에 "宋나라 子哀가 도망해왔다."라고 기록하였으니, 이는 그를 존귀하게 여긴 것이다.

【經】冬에 單(선)伯如齊하니 齊人執單伯하고 齊人執子叔姬하다

겨울에 單伯(周나라 卿士)이 齊나라에 가니 齊人이 선백을 잡고 제인이 子叔姬(魯나라의 딸로 齊侯 舍의 어머니)를 잡았다.

---

80 夫己氏 : 己는《詩經》〈王風 揚之水〉'彼其之子(저 사람)'의 其와 같으니, 곧 '夫己氏'는 '彼其之子'와 같은 말이다.(楊注)

【傳】襄仲使告于王하야 請以王寵求昭姬于齊曰 殺其子하니 焉用其母리오 請受而罪之하노라 冬에 單伯如齊하야 請子叔姬하니 齊人執之하고 又執子叔姬하다

襄仲(公子 遂)이 使者를 보내어 王께 보고하고, 王의 은총으로 齊나라에서 昭姬(子叔姬)를 데려올 수 있게 해주기를 청하며 말하였다.

"그 아들(商人이 시해한 舍)을 죽였으니 그 어미를 어디에 쓰겠습니까? 청컨대 魯나라로 데려다가 罪를 다스리고자 합니다."

겨울에 單伯이 齊나라로 가서 子叔姬를 돌려보내기를 청하니, 齊人은 선백을 잡아 가두고 또 자숙희도 잡아 가두었다.

〈15년, 己酉(B.C. 612)〉

【經】十有五年이라 春에 季孫行父(보)如晉하다

15년이다. 봄에 季孫行父가 晉나라에 갔다.

【傳】十五年이라 春에 季文子如晉하니 爲單(선)伯與子叔姬故也라

15년이다. 봄에 季文子가 晉나라에 갔으니, 單伯과 子叔姬의 일 때문이었다.

【經】三月에 宋司馬華孫來盟히다

3월에 宋나라 司馬 華孫이 와서 결맹하였다.

【傳】三月에 宋華耦來盟할새 其官皆從之하다 書曰 宋司馬華孫이라하니 貴之也라 公與之宴한대 辭曰 君之先臣督得罪於宋殤公하야 名在諸侯之策이어늘 臣承其祀하니 其敢辱君[81]가 請承命於亞旅하노이다 魯人以爲敏이러라

81 其敢辱君 : 華督이 宋 殤公을 弑害한 일은 桓公 2년에 있었다. 華耦는 스스로 죄인의 자손이기 때문에 감히 임금의 연회에 참석하여 魯君을 욕되게 할 수 없다고 한 것이다.(杜注)

3월에 宋나라 華耦(華督의 曾孫)가 와서 결맹할 적에 그의 관속이 모두 따라왔다. 經에 "宋司馬華孫"이라고 기록하였으니 그를 귀하게 여긴 것이다. 公이 연회를 열어 그를 접대하려 하자, 사양하며 말하였다.

"우리 宋君의 先臣 督이 宋 殤公께 죄를 얻어 그 이름이 諸侯國의 史策에 기록되어 있는데, 그 제사를 받드는 臣이 어찌 감히 임금을 욕되게 할 수 있겠습니까? 亞旅(上大夫)의 연회를 받기를 청합니다."

魯人은 그를 민첩하다고 하였다.

【經】夏에 曹伯來朝하다

여름에 曹伯이 와서 朝見하였다.

【傳】夏에 曹伯來朝하니 禮也라 諸侯五年에 再相朝하야 以脩王命이 古之制也니라

여름에 曹伯이 와서 朝見하였으니 禮에 맞는 일이다. 諸侯가 5년에 두 차례씩 서로 朝見하여 王命을 수행하는 것이 옛날의 제도이다.

【經】齊人歸公孫敖之喪하다

齊人이 公孫敖(穆伯)의 喪柩를 魯나라로 돌려보냈다.

【傳】齊人或爲孟氏謀曰 魯는 爾親也니 飾棺하야 置諸堂阜하면 魯必取之라하야늘 從之하다 卞人以告한대 惠叔猶毁以爲請하야 立於朝以待命하다 許之어늘 取而殯之하니 齊人送之하다 書曰 齊人歸公孫敖之喪이라하니 爲孟氏요 且國故也라 葬視共仲하니라 聲己不視하야 帷堂而哭하고 襄仲欲勿哭이러니 惠伯曰 喪은 親之終也니 雖不能始나 善終可也라 史佚有言曰 兄弟는 致美救乏하며 賀善弔災하며 祭敬喪哀라 情雖不同이나 毋絶其愛 親之道也라하니 子無失道어니 何怨於人이리오 襄仲說(열)하야 帥(솔)兄弟以哭之하다

齊나라의 어떤 사람이 孟氏(公孫敖의 家門)를 위해 계책을 내어 말하기를 "魯나라는 그대의 친속이니 관을 꾸며서 堂阜(齊나라와 魯나라의 國境에 있는 땅)에 갖다두면 노나라에서 반드시

가져갈 것이다.” 하였는데, 이 말을 따라 그대로 하였다.

卞人(노나라 卞邑의 大夫)이 이 일을 惠叔에게 알리자, 혜숙은 〈穆伯이 죽은 지 한 해가 다 지났는데도〉 오히려 哀毁하여 歸葬을 청하면서 조정에 서서 임금의 명을 기다렸다. 文公이 귀장을 허락하자 惠伯이 목백의 관을 가져다가 殯하니, 齊人이 보내주었다. 經에 “제인이 公孫敖의 喪柩을 돌려보냈다.”라고 기록하였으니 이는 목백이 맹씨의 祖父이고 또 노나라의 公族이기 때문이다. 葬禮는 共仲의 例를 따랐다.

聲己(혜숙의 어머니)는 목백의 상구를 보지 않고자 堂에 휘장을 치고 곡하였고, 襄仲은 〈敖가 자기의 아내 될 여자를 가로챈 것을 원망해서〉 곡하려 하지 않았는데, 혜백(叔彭生)이 말하였다.

“喪禮는 친족을 마지막으로 보내는 의식이니 비록 살아 있을 때는 잘 지내지 못했다 하더라도 마지막으로 보내는 일은 잘하는 것이 옳습니다. 史佚(周 武王 때의 史官)의 말에 ‘형제 사이에는 아름다운 우애를 다하여 궁핍을 구제하며 좋은 일을 축하하고 재난을 위로하며 제사를 공경하고 喪事를 애도해야 한다. 비록 정이 화목하지 못하다 하더라도 우애를 단절하지 않는 것이 친족의 도리이다.’ 하니, 당신께서 도리를 잃지 않으면 그만인데 어찌 남을 원망하겠습니까?”

양중은 이 말을 듣고 기뻐하며 형제들을 거느리고 가서 곡하였다.

字義 毁 : 애훼할 훼

他年에 其二子來어늘 孟獻子愛之하야 聞於國이라 或譖之曰 將殺子하리라 獻子以告季文子하다 二子曰 夫子는 以愛我聞이어늘 我以將殺子聞하니 不亦遠於禮乎아 遠禮는 不如死라하고 一人門于句鼆(맹)하고 一人門于戾丘하야 皆死하다

後年에 穆伯의 두 아들(敖가 莒나라에 있을 때 낳은 아들)이 莒나라에서 魯나라로 오니, 孟獻子(穀의 아들 仲孫蔑)가 이들을 사랑하여 이 일이 나라에 소문났다. 어떤 자가 獻子에게 참소하여 말하기를 “저 두 사람이 장차 당신을 죽일 것이다.” 하니, 헌자는 이 말을 季文子에게 고하였다. 〈이 소문을 들은〉 두 사람은 말하기를 “夫子(헌자)는 우리를 사랑하는 것으로 소문이 났는데 우리는 장차 부자를 죽일 것으로 소문이 났으니, 禮와의 거리가 멀지 않은가? 예와 거리가 멀면 죽는 것만 못하다.” 하고, 한 사람은 句鼆의 城門을 지키다가, 또 한 사람은 戾丘의 성문을 지키다가 모두 죽었다.

字義 門 : 성문 수비할 문

【經】六月辛丑朔에 日有食之어늘 鼓하고 用牲于社하다

6월 초하루 辛丑日에 日食하니 북을 치고 社에 犧牲을 올렸다.

【傳】六月辛丑朔에 日有食之어늘 鼓하고 用牲于社하니 非禮也[82]라 日有食之면 天子不擧하며 伐鼓于社하고 諸侯用幣于社하며 伐鼓于朝하야 以昭事神하고 訓民事君하야 示有等威 古之道也니라

6월 초하루 辛丑日에 日食하자 북을 치고 社에 희생을 사용해 祭祀를 지냈으니 禮가 아니다. 일식하면 天子는 盛饌을 들지 않고〔不擧〕 社에서 북을 치며, 諸侯는 社에 幣帛을 사용해 제사하고 朝廷에서 북을 쳐서 神을 섬기는 도리를 밝히고 백성에게 임금 섬기는 도리를 가르쳐서 威儀의 차등이 있음을 보이는 것이 옛날의 道이다.

【經】單(선)伯至自齊하다

單伯이 齊나라에서 왔다.

【傳】齊人許單伯請而赦之하고 使來致命이어늘 書曰 單伯至自齊라하니 貴之也라

齊人이 〈子叔姬를 魯나라로 돌려보내라는〉 單伯의 요청을 허락하여 그를 사면하고, 그를 노나라로 보내어 齊侯의 명을 전하게 하였는데, 經에 "선백이 齊나라에서 왔다."라고 기록하였으니, 이는 그를 존귀하게 여긴 것이다.

【經】晉郤缺帥(솔)師伐蔡하야 戊申에 入蔡하다

晉나라 郤缺이 군대를 거느리고 가서 蔡나라를 토벌하여 戊申日에 채나라 國都로 들어갔다.

---

82 非禮也 : 조정에서 북을 쳐야 하고 社에서 북을 쳐서는 안 되며, 社에는 폐백을 바쳐야 하고 희생을 바쳐서는 안 된다. 社에서 북을 치고 희생을 바치는 것은 天子의 禮이기 때문에 '非禮'라고 한 것이다.(楊注)

【傳】新城之盟에 蔡人不與어늘 晉郤缺以上軍下軍伐蔡할새 曰 君弱하니 不可以怠로다 戊申에 入蔡하야 以城下之盟[83]而還하다 凡勝國에 曰滅之요 獲大城焉에 曰入之니라

新城의 결맹에 蔡人이 참여하지 않았는데, 晉나라 郤缺이 上軍과 下軍을 거느리고 가서 蔡나라를 토벌하면서 말하였다. "우리 임금님이 어리시니 진격을 게을리해서는 안 되겠다." 戊申日(6월 8일)에 蔡나라로 쳐들어가서 城下의 맹약을 맺고 돌아왔다.

凡例에 의하면 한 나라와 전쟁하여 승리할 경우에 '滅之(그 나라 社稷의 제사를 단절하고 그 토지를 소유하는 것)'라 하고, 大城을 함락할 경우에 '入之(함락하기만 하고 소유하지는 않는 것)'라고 한다.

【經】秋에 齊人侵我西鄙하니 季孫行父(보)如晉하다

가을에 齊人이 우리나라의 서쪽 변경을 침범하니, 季孫行父가 晉나라에 갔다.

【傳】秋에 齊人侵我西鄙라 故季文子告于晉하다

가을에 齊人이 우리나라의 서쪽 변경을 침범하였다. 그래서 季文子가 晉나라에 가서 고하였다.

【經】冬十有一月에 諸侯盟于扈하다

겨울 11월에 諸侯가 扈에서 결맹하였다.

【傳】冬十一月에 晉侯宋公衛侯蔡侯陳侯鄭伯許男曹伯盟于扈하니 尋新城之盟이요 且謀伐齊也라 齊人賂晉侯라 故不克而還하다 於是有齊難하니 是以公不會하니라 書曰 諸侯盟于扈라하니 無能爲故也라 凡諸侯會에 公不與면 不書는 諱君惡也요 與而不書는 後也니라

겨울 11월에 晉侯·宋公·衛侯·蔡侯·陳侯·鄭伯·許男·曹伯이 扈에서 결맹하니, 이는

83 城下之盟 : 城 밑까지 쳐들어온 적군에게 항복하고 맺는 맹약으로, 諸侯들이 매우 수치로 여겼다.(林堯叟)

新城의 결맹을 거듭 다지고, 또 齊나라 토벌에 관한 일을 모의하기 위해서였다. 齊人이 晉侯에게 뇌물을 주었기 때문에 諸侯의 군대가 승전하지 못하고 돌아왔다. 이때 魯나라에는 제인이 변경을 침범한 난리가 있었기 때문에 文公이 회합에 가지 못하였다. 經에 "諸侯가 扈에서 결맹하였다."라고 기록하였으니, 이는 제후의 군대가 노나라를 구원할 수 없는 사유를 나타낸 것이다.

凡例에 의하면 제후의 會盟에 公이 참여하지 않으면 經에 기록하지 않는 것은 임금의 과오를 숨기기 위해서이고, 참여하였는데도 기록하지 않는 것은 뒤늦게 갔기 때문이다.

【經】十有二月에 齊人來歸子叔姬하다

12월에 齊人이 와서 子叔姬를 돌려보냈다.

【傳】齊人來歸子叔姬하니 王故也라

齊人이 와서 子叔姬를 돌려보냈으니, 이는 周王의 명이 있었기 때문이다.

【經】齊侯侵我西鄙하고 遂伐曹하야 入其郛하다

齊侯가 우리나라의 서쪽 변경을 침공하고, 드디어 曹나라를 토벌하여 曹나라의 外郭까지 쳐들어갔다.

【傳】齊侯侵我西鄙하니 謂諸侯不能也라 遂伐曹하야 入其郛하니 討其來朝也라 季文子曰 齊侯其不免乎인저 己則無禮요 而討於有禮者曰 女何故行禮오하니 禮以順天이 天之道也어늘 己則反天하고 而又以討人하니 難以免矣로다 詩曰 胡不相畏리오 不畏于天[84]가하니 君子之不虐幼賤은 畏于天也라 在周頌曰 畏天之威하야 于時保之[85]라하니 不畏于天이면 將何能保리오 以亂取國하니 奉禮以守라도 猶懼不終이어든 多行無禮하니 弗能在矣리라

---

84 胡不相畏 不畏于天 : 《詩經》〈小雅 雨無正〉에 보인다.

85 畏天之威 于時保之 : 《詩經》〈周頌 我將〉에 보인다. 하늘의 위엄을 두려워하여 이에 복록을 보전한다는 말이다.(杜注)

齊侯가 우리나라의 서쪽 변경을 침범하였으니 이는 諸侯가 魯나라를 구원할 수 없다고 여겼기 때문이다. 드디어 曹나라를 토벌하여 조나라의 外郭까지 쳐들어갔으니, 이는 曹伯이 노나라에 와서 朝見한 것을 징벌한 것이다. 季文子가 말하였다.

"齊侯는 화난을 면하지 못할 것이다. 자기는 〈王의 使臣을 잡아 가두고 죄 없는 나라를 공격하는 등〉 無禮한 짓을 하고는 禮가 있는 나라를 징벌하면서 '너희는 무엇 때문에 예를 행하느냐?'라고 하였으니, 예로써 天理를 따르는 것이 하늘의 도리를 행하는 것인데, 자기는 하늘의 도리를 배반하면서 또 예를 행하는 다른 나라를 공격하니 화난을 면하기 어려울 것이다. 《詩經》에 '어찌 서로 두려워하지 않는가? 하늘을 두려워하지 않을 것인가.' 하였으니, 君子가 幼弱하고 비천한 사람을 학대하지 않는 것은 하늘을 두려워하기 때문이다. 〈周頌〉에 '하늘의 위엄을 두려워하여 이에 복록을 보전한다.' 하였으니, 하늘을 두려워하지 않는다면 장차 무엇으로 복록을 보전하겠는가? 반란을 일으켜 나라를 차지하였으니 예를 奉行하여 君位를 지키더라도 오히려 제명에 죽지 못할까 두려운데 무례를 많이 행하니 제명에 죽을 수 없을 것이다."

字義 郛 : 외성 부 時 : 이 시 在 : 마칠 재(=終)

〈16년, 庚戌(B.C. 611)〉

【經】 十有六年이라 春에 季孫行父(보)會齊侯于陽穀한대 齊侯弗及盟하다

16년이다. 봄에 季孫行父가 齊侯와 陽穀에서 회합하였는데, 제후는 그와 더불어 결맹하지 않았다.

【傳】 十六年이라 春王正月에 及齊平하다 公有疾하야 使季文子會齊侯于陽穀하야 請盟하니 齊侯不肯曰 請俟君間하노라

16년이다. 봄 周王 정월에 齊나라와 화평하였다. 文公은 병이 있어 갈 수 없으므로 季文子를 보내어 齊侯와 陽穀에서 회합하여 결맹하기를 청하니, 제후는 결맹하려 하지 않으며 "魯君의 병이 낫기를 기다리겠다." 하였다.

字義 及 : 더불어 급 間 : 병 나을 간

【經】夏五月에 公四不視朔[86]하다

여름 5월에 公文이 네 달째 視朔하지 않았다.

【傳】夏五月에 公四不視朔하니 疾也라

여름 5월에 文公이 네 달째 視朔하지 않았으니, 질병 때문이었다.

【經】六月戊辰에 公子遂及齊侯盟于郪(서)丘하다

6월 戊辰에 公子 遂가 齊侯와 郪丘(齊나라 땅)에서 결맹하였다.

【傳】公使襄仲納賂于齊侯라 故盟于郪丘하다

文公이 襄仲을 보내어 齊侯에게 뇌물을 바쳤기 때문에 郪丘에서 결맹한 것이다.

字義 郪 : 고을 이름 서

【經】秋八月辛未에 夫人姜氏薨하니 毀泉臺하다

가을 8월 辛未日에 夫人 姜氏(僖公의 夫人이자, 文公의 어머니)가 薨하니 泉臺(누대 이름)를 허물었다.

【傳】有蛇自泉宮出하야 入于國호대 如先君之數[87]라 秋八月辛未에 聲姜薨하니 毀泉臺하다

뱀이 泉宮(泉臺)에서 나와서 魯나라 國都로 들어오되 그 수가 先君의 수와 같았다. 가을 8월 辛未日(8일)에 聲姜이 薨하니 〈뱀의 妖邪가 생겨 불길하다고 여겨〉 천대를 허물었다.

---

86 四不視朔 : 諸侯는 매월 반드시 告朔하고 그달에 시행할 정무를 처리한 뒤에 이어서 宗廟에 제사를 지낸다. 그런데 지금 文公은 질병으로 곡삭을 폐지하고 2월, 3월, 4월, 5월의 朔日에 視朔하지 않은 것이다.(杜注)

87 先君之數 : 伯禽으로부터 僖公까지가 모두 17君이다.(杜注)

【經】楚人秦人巴人滅庸하다

楚人 · 秦人 · 巴人이 庸나라(楚나라에 속한 小國)를 멸하였다.

【傳】楚大饑하니 戎伐其西南하야 至于阜山하야 師于大林이러니 又伐其東南하야 至于陽丘하야 以侵訾枝하다 庸人은 帥(솔)群蠻以叛楚하고 麇人은 率百濮聚於選하야 將伐楚러라 於是에 申息之北門을 不啓하고 楚人謀徙於阪高하니 蔿賈曰 不可하다 我能往이면 寇亦能往이니 不如伐庸이니이다 夫麇與百濮이 謂我饑不能師라 故伐我也니 若我出師면 必懼而歸요 百濮離居하야 將各走其邑하리니 誰暇謀人이리오 乃出師하니 旬有五日에 百濮乃罷하다

楚나라에 크게 기근이 드니 戎人(山戎)이 초나라의 서남쪽 변경을 공격하여 阜山까지 들어와서 大林에 주둔하고 또 초나라의 동남쪽 변경을 공격하여 陽丘까지 들어가서 訾枝(大林 · 陽丘 · 訾枝는 모두 초나라 邑)를 침공하였다. 庸人은 群蠻을 거느려서 초나라를 배반하고, 麇人은 百濮(蠻夷)을 거느리고 選(초나라 땅)에 모여 초나라를 치려고 하였다. 이때 초나라는 申邑과 息邑의 北門을 봉쇄하고 阪高(초나라의 요해지)로 천도할 것을 계획하니, 蔿賈가 말하였다.

"옳지 않습니다. 우리가 갈 수 있는 곳이면 적도 갈 수 있으니, 庸나라를 치는 것만 못합니다. 저 麇나라와 백복은 우리가 기근으로 출병할 수 없다 여겼기 때문에 우리를 공격한 것이니, 만약 우리가 출병한다면 저들은 반드시 겁을 먹고 돌아갈 것이고, 百濮人은 흩어져 거주하여 각각 자기들의 고을로 달려가려 할 것이니, 누가 남을 도모할 겨를이 있겠습니까?"

이에 출병하니 15일 만에 백복이 진을 해체하고 돌아갔다.

字義 庸 : 나라 이름 용　訾 : 고을 이름 자　蠻 : 남방 소수민족 만　麇 : 나라 이름 균
蔿 : 성 위

自廬以往하야 振廩同食하야 次于句澨하고 使廬戢黎侵庸하야 及庸方城하니 庸人逐之하야 囚子揚窓하다 三宿而逸하야 曰 庸師衆하고 群蠻聚焉하니 不如復(부)大師하고 且起王卒하야 合而後進이라하다 師叔曰 不可하다 姑又與之遇以驕之하라 彼驕我怒라야 而後可克이니 先君蚡冒所以服陘隰也니라 又與之遇하야 七遇皆北(배)하니 唯裨儵(주)魚人實逐之러라

楚軍이 廬邑을 출발하여 庸나라로 가면서 가는 곳마다 창고를 열어 上下가 같이 먹으면서 行軍하여 句澨(楚나라의 서쪽 국경)에 주둔하였다. 廬戢黎(廬邑의 大夫)를 보내어 용나라를 침공해 용나라의 方城(용나라 땅)까지 쳐들어가게 하니, 庸軍이 초군을 추격하여 子揚窓(戢黎

의 官屬)을 사로잡았다. 〈자양창이 잡힌 지〉 3일 만에 도망쳐 와서 말하기를 "용나라는 군대가 많은데다가 群蠻까지 합세하였으니, 다시 대군을 일으키고 또 王軍까지 일으켜 연합한 뒤에 진격하는 것이 좋겠습니다."라고 하였는데, 師叔이 말하였다. "옳지 않다. 우선 저들과 다시 만나서 저들을 교만하게 만들라. 저들이 교만해지고 우리가 분노한 뒤에야 승리할 수 있으니, 이것이 先君 蚡冒(楚 武王의 아버지, 혹은 형)께서 陘隰을 정복하신 방법이다." 이에 초군은 다시 그들과 만나 교전하여 일곱 번 만나 모두 패주하니, 裨人·儵人·魚人(裨·儵·魚는 용나라의 세 邑)만이 초군을 추격하였다.

字義 澨 : 땅 이름 서 戢 : 사람 이름 집 黎 : 사람 이름 려

庸人曰 楚는 不足與戰矣라하고 遂不設備어늘 楚子乘馹하야 會師于臨品하야 分爲二隊하야 子越自石溪하고 子貝自仞以伐庸하니 秦人巴人從楚師하고 群蠻從楚子盟하야 遂滅庸하다

庸人이 말하였다. "楚軍은 함께 전투할 만한 상대도 못 된다." 그러고는 드디어 방비를 설치하지 않았는데, 楚子는 역참의 수레를 타고 달려와서 臨品(地名)에 전군을 집결시킨 뒤에 군대를 두 부대로 나누어 子越(鬬椒)은 石溪로부터 출발하고 子貝는 仞으로부터 출발하여 庸나라를 토벌하게 하니, 秦人과 巴人은 초군의 뒤를 따르고 群蠻은 초자에게 복종하고 결맹하여 드디어 용나라를 멸하였다.

字義 馹 : 역참의 수레 일

【經】冬十有一月에 宋人弑其君杵臼하다

겨울 11월에 宋人이 그 임금 杵臼(昭公)를 시해하였다.

【傳】宋公子鮑禮於國人이러니 宋饑어늘 竭其粟而貸之하고 年自七十以上은 無不饋詒也하고 時加羞珍異하며 無日不數(삭)於六卿之門하고 國之材人을 無不事也하고 親自桓以下를 無不恤也러라 公子鮑美而豔하니 襄夫人欲通之로대 而不可한대 乃助之施하니라 昭公無道하니 國人奉公子鮑以因夫人하니라

宋나라 公子 鮑(昭公의 庶弟인 文公)는 國人에게 禮로 대하였는데, 송나라에 기근이 들자 자기 집의 곡식을 다 내어 백성들에게 대여하였고, 나이가 70세 이상인 노인에게는 음식을 보내지 않은 곳이 없고, 철마다 진귀한 음식을 보내주었으며, 六卿의 집으로 자주 가서 도움을 청하지 않는 날이 하루도 없었고, 國中의 재능이 있는 사람을 모두 섬기고, 桓公(鮑의 曾祖)

이하의 친족을 모두 구휼하였다. 공자 포는 얼굴이 아름답고 예뻤으므로 襄夫人(鮑의 嫡祖母)이 정을 통하고자 하였으나 공자가 듣지 않자 夫人은 그가 은혜 베푸는 일을 도왔다. 昭公이 무도하니 국인이 공자 포를 받들어 부인에게 의지하였다.

字義 詒 : 보내줄 이 數 : 자주 삭

於是華元爲右師하고 公孫友爲左師하고 華耦爲司馬하고 鱗矔(관)爲司徒하고 蕩意諸(저)爲司城하고 公子朝爲司寇하다 初에 司城蕩卒에 公孫壽辭司城하고 請使意諸爲之러니 既而告人曰 君無道하고 吾官近하니 懼及焉하노라 棄官則族無所庇하리니 子는 身之貳也니 姑紓死焉하리라 雖亡子나 猶不亡族[88]이리라

이때 華元(華督의 曾孫)이 右師가 되고 公孫友(目夷의 아들)가 左師가 되고 華耦가 司馬가 되고 鱗矔(桓公의 손자)이 師徒가 되고 蕩意諸가 司城이 되고 公子 朝가 司寇가 되었다. 과거 司城 蕩이 죽었을 때 公孫壽(蕩의 아들)는 사성의 관직을 사양하고 임금에게 청하여 意諸(壽의 아들)를 사성으로 삼게 하였는데 얼마 뒤에 공손수가 어떤 이에게 말하였다.

"임금이 무도한데 나의 관위가 君位에 근접하였으니 화가 미칠까 두려워 사양하였다. 그렇다고 관직을 버리면 宗族이 비호를 받을 곳이 없어질 것이니, 자식은 나의 代身이기에 〈자식을 사성으로 삼아〉 나의 죽음을 잠시 늦추려 한 것이다. 비록 자식은 잃더라도 종족은 망하지 않을 것이다."

字義 耦 : 사람 이름 우 姑 : 잠시 고 紓 : 늦출 서

既요 夫人將使公田孟諸而殺之하니 公知之하고 盡以寶行이라 蕩意諸曰 盍適諸侯잇고 公曰 不能其大夫하야 至于君祖母以及國人이어늘 諸侯誰納我리오 且既爲人君이라가 而又爲人臣은 不如死라하고 盡以其寶賜左右而使行하다

얼마 뒤에 夫人이 昭公에게 孟諸로 사냥을 나가게 하여 그 기회를 이용해 죽이려 하니, 소공이 그 음모를 알아채고 보물을 다 챙겨 가지고 사냥을 떠났다. 蕩意諸가 말하였다. "어째서 諸侯國으로 도망가지 않으십니까?" 소공이 말하였다. "나는 나의 大夫들과 잘 지내지 못하여 君祖母(襄夫人)와 國人에게까지 신임을 받지 못하였는데, 어느 諸侯가 나를 받아주겠는가? 그리고 또 이미 임금이 되었다가 다시 남의 신하가 되는 것은 죽느니만 못하다." 하고, 가져간 보물을 左右의 시종들에게 모두 나누어주고 떠나도록 하였다.

---

88 猶不亡族 : 자기는 살아 있기 때문이다.(杜注)

夫人使謂司城去公한대 對曰 臣之라가 而逃其難하면 若後君何오 冬十一月甲寅에 宋昭公將田孟諸러니 未至에 夫人王姬帥甸攻而殺之하니 蕩意諸死之하다 書曰 宋人弑其君杵臼라하니 君無道也라 文公卽位하야 使母弟須爲司城하고 華耦卒커늘 而使蕩虺爲司馬하다

夫人이 司城에게 사람을 보내어 昭公을 버리라고 하자, 蕩意諸가 대답하였다.

"그분의 신하가 되었다가 그분의 화난을 피한다면 다음 임금을 어떻게 섬길 수 있겠습니까?"

겨울 11월 甲寅日(22일)에 宋 昭公이 사냥하기 위해 孟諸로 갔는데 맹저에 이르기 전에 夫人 王姬(襄夫人, 周 襄王의 누이)가 帥甸(郊甸의 군대)을 보내어 소공을 공격해 죽이게 하니, 蕩意諸는 소공을 위해 죽었다. 經에 "宋人이 그 임금 杵臼를 시해하였다."라고 기록하였으니, 이는 소공이 무도하였기 때문이다. 文公이 즉위하여 母弟 須를 司城으로 삼고, 華耦가 죽자 蕩虺(意諸의 아우)를 司馬로 삼았다.

字義 虺 : 사람 이름 훼

〈17년, 辛亥(B.C. 610)〉

【經】 十有七年이라 春에 晉人衛人陳人鄭人伐宋하다

17년이다. 봄에 晉人·衛人·陳人·鄭人이 宋나라를 토벌하였다.

【傳】 十七年이라 春에 晉荀林父(보)衛孔達陳公孫寧鄭石楚伐宋하야 討曰 何故弑君고하고 猶立文公而還하다 卿不書는 失其所也[89]라

17년이다. 봄에 晉나라 荀林父·衛나라 孔達·陳나라 公孫寧·鄭나라 石楚가 宋나라를 토벌하면서 "무엇 때문에 임금을 시해하였느냐?"라고 꾸짖고도 오히려 文公을 宋나라의 임금으로 세우고 돌아왔다. 經에 卿의 姓名을 기록하지 않은 것은 그 처신을 잃었기 때문이다.

---

89 卿不書 失其所也 : 卿不書는 '人'으로 칭한 것을 말한다.(杜注) 失其所는 弑君者를 토벌하기 위해 간 것인데, 도리어 시군자를 임금으로 세우고 돌아왔기 때문에 이른 말이니 곧 자기 처신을 잃은 것을 말한다.(楊注)

【經】 夏四月癸亥에 葬我小君聲姜하다

여름 4월 癸亥日에 우리 小君 聲姜을 장사 지냈다.

【傳】 夏四月癸亥에 葬聲姜하니 有齊難이라 是以緩하다

여름 4월에 聲姜을 장사 지냈으니, 齊나라가 쳐들어온 난리가 있었기 때문에 장사가 늦어진 것이다.

【經】 齊侯伐我(西)〔北〕[90]鄙하니 六月癸未에 公及齊侯盟于穀하다

齊侯가 우리나라의 서쪽 변경을 공격하니, 6월 癸未日에 文公이 제후와 穀에서 결맹하였다.

【傳】 齊侯伐我北鄙어늘 襄仲請盟한대 六月에 盟于穀하다

齊侯가 우리나라의 북쪽 변경을 공격하였는데, 襄仲이 齊나라에 결맹하기를 요청하자, 6월에 穀에서 결맹하였다.

字義 穀 : 땅 이름 곡

【經】 諸侯會于扈하다

諸侯가 扈에서 회합하였다.

【傳】 晉侯蒐于黃父(보)하야 遂復(부)合諸侯于扈하니 平宋也라 公不與會하니 齊難故也라 書曰 諸侯는 無功也라

晉侯가 黃父(晉나라 땅 일명 黑壤)에서 열병하고 드디어 다시 扈에서 諸侯와 회합하였으니, 이는 宋나라의 내란을 평정하기 위해서였다. 文公이 회합에 참여하지 않았으니 이는 齊나라가 쳐들어온 난리가 있었기 때문이다. 經에 "諸侯"라고 기록한 것은 이룬 공이 없었기 때문이다.

字義 扈 : 땅 이름 호 蒐 : 열병할 수

---

90 (西)〔北〕: 저본에는 '西'로 되어 있으나, 〈杜注〉에 의거하여 '北'으로 바로잡았다.

於是에 晉侯不見鄭伯하니 以爲貳於楚也라 鄭子家使執訊而與之書하야 以告趙宣子曰 寡君卽位三年에 召蔡侯而與之事君하니 九月에 蔡侯入于敝邑以行호되 敝邑以侯宣多之難이라 寡君是以不得與蔡侯偕라가 十一月에 克減侯宣多에 而隨蔡侯以朝于執事하고 十二年六月에 歸生佐寡君之嫡夷하야 以請陳侯于楚하야 而朝諸君하고 十四年七月에 寡君又朝以蕆陳事하고 十五年五月에 陳侯自敝邑往朝于君하고 往年正月에 燭之武往朝夷也하고 八月에 寡君又往朝하니라 以陳蔡之密邇於楚로 而不敢貳焉은 則敝邑之故也라 雖敝邑之事君으로도 何以不免고 在位之中에 一朝于襄하고 而再見于君하고 夷與孤之二三臣相及於絳하니 雖我小國이나 則蔑以過之矣어늘 今大國曰 爾未逞吾志라하니 敝邑有亡이언정 無以加焉이라 古人有言曰 畏首畏尾면 身其餘幾[91]오하고 又曰 鹿死不擇音[92]이라하니 小國之事大國也에 德則其人也요 不德則其鹿也라 鋌而走險이니 急何能擇[93]이리오 命之罔極하니 亦知亡矣라 將悉敝賦以待於儵(주)호리니 唯執事命之하라 文公二年六月壬申에 朝于齊하고 四年二月壬戌[94]에 爲齊侵蔡하고 亦獲成於楚하야 居大國之間而從於强令하니 豈其罪也리오 大國若弗圖면 無所逃命이로다 晉鞏朔行成於鄭하고 趙穿公壻池爲質焉하다

이때 晉侯가 鄭伯을 접견하지 않았으니, 이는 鄭나라가 楚나라를 가까이하며 晉나라에 두 마음을 품고 있었기 때문이다. 정나라 子家가 執訊(書信(訊問)을 전하는 관리)에게 서신을 주어 〈晉나라로 가서〉 趙宣子에게 전하게 하였다. 그 편지는 이러하였다.

"寡君이 즉위한 3년 뒤(魯 文公 2년)에 蔡侯를 불러 함께 晉君을 섬기자고 청하니, 9월에 채후가 우리나라로 왔다가 朝見하기 위해 晉나라로 갔으나 그때 우리나라에는 侯宣多가 〈穆公을 세운 뒤에 총애를 믿고 멋대로 권력을 휘두른〉 난리 때문에 과군이 채후와 함께 가지 못하였다가 11월에 후선다의 난리를 덜었을 적에 채후를 뒤따라 晉나라로 가서 執事에게 조현

---

91 畏首畏尾 身其餘幾 : 鄭나라가 비록 小國이지만 북으로는 晉나라를 두려워하고 남으로는 楚나라를 두려워하니, 그 중간에 두려워하지 않는 곳이 얼마 되지 않는다는 것을 비유적으로 이른 말이다.(林堯叟)

92 鹿死不擇音 : '音'은 '蔭'과 소리가 같은 假借字이다. 곧 사슴이 죽을 때 그늘진 곳을 선택하지 않는다는 뜻으로, 鄭나라가 이미 멸망하게 되었으니 복종할 나라를 선택하지 않겠다는 것을 비유적으로 이른 말이다.(林堯叟)

93 鋌而走險 急何能擇 : 다급하면 사슴이 험한 곳으로 달아나듯이 楚나라의 그늘로 들어가겠다는 것을 비유적으로 이른 말이다.(杜注)

94 四年二月壬戌 : 魯 莊公 25년 2월에는 壬戌日이 없다. 임술일은 3월 20일이다.(杜注)

하였고, 12년 6월에 歸生(子家의 이름)이 과군의 嫡子 夷(太子의 이름)를 보좌해 초나라에 가서 陳侯가 晉君에게 조현하는 것을 허락하도록 청하여 陳侯를 晉나라에 조현시켰으며, 14년 7월에 과군이 또 晉나라에 조현하여 陳나라가 晉나라를 섬기는 일을 매듭지었고, 15년 5월에 陳侯가 우리나라에서 출발해 가서 晉君께 조현하였으며, 작년 正月에 燭之武가 太子 夷를 데리고 가서 晉나라에 조현하였고, 8월에 과군이 또 가서 조현하였습니다. 초나라와 매우 가까운 거리에 있는 陳나라와 蔡나라가 晉나라에 두 마음을 품지 않는 것은 우리나라 때문입니다. 晉君을 이처럼 섬긴 우리나라로서도 어째서 죄를 면하지 못한다는 말입니까?

과군이 재위 기간에 晉나라의 先君 襄公께 한 번 조현하였고 현재의 晉君(晉 靈公)께 재차 조현하였으며, 태자 夷와 과군의 몇몇 신하(燭之武 · 歸生이 스스로를 이른 말)도 연달아 晉나라의 國都 絳으로 갔습니다. 우리가 비록 小國이지만 晉나라를 섬기는 데 이상 더할 수 없이 성심을 다하였는데, 지금 大國에서는 '너희들의 섬김이 우리의 뜻에 만족스럽지 않다.' 하시니, 우리나라는 망하게 될지언정 이상 더 잘 섬길 수는 없습니다.

옛사람의 말에 '머리가 어찌 될까 두려워하고 꼬리가 어찌 될까 두려워한다면 몸에 두려워하지 않는 부분이 얼마나 되겠는가?'라고 하였고, 또 '사슴이 죽을 때는 그늘진 곳을 가리지 않는다.'라고 하였습니다. 소국이 대국을 섬기는 데에 대국이 은덕으로 대해주면 소국은 사람의 도리로 대국을 섬기지만, 은덕으로 대해주지 않으면 죽게 된 사슴처럼 아무것도 가리지 않을 것입니다. 빨리 달려〔鋌〕 험한 곳으로 달아나는 마당에 어느 겨를에 그늘진 곳을 가리겠습니까?

晉나라가 요구하는 명이 끝이 없으니 우리도 나라가 망하리라는 것을 압니다. 그러므로 장차 우리의 군대를 모두 동원해 儵(晉나라와 鄭나라의 접경에 있는 땅)에서 기다리겠으니, 집사께서는 분부를 내리기 바랍니다. 우리의 先君 文公께서 2년 6월 壬申日(魯 莊公 23년 6월 20일)에 齊나라에 가서 조현하였고, 4년 2월 壬戌日에 齊나라를 위해 蔡나라를 침공하였으며, 또 楚나라와 화친을 맺었으니, 대국 사이에 끼어 있으면서 강국의 명령을 따르는 것이 어찌 소국의 죄이겠습니까? 만약 대국이 소국을 생각해주지 않는다면 대국의 명령을 피할 길이 없습니다."

이에 晉나라는 鞏朔을 보내어 정나라와 화친을 맺게 하고 趙穿과 公壻 池(晉侯의 사위)를 정나라에 인질로 보냈다.

字義 蒧 : 바로잡을 장 邇 : 가까울 이 音 : 그늘 음(=蔭) 鋌 : 빨리 달릴 정

【經】秋라

가을이다.

【傳】周甘歜(촉)敗戎于邥(심)垂하니 乘其飮酒也라

가을에 周나라 甘歜(주나라 大夫)이 邥垂(주나라 땅)에서 戎人을 패배시켰으니, 이는 융인이 술을 마시는 틈을 이용한 것이다.

字義 歜 : 사람 이름 촉 邥 : 땅 이름 심

【經】公至自穀하다

公이 穀에서 돌아왔다.

【經】冬이라

겨울이다.

【傳】十月에 鄭大子夷石楚爲質于晉[95]하다

10월에 鄭나라 太子 夷(靈公)와 石楚(정나라 大夫)가 晉나라에 인질로 갔다.

【經】公子遂如齊하다

公子 遂가 齊나라에 갔다.

【傳】襄仲如齊하야 拜穀之盟하고 復曰 臣聞齊人將食魯之麥이라하나 以臣觀之컨대 將不能이리이다 齊君之語偸하니 臧文仲有言曰 民主偸면 必死라하니이다

---

95 鄭大子夷石楚爲質于晉 : 趙穿과 公壻 池가 인질로 왔기 때문에 거기에 상응한 인질을 보낸 것이다.(林堯叟)

襄仲이 齊나라에 가서 穀에서 결맹해준 것에 拜謝하고 돌아와서 文公에게 복명하였다.

"臣이 들으니 齊人이 魯나라의 보리를 먹으려 한다고 하지만 신이 보기에는 아마도 그리되지 않을 듯합니다. 齊君의 말이 구차하니, 臧文仲의 말에 '임금이 구차하면 반드시 죽는다.' 하였습니다."

字義 偸 : 구차할 투

〈18년, 壬子(B.C. 609)〉

【經】十有八年이라 春王二月丁丑에 公薨于臺下하다

18년이다. 봄 周王 2월 丁丑日에 文公이 臺下에서 薨하였다.

【傳】十八年이라 春에 齊侯戒師期하고 而有疾이어늘 醫曰 不及秋하야 將死하리라 公聞之하고 卜曰 尙無及期하노라 惠伯令龜하니 卜楚丘占之曰 齊侯不及期하리니 非疾也요 君亦不聞하고 令龜도 有咎라하더니 二月丁丑에 公薨하다

18년이다. 봄에 齊侯가 출병시기를 명하고 병이 생겼는데, 醫員이 말하기를 "아마도 가을이 되기 전에 죽을 것이다." 하였다. 魯 文公은 이 소식을 듣고서 거북점을 치게 하며 말하였다. "저 제후가 출병시기가 되기 전에 죽기를 바란다." 惠伯이 〈점치고 싶은 일을〉 龜甲에 명령하니, 卜楚丘가 점을 풀이해 말하였다.

"제후가 출병시기까지 살지 못할 것이니, 질병 때문은 아니고, 임금님께서도 〈그보다 먼저 죽어〉 그의 죽음을 듣지 못하실 것이고 귀갑에 명령한 분도 재앙이 있을 것입니다."

2월 丁丑日(23일)에 文公이 薨하였다.

字義 尙 : 바랄 상

【經】秦伯罃卒하다

秦伯 罃(秦 康公)이 卒하였다.

【經】夏五月戊戌에 齊人弑其君商人하다

여름 5월 戊戌日에 齊人이 그 임금 商人을 시해하였다.

【傳】齊懿公之爲公子也에 與邴歜之父로 爭田弗勝이러라 及卽位에 乃掘而刖之하고 而使歜僕하며 納閻職之妻하고 而使職驂乘하다 夏五月에 公游于申池할새 二人浴于池러니 歜以扑抶職하니 職怒어늘 歜曰 人奪女妻而不怒러니 一抶女 庸何傷고 職曰 與刖其父而弗能病者로 何如오 乃謀弑懿公하야 納諸竹中하고 歸하야 舍爵而行이라 齊人立公子元하다

齊 懿公이 公子로 있을 때 邴歜의 아비와 토지를 다투어 이기지 못한 일이 있었다. 懿公은 즉위한 뒤에 병촉의 아비의 무덤을 파서 시신의 발을 자르고, 그 아들 병촉을 御者로 삼았으며, 閻職의 아내를 빼앗아 제 여자로 들이고는 염직을 驂乘으로 삼았다.

여름 5월에 의공이 申池에서 수영을 할 적에 두 사람도 신지에서 목욕을 하였는데, 이때 병촉이 말채찍으로 염직을 쳤다. 염직이 노하자, 병촉이 말하기를 "남이 네 아내를 빼앗아가도 노하지 않더니 너를 한 번 친 것이 뭐 그리 해로우냐?" 하니, 염직이 말하기를 "제 아비의 발목을 잘랐는데도 원한을 품지 않는 자와 비교해 어떠하냐?" 하였다. 이에 두 사람은 의공을 시해하기로 모의하여 그 시신을 대밭 속에 버리고 돌아와 〈술을 다 마시고는〉 술잔을 내려놓고 도주하였다. 齊人이 公子 元을 임금으로 세웠다.

字義 罃 : 사람 이름 앵 邴 : 사람 이름 병 歜 : 사람 이름 촉 扑 : 채찍 복 抶 : 칠 질
病 : 원한 병

【經】六月癸酉에 葬我君文公하다

6월 癸酉日에 우리 임금 文公을 장사 지냈다.

【傳】六月에 葬文公하다

6월에 文公을 장사 지냈다.

【經】秋에 公子遂叔孫得臣如齊하다

가을에 公子 遂와 叔孫得臣이 齊나라에 갔다.

【傳】 秋에 襄仲莊叔如齊하니 惠公立故요 且拜葬也라

가을에 襄仲과 莊叔이 齊나라에 갔으니, 이는 齊 惠公이 즉위하였기 때문이고, 또 文公의 장례에 참석한 일에 拜謝하기 위해 간 것이다.

【經】 冬十月에 子[96]卒하다

겨울 10월에 子가 卒하였다.

【傳】 文公二妃敬嬴生宣公이라 敬嬴嬖하고 而私事襄仲이러니 宣公長에 而屬(촉)諸襄仲하다 襄仲欲立之호되 叔仲不可한대 仲見於齊侯而請之하니 齊侯新立이라 而欲親魯하야 許之하니라

文公의 二妃 敬嬴이 宣公을 낳았다. 경영은 문공의 사랑을 받고 사사로이 襄仲을 섬겼는데, 선공이 장성한 뒤에 경영은 선공을 양중에게 부탁하였다. 〈문공이 죽은 뒤에〉 양중이 그를 임금으로 세우려 하였으나 叔仲(惠伯)이 반대하자, 양중은 齊侯를 만나 선공을 임금으로 세워주기를 청하니, 齊侯는 새로 즉위하였으므로 魯나라와 가까이 지내고자 하여 그의 요청을 허락하였다.

冬十月에 仲殺惡及視하고 而立宣公하다 書曰 子卒은 諱之也라 仲以君命召惠伯한대 其宰公冉務人止之하야 曰 入必死하리이다 叔仲曰 死君命可也니라 公冉務人曰 若君命인댄 可死어니와 非君命이어늘 何聽이리오 弗聽하고 乃入한대 殺而埋之馬矢之中하다 公冉務人奉其帑以奔蔡하다 旣而復叔仲氏하니라

겨울 10월에 襄仲이 惡(太子)과 視(대자의 母弟)를 죽이고 宣公을 세웠다. 經에 "子가 卒하였다."고 기록한 것은 사실을 숨긴 것이다.

양중이 君命(惡의 명)을 사칭해 惠伯을 부르자, 그의 宰臣(家臣의 長) 公冉務人이 가지 못하게 말리며 말하기를 "들어가시면 반드시 죽을 것입니다." 하니, 叔仲이 말하기를 "임금의 명에 죽는 것은 당연한 도리이다." 하였다. 공염무인이 말하기를 "임금의 명이라면 죽어야 되겠지만 임금의 명이 아닌데 무엇 때문에 따르려 하십니까." 하였다. 혜백이 그 말을 듣지 않고 들어가자 양중은 그를 죽여 말똥 속에 묻었다. 공염무인이 혜백의 처자식을 모시고 蔡나라로 달아났다. 얼마 뒤에 魯나라는 〈혜백의 아들을 세워〉 叔仲氏로 삼고 혜백의 관위를 승

---

96 子 : 喪中에 있는 諸侯의 호칭이다.(杜注)

계하도록 하였다.

字義 矢 : 똥 시 帑 : 처자 노

【經】 夫人姜氏歸于齊하다

夫人 姜氏가 齊나라로 돌아갔다.

【傳】 夫人姜氏歸于齊하니 大歸也라 將行에 哭而過市曰 天乎여 仲爲不道하야 殺適立庶라한대 市人皆哭이라 魯人謂之哀姜이라하다

夫人 姜氏(惡과 視의 어머니 出姜)가 齊나라로 돌아갔으니 大歸(친정으로 영원히 돌아가는 일)한 것이다. 제나라로 돌아갈 적에 울면서 저자를 지나며 말하기를 "하늘이시여 襄仲이 도리를 어기고 嫡子를 죽이고 庶子를 임금으로 세웠습니다." 하자, 저자의 사람들도 모두 울었다. 이로 인해 魯人은 그를 哀姜이라 불렀다.

字義 適 : 적자 적(=嫡)

【經】 季孫行父(보)如齊하다

季孫行父가 齊나라에 갔다.

【經】 莒弑其君庶其하다

莒人이 그 임금 庶其(莒 紀公)를 시해하였다.

【傳】 莒紀公生大子僕하고 又生季佗러니 愛季佗하야 而黜僕하고 且多行無禮於國하니 僕因國人以弑紀公하고 以其寶玉來奔하야 納諸宣公한대 公命與之邑하야 曰 今日에 必授하라 季文子使司寇出諸竟曰 今日에 必達하라 公問其故한대 季文子使大史克對曰 先大夫臧文仲敎行父事君之禮어늘 行父奉以周旋하야 弗敢失隊(추)하니이다 曰 見有禮於其君者어든 事之를 如孝子之養父母也하고 見無禮於其君者어든 誅之를 如鷹鸇之逐鳥雀也하라하며 先君周公制周禮曰 則(칙)以觀德하고 德以處事하며 事以度(탁)功하고 功以食(사)民이라하고 作誓命[94]曰 毁則(칙)爲賊이요 掩賊爲藏이요 竊賄爲盜요 盜

器爲姦이니 主藏之名하며 賴姦之用은 爲大凶德이라 有常無赦 在九刑不忘이라하니이다 行父還(선)觀莒僕호니 莫可則(칙)也니이다 孝敬忠信은 爲吉德이요 盜賊藏姦은 爲凶德이니 夫莒僕이 則其孝敬인댄 則弑君父矣요 則其忠信인댄 則竊寶玉矣요 其人인댄 則盜賊也요 其器인댄 則姦兆也니 保而利之면 則主藏也라 以訓則昏하야 民無則(칙)焉하리니 不度(탁)於善하고 而皆在於凶德할새 是以去之하니이다

莒 紀公이 太子 僕을 낳고 또 季佗를 낳았는데, 계타를 총애하여 태자 복을 폐출하고 또 國人들에게 무례한 짓을 많이 자행하니, 복이 국인의 도움으로 紀公을 시해하고 莒나라의 寶玉을 가지고 魯나라로 도망해 와서 그 보옥을 魯 宣公에게 바치자, 宣公은 복에게 城邑을 주라고 명하면서 "오늘 안으로 반드시 주라." 하였다. 季文子는 司寇를 시켜 그를 국경 밖으로 내쫓게 하면서 "오늘 안으로 반드시 국경 밖까지 도달하도록 하라." 하였다. 선공이 그 까닭을 묻자, 계문자는 太史 克을 보내어 대답하였다.

"先大夫 臧文仲이 行父(계문자)에게 임금 섬기는 예를 가르쳐주기에, 행보는 받들어 따라서 감히 실추하지 않았습니다. 선대부가 '임금에게 禮로 대하는 자를 보거든 그를 섬기기를 효자가 어버이를 봉양하듯이 하고, 임금에게 무례한 자를 보거든 그를 주살하기를 매가 새를 뒤쫓아 낚아채듯이 하라.' 하였으며, 先君 周公께서 《周禮》를 지어 '禮則으로써 그 사람의 덕을 관찰하고 덕으로써 일을 처리하며 일로써 공적을 헤아리고 공적으로써 백성을 먹인다.' 하였고, 또 〈誓命〉을 지어 '법을 망가뜨리는 자를 賊이라 하고, 賊을 숨겨주는 자를 藏이라 하고, 재물을 훔치는 자를 盜라 하고, 寶器를 훔치는 자를 姦이라 하니, 主藏(窩主)의 이름을 가지고 훔쳐온 보기〔賴姦之用〕를 탐하는 것은 큰 凶德이 된다. 이런 자에게는 규정한 형벌이 있어 용서할 수 없다는 말이 《九刑》에 실려 있으니 잊을 수 없다.' 하였습니다.

행보가 莒僕(태자 복)을 두루 살펴보니〔還觀〕 본받을 만한 점이 하나도 없습니다. 孝·敬·忠·信은 吉德이고 盜·賊·藏·姦은 凶德인데, 저 거복은 孝敬으로 말하면 君父를 시해한 자이고 忠信으로 말하면 나라의 보옥을 훔친 자이고, 그 사람으로 말하면 도적이고 그 보기로 말하면 훔친 장물〔姦兆〕이니, 그 사람을 보호하고 그 보기를 탐하면 主藏이 됩니다. 이로써 백성을 가르치면 백성들은 혼란하여 본받을 바가 없을 것이니, 〈거복의 행위는〉 선한 데 있지 않고〔不度〕 모두 흉덕에 속하기 때문에 쫓아 보낸 것입니다.

字義 佗 : 사람 이름 타　隊 : 떨어뜨릴 추　則 : 법칙 칙　度 : 헤아릴 탁　食 : 먹일 사
還 : 돌 선　兆 : 간악할 조　度 : 처할 택

---

97 誓命 : 〈誓命〉 이하는 모두 《九刑書》의 말인데, 《구형서》는 지금 없어졌다.(杜注)

昔高陽氏有才子八人하니 蒼舒隤敳檮戭大臨尨降(항)庭堅仲容叔達이라 齊聖廣淵하며 明允篤誠하니 天下之民謂之八愷라하고 高辛氏有才子八人하니 伯奮仲堪叔獻季仲伯虎仲熊叔豹季貍라 忠肅共懿하며 宣慈惠和하니 天下之民謂之八元이라하니이다 此十六族也는 世濟其美하야 不隕其名하더니 以至于堯하야는 堯不能擧러라 舜臣堯에 擧八愷하야 使主后土하야 以揆百事하니 莫不時序하야 地平天成하고 擧八元하야 使布五教于四方하니 父義母慈兄友弟共子孝하야 內平外成하니이다

옛날에 高陽氏(顓頊)에게 才德이 있는 아들 여덟이 있었으니, 蒼舒 · 隤敳 · 檮戭 · 大臨 · 尨降 · 庭堅 · 仲容 · 叔達입니다. 이들은 마음가짐이 중정하고〔齊〕 모든 일에 통달하며〔聖〕 도량이 넓고〔廣〕 사려가 깊으며〔淵〕, 사리에 밝고〔明〕 신의가 있으며〔允〕 후덕하고〔篤〕 성실하니〔誠〕 천하 사람들이 이들을 '八愷'라고 하였습니다. 高辛氏(帝嚳)에게 재덕이 있는 아들 여덟이 있었는데 伯奮 · 仲堪 · 叔獻 · 季仲 · 伯虎 · 仲熊 · 叔豹 · 季貍입니다. 이들은 충직하고 敬謹하며 공손하고 아름다우며 사려가 주밀하고 인자하며 은혜롭고 온화하니 천하 사람들이 이들을 '八元'이라고 하였습니다.

高陽氏(顓頊)

이 16氏族은 대대로 先世의 미덕을 계승하여 先代의 명예를 실추시키지 않았는데, 堯의 시대에 이르러서는 요가 이들을 능히 등용하지 못하였습니다. 舜이 요의 신하가 된 뒤에 팔개를 등용하여 后土(국토를 맡아 다스리는 관직)를 주관해 다스리게 하여 모든 일을 헤아려 처리하게 하니 모든 일이 적시에 처리되고 질서가 있어 水土가 평정되고 四時가 절서를 잃지 않았으며, 팔원을 등용하여 사방에 五教를 펴게 하니 아비는 의롭고 어미는 자애로우며 형은 우애하고 아우는 공손하며 자식은 효도하여 諸夏〔內〕가 평화롭고 夷狄〔外〕도 和平하였습니다.

高辛氏(帝嚳)

字義 隤 : 사람 이름 퇴 凱 : 사람 이름 개 檮 : 사람 이름 도 戭 : 사람 이름 인 愷 : 화순할 개

昔帝鴻氏有不才子하니 掩義隱賊하야 好行凶德하야 醜類惡物하며 頑嚚不友를 是與比周하니 天下之民謂之渾敦[98]이라하고 少皞氏有不才子하니 毁信廢忠하며 崇飾惡言하고 靖譖庸回하며 服讒蒐慝하야 以誣盛德하니 天下之民謂之窮奇[99]라하고 顓頊氏有不才子하니 不可敎訓하며 不知話言하며 告之則頑하며 舍之則嚚하며 傲狠明德하야 以亂天常하니 天下之民謂之檮杌[100]이라하니이다 此三族也는 世濟其凶하야 增其惡名하더니 以至于堯하야는 堯不能去하고 縉雲氏有不才子하니 貪于飮食하며 冒于貨賄하야 侵欲崇侈하야 不可盈厭하고 聚斂積實을 不知紀極이어늘 不分孤寡하며 不恤窮匱하니 天下之民以比三凶하야 謂之饕餮(도철)이라하니이다 舜臣堯에 賓于四門하고 流四凶族하야 渾敦窮奇와 檮杌饕餮을 投諸四裔하야 以禦螭魅[101]하니 是以堯崩而天下如一하야 同心戴舜하야 以爲天子하니 以其擧十六相하고 去四凶也니이다 故虞書[102]에 數舜之功호되 曰 愼徽五典한대 五典克從이라하니 無違敎也요 曰 納于百揆한대 百揆時序라하니 無廢事也요 曰 賓于四門한대 四門穆穆이라하니 無凶人也니이다 舜有大功二十而爲天子어늘 今行父雖未獲一吉人이나 去一凶矣하니 於舜之功에 二十之一也니 庶幾免於戾乎인저

옛날에 帝鴻氏(黃帝)에게 불초한 아들이 있었으니 의를 행하는 사람을 가로막고 奸賊을 숨겨주면서 凶德을 행하기 좋아하여 악인을 同類로 여기며〔醜類〕 덕의를 본받지 않는 자, 충신을 말하지 않는 자, 형제간에 우애하지 않는 자들을 친밀하게 대하니, 천하 사람이 이를 '渾敦'이라 하고, 少皞氏(金天氏)에게 불초한 아들이 있었으니 신의를 헐뜯고 충직을 버리며 사악한 말을 모아〔崇〕 수식하며 참소하는 말을 편히 여기고〔靖〕 부정한 사람을 신용하며 참소를 자행하고 악인을 비호하여 성덕이 있는 사람을 무함하니, 천하 사람들이 이를 '窮奇'라고 하고, 顓頊

帝鴻氏(黃帝)

98 渾敦 : 驩兜를 이른다. 渾敦은 開通하지 않은 모양이다.(杜注)

99 窮奇 : 共工을 이른 것이다. 窮奇는 그 행실이 사납고 그 좋아하는 것이 奇怪하다는 뜻이다.(杜注)

100 檮杌 : 鯀을 이른 것이다. 檮杌은 頑惡하고 凶惡하기가 짝이 없는 모양이다.(杜注)

101 螭魅 : 山林의 異常한 기운에 의해 생겨나서 사람에게 해를 끼치는 妖怪이다.

102 虞書 : 《書經》〈虞書 舜典〉이다.

舜이 사방의 문에서 賢者들을 賓禮로 맞이하다〔賓于四門〕

氏에게 불초한 아들이 있었으니 가르쳐 이끌 수도 없고 선한 말〔話言〕을 할 줄을 모르며 덕의를 일러주면 따르지 않고 내버려두면 못된 말만 하며 明德을 경시하여 天常을 어지럽히니, 천하 사람들이 이를 '檮杌'이라고 하였습니다.

이 세 氏族은 대대로 先代의 흉덕을 계승하여 그 선대의 악명을 덧보태더니, 堯의 시대에 이르러서는 요가 그들을 능히 제거하지 못하였고, 縉雲氏(黃帝 때의 官名)에게 불초한 아들이 있었으니 음식을 탐하고 재물을 탐하여 침탈하려는 탐욕이 많아서〔崇侈〕 만족할 줄을 모르고, 거두어 들여 축적한 재물이 그 한도를 알 수 없는데 고아나 과부에게 나누어주지도 않고 곤궁한 사람을 구휼하지도 않으니 천하 사람들이 이를 三凶에 비교하여 '饕餮'이라고 하였습니다.

少皞氏(金天氏)

舜이 요의 신하가 된 뒤에 사방의 문에서 현자들을 賓禮로 맞이하고, 이 네 凶族을 유배하여 渾敦 · 窮奇 · 檮杌 · 饕餮을 사방의 먼 변방으로 내쳐 사람을 해치는 螭魅를 막게 하였습니다. 그러므로 요가 崩御한 뒤에 천하 사람들이 한결같이 한 마음으로 순을 추대하여 天子로 삼았으니, 이는 순이 16인을 재상으로 등용하고 四凶을 제거하였기 때문입니다.

그러므로 〈虞書〉에 순의 공을 열거하여 '삼가 五典(五倫)이 아름답게 행해지게 하라고 하자, 백성들이 오전의 가르침을 순종하였다.'고 하였으니, 이는 舜의 敎導에 잘못된 것이 없었다는 말이고, '百揆의 자리에 앉히자 백규의 일이 때에 맞게 처리되어 次序가 있었다.' 하였으니, 이는 폐기한 일이 없었다는 말이고, '사방의 문에서 賓禮로 현자들을 맞이하게 하자 사방의 문에 和氣가 충만하였다.'고 하였으니, 이는 凶人이 없었다는 말입니다. 순은 大功 20가지가 있어 천자가 되었는데 지금 行父는 한 사람의 吉人도 얻지 못하였으나 한 흉인을 제거하였으니 순의 공에 비교하면 20분의 1은 되니, 거의 죄는 면할 수 있을 것입니다."

字義 崇 : 모을 숭　回 : 사특할 회　話 : 선할 화　檮 : 어리석을 도　杌 : 완악할 올
饕 : 재물 탐할 도　餮 : 음식 탐할 철　螭 : 도깨비 리　魅 : 도깨비 매

宋武氏之族이 道昭公子하야 將奉司城須以作亂하다 十二月에 宋公殺母弟須及昭公子하고 使戴莊桓之族[103]으로 攻武氏於司馬子伯之館하야 遂出武穆之族하고 使公孫

103 戴莊桓之族 : 戴公의 종족은 華耦이고, 莊公의 종족은 公孫 師이고, 桓公의 종족은 向氏(상씨)·

師爲司城하다 公子朝卒커늘 使樂呂爲司寇하야 以靖國人하다

宋나라 武氏의 宗族(宋 武公의 子孫)이 〈宋 文公이 昭公을 弑害하였기 때문에〉 소공의 公子를 인도하여 司城 須(문공의 아우)를 받들어 난을 일으키려 하였다. 12월에 宋公이 母弟 須와 소공의 공자를 죽이고 戴公·莊公·桓公의 종족에게 司馬 子伯(華耦)의 관사로 가서 무씨를 공격하게 하여 마침내 武公과 穆公의 종족을 축출하고 公孫 師(장공의 손자)를 司城으로 삼았다. 公子 朝가 죽자 樂呂(대공의 증손)를 司寇로 삼아 國人을 안정시켰다.

魚氏·鱗氏·蕩氏이다.(杜注)

附錄

《春秋左氏傳 上》 도판 목록

(21) 〈宋나라가 뇌물을 바쳐서 南宮長萬을 주살하다〔宋國納賂誅長萬〕〉, 馮夢龍(明) 等 撰, 《增像全圖東周列國志》 / 156
(22) 〈檗〉, 王圻(明) 撰, 《三才圖會》 / 164
(23) 〈螽〉, 徐鼎(淸) 輯, 《毛詩名物圖說》 / 166
(24) 〈鞶鑑〉, 松本愚山(日) 輯, 《五經圖彙》 / 172
(25) 〈爵〉, 松本愚山(日) 輯, 《五經圖彙》 / 172
(26) 〈蓍〉, 聶崇義(宋) 集注, 《新定三禮圖》 / 207
(27) 〈龜〉, 聶崇義(宋) 集注, 《新定三禮圖》 / 207
(28) 〈玦〉, 玉素玦(周), 臺灣故宮博物院 소장 / 207
(29) 〈矢〉, 皇甫仁(鮮) 外 撰, 《世宗實錄》 / 208
(30) 〈衛 懿公이 학을 좋아하여 나라를 망치다〔衛懿公好鶴亡國〕〉, 馮夢龍(明) 等 撰, 《增像全圖東周列國志》 / 209
(31) 〈晉 獻公이 거북점을 어기고 驪姬를 부인으로 세우다〔晉獻公違卜立驪姬〕〉, 馮夢龍(明) 等 撰, 《增像全圖東周列國志》 / 230
(32) 〈昭穆〉, 王圻(明) 撰, 《三才圖會》 / 235
(33) 〈旂〉, 永瑢(淸) 撰, 《欽定周官義疏》 / 237
(34) 〈管仲〉, 田琦(鮮) 畫, 《萬古際會圖像》 / 242
(35) 〈鶬〉, 寺島良安(日) 撰, 《和漢三才圖會》 / 277
(36) 〈鐘〉, 子璋鐘(春秋時代), 臺灣故宮博物院 소장 / 282
(37) 〈籩〉, 聶崇義(宋) 集注, 《新定三禮圖》 / 297
(38) 〈豆〉, 聶崇義(宋) 集注, 《新定三禮圖》 / 297
(39) 〈宋나라에 이르니 宋 襄公이 말 20乘을 보내주다〔及宋宋襄公贈之以馬二十乘〕〉, 李唐(宋) 繪, 《晉文公復國圖》, 메트로폴리탄미술관 소장 / 309
(40) 〈鄭나라에 이르니 鄭 文公이 또한 예우하지 않다〔及鄭鄭文公亦不禮焉〕〉, 李唐(宋) 繪, 《晉文公復國圖》, 메트로폴리탄미술관 소장 /309
(41) 〈楚나라에 이르니 楚子가 연회를 베풀어 대접하다〔及楚楚子饗之〕〉, 李唐(宋) 繪, 《晉文公復國圖》, 메트로폴리탄미술관 소장 / 310
(42) 〈櫜鞬〉, 愛新覺羅 允祿(淸) 外 撰, 《皇朝禮器圖式》 / 310

春秋地圖 左

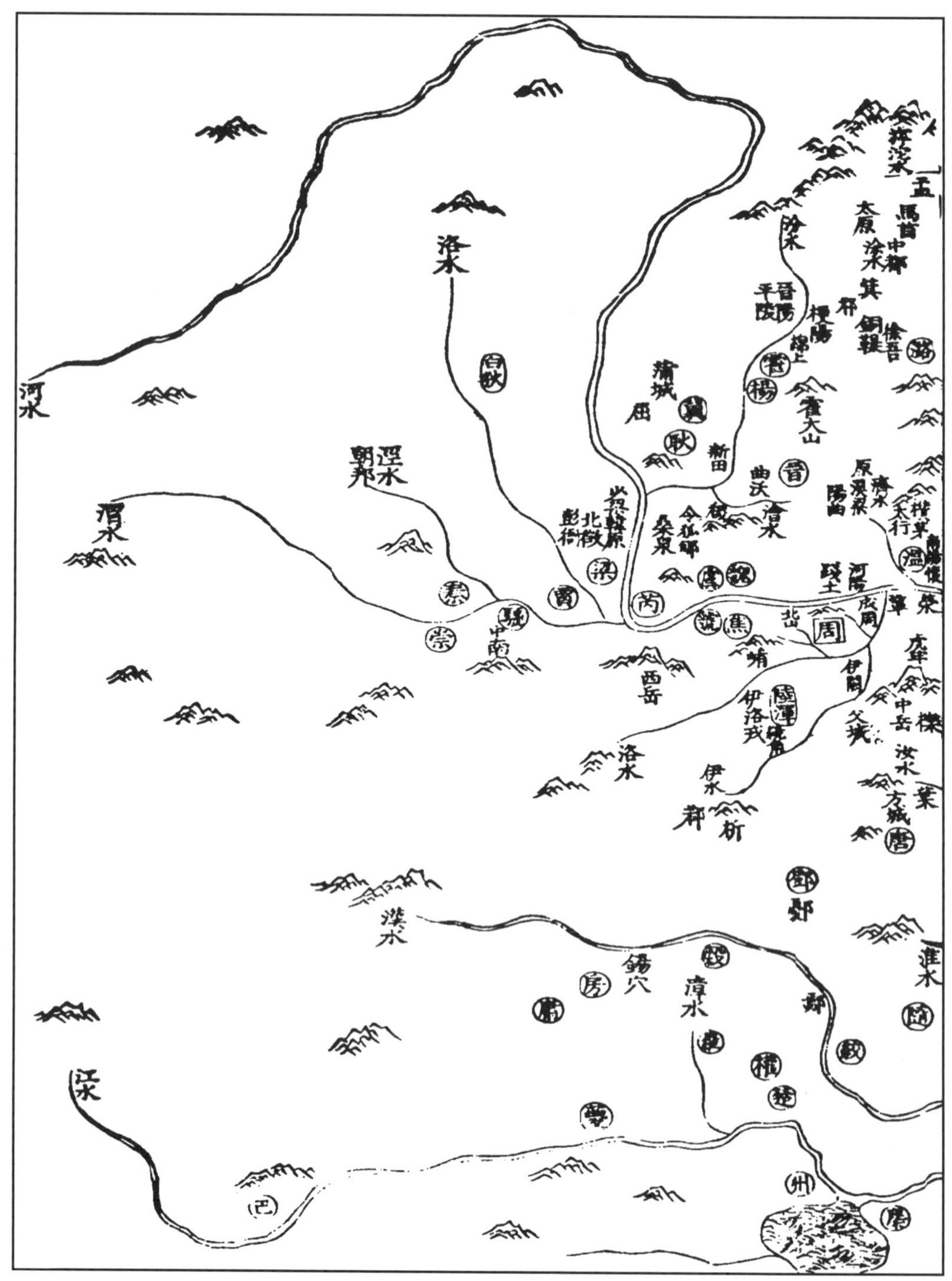

春秋地圖 右

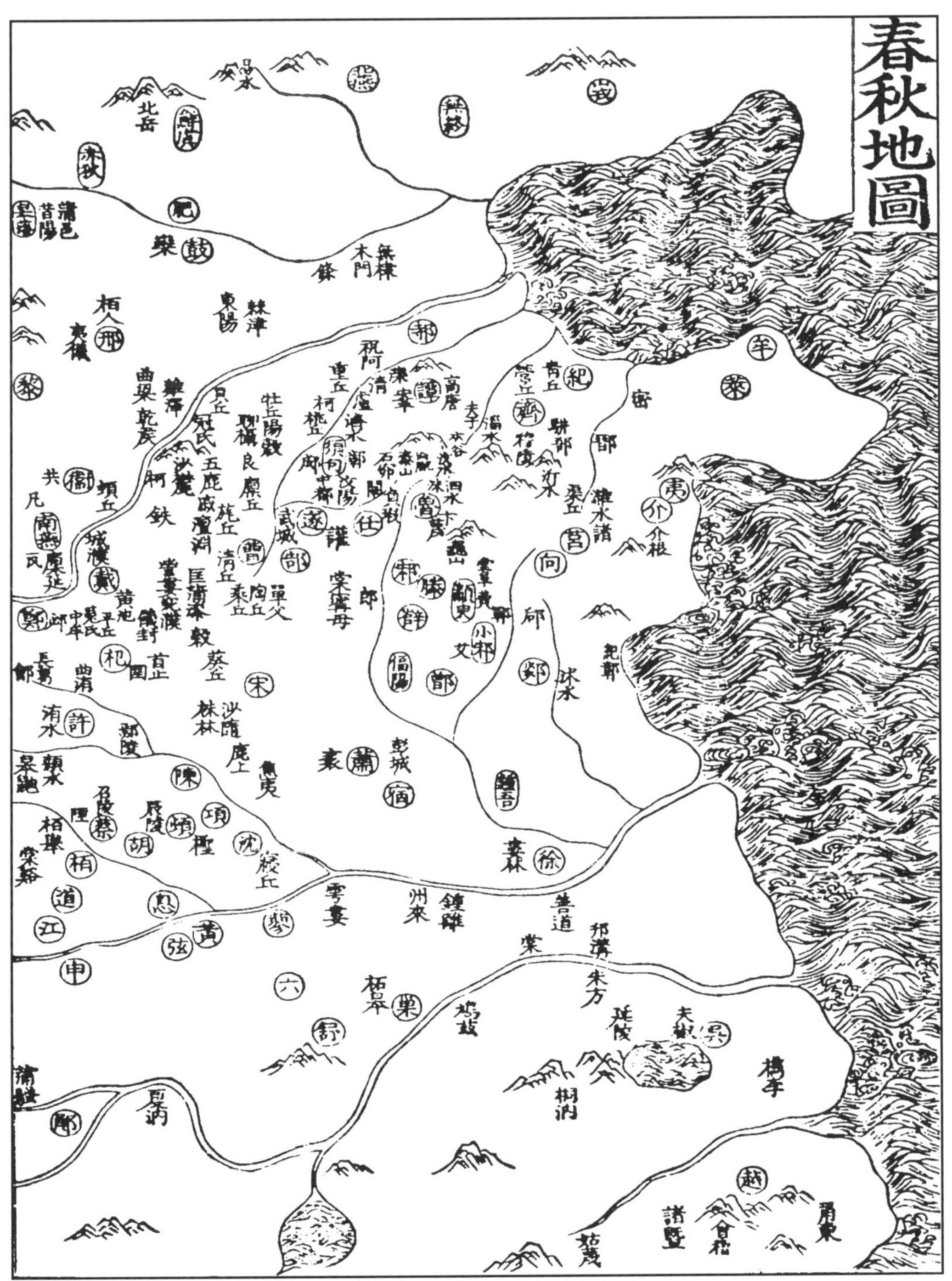

春秋列國圖(≪唐土歷代州郡沿革地圖≫, 1789)

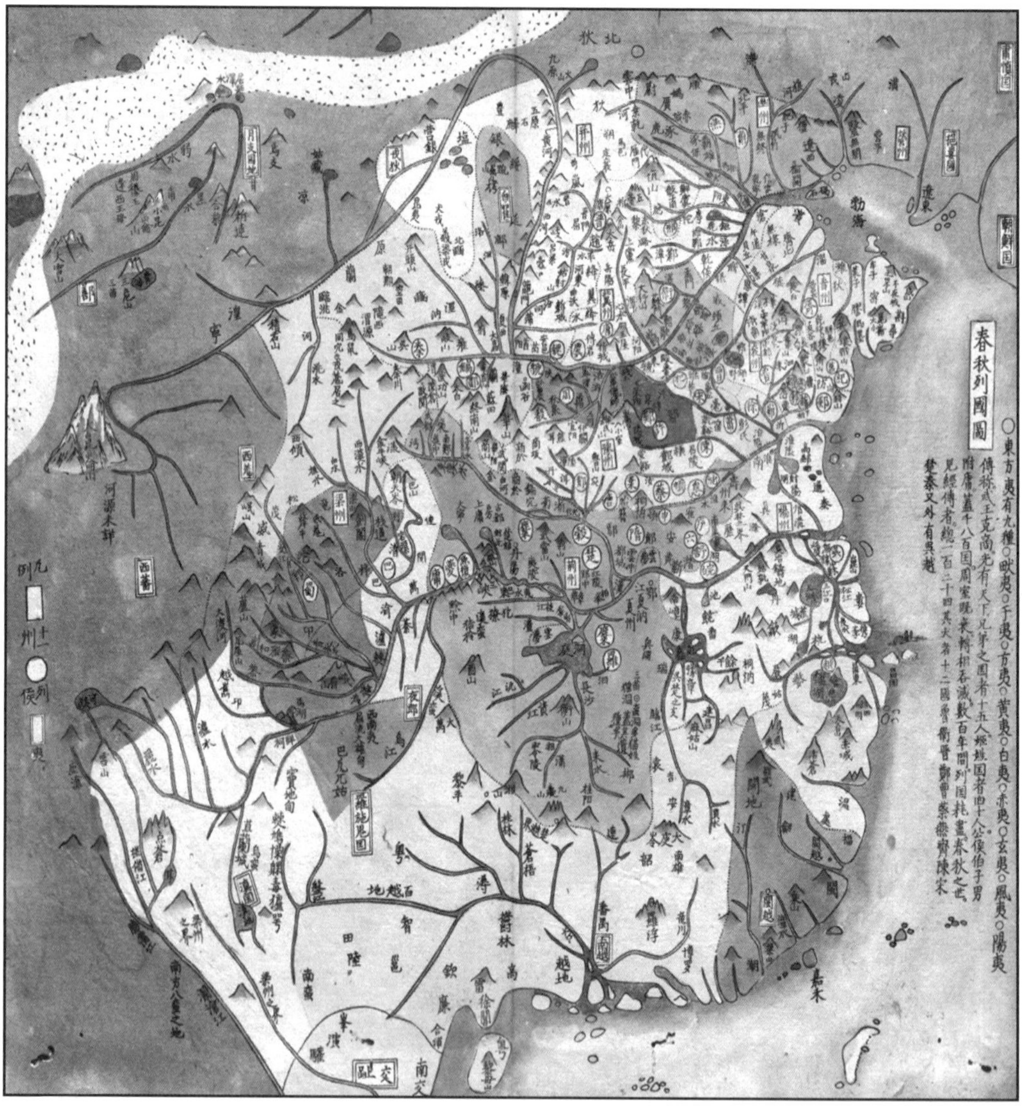

＊지면상의 한계로 싣지 못한 원본 크기 고화질 컬러 도판은
QR코드를 스캔하면 보실 수 있습니다.

|책임번역자 소개|

許鎬九

父親 晦山公과 秋淵 權龍鉉 先生 師事
檀國大學校 東洋學硏究院 招聘敎授(現)
韓國古典飜譯院 附設 古典飜譯敎育院 講師(現)
傳統文化硏究會 理事(現)

譯書 《說苑》, 《菊潭先生文集》, 《拓齋文集》 등
共譯 《朱註論語》, 《朱註孟子》, 《國語》, 《退溪先生文集》 등 다수

|공동번역자 소개|

鄭東和

高麗大學校 國語國文學科 博士課程 修了
檀國大學校 東洋學硏究院 漢韓大辭典編纂室 編纂팀장
韓國古典飜譯院 責任硏究員(現)

論文 〈退溪 山水詩의 形象化에 대하여〉 〈도학적 시 세계의 한 국면〉
共譯 《春秋繁露義證》 등 다수

金廣泰

高麗大學校 古典飜譯協同課程 博士課程 修了
民族文化推進會 附設 國譯硏修部, 常任硏究部 卒業
韓國古典飜譯院 硏究員(前)
高麗大學校 漢字漢文硏究所 硏究教授(前)
韓國古典飜譯院 飜譯委員(現)

論文 〈三淵漫錄 역주〉
譯書 《渼湖集》《渼湖集》《芝峯集》《芝峯集》《靜觀齋集》 등
共譯 《明義錄》《承政院日記》《日省錄》 등 다수

權津鈺

高麗大學校 國語國文學科 博士課程 卒業
檀國大學校 東洋學硏究院 古典飜譯硏究室 先任硏究員
檀國大學校 國語國文學科 助教授(現)

論文 〈澤堂 李植의 騈文·古文 연찬과 산문 창작의 실제〉
〈橘山 李裕元의 學問 性向과 類書·筆記 編纂에 관한 硏究〉
共譯 《樂全堂集》《於于集》 등 다수

郭成龍

成均館大學校 漢文學科 博士課程 修了
韓國古典飜譯院 附設 古典飜譯教育院 硏修課程 卒業
傳統文化國譯硏究員 溫知堂 長期課程 修了
傳統文化硏究會 硏究員(現)

論文 〈광해군代 春秋논쟁과 李恒福의 《魯史零言》〉
共譯 《조선의 양명학》

오서오경독본
懸吐完譯 春秋左氏傳 上

2021년 7월 10일 초판 인쇄
2021년 7월 30일 초판 발행

책임번역 허호구
공동번역 정동화 김광태 권진옥 곽성용
기획편집 동양고전번역편집위원회
번역연구관리 남현희
윤문교정 남현희 곽성용
출 판 백준철

홍보관리 이화춘
보 급 서원영

발 행 인 박홍식
발 행 처 (사)전통문화연구회
서울시 종로구 삼일대로 428 낙원빌딩 411호
전화 : (02)762-8401 전송 : (02)747-0083
홈페이지 : juntong.or.kr
등 록 1989. 7. 3. 제1-936호

인 쇄 처 한국법령정보주식회사(02-462-3860)
총 판 한국출판협동조합(070-7119-1750)

I S B N 979-11-5794-483-5 (04140)
979-11-5794-202-2 (세트)

정 가 35,000원

전통문화연구회 도서목록

新編 基礎漢文教材

新編 唐音註解選 權卿相 譯註 22,000원
新編 明心寶鑑 李祉坤·元周用 譯註 15,000원
新編 註解千字文 李忠九 譯註 13,000원
新編 四字小學·推句 고전교육연구실 編譯 11,000원
新編 啓蒙篇·童蒙先習 고전교육연구실 編譯 11,000원
新編 擊蒙要訣 咸賢贊 譯註 12,000원
原文으로 읽는 故事成語 元周用 編譯 15,000원

漢文讀解捷徑시리즈

漢文독해 기본패턴 고전교육연구실 著 15,000원
四書독해첩경 고전교육연구실 著 20,000원
한문독해첩경 文學篇 朴相水 李和春 李祉坤 元周用 著 15,000원
한문독해첩경 史學篇 朴相水 李和春 李祉坤 元周用 著 15,000원
한문독해첩경 哲學篇 朴相水 李和春 李祉坤 元周用 著 15,000원

東洋古典國譯叢書

大學·中庸集註 - 개정증보판 成百曉 譯註 10,000원
論語集註 - 개정증보판 成百曉 譯註 27,000원
孟子集註 - 개정증보판 成百曉 譯註 30,000원
詩經集傳 上·下 成百曉 譯註 各 35,000원
書經集傳 上·下 成百曉 譯註 各 35,000원
周易傳義 上·下 成百曉 譯註 各 40,000원
小學集註 成百曉 譯註 30,000원
古文眞寶 後集 成百曉 譯註 32,000원

〈五書五經讀本〉

論語集註 上·下 鄭太鉉 譯註 各 25,000원
大學·中庸集註 李光虎·田炳秀 譯註 15,000원
孟子集註 上 田炳秀 譯註 30,000원
小學集註 上·下 李忠九 外 譯註 各 25,000원
詩經集傳 上·中·下 朴小東 譯註 各 30,000원
書經集傳 上·中·下 金東柱 譯註 各 30,000원
周易傳義 元·亨·利·貞 崔英辰 外 譯註 各 30,000원
古文眞寶後集 上·下 李相夏 外 譯註 各 32,000원
春秋左氏傳 上 許鎬九 外 譯註 35,000원
禮記 上 成百曉 外 譯註 30,000원

東洋古典譯註叢書

〈經部〉

十三經注疏
　周易正義 1~4 成百曉·申相厚 譯註 各 30,000원~40,000원
　尙書正義 1~7 金東柱 譯註 各 25,000원~36,000원
　毛詩正義 1~3 朴小東 譯註 各 32,000원/37,000원
　禮記正義 中庸·大學 李光虎·田炳秀 譯註 20,000원
　論語注疏 1~3 鄭太鉉·李聖敏 譯註 各 25,000원~40,000원
　孟子注疏 1 崔彩基·梁基正 譯註 30,000원
　孝經注疏 鄭太鉉·姜珉廷 譯註 35,000원
　周禮注疏 1 金容天·朴禮慶 譯註 30,000원
春秋左氏傳 1~8 鄭太鉉 譯註 各 18,000원~35,000원
禮記集說大全 1 辛承云 譯註 25,000원
東萊博議 1~5 鄭太鉉·金炳愛 譯註 各 25,000원~35,000원
韓詩外傳 1~2 許敬震 外 譯註 各 29,000원~33,000원

〈史部〉

思政殿訓義 資治通鑑綱目 1~15, 17~20 辛承云 外 譯註 各 18,000원~35,000원
通鑑節要 1~9 成百曉 譯註 各 18,000원~40,000원
唐陸宣公奏議 1~2 沈慶昊·金愚政 譯註 各 35,000원~45,000원
貞觀政要集論 1~4 李忠九 外 譯註 各 25,000원~32,000원
列女傳補注 1~2 崔秉準·孔勤植 譯註 各 30,000원~38,000원
歷代君鑑 1~3 洪起殷·全百燦 譯註 各 32,000원~35,000원

〈子部〉

近思錄集解 1~3 成百曉 譯註 各 25,000원/35,000원
孔子家語 1~2 許敬震 外 譯註 各 35,000원/36,000원
老子道德經注 金是天 譯註 30,000원
大學衍義 1~5 辛承云 外 譯註 各 26,000원~30,000원
墨子閒詁 1~4 李相夏 外 譯註 各 32,000~38,000원
說苑 1~2 許鎬九 譯註 各 25,000원
世說新語補 1~3 金鎭玉 外 譯註 各 29,000원~38,000원
荀子集解 1~7 宋基采 譯註 各 25,000원~38,000원
心經附註 成百曉 譯註 35,000원
顔氏家訓 1~2 鄭在書·盧暻熙 譯註 各 22,000원/25,000원
揚子法言 1 朴勝珠 譯註 24,000원
二程全書 1~3 崔錫起·姜導顯 譯註 各 36,000원~38,000원
莊子 1~4 安炳周·田好根 共譯 各 25,000원~30,000원
政經·牧民心鑑 洪起殷·全百燦 譯註 27,000원
韓非子集解 1~5 許鎬九 外 譯註 各 32,000~38,000원
武經七書直解
　孫武子直解·吳子直解 成百曉·李蘭洙 譯註 35,000원
　六韜直解·三略直解 成百曉·李鍾德 譯註 26,000원
　尉繚子直解·李衛公問對直解 成百曉·李蘭洙 譯註 26,000원
　司馬法直解 成百曉·李蘭洙 譯註 26,000원

〈集部〉

古文眞寶 前集 成百曉 譯註 30,000원
唐詩三百首 1~3 宋載卲 外 譯註 各 25,000원~36,000원
唐宋八大家文抄 韓愈 1~3 鄭太鉉 譯註 各 22,000원/28,000원
〃 歐陽脩 1~7 李相夏 譯註 各 25,000원~35,000원
〃 王安石 1~2 申用浩·許鎬九 共譯 各 20,000원/25,000원
〃 蘇洵 李章佑 外 譯註 25,000원
〃 蘇軾 1~5 成百曉 譯註 各 22,000원
〃 蘇轍 1~3 金東柱 譯註 各 20,000원/22,000원
〃 曾鞏 宋基采 譯註 25,000원
〃 柳宗元 1~2 宋基采 譯註 各 22,000원
明淸八大家文鈔 1 李相夏 外 譯註 35,000원

東洋古典新譯

당시선 송재소·최경렬·김영죽 편역 22,000원
손자병법 성백효 역주 14,000원
장자 안병주·전호근·김형석 역주 13,000원
고문진보 후집 신용호 번역 28,000원
노자도덕경 김시천 역주 15,000원

동양문화총서

동양사상 해설과 원전 정규훈 外 저 22,000원
화합의 길 《중용》 읽기 금장태 저 20,000원
호설과 시장 신용호 저 20,000원

문화문고

경전으로 본 세계종교 그리스도교 이정배 편저 10,000원
〃 도교 이강수 편역 10,000원
〃 천도교 윤석산·홍성엽 편저 10,000원
〃 힌두교 길희성 편역 10,000원
〃 유교 이기동 편저 10,000원
〃 불교 김용표 편저 10,000원
〃 이슬람 김영경 편역 10,000원
논어·대학·중용 / 맹자 조수익·박승주 공역 각 10,000원
소학 박승주·조수익 공역 10,000원
십구사략 1~2 정광호 저 각 12,000원
무경칠서 손자병법·오자병법 성백효 역 10,000원
〃 육도·삼략 성백효 역 10,000원
〃 사마법·울료자·이위공문대 성백효 역 10,000원
당시선 송재소·최경렬·김영죽 편역 10,000원
한문문법 이상진 저 10,000원
한자한문전통교재 조수익·이성민 공역 10,000원
士小節 선비 집안의 작은 예절 이동희 편역 12,000원
儒學이란 무엇인가 이동희 저 10,000원
동아시아의 유교와 전통문화 이동희 저 13,000원
현대인, 동양고전에서 길을 찾다 이동희 저 10,000원
100자에 담긴 한자문화 이야기 김경수 저 12,000원
우리 설화 1~2 김동주 편역 각 10,000원
대한민국 국무총리 이재원 저 10,000원
백운거사 이규보의 문학인생 신용호 저 14,000원